STREET ATLAS
Merseyside

Contents

- **III** Key to map symbols
- **IV-V** Key to map pages
- **VI** Administrative and post code boundaries
- **1** Street maps
- **90** Index of hospitals, railway stations, schools, shopping centres, street names and universities

PHILIP'S

First edition published 1997 by

Ordnance Survey®
Romsey Road
Maybush
Southampton SO16 4GU

and

George Philip Ltd.
an imprint of Reed Books
Michelin House, 81 Fulham Road, London SW3 6RB
and Auckland, Melbourne, Singapore and Toronto

ISBN 0-540-06480-7 (hardback)
ISBN 0-540-06481-5 (wire-o)

© Crown copyright 1996

Printed and bound in Spain by Cayfosa

All rights reserved. No part of this publication may be reproduced, stored in a retrieval system or transmitted, in any form or by any means, electronic, mechanical, photocopying, recording or otherwise, without the permission of the Publishers and the copyright owner.

To the best of the Publishers' knowledge, the information in this atlas was correct at the time of going to press. No responsibility can be accepted for any errors or their consequences.

The representation in this atlas of a road, track or path is no evidence of the existence of a right of way.

The mapping between pages 1 and 89 (inclusive) in this atlas is derived from Ordnance Survey® OSCAR® and Land-Line® data, and Landranger® mapping.

Ordnance Survey, OSCAR, Land-Line and Landranger are registered trade marks of Ordnance Survey, the National Mapping Agency of Great Britain.

Key to map symbols

22a	Motorway (with junction number)
	Primary Routes (Dual carriageway and single)
	A Roads (Dual carriageway and single)
	B Roads (Dual carriageway and single)
	C Roads (Dual carriageway and single)
	Minor Roads
	Roads under construction
	County boundaries
	All Railways
	Miniature Railways
	Track or private road
	Gate or obstruction to traffic (restrictions may not apply at all times or to all vehicles)
	All paths, bridleways, BOATs, RUPPs etc.

The representation in this atlas of a road, track or path is no evidence of the existence of a right of way

174	Adjoining page indicator
⇌	British Rail station
	Private Railway station
	Bus, coach station
◆	Ambulance station
◆	Coastguard station
◆	Fire station
◆	Police station
+	Casualty entrance to hospital
+	Churches, Place of worship
H	Hospital
i	Information Centre
P	Parking
PO	Post Office
All Saints RC Jun Sch	Important buildings, schools, colleges, universities and hospitals
River Soar	Water Name
	Stream
	River or canal (minor and major)
	Water Fill
	Tidal Water
	Woods
	Houses

Abbr	Full	Abbr	Full
Acad	Academy	Mon	Monument
Cemy	Cemetery	Mus	Museum
C Ctr	Civic Centre	Obsy	Observatory
CH	Club House	Pal	Royal Palace
Coll	College	PH	Public House
Ex H	Exhibition Hall	Resr	Reservoir
Ind Est	Industrial Estate	Ret Pk	Retail Park
Inst	Institute	Sch	School
Ct	Law Court	Sh Ctr	Shopping Centre
L Ctr	Leisure Centre	Sta	Station
LC	Level Crossing	TH	Town Hall/House
Liby	Library	Trad Est	Trading Estate
Mkt	Market	Univ	University
Meml	Memorial	YH	Youth Hostel

Scale: 0 — ¼ — ½ — ¾ — 1 mile
0 — 250 m — 500 m — 750 m — 1 Kilometre

The scale of the maps is 5.52 cm to 1 km (3½ inches to 1 mile)

The small numbers around the edges of the maps identify the 1 kilometre National Grid lines

Key to map pages

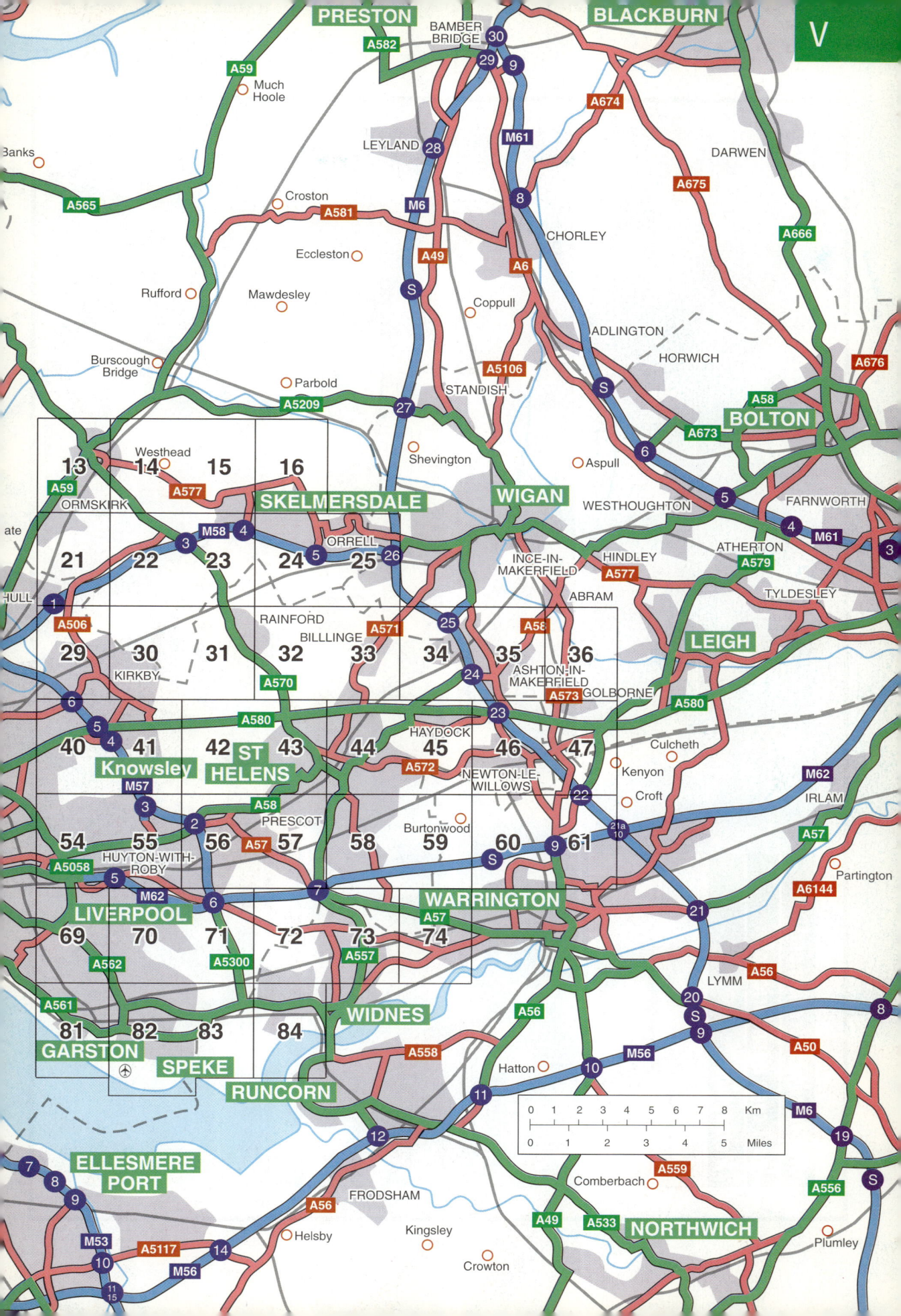

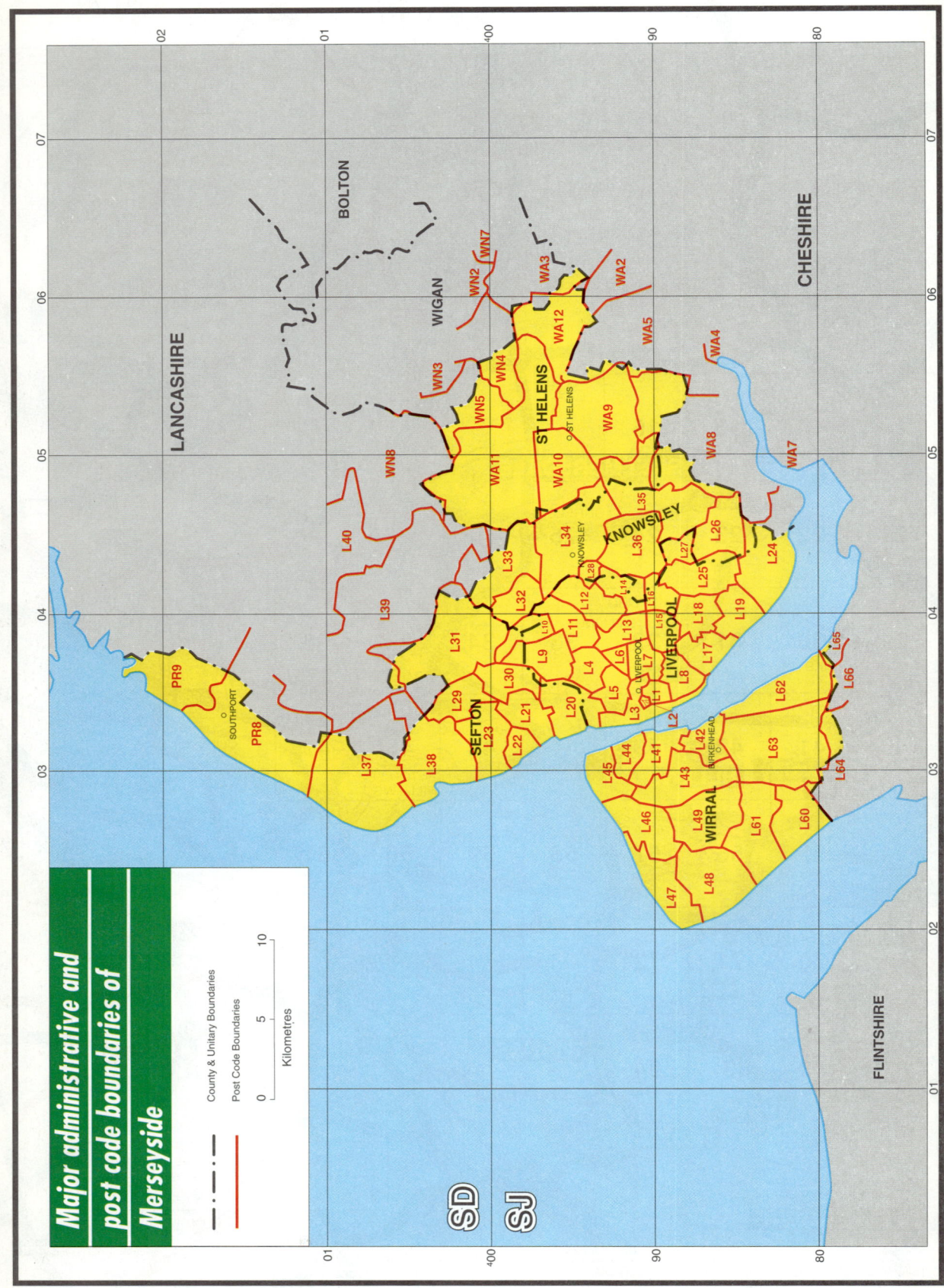

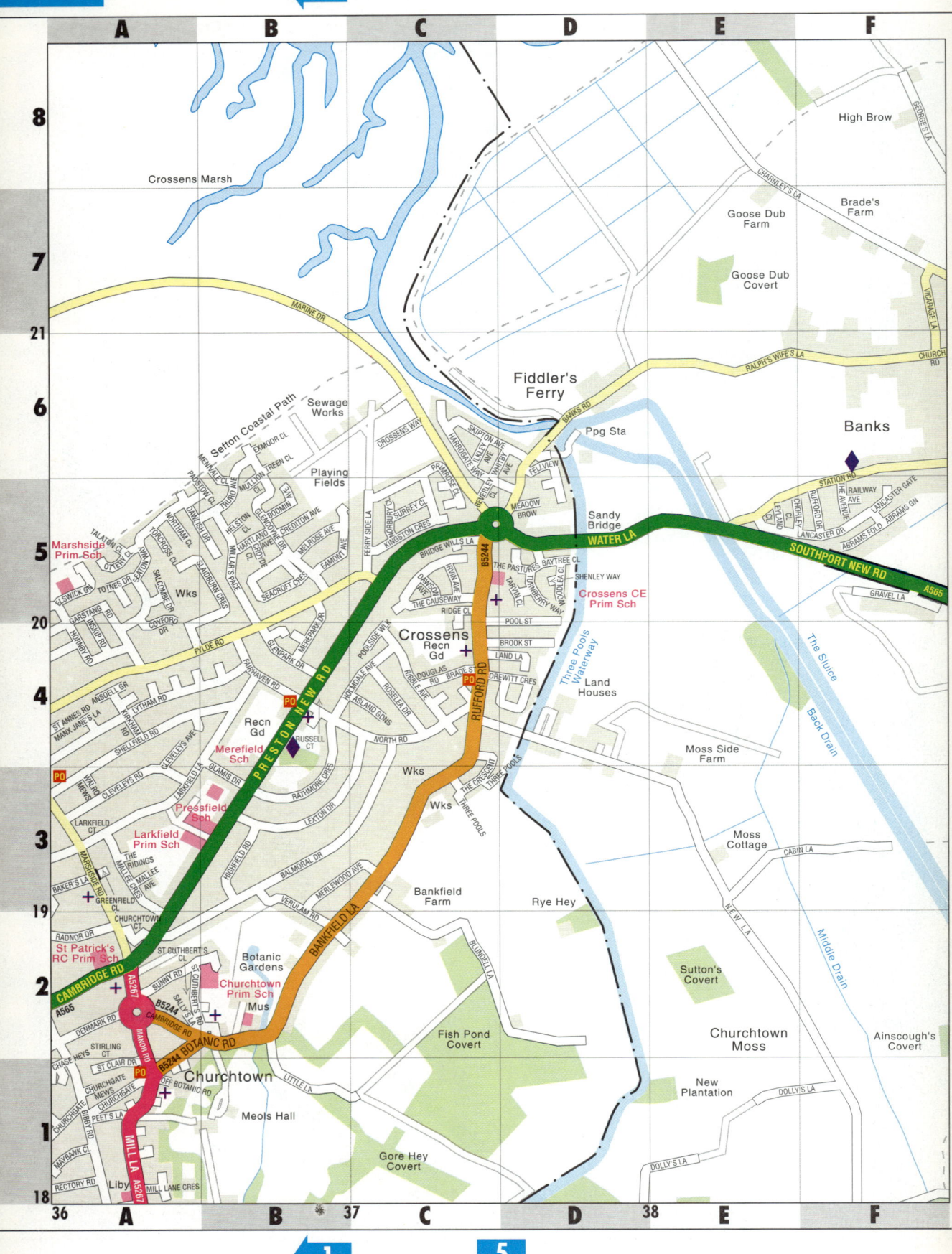

3
1

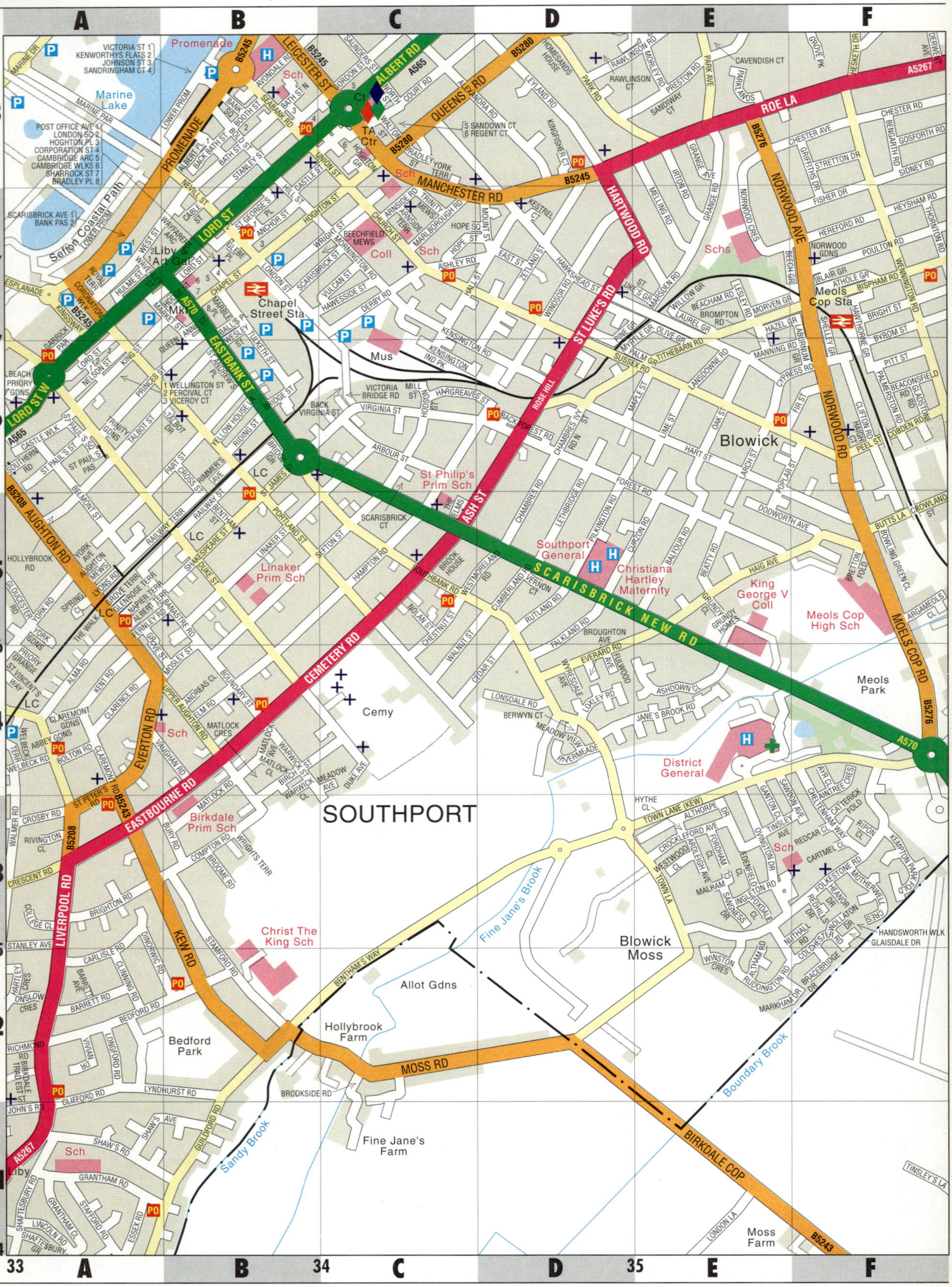
A
B
C
D
E
F
8
7
17
6
5
16
4
3
15
2
1
14
33
34
35
SOUTHPORT
Promenade
Marine Lake
Sefton Coastal Path
Marine Par
Lower Prom
Promenade
Lord St
Lord St W
Albert Rd
Leicester St
Queens Rd
Manchester Rd
Hartwood Rd
Roe La
Norwood Rd
Norwood Ave
Eastbank St
Scarisbrick New Rd
St Luke's Rd
Rose Hill
Ash St
Cemetery Rd
Eastbourne Rd
Liverpool Rd
Aughton Rd
Everton Rd
Kew Rd
Moss Rd
Birkdale Cop
Meols Cop Rd
Town Lane (Kew)
Chapel Street Sta
Meols Cop Sta
Blowick
Blowick Moss
Southport General
Christiana Hartley Maternity
District General
King George V Coll
Meols Cop High Sch
Meols Park
Cemy
Linaker Prim Sch
St Philip's Prim Sch
Birkdale Prim Sch
Christ The King Sch
Bedford Park
Allot Gdns
Hollybrook Farm
Fine Jane's Farm
Moss Farm
Fine Jane's Brook
Sandy Brook
Boundary Brook
Mus
Coll
Liby & Art Gal
Mkt
Beechfield Mews
TA Ctr
A565
A570
A5267
B5245
B5280
B5276
B5208
B5243

3
8

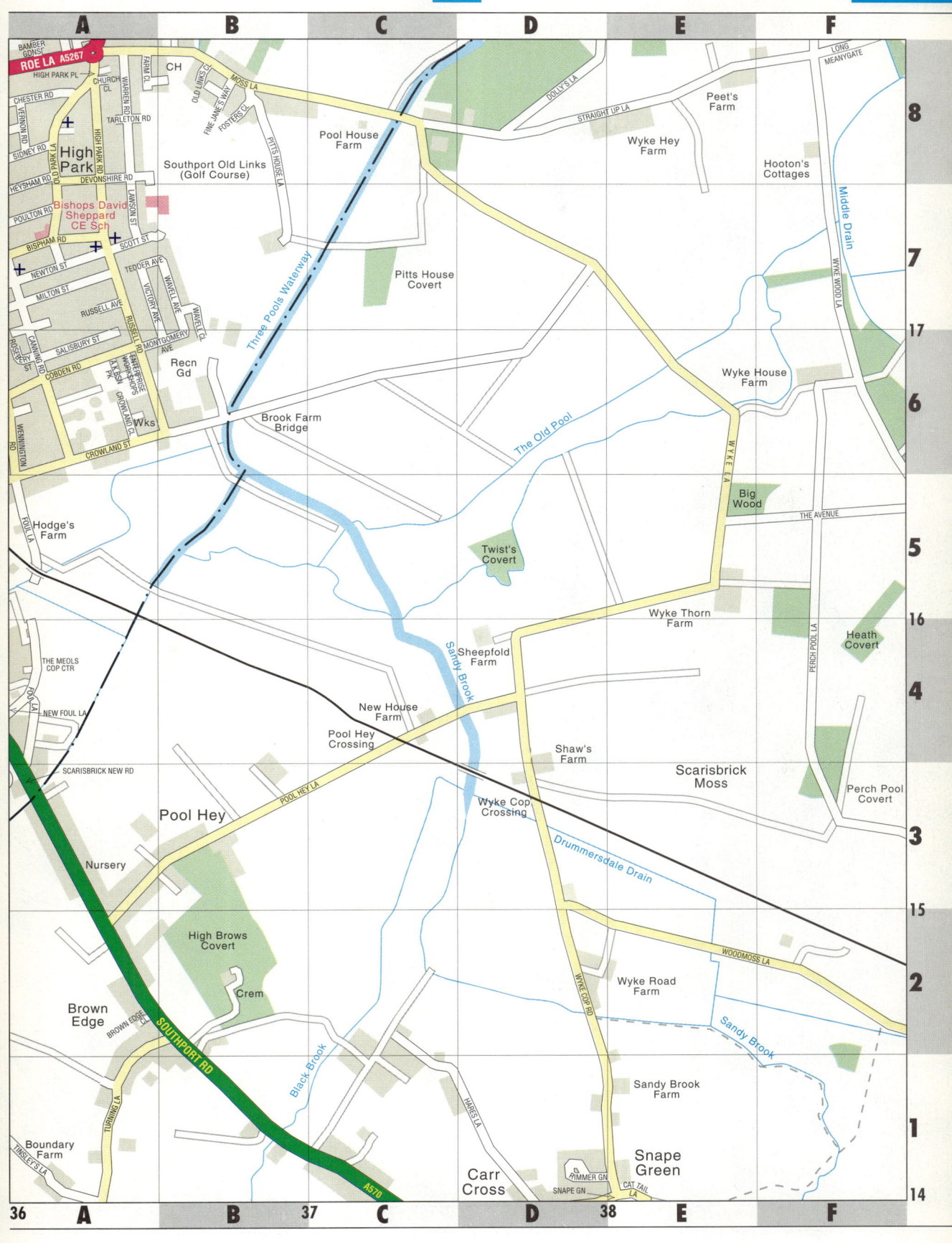

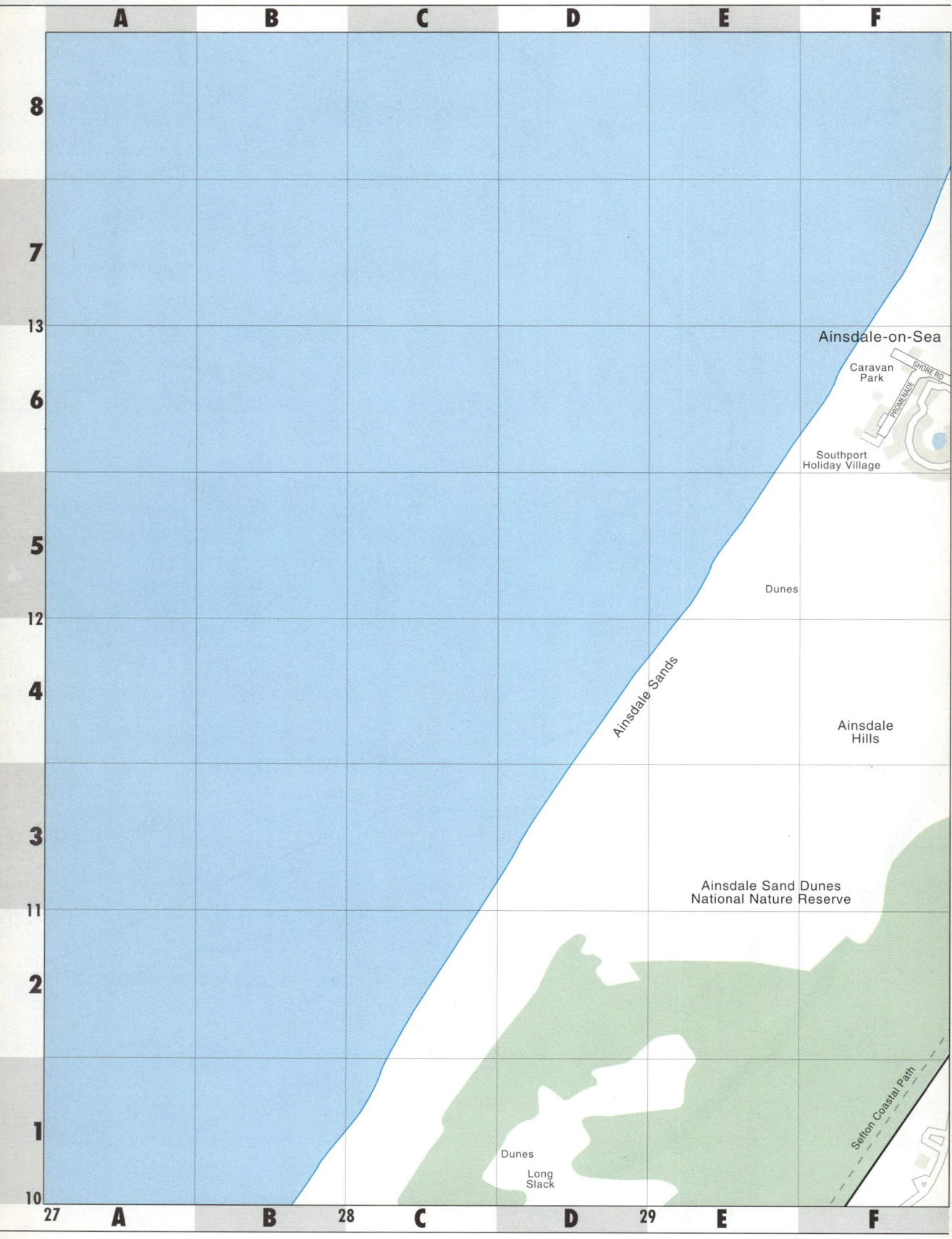

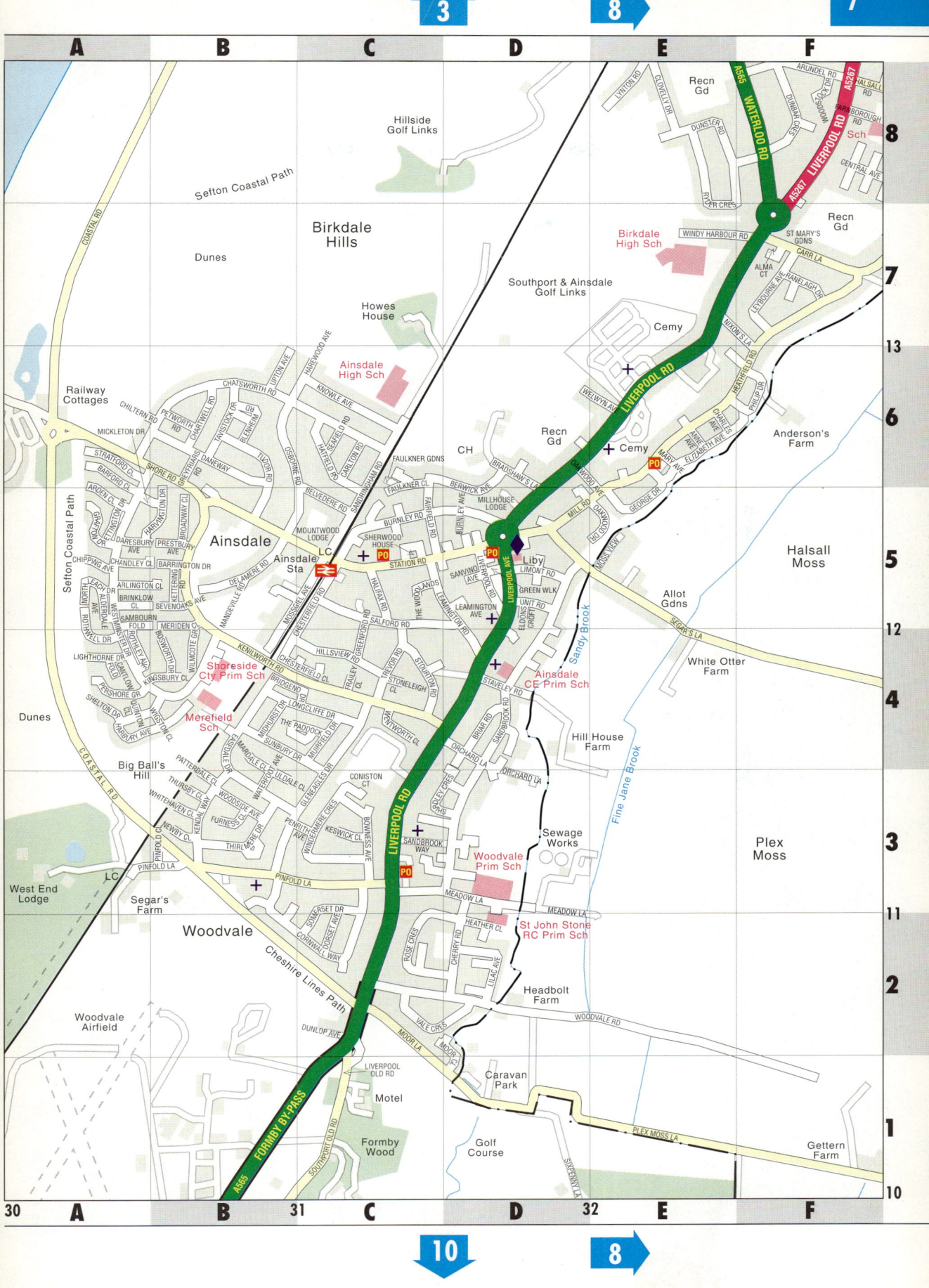

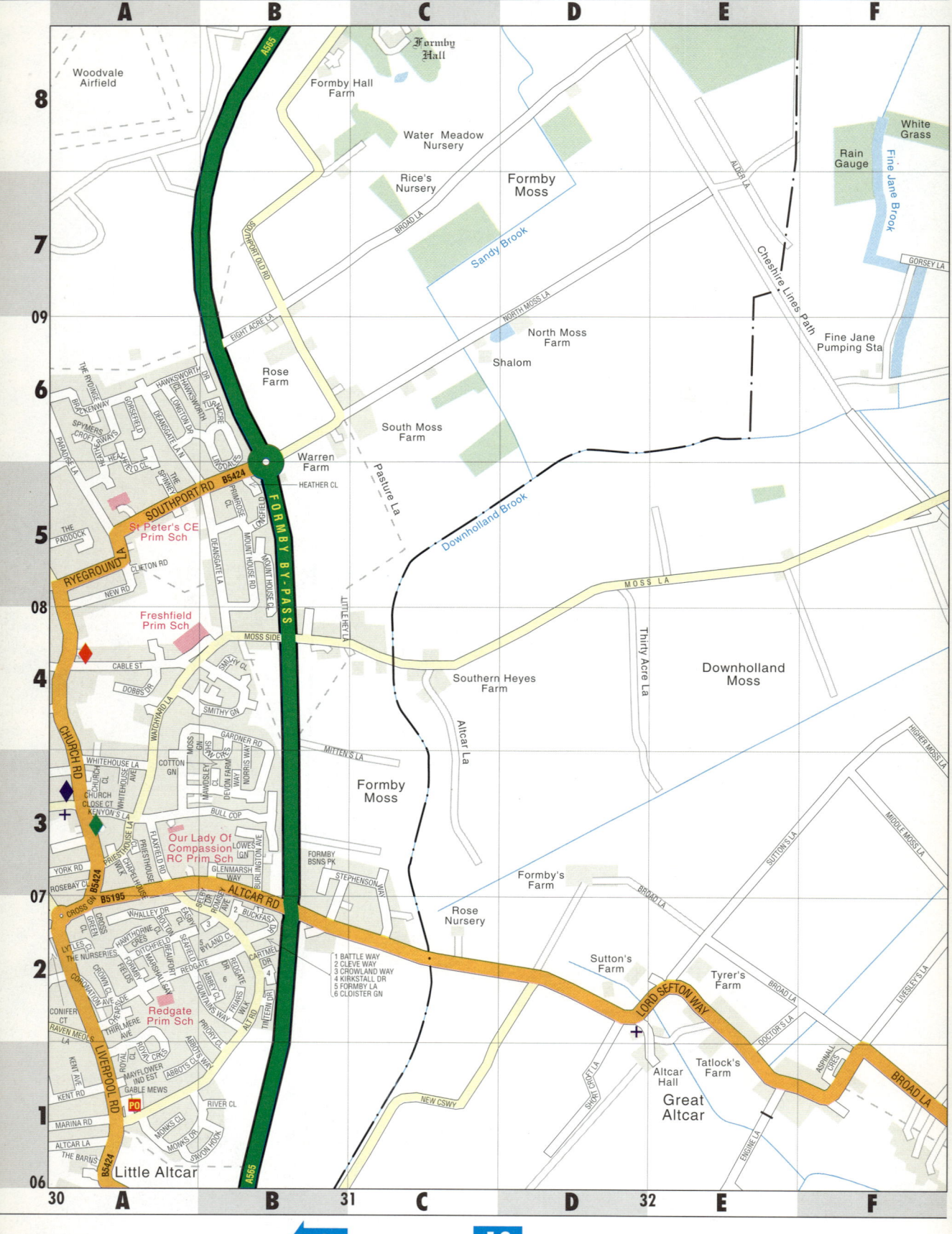

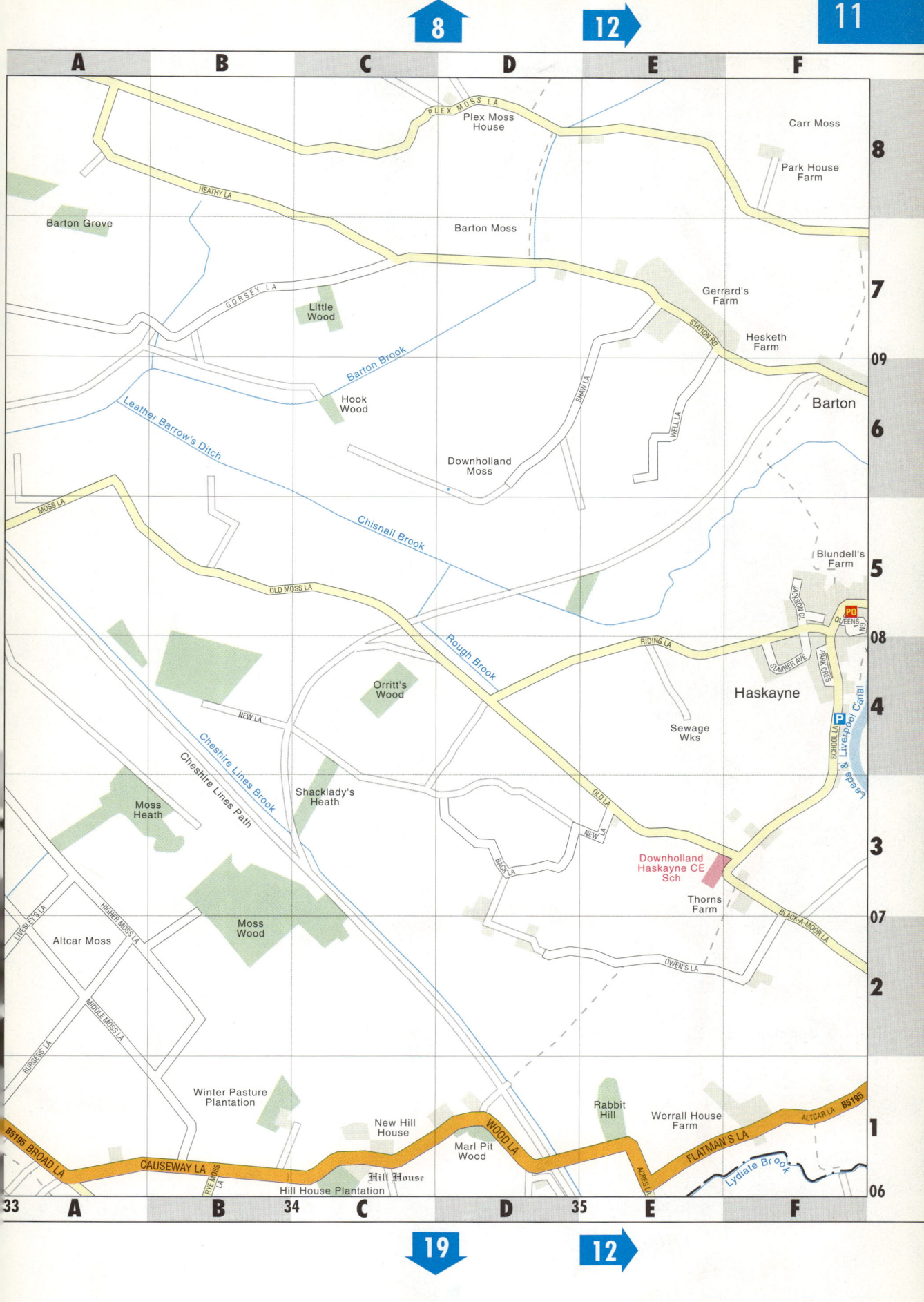

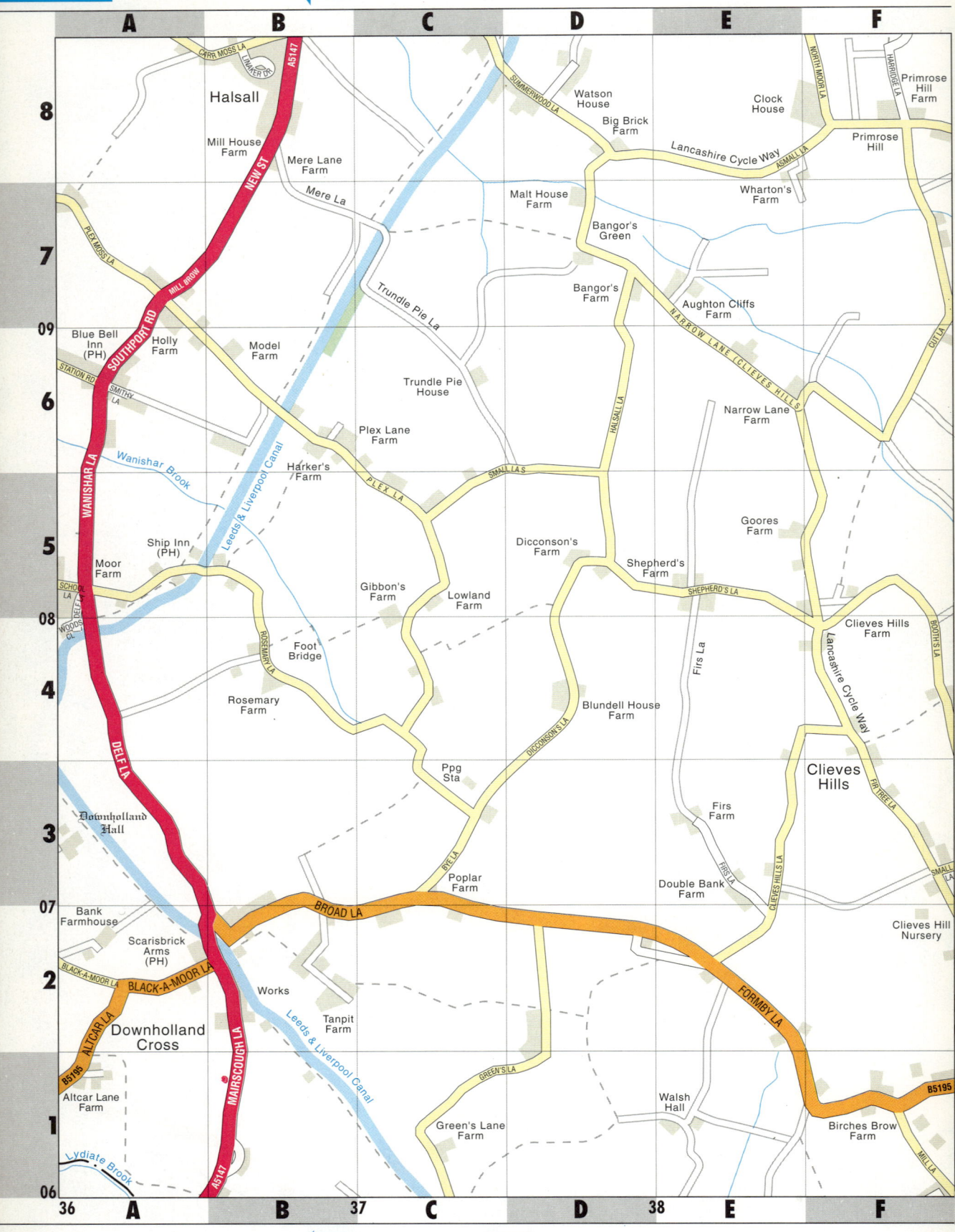

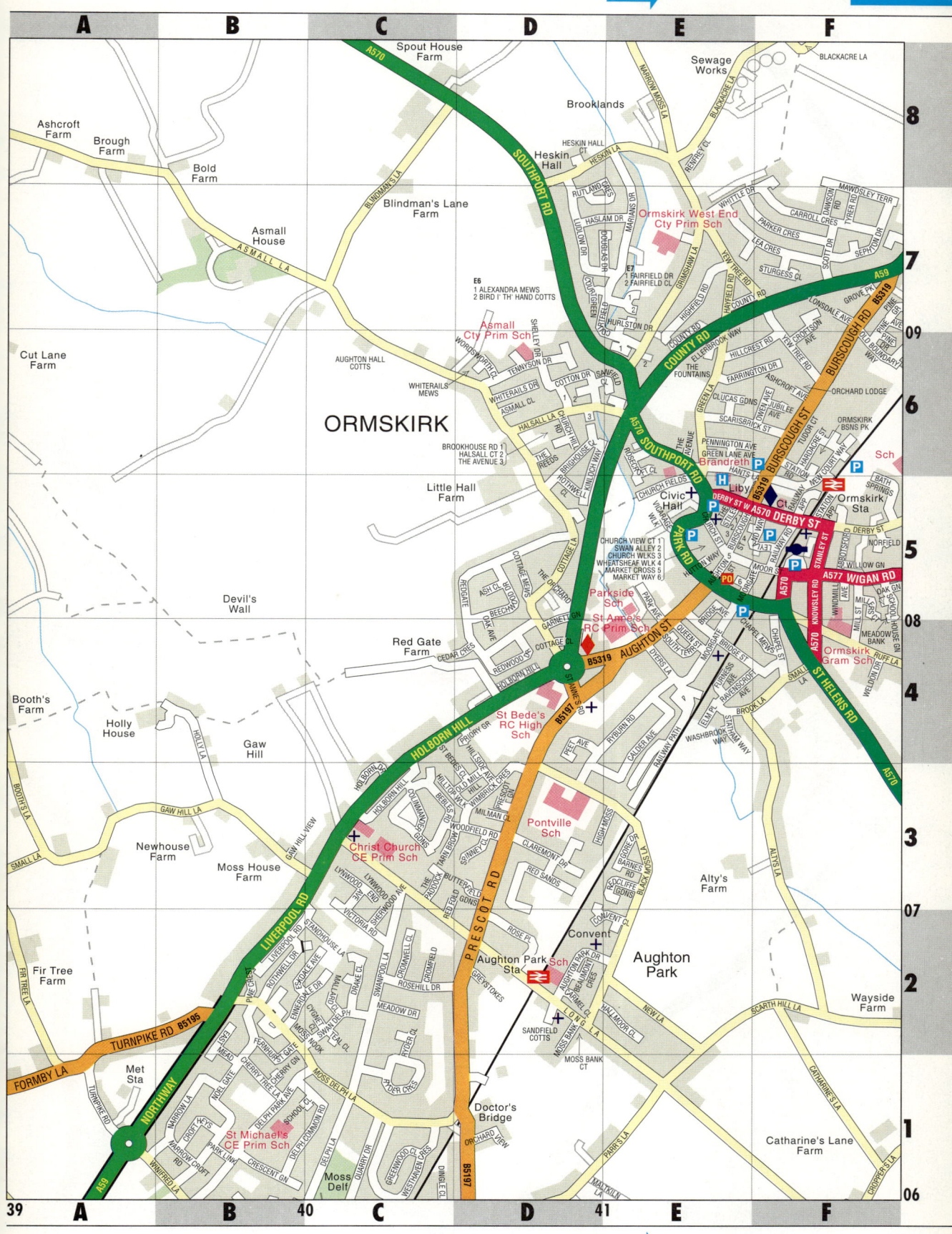

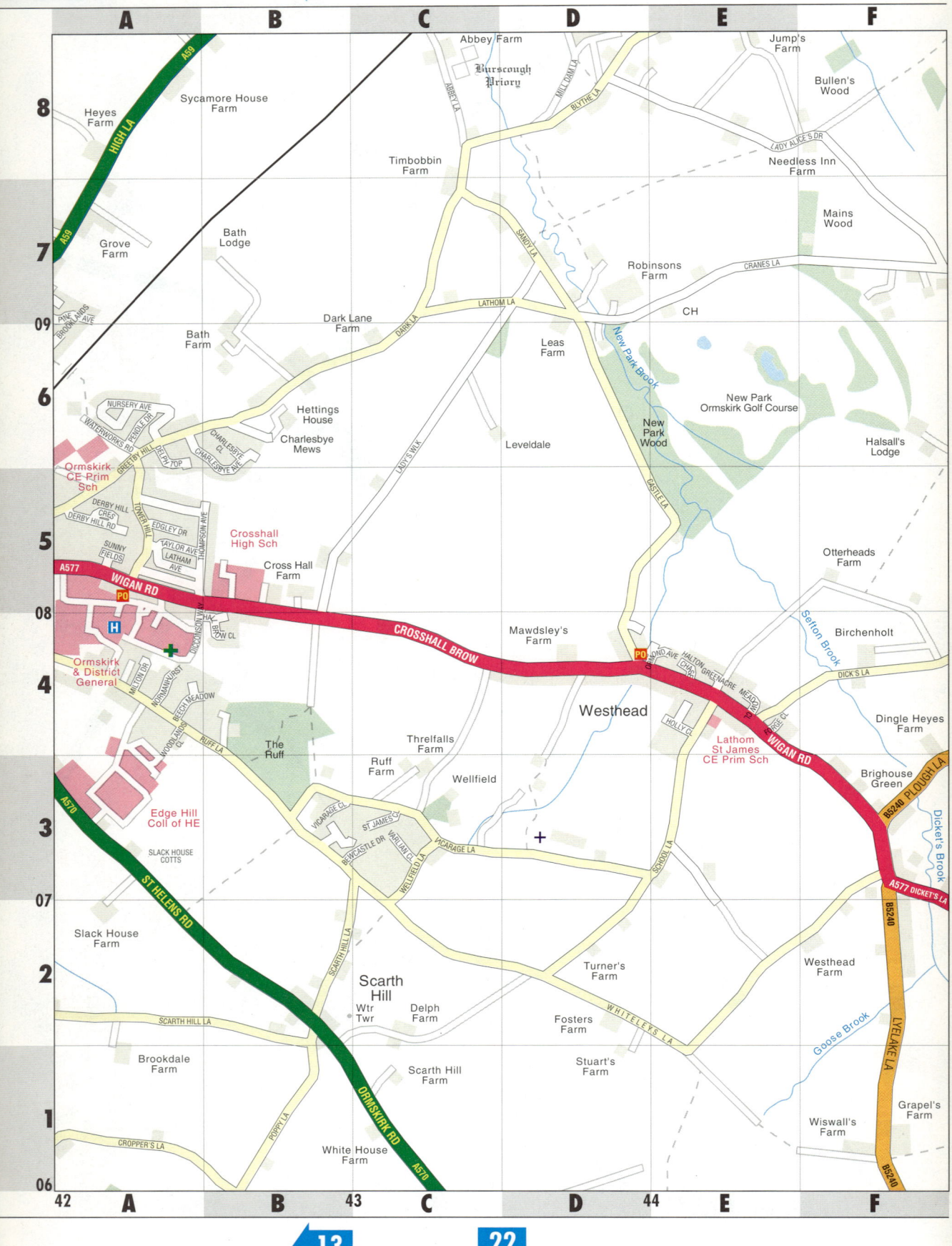

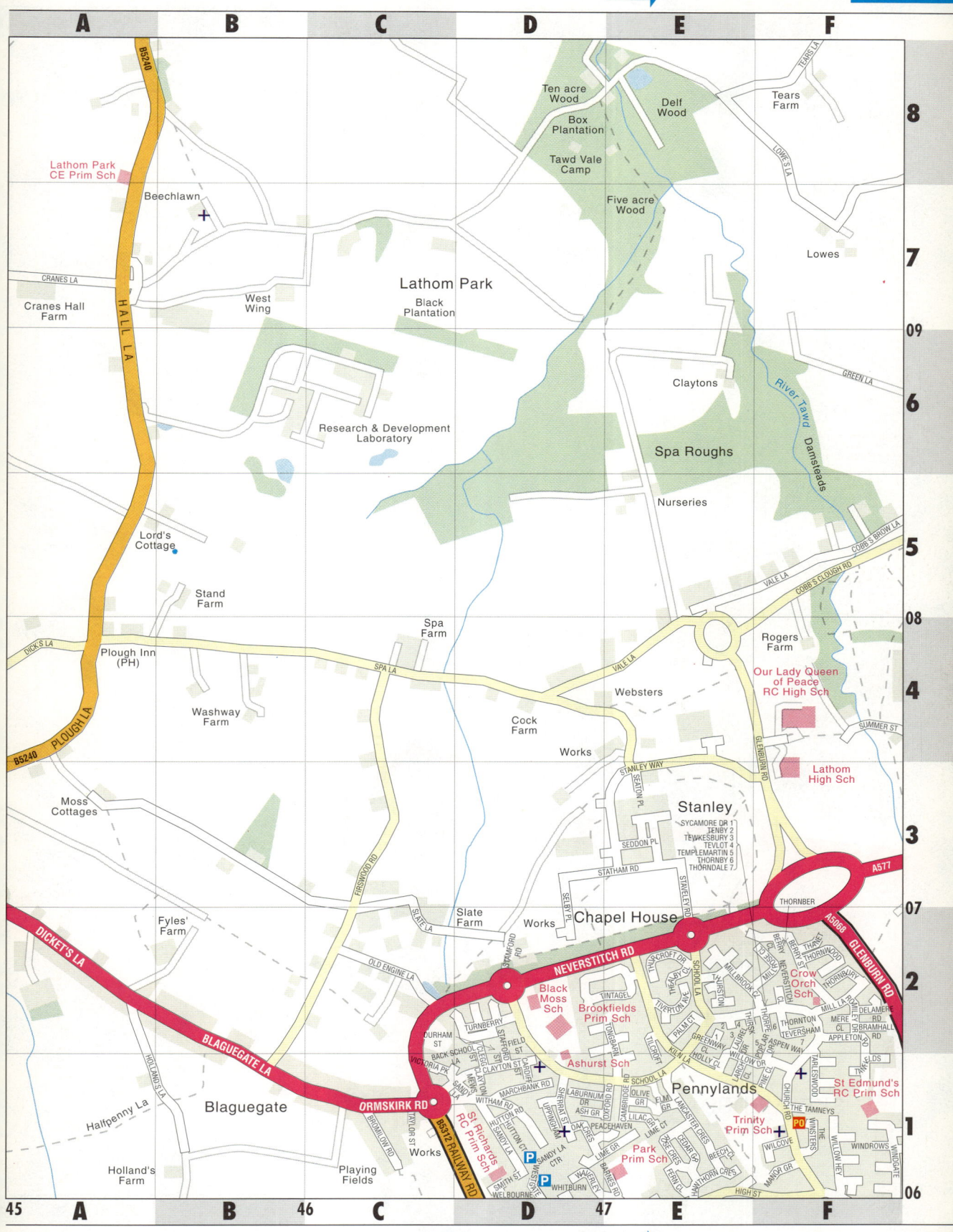

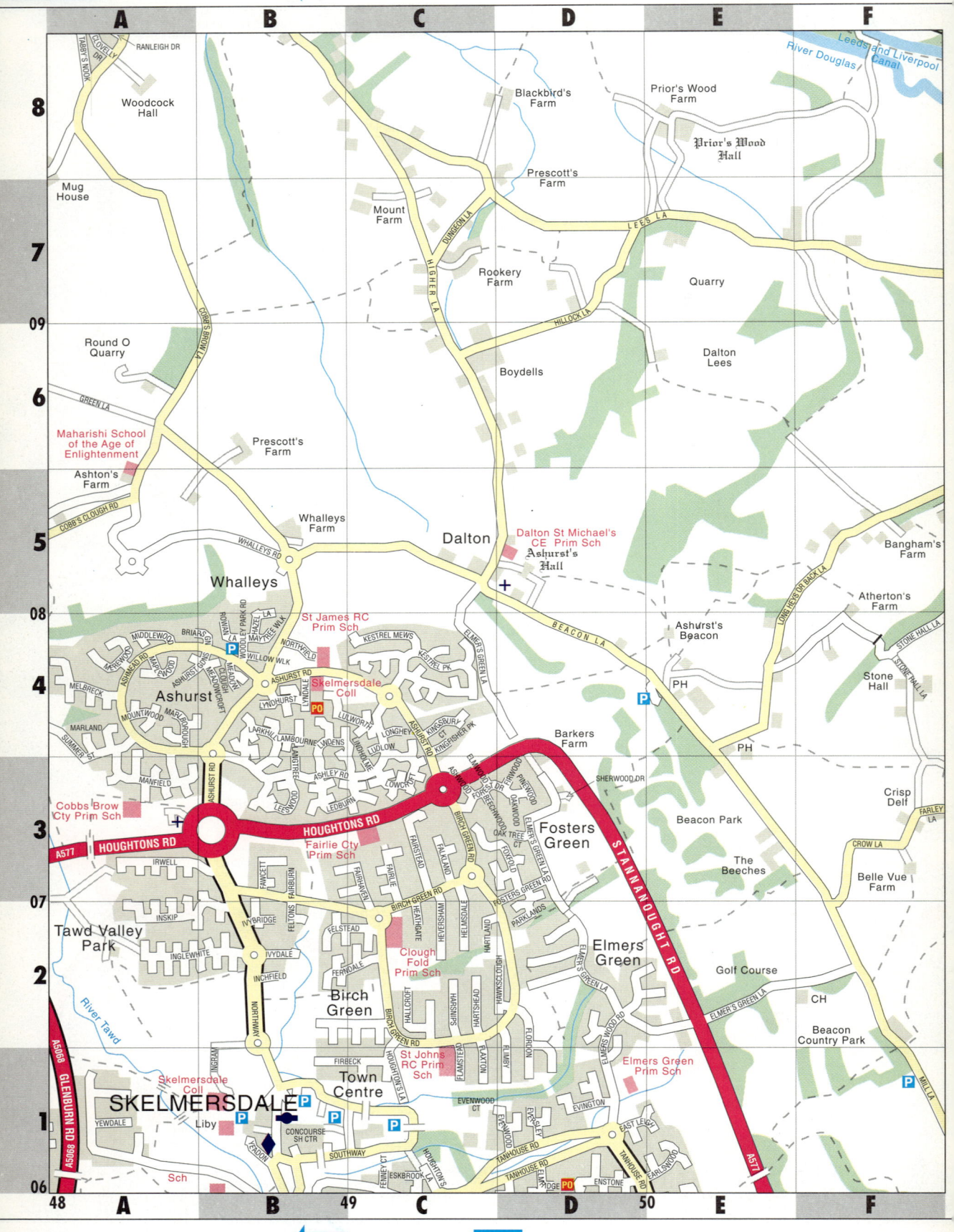

17
10

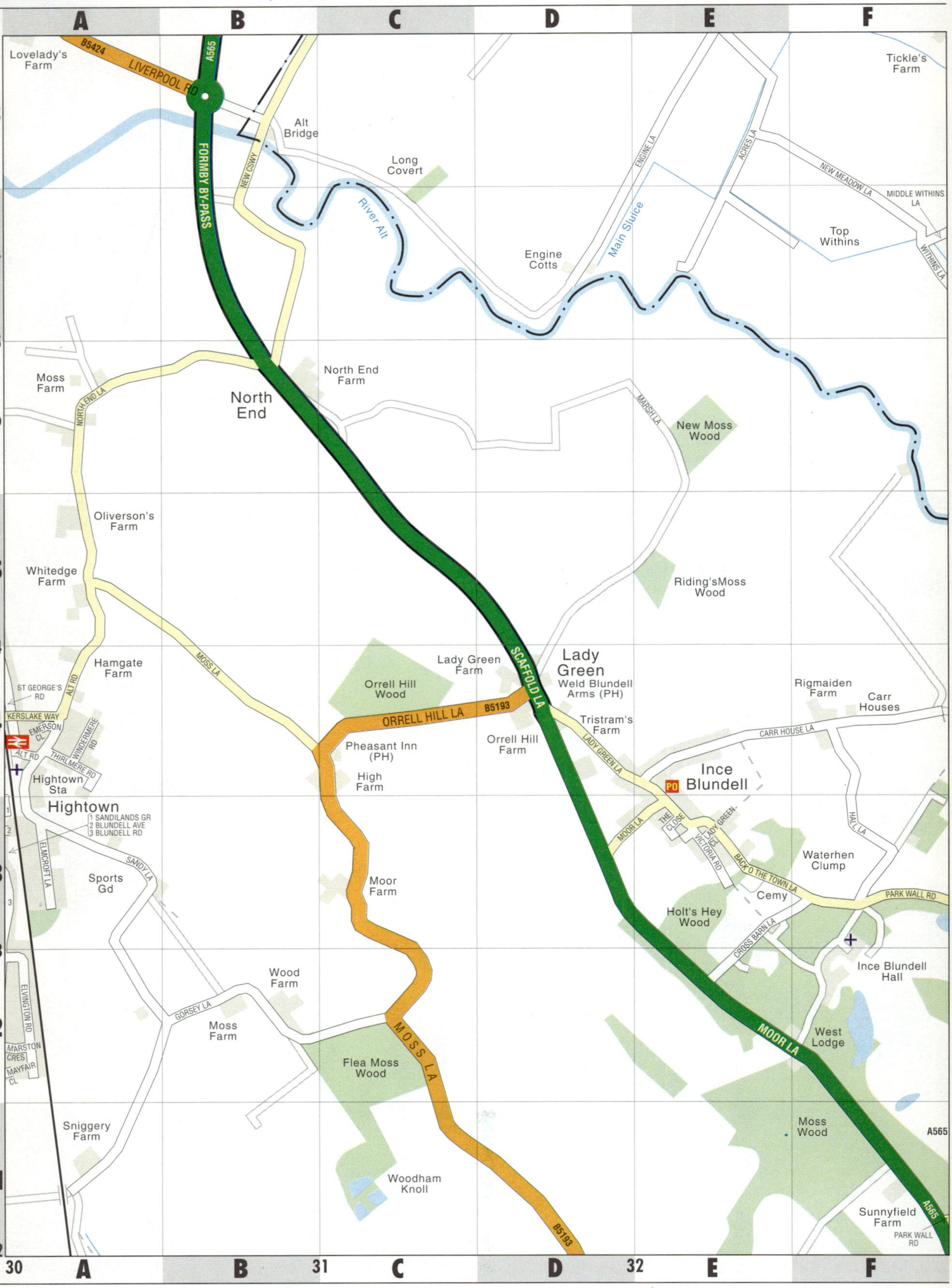
A
B
C
D
E
F
8
7
05
6
5
04
4
3
03
2
1
02
30
31
32
Lovelady's Farm
B5424
LIVERPOOL RD
A565
FORMBY BY-PASS
Alt Bridge
NEW CSWY
Long Covert
River Alt
Engine Cotts
ENGINE LA
Main Sluice
ACRES LA
NEW MEADOW LA
MIDDLE WITHINS LA
Top Withins
WITHINS LA
Tickle's Farm
Moss Farm
NORTH END LA
North End
North End Farm
MARSH LA
New Moss Wood
Oliverson's Farm
Whitedge Farm
Riding'sMoss Wood
Hamgate Farm
MOSS LA
ST GEORGE'S RD
ALT RD
KERSLAKE WAY
EMERSON CL
WINDERMERE RD
THIRLMERE RD
Hightown Sta
Hightown
1 SANDILANDS GR
2 BLUNDELL AVE
3 BLUNDELL RD
ELMCROFT LA
SANDY LA
Sports Gd
Orrell Hill Wood
Lady Green Farm
SCAFFOLD LA
Lady Green
Weld Blundell Arms (PH)
ORRELL HILL LA
B5193
Pheasant Inn (PH)
High Farm
Orrell Hill Farm
Tristram's Farm
LADY GREEN LA
Rigmaiden Farm
Carr Houses
CARR HOUSE LA
PO
Ince Blundell
MOOR LA
THE CLOSE
LADY GREEN CL
VICTORIA RD
BACK O THE TOWN LA
HALL LA
Waterhen Clump
PARK WALL RD
Cemy
Holt's Hey Wood
CROSS BARN LA
Ince Blundell Hall
Moor Farm
Wood Farm
GORSEY LA
Moss Farm
ELVINGTON RD
MARSTON CRES
MAYFAIR CL
MOSS LA
Flea Moss Wood
MOOR LA
West Lodge
Moss Wood
A565
Sniggery Farm
Woodham Knoll
B5193
Sunnyfield Farm
PARK WALL RD

17
26

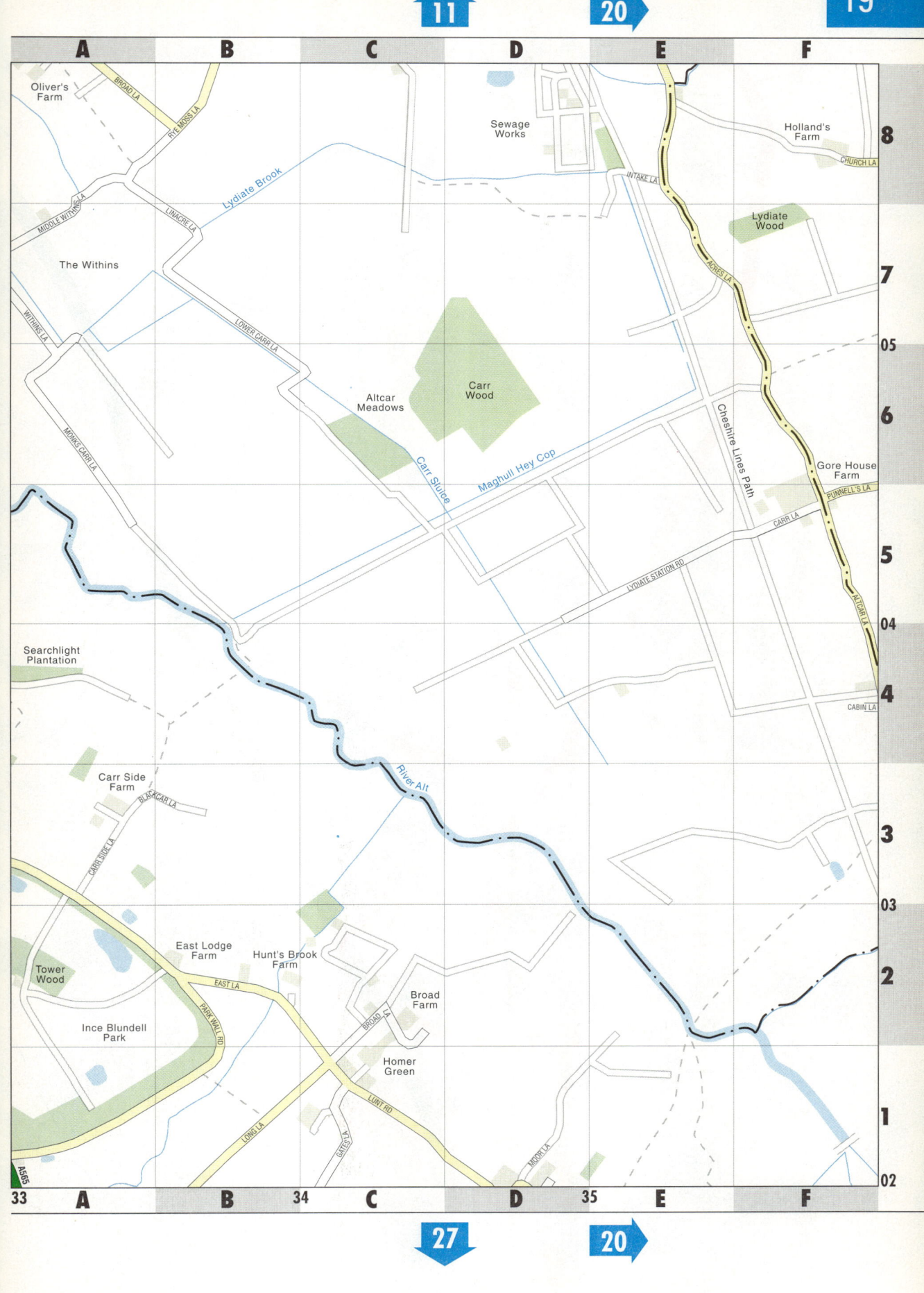

19
12

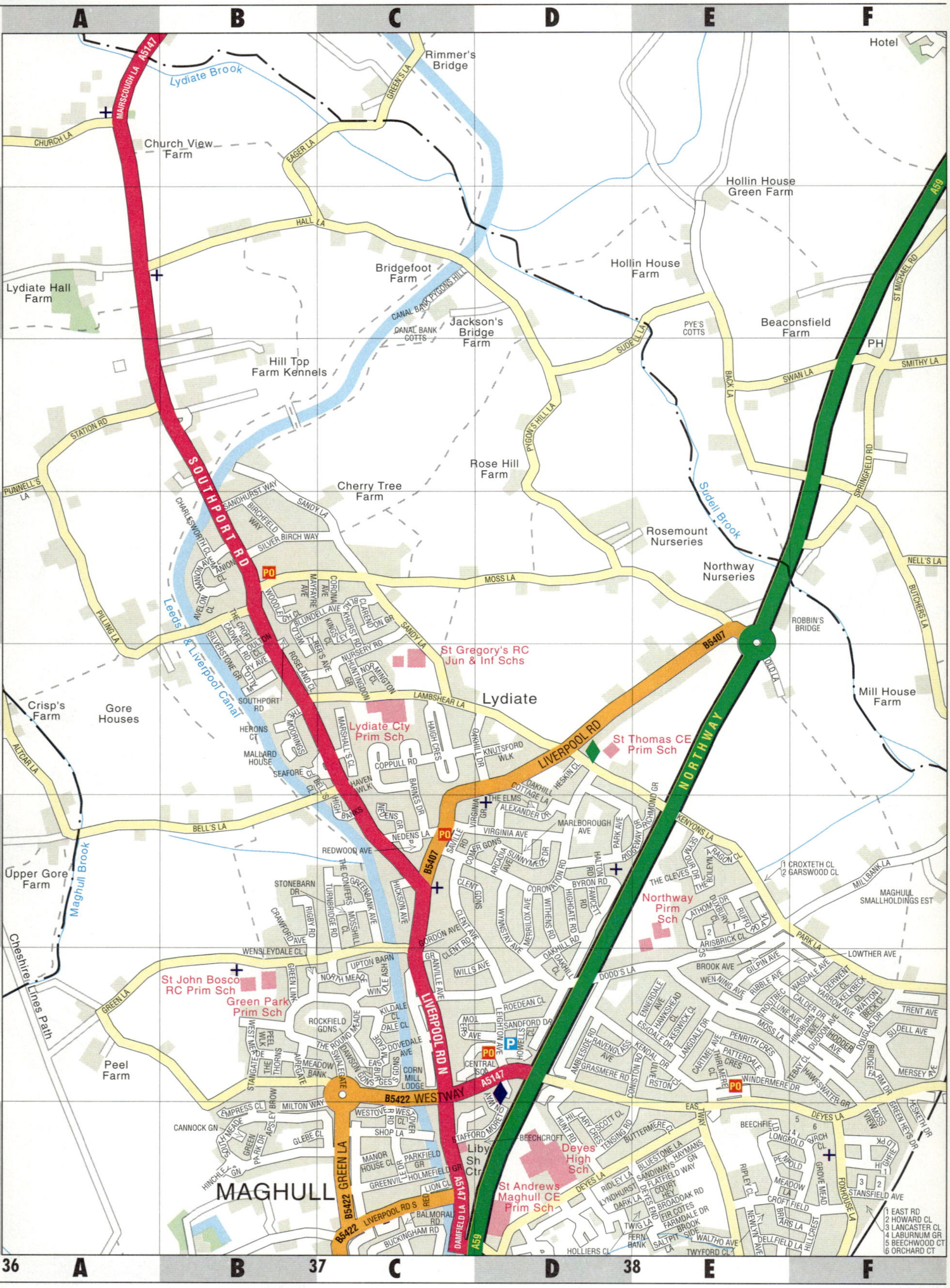
A
B
C
D
E
F
8
7
05
6
5
04
4
3
03
2
1
02
36
37
38
Rimmer's Bridge
Hotel
Lydiate Brook
MAIRSCOUGH LA
A5147
CHURCH LA
Church View Farm
GREEN'S LA
EAGER LA
Hollin House Green Farm
A59
HALL LA
Bridgefoot Farm
Hollin House Farm
Lydiate Hall Farm
CANAL BANK
PYGONS HILL
Jackson's Bridge Farm
CANAL BANK COTTS
PYE'S COTTS
Beaconsfield Farm
SUDELL LA
ST MICHAEL RD
PH
SMITHY LA
Hill Top Farm Kennels
SWAN LA
BACK LA
STATION RD
SOUTHPORT RD
PYGON'S HILL LA
Rose Hill Farm
Cherry Tree Farm
PUNNELL'S LA
SPRINGFIELD RD
Sudell Brook
SANDY LA
SILVER BIRCH WAY
Rosemount Nurseries
Northway Nurseries
NELL'S LA
MOSS LA
Leeds & Liverpool Canal
PILLING LA
BUTCHERS LA
ROBBIN'S BRIDGE
B5407
St Gregory's RC Jun & Inf Schs
Lydiate
Crisp's Farm
Gore Houses
LAMBSHEAR LA
Mill House Farm
Lydiate Cty Prim Sch
LIVERPOOL RD
St Thomas CE Prim Sch
NORTHWAY
ALTCAR LA
BELL'S LA
KENYONS LA
Upper Gore Farm
Maghull Brook
Northway Pirm Sch
MILLBANK LA
MAGHULL SMALLHOLDINGS EST
Cheshire Lines Path
PARK LA
LOWTHER AVE
WENSLEYDALE CL
St John Bosco RC Prim Sch
Green Park Prim Sch
GREEN LA
LIVERPOOL RD N
TRENT AVE
Peel Farm
B5422 WESTWAY
WINDERMERE DR
Deyes High Sch
Liby Sh Ctr
St Andrews Maghull CE Prim Sch
MAGHULL
B5422
GREEN LA
LIVERPOOL RD S
DAMFIELD LA
DEYES LA
FOXHOUSE LA
1 EAST RD
2 HOWARD CL
3 LANCASTER CL
4 LABURNUM GR
5 BEECHWOOD CT
6 ORCHARD CT
1 CROXTETH CL
2 GARSWOOD CL

19
28

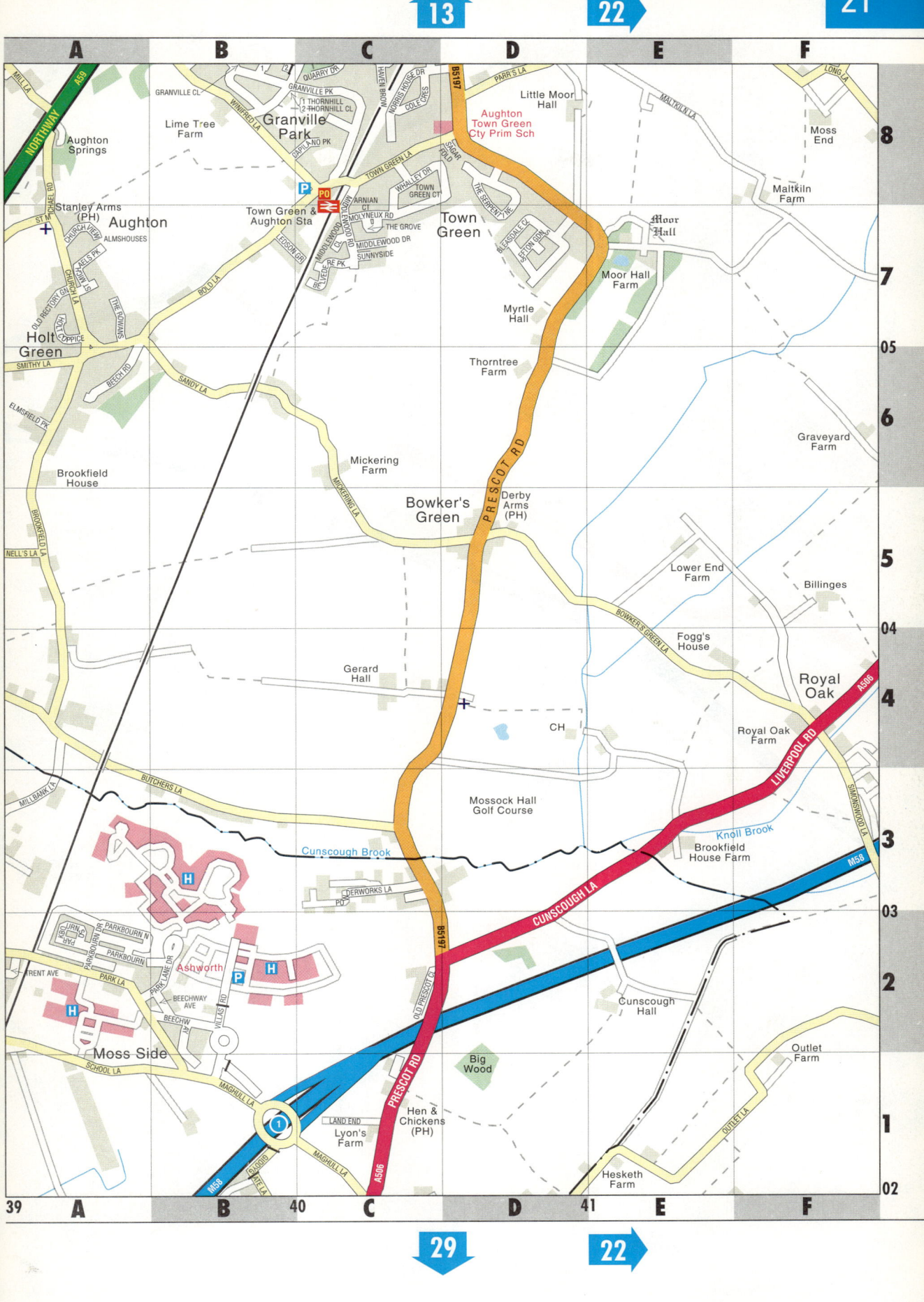

21
14

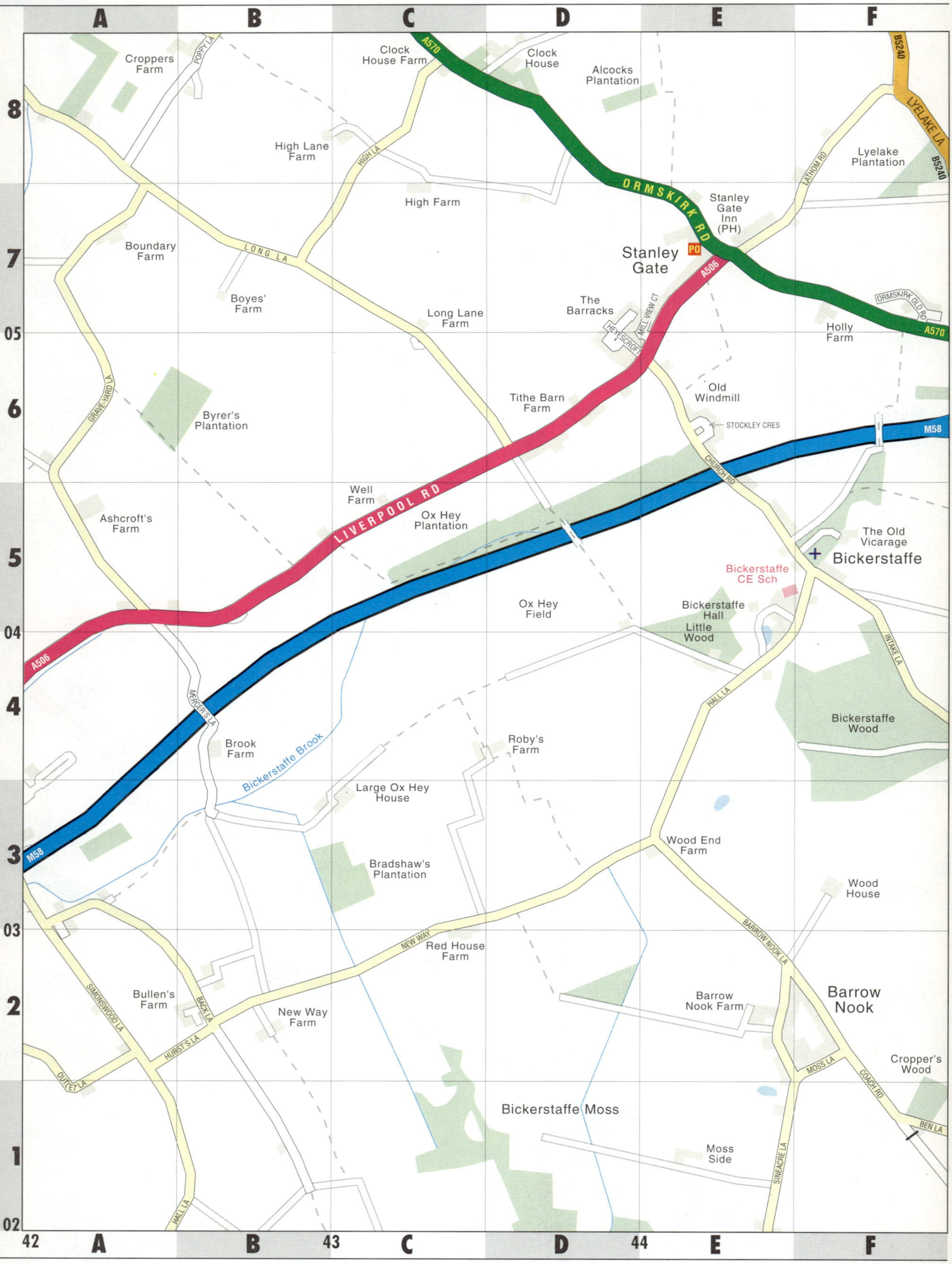
A
B
C
D
E
F
8
7
05
6
5
04
4
3
03
2
1
02
42
43
44
Croppers Farm
POPPY LA
Clock House Farm
A570
Clock House
Alcocks Plantation
B5240
LYELAKE LA
Lyelake Plantation
High Lane Farm
HIGH LA
High Farm
ORMSKIRK RD
Stanley Gate Inn (PH)
LATHOM RD
Boundary Farm
LONG LA
Stanley Gate
PO
A506
Boyes' Farm
Long Lane Farm
The Barracks
MILL VIEW CT
HEYESCROFT
ORMSKIRK OLD RD
Holly Farm
GRAVE-YARD LA
Byrer's Plantation
Tithe Barn Farm
Old Windmill
STOCKLEY CRES
M58
CHURCH RD
Ashcroft's Farm
Well Farm
LIVERPOOL RD
Ox Hey Plantation
The Old Vicarage
Bickerstaffe
Bickerstaffe CE Sch
Ox Hey Field
Bickerstaffe Hall
Little Wood
INTAKE LA
HALL LA
MERCER'S LA
Bickerstaffe Wood
Brook Farm
Roby's Farm
Bickerstaffe Brook
Large Ox Hey House
Wood End Farm
Bradshaw's Plantation
Wood House
BARROW NOOK LA
NEW WAY
Red House Farm
SIMONSWOOD LA
Bullen's Farm
BACK LA
New Way Farm
Barrow Nook Farm
Barrow Nook
HURST'S LA
OUTLET LA
MOSS LA
COACH RD
Cropper's Wood
Bickerstaffe Moss
BEN LA
Moss Side
SINEACRE LA
HALL LA

21
30

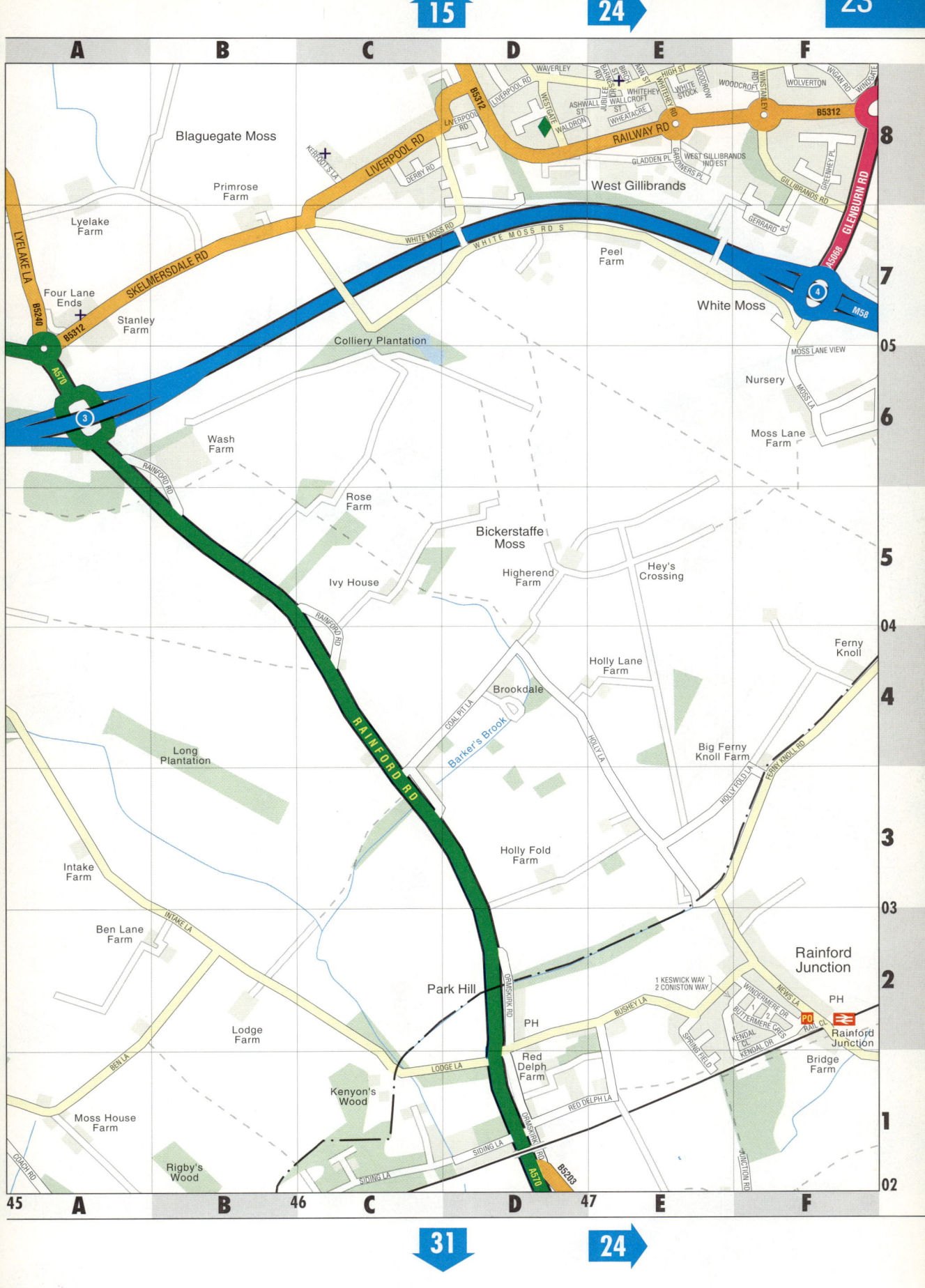

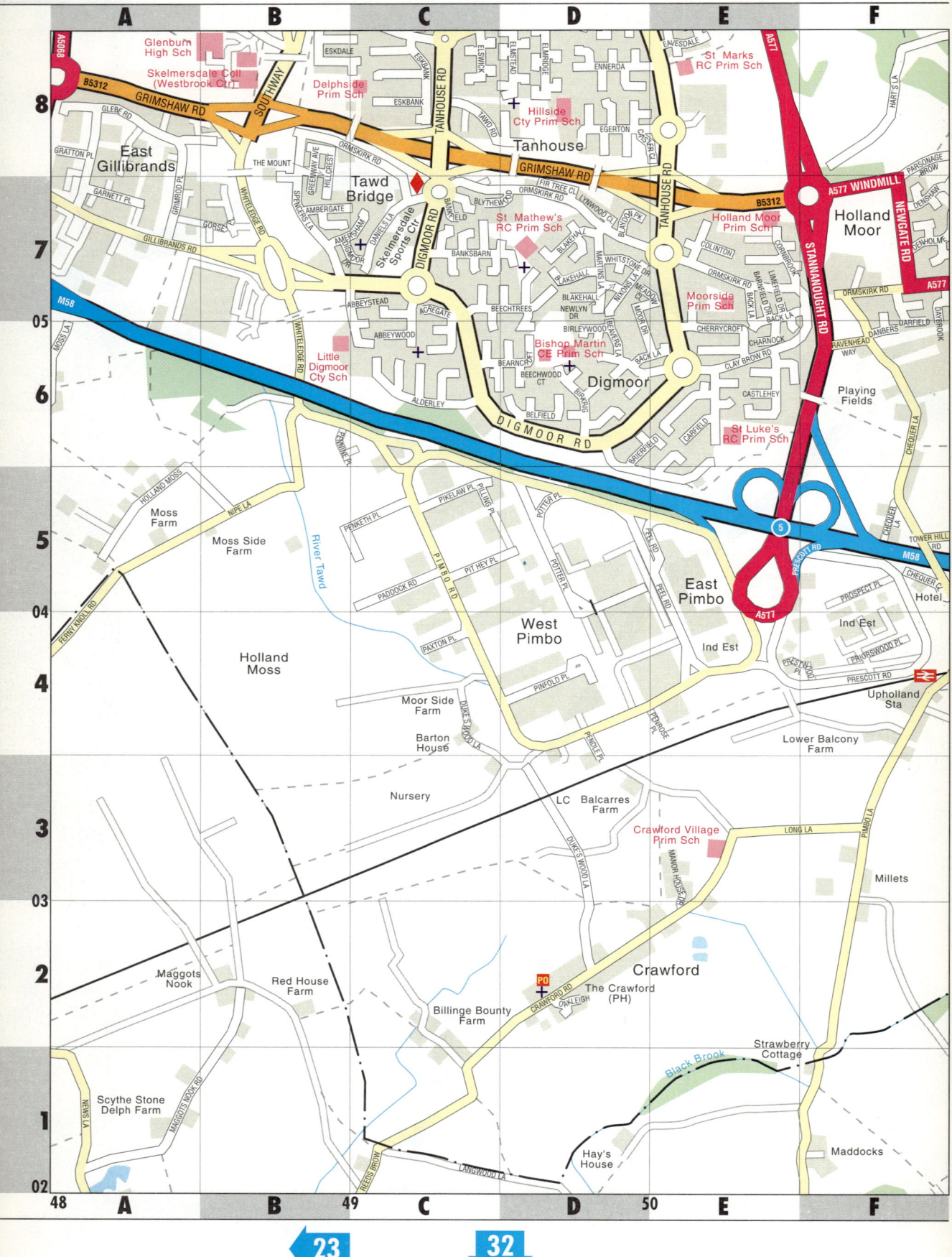

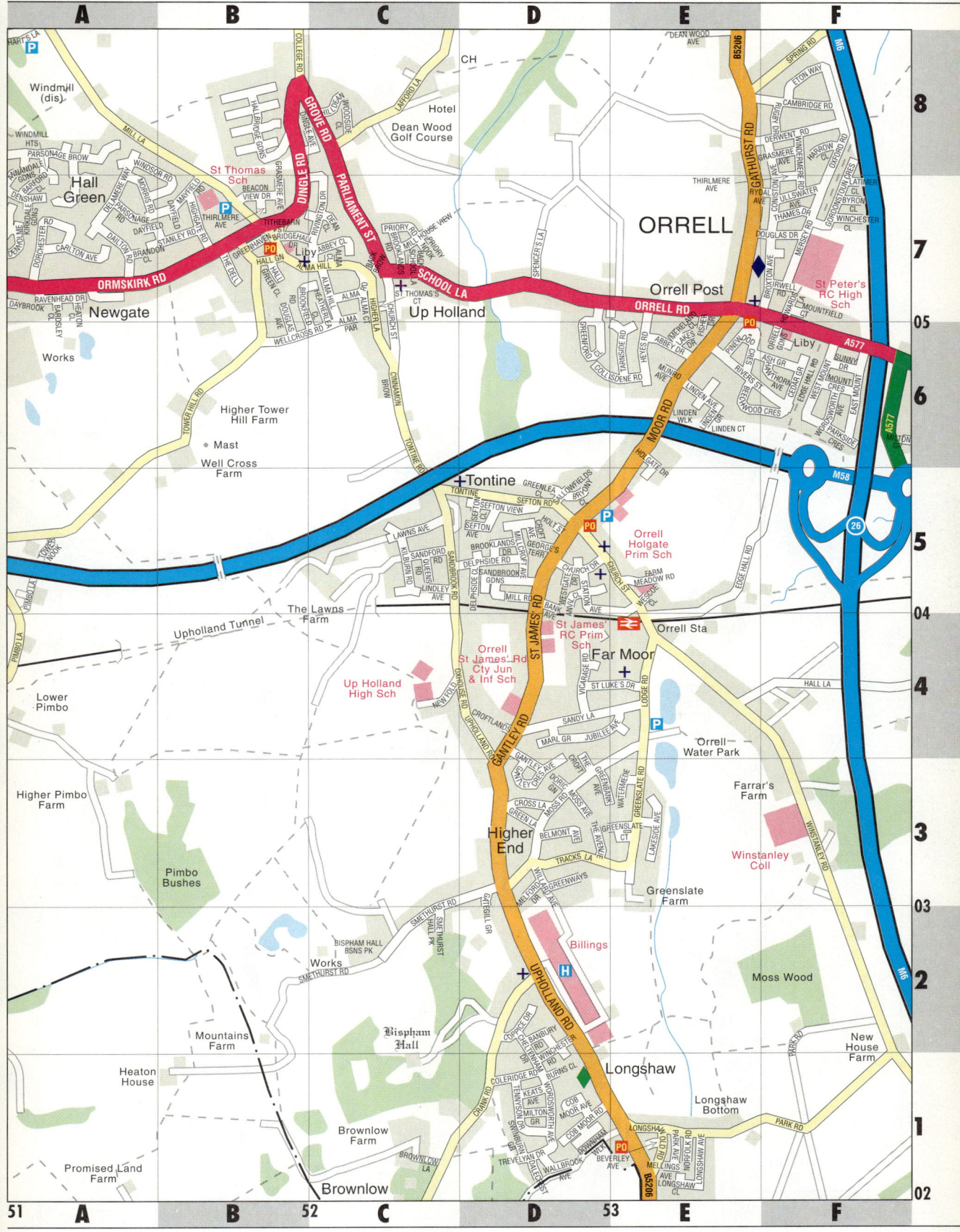

27
20

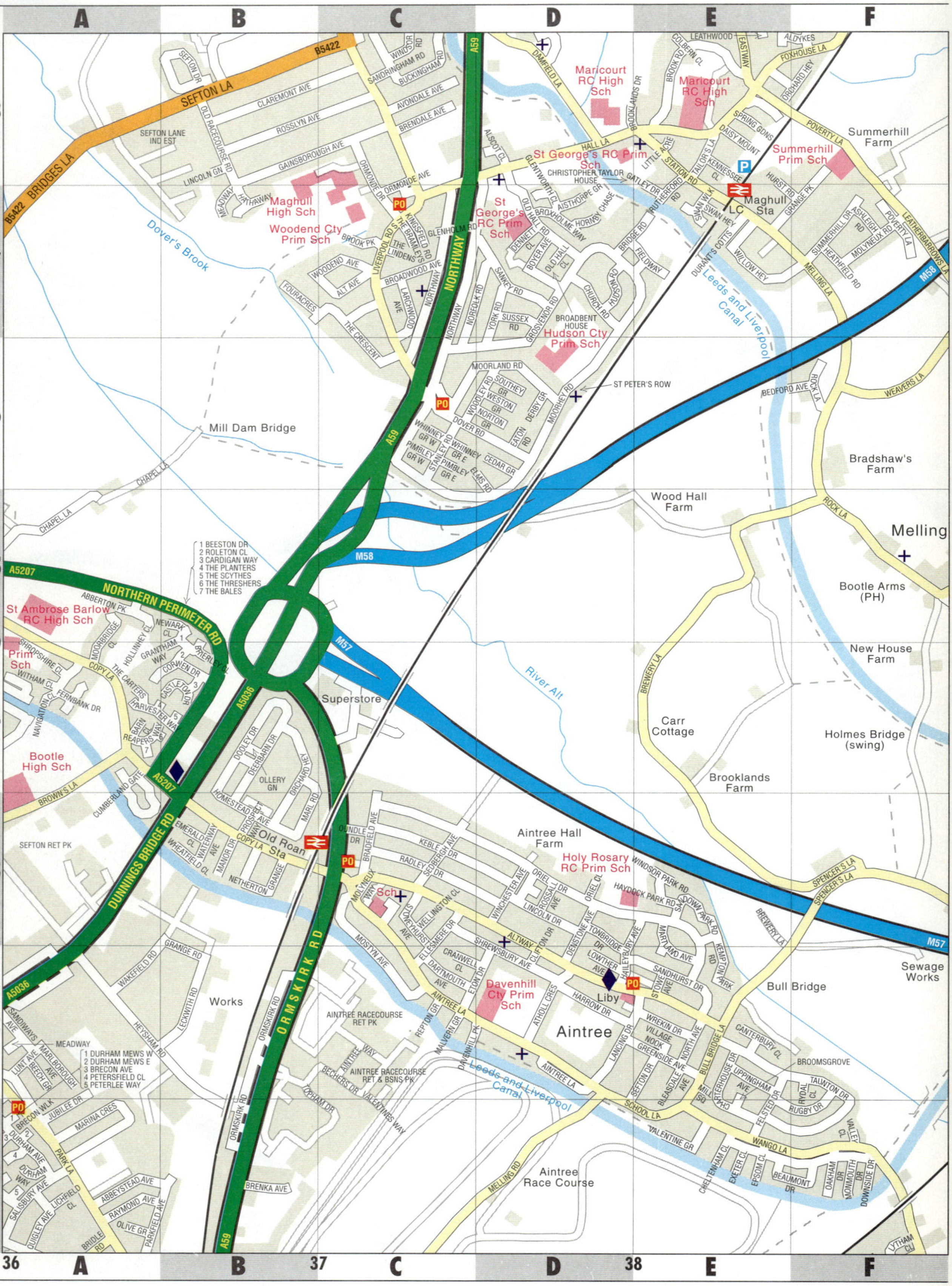
A
B
C
D
E
F
8
7
01
6
5
00
4
3
99
2
1
98
36
37
38
SEFTON LA
B5422
B5422 BRIDGES LA
SEFTON LANE IND EST
SEFTON DR
OLD RACECOURSE RD
CLAREMONT AVE
ROSSLYN AVE
GAINSBOROUGH AVE
LINCOLN GN
MEADWAY
HATHAWAY
AVONDALE AVE
BRENDALE AVE
SANDRINGHAM RD
BUCKINGHAM RD
WINDSOR RD
ORMONDE AVE
Maghull High Sch
Woodend Cty Prim Sch
Dover's Brook
BROOK PK
WOODEND AVE
ALT AVE
FOURACRES
THE CRESCENT
BROADWOOD AVE
LARCHWOOD AVE
LIVERPOOL RD S
KINGSFIELD RD
THE BRAMBLES
THE LINDENS
GLENHOLM RD
NORTHWAY
A59
PO
ALSOOT CL
DAMFIELD LA
Maricourt RC High Sch
BROOKLANDS DR
HALL LA
St George's RC Prim Sch
CHRISTOPHER TAYLOR HOUSE
GLENTWORTH CL
AISTHORPE GR
HORNBY CHASE
BROXHOLME WAY
St George's RC Prim Sch
OLD HALL RD
DENNETT CL
BOYER AVE
OLD HALL CL
SANKEY RD
NORFOLK RD
YORK RD
SUSSEX RD
GROSVENOR RD
CHURCH RD
HUDSON RD
BRIDGE RD
FIELDWAY
RUTHERFORD RD
GATLEY DR
LITTLE ACRE
STATION RD
BROADBENT HOUSE
Hudson Cty Prim Sch
MOORLAND RD
SOUTHEY GR
WESTON GR
NORTON GR
WOODLEY RD
DERBY GR
EATON RD
MOORHEY RD
ST PETER'S ROW
DOVER RD
WHINNEY GR W
WHINNEY GR E
PIMBLEY GR W
PIMBLEY GR E
STANLEY RD
CEDAR GR
ELMS RD
LEATHWOOD
COLBERN CL
BROOK RD
EASTWAY
ALDYKES
FOXHOUSE LA
ORCHARD HEY
Maricourt RC High Sch
SPRING GDNS
DAISY MOUNT
TAYLOR'S LA
KENNESSEE CL
SWAN WLK
SWAN HEY
LC
Maghull Sta
DURANT'S COTTS
WILLOW HEY
HURST RD
GRANGE PK
Summerhill Prim Sch
POVERTY LA
Summerhill Farm
SUMMERHILL DR
ASHLEIGH RD
MOLYNEUX RD
HEATHFIELD RD
MELLING LA
LEATHERBARROWS LA
Leeds and Liverpool Canal
M58
BEDFORD AVE
ROCK LA
WEAVERS LA
Bradshaw's Farm
Wood Hall Farm
Melling
Bootle Arms (PH)
New House Farm
Mill Dam Bridge
CHAPEL LA
1 BEESTON DR
2 ROLETON CL
3 CARDIGAN WAY
4 THE PLANTERS
5 THE SCYTHES
6 THE THRESHERS
7 THE BALES
A5207
NORTHERN PERIMETER RD
St Ambrose Barlow RC High Sch
Prim Sch
ABBERTON PK
NEWARK CL
MOORBRIDGE CL
HOLLINHEY CL
GRANTHAM WAY
CORWEN DR
CASTLETON DR
SHROPSHIRE CL
COPY LA
WITHAM CL
FERNBANK DR
NAVIGATION CL
THE CARTERS
HARVESTER WAY
BARN CL
REAPERS WAY
M57
River Alt
Superstore
A5036
DOOLEY DR
DEERBARN DR
OLLERY GN
ORCHARD HEY
HOMESTEAD AVE
PROSPECT WAY
MARL RD
Old Roan Sta
Bootle High Sch
BROWN'S LA
CUMBERLAND GATE
SEFTON RET PK
DUNNINGS BRIDGE RD
EMERALD CL
WATERWAY AVE
MANOR DR
WHEATFIELD CL
COPY LA
NETHERTON GRANGE
BREWERY LA
Carr Cottage
Holmes Bridge (swing)
Brooklands Farm
Aintree Hall Farm
Holy Rosary RC Prim Sch
WINDSOR PARK RD
HAYDOCK PARK RD
SANDOWN PARK RD
SPENCER'S LA
KEBLE DR
RADLEY DR
SEDBERGH AVE
BRADFIELD AVE
OUNDLE DR
MOLYNEUX WAY
Sch
STONEYHURST AVE
WELLINGTON CL
WINCHESTER AVE
ORIEL DR
ROSSALL DR
ORIEL CL
LINCOLN DR
ALTWAY
CLIFTON DR
DENSTONE AVE
TONBRIDGE DR
LOWTHER AVE
HAILEYBURY AVE
MARTLAND AVE
KEMPTON PARK RD
SANDHURST DR
STOWE AVE
Liby
ELLESMERE DR
CRANWELL CL
DARTMOUTH AVE
SHREWSBURY AVE
ETON DR
Davenhill Cty Prim Sch
ATHOLL CRES
HARROW DR
Aintree
MOSTYN AVE
AINTREE LA
REPTON GR
MALVERN GR
DAVENHILL PK
WREKIN DR
VILLAGE NOOK
GREENSIDE AVE
NORTH AVE
LANCING DR
SEFTON DR
BLEASDALE AVE
MILL SQ
BULL BRIDGE LA
CANTERBURY CL
CHARTERHOUSE DR
UPPINGHAM AVE
FELSTED DR
RYDAL CL
TAUNTON DR
RUGBY DR
BROOMSGROVE
Bull Bridge
Sewage Works
M57
SCHOOL LA
WANGO LA
VALENTINE GR
CHELTENHAM CL
EXETER CL
EPSOM CL
BEAUMONT DR
OAKHAM DR
MONMOUTH DR
DOWNSIDE DR
VALLEY CL
LYTHAM CL
Aintree Race Course
MELLING RD
AINTREE RACECOURSE RET PK
AINTREE RACECOURSE RET & BSNS PK
AINTREE WAY
BECHERS DR
VALENTINES WAY
TOPHAM DR
ORMSKIRK RD
ORMSKIRK RD
BRENKA AVE
Works
WAKEFIELD RD
GRANGE RD
LECKWITH RD
HEYSHAM RD
MEADWAY
1 DURHAM MEWS W
2 DURHAM MEWS E
3 BRECON AVE
4 PETERSFIELD CL
5 PETERLEE WAY
SANDIWAYS AVE
LUNT AVE
MARLBOROUGH AVE
BEECH GR
BRECON WLK
JUBILEE DR
MARINA CRES
DURHAM AVE
DURHAM WAY
SALISBURY AVE
QUIGLEY AVE
LICHFIELD CL
PARK LA
ABBEYSTEAD AVE
RAYMOND AVE
OLIVE GR
PARKFIELD AVE
BRIDLE RD
A5036

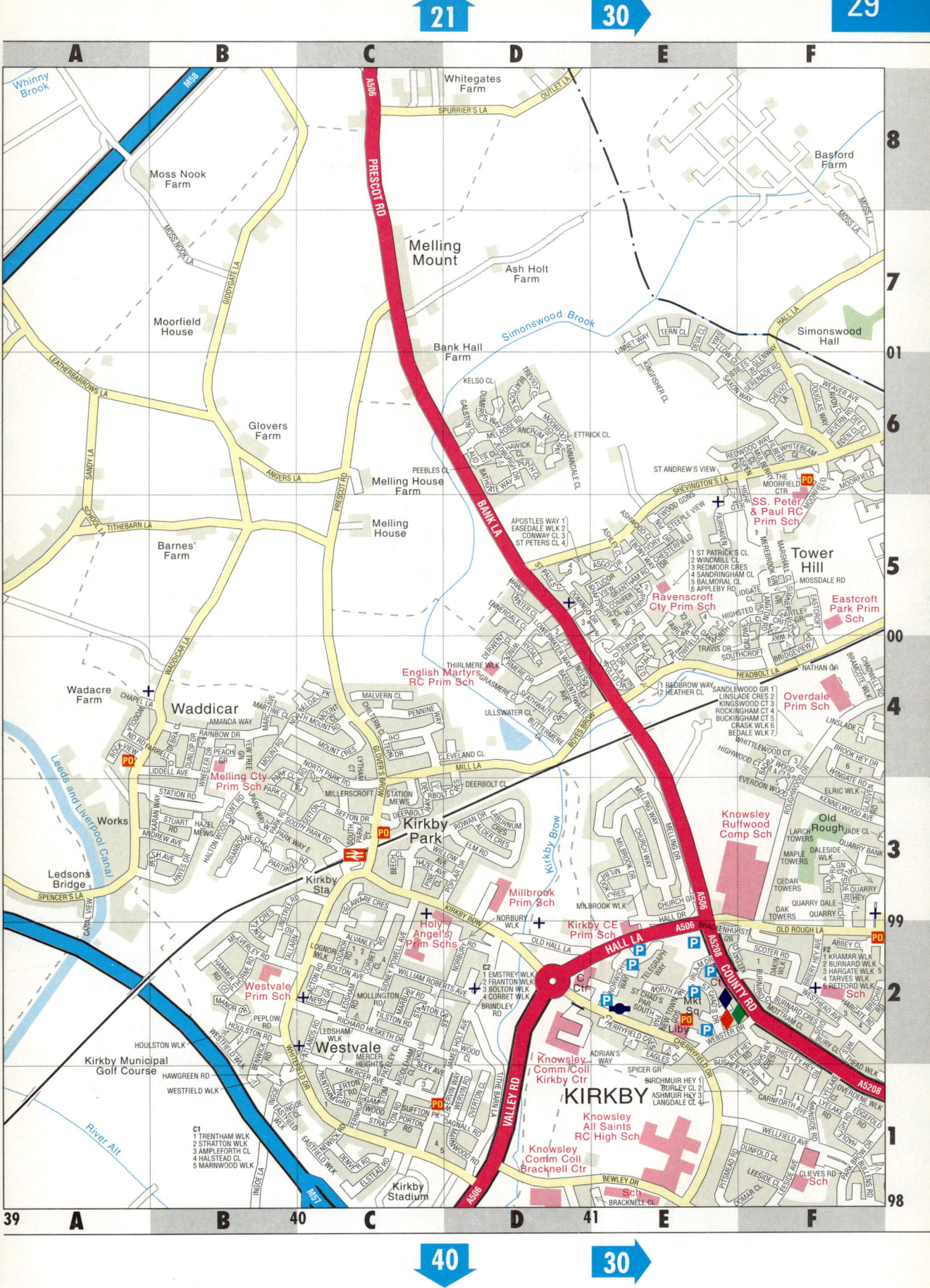

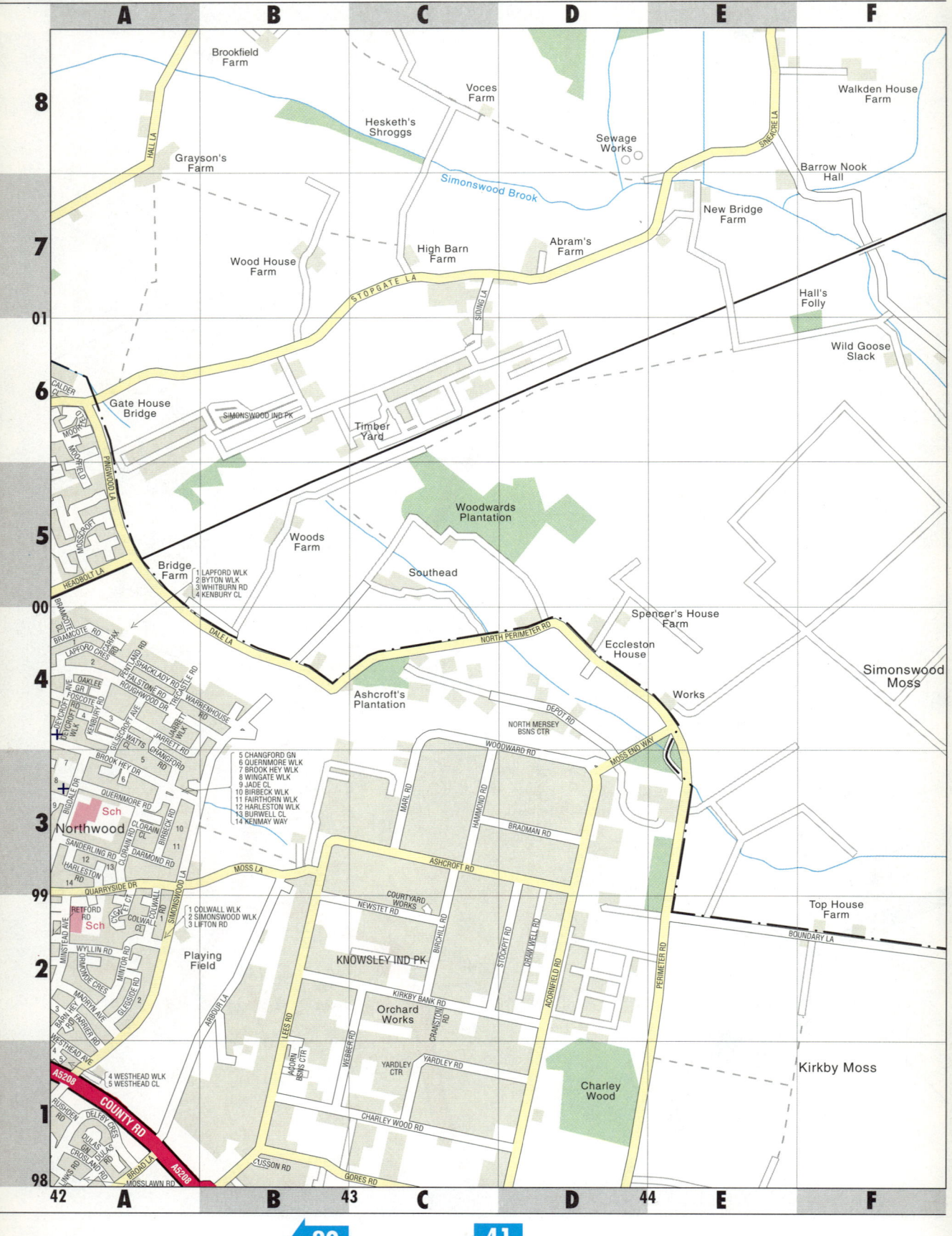

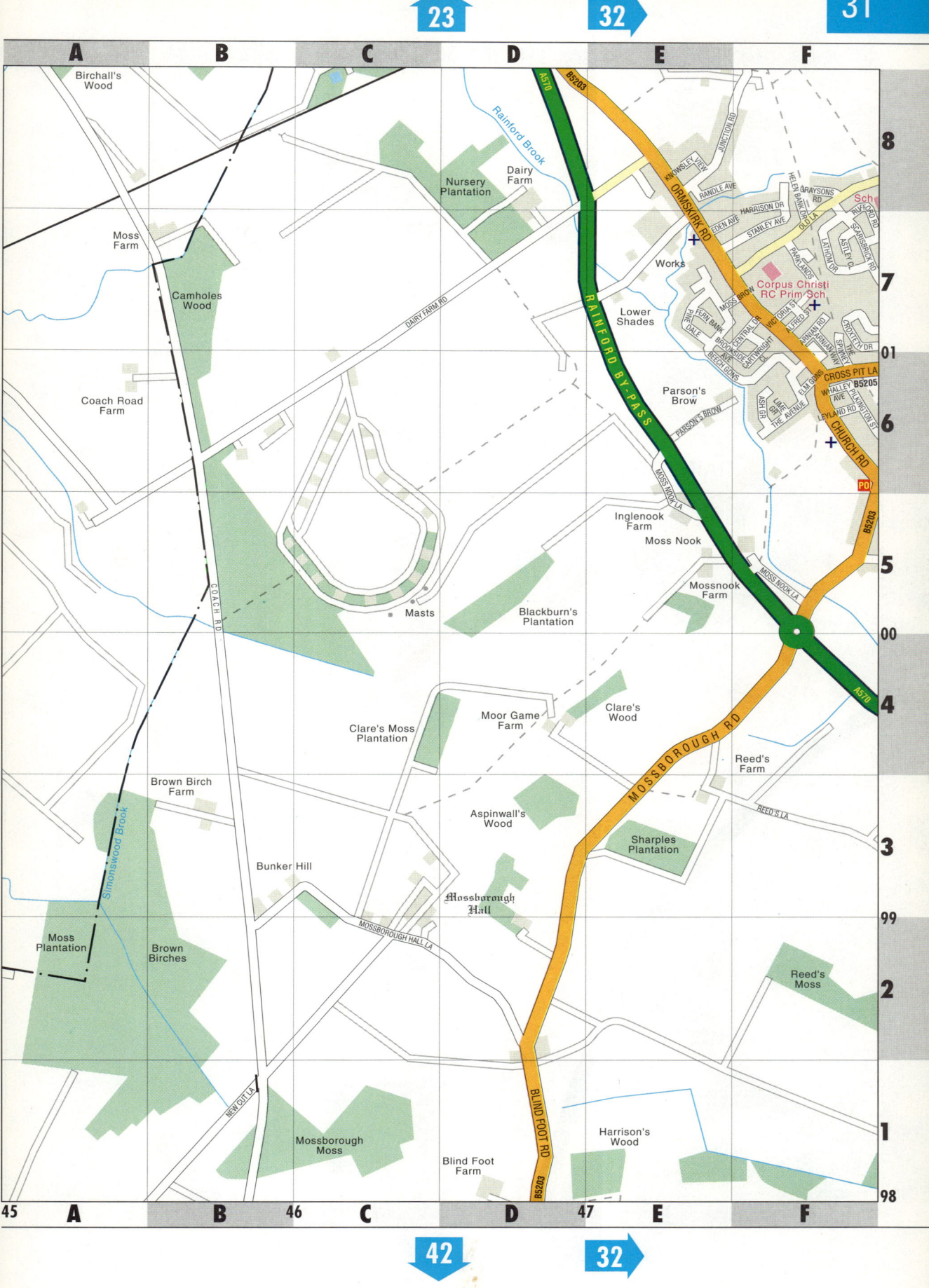

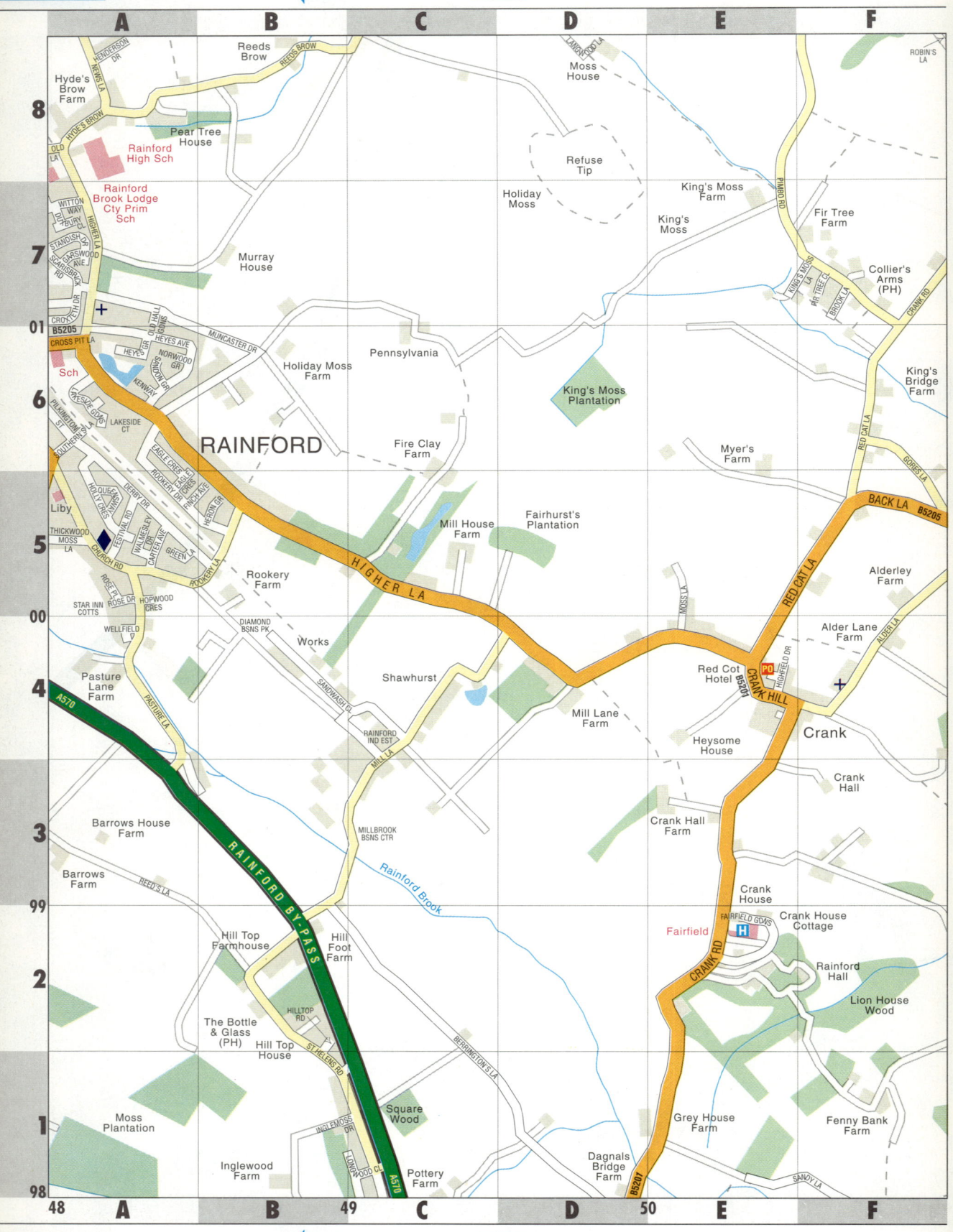

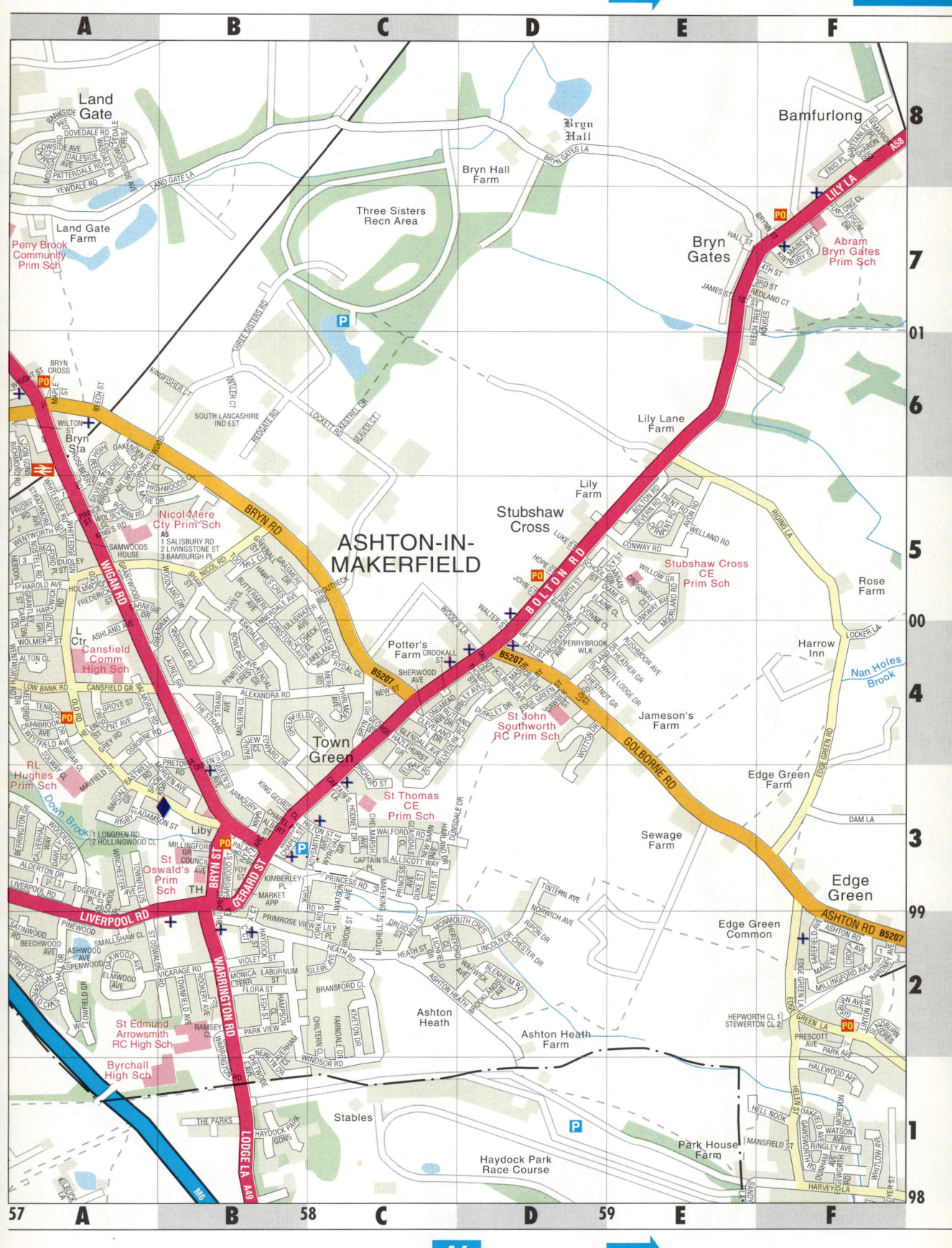

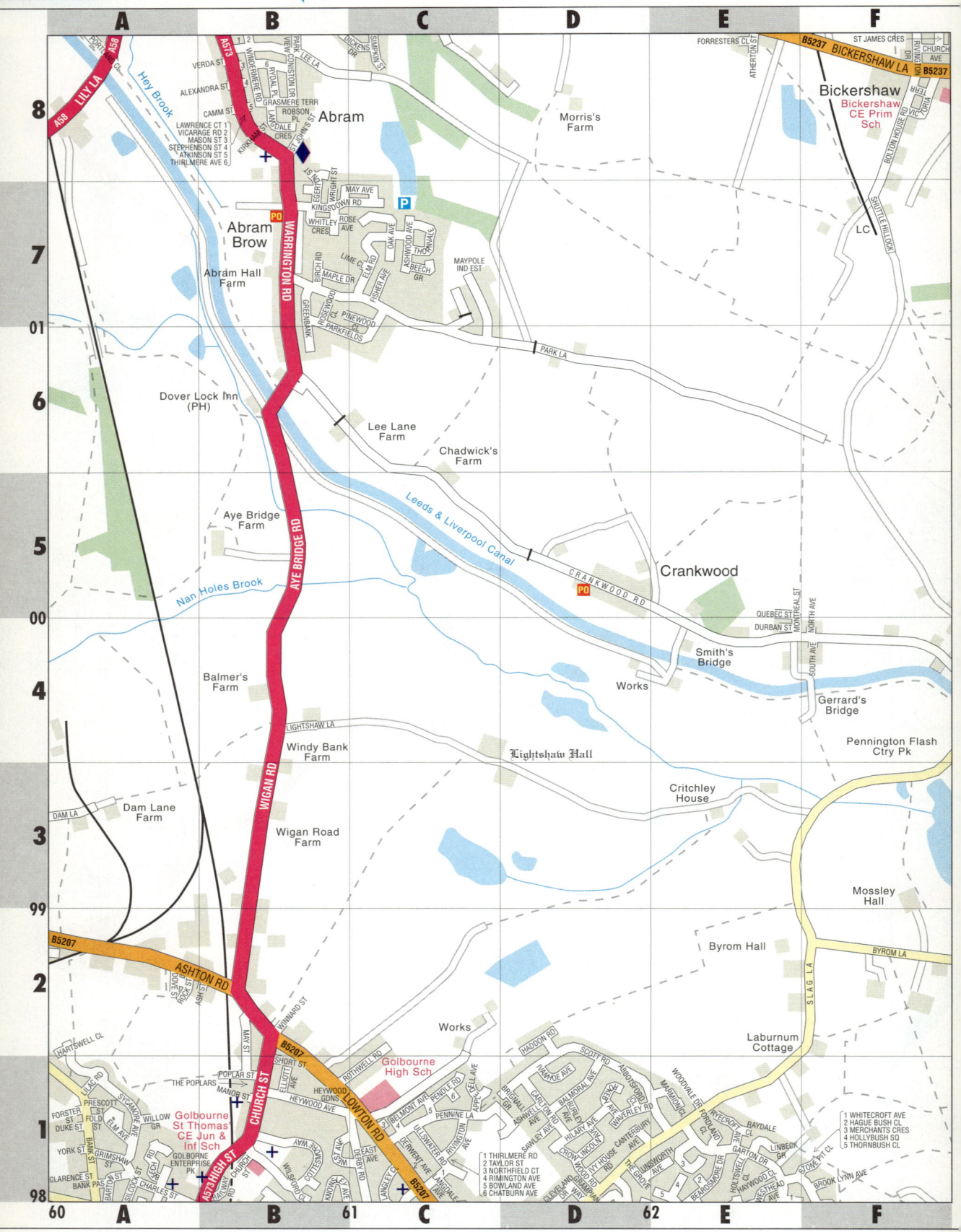

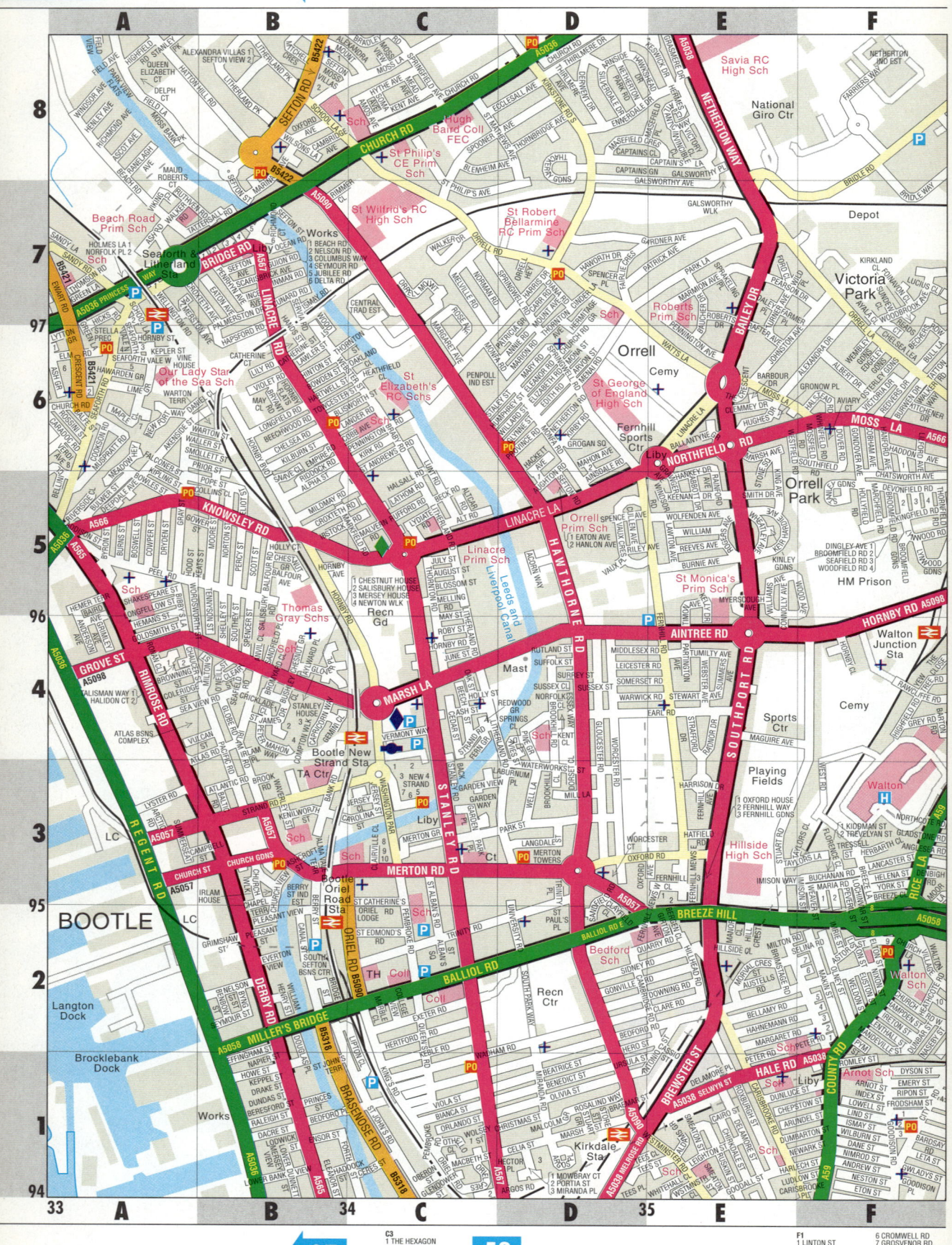

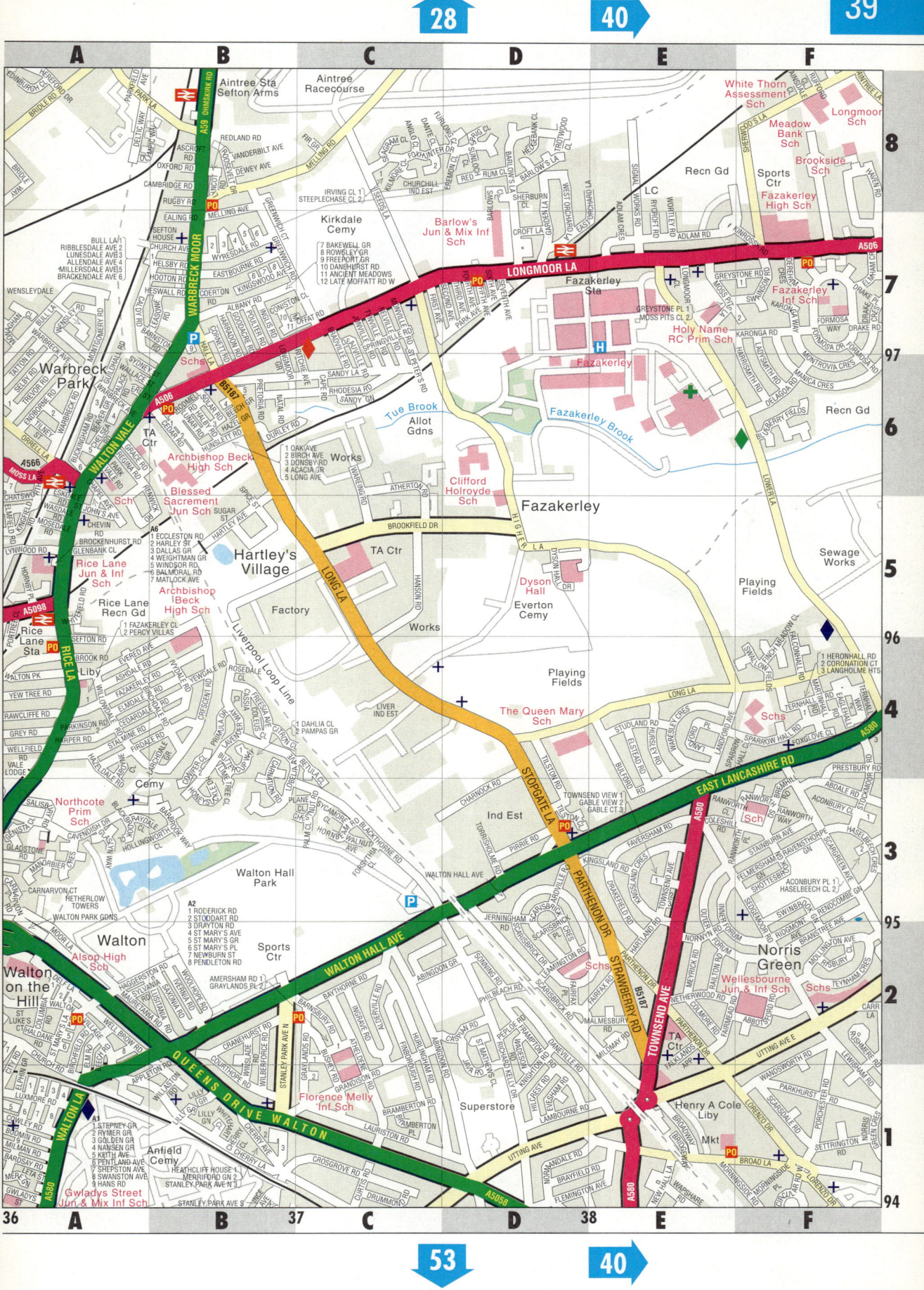

39
29

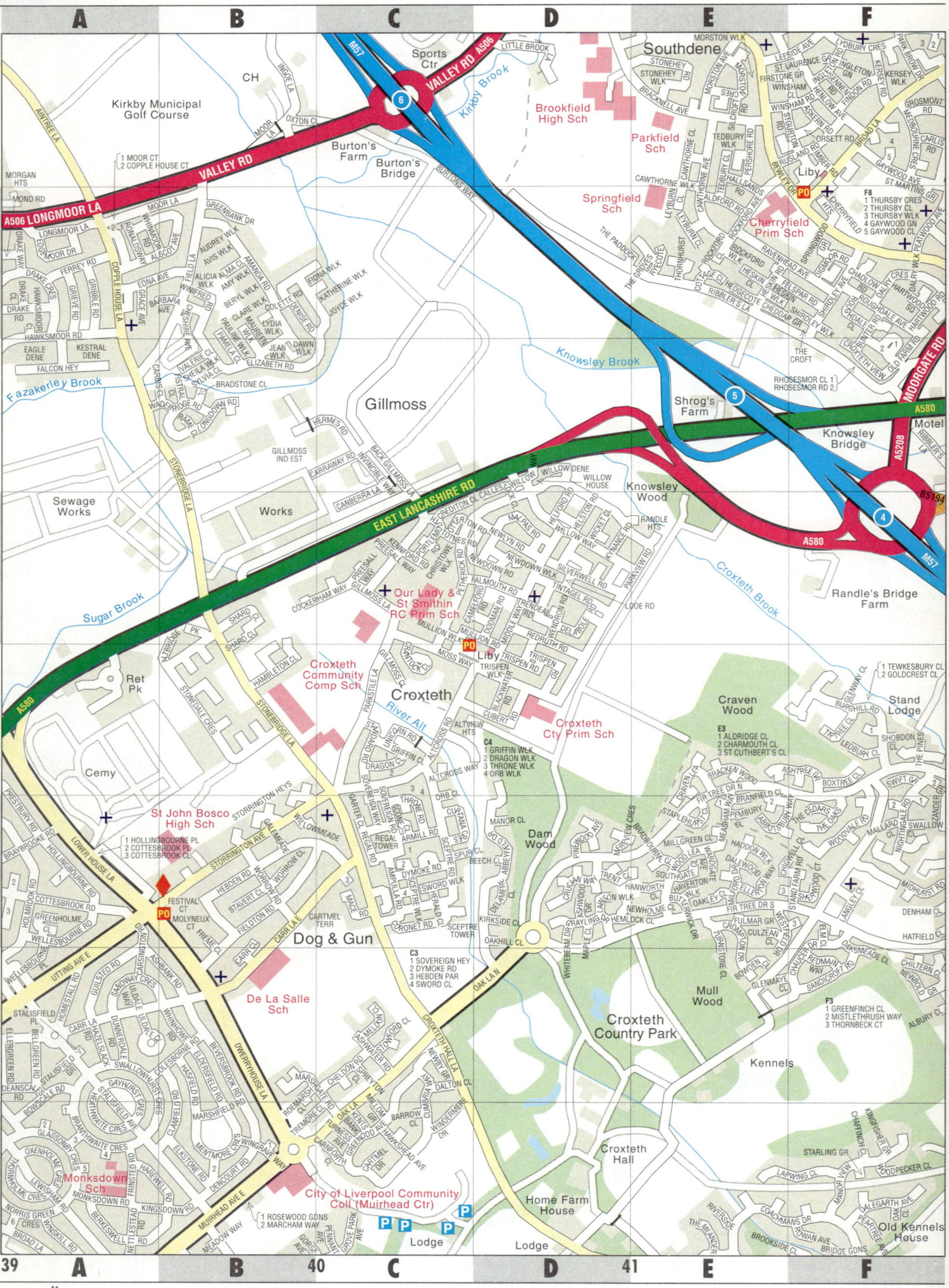

A1
1 BRANTHWAITE CL
2 HELMDON CL
3 GLASSONBY WAY
4 BRANTHWAITE GR
5 BLAISDON CL
6 NORRIS GREEN WAY

39
54

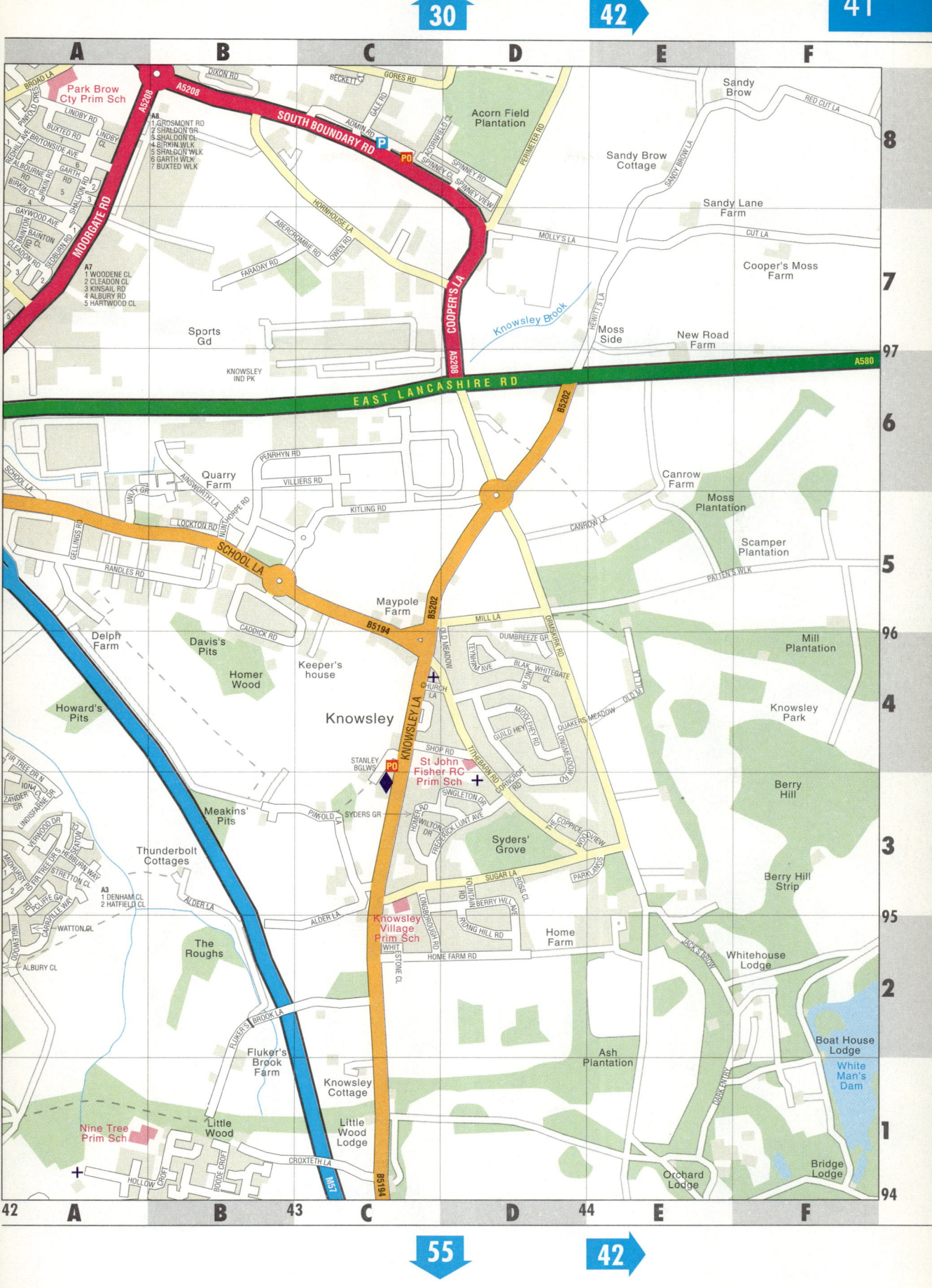

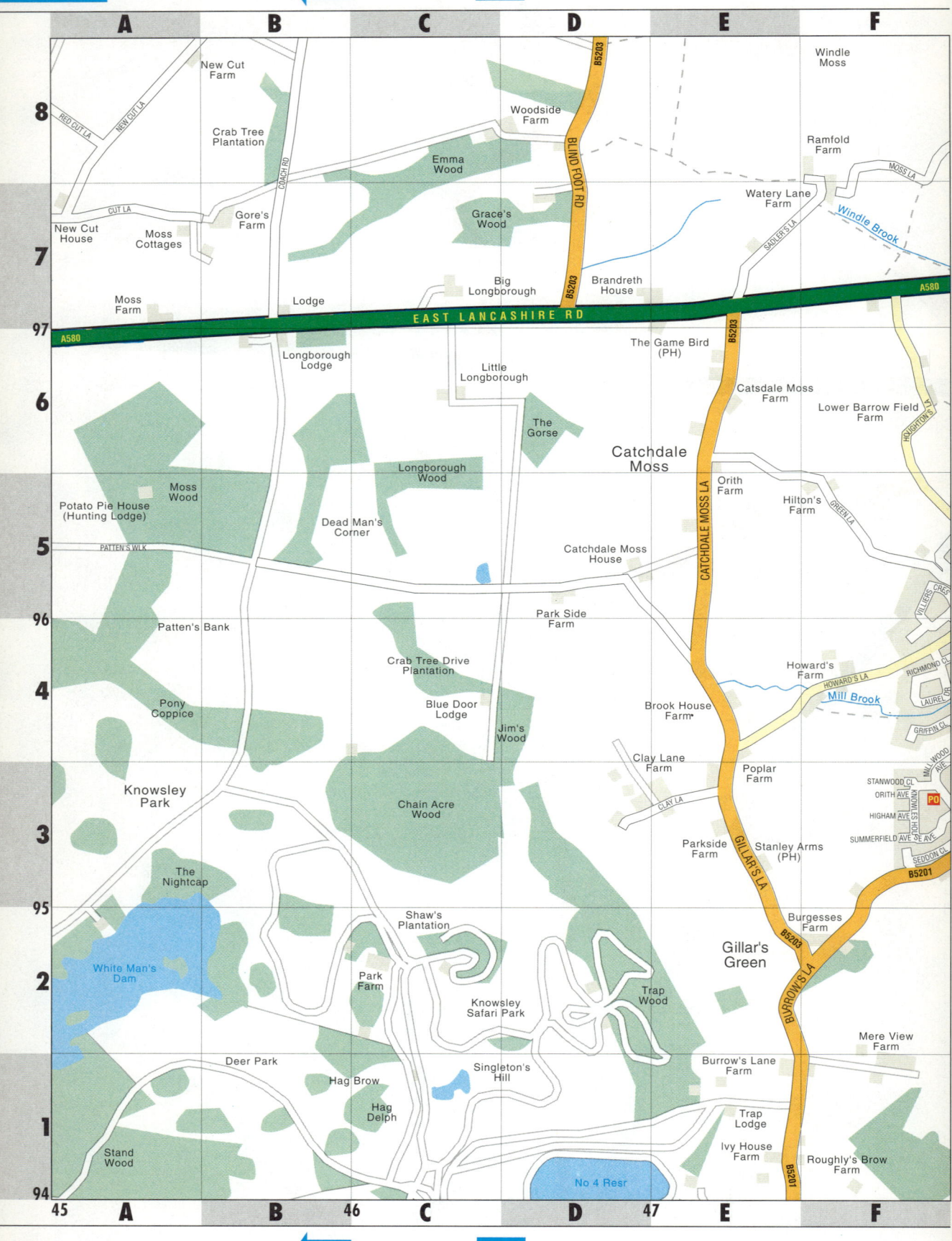

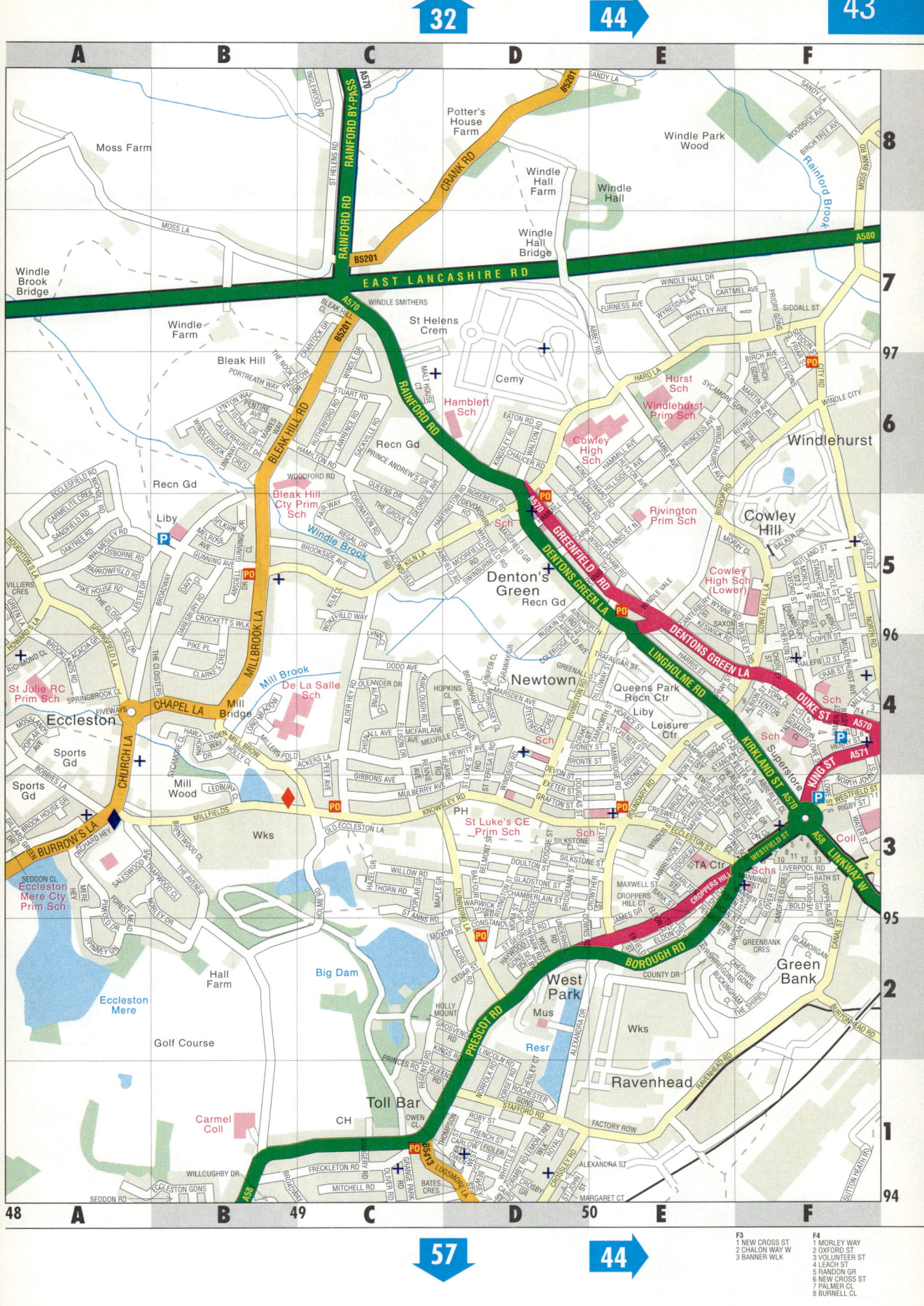

43
33

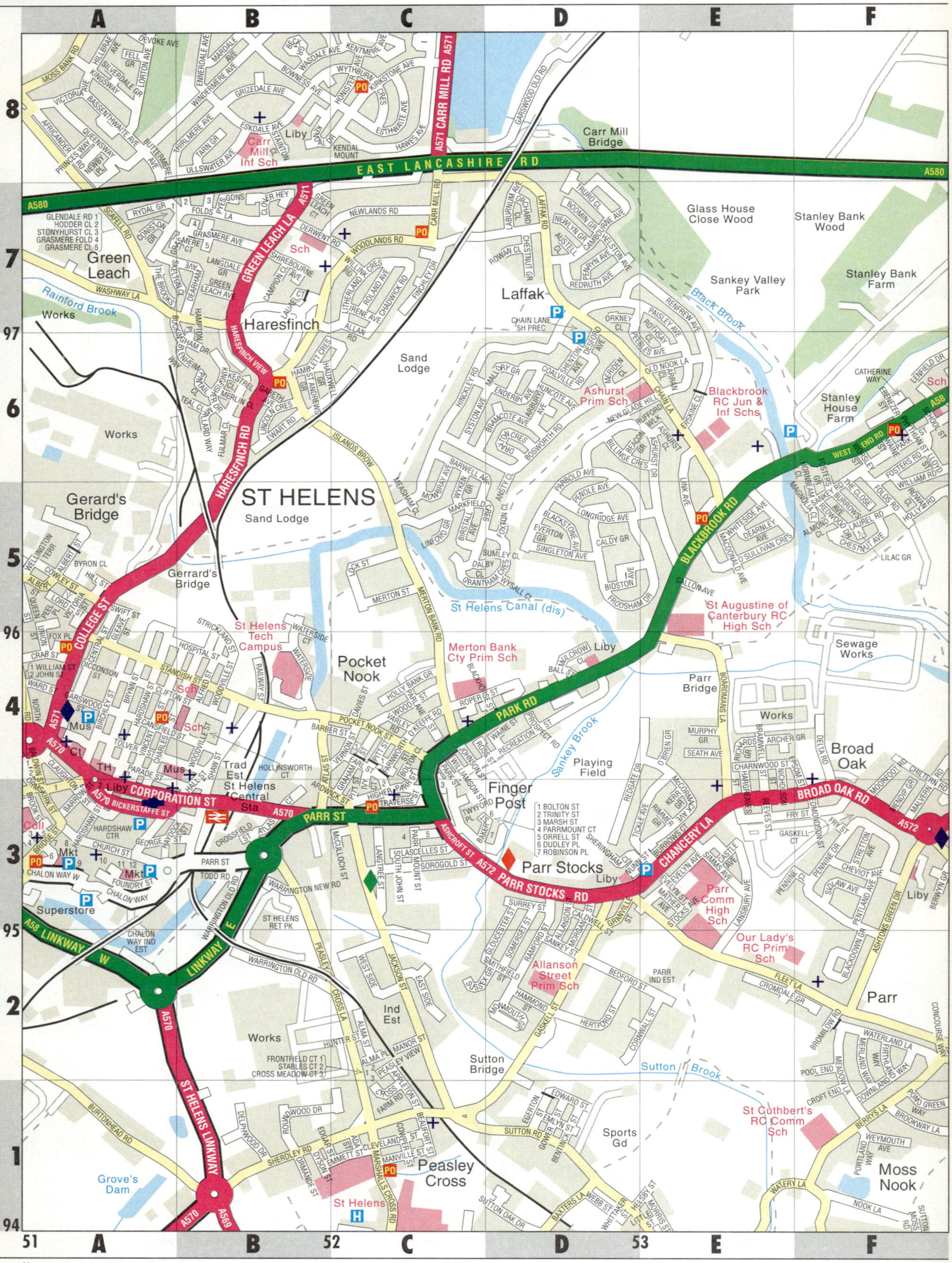

A3
1 COTHAM ST
2 VICTORIA SQ
3 WATERLOO ST
4 CROSS ST
5 MILK ST
6 EXCHANGE ST
7 LAGRANGE ARC
8 PALATINE ARC
9 MARKET ST
10 CHURCH SQ
11 ST MARY'S ARC
12 BROWNLOW ARC

43
58

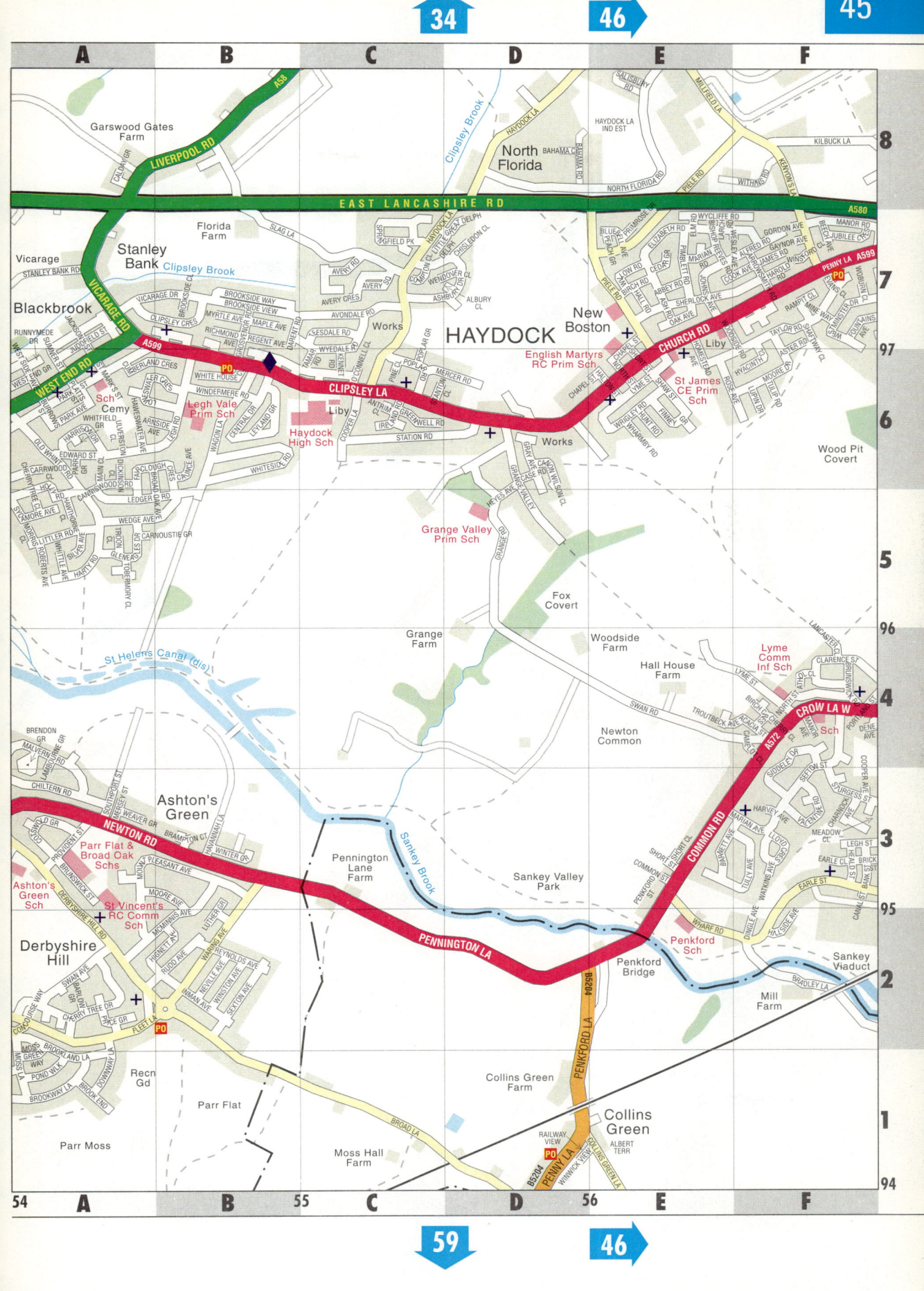

45
35

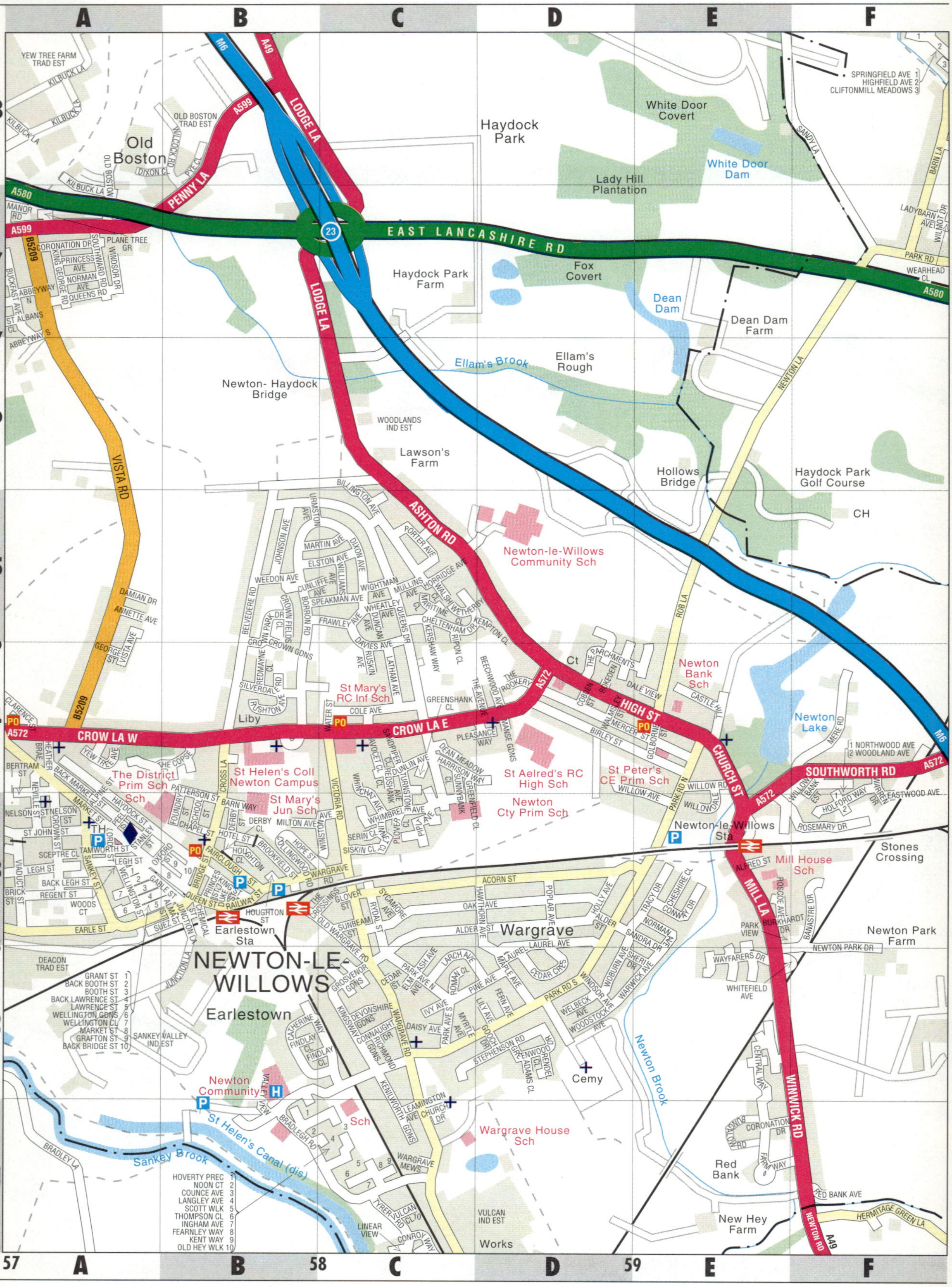
A
B
C
D
E
F
8
7
97
6
5
96
4
3
95
2
1
94
57
58
59
YEW TREE FARM TRAD EST
KILBUCK LA
Old Boston
OLD BOSTON TRAD EST
DIXON CL
PYE CL
PENNY LA
A599
A580
M6
A49
LODGE LA
Haydock Park
White Door Covert
Lady Hill Plantation
White Door Dam
SPRINGFIELD AVE 1
HIGHFIELD AVE 2
CLIFTONMILL MEADOWS 3
SANDY LA
BARN LA
LADYBARN AVE
WILMOT DR
PARK RD
WEARHEAD CL
MANOR RD
CORONATION DR
PRINCESS AVE
NORMAN AVE
QUEENS RD
PLANE TREE GR
WINDSOR DR
SOUTHWARD RD
KING GEORGE RD
BUCKFAST AVE
ABBEYWAY N
ST ALBANS CL
ABBEYWAY S
B5209
23
EAST LANCASHIRE RD
Haydock Park Farm
Fox Covert
Dean Dam
Dean Dam Farm
Ellam's Brook
Ellam's Rough
NEWTON LA
Newton- Haydock Bridge
WOODLANDS IND EST
Lawson's Farm
VISTA RD
Hollows Bridge
Haydock Park Golf Course
CH
BILLINGTON AVE
ASHTON RD
Newton-le-Willows Community Sch
ROB LA
DAMIAN DR
ANNETTE AVE
GEORGE ST
VISTA AVE
Ct
THE PARCHMENTS
DALE VIEW
Newton Bank Sch
CASTLE HILL
St Mary's RC Inf Sch
Liby
CROW LA W
CROW LA E
HIGH ST
CHURCH ST
Newton Lake
1 NORTHWOOD AVE
2 WOODLAND AVE
SOUTHWORTH RD
A572
EASTWOOD AVE
ROSEMARY DR
HOLFORD WAY
The District Prim Sch
St Helen's Coll Newton Campus
St Mary's Jun Sch
St Aelred's RC High Sch
Newton Cty Prim Sch
St Peter's CE Prim Sch
WILLOW AVE
PARK RD N
Newton-le-Willows Sta
Stones Crossing
Mill House Sch
MILL LA
PO
TH
P
Earlestown Sta
NEWTON-LE-WILLOWS
Earlestown
Wargrave
ACORN ST
OAK AVE
ALDER AVE
LAUREL AVE
CEDAR CRES
PARK RD S
WINWICK RD
Newton Park Farm
NEWTON PARK DR
WAYFARERS DR
WHITEFIELD AVE
DEACON TRAD EST
GRANT ST 1
BACK BOOTH ST 2
BOOTH ST 3
BACK LAWRENCE ST 4
LAWRENCE ST 5
WELLINGTON GDNS 6
WELLINGTON CL 7
MARKET ST 8
GRAFTON ST 9
BACK BRIDGE ST 10
SANKEY VALLEY IND EST
EARLE ST
JUNCTION LA
Newton Community H
Sch
Cemy
Newton Brook
Wargrave House Sch
St Helen's Canal (dis)
Sankey Brook
BRADLEY LA
HOVERTY PREC 1
NOON CT 2
COUNCE AVE 3
SCOTT WLK 4
LANGLEY AVE 4
THOMPSON CL 6
INGHAM AVE 7
FEARNLEY WAY 8
KENT WAY 9
OLD HEY WLK 10
LINEAR VIEW
VULCAN IND EST
Works
Red Bank
RED BANK AVE
HERMITAGE GREEN LA
New Hey Farm
NEWTON RD
CORONATION DR
CENTRAL WAY

45
60

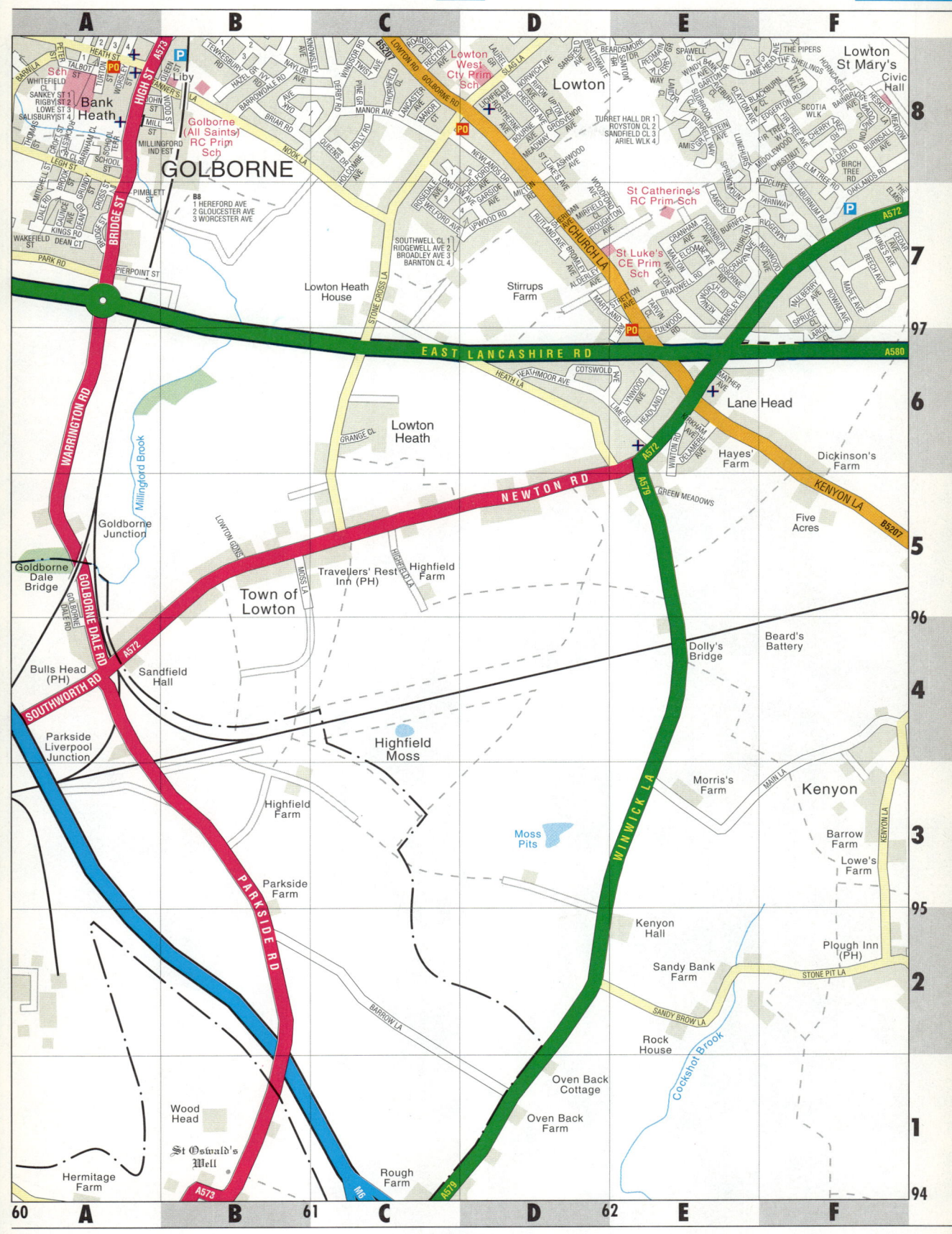

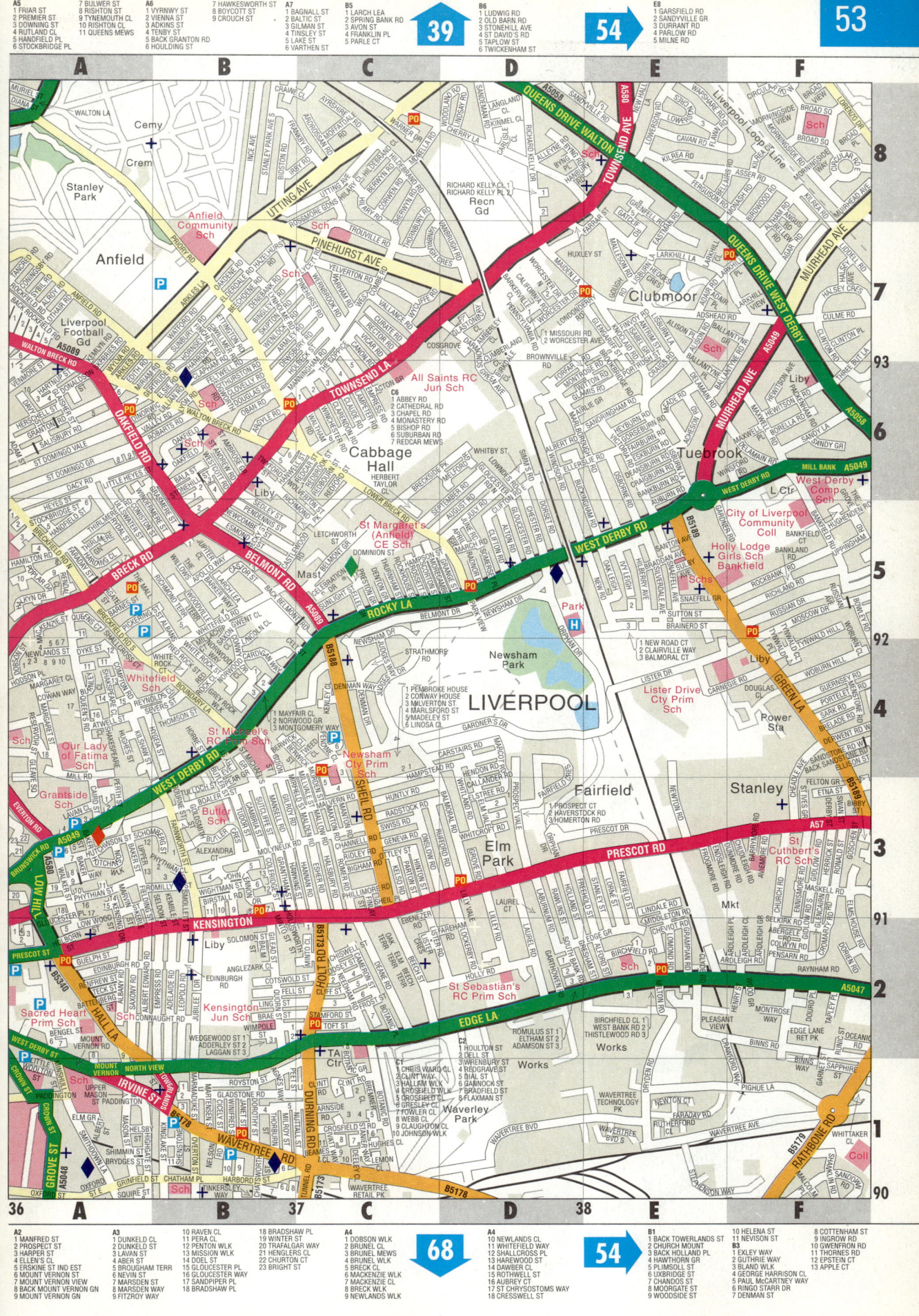

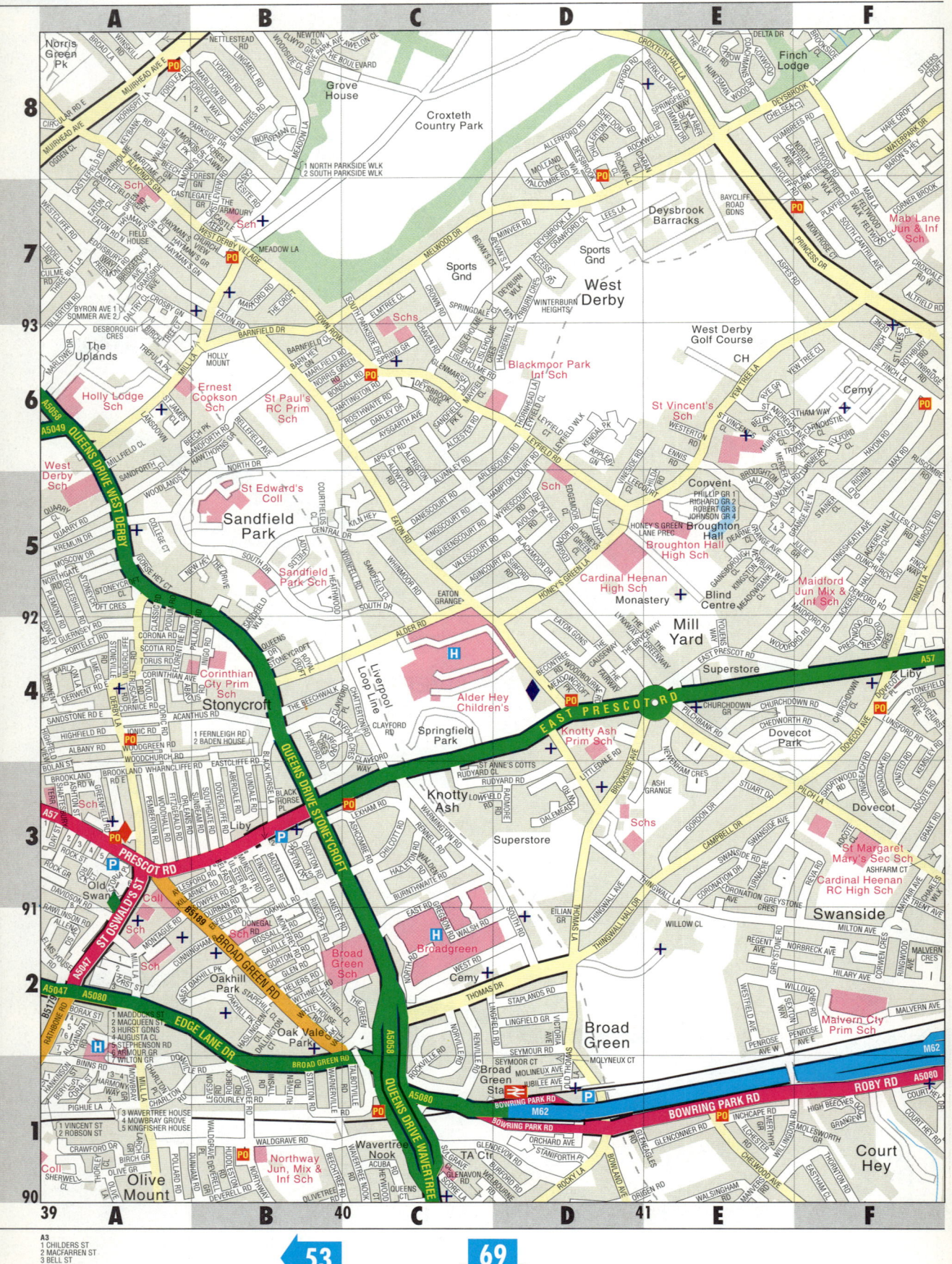

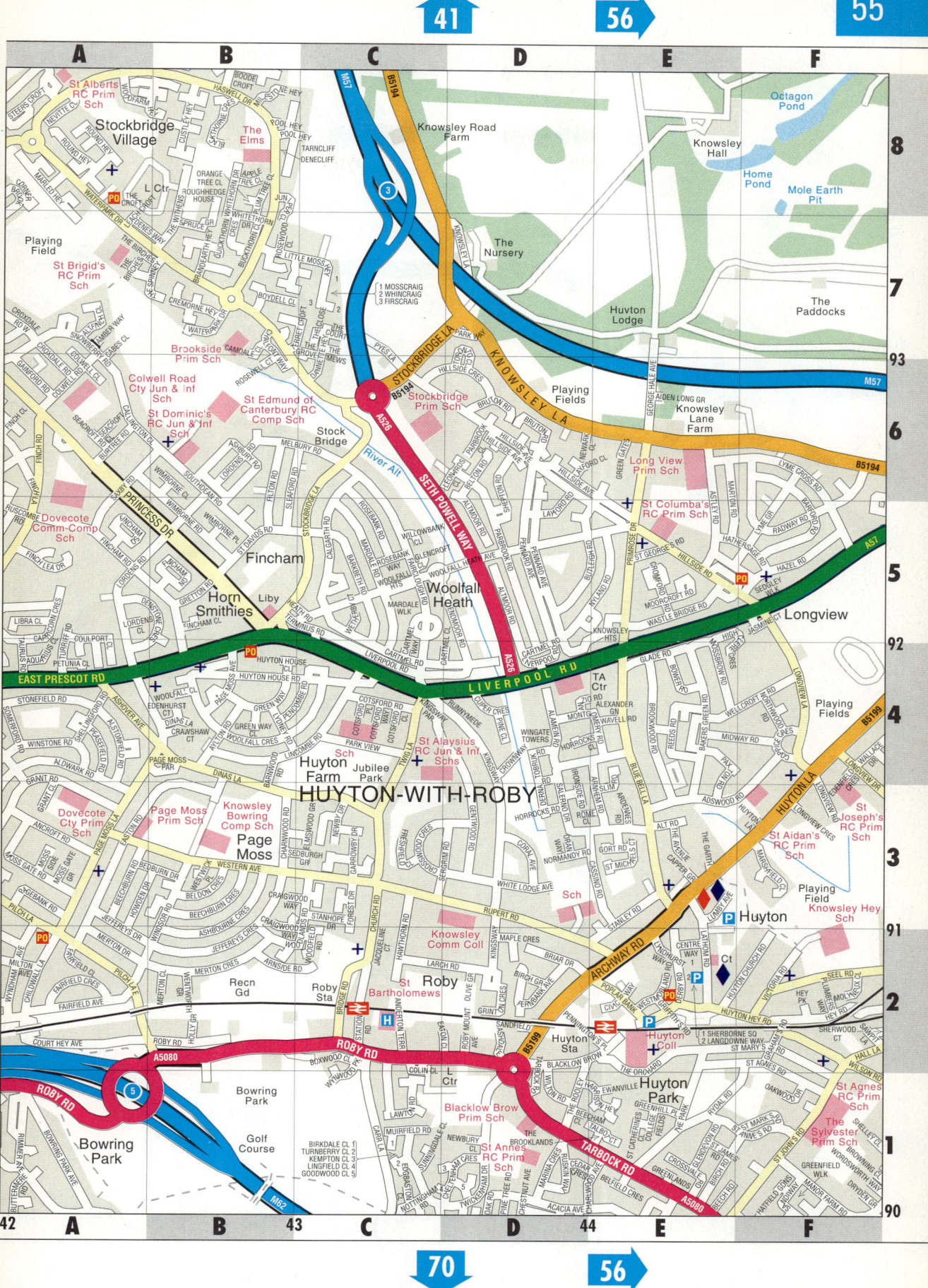

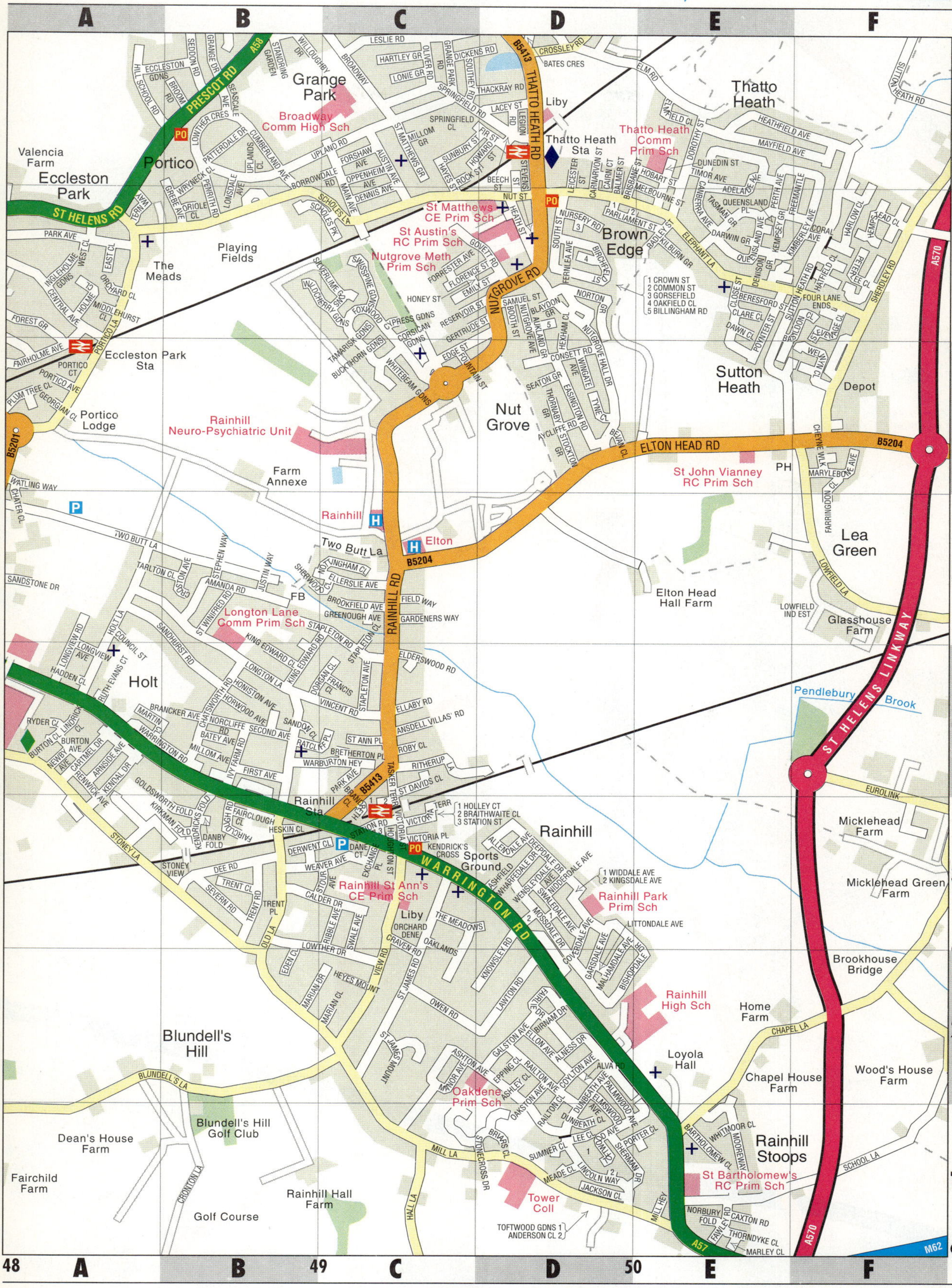

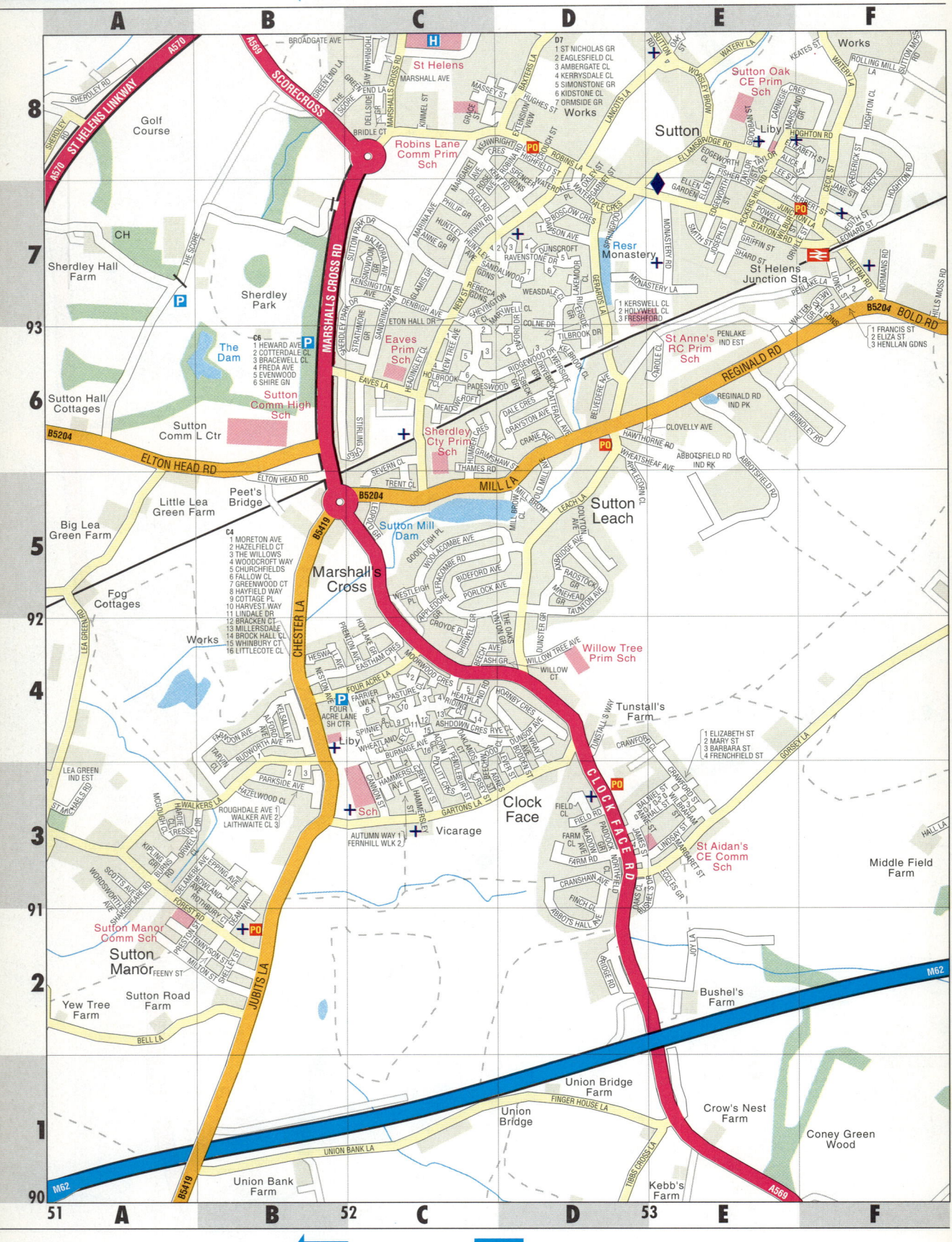

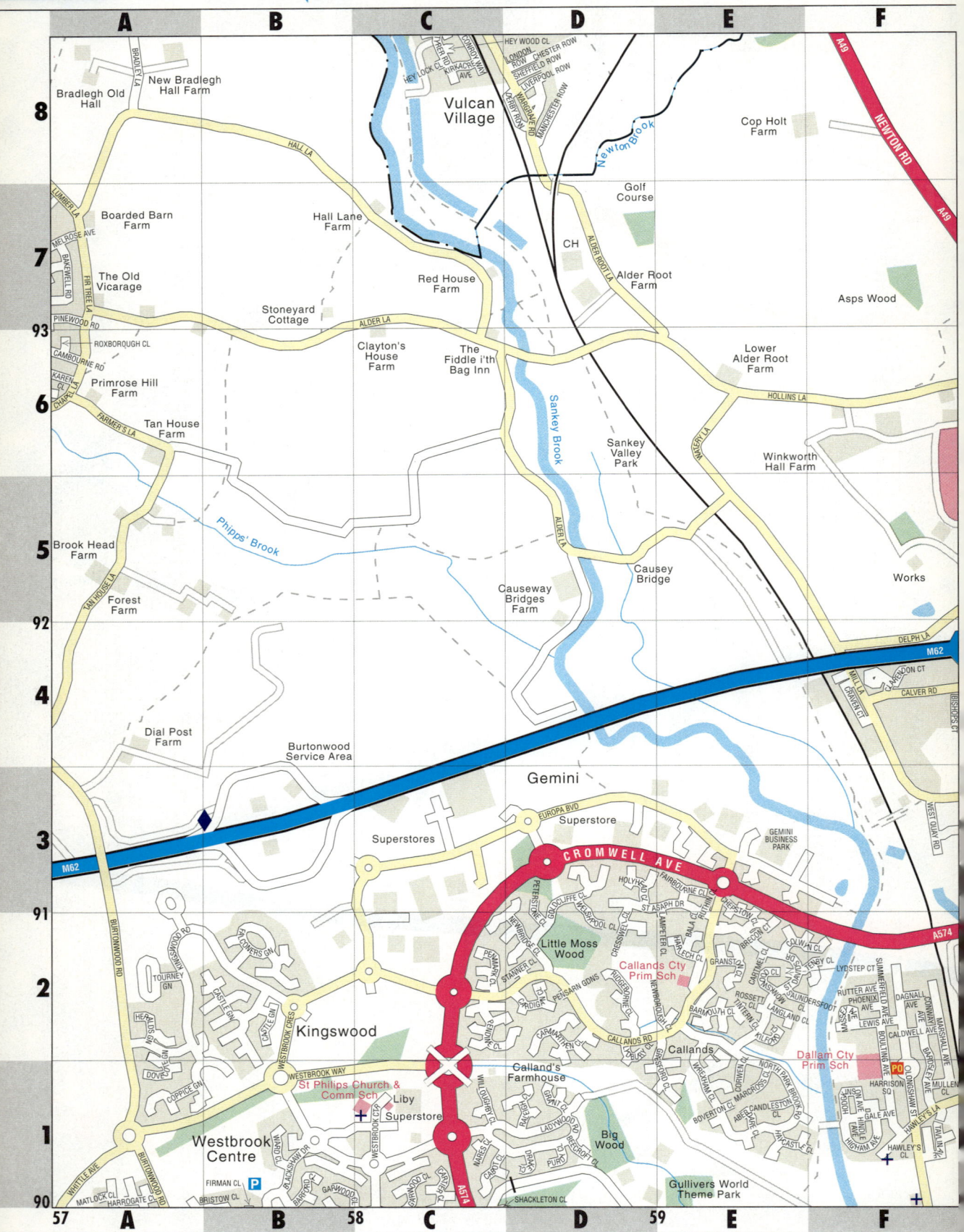

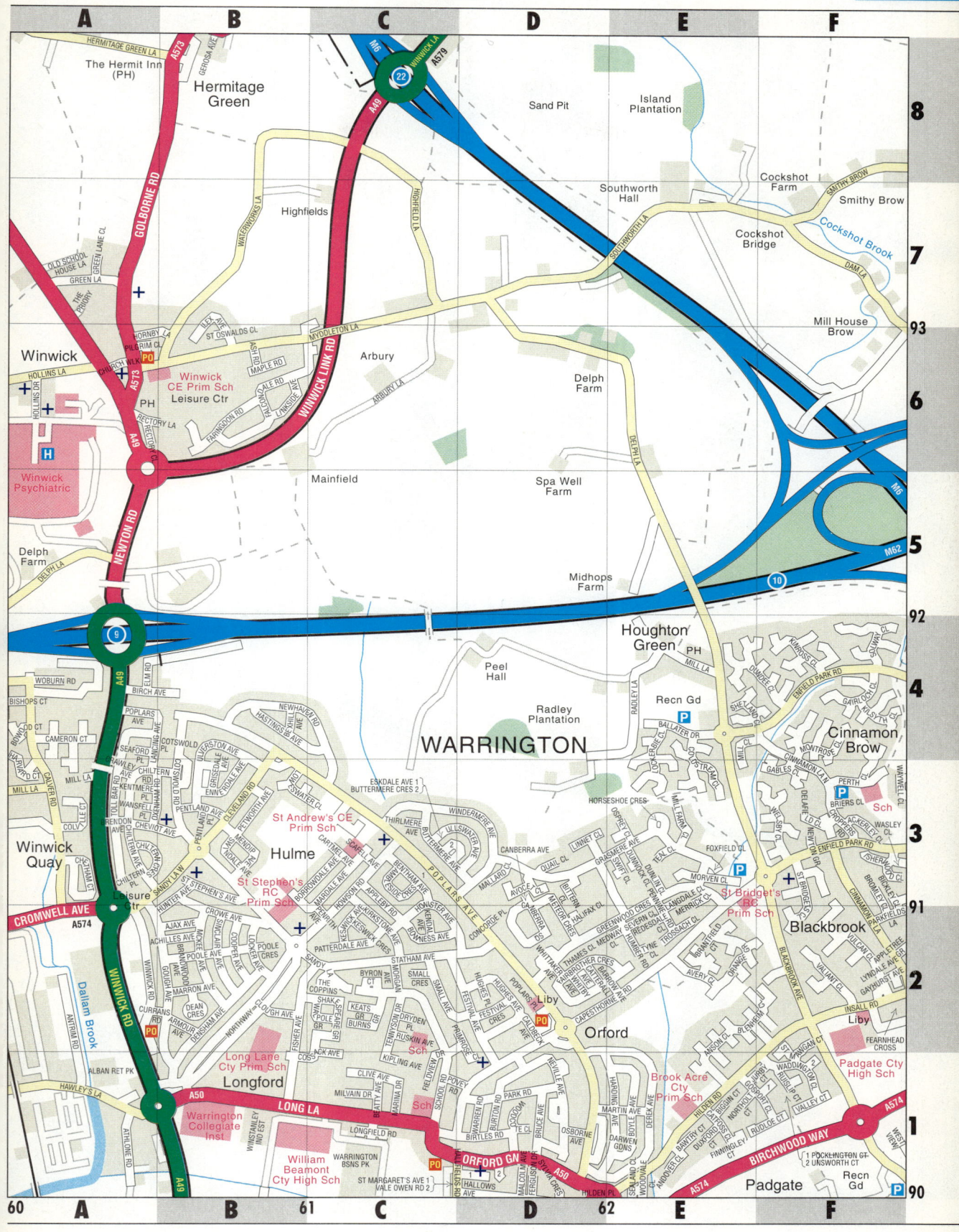

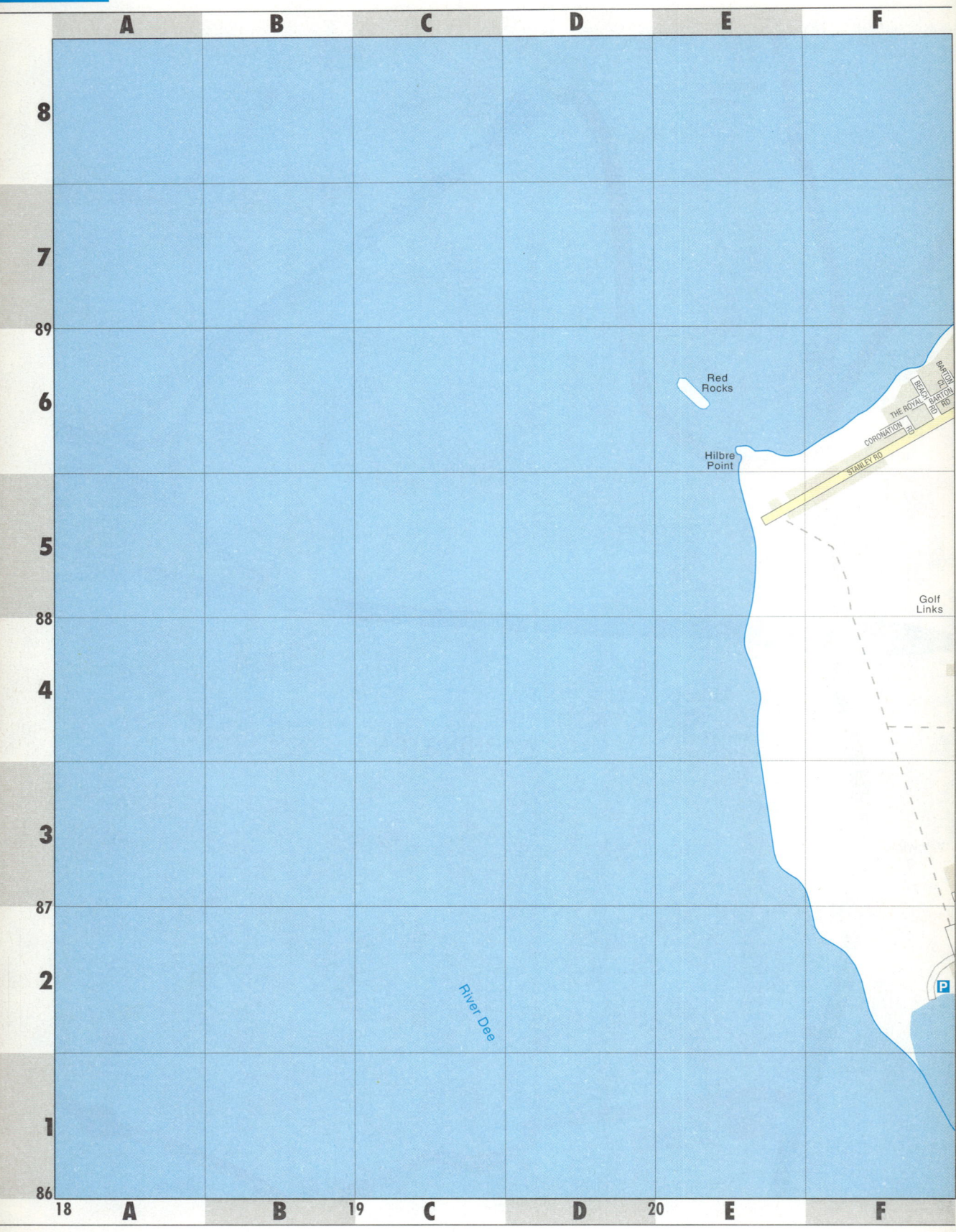

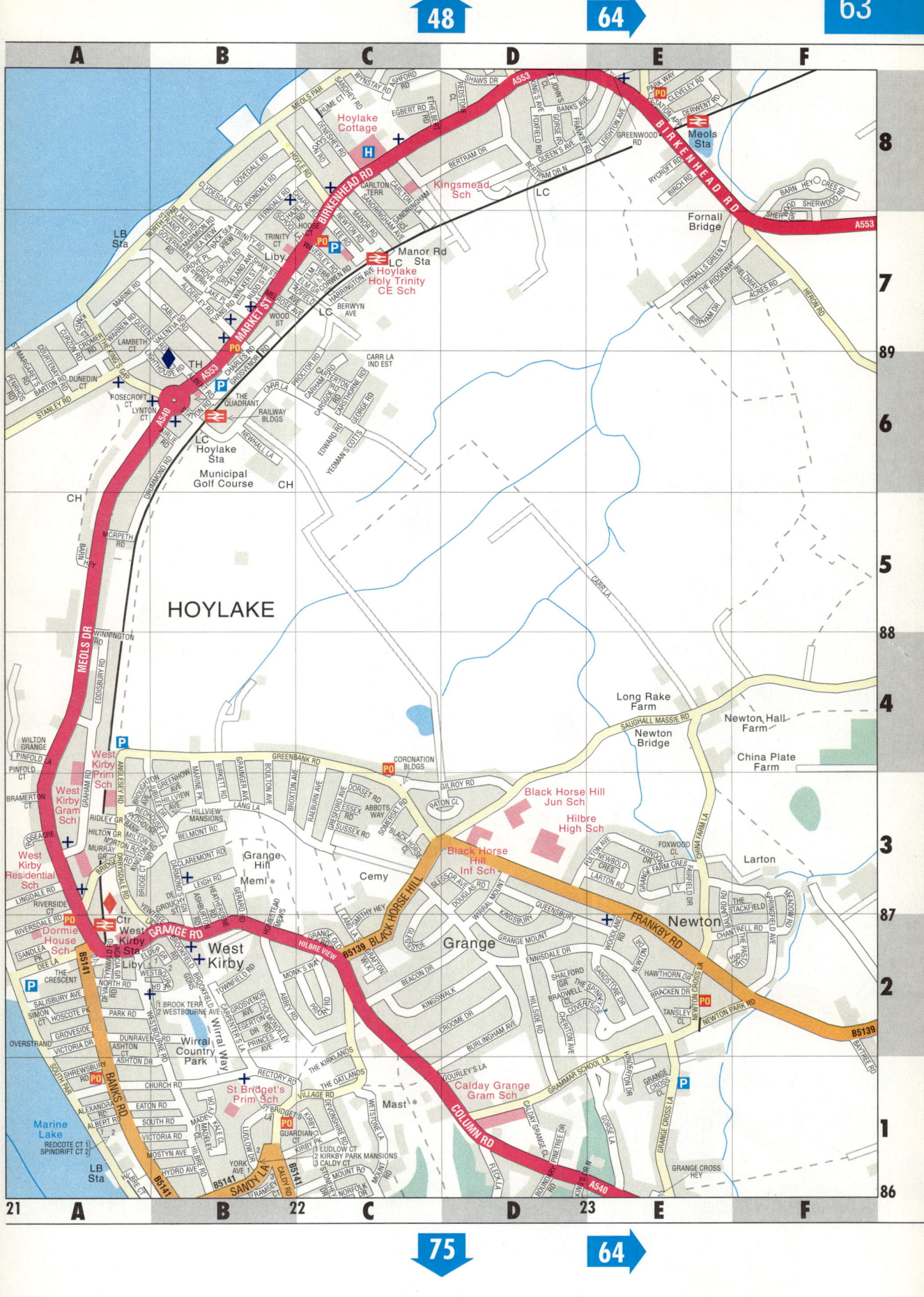

63
49

A
B
C
D
E
F
8
89
6
5
88
4
3
87
2
1
86
24
25
26
Works
Carr Hall Farm
Carr Farm
A553 BIRKENHEAD RD
HOYLAKE RD
A553
A551
UPTON RD
MORETON RD
M53
A5027
B5139
B5140
HILLBARK RD
MONTGOMERY HILL
FRANKBY RD
GREASBY RD
SAUGHALL MASSIE RD
SAUGHALL MASSIE LA
ARROWE BROOK RD
ARROWE BROOK LA
WEST KIRBY RD
PUMP LA
MILL LA
MILL HILL RD
HERON RD
OLDFIELD LA
CARR LA
BARNACRE LA
Foxfield Sch
Christ Church CE (VA) Prim Sch
Mkt
Saughall Massie
Saughall Hotel (PH)
The Heyes
Oldfield Manor Farm
Three Lanes End Farm
THREE LANES END
Arrowe Brook
Greasby Brook
Upton
Overchurch Jun Sch
Overchurch Inf Sch
Upton Hall Convent Sch
Sch
Superstore
Brookdale Prim Sch
Factory
THE WIRRAL BSNS PK
Playing Fields
Greasby
Arrowe Brook Farm
Arrowe Bridge
Gorse Covert
Greasby Copse
Greasby Inf Sch
Our Lady of Pity RC Prim Sch
Greasby Jun Sch
Arrowebrook Farm
Nicholson's Plantation
FB
Manor House Farm
Royden Hall
Frankby
THE NOOK
Cemy
The Farmers Arms (PH)
Liby
B8
1 HORNBEAM CL
2 MILLERS CL
E7
1 ROSSLYN PK
2 BRISCOE AVE
D6
1 BLAKENHALL WAY
2 HAWKSMORE CL
C4
1 STOURPORT CL
2 MALMESBURY CL
3 FINCHDEAN CL
4 THRESHER AVE
C3
1 DAYS MEADOW
2 REDCROFT

63
76

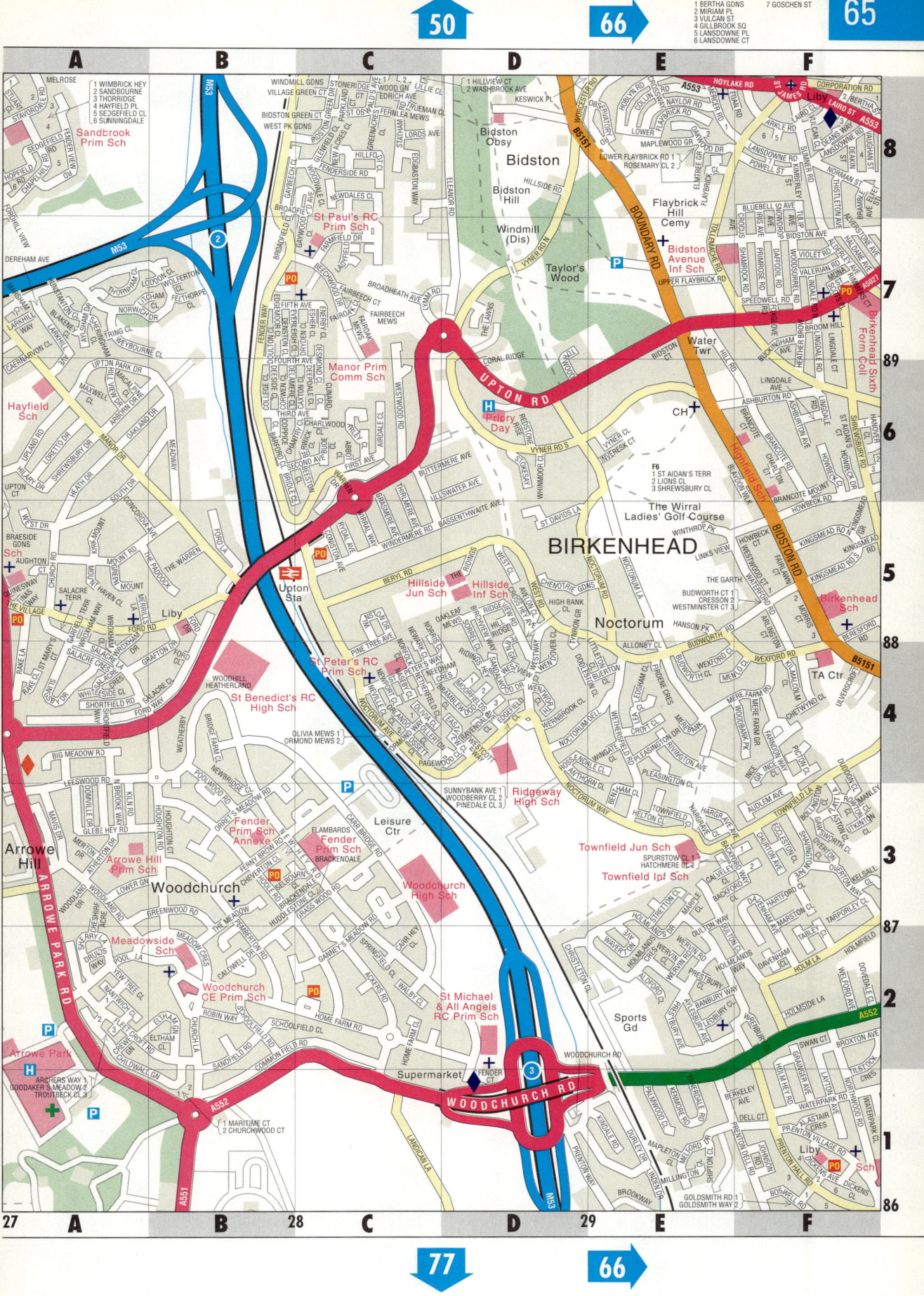

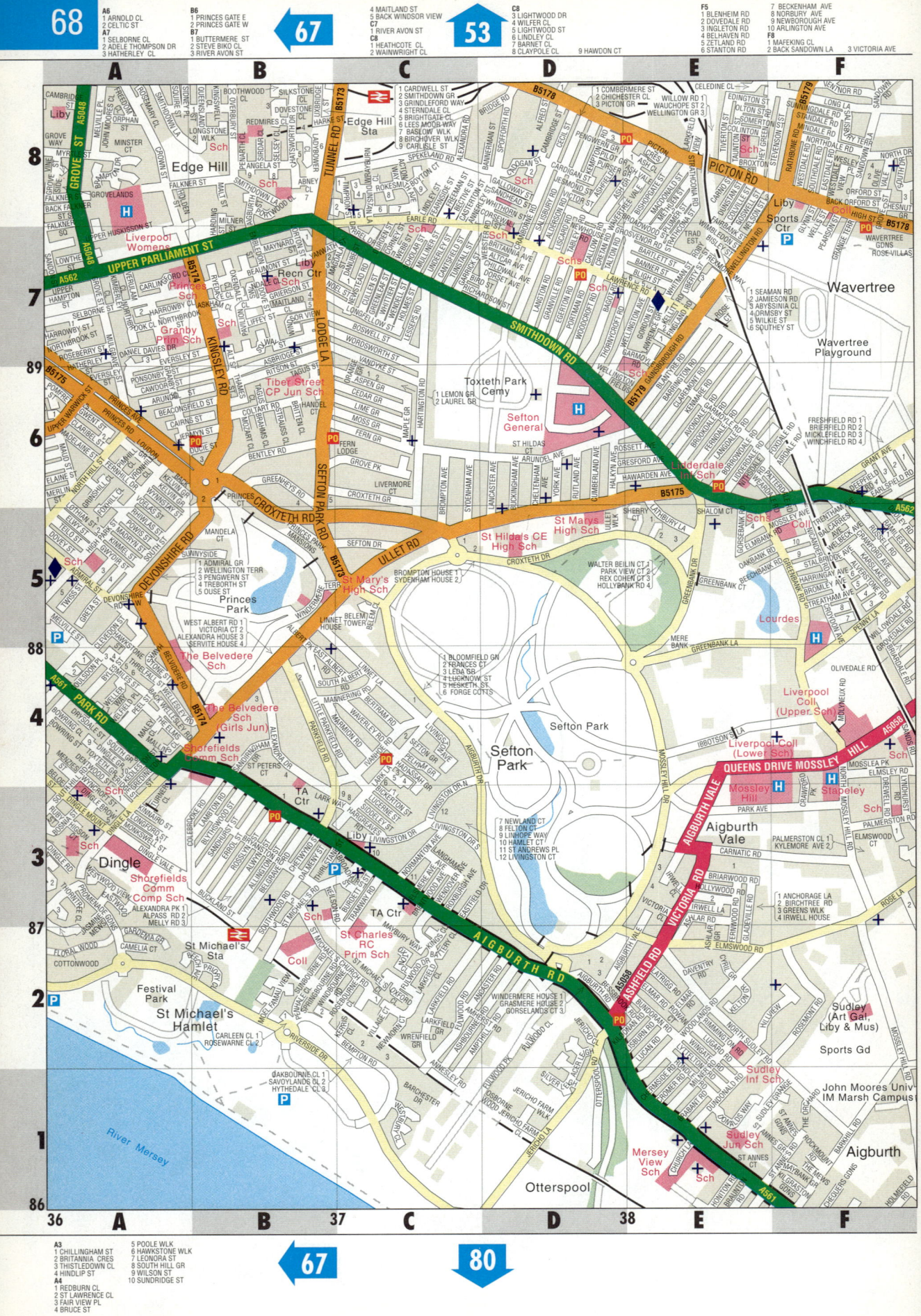

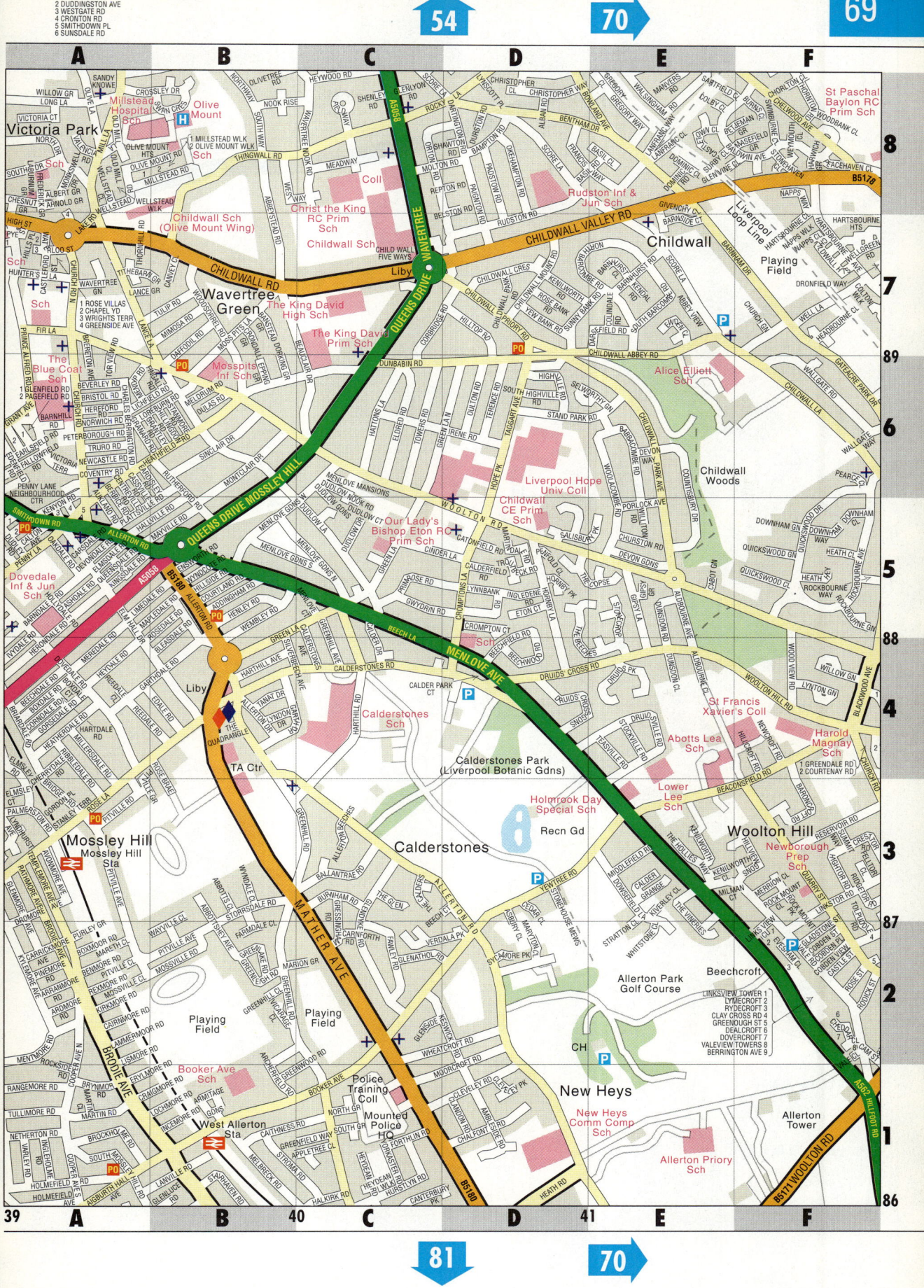

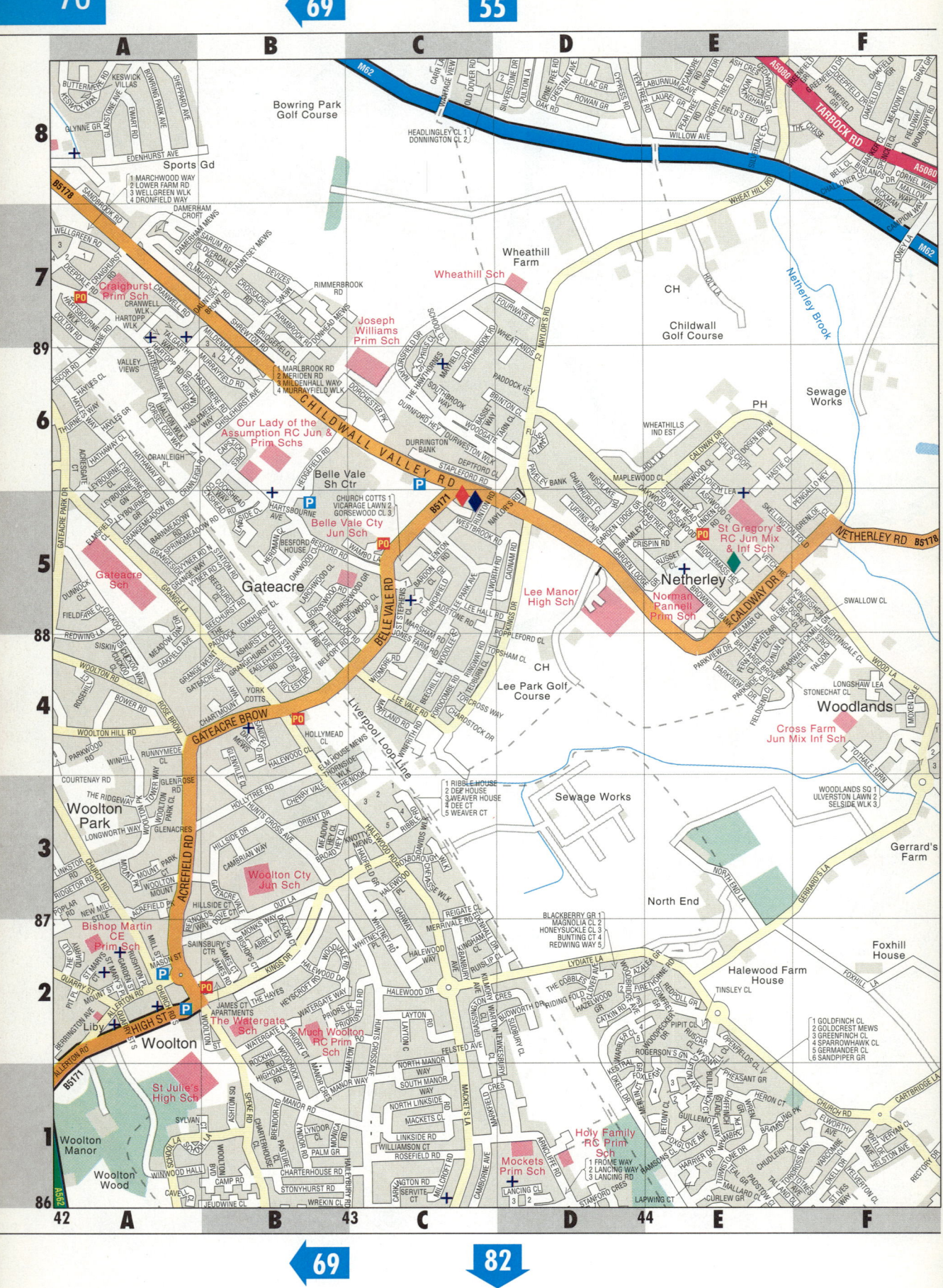

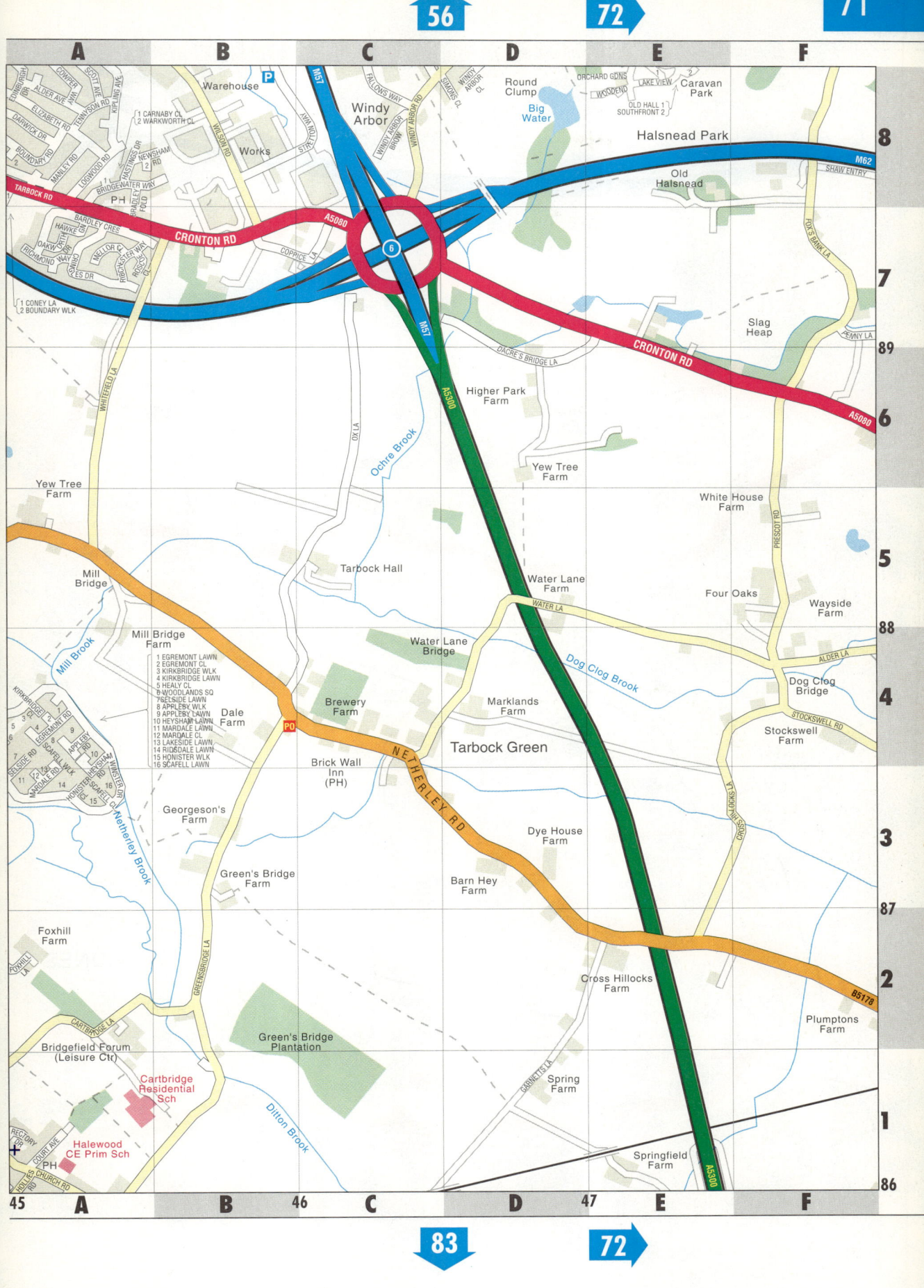

71
57

A
B
C
D
E
F
8
7
89
6
5
88
4
3
87
2
1
86
48
49
50
Mill Wood
M62
A57
7
WARRINGTON RD
WARRINGTON RD A57
Sandhill Farm
WATKINSON WAY A557
NORLAND'S LA
A569
CRONTON LA
HALL LA
Higher Shaw Farm
SHAW ENTRY
Rough Head
Fox's Bank Brook
Cronton Wood
89
PENNY LA
Penny Lane Farm
Town End
Picnic Area
Pex Hill
Norland's House
A5080
TUE LA
Nursery
Cronton Farm
THE RIDGEWAY
Cronton C of E Prim Sch
Holy Family RC Prim Sch
MILL LA
Hotel
CRONTON LA A5080
Smaller Gorse Farm
CRONTON RD
Caxton Lodge
Cronton
Widnes Coll
Black Horse Hotel
ALDER LA
SANDY LA
CHAPEL LA
LODGE LA
Rose Farm
Holly Farm
Upton
Ppg Sta
Stock's Well House
STOCKSWELL RD
UPTON LA
OLD UPTON LA
Linacre House
Upton Cty Inf Sch
All Saints CE Jun Sch
HOUGH GREEN RD
The Four Topped Oak (PH)
QUEENSBURY WAY
St Basil RC Prim Sch
PRESCOT RD
WIDNES
Rugby Football Ground
Ball o' Ditton
Saints Peter & Paul RC High Sch
Hough Green
B5178 NETHERLEY RD
Hough Green Sta
Our Lady of Perpetual Succour RC Inf Sch
Golf Course
Ditton C of E Prim Sch
The Bankfield Sch
CH
LIVERPOOL RD
B5178
Our Lady of Perpetual Succour Inf Sch
Ditton Cty Prim Sch
Ashley Sch
Chestnut Lodge Sch

71
84

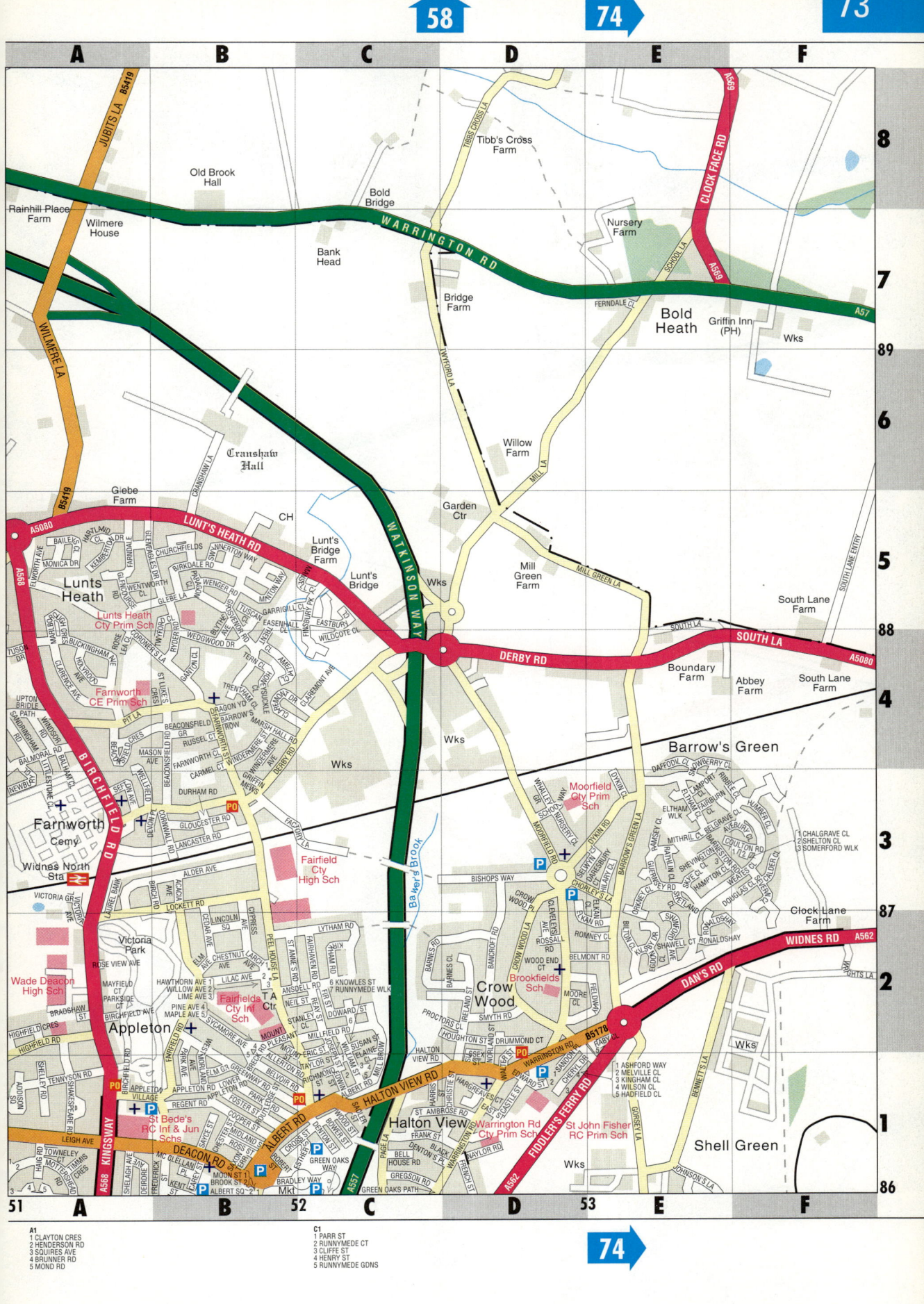

73
59

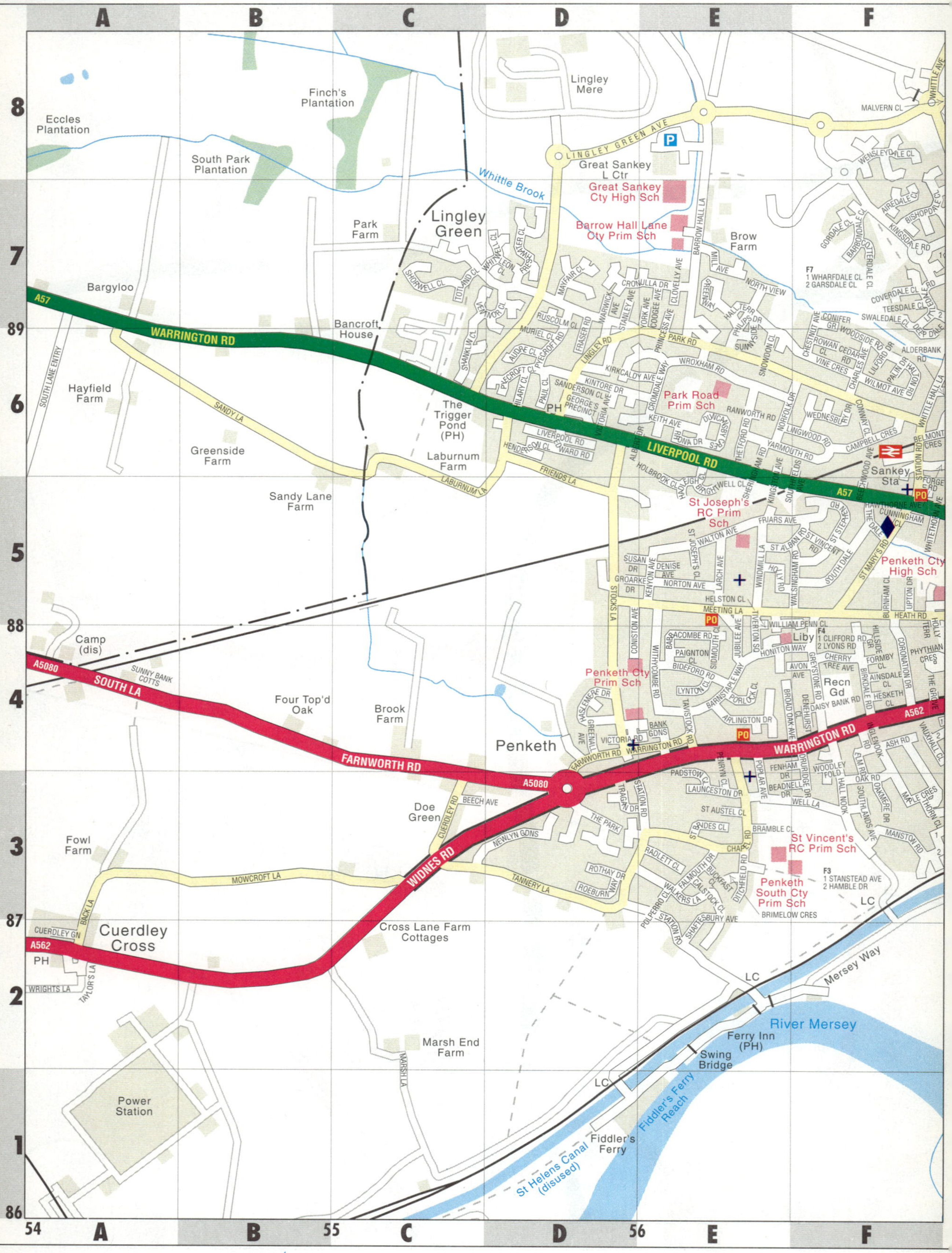
A
B
C
D
E
F
8
7
89
6
5
88
4
3
87
2
1
86
54
55
56
Eccles Plantation
Finch's Plantation
South Park Plantation
Lingley Mere
LINGLEY GREEN AVE
Great Sankey L Ctr
Great Sankey Cty High Sch
Barrow Hall Lane Cty Prim Sch
Whittle Brook
Lingley Green
Park Farm
Brow Farm
MALVERN CL
WHITTLE AVE
Bargyloo
A57
WARRINGTON RD
Bancroft House
Hayfield Farm
SOUTH LANE ENTRY
SANDY LA
The Trigger Pond (PH)
PH
Greenside Farm
Laburnum Farm
LABURNUM LA
FRIENDS LA
LIVERPOOL RD
Park Road Prim Sch
Sandy Lane Farm
St Joseph's RC Prim Sch
Sankey Sta
Penketh Cty High Sch
F7
1 WHARFDALE CL
2 GARSDALE CL
F4
1 CLIFFORD RD
2 LYONS RD
F3
1 STANSTEAD AVE
2 HAMBLE DR
Camp (dis)
A5080
SOUTH LA
SUNNY BANK COTTS
Four Top'd Oak
Brook Farm
Penketh Cty Prim Sch
Liby
Recn Gd
Penketh
FARNWORTH RD
A5080
A562
WARRINGTON RD
Doe Green
BEECH AVE
CUERDLEY RD
WIDNES RD
Fowl Farm
MOWCROFT LA
TANNERY LA
St Vincent's RC Prim Sch
Penketh South Cty Prim Sch
BRIMELOW CRES
LC
Cuerdley Cross
CUERDLEY GN
A562
PH
WRIGHTS LA
TAYLOR'S LA
BACK LA
Cross Lane Farm Cottages
Mersey Way
River Mersey
Ferry Inn (PH)
Swing Bridge
Marsh End Farm
MARSH LA
Power Station
Fiddler's Ferry Reach
Fiddler's Ferry
St Helens Canal (disused)

73

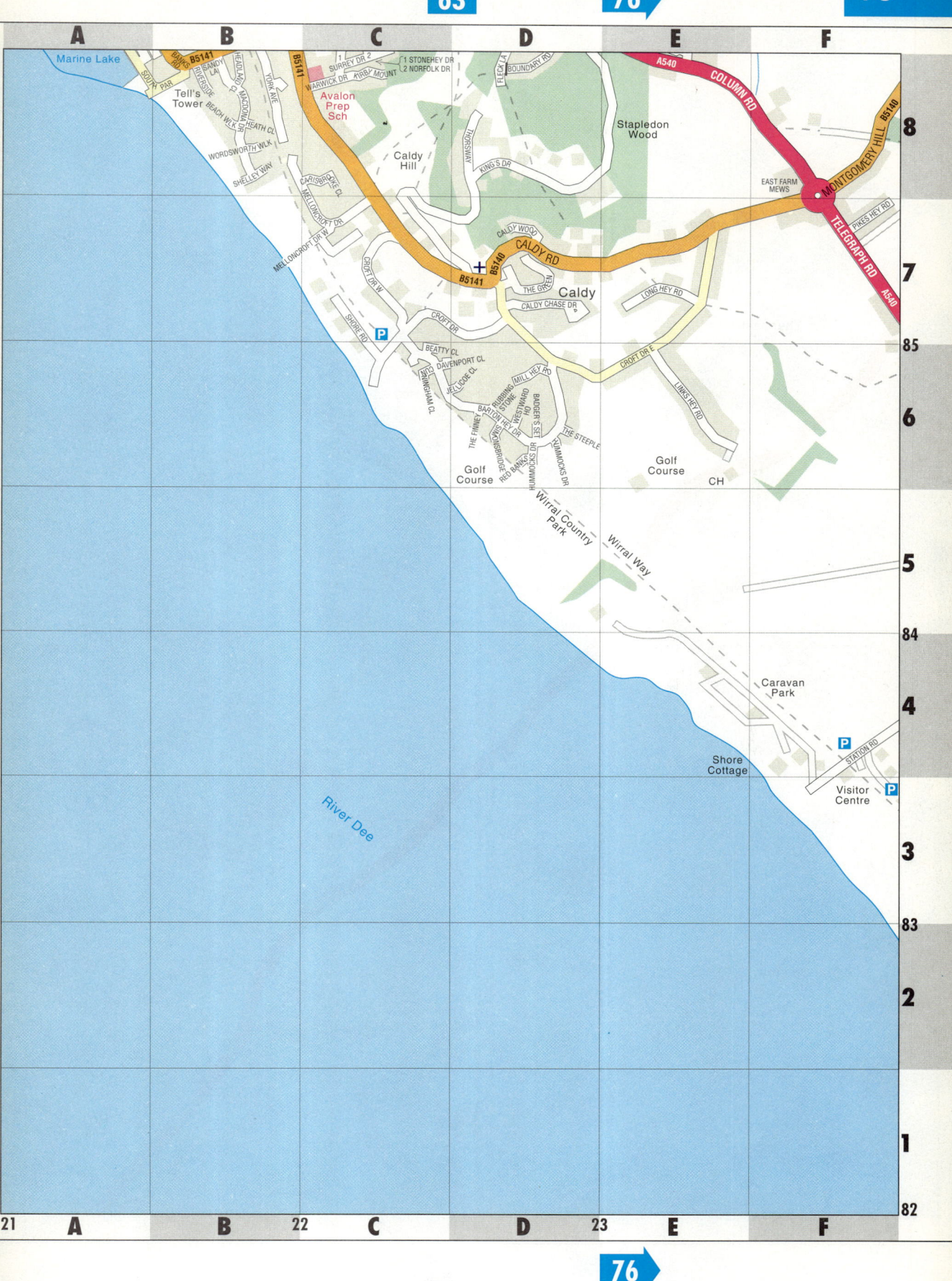

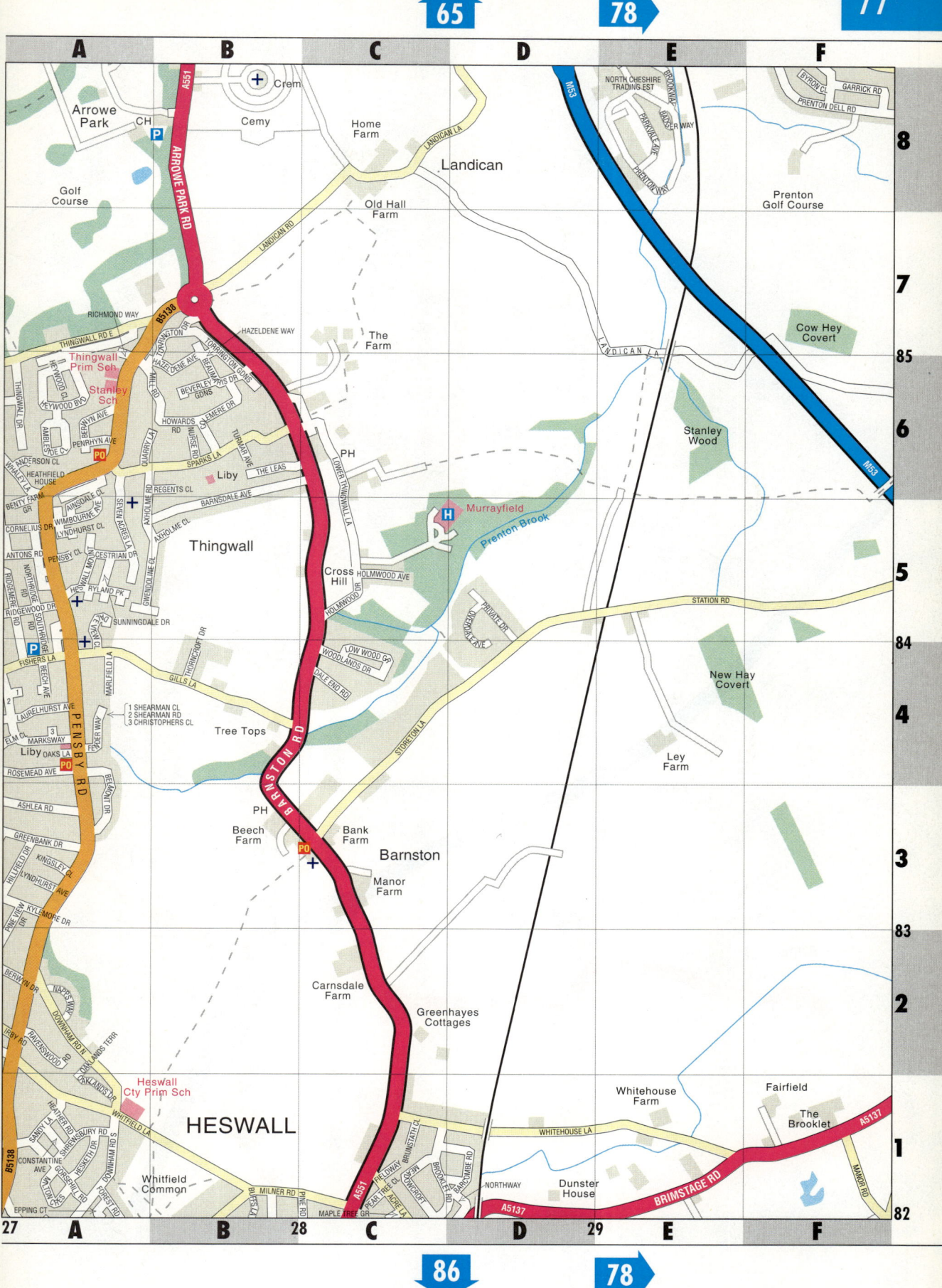

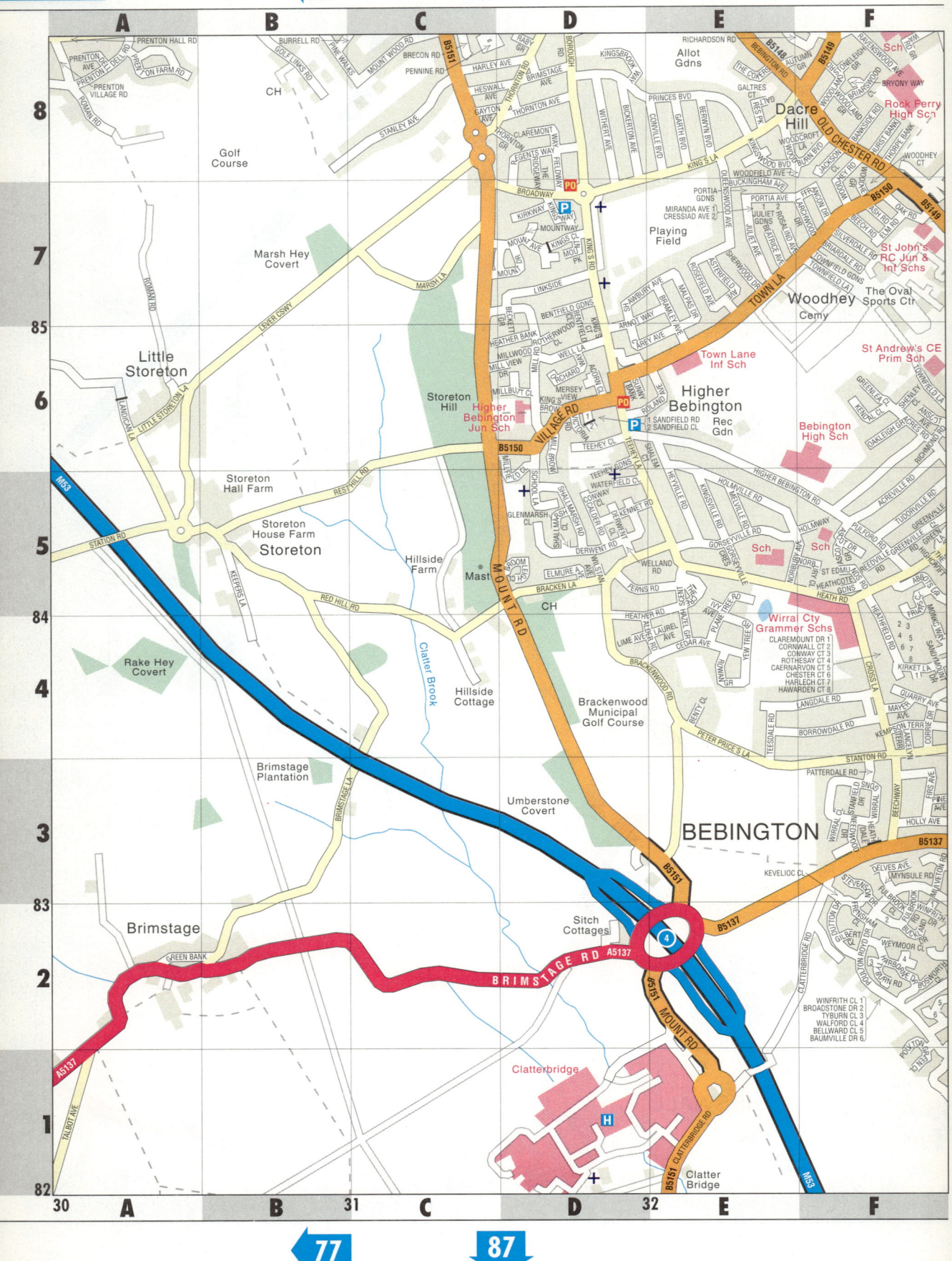

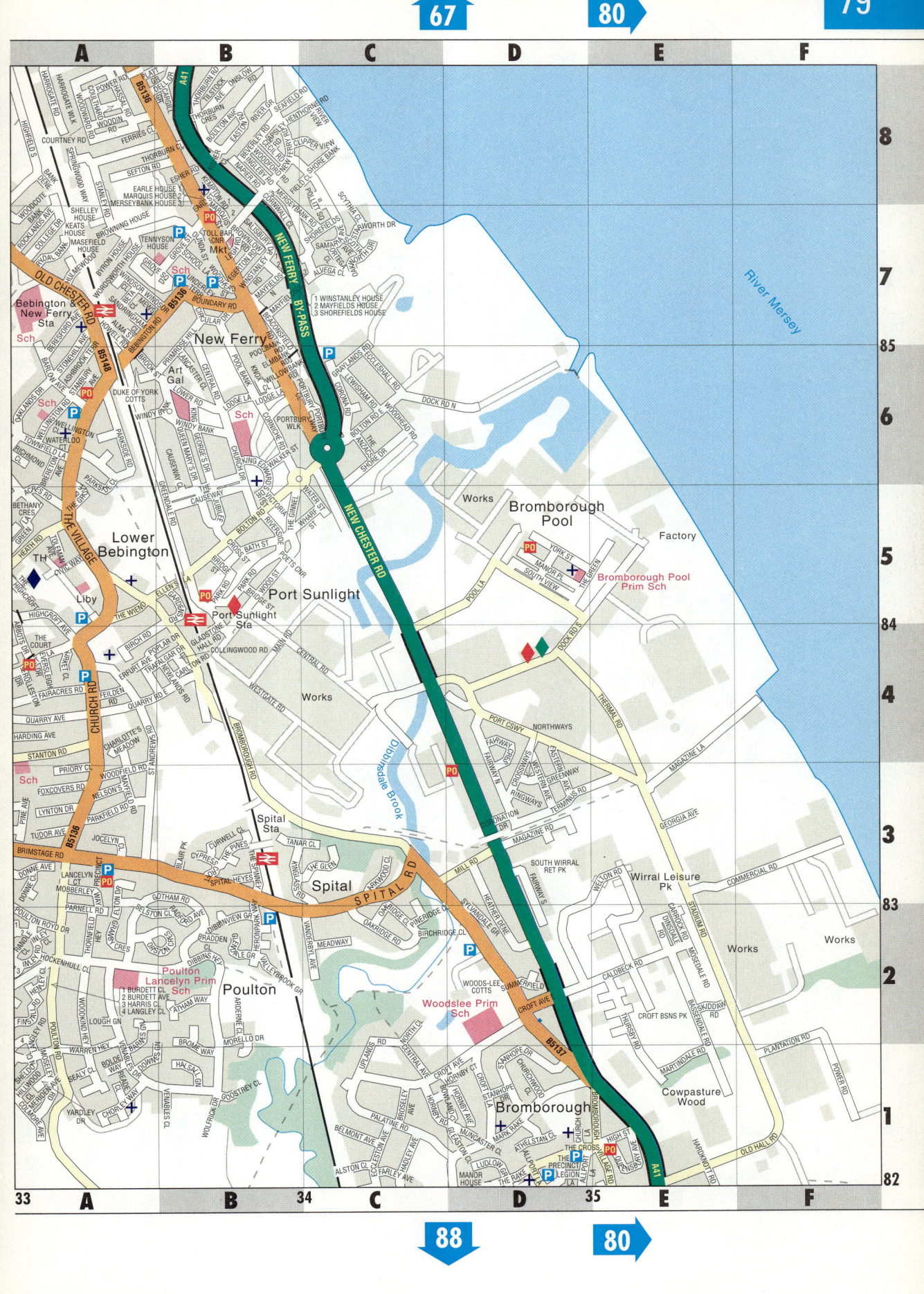

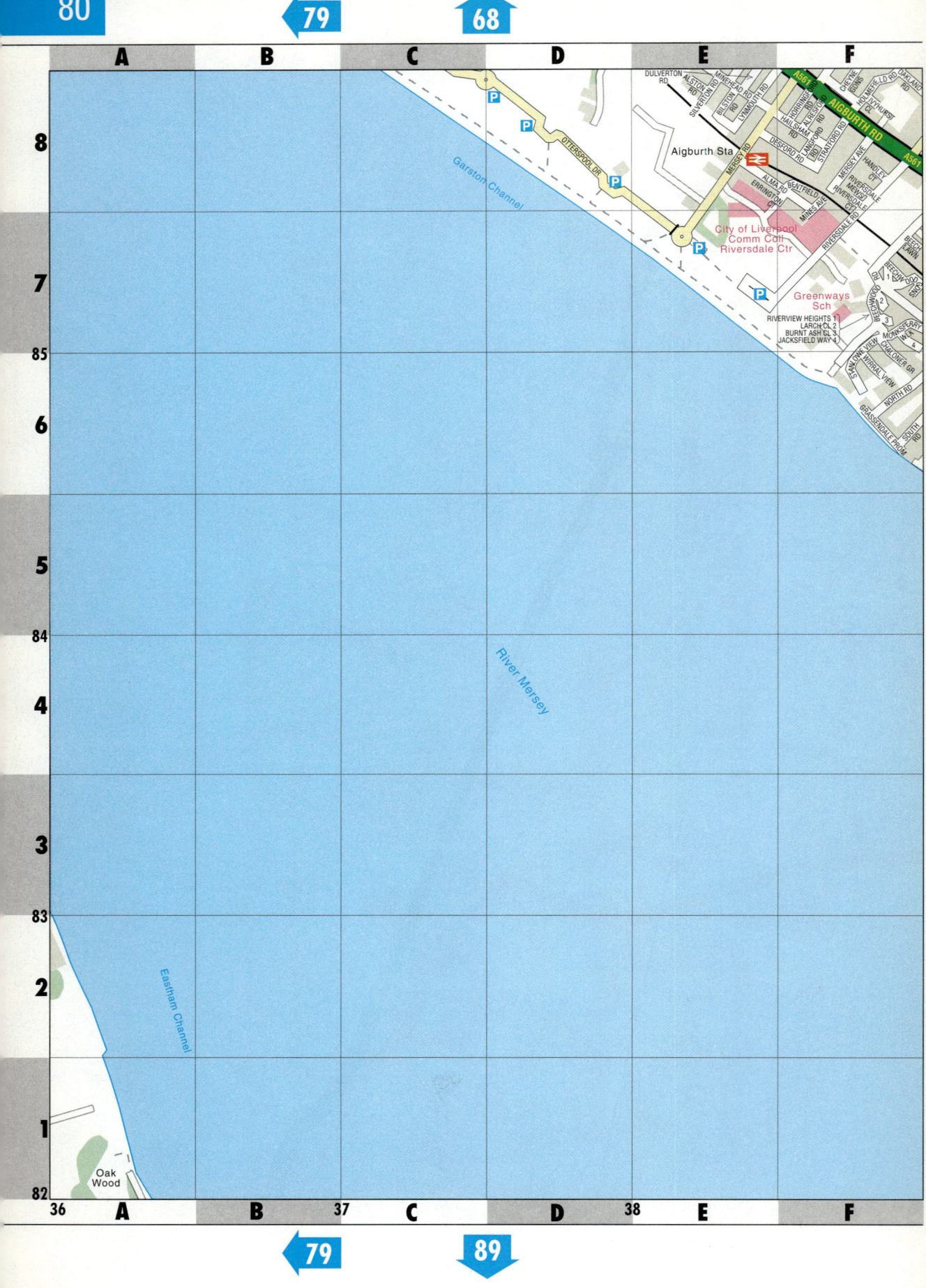

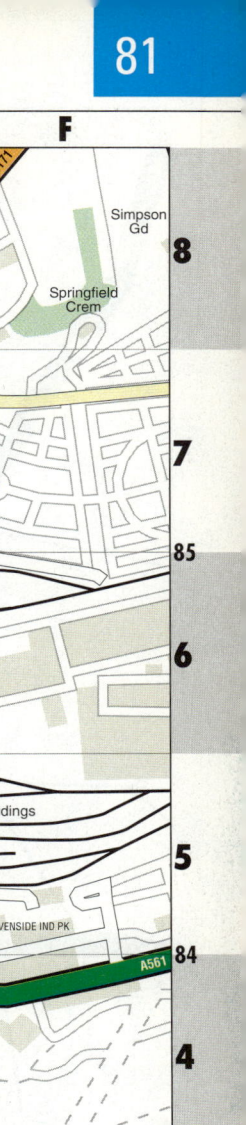

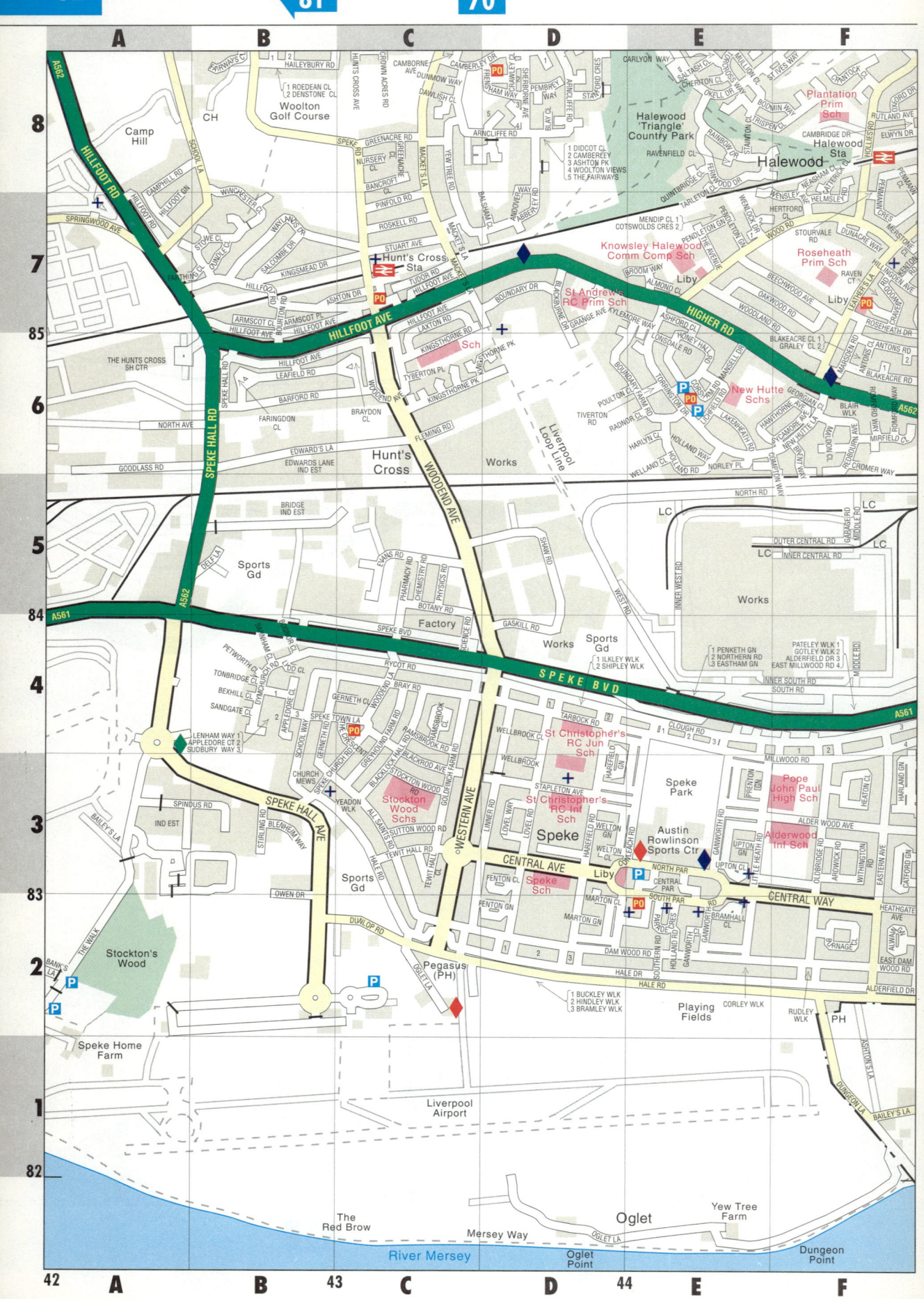

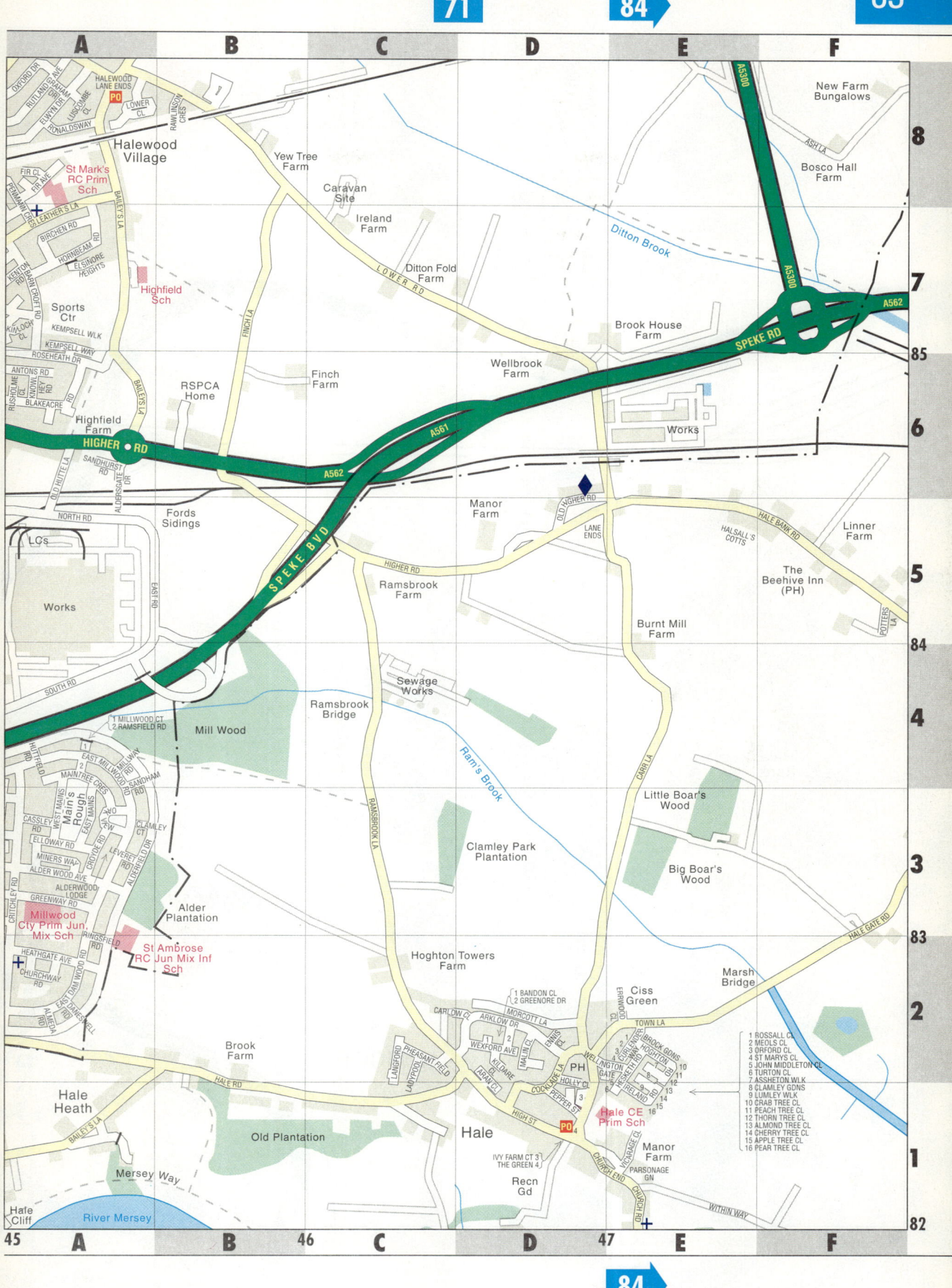

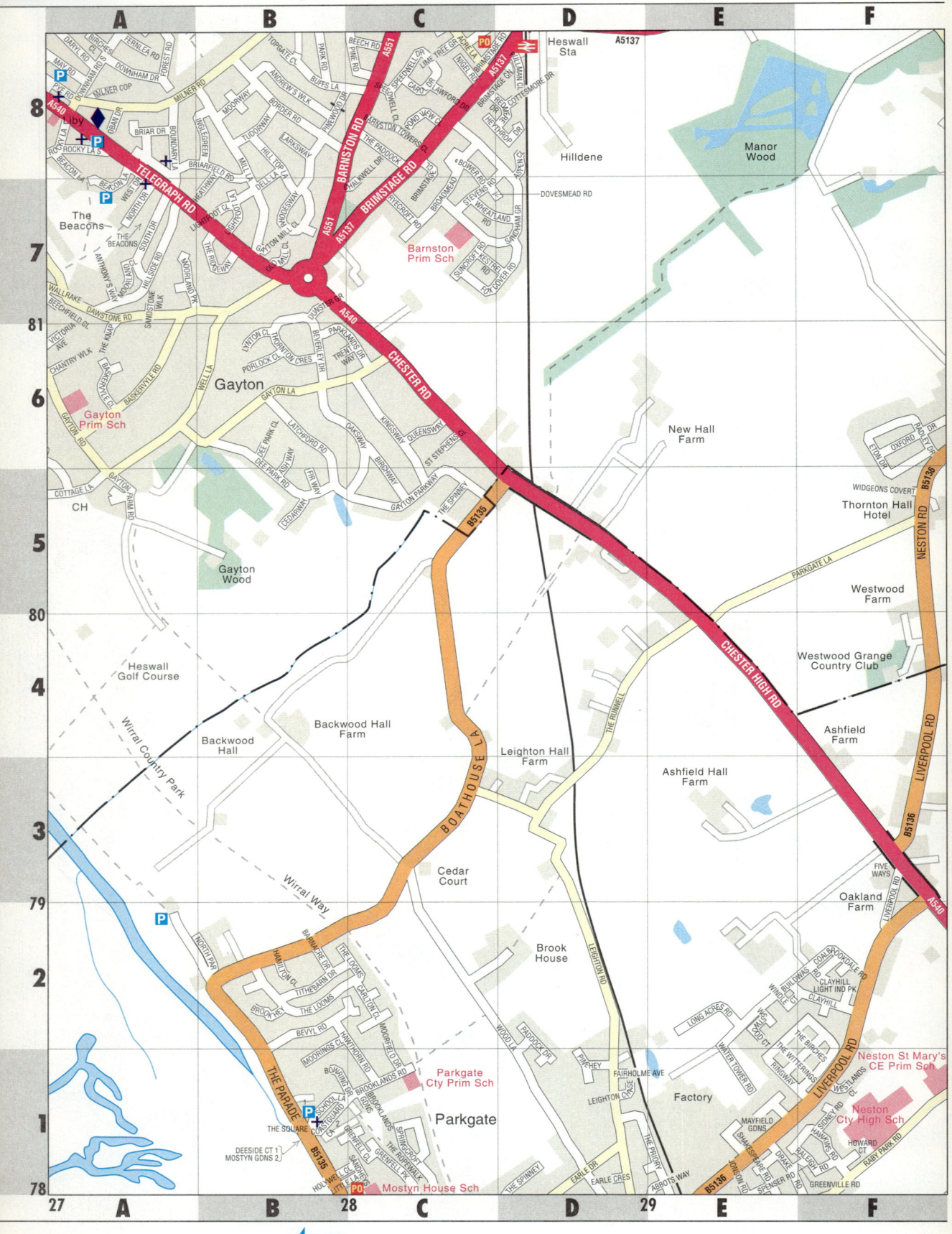

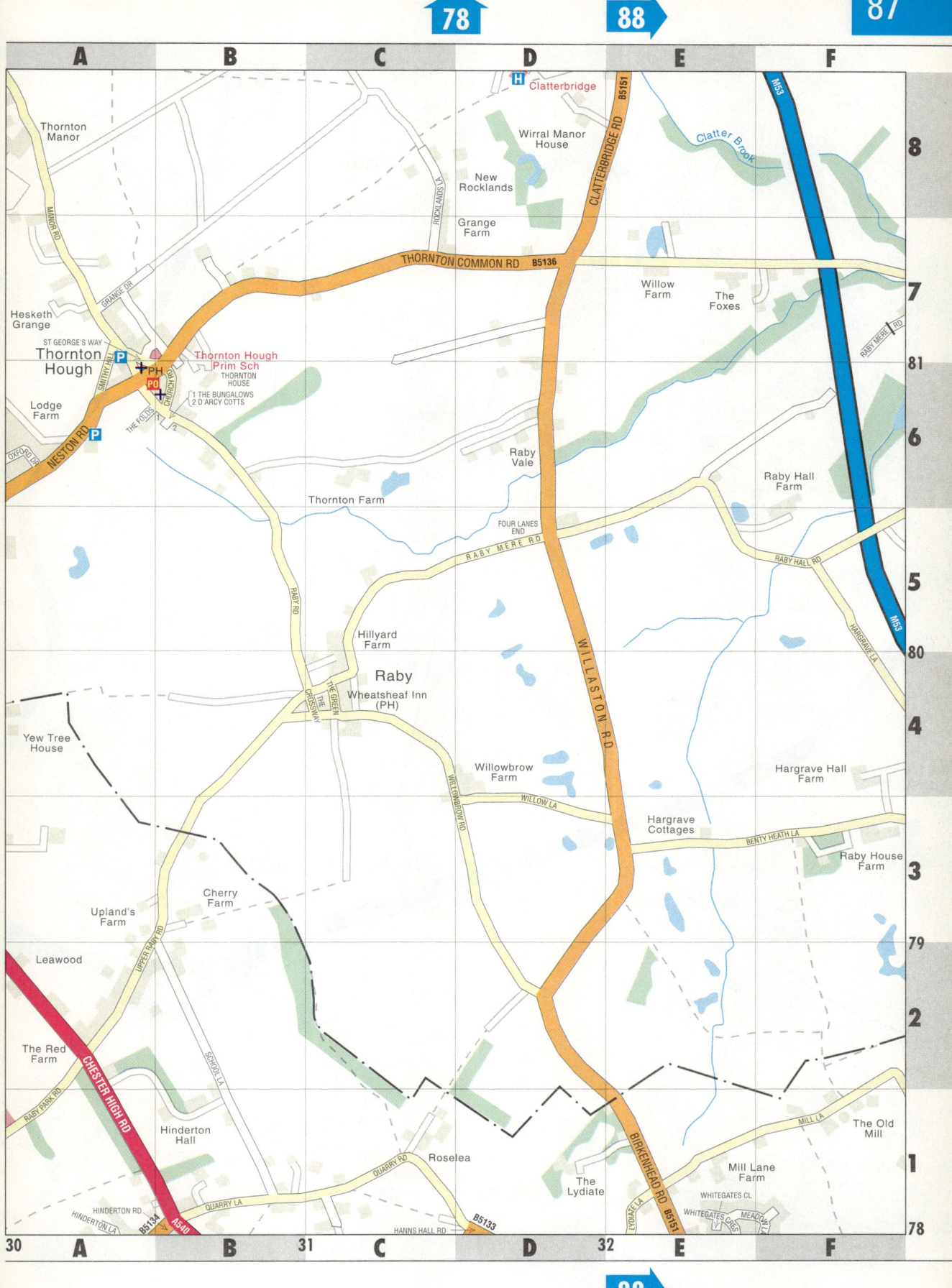

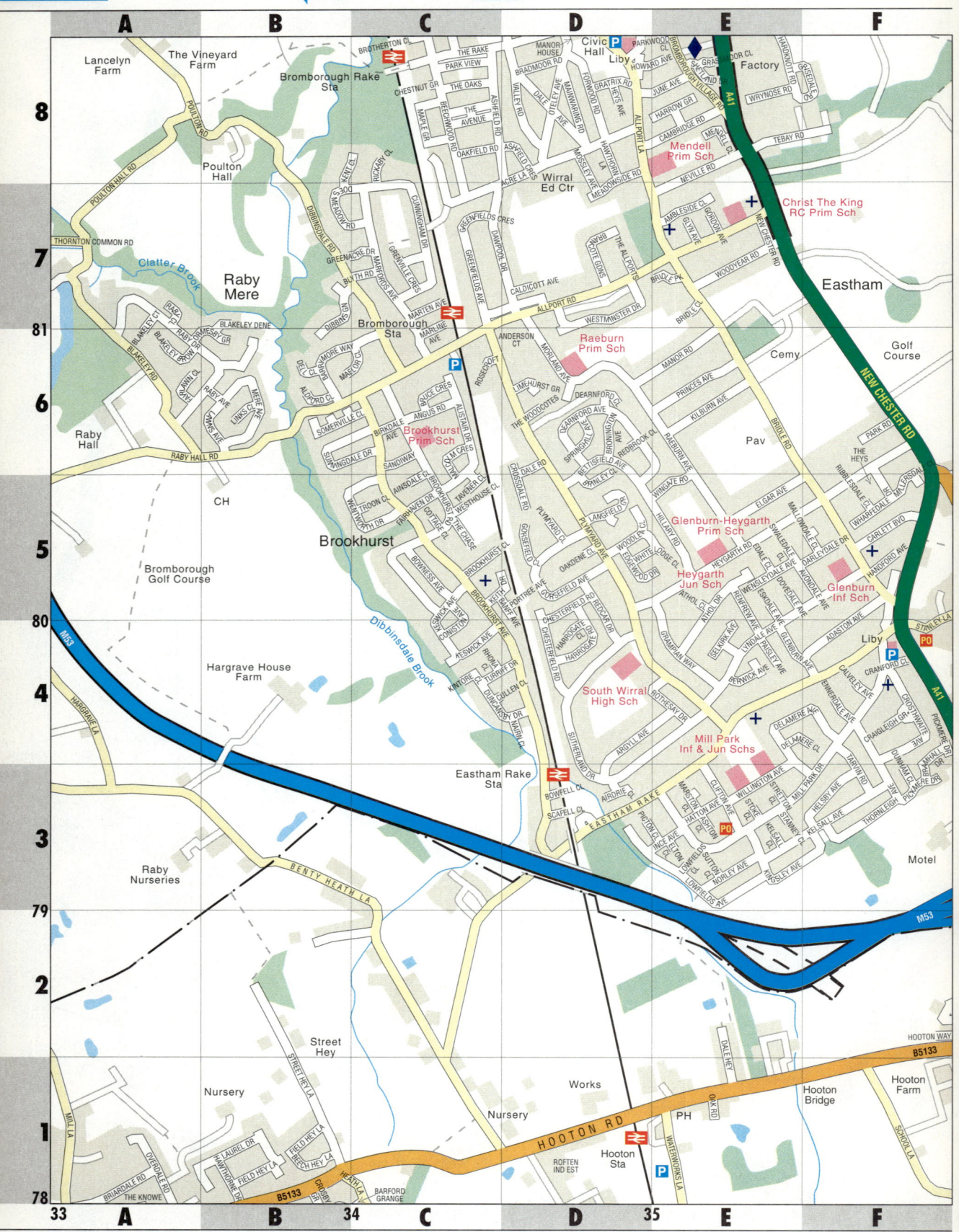

Index

Street names are listed alphabetically and show the locality, the Postcode District, the page number and a reference to the square in which the name falls on the map page

Vincent St. ▣**4** Birkenhead L41 ....**66** D6

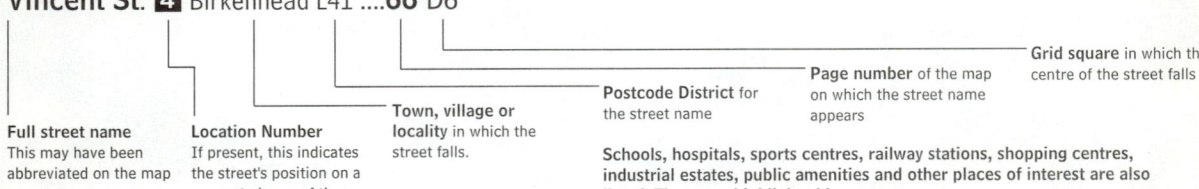

- **Full street name** This may have been abbreviated on the map
- **Location Number** If present, this indicates the street's position on a congested area of the map instead of the name
- **Town, village or locality** in which the street falls.
- **Postcode District** for the street name
- **Page number** of the map on which the street name appears
- **Grid square** in which the centre of the street falls

Schools, hospitals, sports centres, railway stations, shopping centres, industrial estates, public amenities and other places of interest are also listed. These are highlighted in **magenta**

Abbreviations used in the index

App	Approach	Cl	Close	Espl	Esplanade	Orch	Orchard	Sq	Square
Arc	Arcade	Comm	Common	Est	Estate	Par	Parade	Strs	Stairs
Ave	Avenue	Cnr	Corner	Gdns	Gardens	Pk	Park	Stps	Steps
Bvd	Boulevard	Cotts	Cottages	Gn	Green	Pas	Passage	St	Street, Saint
Bldgs	Buildings	Ct	Court	Gr	Grove	Pl	Place	Terr	Terrace
Bsns Pk	Business Park	Ctyd	Courtyard	Hts	Heights	Prec	Precinct	Trad Est	Trading Estate
Bsns Ctr	Business Centre	Cres	Crescent	Ind Est	Industrial Estate	Prom	Promenade	Wlk	Walk
Bglws	Bungalows	Dr	Drive	Intc	Interchange	Ret Pk	Retail Park	W	West
Cswy	Causeway	Dro	Drove	Junc	Junction	Rd	Road	Yd	Yard
Ctr	Centre	E	East	La	Lane	Rdbt	Roundabout		
Cir	Circus	Emb	Embankment	N	North	S	South		

1st St. WN2 ..... 35 E7
3rd St. WN2 ..... 35 E7
4th St. WN2 ..... 35 F7
'a' Ct. WN4 ..... 35 B2
A K Bsns Pk. PR9 ..... 5 A6
Abacus Rd. L13 ..... 54 B4
Abberley Cl. WA10 ..... 43 F3
Abberley Rd. L25 ..... 82 E0
Abberton Pk. L30 ..... 28 A5
Abbey Cl. Birkenhead L41 ..... 66 F5
Abbey Cl. Ditton WA8 ..... 84 C8
Abbey Cl. Kirkby L31 ..... 29 F2
Abbey Cl. Little Altcar L37 ..... 10 B2
Abbey Cl. Orrell WN8 ..... 25 C7
Abbey Ct. L25 ..... 70 B2
Abbey Dr. WN5 ..... 25 E6
Abbey Gdns. PR8 ..... 4 A4
Abbey La. L40 ..... 14 C8
Abbey Rd. Ditton WA8 ..... 84 C8
Abbey Rd. Haydock WA11 ..... 45 E7
Abbey Rd. ▣1 Liverpool L6 ..... 53 C6
Abbey Rd. St Helens WA10 ..... 43 E7
Abbey Rd. West Kirby L48 ..... 63 B2
Abbey St. L41 ..... 66 F5
Abbey View. L16 ..... 69 E7
Abbeyfield Dr. L11 & L12 ..... 40 D3
Abbeystead. WN8 ..... 24 C7
Abbeystead Ave. L30 ..... 28 A1
Abbeystead Rd. L15 ..... 69 B7
Abbeyway N. WA11 ..... 46 A7
Abbeyway S. WA11 ..... 46 A7
Abbeywood. WN8 ..... 24 C6
Abbeywood Gr. L35 ..... 56 F2
Abbot Cl. L43 ..... 65 C6
Abbots Cl. L37 ..... 10 A1
Abbots Dr. L63 ..... 78 F5
Abbots Hall Ave. WA9 ..... 58 D2
Abbots Way. Formby L37 ..... 10 B1
Abbots Way. Heswall L64 ..... 86 E1
Abbots Way. West Kirby L48 ..... 63 C3
Abbotsbury Way. L12 ..... 40 E3
Abbotsfield Rd. WA9 ..... 58 E5
Abbotsfield Rd Ind Pk. WA9 ..... 58 E6
Abbotsford. L39 ..... 13 F5
Abbotsford Cl. WA3 ..... 36 D1
Abbotsford Gdns. L23 ..... 26 C3
Abbotsford Rd. Crosby L23 ..... 26 C3
Abbotsford Rd. Liverpool L11 ..... 39 F2
Abbotsford St. L44 ..... 51 E2
Abbott Dr. L20 ..... 28 E5
Abbotts Cl. L18 ..... 69 B3
Abbotts Way. WN5 ..... 33 D3
Abbottshey Ave. L18 ..... 69 B2
Abdale Rd. L11 ..... 39 F3
Aber St. ▣4 L6 ..... 53 A3
Abercrombie Rd. L33 ..... 41 C7
Abercromby Sq. L7 ..... 52 F1
Aberdale Rd. L13 ..... 54 B3
Aberdare Cl. WA5 ..... 60 E1
Aberdeen St. L41 ..... 66 C7
Aberford Ave. L45 ..... 50 E5
Abergele Rd. L13 ..... 53 F2
Abingdon Gr. L4 ..... 39 C2

Abingdon Rd. Birkenhead L49 ..... 64 B3
Abingdon Rd. Liverpool L4 ..... 39 C2
Abinger Rd. WN4 ..... 34 D4
Abney Cl. L7 ..... 68 B8
Abotts Lea Sch. L25 ..... 69 E4
Aboyne Cl. L9 ..... 39 A4
Abram Bryn Gates Prim Sch. WN2 ..... 35 F7
Abram St. L5 ..... 52 E5
Abrams Fold. PR9 ..... 2 F5
Abrams Gn. PR9 ..... 2 F5
Abyssinia Cl. L15 ..... 68 E7
Acacia Ave. Huyton-w-R L36 ..... 55 D1
Acacia Ave. Widnes WA8 ..... 73 B3
Acacia Cl. L49 ..... 64 C2
Acacia Gr. Liverpool L9 ..... 39 B6
Acacia Gr. St Helens WA10 ..... 43 A4
Acacia Gr. Wallasey L44 ..... 51 E2
Acacia Gr. West Kirby L48 ..... 63 A2
Acacia Gr. WA12 ..... 45 F4
Acanthus Rd. L13 ..... 54 B4
Access Rd. L12 ..... 54 D7
Acer Leigh. L17 ..... 68 D2
Acheson Rd. L13 ..... 53 E6
Achilles Ave. WA2 ..... 61 B2
Ackerley Cl. WA2 ..... 61 F3
Ackers Hall Ave. L14 ..... 54 F5
Ackers Hall Cl. L14 ..... 54 F5
Ackers La. Crosby L23 & L38 ..... 26 C7
Ackers La. St Helens WA10 ..... 43 C4
Ackers Rd. L49 ..... 65 C2
Ackers St. ▣10 L34 ..... 56 D6
Acland Rd. L44 ..... 51 B4
Aconbury Cl. L11 ..... 39 F3
Aconbury Pl. L11 ..... 39 F3
Acorn Bsns Ctr. L33 ..... 30 B1
Acorn Cl. Bebington L63 ..... 78 D6
Acorn Ct. St Helens WA9 ..... 58 C4
Acorn Ct. L18 ..... 67 F6
Acorn St. WA12 ..... 46 D3
Acorn Way. L20 ..... 38 D5
Acornfield Cl. L33 ..... 41 C8
Acornfield Rd. L33 ..... 30 D2
Acre La. Bebington L62 ..... 88 D8
Acre La. Heswall L60 ..... 77 C1
Acrefield Ct. L42 ..... 66 B1
Acrefield Pk. L25 ..... 70 A3
Acrefield Rd. Birkenhead L42 ..... 66 C1
Acrefield Rd. Widnes WA8 ..... 72 B1
Acrefield Rd. Woolton L25 ..... 70 A3
Acregate. WN8 ..... 24 C7
Acres La. Great Altcar L38 ..... 18 E8
Acres La. Lydiate L31 & L39 ..... 19 E7
Acres Rd. Bebington L63 ..... 78 F6
Acres Rd. Hoylake L47 ..... 63 F7
Acresgate Ct. L25 ..... 70 A6
Acreville Rd. L63 ..... 78 F5
Acton Gr. L6 ..... 53 C6
Acton La. L46 ..... 64 C7
Acton Rake. L30 ..... 27 D5
Acton Rd. Birkenhead L42 ..... 67 A1
Acton Rd. Burtonwood WA5 ..... 59 D4

Acton Rd. Kirkby L32 ..... 29 C7
Acton Way. L7 ..... 68 C8
Acuba Gr. L41 ..... 66 E4
Acuba Rd. L15 ..... 54 C1
Ada St. WA9 ..... 44 C1
Adair Pl. L13 ..... 53 E7
Adair Rd. L13 ..... 53 E7
Adam St. L5 ..... 52 F6
Adams Cl. WA12 ..... 46 D2
Adamson St. Ashton-in-M WN4 ..... 35 A3
Adamson St. Liverpool L7 ..... 53 D2
Adaston Ave. L62 ..... 88 F4
Adela Rd. WA7 ..... 84 F2
Adelaide Ave. L35 ..... 57 E7
Adelaide Pl. L5 ..... 52 E4
Adelaide Rd. Birkenhead L42 ..... 66 C4
Adelaide Rd. Bootle L21 ..... 37 F7
Adelaide Rd. Liverpool L7 ..... 53 B2
Adelaide Rd. St Helens L5 ..... 52 E6
Adelaide Rd. Wallasey L45 ..... 51 B3
Adelaide Terr. L22 ..... 26 C1
Adele Thompson Dr. ▣2 L8 ..... 68 A7
Adelphi St. L41 ..... 66 E6
Adkins St. ▣3 L5 ..... 53 A6
Adlam Cres. L9 ..... 39 E7
Adlam Rd. L10 & L9 ..... 39 E7
Adlington House. ▣8 L3 ..... 52 D3
Adlington St. ▣7 L3 ..... 52 D3
Admin Rd. L33 ..... 41 C8
Admiral Gr. L8 ..... 68 A5
Admiral St. L8 ..... 68 A5
Adrian's Way. L32 ..... 29 E2
Adshead Rd. L13 ..... 53 E7
Adstone Rd. L25 ..... 70 C5
Adswood Rd. L36 ..... 55 E3
Africander Rd. WA11 ..... 44 A8
Afton. WA8 ..... 72 A2
Agar Rd. L11 & L13 ..... 53 F7
Agate St. L6 ..... 53 A5
Agincourt Rd. L12 ..... 54 C5
Agnes Gr. L44 & L45 ..... 51 C5
Agnes Rd. L23 ..... 26 C3
Agnes Rd. L41 & L42 ..... 66 E3
Agnes St. WA9 ..... 58 C3
Agnes Way. L7 ..... 53 B1
Aiden Long Gr. L34 ..... 55 E6
Aigburth Dr. L17 ..... 68 C4
Aigburth Gr. L46 ..... 64 D8
Aigburth Hall Ave. L19 & L18 ..... 81 A8
Aigburth Hall Rd. L19 ..... 81 A8
Aigburth Rd. L17 & L19 & L18 ..... 68 D2
Aigburth St. L8 ..... 68 B8
Aigburth Sta. L17 ..... 80 E8

Aigburth Vale. Liverpool L17 ..... 68 D2
Aigburth Vale.
 Liverpool L17 & L18 ..... 68 E3
Aiken Cl. L8 ..... 67 F4
Ailsa Rd. L45 ..... 51 A5
Ainsdale CE Prim Sch. PR8 ..... 7 D4
Ainsdale Cl. Aintree L10 ..... 39 F8
Ainsdale Cl. Bebington L63 ..... 88 C5
Ainsdale Cl. Hsewall L61 ..... 77 A5
Ainsdale Cl. Warrington WA5 ..... 74 F4
Ainsdale Dr. L20 ..... 38 D6
Ainsdale High Sch. PR8 ..... 7 C6
Ainsdale Sand Dunes Nat Res. PR8 ..... 6 E3
Ainsdale Sta. PR8 ..... 7 C5
Ainsworth Ave. L46 ..... 64 C6
Ainsworth La. L34 ..... 41 B6
Ainsworth Rd. WA10 ..... 43 D5
Ainsworth St. L3 ..... 52 E1
Aintree Cres. PR8 ..... 4 F4
Aintree La. Aintree L10 & L9 ..... 28 C2
Aintree La. Liverpool L10 ..... 40 A8
Aintree Race Course. L9 ..... 28 D1
Aintree Racecourse Ret & Bsns Pk.
 L10 ..... 28 C2
Aintree Racecourse Ret Pk. L10 ..... 28 C2
Aintree Rd. L20 ..... 38 E4
Aintree Sta Sefton Arms. L30 ..... 39 B8
Aintree Way. L10 ..... 28 C2
Airdale Cl. L43 ..... 65 C6
Airdale Rd. L15 ..... 68 F6
Airdrie Cl. L62 ..... 88 D3
Aire. WA8 ..... 72 B2
Airedale Cl. WA5 ..... 74 F7
Airegate. L31 ..... 20 B2
Airlie Gr. L13 ..... 53 D6
Airlie Rd. L47 ..... 63 B6
Aisthorpe Gr. L31 ..... 28 D7
Ajax Ave. WA2 ..... 61 B2
Akbar The. L76 ..... 76 C2
Akenside St. L20 & L21 ..... 38 A6
Alabama Way. L41 ..... 66 F6
Alamein Rd. L36 ..... 55 D4
Alastair Cres. L43 ..... 65 F1
Alban Rd. L16 ..... 69 D8
Albany Ave. L34 ..... 56 F7
Albany Rd. Birkenhead L42 ..... 66 E2
Albany Rd. Liverpool L9 ..... 39 B7
Albany Rd. Liverpool L7 ..... 53 A2
Albany Rd. Liverpool L13 ..... 54 A4
Albany Rd. Prescot L34 ..... 56 E6
Albany Rd. Southport PR8 & PR9 ..... 1 C1
Albemarle Rd. L44 ..... 51 E3
Albert Dr. PR9 ..... 1 D1
Albert Dr. Bootle L20 & L9 ..... 38 F6
Albert Dr. Warrington WA5 ..... 74 D6
Albert Edward Rd. L7 ..... 53 A2
Albert Gr. Crosby L23 ..... 26 C4
Albert Gr. Liverpool L15 ..... 69 A8
Albert Pk. L17 ..... 68 B5
Albert Pl. PR8 ..... 4 B8

Albert Rd. Birkenhead L42 ..... 66 C4
Albert Rd. Formby L37 ..... 17 B8
Albert Rd. Hoylake L47 ..... 63 B6
Albert Rd. Litherland L22 ..... 37 D8
Albert Rd. Liverpool L13 ..... 53 D6
Albert Rd. Southport PR9 ..... 1 D1
Albert Rd. West Kirby L48 ..... 63 A4
Albert Rd. Widnes WA8 ..... 73 B1
Albert Schweitzer Ave. L30 ..... 27 F4
Albert St. WA8 ..... 73 B1
Albert St. Ashton-in-M WN4 ..... 35 B3
Albert St. Liverpool L7 ..... 53 A1
Albert St. St Helens WA10 ..... 44 A5
Albert St. Wallasey L45 ..... 37 C1
Albert Terr. Collins Green WA5 ..... 45 E1
Albert Terr. Southport PR8 ..... 4 A5
Albion Pl. L45 ..... 51 B8
Albion St. Birkenhead L41 ..... 66 F6
Albion St. Birkenhead L41 ..... 66 F7
Albion St. Liverpool L5 ..... 52 F6
Albion St. St Helens WA10 ..... 43 E4
Albion St. Wallasey L45 ..... 51 A8
Albourne Rd. L32 ..... 41 A8
Albury Cl. Haydock WA11 ..... 45 D7
Albury Cl. Liverpool L12 ..... 41 A2
Albury Rd. ▣4 L32 ..... 41 A7
Alcester Rd. L12 ..... 54 C6
Aldams Gr. L4 ..... 38 E1
Aldbourne Ave. L18 & L25 ..... 69 E5
Aldbourne Cl. L25 ..... 69 E4
Aldcliffe. WA3 ..... 47 F8
Alder Ave. Ashton-in-M WN4 ..... 34 F5
Alder Ave. Billinge WN5 ..... 33 D5
Alder Ave. Huyton-w-R L36 ..... 71 A8
Alder Ave. Widnes WA8 ..... 73 B3
Alder Cl. L34 & L35 ..... 56 F6
Alder Cres. L32 ..... 29 D3
Alder Gr. L22 ..... 26 D2
Alder Hey Children's Hosp.
L14 ..... 54 C4
Alder Hey Rd. WA10 ..... 43 C4
Alder La. Burtonwood WA2 & WA5 ..... 60 C7
Alder La. Crank WA11 ..... 32 C7
Alder La. Cronton WA8 & L35 ..... 72 A5
Alder La. Formby L39 ..... 10 E7
Alder La. Knowsley L34 ..... 41 C2
Alder Rd. Bebington L63 ..... 78 E4
Alder Rd. Golborne WA3 ..... 47 F8
Alder Rd.
 Liverpool L12 & L13 & L14 ..... 54 C4
Alder Rd. Prescot L34 ..... 56 F6
Alder Root La.
 WA12 & WA2 & WA5 ..... 60 D7
Alder St. WA12 ..... 46 C3
Alder Wood Ave. L24 ..... 82 E6
Alderbank Rd. WA5 ..... 74 F6
Alderdale Ave. PR8 ..... 7 A5
Alderfield Dr. L24 ..... 83 A3
Alderley. WN8 ..... 24 C6
Alderley Ave. Birkenhead L41 ..... 65 F7
Alderley Ave. Golborne WA3 ..... 47 E8
Alderley Cl. WN5 ..... 33 E5
Alderley Rd. Hoylake L47 ..... 63 B7

Ald – Ash 91

Alderley Rd. Wallasey L44 ... 51 B3
Aldersey St. L3 ... 52 D3
Aldersgate. L42 ... 66 F2
Aldersgate Dr. L26 ... 83 A6
Alderson Cres. L37 ... 9 F4
Alderson Rd. L15 ... 68 D8
Alderville Rd. L4 ... 39 C2
Alderwood Inf Sch. L24 ... 82 F3
Alderwood Lodge. L24 ... 83 A3
Aldford Cl. Bebington L63 ... 88 B6
Aldford Cl. Birkenhead L43 ... 65 E2
Aldford Rd. L32 ... 40 E7
Aldridge Cl. 1 L12 ... 40 E3
Aldridge Dr. WA5 ... 59 F7
Aldrins La. L30 ... 27 F5
Aldwark Rd. L14 ... 55 A4
Aldwych Rd. L12 ... 54 C5
Aldykes. L31 ... 28 F8
Alexander Dr. Ditton WA8 ... 84 D8
Alexander Dr. Heswall L61 ... 76 E3
Alexander Dr. Maghull L31 ... 20 D3
Alexander Fleming Ave. L30 ... 27 F4
Alexander Gn. L36 ... 55 E4
Alexander House. 7 L21 ... 37 F7
Alexander Way. 5 L8 ... 67 F4
Alexander Wlk. L4 ... 52 F8
Alexandra Ct. Liverpool L6 ... 53 B3
Alexandra Ct. 1 Wallasey L45 ... 51 A8
Alexandra Dr. Birkenhead L42 ... 66 E1
Alexandra Dr. Bootle L20 ... 38 F6
Alexandra Dr. Liverpool L17 ... 68 B4
Alexandra Dr. St Helens WA10 ... 43 D2
Alexandra House. L17 ... 68 B4
Alexandra Ind Est. WA8 ... 84 F7
Alexandra Mews. 1 L39 ... 13 E6
Alexandra Mount. L21 ... 38 B8
Alexandra Pk. L17 ... 68 B3
Alexandra Rd. Ashton-in-M WN4 ... 35 B4
Alexandra Rd. Birkenhead L43 ... 66 C5
Alexandra Rd. Bootle L22 ... 37 E8
Alexandra Rd. Crosby L23 ... 26 D4
Alexandra Rd. Formby L37 ... 9 B1
Alexandra Rd. Liverpool L13 ... 54 A2
Alexandra Rd. Liverpool L7 ... 68 C8
Alexandra Rd. Southport PR9 ... 4 D8
Alexandra Rd. Wallasey L45 ... 51 A8
Alexandra Rd. West Kirby L48 ... 63 A1
Alexandra St. Abram WN2 ... 36 B8
Alexandra St. St Helens WA10 ... 43 D1
Alexandra Terr. 9 L8 ... 67 F7
Alexandra Villas. L21 ... 38 B8
Alexandria Rd. L19 ... 81 C7
Alfonso Rd. L4 ... 52 D8
Alford Ave. WA9 ... 58 B4
Alford St. L7 ... 53 E2
Alfred Mews. 5 L1 ... 67 E7
Alfred Rd. Birkenhead L43 ... 66 C5
Alfred Rd. Haydock WA11 ... 45 F7
Alfred Rd. Wallasey L44 ... 51 E1
Alfred St. Liverpool L15 ... 68 D8
Alfred St. Newton-le-W WA12 ... 46 E3
Alfred St. Rainford WA11 ... 31 F7
Alfred St. St Helens WA10 ... 44 B4
Alfriston Rd. L12 ... 54 C6
Algernon St. WA7 ... 84 F3
Alice Elliott Sch. L16 ... 69 E6
Alice St. WA9 ... 58 E8
Alicia Wlk. L10 ... 40 B7
Alison Ave. L42 ... 66 F3
Alison Pl. L13 ... 53 E7
Alison Rd. L13 ... 53 E7
Alistair Dr. L63 ... 88 C6
All Saints CE Jun Sch. WA8 ... 72 B3
All Saints Cl. L30 ... 27 E3
All Saints RC Inf Sch. L4 ... 53 B6
All Saints RC Jun Sch. L6 ... 53 C6
All Saints Rd. L24 ... 82 C3
Allan Rd. WA11 ... 44 C7
Allangate Cl. L49 ... 64 C2
Allangate Rd. L19 ... 81 B8
Allanson St. WA9 ... 44 D3
Allanson Street Prim Sch. WA9 ... 44 D2
Allcot Ave. L42 ... 66 D2
Allenby Ave. L22 & L23 ... 26 F2
Allenby Sq. L13 ... 54 A2
Allendale Ave. Liverpool L9 ... 39 B7
Allendale Ave. Rainhill L35 ... 57 D3
Allengate. 1 L23 ... 26 E5
Allerby Way. WA3 ... 47 E8
Allerford Rd. L12 ... 54 D8
Allerton Beeches. L18 ... 69 C3
Allerton Dr. L18 ... 69 B4
Allerton Gr. L42 ... 66 E3
Allerton Park Golf Course. L25 ... 69 E2
Allerton Priory Sch. L25 ... 69 E1
Allerton Rd. Birkenhead L41 & L42 ... 66 E3
Allerton Rd. Liverpool L18 ... 69 A5
Allerton Rd. Liverpool L18 ... 69 B5
Allerton Rd. Liverpool L18 & L25 ... 69 D3
Allerton Rd. Liverpool L25 ... 70 A2
Allerton Rd. Southport PR9 ... 1 E1
Allerton Rd. Wallasey L45 ... 51 A6
Allerton Rd. Widnes WA8 ... 73 B1
Allerton Sta. L19 ... 81 D6
Allesley Rd. L14 ... 54 F5
Alleyne Rd. L4 ... 53 D8
Allington St. L17 ... 68 B3
Allonby Cl. L43 ... 65 E4
Allport La. L62 ... 88 D8
Allport Rd. L63 & L62 ... 88 D7
Allports The. L62 ... 88 D7
Allscott Way. WN4 ... 35 C3
Alma Cl. Liverpool L10 ... 40 B7
Alma Cl. Orrell WN8 ... 25 C7
Alma Ct. Orrell WN8 ... 25 C7
Alma Ct. Southport PR8 ... 7 F7
Alma Hill. WN8 ... 25 C7
Alma Par. WN8 ... 25 C7
Alma Pl. WA9 ... 44 C2
Alma Rd. Liverpool L17 ... 80 E8
Alma Rd. Orrell WN8 ... 25 C7
Alma Rd. Southport PR8 ... 4 A4
Alma St. Bebington L62 ... 79 A7
Alma St. 5 Birkenhead L41 ... 66 E6
Alma St. Newton-le-W WA12 ... 46 B3
Alma St. St Helens WA9 ... 44 C2
Alma Vale Terr. L20 ... 38 B3
Almacs Cl. L23 ... 26 B3
Almeda Rd. L24 ... 83 A2
Almond Ave. L30 ... 27 C3
Almond Cl. Liverpool L26 ... 82 E7
Almond Cl. St Helens WA11 ... 44 F5
Almond Ct. L19 ... 81 E5
Almond Dr. WA5 ... 59 F6
Almond Pl. L46 ... 64 F8
Almond Tree Cl. L24 ... 83 E1
Almond Way. L49 ... 64 C2
Almond's Gn. L11 & L12 ... 54 A8
Almond's Gr. L12 ... 54 A8
Almond's Turn. L30 ... 27 D4
Almonds Pk. L12 ... 54 A8
Almshouses. L39 ... 21 A7
Alness Dr. L35 ... 57 D2
Alnwick Dr. L46 ... 64 C8
Alpass Rd. L17 ... 68 B3
Alpha Dr. L42 ... 67 A1
Alpha St. L20 & L21 ... 38 B5
Alpine Cl. WA10 ... 43 C4
Alpine St. WA12 ... 46 A3
Alresford Rd. L19 ... 80 F8
Alroy Rd. L4 ... 53 A7
Alscot Ave. L10 ... 40 B7
Alscot Cl. L31 ... 28 D8
Alsop High Sch. L4 ... 39 A2
Alston Cl. L62 ... 79 C1
Alston Rd. L17 ... 80 E8
Alstonfield Rd. L14 ... 55 A4
Alt. WA8 ... 72 B2
Alt Ave. L31 ... 28 C7
Alt Rd. Bootle L20 ... 38 C5
Alt Rd. Formby L37 ... 10 B2
Alt Rd. Hightown L38 ... 17 F4
Alt Rd. Huyton-w-R L36 ... 55 E3
Alt St. L8 ... 68 B7
Altbridge Pk. L11 ... 40 B4
Altcar Ave. L15 ... 68 D7
Altcar Dr. L46 ... 64 D7
Altcar La. Formby L37 ... 9 F1
Altcar La. Maghull L31 & L39 ... 19 F5
Altcar Rd. Bootle L20 ... 38 C5
Altcar Rd. Formby L37 ... 10 B2
Altcross Rd. L11 ... 40 C4
Altcross Way. L11 ... 40 C4
Altfield Rd. L14 ... 54 F7
Altfinch Cl. L14 ... 55 A7
Altham Rd. Liverpool L11 ... 53 F8
Altham Rd. Southport PR8 ... 4 E2
Althorp St. L8 ... 67 F3
Althorpe Dr. PR8 ... 4 E3
Altmoor Rd. L36 ... 55 D5
Alton Ave. L21 ... 27 A1
Alton Cl. Ashton-in-M WN4 ... 35 A4
Alton Cl. Hightown L38 ... 17 F2
Alton Rd. Birkenhead L43 ... 66 A5
Alton Rd. Liverpool L6 ... 53 D5
Altview Hts. L11 ... 40 C4
Altway. L10 ... 28 D2
Altys La. L39 ... 13 F3
Alundale Ct. 10 L20 ... 38 C3
Alundale Rd. L14 ... 54 E5
Alva Rd. L35 ... 57 D2
Alvanley Pl. L43 ... 66 C6
Alvanley Rd. Kirkby L32 ... 29 C2
Alvanley Rd. Liverpool L12 ... 54 C6
Alvega Cl. L62 ... 79 C7
Alverstone Ave. L41 ... 65 F7
Alverstone Rd. Liverpool L18 ... 68 F5
Alverstone Rd. Wallasey L44 ... 51 D3
Alverton Cl. WA8 ... 84 D8
Alvina La. L4 ... 52 E7
Alwain Gn. L24 ... 82 F2
Alwen St. L41 ... 50 F1
Alwyn Ave. L21 ... 27 B1
Alwyn Gdns. L46 ... 64 F8
Alwyn St. L17 ... 68 B3
Amanda Rd. Liverpool L10 ... 40 B7
Amanda Rd. Rainhill L35 ... 57 B5
Amanda Way. L31 ... 29 B4
Amaury Cl. L23 ... 27 B5
Amaury Rd. L23 ... 27 B5
Amber Way. L14 ... 55 A7
Ambergate. WN8 ... 24 B7
Ambergate Cl. 3 WA9 ... 58 D7
Ambergate Rd. L19 ... 81 B8
Amberley Ave. L46 ... 64 C7
Amberley Cl. Birkenhead L46 ... 64 C7
Amberley Cl. Liverpool L6 ... 53 D7
Ambleside Ave. L46 ... 64 D8
Ambleside Cl. Bebington L62 ... 88 E7
Ambleside Cl. Heswall L61 ... 77 A6
Ambleside Cres. WA2 ... 61 C3
Ambleside Pl. WA11 ... 33 B1
Ambleside Rd. Liverpool L18 ... 69 D1
Ambleside Rd. Maghull L31 ... 20 D2
Amelia Cl. Liverpool L6 ... 52 F3
Amelia Cl. Widnes WA8 ... 73 B4
Amersham. WN8 ... 24 C7
Amersham Rd. L4 ... 39 C2
Amery Gr. L42 ... 66 C2
Amherst Rd. L17 ... 68 C2
Amis Gr. WA3 ... 47 E8
Amity St. L8 ... 67 F5
Amos Ave. L21 ... 38 C8
Ampleforth Cl. 3 L32 ... 29 C1
Ampthill Rd. L17 ... 68 D2
Ampulla Rd. L11 ... 40 C3
Amy Wlk. L10 ... 40 B7
Ancaster Rd. L17 ... 68 D2
Anchor St. PR8 & PR9 ... 4 B7
Anchorage La. L17 ... 68 E3
Ancient Meadows. L9 ... 39 B7
Ancroft Rd. L14 ... 55 A3
Ancrum Rd. L33 ... 29 D6
Anderson Ave. L20 ... 38 A4
Anderson Cl. Heswall L61 ... 77 A6
Anderson Cl. Rainhill L35 ... 57 D1
Anderson Ct. L62 ... 88 D6
Anderson Rd. L21 ... 27 D1
Anderson St. L5 ... 52 E6
Anderton Terr. L36 ... 55 C2
Andover Cl. WA2 ... 61 E1
Andover Way. L25 ... 82 D8
Andreas Cl. PR8 ... 4 B4
Andrew Ave. Billinge WN5 ... 33 F5
Andrew Ave. Kirkby L31 ... 29 B3
Andrew Carnegie Liby. L13 ... 53 F4
Andrew Cl. WA8 ... 84 C8
Andrew St. L4 ... 38 F1
Andrew's Wlk. L60 ... 86 B8
Andrews Cl. L37 ... 9 E1
Andrews La. L37 ... 9 E1
Andrews Yort. L37 ... 9 E1
Anfield Community Sch. L4 ... 53 B7
Anfield (Liverpool Football Club). L4 ... 53 A7
Anfield Rd. L4 ... 53 A7
Anfield Road Jun & Inf Schs. L4 ... 53 B6
Angela St. L7 ... 68 B8
Angers La. L31 ... 29 B6
Anglesea Rd. L9 ... 38 F3
Anglesea Way. L8 ... 67 F4
Anglesey Rd. Wallasey L44 ... 51 B5
Anglesey Rd. West Kirby L48 ... 63 A3
Anglezark Cl. L7 ... 53 B2
Anglo Cl. L9 ... 39 C8
Angus Rd. Bebington L63 ... 88 C6
Angus Rd. Liverpool L11 ... 53 F8
Ann St. WN8 ... 23 E8
Annan Gr. WN4 ... 35 E5
Annandale Cl. L33 ... 29 D6
Annandale Gdns. WN8 ... 25 A7
Anne Ave. PR8 ... 7 E6
Anne Gr. WA9 ... 58 C7
Anne St. WA9 ... 58 D3
Annerley St. L7 ... 68 C8
Annesley Rd. Liverpool L17 ... 68 C1
Annesley Rd. Wallasey L44 ... 51 C3
Annette Ave. WA12 ... 46 A5
Annie Rd. L20 ... 38 D6
Anscot Ave. L63 ... 78 F6
Ansdell Dr. WA10 ... 43 B5
Ansdell Gr. PR9 ... 2 A4
Ansdell Rd. WA8 ... 73 C2
Ansdell Villas' Rd. L35 ... 57 C4
Anson Cl. WA2 ... 61 E2
Anson Pl. L3 ... 52 F2
Anson St. L3 ... 52 F2
Anstey Cl. L46 ... 49 B1
Anstey Rd. L13 ... 54 B2
Ansty Cl. WA11 ... 44 D6
Anthony's Way. L60 ... 86 A7
Anthorn Cl. L43 ... 65 D4
Antler Ct. WN4 ... 35 B6
Antonio St. L20 ... 38 E1
Antons Cl. L26 ... 82 F6
Antons Rd. Heswall L61 ... 77 A5
Antons Rd. Liverpool L26 ... 82 F6
Antrim Cl. WA11 ... 45 C6
Antrim Rd. WA2 ... 61 A2
Antrim St. L13 ... 53 E7
Anvil Cl. Bootle L20 ... 38 B4
Anvil Cl. Orrell WN5 ... 25 D5
Anzacs The. L62 ... 79 C6
Anzio Rd. L36 ... 55 D4
Apollo Cres. L33 ... 29 E4
Apollo Way. Litherland L30 ... 27 F4
Apollo Way. Liverpool L6 ... 53 B5
Apostles Way. L33 ... 29 D5
Appin Rd. L41 ... 66 E5
Apple Ct. 13 L6 ... 53 B3
Apple Dell Ave. WA3 ... 36 C1
Apple Tree Cl. Hale L24 ... 83 E1
Apple Tree Cl. Huyton-w-R L28 ... 55 B8
Appleby Cl. WA8 ... 84 C8
Appleby Dr. L30 ... 27 D3
Appleby Gn. L12 ... 54 D6
Appleby Lawn. L27 ... 71 A4
Appleby Rd. Hulme WA2 ... 61 C3
Appleby Rd. Kirkby L33 ... 29 E5
Appleby Rd. Liverpool L27 ... 71 A4
Appleby Wlk. 5 Ditton WA8 ... 84 C8
Appleby Wlk. Liverpool L27 ... 71 A4
Applecorn Cl. WA9 ... 58 D5
Appledore Cl. L24 ... 82 B4
Appledore Ct. L24 ... 82 B4
Appledore Gr. WA9 ... 58 C5
Applegarth. L46 ... 64 C6
Appleton Dr. L49 ... 64 E3
Appleton Rd. Litherland L21 ... 27 A1
Appleton Rd. Liverpool L4 ... 39 A1
Appleton Rd. Skelmersdale WN8 ... 15 F2
Appleton Rd. Widnes WA8 ... 73 B1
Appleton St. WA8 ... 44 C1
Appleton Village. WA8 ... 73 B1
Appletree Cl. L18 ... 69 C1
Appletree Gr. WA2 ... 61 F2
April Gr. L6 ... 53 D5
April Rise. L30 ... 27 E3
Apsley Ave. L45 ... 51 B6
Apsley Brow. L31 ... 20 B1
Apsley Rd. Bebington L62 ... 79 B8
Apsley Rd. Liverpool L12 ... 54 C6
Aquarius Cl. L14 ... 55 A4
Aragon Cl. L31 ... 20 E3
Aran Cl. L24 ... 83 D1
Arborn Dr. L49 ... 65 A6
Arbour La. L32 & L33 ... 30 B2
Arbour St. PR8 ... 4 C6
Arbury Ave. WA11 ... 44 D6
Arbury La. WA2 ... 61 C6
Arcadia Ave. L31 ... 20 D3
Arch Bishop Blanch High Sch. L7 ... 53 A1
Arch La. WN4 ... 34 B3
Archbishop Beck High Sch. L9 ... 39 B4
Archbishop Beck High Sch. L9 ... 39 B6
Archbishop Warlock Ct. L3 ... 52 C4
Archer Cl. L4 ... 52 E7
Archer Gr. WA9 ... 44 E4
Archer St. L4 ... 52 E7
Archerfield Rd. L18 ... 69 B1
Archers Way. L49 ... 65 A2
Archway Rd. L36 ... 55 E2
Arctic Rd. L20 ... 38 A3
Arden. WA8 ... 72 A2
Arden Cl. PR8 ... 7 A5
Ardennes Rd. L36 ... 55 E3
Arderne Cl. L63 ... 79 B2
Ardleigh Ave. PR8 ... 4 E3
Ardleigh Cl. L13 ... 53 F2
Ardleigh Gr. L13 ... 53 F2
Ardleigh Pl. L13 ... 53 F2
Ardleigh Rd. L13 ... 53 F2
Ardmore Rd. L18 ... 69 A2
Ardrossan Rd. L4 ... 53 C8
Ardville Rd. L11 ... 39 D3
Ardwick Rd. L24 ... 82 F3
Ardwick St. WA9 ... 44 C3
Argameols Cl. PR8 ... 4 F5
Argarmeols Gr. L37 ... 9 E5
Argarmeols Rd. L37 ... 9 E6
Argo Rd. L22 ... 26 D1
Argos Pl. L20 ... 38 D1
Argos Rd. L20 ... 38 D1
Argyle Ct. PR9 ... 1 D1
Argyle Rd. Liverpool L4 ... 53 B6
Argyle Rd. Liverpool L19 ... 81 C6
Argyle Rd. Southport PR9 ... 1 D2
Argyle St. Birkenhead L41 ... 66 E5
Argyle St. Birkenhead L41 ... 66 E6
Argyle St. Liverpool L1 & L72 ... 67 D8
Argyle St. St Helens WA10 ... 43 F5
Argyle Street Hamilton Sq. L41 & L72 ... 66 E7
Argyll Ave. L62 ... 88 D4
Argyll Cl. WN4 ... 34 C4
Ariel Wlk. WA3 ... 47 E8
Arkenstone Cl. WA8 ... 72 C2
Arkle Rd. L41 & L43 ... 65 F8
Arkles La. L4 ... 53 B7
Arkles Rd. L4 ... 53 A6
Arklow Dr. L24 ... 83 D2
Arkwood Cl. L62 ... 79 C3
Arlescourt Rd. L12 ... 54 D6
Arley Cl. L43 ... 65 C6
Arley Dr. WA8 ... 72 B2
Arley St. L3 ... 52 C4
Arlington Ave. 10 L18 ... 68 F5
Arlington Cl. PR8 ... 7 A5
Arlington Ct. L43 ... 65 F5
Arlington Dr. WA5 ... 74 E4
Arlington Rd. L45 ... 50 E6
Armill Rd. L11 ... 40 C3
Armitage Gdns. L18 ... 69 B1
Armley Rd. L4 ... 53 B7
Armour Ave. WA2 ... 61 B2
Armour Gr. L13 ... 54 A2
Armoury Bank. WN4 ... 35 B3
Armoury The. L12 ... 54 B7
Armscot Cl. L25 ... 82 B7
Armscot Pl. L25 ... 82 B7
Arncliffe Dr. WA5 ... 59 F6
Arncliffe Rd. L25 ... 82 D8
Arnhem Rd. L36 ... 55 E3
Arnian Ct. L39 ... 21 C7
Arnian Rd. WA11 ... 31 F7
Arnian Way. WA11 ... 31 F7
Arno Ct. L43 ... 66 B3
Arno Rd. L42 & L43 ... 66 B3
Arnold Ave. WA10 ... 43 D5
Arnold Cl. 1 L8 ... 68 A6
Arnold Gr. L15 ... 69 A8
Arnold Pl. WA8 ... 84 C7
Arnold St. Liverpool L8 ... 67 F6
Arnold St. Wallasey L45 ... 51 B5
Arnot Cl. WA10 ... 43 F5
Arnot Cty Prim Jun & Inf Sch. L4 ... 38 F1
Arnot St. L4 ... 38 F1
Arnot Way. L63 ... 78 D7
Arnside. L21 ... 38 D8
Arnside Ave. Haydock WA11 ... 45 B6
Arnside Ave. Rainhill L35 ... 57 A4
Arnside Rd. Birkenhead L43 ... 66 A4
Arnside Rd. Huyton-w-R L36 ... 55 B2
Arnside Rd. Liverpool L7 ... 53 C1
Arnside Rd. Southport PR9 ... 4 C7
Arnside Rd. Wallasey L45 ... 51 B5
Arnside Terr. PR9 ... 4 C7
Arrad St. L1 & L7 ... 67 F8
Arran Cl. WA11 ... 44 E6
Arranmore Rd. L18 ... 69 A2
Arrowe Ave. L46 ... 64 D7
Arrowe Brook Ct. L49 ... 64 E4
Arrowe Brook La. L49 ... 64 E1
Arrowe Brook Rd. L49 ... 64 F3
Arrowe Hill Prim Sch. L49 ... 65 A3
Arrowe Park Hospl. L49 ... 65 A2
Arrowe Park Rd. L49 & L61 ... 65 A2
Arrowe Rd. L49 ... 64 E3
Arrowe Side. L49 ... 64 E4
Arrowsmith Rd. WA11 ... 45 F7
Arthur St. Birkenhead L41 ... 66 C7
Arthur St. Birkenhead L41 ... 66 C8
Arthur St. Liverpool L19 ... 81 D5
Arthur St. Runcorn WA7 ... 84 F2
Arundel Ave. Liverpool L15 & L8 ... 68 D6
Arundel Ave. Wallasey L45 ... 50 F6
Arundel Cl. L61 ... 76 E5
Arundel Comp Sch. L18 ... 68 F5
Arundel Rd. PR8 ... 7 F8
Arundel St. Bootle L4 ... 38 F1
Arundel St. Liverpool L8 ... 68 A6
Arvon St. L20 ... 38 D6
Asbridge St. L8 ... 68 B7
Asbury Cl. L18 ... 69 D3
Asbury Rd. L45 ... 50 D6
Ascot Ave. L21 ... 38 A8
Ascot Cl. PR8 ... 3 E5
Ascot Dr. Bebington L63 ... 78 F5
Ascot Dr. Kirkby L33 ... 29 E5
Ascot Gr. L63 ... 78 F5
Ascot Pk. L23 ... 26 F4
Ascroft Rd. L9 ... 39 B8
Ash Ave. WA12 ... 46 C2
Ash Cl. Liverpool L15 ... 68 E8
Ash Cl. Ormskirk L39 ... 13 D5
Ash Cres. L36 ... 70 E8
Ash Gr. Bootle L21 ... 38 A6
Ash Gr. Formby L37 ... 9 C1
Ash Gr. Liverpool L15 ... 68 D8
Ash Gr. Orrell WN5 ... 25 F6
Ash Gr. Prescot L35 ... 56 E5
Ash Gr. Rainford WA11 ... 31 F6
Ash Gr. Skelmersdale WN8 ... 15 D1
Ash Gr. St Helens WA9 ... 58 C4
Ash Gr. Wallasey L45 ... 51 C7
Ash Grange. L14 ... 54 D3
Ash Grove Cres. WN5 ... 33 E6
Ash La. WA8 ... 84 A8
Ash Priors. WA8 ... 72 D3
Ash Rd. Bebington L63 ... 78 F7
Ash Rd. Birkenhead L42 ... 66 D4
Ash Rd. Bootle L21 ... 38 A7
Ash Rd. Haydock WA11 ... 45 E7
Ash Rd. Warrington WA5 ... 74 F4
Ash Rd. Winwick WA2 ... 61 B6
Ash St. Bootle L20 ... 38 C4
Ash St. Golborne WA3 ... 36 B2
Ash St. Southport PR8 ... 4 C5
Ash Tree Apartments. L44 ... 51 D3
Ash Vale. L15 ... 68 E8
Ash Villas. L44 ... 51 C2
Ash Way. L60 ... 86 B6
Ashbank Rd. L11 ... 40 B2
Ashbourne Ave. Crosby L23 ... 26 C4
Ashbourne Ave. Litherland L30 ... 27 E2
Ashbourne Cres. L36 ... 55 B3
Ashbourne Rd. L17 ... 68 C2
Ashbrook Terr. L42 ... 79 A6
Ashburton Ave. L43 ... 65 F6
Ashburton Rd. Birkenhead L43 ... 65 F6
Ashburton Rd. Wallasey L44 ... 51 B4
Ashburton Rd. West Kirby L48 ... 63 B2
Ashbury Dr. WA11 ... 45 D7
Ashbury Rd. L14 ... 55 B6
Ashby Cl. L46 ... 49 B1
Ashcombe Rd. L14 ... 54 C3
Ashcroft Ave. L39 ... 13 F6
Ashcroft Dr. L61 ... 76 F3
Ashcroft Rd. Formby L37 ... 9 F1
Ashcroft Rd. Kirkby L33 ... 30 C3
Ashcroft St. Bootle L20 ... 38 B3
Ashcroft St. St Helens WA9 ... 44 C3
Ashdale. L36 ... 55 D2
Ashdale Cl. L37 ... 9 C2
Ashdale Pk. L49 ... 64 B4
Ashdale Rd. Crosby L22 ... 26 D2
Ashdale Rd. Liverpool L9 ... 39 A4
Ashdale Rd. Liverpool L18 ... 69 A5
Ashdown Cl. PR8 ... 4 E4
Ashdown Cres. WA9 ... 58 C4
Ashdown Dr. L49 ... 64 C2
Ashfarm Ct. L14 ... 54 F3
Ashfield. Liverpool L15 ... 68 D8
Ashfield. Rainhill L35 ... 57 D3
Ashfield Cres. Bebington L62 ... 88 D8
Ashfield Cres. Billinge WN5 ... 33 E4
Ashfield Rd. Bebington L62 ... 88 C8
Ashfield Rd. Liverpool L17 ... 68 E2
Ashfield Sch. L14 ... 54 D3
Ashfield St. L5 ... 52 C5
Ashford Cl. L26 ... 82 E7
Ashford Rd. Birkenhead L41 & L42 ... 66 C4
Ashford Rd. Hoylake L47 ... 63 C8
Ashford Way. WA8 ... 73 D1
Ashland Ave. WN4 ... 35 A4
Ashlar Gr. L17 ... 68 E3
Ashlar Rd. Crosby L22 ... 26 E2
Ashlar Rd. Liverpool L17 ... 68 E3
Ashlea Rd. L61 ... 77 A3
Ashleigh Rd. L31 ... 28 F7
Ashley Ave. L47 ... 48 F1
Ashley Cl. Kirkby L33 ... 29 E5
Ashley Cl. Rainhill L35 ... 57 D2
Ashley Rd. Skelmersdale WN8 ... 16 B3
Ashley Rd. Southport PR9 ... 4 C7
Ashley Sch. WA8 ... 72 D1
Ashley St. L42 ... 66 F2
Ashley Way W. WA8 ... 84 F7
Ashmead Rd. WN8 ... 16 A4
Ashmuir Hey. L32 ... 29 F1
Ashover Ave. L14 & L36 ... 55 A4

92 Ash – Bar

Ashridge St. WA7 84 F3
Ashton Ave. L35 57 C2
Ashton Cl. L62 88 E3
Ashton Ct. L48 63 A2
Ashton Dr. Liverpool L25 82 C7
Ashton Dr. West Kirby L48 63 A1
Ashton Heath. WN4 35 D2
Ashton House Hospl. L43 66 B4
Ashton Pk. L25 82 D8
Ashton Rd. Golborne WA3 36 A2
Ashton Rd. Newton-le-W WA12 46 C5
Ashton Rd. Southport PR8 3 F1
Ashton Rd.
Windy Arbour WN4 &WN5 34 B8
Ashton Sq. L25 70 B1
Ashton St. Liverpool L3 52 F1
Ashton St. Liverpool L13 54 A3
Ashton's Green Sch. WA9 45 A3
Ashton's La. L24 82 F1
Ashtons Green Dr. WA9 44 F3
Ashtree Ct. L14 54 F3
Ashtree Gr. L12 40 F4
Ashurst Cl. Liverpool L25 70 B4
Ashurst Cl. St Helens WA11 44 E6
Ashurst Ct. L37 9 E2
Ashurst Dr. WA11 44 E6
Ashurst Gdns. WN8 16 B4
Ashurst Prim Sch. WA11 44 D6
Ashurst Rd. WN8 16 B4
Ashurst Sch. WN8 15 D1
Ashville Rd. Birkenhead L41 & L43 66 B7
Ashville Rd. Wallasey L44 51 D2
Ashwall St. WN8 23 E8
Ashwater Rd. L11 & L12 40 C2
Ashwell Ave. WA3 36 D1
Ashwell St. L69 & L8 67 E7
Ashwood. WN8 16 C3
Ashwood Ave. Abram Brow WN2 36 C7
Ashwood Ave. Ashton-in-M WN4 35 A2
Ashwood Ave. Golborne WA3 47 D8
Ashwood Cl. Kirkby L33 29 E5
Ashwood Cl. Liverpool L27 70 E5
Ashwood Ct. L43 50 C1
Ashwood Dr. L12 40 D3
Ashworth Hospl. L31 21 B2
Askern Rd. L32 40 F8
Askew Cl. L44 51 D4
Askew St. 2 L4 38 F1
Askham Cl. L8 68 B7
Asland Gdns. PR9 2 C4
Asmall Cl. L39 13 D6
Asmall Cty Prim Sch. L39 13 D6
Asmall La. L39 & L40 13 B7
Aspen Cl. Heswall L60 86 D8
Aspen Cl. Kirkby L33 29 F6
Aspen Gr. Formby L37 9 C1
Aspen Gr. Liverpool L8 68 C6
Aspendale Rd. L42 66 D4
Aspenwood. WN4 35 A2
Aspes Rd. L12 54 E7
Aspinal St. L34 56 D6
Aspinall Cres. L37 10 F1
Aspinall St. Birkenhead L41 66 C7
Asquith Ave. L41 66 B7
Asser Rd. L11 & L13 53 F8
Assheton Wlk. L24 83 E2
Assissian Cres. L30 27 E4
Aster Rd. WA11 45 F7
Asterfield Ave. L63 78 E7
Astley Cl. Rainford WA11 31 F7
Astley Cl. Widnes WA8 72 C3
Astley Rd. L36 55 E5
Aston Cl. L43 65 F3
Aston St. L19 81 D5
Astonwood Rd. L42 66 D3
Astor St. L4 38 F2
Atheldene Rd. L4 39 C1
Athelstan Cl. L62 79 D1
Atherton Cl. L5 52 E5
Atherton Dr. L49 65 A3
Atherton Rake. L30 27 D4
Atherton Rd. L9 39 C6
Atherton St. Bickershaw WN2 36 E8
Atherton St. 8 Prescot L34 56 D6
Atherton St. St Helens WA10 43 F4
Atherton St. Wallasey L45 51 B8
Athlone Rd. WA2 61 A1
Athol Cl. Bebington L62 88 E5
Athol Cl. Newton-le-W WA12 45 F4
Athol Dr. L62 88 E5
Athol St. Birkenhead L41 & L72 66 E7
Athol St. Liverpool L5 52 B5
Athol St. Liverpool L5 52 C5
Athol St. Liverpool L5 52 D5
Athole Gr. PR9 4 F7
Atholl Cres. L10 28 D2
Atkinson Art Gal. PR8 4 B7
Atkinson Liby. PR8 4 B7
Atkinson St. WN2 36 B8
Atlantic Rd. L20 38 B3
Atlantic Way. Bootle L30 38 E8
Atlantic Way. Liverpool L3 67 D4
Atlas Bsns Complex. L20 38 A4
Atlas Ct. WA9 44 B3
Atlas Rd. L20 38 B4
Atlas St. WA9 44 B4
Atterbury Cl. WA8 72 C2
Atterbury St. L8 67 E5
Attlee Rd. L36 56 A3
Attwood St. 15 L4 52 F7
Atwell St. L6 53 A4
Aubourn Cl. WA8 72 C3
Aubrey Ct. 16 L6 53 A4
Auburn Rd. Liverpool L13 53 E6
Auburn Rd. Wallasey L45 51 A7
Aubynes The. L45 50 E7
Audlem Ave. L43 65 F3
Audley St. L3 52 E2
Audre Cl. WA5 74 D6
Audrey Wlk. L10 40 B7
Aughton Cl. WN5 33 E4
Aughton Hall Cotts. L39 13 C6
Aughton Mews. PR8 4 A5
Aughton Park Dr. L39 13 D2
Aughton Rd. Bootle L20 38 D5
Aughton Rd. Southport PR8 4 A5
Aughton St. L39 13 E4
Aughton St Michael's CE Prim Sch.
L39 13 B1
Aughton Town Green Cty Prim Sch.
L39 21 C8
August Rd. L6 53 D5
August St. L20 38 C5
Augusta Cl. L13 54 A2
Aukland Gr. L35 57 D6
Aukland Rd. L15 & L18 69 A5
Austell Cl. WA11 44 D7
Austin Ave. Downall Green WN4 34 E4
Austin Ave.
Grange Park L35 & WA10 57 C8
Austin Rowlinson Sports Ctr.
L24 82 E3
Austin St. L44 51 A2
Autumn Gr. L42 78 E8
Autumn Way. WA9 58 C3
Avalon Prep Sch. L48 75 C8
Avebury Cl. Barrow's Green WA8 73 F3
Avebury Cl. Golborne WA3 47 E8
Avelon Cl. Birkenhead L43 65 D5
Avelon Cl. Maghull L31 20 B5
Avenue The. Banks PR9 2 F5
Avenue The. Bebington L62 88 C8
Avenue The. Huyton-w-R L36 55 E3
Avenue The. Liverpool L19 81 E5
Avenue The. Liverpool L26 82 E7
Avenue The. Newton-le-W WA12 46 D4
Avenue The. Ormskirk L39 13 D6
Avenue The. Ormskirk L39 13 E6
Avenue The. Orrell WN5 25 D3
Avenue The. Rainford WA11 31 F6
Avenue The. Southport PR8 5 F5
Avenue The. St Helens WA10 43 B3
Averham Cl. WN4 35 B2
Avery Cl. WA2 61 E2
Avery Cres. WA11 45 C7
Avery Rd. WA11 45 C7
Avery Sq. WA11 45 C7
Aviary Ct. L9 38 F6
Aviemore Cl. WN4 34 D4
Aviemore Rd. L13 53 F3
Avis Wlk. L10 40 B7
Avocet Cl. Hulme WA2 61 D3
Avocet Cl. Newton-le-W WA12 46 C4
Avolon Rd. L12 54 D5
Avon. WA8 72 A2
Avon Ave. WA5 74 F4
Avon Cl. Kirkby L33 29 F6
Avon Cl. Liverpool L4 52 E8
Avon Ct. L23 26 E5
Avon Rd. Ashton-in-M WN4 35 E5
Avon Rd. Billinge WN5 33 D3
Avon St. Birkenhead L41 50 F1
Avon St. 3 Liverpool L6 53 B5
Avondale Ave. Bebington L62 88 F5
Avondale Ave. Maghull L31 28 C8
Avondale Ave. Wallasey L46 49 F1
Avondale Dr. WA8 72 B1
Avondale Rd. Haydock WA11 45 C7
Avondale Rd. Hoylake L47 63 B8
Avondale Rd. Liverpool L15 68 E6
Avondale Rd. Southport PR8 & PR9 4 B8
Avondale Rd N. PR9 1 C1
Avonmore Ave. L18 69 A3
Awelon Cl. L12 54 C8
Axbridge Ave. WA9 58 D5
Axholme Cl. L61 77 B5
Axholme Rd. L61 77 A5
Ayala Cl. L9 38 F7
Aycliffe Rd. L35 57 D6
Aycliffe Wlk. 6 WA8 84 C8
Aye Bridge Rd. WA3 36 B5
Aylesbury Ave. L43 65 E2
Aylesbury Rd. L45 51 C7
Aylesford Rd. L13 54 B3
Aylsham Cl. WA8 72 C4
Aylsham Dr. L49 65 A7
Aylton Rd. L36 55 B4
Aylward Pl. L20 38 B4
Ayr Cl. PR8 4 F4
Ayrshire Gdns. WA10 43 E2
Ayrshire Rd. L4 53 C8
Aysgarth Ave. L12 54 C6
Aysgarth Rd. L45 50 F6
Azalea Gr. L26 70 D2
Babbacombe Rd. Liverpool L16 69 E6
Babbacombe Rd.
Warrington WA5 74 E4
Back Barlow La. L4 52 E8
Back Bath St. PR8 4 B8
Back Beau St. 8 L3 & L5 52 E4
Back Bedford St. 2 L7 67 F8
Back Belmont Rd. L6 53 B5
Back Berry St. L1 67 E8
Back Blackfield Terr. L4 & L5 52 D7
Back Bold St. L1 52 D1
Back Booth St. WA12 46 A3
Back Boundary St. L5 52 D6
Back Bridge St. WA12 46 B3
Back Bridport St. L3 52 E2
Back Brow. WN8 25 C7
Back Canning St. L1 & L8 67 F8
Back Catharine St. 9 L8 67 F8
Back Chadwick Mount. L5 52 E7
Back Chatham Pl. L7 53 B1
Back Colquitt St. L1 67 E8
Back Commutation Row. 2 L3 52 E2
Back Egerton St N. 4 L8 67 F7
Back Egerton St S. 5 L8 67 F7
Back Falkner St S. L7 68 A8
Back Forest Rd. PR8 4 D6
Back Gibson St. 11 L8 67 F7
Back Gillmoss La. L10 & L11 40 C6
Back Granton Rd. 5 L5 53 A6
Back Guilford St. L6 52 F3
Back Holland Pl. 3 L7 53 B1
Back Hope Pl. L1 67 E8
Back Huskisson St. 3 L8 67 F7
Back Kelvin Gr. L8 68 A6
Back Knight St. L1 67 E8
Back La. Burtonwood WA5 59 D7
Back La. Crank WA11 32 F5
Back La. Cuerdley Cross WA5 74 A3
Back La. Haskayne L39 11 D3
Back La. Holt Green L39 20 E6
Back La. Little Crosby L23 26 F8
Back La. Lunt L29 27 C7
Back La. Royal Oak L39 22 B2
Back La. Skelmersdale WN8 24 D6
Back La. Skelmersdale WN8 24 E7
Back Langham St. L4 52 F8
Back Lawrence St. WA12 46 A3
Back Leeds St. L3 52 B2
Back Legh St. WA12 46 A3
Back Lime St. L1 52 D1
Back Little Canning St. 2 L8 67 F7
Back Lord St. 26 L1 52 D1
Back Luton Gr. L4 52 F8
Back Market St. WA12 46 A3
Back Maryland St. L1 & L69 67 E8
Back Menai St. L41 & L43 66 C6
Back Mersey View. L22 26 C2
Back Mount St. L22 26 D1
Back Mount Vernon Gn. 8 L7 53 A1
Back Mulberry St. L8 67 F8
Back O The Town La. L38 18 E3
Back Oliver St. 9 L41 66 E6
Back Orford St. L15 68 F8
Back Percy St. L8 67 F7
Back Pickop St. 18 L3 52 C2
Back Rathbone St. WA12 46 A3
Back Renshaw St. 2 L1 52 E1
Back Rockfield Rd. L4 53 A7
Back Sandown La. 2 L15 68 F8
Back Sandstone Rd. L13 53 F4
Back School La. Orrell WN8 25 C7
Back School La.
Skelmersdale WN8 15 D2
Back Sea View. L47 63 B7
Back Seel St. L1 & L72 67 D8
Back Sir Howard St. L7 & L8 67 F8
Back South Rd. L22 26 E1
Back St Bride St. 11 L8 67 F8
Back Stanley Rd. L20 38 C3
Back Towerlands St. 1 L7 53 B1
Back Virginia St. PR8 4 B6
Back Wellesley Rd. L8 68 A4
Back Westminster Rd. 3 L4 52 E8
Back Windsor View. 5 L8 68 B7
Back Winstanley Rd. L22 26 E5
Back York Terr. L5 52 E6
Backford Cl. L43 65 F3
Backford Rd. L61 76 D5
Backford Way. L43 65 F3
Badby Wood. L33 29 F4
Baden House. L13 54 B2
Baden Rd. L13 54 B3
Bader Cl. L61 76 E3
Badger Way. L43 77 E8
Badger's Set. L48 75 D6
Badgers Rake. L37 9 C5
Badminton St. L8 67 F3
Baffin Cl. L46 50 A4
Bagnall St. 1 L4 53 A7
Bagot Rd. L15 68 D7
Baguley Ave. WA8 84 A5
Bahama Cl. WA11 45 D8
Bahama Rd. WA11 45 D8
Bailey Dr. L20 38 E7
Bailey St. L1 67 E8
Bailey's La. Hale Heath L24 83 A1
Bailey's La. Halewood Village L26 83 A7
Baileys Cl. WA8 73 A5
Bainbridge Ave. WA3 47 F8
Bainton Cl. L32 41 A7
Bainton Rd. L32 41 A7
Baird Ave. L20 38 A4
Baker St. Liverpool L6 53 A3
Baker St. St Helens WA9 44 C3
Baker Way. L6 53 A3
Baker's La. PR9 2 A3
Bakers Green Rd. L36 55 E4
Bakewell Gr. L9 39 B7
Bakewell Rd. WA5 60 A7
Bala Cl. WA5 60 E2
Bala Gr. L44 51 A3
Bala St. L4 53 B6
Balcarres Ave. L18 68 F5
Baldwin Ave. L16 69 F8
Baldwin St. WA10 44 A4
Bales The. L30 28 A4
Balfe St. L21 38 A6
Balfour Ave. L20 38 B5
Balfour Rd. Birkenhead L43 66 B5
Balfour Rd. Bootle L20 38 B5
Balfour Rd. Southport PR8 4 E5
Balfour Rd. Wallasey L41 & L44 51 A2
Balfour St. 10 Liverpool L4 52 F7
Balfour St. Runcorn WA7 84 F1
Balfour St. St Helens WA10 43 D3
Balham Cl. WA8 73 A4
Balker Dr. WA10 43 F5
Ball Ave. L45 51 A8
Ball St. WA9 44 D4
Ball's Pl. PR8 4 B7
Ball's Rd. L41 & L43 66 B5
Ball's Rd E. L41 66 C5
Ballantrae Rd. L18 69 C3
Ballantyne Dr. L43 50 C1
Ballantyne Gr. Bootle L20 38 E6
Ballantyne Gr. Liverpool L13 53 F7
Ballantyne Pl. L13 53 E6
Ballantyne Rd. L13 53 F7
Ballard Rd. L48 63 E3
Ballater Dr. WA2 61 E4
Balliol Cl. L43 50 C1
Balliol Gr. L22 & L23 26 B2
Balliol Rd. L20 38 C2
Balliol Rd E. L20 38 D2
Balliol Way. WN4 34 F4
Balm St. L7 53 B2
Balmer St. WA9 57 D8
Balmoral Ave. Crosby L23 26 E3
Balmoral Ave. Golborne WA3 36 D1
Balmoral Ave. St Helens WA9 58 C7
Balmoral Cl. L33 29 E5
Balmoral Ct. L13 53 E5
Balmoral Dr. Formby L37 9 E1
Balmoral Dr. Southport PR9 2 B3
Balmoral Gdns. 6 L43 65 F1
Balmoral Rd. Ashton-in-M WN4 35 A4
Balmoral Rd. Bootle L45 37 C1
Balmoral Rd. 6 Liverpool L9 39 A6
Balmoral Rd. Liverpool L6 & L7 53 D3
Balmoral Rd. Maghull L31 20 C1
Balmoral Rd. Widnes WA8 73 A4
Balniel St. WA9 58 E3
Balsham Cl. L25 82 D7
Baltic Rd. L20 38 B3
Baltic St. 2 L4 53 A7
Baltimore St. 5 L1 67 E8
Bamber Gdns. PR9 5 A8
Bamburgh Pl. 3 WN4 35 A5
Bampton Ave. WA11 33 B1
Bampton Rd. L16 69 D8
Banastre Dr. WA12 46 F3
Banastre Rd. PR8 4 B5
Banbury Ave. L25 70 C2
Banbury Rd. WN5 25 D2
Banbury Way. L43 65 E2
Bancroft Cl. L25 82 C8
Bancroft Rd. WA8 73 D2
Bandon Cl. L24 83 D2
Banff Ave. L63 88 D5
Bangor Rd. L45 50 D6
Bangor St. L5 52 C5
Bank Ave. WN5 25 D5
Bank Dene. L63 79 A8
Bank Gdns. WA5 74 E4
Bank La. L31 & L33 29 D5
Bank Pas. Golborne WA3 36 A1
Bank Pas. Southport PR8 4 A7
Bank Rd. L20 38 B3
Bank Sq. PR8 4 B8
Bank St. 4 Birkenhead L41 66 E6
Bank St. Golborne WA3 36 A1
Bank St. Newton-le-W WA12 45 F3
Bank St. St Helens WA10 43 E3
Bank's La. Liverpool L19 & L24 81 D4
Bank's La. Liverpool L24 81 F2
Bank's Rd. Liverpool L19 & L24 81 D4
Bank's Rd. Liverpool L19 81 E5
Bank's Road Prim Sch. L19 81 D4
Bank's Way. L19 & L24 81 D4
Bankburn Rd. L13 53 E6
Bankfield. WN8 24 C7
Bankfield Ct. L13 53 F5
Bankfield La. PR9 2 B2
Bankfield Rd. Liverpool L13 53 F5
Bankfield Rd. Widnes WA8 72 C1
Bankfield Sch The. WA8 72 D1
Bankfield St. L20 52 B8
Bankfields Dr. L62 89 B5
Bankhall La. L20 & L5 52 C7
Bankhall St. L20 52 C8
Bankhall Sta. L20 52 C8
Bankland Rd. L13 53 F5
Banks Ave. L47 63 D8
Banks Rd. Fiddler's Ferry PR9 2 D6
Banks Rd. Heswall L60 85 D8
Banks Rd. West Kirby L48 63 A1
Banks The. L45 50 E7
Banksbarn. WN8 24 C7
Bankside. L38 17 F3
Bankside Ave. WN4 35 A8
Bankside Rd. L63 & L42 78 F8
Bankville Rd. L42 66 E3
Banner Hey. L35 56 D1
Banner St. Liverpool L15 68 E7
Banner St. St Helens WA10 43 F3
Banner Wlk. 3 WA10 43 F3
Bannerman St. L7 68 D8
Banning Cl. L41 66 D7
Banstead Gr. L15 69 B7
Barbara Ave. L10 40 B7
Barbara St. WA9 58 E3
Barber St. WA9 44 C4
Barberry Cl. L46 64 B8
Barbondale Cl. WA5 74 F7
Barbour Dr. L20 38 E6
Barbrook Way. L9 39 B3
Barchester Dr. L17 68 C1
Barclay St. L8 67 F4
Barcombe Rd. L60 77 D1
Bardale Gr. WN4 35 A3
Bardley Cres. L36 71 A7
Bardney Ave. WA3 35 F2
Bardon Cl. L25 70 C5
Bardsay Rd. L4 39 A1
Bardsley Ave. WA5 60 F1
Bardsley Cl. WN8 25 A7
Barford Cl. Birkenhead L43 65 B6
Barford Cl. Skelmersdale WN8 25 A7
Barford Cl. Southport PR8 7 A6
Barford Cl. Warrington WA5 60 B1
Barford Grange. L64 88 C1
Barford Rd. Huyton-w-R L36 55 F5
Barford Rd. Liverpool L24 & L25 82 B6
Bark Rd. L21 27 C1
Barkbeth Rd. L36 55 C5
Barkeley Dr. L21 37 F6
Barker Cl. L36 70 F8
Barker La. L49 64 D2
Barker Rd. L61 76 F6
Barker Way. L6 53 B5
Barkerville Cl. L13 53 D7
Barkfield Ave. L37 9 E4
Barkfield La. L37 9 D4
Barkhill Rd. L17 & L18 & L19 68 F1
Barkiss Cl. L8 67 F5
Barleyfield. L61 76 E4
Barlow Ave. L63 79 A6
Barlow Gr. WA9 45 A2
Barlow La. L4 52 E8
Barlow St. L4 52 E8
Barlow's Jun Mix Inf Sch. L9 39 D7
Barlow's La. Liverpool L9 39 D8
Barlow's La. Shirdley Hill L39 8 D5
Barlows Cl. L9 39 D8
Barmouth Cl. WA5 60 E2
Barmouth Rd. L45 50 D6
Barmouth Way. L5 52 C5
Barn Cl. L30 28 A4
Barn Croft Rd. L26 83 A7
Barn Hey. L47 63 A5
Barn Hey Cres. L47 63 F8
Barn Hey Gn. L12 54 B6
Barn Hey Rd. L33 30 A2
Barn La. WA12 & WA3 46 F8
Barn Way. WA12 46 B3
Barnacre Dr. L64 86 B2
Barnacre La. L46 & L48 64 B6
Barnard Rd. L43 66 B5
Barncroft Pl. L23 26 E6
Barndale Rd. L18 69 A5
Barnes Cl. WA8 73 D2
Barnes Dr. L31 20 C3
Barnes Gn. L63 79 A2
Barnes Rd. Ormskirk L39 13 E3
Barnes Rd. Skelmersdale WN8 15 E1
Barnes Rd. Widnes WA8 73 C2
Barnes St. L6 53 A5
Barneston Rd. WA8 73 E3
Barnet Cl. 7 L7 68 C8
Barnett Ave. WA12 45 E3
Barnfield Cl. Hoylake L47 48 E1
Barnfield Cl. Litherland L30 27 E2
Barnfield Cl. Liverpool L12 54 B6
Barnfield Dr. Liverpool L12 54 B6
Barnfield Dr. Skelmersdale WN8 24 E7
Barnham Cl. Golborne WA3 47 A8
Barnham Cl. Liverpool L24 82 B4
Barnham Dr. L16 69 F7
Barnhill Rd. L15 69 A6
Barnhurst Cl. L16 69 E7
Barnhurst Rd. L16 69 E7
Barnmeadow Rd. L25 70 A5
Barns The. L37 10 A1
Barnsbury Rd. L4 39 C2
Barnsdale Ave. L61 77 B5
Barnside Ct. L16 69 E7
Barnstaple Way. WA5 74 E4
Barnston La. L46 49 E1
Barnston Prim Sch. L60 86 C7
Barnston Rd. Heswall L60 & L61 77 B4
Barnston Rd. Liverpool L9 39 B7
Barnston Towers Cl. L60 86 C8
Barnton Cl. WA3 47 D7
Barnwell Ave. L44 & L45 51 B5
Barnwood Rd. L36 55 B4
Baron's Cl. WA8 84 C8
Baron's Hey. L12 & L28 54 F8
Baroncroft Rd. L25 69 F3
Barren Gr. L43 66 B4
Barrett Ave. PR8 4 A2
Barrett Rd. PR8 4 A2
Barrington Dr. PR8 7 B5
Barrington Rd. Liverpool L15 68 E6
Barrington Rd. Wallasey L44 51 C3
Barrow Ave. WA2 61 E2
Barrow Cl. L12 40 C1
Barrow Hall La. WA5 74 E7
Barrow Hall Lane Cty Prim Sch.
WA5 74 E7
Barrow La. WA3 47 C2
Barrow Nook La. L39 22 E2
Barrow St. Ashton-in-M WN4 35 D5
Barrow St. St Helens WA10 44 A3
Barrow's Green La. WA8 73 E3
Barrow's Row. WA8 73 B4
Barrowdale Rd. WA3 47 B8
Barrowfield Rd. WA10 43 A5
Barrymore Rd. L13 53 F3
Barrymore Way. L63 88 B6
Bartholomew Cl. L35 57 E1
Bartlett St. L15 68 E7
Barton Cl. Hoylake L47 62 F6
Barton Cl. Litherland L21 27 A2
Barton Cl. St Helens WA10 43 F4
Barton Clough. WN5 33 E5
Barton Hey Dr. L48 75 D6
Barton Heys Rd. L37 9 D1
Barton Rd. Bootle L9 38 F4
Barton Rd. Hoylake L47 63 A6
Barton St. 2 Birkenhead L41 66 C5
Barton St. Golborne WA3 36 A1
Barwell Ave. WA11 44 C6

Bas – Bir 93

Basil Cl. L16 69 E8
Basil Rd. L16 69 D8
Basildon Cl. WA9 57 F7
Basing St. L19 81 C7
Baskervyle Cl. L60 86 A6
Baskervyle Rd. L60 86 A6
Baslow Wlk. L7 68 B8
Basnett St. L1 52 D1
Bassendale Rd. L62 79 E2
Bassenthwaite Ave.
Birkenhead L43 65 D5
Bassenthwaite Ave. Kirkby L33 .. 29 D4
Bassenthwaite Ave.
St Helens WA11 44 A8
Basset Way. L25 & L27 70 C6
Bates Cres. WA10 57 D8
Batey Ave. L35 57 B4
Bath Springs. L39 13 F5
Bath St. Bebington L62 79 B5
Bath St. Liverpool L3 52 B2
Bath St. Seaforth L22 37 D8
Bath St. Southport PR8 4 B8
Bath St. St Helens WA10 43 F3
Bath St N. PR8 & PR9 4 B8
Bathgate Way. L33 29 D6
Bathurst Rd. L19 81 B7
Batley St. 4 L13 54 A3
Battenberg St. L7 53 A2
Battery Cl. L17 68 C2
Battle Way. L37 10 B2
Baucher Dr. L20 38 E7
Baumville Dr. L63 78 F2
Bawtry Ct. WA2 61 E1
Baxters La. WA9 58 D8
Baycliff Rd. L12 54 F7
Baycliff Road Gdns. L12 54 E7
Bayfield Rd. L19 81 A7
Bayhorse La. L3 52 F2
Bayswater Ct. L45 50 D6
Bayswater Gdns. L45 50 D7
Bayswater Rd. L45 50 D6
Baythorne Rd. L4 39 C2
Baytree Cl. PR9 2 D5
Baytree Rd. Birkenhead L42 66 E3
Baytree Rd. Frankby L48 63 F2
Beach Bank. L22 26 C2
Beach Gr. L45 51 C7
Beach Lawn. L22 26 C1
Beach Priory Gdns. PR8 4 A6
Beach Rd. Bootle L21 38 A7
Beach Rd. Hoylake L47 62 F6
Beach Rd. Southport PR8 3 F6
Beach Road Prim Sch. L21 38 A7
Beach Wlk. L48 75 B8
Beacham Rd. PR8 4 E7
Beachcroft Rd. L47 48 E1
Beachmews. PR8 3 F6
Beacon Ct. L5 52 F6
Beacon Ctry Pk. WN8 16 E2
Beacon Dr. L48 63 C2
Beacon Gr. WA11 44 D6
Beacon La. Heswall L60 86 A7
Beacon La. Liverpool L5 52 F6
Beacon La.
Skelmersdale L40 & WN8 16 D4
Beacon Rd. WN5 33 E6
Beacon St. L5 52 B5
Beacon View Dr. WN8 25 B7
Beacons The. L60 86 A7
Beaconsfield. L34 56 D6
Beaconsfield Cl. L41 66 F3
Beaconsfield Cres. WA8 73 A4
Beaconsfield Gr. WA8 73 B4
Beaconsfield Rd. Bebington L62 79 B7
Beaconsfield Rd.
Liverpool L18 & L25 69 F3
Beaconsfield Rd. Runcorn WA7 . 84 E1
Beaconsfield Rd. Seaforth L21 ... 37 F7
Beaconsfield Rd. Southport PR9 ... 4 F6
Beaconsfield Rd.St Helens WA10 43 C5
Beaconsfield Rd. Widnes WA8 ... 73 B4
Beaconsfield St. L8 68 A6
Beadnell Dr. WA5 74 F3
Beames Cl. L7 53 C1
Beardsmore Dr. WA3 36 E1
Bearncroft. WN8 24 D6
Beatrice Ave. L63 78 E7
Beatrice St. L20 38 D1
Beattock Cl. L33 29 D6
Beatty Ave. WA2 61 C1
Beatty Cl. Prescot L35 56 D2
Beatty Cl. West Kirby L48 75 C6
Beatty Rd. 8 Liverpool L13 54 A3
Beatty Rd. Southport PR8 4 E5
Beau St. L3 52 E4
Beauclair Dr. L15 69 C6
Beaufort. L37 10 A2
Beaufort Cl. WA8 84 A8
Beaufort Cty Prim Sch. L8 67 E4
Beaufort Dr. L44 50 E4
Beaufort Rd. L41 51 A1
Beaufort St. Liverpool L8 67 E5
Beaufort St. St Helens WA9 44 C1
Beaumaris Dr. L61 77 B6
Beaumaris Rd. L45 50 D6
Beaumaris St. L20 52 C8
Beaumont Ave. WA10 43 D4
Beaumont Cres. L39 13 D2
Beaumont Dr. L10 28 F1
Beaumont St. L8 68 B7
Beauworth Ave. L49 64 C3
Beaver Ct. WN4 35 C6
Beaver Gr. L9 39 A6
Beavers La. WN8 24 D6
Bebington High Sch. L63 78 F6
Bebington & New Ferry Sta.
L42 79 A7
Bebington Rd.
Bebington L63 & L62 79 A7
Bebington Rd. Birkenhead L42 ... 66 E1
Bebles Rd. L39 13 C3
Beccon House. L5 52 E4
Bechers. WA8 72 B3
Bechers Dr. L9 28 C2
Bechers Row. L9 38 F6
Beck Gr. WA11 44 B8
Beck Rd. L20 38 C5
Beckenham Ave. L18 68 F5
Beckenham Rd. L45 37 B1
Becket St. L4 52 D7
Beckett Cl. L33 41 C8
Beckett Gr. L63 78 D7
Beckwith St. Birkenhead L41 66 C7
Beckwith St. Liverpool L1 & L72 .. 67 D8
Beckwith St E. L41 66 D7
Becky St. L6 53 B5
Becontree Rd. L12 54 D4
Bective St. L7 68 C8
Bedale Wlk. L33 29 F4
Bedburn Dr. L36 55 B3
Bedford Ave. Birkenhead L42 66 E1
Bedford Ave. Maghull L31 28 F6
Bedford Cl. Huyton-w-R L36 56 A3
Bedford Cl. 6 Liverpool L7 67 F8
Bedford Cty Prim Sch. L20 38 D2
Bedford Dr. L42 66 D1
Bedford Drive Prim Sch. L42 ... 66 D1
Bedford Pl. Ashton-in-M WN4 35 A5
Bedford Pl. Birkenhead L42 67 A2
Bedford Pl. Bootle L20 38 B1
Bedford Pl. 1 Seaforth L21 37 F7
Bedford Rd. Birkenhead L42 66 F2
Bedford Rd. Bootle L20 & L4 38 D2
Bedford Rd. Southport PR8 4 A2
Bedford Rd. Wallasey L45 51 B6
Bedford Rd E. L42 67 A2
Bedford St. WA9 44 D2
Bedford St N. L7 52 F1
Bedford St S. L7 & L8 67 F8
Bedford Wlk. 7 L8 67 F8
Beech Ave. St Helens L49 64 D6
Beech Ave. Crosby L23 27 A6
Beech Ave. Golborne WA3 47 F7
Beech Ave. Haydock WA11 45 F7
Beech Ave. Heswall L61 77 A4
Beech Ave. Kirkby L31 29 B3
Beech Ave. Liverpool L17 68 B2
Beech Ave. Prescot L34 56 F7
Beech Ave. St Helens WA9 58 C4
Beech Ave. Warrington WA5 74 C3
Beech Cl. Kirkby L32 29 C3
Beech Cl. Liverpool L11 40 D3
Beech Cl. Skelmersdale WN8 15 E1
Beech Ct. Birkenhead L42 66 D4
Beech Ct. Liverpool L18 69 D3
Beech Dr. L37 9 D4
Beech Gdns. WA11 31 E6
Beech Gn. L12 54 A8
Beech Gr. Abram Brow WN2 36 C7
Beech Gr. Bootle L21 37 F6
Beech Gr. Litherland L30 28 A2
Beech Gr. Liverpool L9 39 B6
Beech Gr. Southport PR9 4 F7
Beech Hey La. L64 88 B1
Beech La. L18 69 C5
Beech Lawn. L19 80 F7
Beech Meadow. L39 14 A4
Beech Pk. Crosby L23 27 A6
Beech Pk. Liverpool L12 54 A6
Beech Rd. Bebington L63 78 F7
Beech Rd. Birkenhead L42 66 D4
Beech Rd. Golborne WA3 36 A1
Beech Rd. Heswall L60 86 C8
Beech Rd. Holt Green L39 21 A6
Beech Rd. Huyton-w-R L36 55 E1
Beech Rd. Liverpool L4 39 A2
Beech St. Ashton-in-M WN4 35 A6
Beech St. Bootle L20 38 C4
Beech St. Liverpool L7 53 C2
Beech St. Thatto Heath WA10 57 D8
Beech Terr. L7 53 C2
Beech Tree Houses. WN2 35 F7
Beecham Cl. L36 55 D1
Beechbank Rd. L18 68 F5
Beechburn Cres. L36 55 B3
Beechburn Rd. L36 55 A3
Beechcroft. L31 20 D1
Beechcroft Rd. L44 51 C2
Beechdale Rd. L18 69 A4
Beechdene Rd. L4 53 B7
Beechenhurst Prep Sch. L18 ... 69 D4
Beeches The. 4 Birkenhead L42 66 F1
Beeches The. Liverpool L18 69 D4
Beeches The. Wallasey L46 49 E3
Beechfield. L31 20 E1
Beechfield Cl. L60 86 A7
Beechfield Gdns. PR8 3 F6
Beechfield Mews. PR9 4 C7
Beechfield Rd. L18 69 D4
Beechill Cl. L25 70 C4
Beechtree Rd. L15 54 B1
Beechtrees. WN8 24 D7
Beechurst Cl. L25 70 B5
Beechurst Rd. L25 70 B5
Beechwalk The. L12 & L13 & L14 54 B4
Beechway. Bebington L63 78 F3
Beechway. Maghull L31 21 B2
Beechway Ave. L31 21 B2
Beechwood. WN8 16 C3
Beechwood Ave.
Ashton-in-M WN4 35 A2
Beechwood Ave. Liverpool L26 .. 82 F7
Beechwood Ave.
Newton-le-W WA12 46 D4
Beechwood Ave. Wallasey L45 .. 50 E5
Beechwood Ave.
Warrington WA5 74 F5
Beechwood Cl. Liverpool L19 81 A7
Beechwood Cl. Prescot L35 56 E4
Beechwood Cl. St Helens WA9 ... 58 C4
Beechwood Cres. WN5 25 E6
Beechwood Ct. Maghull L31 20 F1
Beechwood Ct.
Skelmersdale WN8 24 D6
Beechwood Dr. Birkenhead L43 . 65 C7
Beechwood Dr. Formby L37 9 C1
Beechwood Dr. Ormskirk L39 13 D5
Beechwood Gdns. L19 80 F7
Beechwood Gr. L19 81 A7
Beechwood Rd. Bebington L62 ... 88 C8
Beechwood Rd. Bootle L21 38 B6
Beechwood Rd. Liverpool L18 69 D4
Beechwood Rd. Liverpool L19 80 F7
Beecroft Cl. WA5 60 D1
Beesley Rd. L34 56 C6
Beeston Cl. L43 65 C6
Beeston Dr. Heswall L61 76 F4
Beeston Dr. Maghull L30 28 B5
Beeston Gr. L19 81 A7
Beeston St. L4 52 F8
Beldale Pk. L32 29 C4
Beldon Cres. L36 55 B3
Belem Cl. L17 68 C5
Belem Tower. L17 68 C5
Belfast Rd. L13 54 B3
Belfield. WN8 24 D6
Belfield Cres. L36 55 E1
Belfield Dr. L43 66 B3
Belford Dr. L46 64 C8
Belfort Rd. L25 70 B4
Belfry Cl. Liverpool L14 54 E6
Belfry Cl. Wallasey L46 49 B1
Belgrave Ave. L44 51 C4
Belgrave Cl. WA8 73 E3
Belgrave Pl. PR8 3 F3
Belgrave Rd. Liverpool L17 68 B3
Belgrave Rd. 4 Seaforth L21 37 F7
Belgrave Rd. Southport PR8 3 F3
Belgrave St. L44 51 C4
Belhaven Rd. 4 L18 68 F5
Bell Cl. L36 70 F8
Bell House Rd. WA8 73 C1
Bell La. L35 58 A2
Bell Rd. L44 51 D3
Bell St. 3 L13 54 A3
Bell's Cl. L31 20 C4
Bell's La. L31 20 B3
Bellair Ave. L23 27 A4
Bellairs Rd. L11 53 E8
Bellamy Rd. L4 38 E2
Belldene Gr. L60 76 F2
Belle Vale Cty Jun Sch. L25 70 C5
Belle Vale Rd. L25 70 C5
Belle Vale Sh Ctr. L25 70 B6
Belle Vue Rd. Liverpool L25 70 B4
Belle Vue Rd. Wallasey L44 51 E2
Bellefield Ave. L12 54 B6
Bellew Rd. L11 53 F7
Bellfield Cres. L45 51 A8
Bellgreen Rd. L11 40 A2
Bellini Cl. L21 38 A6
Bellis Ave. PR9 1 F2
Bellmore St. L19 81 C7
Bellward Cl. L63 78 F2
Belmont. L41 66 C5
Belmont Ave. Bebington L62 79 C1
Belmont Ave. Golborne WA3 36 C1
Belmont Ave. Orrell WN5 25 D3
Belmont Cres. WA5 74 F6
Belmont Dr. Heswall L61 77 A3
Belmont Dr. Liverpool L6 53 D5
Belmont Gr. 11
Birkenhead L41 & L43 66 C5
Belmont Gr. Liverpool L6 53 C5
Belmont Pl. L19 81 C6
Belmont Rd. Liverpool L6 53 B5
Belmont Rd. Wallasey L45 37 B1
Belmont Rd. West Kirby L48 63 B3
Belmont Rd. Widnes WA8 73 E2
Belmont St. Southport PR8 4 A5
Belmont St. St Helens WA10 43 D3
Beloe St. L8 67 F4
Belper St. L19 81 B7
Belston Rd. L16 69 D8
Belton Rd. L36 55 D6
Belvedere Ave. WA9 58 D6
Belvedere Cl. L34 56 E7
Belvedere Dr. L37 9 F1
Belvedere Pk. L39 21 C7
Belvedere Rd. Ashton-in-M WN4 35 C4
Belvedere Rd.
Newton-le-W WA12 46 B5
Belvedere Rd. Southport PR8 7 C5
Belvedere Sch (Girls Jun) The.
L8 68 B4
Belvedere Sch The. L8 68 A4
Belvidere Pk. L23 26 E3
Belvidere Rd. Crosby L23 26 E3
Belvidere Rd. Liverpool L17 & L8 . 68 A4
Belvidere Rd. Wallasey L45 51 A5
Belvoir Rd. Liverpool L18 81 C8
Belvoir Rd. Widnes WA8 73 B1
Bembridge Cl. WA8 72 F4
Bempton Rd. L17 68 C2
Ben La. L39 23 A1
Ben Nevis Rd. L42 66 D2
Benbow St. L20 38 B2
Benedict St. L20 38 D1
Bengarth Rd. PR9 4 F8
Bengel St. L7 53 A2
Benledi St. L5 52 D5
Benmore Rd. L18 69 A2
Bennet's La. L47 48 E1
Bennett St. L19 81 C6
Bennett Wlk. L61 76 F3
Bennett's La. WA8 73 E1
Bennetts Hill. L43 66 B4
Bennison Dr. L19 81 A7
Benson Cl. L49 64 F4
Benson St. L1 52 E1
Bentfield. L17 & L19 80 F8
Bentfield Cl. L63 78 D7
Bentfield Gdns. L63 78 D7
Bentham Ave. WA2 61 C3
Bentham Cl. L43 65 E3
Bentham Dr. L16 69 D8
Bentham St. PR8 4 B5
Bentham's Way. PR8 4 C2
Bentinck Cl. L41 66 D6
Bentinck Ct. 2 L41 66 D6
Bentinck Pl. L41 & L43 66 C6
Bentinck St. Birkenhead L41 66 D6
Bentinck St. Liverpool L5 52 B5
Bentinck St. Runcorn WA7 84 F3
Bentinck St. St Helens WA9 44 D1
Bentley Rd. Birkenhead L43 66 B4
Bentley Rd. Heswall L61 76 F5
Bentley Rd. Liverpool L8 68 B6
Bentley St. WA9 58 C3
Benton Cl. L5 52 D6
Benty Cl. L63 78 E4
Benty Farm Gr. L61 77 A5
Benty Heath La. L63 & L64 & L66 88 B3
Benwick Rd. L32 29 B2
Berbice Rd. L15 & L18 69 A5
Beresford Ave. L63 79 A7
Beresford Cl. L43 66 A5
Beresford Ct. L43 66 A5
Beresford Dr. PR9 1 F1
Beresford Gdns. PR9 1 F2
Beresford Rd. Birkenhead L43 ... 66 A5
Beresford Rd. Liverpool L8 67 F4
Beresford Rd. Wallasey L45 50 F7
Beresford St. Bootle L20 38 B1
Beresford St. 7 Liverpool L5 52 E4
Beresford St. St Helens WA9 57 E7
Bergen Cl. L20 38 E2
Berkeley Ave. L43 65 E1
Berkeley Dr. L45 51 C7
Berkeley Rd. L23 26 C5
Berkeswell Rd. L11 40 A1
Berkley Ave. L12 54 E8
Berkley St. L8 67 F7
Berkley Wlk. L8 67 F7
Bermuda Rd. L46 64 C8
Bernard Ave. L45 51 C7
Berner St. L41 66 D8
Berner's Rd. L19 81 B7
Berrington Ave. Liverpool L25 70 A2
Berrington Gr. WN4 35 A3
Berrington's La. WA11 32 C1
Berry Cl. WN8 15 F2
Berry Hill Ave. L34 41 D3
Berry Rd. WA8 72 D1
Berry St. Bootle L20 38 B2
Berry St. Liverpool L1 67 E8
Berry St. Skelmersdale WN8 15 F2
Berry St Ind Est. L20 38 B3
Berrylands Cl. L46 49 D1
Berrylands Rd. L46 49 D2
Berrys La. WA9 44 F1
Berrywood Dr. L35 56 F2
Bertha Gdns. 1 L41 65 F8
Bertha St. L41 65 F8
Bertram Dr. L47 63 D8
Bertram Dr N. L47 63 D8
Bertram Rd. L17 68 C4
Bertram St. WA12 46 A4
Berwick Ave. Bebington L62 88 E4
Berwick Ave. Southport PR8 7 D5
Berwick Cl. Birkenhead L46 64 B8
Berwick Cl. Birkenhead L43 65 C6
Berwick Cl. Liverpool L6 53 B4
Berwick Dr. L23 26 C5
Berwick St. L6 53 B4
Berwyn Ave. Heswall L61 77 A6
Berwyn Ave. Hoylake L47 63 C7
Berwyn Bvd. L63 78 E8
Berwyn Ct. PR8 4 D4
Berwyn Dr. L61 77 A2
Berwyn Gr. WA9 44 F3
Berwyn Rd. Liverpool L4 53 C8
Berwyn Rd. Wallasey L44 51 C5
Beryl Rd. L43 65 C5
Beryl St. L13 54 A1
Beryl Wlk. L10 40 B7
Besford House. L25 70 B5
Besford Rd. L25 70 B5
Bessborough Rd. L43 66 B4
Bessbrook Rd. L17 68 E2
Bessemer St. L8 67 F4
Beta Cl. L62 79 A7
Bethany Cres. L42 79 A5
Betjeman Gr. L16 69 E8
Betony Cl. L26 70 E1
Bettisfield Ave. L62 88 D6
Betula Cl. L9 39 C4
Beulah Ave. WN5 33 D4
Bevan Cl. WA9 57 D6
Bevan's Ct. L12 54 C7
Bevan's La. L12 54 D7
Beverley Ave. WN5 25 E1
Beverley Cl. PR9 2 C5
Beverley Dr. L60 86 B6
Beverley Gdns. L61 77 B6
Beverley Rd. Bebington L62 79 B8
Beverley Rd. Liverpool L15 69 A6
Beverley Rd. Wallasey L45 50 F6
Beversbrook Rd. L11 40 B2
Bevington Bush. L3 52 D3
Bevington Hill. 2 L3 52 D4
Bevington St. 3
Ashton-in-M WN4 34 F5
Bevington St. Liverpool L3 52 D4
Bevyl Rd. L64 86 B2
Bewcastle Dr. L40 14 C3
Bewley Dr. Kirkby L32 & L33 40 F7
Bewsey St. WA10 43 D1
Bexhill Ave. WA2 61 B4
Bexhill Cl. L24 82 B4
Bianca St. L20 38 C1
Bibby Rd. PR9 2 A1
Bibby St. L13 53 F3
Bibby's La. L20 38 A5
Bickershaw CE Prim Sch. WN2 36 F8
Bickershaw La. WN2 36 F8
Bickerstaffe CE Sch. L39 22 E5
Bickerstaffe St. 1 Liverpool L3 . 52 E3
Bickerstaffe St. St Helens WA10 44 A3
Bickerton Ave. L63 78 D8
Bickerton Rd. PR8 3 F4
Bickerton St. L17 68 C3
Bickley Cl. WA2 61 F3
Bidder St. L3 52 E3
Bideford Ave. WA9 58 C5
Bideford Rd. WA5 74 E4
Bidston Ave.
Birkenhead L41 & L43 65 F7
Bidston Ave. St Helens WA11 44 D5
Bidston Ave. Wallasey L45 50 E6
Bidston Avenue Inf Sch. L43 ... 65 E7
Bidston Ct. L43 65 E7
Bidston Green Ct. L43 65 C8
Bidston Green Dr. L43 65 C8
Bidston Ind Est. L45 50 D3
Bidston Moss. L45 50 D3
Bidston Obsy. L43 65 D8
Bidston Rd. Birkenhead L43 65 F5
Bidston Rd. Liverpool L4 53 B8
Bidston Sta. L43 50 C2
Bidston Station App. L43 50 C2
Bidston View. L43 50 C1
Bidston Village CE Sch. L43 50 C1
Bidston Village Rd. L41 & L43 50 C1
Bidstone Golf Course.L45 & L46 50 C3
Big Meadow Rd. L49 65 A4
Bigdale Dr. Kirkby L33 30 A3
Biggin Ct. WA2 61 E1
Bigham Rd. L6 53 C3
Biglands Dr. L36 70 F8
Billinge Chapel End Prim Sch.
WN5 33 E4
Billinge Cres. WA11 44 D6
Billinge Rd. WN4 34 C5
Billinge St Aidan's CE Prim Sch.
WN5 33 E5
Billinge & Winstanley St Mary's RC
Prim Sch. WN5 33 D4
Billingham Rd. L35 57 D7
Billings Cl. L5 52 D6
Billings Hospl. WN5 25 D2
Billington Ave. WA12 46 C5
Billington Rd. WA8 72 B3
Bilston Rd. L17 80 E8
Bilton Cl. WA8 73 E2
Bingley Rd. L4 53 B7
Binns Rd. L13 & L7 53 F2
Binns Way. L13 53 F1
Binsey Cl. L49 64 D5
Birbeck Rd. L33 30 A3
Birbeck Wlk. L33 30 A3
Birch Ave. L9 39 B6
Birch Ave. Birkenhead L49 64 D6
Birch Ave. St Helens WA10 43 F6
Birch Ave. Warrington WA2 61 A4
Birch Cl. Birkenhead L43 66 B3
Birch Cl. Maghull L31 20 F1
Birch Cl. Prescot L35 56 E4
Birch Cres. WA12 45 F4
Birch Gdns. WA10 43 F6
Birch Gn. L37 9 D4
Birch Gr. Garswood WN4 34 D5
Birch Gr. Huyton-w-R L36 55 D2
Birch Gr. Liverpool L15 54 A1
Birch Gr. Prescot L35 56 E4
Birch Gr. Wallasey L45 51 C7
Birch Green Rd. WN8 16 C3
Birch Heys. L48 64 A1
Birch Rd. Abram WN2 36 B7
Birch Rd. Bebington L63 79 A4
Birch Rd. Birkenhead L43 66 B3
Birch Rd. Haydock WA11 45 E7
Birch Rd. Hoylake L47 63 E8
Birch Rd. Huyton-w-R L36 55 E1
Birch Rd. Widnes WA8 73 B3
Birch St. Liverpool L5 52 B5
Birch St. Skelmersdale WN8 23 E8
Birch St. Southport PR8 4 B4
Birch Tree Ave. WA11 43 F8
Birch Tree Ct. L12 54 A6
Birch Tree Rd. WA3 47 F8
Birchall St. L20 & L5 52 C7
Birchdale Cl. L49 64 D4
Birchdale Rd. Crosby L22 26 D1
Birchdale Rd. Liverpool L9 39 B4
Birchen Rd. L26 83 A7
Birches Cl. L60 86 A8
Birches The. Formby L37 9 E5
Birches The. Huyton-w-R L28 55 A7
Birches The. Neston L64 86 F2
Birches The. Wallasey L44 51 E2
Birchfield. L46 64 C7
Birchfield Ave. WA8 73 A2

94 Bir – Bre

Birchfield Cl. Birkenhead L46 64 C6
Birchfield Cl. Liverpool L7 53 E2
Birchfield Jun Mix & Inf Sch. L7 53 E2
Birchfield Rd. Liverpool L4 39 A2
Birchfield Rd. Liverpool L7 53 E2
Birchfield Rd. Widnes WA8 73 A1
Birchfield Rd. Widnes WA8 73 A3
Birchfield St. Liverpool L3 52 E3
Birchfield St. St Helens L35 57 D7
Birchfield Way. L31 20 B5
Birchill Rd. L33 30 C2
Birchley Ave. WN5 33 C3
Birchley Rd. WA11 & WN5 33 C4
Birchley St. WA10 44 A4
Birchley View. WA11 33 B2
Birchmuir Hey. L32 29 F1
Birchover Wlk. L7 68 B8
Birchridge Cl. L62 79 C2
Birchtree Rd. L17 68 E3
Birchview Way. L43 65 D5
Birchway. L60 86 C5
Birchwood Ave. L41 & L72 66 D7
Birchwood Cl. L41 & L72 66 E7
Birchwood Way. WA2 61 F1
Bird i' th' Hand Cotts. 2 L39 13 E6
Bird St. L15 & L7 68 C7
Birdwood Rd. L11 53 F8
Birkdale Ave. L63 88 C6
Birkdale Cl. Huyton-w-R L36 55 C1
Birkdale Cl. Liverpool L6 53 D6
Birkdale Cop. PR8 4 E1
Birkdale High Sch. PR8 7 E7
Birkdale Prim Sch. PR8 4 B3
Birkdale Rd. Warrington WA5 74 F4
Birkdale Rd. Widnes WA8 73 B5
Birkdale Sch for Hearing Impaired PR8 3 E4
Birkdale Sta. PR8 3 F4
Birkdale Trad Est. PR8 4 A2
Birkenhead Central Sta. L41 66 E5
Birkenhead High Sch. L43 66 A5
Birkenhead North Sta. L41 50 F1
Birkenhead Park Sta. L41 66 B7
Birkenhead Prep Sch. L43 66 A5
Birkenhead Rd. Hoylake L47 48 D1
Birkenhead Rd. Hoylake L47 & L46 63 E8
Birkenhead Rd. Raby L64 87 E1
Birkenhead Rd. Wallasey L41 & L44 51 E2
Birkenhead Sch. L43 65 F5
Birkenhead Sch (Boys). L43 66 A5
Birkenhead Sixth Form Coll. L43 65 F7
Birkenshaw Ave. L23 26 B4
Birket Ave. L46 50 A3
Birket Cl. L46 50 A3
Birket Sq. L46 49 F3
Birkett Rd. Birkenhead L42 66 E1
Birkett Rd. West Kirby L48 63 B3
Birkett St. L3 52 E3
Birkey La. L37 9 F2
Birkin Cl. L32 41 A8
Birkin Rd. L32 41 A8
Birkin Wlk. 4 L32 41 A8
Birkrig. WN8 24 D6
Birley Ct. 6 L8 67 F7
Birley St. WA12 46 D4
Birleywood. WN8 24 D6
Birnam Dr. L35 57 D2
Birnam Rd. L44 51 D3
Birstall Ave. WA11 44 C5
Birstall Rd. L6 53 B3
Birtles Rd. WA2 61 D1
Bishop Dr. L35 56 D1
Bishop Goss RC Jun Mix & Inf Sch. L3 52 D3
Bishop Martin CE Prim Sch. Liverpool L25 70 A2
Bishop Martin CE Prim Sch. Skelmersdale WN8 24 D6
Bishop Rd. 5 Liverpool L6 53 C6
Bishop Rd. St Helens WA10 43 E5
Bishop Rd. Wallasey L44 51 B2
Bishop Reeves Rd. WA11 45 E7
Bishop Sheppard Ct. L3 52 C4
Bishopdale Cl. WA5 74 F7
Bishopdale Dr. L35 57 E2
Bishopgate St. L15 68 E8
Bishops Ct. Liverpool L25 70 B2
Bishops Ct. Warrington WA2 61 A4
Bishops David Sheppard CE Sch. PR9 5 A7
Bishops Way. WA8 73 D3
Bisley St. Liverpool L15 68 E7
Bisley St. Wallasey L45 51 B7
Bispham Dr. Ashton-in-M WN4 34 F5
Bispham Dr. Hoylake L47 63 E7
Bispham Hall Bsns Pk. WN5 25 C2
Bispham House. 6 L3 52 D3
Bispham Rd. PR9 4 F7
Bispham St. L3 52 D3
Bittern Cl. WA2 61 D3
Bixteth St. L2 & L3 52 C2
Black Denton's Pl. WA8 73 C1
Black Horse Cl. L48 63 C3
Black Horse Hill. L48 63 D3
Black Horse Hill Inf Sch. L48 63 D3
Black Horse Hill Jun Sch. L48 63 D3
Black Horse La. L13 54 B3
Black Horse Pl. L13 54 B3
Black Moss La. L39 13 E3
Black Moss Sch. WN8 15 D2
Black-A-Moor La. Haskayne L39 12 A1
Blackacre La. L39 & L40 13 E8
Blackberry Gr. L26 70 D2
Blackbrook Ave. WA2 61 F2
Blackbrook Cl. Liverpool L9 39 A3
Blackbrook Cl. Widnes WA8 72 C3
Blackbrook RC Inf Sch. WA11 44 E6
Blackbrook RC Jun Sch. WA11 44 E6
Blackbrook Rd. WA11 & WA9 44 E5
Blackburn Cl. WA3 47 E8
Blackburne Ave. WA8 84 B5
Blackburne Dr. L25 82 D7
Blackburne Pl. L1 & L8 67 F8
Blackburne St. L19 & L24 81 D3
Blackcar La. L29 19 B3
Blackdown Gr. WA9 44 F2
Blackfield St. L5 52 D6
Blackheath Dr. L46 49 F3
Blackhorse St. WA9 44 D4
Blackhurst Rd. L31 20 C5
Blackleyhurst Ave. WN5 33 E5
Blacklock Hall Rd. L24 82 C4
Blacklow Brow. L36 55 D2
Blacklow Brow Prim Sch. L36 55 D1
Blackmoor Dr. L12 & L14 54 D5
Blackmoor Park Inf Sch. L12 54 D6
Blackmoor Park Jun Sch. L14 54 D4
Blackpool St. L41 66 E5
Blackrod Ave. L24 82 C3
Blackshaw Dr. WA5 60 B1
Blackstock Ct. L30 27 D4
Blackstock St. L3 52 D3
Blackstone Ave. WA11 44 D5
Blackstone St. L5 52 B6
Blackthorn Cl. L46 64 F7
Blackthorne Cres. L28 55 B8
Blackthorne Rd. L4 & L9 39 C3
Blackwater Rd. L11 40 D4
Blackwood Ave. L25 69 F4
Blaguegate La. WN8 15 B2
Blair Dr. WA8 72 C3
Blair Gr. PR9 4 F7
Blair Ind Est. L23 26 F3
Blair Pk. L63 79 B3
Blair St. L8 67 E7
Blair Wlk. L26 82 F6
Blaisdon Cl. 5 L11 40 A1
Blake Ct. L19 81 C5
Blakeacre Cl. L26 82 F6
Blakeacre Rd. L26 83 A6
Blakefield Rd. L23 27 C6
Blakehall. WN8 24 D7
Blakeley Brow. L63 88 A6
Blakeley Ct. L63 88 A7
Blakeley Dene. L63 88 B7
Blakeley Rd. L63 88 A6
Blakeney Cl. L49 65 A7
Blakenhall Way. L49 64 D6
Blaking Dr. L34 41 D4
Bland Wlk. 3 L6 53 B3
Blandford Cl. PR8 3 F5
Blantyre Rd. L15 68 E6
Blantyre St. WA7 84 F3
Blay Cl. L25 82 D8
Blaydon Cl. L30 27 F1
Blaydon Gr. L35 57 D7
Blaydon Pk. WN8 24 D7
Blaydon Wlk. L43 65 F6
Bleak Hill Cl. WA10 43 C7
Bleak Hill Cty Prim Sch. WA10 43 C6
Bleak Hill Rd. WA10 43 B6
Bleasdale Ave. L10 28 E2
Bleasdale Cl. Birkenhead L49 64 E6
Bleasdale Cl. Ormskirk L39 21 D7
Bleasdale Rd. L18 69 B5
Bleasdale Way. L23 27 B4
Blenheim Ave. L21 38 C8
Blenheim Cl. WA2 61 E2
Blenheim Rd. Ashton-in-M WN4 35 D2
Blenheim Rd. 1 Liverpool L15 & L18 68 F5
Blenheim Rd. Southport PR8 7 B6
Blenheim Rd. Wallasey L44 51 D5
Blenheim St. L5 52 D5
Blenheim Way. Liverpool L24 82 B3
Blenheim Way. St Helens WA11 44 B6
Blessed Sacrement Jun Sch. L9 39 B6
Blessed Sacrement RC Inf Sch. L9 39 A6
Blessington Rd. L4 52 F7
Bletchley Ave. 1 L44 50 F4
Bligh St. L15 68 E7
Blind Foot Rd. WA11 42 D8
Blindman's La. L39 13 C7
Blisworth St. L21 38 B6
Blomfield Rd. L19 81 D8
Bloomfield Gn. L17 68 C4
Blossom St. L20 38 C5
Blucher St. L22 26 C1
Blue Bell La. L36 55 E4
Blue Coat Sch The. L15 69 A6
Bluebell Ave. Birkenhead L41 & L43 65 F8
Bluebell Ave. Haydock WA11 45 E7
Blueberry Fields. L10 & L9 39 F6
Bluefields St. L8 67 F6
Bluestone La. L31 20 E1
Bluewood Dr. L41 50 D1
Blundell Ave. Formby L37 9 B4
Blundell Ave. Hightown L38 17 F3
Blundell Ave. Southport PR8 3 F2
Blundell Cres. PR8 3 F2
Blundell Dr. PR8 3 F2
Blundell Gr. L38 17 F3
Blundell La. PR9 2 C2
Blundell Rd. Hightown L38 17 F3
Blundell Rd. Widnes WA8 84 D8
Blundell St. L1 & L72 67 D7
Blundell's Hill Golf Club. L35 57 B1
Blundell's La. L35 57 B2
Blundells Dr. L46 49 F1
Blundellsands & Crosby Sta. L23 26 C4
Blundellsands Rd E. L23 26 C4
Blundellsands Rd W. L23 26 B3
Blyth Hey. L30 27 D3
Blyth Rd. L63 88 C7
Blythe Ave. WA8 73 B5
Blythe La. L40 14 D8
Blythe Way. 6 L6 52 F4
Blythewood. WN8 24 D7
Blythswood St. L17 68 B3
Boaler St. L6 53 B3
Boardmans La. WA9 44 E4
Boathouse La. L64 86 C3
Bobbies La. WA10 43 A3
Bodden St. WA9 58 D4
Bodley St. L4 52 F7
Bodmin Ave. PR9 2 B5
Bodmin Gr. WA11 44 D7
Bodmin Rd. L4 39 A1
Bodmin Way. L26 82 F8
Bognor Cl. L24 82 B4
Bolan St. L13 54 A3
Bold La. Burtonwood WA5 & WA9 59 C7
Bold La. Maghull L39 21 B7
Bold Pl. L1 67 E8
Bold Rd. WA9 58 F7
Bold St. Liverpool L1 52 D1
Bold St. Southport PR8 & PR9 4 B8
Bold St. St Helens WA10 43 F3
Bolde Way. L62 79 A1
Boleyn The. L31 20 E3
Bollington Cl. L43 65 F3
Bolton Ave. L32 29 C2
Bolton Cl. Formby L37 10 A2
Bolton Cl. St Helens WA9 44 C4
Bolton House Rd. WN2 36 F8
Bolton Rd. Ashton-in-M WN2 & WN4 35 D5
Bolton Rd. Bebington L62 79 B5
Bolton Rd. Southport PR8 4 A4
Bolton Rd E. L62 79 C6
Bolton St. Garswood WN4 34 D5
Bolton St. Liverpool L1 & L3 52 E1
Bolton St. St Helens WA9 44 C4
Bolton Wlk. 3 L32 29 C2
Bond St. Liverpool L3 52 D4
Bond St. Prescot L34 56 D6
Bonnington Ave. L23 26 C5
Bonsall Rd. L12 54 C6
Boode Croft. L28 41 B1
Booker Ave. L18 & L19 69 C1
Booker Ave Sch. L18 69 B1
Booth St. 5 Liverpool L13 54 A3
Booth St. Newton-le-W WA12 46 A3
Booth St. Southport PR8 4 B8
Booth St. St Helens L35 57 D7
Booth's Brow Rd. WN4 34 D6
Booth's La. L39 12 F4
Boothwood Cl. Liverpool L7 68 B8
Bootle High Sch. L30 28 A4
Bootle New Strand Sta. L20 38 C4
Bootle Oriel Road Sta. L20 38 B2
Borax St. L13 54 A2
Border Rd. L60 86 B8
Borella Rd. L13 53 F6
Borough Pavement. L41 66 D6
Borough Pl. 10 L41 66 E6
Borough Rd. Bebington L42 78 D8
Borough Rd. Birkenhead L41 & L42 66 C4
Borough Rd. St Helens WA10 43 E2
Borough Rd. Wallasey L44 51 E3
Borough Rd E. Birkenhead L41 66 E6
Borough Rd E. Wallasey L44 51 E2
Borough Way. 1 L44 51 E2
Borron Rd. WA12 46 B5
Borrow Lane Cty Prim Sch. WA5 74 E7
Borrowdale. L37 9 F5
Borrowdale Ave. WA2 61 C3
Borrowdale Rd. Bebington L63 78 F4
Borrowdale Rd. Birkenhead L46 64 D7
Borrowdale Rd. Liverpool L15 68 E6
Borrowdale Rd. St Helens WA10 57 C8
Borrowdale Rd. Widnes WA8 84 C8
Boscow Cres. WA9 58 D4
Bosnia St. L8 68 A3
Bossom Ct. L22 37 E7
Bostock St. L5 52 E5
Boswell Rd. L43 65 F1
Boswell St. Bootle L20 38 A5
Boswell St. Liverpool L8 68 C7
Bosworth Cl. L63 78 F2
Bosworth Dr. PR8 7 B4
Bosworth Rd. WA11 44 D6
Botanic Gr. L7 53 C1
Botanic Pl. L7 53 C2
Botanic Rd. Liverpool L7 53 C1
Botanic Rd. Southport PR9 2 B2
Botany Rd. L24 82 C5
Botley Cl. L49 64 D5
Boulevard The. L12 54 B8
Boulting Ave. WA5 60 F1
Boulton Ave. Bebington L62 79 B8
Boulton Ave. West Kirby L48 63 B3
Boundary Dr. L23 26 D5
Boundary Dr. L25 82 D7
Boundary Farm Rd. L26 82 E6
Boundary La. Heswall L60 86 A8
Boundary La. Kirkby L33 30 F2
Boundary La. Liverpool L6 53 B4
Boundary Rd. Bebington L62 79 B7
Boundary Rd. Birkenhead L43 65 E7
Boundary Rd. Huyton-w-R L36 71 A8
Boundary Rd. Litherland L30 27 D1
Boundary Rd. Liverpool L36 70 F8
Boundary Rd. St Helens WA10 43 D1
Boundary Rd. Wallasey L43 50 D1
Boundary Rd. West Kirby L48 75 D8
Boundary St. Liverpool L5 52 B6
Boundary St. Liverpool L5 52 C6
Boundary St. Southport PR8 4 B4
Boundary St E. L5 52 E6
Boundary Wlk. L36 71 A8
Bourne Ave. WA3 47 D8
Bourne St. L6 53 B3
Bourton Rd. L25 82 B7
Bousfield St. L4 52 E7
Boverton Cl. WA5 60 E1
Bowden Cl. L12 40 E2
Bowden Rd. L19 81 B6
Bowden St. L21 38 B6
Bowdon Rd. L45 51 A6
Bowen Cl. WA8 72 D4
Bower Gr. L21 37 F7
Bower Rd. Heswall L60 86 C8
Bower Rd. Huyton-w-R L36 55 E4
Bower Rd. Liverpool L25 70 A4
Bower St. WA8 73 C1
Bowfell Cl. L63 88 D3
Bowfield Rd. L19 81 B7
Bowker's Green La. L39 21 E4
Bowland Ave. Ashton-in-M WN4 35 B4
Bowland Ave. Golborne WA3 36 C1
Bowland Ave. Liverpool L16 69 D8
Bowland Ave. St Helens WA9 58 B3
Bowland Cl. L62 79 D1
Bowland Dr. L21 27 C4
Bowles St. L20 38 A5
Bowley Rd. L13 53 F5
Bowling Green Cl. PR8 4 F5
Bowness Ave. Bebington L63 88 C5
Bowness Ave. Birkenhead L43 66 A2
Bowness Ave. Southport PR8 7 C3
Bowness Ave. St Helens WA11 44 B8
Bowness Ave. Warrington WA2 61 C2
Bowood Ct. WA2 61 A4
Bowood St. L8 67 F3
Bowring Cl. L8 68 A4
Bowring Dr. L64 86 B1
Bowring Park Ave. L14 & L16 55 A1
Bowring Park Golf Course. L36 70 B8
Bowring Park Rd. L13 & L14 & L16 54 E1
Bowring St. L8 68 A4
Bowscale Cl. L49 64 E5
Bowscale Rd. L11 40 A2
Boxdale Ct. L18 69 A4
Boxdale Rd. L18 69 A4
Boxmoor Rd. L18 69 A2
Boxtree Cl. L12 40 F4
Boxwood Cl. L36 55 C2
Boycott St. 8 L5 53 A6
Boyd Cl. L46 50 B3
Boydell Cl. L28 55 B7
Boyer Ave. L31 28 D7
Boyes Brow. L32 & L33 29 D4
Boyle Ave. WA2 61 E1
Boyton Ct. L7 68 C8
Brabant Rd. L17 68 E1
Braby Rd. L20 & L21 38 C6
Bracebridge Dr. PR8 4 F2
Bracewell Cl. 3 WA9 58 C6
Bracken Ct. 12 WA9 58 C4
Bracken Dr. L48 63 E2
Bracken La. L63 78 D5
Bracken Wood. L12 40 E4
Brackendale. L49 65 C3
Brackendale Ave. L9 39 B7
Brackenhurst Dr. L45 51 C7
Brackenhurst Gn. L32 & L33 29 E2
Brackenside. L60 76 F2
Brackenway. L37 10 A6
Brackenwood Gr. L35 56 F3
Brackenwood Inf Sch. L63 78 F5
Brackenwood Jun Sch. L63 78 E5
Brackenwood Municipal Golf Course. L63 78 D4
Brackenwood Rd. L63 78 E4
Brackley Cl. L44 51 A3
Brackley St. WA7 84 F3
Bracknell Ave. L32 40 E8
Bracknell Cl. L32 29 E1
Bradbourne Cl. L12 40 E3
Bradda Cl. L49 64 F7
Braddan Ave. L13 53 E5
Bradden Cl. L63 79 B2
Brade St. PR9 2 C4
Bradewell Cl. L4 52 E8
Bradewell St. 7 L4 52 E8
Bradfield Ave. L10 28 C3
Bradfield St. 7 L7 53 C2
Bradgate Cl. L46 49 B1
Bradkirk Ct. L30 27 D5
Bradlegh Rd. WA12 46 B1
Bradley Fold. L35 71 A8
Bradley La. WA5 & WA12 46 A1
Bradley Pl. PR8 4 B7
Bradley Rd. L21 38 C8
Bradley St. PR9 4 C8
Bradley Way. WA8 73 B1
Bradman Rd. Kirkby L33 30 D3
Bradman Rd. Wallasey L46 49 C1
Bradmoor Rd. L62 88 D8
Bradshaw Cl. WA10 43 D4
Bradshaw Pl. 18 L6 53 A3
Bradshaw St. WA8 73 A2
Bradshaw's La. PR8 7 D6
Bradstone Cl. L10 40 B6
Bradville Rd. L9 39 C7
Bradwell Cl. L48 63 D2
Bradwell Rd. WA3 47 E7
Brae St. L7 53 B2
Braehaven Rd. L45 51 C7
Braemar Ave. PR9 1 E2
Braemar Cl. L35 56 F3
Braemar St. L20 38 D1
Braemore Rd. L44 50 F4
Braeside Cres. WN5 33 D5
Braeside Gdns. Birkenhead L49 64 F5
Brahms Cl. L8 68 B6
Braid St. L41 66 D8
Brainerd St. L13 53 E5
Braithwaite Cl. L35 57 C3
Braithwaite Rd. WA3 47 D8
Bramberton Pl. L4 39 C1
Bramberton Rd. L4 39 C1
Bramble Ave. L41 65 F8
Bramble Cl. WA5 74 E3
Bramble Way. L46 49 D2
Brambling Pk. L26 70 E1
Bramcote Ave. WA11 44 D6
Bramcote Cl. L33 30 A4
Bramcote Rd. L33 30 A4
Bramcote Wlk. L33 29 F4
Bramerton Ct. L48 63 A3
Bramford Cl. L49 64 E5
Bramhall Cl. L24 82 E2
Bramhall Dr. L62 88 F4
Bramhall Rd. Seaforth L22 37 E8
Bramhall Rd. Skelmersdale WN8 15 F2
Bramley Ave. L63 78 E7
Bramley Cl. L27 70 E5
Bramley Wlk. L24 82 D2
Bramleys The. L31 28 C7
Brampton Cl. WA9 45 B3
Brampton Dr. L7 & L8 68 A8
Bramwell Ave. L43 66 A1
Bramwell St. WA9 44 E4
Brancker Ave. L35 57 B4
Brancote Ct. L43 65 F6
Brancote Gdns. L62 88 D7
Brancote Mount. L43 65 F6
Brancote Rd. L43 65 F6
Brandearth Hey. L28 55 B7
Brandon. WA8 72 B2
Brandon Cl. WN8 25 A7
Brandon St. L41 66 F6
Brandreth Cl. L35 57 C3
Brandreth Hospl. L39 13 E5
Brandwood Ave. WA2 61 B2
Branfield Cl. L12 40 E3
Bransford Cl. WN4 35 C2
Branstree Ave. L11 39 F2
Brantfield Ct. WA2 61 E2
Branthwaite Cl. 1 L11 40 A1
Branthwaite Cres. L11 40 A1
Branthwaite Gr. 4 L11 40 A1
Brasenose Rd. L20 38 C1
Brassey St. Birkenhead L41 66 B8
Brassey St. Liverpool L8 67 E6
Brattan Rd. L41 66 C4
Braunton Rd. Liverpool L17 68 E1
Braunton Rd. 2 Wallasey L45 51 A6
Bray Rd. L24 82 C4
Bray St. L41 66 B8
Braybrooke Rd. L11 40 A3
Braydon Cl. L25 82 C6
Brayfield Rd. L4 39 D1
Brechin Rd. L33 29 F2
Breck Cl. 5 L6 53 A4
Breck Pl. L44 51 A3
Breck Rd. Liverpool L6 53 A5
Breck Rd. Wallasey L44 50 F4
Breck Rd. Widnes WA8 73 B1
Breck Wlk. 8 L6 53 A4
Breckfield Comm Comp Sch. L5 52 F5
Breckfield Jun Mix Sch. L5 52 F6
Breckfield Pl. L5 52 F5
Breckfield Rd N. L5 & L6 53 A5
Breckfield Rd S. L6 53 A5
Breckside Ave. L44 50 E4
Breckside Pk. L6 53 C6
Brecon Ave. Litherland L30 27 F1
Brecon Ct. Formby L37 9 E4
Brecon Ct. Warrington WA5 60 E2
Brecon Rd. Bebington L42 78 C8
Brecon Rd. Birkenhead L42 66 C1
Brecon Wlk. L30 28 A1
Breeze Cl. L9 38 F3
Breeze Hill. Bootle L20 & L4 & L9 38 E2
Breeze Hill. 9 Bootle L4 38 F2
Breeze La. L9 38 F3
Breeze Rd. PR8 3 E2
Brelade Rd. L13 53 F4
Bremhill Rd. L11 39 F3
Bremner Cl. L7 53 C1
Brenda Cres. L23 27 A7
Brendale Ave. L31 28 C8
Brendon Ave. Litherland L21 27 A1
Brendon Ave. Warrington WA2 61 A3
Brendon Gr. WA9 45 A4
Brendon's Way. L30 27 E3
Brendor Rd. L25 70 B1
Brenig St. L41 50 F1
Brenka Ave. L9 28 B1
Brent Way. L24 & L26 82 F6
Brentfield. WA8 72 D2
Brentwood Ave. Crosby L23 26 F5
Brentwood Ave. Liverpool L17 68 C3
Brentwood Cl. Hightown L38 17 F2
Brentwood Cl. St Helens WA10 43 B3
Brentwood Ct. Southport PR9 1 D1
Brentwood St. L44 51 C3
Brereton Ave. Bebington L63 79 A6
Brereton Ave. Liverpool L15 69 A7
Bretherton Pl. L35 57 C4
Bretherton Rd. L34 56 E6
Bretlands Rd. L23 27 B6

Bre – Bur 95

Brett St. L41 66 B8
Bretton Fold. PR8 4 F5
Brewery La. Formby L37 9 F6
Brewery La. Litherland L31 28 E4
Brewster St. L20 & L4 38 E1
Brian Ave. L61 76 F6
Briar Cl. WN4 35 A4
Briar Dr. Heswall L60 86 A8
Briar Dr. Huyton-w-R L36 55 D2
Briar Rd. Golborne WA3 47 B8
Briar Rd. Southport PR8 7 D4
Briar St. L4 & L5 52 D7
Briardale Rd. Bebington L63 78 F7
Briardale Rd. Bebington L64 88 A1
Briardale Rd. Birkenhead L42 & L43 66 C4
Briardale Rd. Liverpool L18 69 A4
Briardale Rd. Wallasey L44 51 E2
Briarfield Ave. WA8 72 A1
Briarfield Rd. L60 86 B8
Briars Cl. L35 57 D1
Briars Gn. WN8 16 B4
Briars La. L31 20 E1
Briars The. PR8 3 F1
Briarswood Cl. Bebington L42 78 F8
Briarswood Cl. Prescot L35 56 F3
Briarwood Rd. L17 & L18 68 E3
Briary Croft. L38 17 F3
Brick St. Liverpool L1 & L72 67 D7
Brick St. Newton-le-W WA12 45 F3
Brickfields. L36 56 A1
Brickfields La. 1 L8 67 F4
Brickwall Gn. L29 27 F7
Brickwall La. L29 & L30 27 E6
Bride St. 4 L4 38 F2
Bridge Ave. L39 13 E5
Bridge Croft. L21 & L30 27 C3
Bridge Ct. Litherland L30 27 D4
Bridge Ct. West Kirby L48 63 A3
Bridge Farm Cl. L49 65 B4
Bridge Farm Dr. L31 20 F2
Bridge Gdns. L12 40 F1
Bridge Gr. PR8 4 B6
Bridge Ind Est. L24 82 B5
Bridge La. L30 27 E3
Bridge Rd. Bootle L21 38 B7
Bridge Rd. Crosby L22 & L23 26 C3
Bridge Rd. Huyton-w-R L36 55 C2
Bridge Rd. Liverpool L15 & L7 68 D8
Bridge Rd. Liverpool L18 69 A3
Bridge Rd. Maghull L31 28 D7
Bridge Rd. Prescot L34 & L35 56 E5
Bridge Rd. St Helens WA9 58 D2
Bridge Rd. West Kirby L48 63 A3
Bridge St. Bebington L62 79 B5
Bridge St. Birkenhead L41 & L72 66 E7
Bridge St. Bootle L20 38 B3
Bridge St. Golborne WA12 & WA3 47 A7
Bridge St. Newton-le-W WA12 46 B3
Bridge St. Ormskirk L39 13 E4
Bridge St. Southport PR8 4 B6
Bridge St. St Helens WA10 44 A3
Bridge Wills La. PR9 2 C5
Bridgecroft Rd. L45 51 B6
Bridgefield Cl. L25 70 B7
Bridgefield Forum (L Ctr). L26 71 A2
Bridgeford Ave. L12 54 A7
Bridgehall Dr. WN8 25 B7
Bridgeman St. WA10 43 D3
Bridgend Cl. WA8 72 D3
Bridgend Dr. PR8 7 C4
Bridgenorth Rd. L61 76 E4
Bridges La. Litherland L29 27 F7
Bridges La. Maghull L29 & L31 28 A8
Bridgeview Dr. L33 29 F4
Bridgewater Cl. L21 27 A2
Bridgewater St. L1 & L72 67 D7
Bridgewater Way. L35 & L36 71 A8
Bridgeway. L11 39 E1
Bridle Ave. L44 51 E2
Bridle Cl. Bebington L62 88 E7
Bridle Cl. Birkenhead L43 65 B6
Bridle Ct. WA9 58 C8
Bridle Pk. L62 88 E7
Bridle Rd. Bebington L62 88 E6
Bridle Rd. Bootle L30 38 F8
Bridle Rd. Maghull L30 28 A1
Bridle Rd. Wallasey L44 51 E2
Bridle Way. L20 & L30 38 F7
Bridport St. L3 52 E2
Brierfield. WN8 24 D6
Brierfield Rd. L15 68 F6
Brierley Cl. L30 28 B4
Briers Cl. WA2 61 F3
Briery Hey Ave. L33 29 F2
Brighouse Cl. L39 13 D6
Bright St. Birkenhead L41 66 C6
Bright St. 23 Liverpool L6 53 A3
Bright St. Southport PR9 4 F7
Brightgate Cl. L7 68 B8
Brighton Rd. Crosby L22 26 D1
Brighton Rd. Huyton-w-R L36 56 B3
Brighton Rd. Southport PR8 4 A3
Brighton St. L44 51 E3
Brighton Vale. L22 26 C2
Brightwell Cl. L49 64 F4
Brignall Gr. WA3 36 D1
Brill St. L41 66 B8
Brimelow Cres. WA5 74 E3
Brimstage Ave. L63 78 D8
Brimstage Cl. L60 86 C8
Brimstage Gn. L60 86 D8
Brimstage La. L63 78 B3
Brimstage Rd. Bebington L63 78 D2
Brimstage Rd. Bootle L4 38 E2
Brimstage Rd. Heswall L60 86 C7
Brimstage St. 15 L41 66 C5
Brindley Cl. L21 27 A2
Brindley Rd. Kirkby L32 29 C2
Brindley Rd. St Helens WA9 58 F6
Brindley St. Liverpool L8 67 D6
Brindley St. Runcorn WA7 84 F3
Brinklow Cl. PR8 7 A5
Brinley Cl. L62 88 D5
Brinton Cl. Liverpool L27 70 D6
Brinton Cl. Widnes WA8 84 E8
Brisbane Ave. L45 51 A8
Brisbane St. WA9 57 D8
Briscoe Ave. 2 L46 64 E7
Briscoe Dr. L46 64 E7
Bristol Ave. L44 51 C4
Bristol Rd. L15 69 A6
Bristow Cl. WA5 60 B1
Britannia Ave. L15 68 D7
Britannia Cres. 2 Liverpool L8 68 A3
Britannia Rd. L45 51 A4
Britonside Ave. L32 & L33 41 A8
Brittarge Brow. L27 70 E4
Britten Cl. L8 68 B6
Broad Green Comm Comp Sch. L13 54 B2
Broad Green Cty Prim Sch. L13 54 B2
Broad Green Rd. L13 54 B2
Broad Hey. L30 27 D3
Broad Hey Cl. L25 70 B3
Broad La. Burtonwood WA5 59 E8
Broad La. Formby L37 10 E2
Broad La. Haskayne L39 12 B2
Broad La. Haydock WA5 & WA9 45 C1
Broad La. Heswall L60 85 C8
Broad La. Kirkby L32 40 F8
Broad La. Liverpool L11 & L4 39 F1
Broad La. Liverpool L11 54 A8
Broad La. Maghull L37 & L38 19 A8
Broad La. Maghull L29 19 C2
Broad La. St Helens WA11 33 B1
Broad Oak Ave. Haydock WA11 45 A6
Broad Oak Ave. Warrington WA5 74 E4
Broad Oak Comm Prim Sch. WA9 45 A3
Broad Oak Rd. WA9 44 F3
Broad Pl. L11 53 F8
Broad Sq. L11 53 F8
Broad Square Cty Prim Sch. L11 53 F8
Broad View. L11 53 F8
Broadbelt St. 5 L4 38 F2
Broadbent House. L31 28 D7
Broadfield Ave. L43 65 C8
Broadfield Cl. L43 65 B8
Broadgate Ave. WA9 58 C8
Broadgreen. L15 54 B1
Broadheath Ave. L43 65 C7
Broadheath Terr. WA8 72 D1
Broadhurst St. L17 68 C3
Broadlands. PR8 3 E3
Broadley Ave. WA3 47 C7
Broadmead. Heswall L60 86 C7
Broadmead. Liverpool L19 81 E7
Broadoak Rd. Liverpool L14 54 F3
Broadoak Rd. Maghull L31 20 E1
Broadstone Dr. L63 78 F2
Broadway. Bebington L63 78 D7
Broadway. Birkenhead L49 64 E4
Broadway. Liverpool L11 39 E1
Broadway. St Helens WA10 43 B5
Broadway. St Helens WA10 57 C8
Broadway. Wallasey L45 50 F5
Broadway. Widnes WA8 72 A1
Broadway Ave. L45 50 F5
Broadway Cl. PR8 7 B5
Broadway Comm High Sch. WA10 57 C8
Broadwood Ave. L31 28 C7
Broadwood St. L15 68 E7
Brock Gdns. L24 83 E2
Brock Hall Cl. 14 WA9 58 C4
Brock St. L4 52 E8
Brockenhurst Rd. L9 39 A5
Brockholme Rd. L18 & L19 69 A1
Brocklebank La. L19 81 D8
Brocklebank Rd. PR9 1 E2
Brockley Rd. 1 L45 51 B8
Brockmoor Tower. L4 52 E8
Brockstedes Ave. WN4 34 E6
Brocstedes Rd. WN4 34 D7
Brodie Ave. L18 & L19 69 A1
Bromborough Golf Course. L63 88 A5
Bromborough Pool Prim Sch. L62 79 D5
Bromborough Rake Sta. L62 88 C8
Bromborough Rd. L63 & L62 79 B4
Bromborough Sta. L62 88 C7
Bromborough Village Rd. L62 79 E1
Brome Way. L63 79 B2
Bromilow Rd. Skelmersdale WN8 15 C1
Bromilow Rd. St Helens WA9 44 F2
Bromley Ave. Golborne WA3 47 D7
Bromley Ave. Liverpool L18 68 F5
Bromley Cl. Heswall L60 85 E7
Bromley Cl. Warrington WA2 61 F3
Bromley Rd. L45 51 A7
Brompton Ave. Crosby L23 26 C3
Brompton Ave. Liverpool L17 & L8 68 C6
Brompton Ave. Wallasey L44 51 C4
Brompton House. L17 68 C5
Brompton Rd. PR8 4 E7
Bromsgrove Rd. L49 64 C4
Bromyard Cl. L20 38 B4
Bronington Ave. L62 88 D6
Bronte Cl. L23 26 B4
Bronte St. Liverpool L3 52 E1
Bronte St. St Helens WA10 43 D4
Brook Acre Cty Prim Sch. WA2 61 E1
Brook Ave. L31 20 E2
Brook Cl. Cronton WA8 72 C6
Brook Cl. Wallasey L44 & L45 51 C5
Brook End. WA9 45 A1
Brook Hey. L64 86 B2
Brook Hey Dr. L33 30 A3
Brook Hey Wlk. L33 30 A3
Brook House. PR8 4 C5
Brook House Gr. WA10 43 A3
Brook La. Ormskirk L39 13 E4
Brook La. Rainford WA11 32 F7
Brook Lynn Ave. WA3 36 F1
Brook Meadow. L61 76 E7
Brook Pk. L31 28 C7
Brook Rd. Bootle L20 38 B3
Brook Rd. Litherland L23 27 A7
Brook Rd. Liverpool L9 39 A4
Brook Rd. Maghull L31 28 E8
Brook Side. L31 20 E1
Brook St. Ashton-in-M WN4 35 C2
Brook St. Bebington L62 79 A6
Brook St. Birkenhead L41 66 D8
Brook St. Golborne WA3 47 A8
Brook St. Liverpool L3 52 B2
Brook St. Prescot L35 56 F4
Brook St. Southport PR9 2 D4
Brook St. St Helens WA10 44 A3
Brook St. Widnes WA8 73 B1
Brook St E. L41 & L72 66 E7
Brook Terr. L48 63 B2
Brook Vale. L21 & L22 37 F8
Brook Wlk. L61 76 D7
Brookbridge Rd. L13 53 E6
Brookdale. WA8 72 A3
Brookdale Ave N. L49 64 E4
Brookdale Ave S. L49 64 E3
Brookdale Cl. L49 64 E4
Brookdale Prim Sch. L49 64 E3
Brookdale Rd. L15 68 E6
Brooke Rd E. L22 & L23 26 D2
Brooke Rd W. L22 26 C2
Brookfield Ave. Crosby L22 & L23 26 D3
Brookfield Ave. Rainhill L35 57 C5
Brookfield Ave. Seaforth L21 & L22 37 F8
Brookfield Dr. L9 39 C5
Brookfield Gdns. L48 63 B2
Brookfield High Sch. L32 40 D8
Brookfield La. L39 21 A5
Brookfield Rd. Skelmersdale WN8 25 B7
Brookfield Rd. West Kirby L48 63 B2
Brookfield St. WA12 46 B3
Brookfields Prim Sch. WN8 15 D2
Brookfields Sch. WA8 73 D2
Brookhill Cl. L20 38 D3
Brookhill Rd. L20 38 D4
Brookhouse Rd. L39 13 D6
Brookhurst Ave. L63 88 C5
Brookhurst Cl. L63 & L62 88 C5
Brookhurst Prim Sch. L63 88 C6
Brookhurst Rd. L63 88 C5
Brookland La. WA9 45 A1
Brookland Rd. L41 66 D5
Brookland Rd E. L13 54 A3
Brookland Rd W. L13 54 A3
Brooklands. Birkenhead L41 66 D7
Brooklands. Ormskirk L39 14 A6
Brooklands Ave. Ashton-in-M WN4 35 D2
Brooklands Ave. Seaforth L21 & L22 37 E8
Brooklands Dr. Maghull L31 28 D8
Brooklands Dr. Orrell WN5 25 D5
Brooklands Gdns. L64 86 C1
Brooklands Rd. Neston L64 86 C1
Brooklands Rd. Orrell WN8 25 C7
Brooklands Rd. St Helens WA10 43 A4
Brooklands The. L36 55 E1
Brooklet Rd. L60 77 C1
Brooks Alley. 4 L1 52 D1
Brooks Rd. L37 9 D2
Brooks The. WA11 44 A7
Brooks Way. L37 9 D2
Brookside Ave. Ashton-in-M WN4 34 F8
Brookside Ave. Liverpool L14 54 D4
Brookside Ave. Rainford WA11 31 E7
Brookside Ave. Seaforth L21 & L22 37 F8
Brookside Ave. St Helens WA10 43 C5
Brookside Cl. Billinge WN5 33 E5
Brookside Cl. Haydock WA11 45 B7
Brookside Cl. Liverpool L12 & L28 54 F8
Brookside Cl. Prescot L35 56 E4
Brookside Cres. L49 64 E5
Brookside Ct. L23 26 E4
Brookside Dr. L49 64 E5
Brookside Prim Sch. L28 55 B7
Brookside Rd. Prescot L35 56 E4
Brookside Rd. Southport PR8 4 C2
Brookside Sch. L10 39 F8
Brookside View. WA11 45 B7
Brookside Way. WA11 45 B7
Brookvale Cl. WA5 59 F6
Brookway. Birkenhead L49 64 E5
Brookway. Birkenhead L43 65 E1
Brookway. Heswall L43 77 E8
Brookway. Wallasey L45 51 A5
Brookway La. WA9 45 A1
Brookwood Rd. L36 55 E4
Broom Cl. L34 56 F6
Broom Hill. L43 65 F7
Broom Rd. WA10 57 B8
Broom Way. L26 82 E7
Broome Rd. PR8 4 B3
Broomfield Cl. L60 76 C1
Broomfield Gdns. L9 38 F5
Broomfield Rd. L9 38 F5
Broomlands. L60 85 E8
Broomleigh Cl. L63 78 D5
Broomsgrove. L10 28 E1
Broseley Ave. L62 79 C1
Broster Ave. L46 64 C8
Broster Cl. L46 64 C8
Brosters La. L47 48 D1
Brotherton Cl. L62 88 C8
Brougham Ave. L41 66 F3
Brougham Rd. L44 51 E3
Brougham Terr. 5 L6 53 A3
Broughton Ave. Golborne WA3 47 D7
Broughton Ave. Southport PR8 4 D4
Broughton Ave. West Kirby L48 63 A3
Broughton Dr. L19 81 A7
Broughton Hall High Sch. L14 54 E5
Broughton Hall Rd. L14 54 E5
Broughton Rd. L44 51 B3
Brow La. L60 85 F7
Brow Rd. L43 50 D1
Brow Side. L5 & L6 52 F4
Brown Edge Cl. PR8 5 A2
Brown Heath Ave. WN5 33 D3
Brown's La. L30 28 A3
Brownbill Bank. L27 70 E5
Browning Ave. Birkenhead L42 66 F1
Browning Ave. Widnes WA8 84 F8
Browning Cl. L36 56 A1
Browning House. L62 79 A7
Browning Rd. L22 26 D2
Browning Rd. L45 50 D5
Browning St. L20 38 A4
Brownlow Arc. 12 WA10 44 A3
Brownlow Hill. L1 & L3 & L7 52 F1
Brownlow La. WN5 25 C1
Brownlow Rd. L62 79 B7
Brownlow St. L3 52 F1
Brownmoor La. Crosby L23 26 F3
Brownmoor Pk. L23 26 F3
Brownville Rd. L13 53 E6
Brows Cl. L37 9 E3
Brows La. L37 9 E3
Broxholme Way. L31 28 D7
Broxton Ave. Birkenhead L43 65 F2
Broxton Ave. Orrell WN5 25 F7
Broxton Ave. West Kirby L48 63 B3
Broxton Cl. WA8 72 C3
Broxton Rd. 7 L45 51 A6
Broxton St. L15 68 E8
Bruce Ave. WA2 61 D1
Bruce Cres. L63 88 C6
Bruce St. 4 Liverpool L8 68 A4
Bruce St. St Helens WA10 43 E3
Brunel Cl. 2 L6 53 A4
Brunel Dr. L21 27 A2
Brunel Mews. 3 L6 53 A4
Brunel Wlk. 4 L6 53 A4
Brunner Rd. 4 WA8 73 A1
Brunsfield Cl. L46 64 C7
Brunstath Cl. L60 77 C1
Brunswick Bsns Pk. L8 67 D4
Brunswick Cl. 4 L4 52 E8
Brunswick Ct. L41 66 E7
Brunswick Enterprise Ctr. L8 67 D5
Brunswick Mews. L22 37 E7
Brunswick Par. L22 37 E8
Brunswick Pl. L20 52 B8
Brunswick Rd. Liverpool L3 & L6 52 F3
Brunswick Rd. Newton-le-W WA12 45 F4
Brunswick St. Liverpool L2 & L3 52 C1
Brunswick St. Liverpool L19 81 C3
Brunswick St. St Helens WA9 45 A3
Brunswick Way. L3 67 D5
Brunt La. L19 81 E7
Bruton Rd. L36 55 D6
Bryanston Rd. Birkenhead L42 66 A2
Bryanston Rd. Liverpool L17 68 B3
Bryant Rd. L21 38 B6
Bryceway The. L12 54 D4
Brydges St. L7 53 A1
Bryer Rd. L35 56 D4
Bryn Bank. L44 51 C4
Bryn Cross. WN4 35 A6
Bryn Gates La. WN2 & WN4 35 D8
Bryn Rd. WN4 35 B5
Bryn Rd S. WN4 35 C4
Bryn St. WN4 35 B3
Bryn Sta. WN4 35 A6
Brynford Hts. L5 52 E5
Brynmor Rd. L18 69 A1
Brynmoss Ave. 2 L44 50 F4
Brynn St. Ashton-in-M WN2 35 F7
Brynn St. St Helens WA10 44 A4
Bryony Cl. WN5 25 D5
Bryony Way. L42 78 F8
Brythen St. 22 L1 & L69 52 D1
Buccleuch St. L41 50 F1
Buchanan Rd. Bootle L4 & L9 38 F3
Buchanan Rd. Wallasey L44 51 D3
Buckfast Ave. WA11 46 A7
Buckfast Cl. Litherland L30 27 F4
Buckfast Cl. Warrington WA5 74 E3
Buckfast Dr. L37 10 B2
Buckingham Ave. Bebington L63 78 E7
Buckingham Ave. Birkenhead L43 65 F7
Buckingham Ave. Liverpool L17 & L8 68 D6
Buckingham Ave. Widnes WA8 73 A4
Buckingham Cl. Litherland L30 27 C3
Buckingham Cl. St Helens WA10 43 F2
Buckingham Ct. L33 29 F4
Buckingham Dr. WA11 44 B6
Buckingham Gr. L37 9 E1
Buckingham Rd. Liverpool L9 39 A6
Buckingham Rd. Liverpool L13 53 E5
Buckingham Rd. Maghull L31 28 C8
Buckingham Rd. Wallasey L44 50 F4
Buckingham St. L5 52 E5
Buckland Cl. WA8 84 D7
Buckland Dr. L63 78 F2
Buckland St. L17 68 B3
Buckley Hill La. L23 & L29 & L30 27 D5
Buckley Way. L30 27 D5
Buckley Wlk. L24 82 D2
Buckthorn Cl. L28 55 B7
Buckthorn Gdns. L35 57 C6
Bude Cl. L43 65 C6
Bude Rd. WA8 72 E2
Budworth Ave. St Helens WA9 58 B4
Budworth Ave. Widnes WA8 72 D2
Budworth Cl. L43 65 E4
Budworth Ct. L43 65 F5
Budworth Dr. L25 70 D2
Budworth Rd. L43 65 E5
Buerton Cl. L43 65 E4
Buffs La. Heswall L60 86 B8
Buildwas Rd. L64 86 F2
Bulford Rd. L9 39 E3
Bulkeley Rd. L44 51 D3
Bull Bridge La. L10 28 E2
Bull Cop. L37 10 B3
Bull La. L9 39 B7
Bullens Rd. Kirkby L32 29 F1
Bullens Rd. Liverpool L4 52 F8
Bullfinch Ct. L26 70 E1
Bulrushes The. L8 67 F3
Bulwer St. Birkenhead L42 66 F2
Bulwer St. Bootle L20 38 A5
Bulwer St. 7 Liverpool L5 & L6 53 A5
Bundoran Rd. L17 68 E2
Bungalow Rd. WA12 46 E1
Bungalows The. Ashton-in-M WN4 34 F7
Bungalows The. Raby L63 87 B6
Bunter Rd. L32 40 F7
Bunting Ct. L26 70 D2
Burbo Bank Rd. L23 26 B3
Burbo Bank Rd N. L23 26 A5
Burbo Bank Rd S. L23 26 B3
Burbo Cres. L23 26 B3
Burbo Mansions. L23 26 B3
Burbo Way. L45 50 E8
Burden Rd. L46 49 C1
Burdett Ave. L63 79 A2
Burdett Cl. L63 79 A2
Burdett Rd. L22 26 D2
Burdett Rd. L45 50 D5
Burdett St. L17 68 C3
Burford Ave. Wallasey L44 51 A3
Burford Rd. L16 54 D1
Burgess Gdns. L31 20 C2
Burgess' La. L37 11 A1
Burgess St. L3 52 E2
Burghill Rd. L12 40 F4
Burkhardt Dr. WA12 46 E3
Burland Cl. WA7 84 F1
Burleigh Rd N. L4 & L5 52 F7
Burleigh Rd S. L4 & L5 52 F6
Burley Ave. WA3 36 D1
Burley Cl. L32 29 F1
Burlingham Ave. L48 63 D2
Burlington Ave. L37 10 B3
Burlington Rd. Southport PR8 3 F3
Burlington Rd. Wallasey L45 37 B1
Burlington St. 3 Birkenhead L41 66 E6
Burlington St. Liverpool L3 52 C4
Burman Cres. L19 81 C7
Burman Rd. L19 81 D7
Burnage Ave. WA9 58 C4
Burnage Cl. L24 82 F2
Burnand St. L4 52 F7
Burnard Cl. L32 29 F2
Burnard Cres. L32 & L33 29 F2
Burnard Wlk. 2 L33 29 F2
Burnell Cl. 8 WA10 43 F4
Burnfell. WA3 47 E7
Burnham Cl. Warrington WA5 74 F5
Burnham Cl. Widnes WA8 72 C3
Burnham Rd. L18 69 C3
Burnie Ave. L20 38 E5
Burnley Ave. Birkenhead L46 64 F8
Burnley Ave. Southport PR8 7 D5
Burnley Cl. L6 53 A4
Burnley Rd. PR8 7 C5
Burnley Rd. L46 64 F8
Burns Ave. L45 51 A5
Burns Cl. Ashton-in-M WN4 34 F6
Burns Cl. Liverpool L16 69 F8
Burns Cl. Orrell WN5 25 D1
Burns Cl. Prescot L35 56 E3
Burns Cres. WA8 84 F8
Burns Gr. Huyton-w-R L36 56 A1
Burns Gr. Warrington WA2 61 C2
Burns Rd. WA9 58 A3
Burns St. L20 38 A5
Burnsall Ave. WA3 47 F8
Burnsall Dr. WA8 72 C3
Burnsall St. L19 81 E5
Burnside Ave. L44 51 B2
Burnside Rd. L44 51 B2
Burnt Ash Cl. L19 80 F7
Burnthwaite Rd. L14 54 C3
Burrell Cl. L42 66 C1
Burrell Ct. L42 66 C1
Burrell Dr. L46 64 E7
Burrell Rd. Bebington L42 78 C8
Burrell Rd. Birkenhead L42 66 C1
Burrell St. L4 52 F8
Burroughs Gdns. 1 L3 52 D4

96 Bur – Caw

Burrow's La. L34 & WA10 42 E2
Burrows Ave. WA11 44 F5
Burrows Ct. Liverpool L3 & L5 52 C4
Burrows Ct. St Helens WA9 44 E3
Burrows St. WA11 45 A6
Burscough Rd. L39 13 F7
Burscough St. L39 13 F6
Burton Ave. Rainhill L35 57 A4
Burton Ave. Wallasey L45 50 E5
Burton Cl. Liverpool L1 & L72 67 D8
Burton Cl. Rainhill L35 57 A4
Burton Cl. Widnes WA8 72 F3
Burton Rd. WA2 61 D1
Burton St. L5 52 C6
Burtonhead Rd. WA9 & WA10 44 A1
Burtons Way. L11 & L32 40 C8
Burtonwood Cty Prim Sch. WA5 59 E7
Burtonwood Rd. WA5 60 A2
Burtonwood Service Area. WA5 60 B4
Burtree Rd. L14 55 A6
Burwell Ave. L37 9 D1
Burwell Cl. L33 30 A3
Burwen Dr. L9 38 F6
Bury Rd. PR8 4 B3
Busby's Cotts. L45 51 B8
Bush Rd. WA8 84 F5
Bush Way. L60 85 D8
Bushby's La. L37 9 C2
Bushby's Pk. L37 9 D2
Bushel's Dr. WA9 58 E3
Bushey La. WA11 23 E2
Bushey Rd. L4 39 C1
Bushley Cl. L20 38 B4
Butchers La. Ashton-in-M WN4 35 B3
Butchers La. Maghull L31 & L39 21 B3
Bute St. Liverpool L3 52 E3
Bute St. Liverpool L3 & L5 52 E4
Butleigh Rd. L36 55 E5
Butler Cres. L6 53 B3
Butler Jun Mix & Inf Sch. L6 53 B3
Butler St. L6 53 B3
Buttercup Way. L9 39 B4
Butterfield Gdns. L39 13 D3
Butterfield St. L4 52 F7
Buttermere Ave. Ashton-in-M WN4 35 B5
Buttermere Ave. Birkenhead L43 65 C6
Buttermere Ave. St Helens WA11 44 A8
Buttermere Ave. Warrington WA2 61 C3
Buttermere Cl. Formby L37 9 D3
Buttermere Cl. Kirkby L33 29 D4
Buttermere Cl. Maghull L31 20 E1
Buttermere Cres. Rainford WA11 23 F2
Buttermere Cres. Warrington WA2 61 C3
Buttermere Gdns. L23 26 F2
Buttermere Rd. L16 70 A8
Buttermere St. 1 L8 68 B7
Butterton Ave. L49 64 D6
Butterwick Dr. L12 40 E3
Button St. L1 52 D1
Butts La. PR8 & PR9 4 F5
Buxted Rd. L32 41 A8
Buxted Wlk. 7 L32 41 A8
Buxton Rd. L42 67 A2
By-Pass The. L23 26 E5
Bye La. L39 12 C3
Byerley St. L44 51 E3
Byland Cl. L37 10 B2
Byles St. L8 68 A4
Byng Pl. L4 53 D8
Byng Rd. L13 & L4 53 D8
Byng St. L20 38 B2
Byrchall High Sch. WN4 35 B1
Byrne Ave. L42 66 F1
Byrom La. WA3 36 F2
Byrom St. PR9 4 F7
Byrom St. L1 & L3 52 D2
Byrom Way. L3 52 D3
Byron Ave. Liverpool L12 54 A7
Byron Ave. Prescot L35 56 F3
Byron Cl. Birkenhead L43 77 F8
Byron Cl. Formby L37 9 F4
Byron Cl. Huyton-w-R L36 56 A1
Byron Cl. Orrell WN5 25 F7
Byron Cl. St Helens WA10 44 A5
Byron Ct. WA2 61 C2
Byron House. L62 79 A7
Byron Rd. Crosby L23 26 C4
Byron Rd. Maghull L31 20 D3
Byron St. Bootle L20 38 A5
Byron St. Liverpool L19 81 C5
Byton Wlk. L33 30 A4
Byway The. L23 26 E5

'c' Ct. WN4 35 B2
Cabes Cl. L14 55 A6
Cabin La. Maghull L31 19 F4
Cabin La. Southport PR9 2 F3
Cabin La. Southport L39 8 C5
Cable Rd. Hoylake L47 63 B7
Cable Rd. Prescot L35 56 F4
Cable St. Formby L37 10 A4
Cable St. Liverpool L1 52 C1
Cable St. Southport PR8 4 B7
Cabot Cl. WA5 60 C1
Cabot Gn. L25 69 E5
Caddick Rd. L34 41 B5
Cadmus Wlk. 4 L6 52 F4
Cadnam Rd. L25 & L27 70 D5
Cadogan St. L15 & L7 68 D8
Cadwell Rd. L31 20 B5
Caernarvon Cl. L49 65 A6
Caernarvon Ct. L63 78 F4
Caerwys Gr. L42 66 E4
Caird St. L6 53 A3
Cairn Ct. WA9 57 D8
Cairnmore Rd. L18 69 A2
Cairns St. L8 68 A6
Cairo St. Bootle L4 38 E1
Cairo St. St Helens WA10 43 D1
Caister Cl. WN8 24 E8
Caithness Dr. Crosby L23 26 F3
Caithness Dr. Wallasey L45 51 C6
Caithness Gdns. 4 L43 65 F1
Caithness Rd. L18 69 B1
Calday Gr. WA11 45 A8
Calday Grange Cl. L48 63 D1
Calday Grange Gram Sch. L48 63 D1
Caldbeck Ave. WA2 61 D2
Caldbeck Cl. WN4 35 B4
Caldbeck Gr. WA11 33 C1
Caldbeck Rd. L63 & L62 79 E2
Calder Ave. Birkenhead L43 66 A2
Calder Ave. Ormskirk L39 13 E4
Calder Cl. Kirkby L33 30 A6
Calder Cl. Widnes WA8 73 F3
Calder Dr. Liverpool L18 69 C4
Calder Dr. Maghull L31 20 F2
Calder Dr. Rainhill L35 57 C3
Calder Grange. L25 69 E3
Calder Park Ct. L18 69 D4
Calder Rd. Bebington L63 78 D5
Calder Rd. Liverpool L5 52 F6
Calderfield Rd. L18 69 D5
Calderhurst Dr. WA10 43 B6
Calders The. L18 69 C3
Calderstones Ave. L18 69 C4
Calderstones Park (Liverpool Botanic Gdns). L18 69 D4
Calderstones Rd. L18 69 C4
Calderstones Sch. L18 69 C4
Caldicott Ave. L62 88 D7
Caldway Dr. L27 70 E5
Caldwell Ave. WA5 60 F2
Caldwell Cl. L33 29 F5
Caldwell Dr. L49 65 B2
Caldwell Rd. L19 81 D6
Caldwell St. WA9 44 D3
Caldy Chase Dr. L48 75 D7
Caldy Ct. L48 63 C1
Caldy Gr. WA11 44 D5
Caldy Rd. Liverpool L9 39 A7
Caldy Rd. Wallasey L45 51 B5
Caldy Rd. West Kirby L48 75 D7
Caldy Wood. L48 75 D7
Caledonia St. L7 & L8 67 F8
Calgarth Rd. L36 55 C5
California Rd. L13 53 D7
Callaghan Cl. L5 52 D5
Callander Rd. L6 53 D3
Callands Cty Prim Sch. WA5 60 E2
Callands Rd. WA5 60 D2
Callestock Cl. L11 40 D6
Callington Cl. L14 55 A6
Callon Ave. WA11 44 E5
Callow Rd. L15 68 D7
Calne Cl. L61 76 D7
Calstock Cl. WA5 74 E3
Calthorpe St. L19 81 B7
Calton Ave. L15 & L18 69 A5
Calveley Ave. L62 88 F4
Calveley Cl. L43 65 E3
Calver Rd. Warrington WA2 61 A3
Calverhall Way. WN4 35 A3
Cam St. L25 69 F2
Camarthen Cres. L8 67 D6
Camberley. L25 82 D8
Camberley Cl. PR8 3 E5
Camberley Dr. L25 82 D8
Camborne Ave. L25 70 C1
Cambourne Ave. WA11 44 D7
Cambourne Rd. WA5 59 F6
Cambria St. L6 53 B3
Cambrian Cl. L46 64 B7
Cambrian Rd. L46 64 C7
Cambrian Way. L25 70 B3
Cambridge Arc. PR8 4 B7
Cambridge Ave. Bootle L21 38 B8
Cambridge Ave. Crosby L23 26 D5
Cambridge Ave. Southport PR9 1 F2
Cambridge Ct. PR9 1 F2
Cambridge Dr. Crosby L23 26 C5
Cambridge Dr. Liverpool L26 82 F8
Cambridge Gdns. PR9 1 F2
Cambridge Rd. Bebington L62 88 E8
Cambridge Rd. Birkenhead L42 66 B2
Cambridge Rd. Bootle L20 38 D2
Cambridge Rd. Crosby L23 26 C5
Cambridge Rd. Formby L37 9 D1
Cambridge Rd. Liverpool L9 39 B8
Cambridge Rd. Orrell WN5 25 F8
Cambridge Rd. Seaforth L21 & L22 37 E8
Cambridge Rd. Skelmersdale WN8 15 E1
Cambridge Rd. Southport PR9 1 E2
Cambridge Rd. St Helens WA10 43 E4
Cambridge Rd. Wallasey L45 51 B7
Cambridge St. Liverpool L69 & L7 67 F8
Cambridge St. Liverpool L69 & L7 68 A8
Cambridge St. Liverpool L15 68 D8
Cambridge St. Prescot L34 56 D6
Cambridge Wlks. PR8 4 B7
Camdale Cl. L28 55 B7
Camden Pl. 1 L41 66 E6
Camden St. Birkenhead L41 & L72 66 E7
Camden St. Liverpool L3 52 E2
Camelford Rd. L11 40 C5
Camelia Ct. L17 68 A2
Camelot Cl. WA12 45 F4
Cameron Ct. WA2 61 A4
Cameron Rd. L46 50 B3
Cameron St. L7 53 C2
Camm St. WN2 36 B8
Camp Rd. Garswood WN4 34 E4
Camp Rd. Liverpool L25 70 B1
Campania St. L19 81 C4
Campbell Cres. WA5 74 F6
Campbell Dr. L14 54 E3
Campbell St. Bootle L20 38 B3
Campbell St. Liverpool L1 & L68 & L72 & L75 67 D8
Campbell St. St Helens WA10 43 E4
Campbeltown Rd. L41 66 F4
Camperdown St. L41 66 F6
Camphill Rd. L25 82 A8
Campion Cl. WA11 44 B7
Campion Gr. WN4 34 F4
Campion High Sch. L5 52 E4
Campion Way. L36 70 F7
Campsey Ash. WA8 72 F4
Canal Bank Cotts. L31 20 C7
Canal Bank Pygons Hill. L31 20 C7
Canal St. Bootle L20 38 B2
Canal St. Newton-le-W WA12 45 F3
Canal St. St Helens WA10 43 F2
Canal View. L31 29 A3
Canalside Gr. L5 52 C5
Canberra Ave. St Helens WA9 57 E8
Canberra Ave. Warrington WA2 61 D3
Canberra La. L10 40 C5
Canberra Sq. WA2 61 D2
Candia Tower. L5 52 E6
Candleston Cl. WA5 60 E1
Canning Pl. 5 L1 & L69 & L72 & L68 & L75 67 C8
Canning Rd. PR9 5 A6
Canning St. Birkenhead L41 & L67 & L72 66 F7
Canning St. Crosby L22 26 D1
Canning St. Liverpool L1 & L7 & L8 67 F7
Canniswood Rd. WA11 45 A6
Cannock Gn. L31 20 B1
Cannon St. WA9 58 C3
Canon Rd. L4 & L6 53 C7
Canon Wilson Cl. WA11 45 D6
Canrow La. L34 41 E5
Cansfield Comm High Sch. WN4 35 A4
Cansfield Gr. WN4 35 A4
Cansfield St. WA10 44 A4
Canterbury Ave. Crosby L22 26 D3
Canterbury Ave. Golborne WA3 36 D1
Canterbury Cl. Formby L37 9 F5
Canterbury Cl. Litherland L10 28 E2
Canterbury Cl. Southport PR8 3 F4
Canterbury Pk. L18 81 C8
Canterbury Rd. Birkenhead L42 67 A1
Canterbury Rd. Wallasey L44 51 C3
Canterbury Rd. Widnes WA8 84 C8
Canterbury St. Liverpool L3 52 E3
Canterbury St. Liverpool L19 81 D4
Canterbury St. St Helens WA10 43 E5
Canterbury Way. Litherland L30 27 F4
Canterbury Way. 1 Liverpool L3 52 F3
Cantlow Fold. PR8 7 A4
Cantsfield St. L7 68 C7
Canvey Cl. L15 69 B7
Cape Rd. L9 39 C6
Capesthorne Rd. WA2 61 D2
Capilano Pk. L39 21 C8
Capper Gr. L36 55 E3
Capricorn Cres. L14 55 A5
Capricorn Way. L20 38 B4
Capstick Cres. L25 70 B6
Captain's La. Ashton-in-M WN4 35 C3
Captain's La. Bootle L21 & L30 38 E8
Captains Cl. L30 38 D8
Captains Gn. L30 38 D8
Caradoc Rd. L21 38 A6
Caraway Cl. L23 27 B5
Caraway Gr. WA10 43 D4
Carbis Cl. L10 40 B6
Carden Cl. L4 52 E7
Cardiff St. WN8 15 D1
Cardigan Ave. L41 66 D6
Cardigan Cl. WA5 60 D2
Cardigan Rd. Southport PR8 3 F1
Cardigan Rd. Wallasey L45 51 B7
Cardigan St. L15 68 D8
Cardigan Way. Litherland L30 28 B4
Cardigan Way. Liverpool L6 53 B4
Cardinal Heenan High Sch. L14 54 D4
Cardinal Heenan RC High Sch. L14 54 F3
Cardus Cl. L46 64 B8
Cardwell St. L7 68 B8
Carey Ave. L63 78 D6
Carey St. WA8 73 B1
Carfax Rd. L33 30 A4
Carfield. WN8 24 E6
Cargill Gr. L42 & L62 79 B8
Carham Rd. L47 63 C6
Carisbrooke Cl. L48 75 C8
Carisbrooke Dr. PR9 1 F1
Carisbrooke Pl. L4 38 F1
Carisbrooke Rd. L20 & L4 38 E1
Carkington Rd. L25 70 C1
Carlaw Rd. L43 66 A2
Carleen Cl. L17 68 B2
Carleton House Prep Sch. L18 68 F3
Carlett Bvd. L62 88 F5
Carlingford Cl. L8 68 A7
Carlis Rd. L32 40 F8
Carlisle Ave. L30 27 F1
Carlisle Cl. 9 Birkenhead L43 66 C5
Carlisle Cl. Liverpool L4 53 D8
Carlisle Mews. 8 L43 66 C5
Carlisle Rd. PR8 4 A2
Carlisle St. L7 68 B8
Carlow Cl. L24 83 D2
Carlow St. WA10 43 D1
Carlton Ave. WN8 25 A7
Carlton Cl. Ashton-in-M WN4 35 A5
Carlton Cl. Neston L64 86 C2
Carlton La. Hoylake L47 63 C8
Carlton La. Liverpool L13 54 A4
Carlton Rd. Bebington L63 79 B4
Carlton Rd. Birkenhead L42 & L43 66 C4
Carlton Rd. Golborne WA3 36 D1
Carlton Rd. Southport PR8 7 C6
Carlton Rd. Wallasey L45 51 B7
Carlton St. Liverpool L3 52 B4
Carlton St. 5 Prescot L34 56 D6
Carlton St. St Helens WA10 43 E3
Carlton Terr. L47 63 C8
Carlyon Way. L26 82 E8
Carmarthen Cl. WA5 60 D2
Carmel Cl. Ormskirk L39 13 D2
Carmel Cl. Wallasey L45 51 B8
Carmel Coll. WA10 43 A3
Carmel Ct. WA8 73 B4
Carmelite Cres. WA10 43 A5
Carmichael Ave. L49 64 D2
Carnaby Cl. L36 71 A8
Carnarvon Ct. L9 39 A3
Carnarvon Rd. Liverpool L9 39 A3
Carnarvon Rd. Southport PR8 3 F1
Carnarvon St. WA9 57 D8
Carnatic Rd. L17 & L18 68 E3
Carnation Rd. L9 39 B3
Carnegie Ave. L23 26 D3
Carnegie Cres. WA9 58 E8
Carnegie Dr. WN4 35 A5
Carnegie Rd. L13 53 E4
Carnforth Ave. L32 29 F1
Carnforth Cl. 12 Birkenhead L41 66 C5
Carnforth Cl. Liverpool L12 40 C1
Carnforth Rd. L18 69 C2
Carno St. L15 68 E8
Carnoustie Cl. Liverpool L14 54 F6
Carnoustie Cl. Wallasey L46 49 B1
Carnoustie Gr. WA11 45 A5
Carnsdale Rd. L46 64 F8
Carol Dr. L60 86 C8
Carole Cl. WA9 58 E6
Carolina St. L20 38 C3
Caroline Pl. L43 66 B5
Caronia St. L19 81 C4
Carpathia St. L19 81 C4
Carpenter's La. L48 63 B2
Carpenters Row. 4 L1 & L72 67 D8
Carr Bridge Rd. L49 65 C3
Carr Cl. L11 40 B2
Carr Croft. L21 27 B3
Carr Gate. L46 64 C7
Carr Hey. L46 64 B7
Carr Hey Cl. L49 65 C2
Carr House La. Birkenhead L46 64 B8
Carr House La. Ince Blundell L38 18 E4
Carr La. Hoylake L47 63 B6
Carr La. Hoylake L48 63 E5
Carr La. Huyton-w-R L36 55 C1
Carr La. Liverpool L11 40 A2
Carr La. Liverpool L24 & WA8 83 E4
Carr La. Maghull L31 19 F5
Carr La. Prescot L34 56 B5
Carr La. Southport PR8 7 F7
Carr La. Wallasey L46 & L47 49 A1
Carr La E. L11 40 B3
Carr La Ind Est. L47 63 C6
Carr Meadow Hey. L30 27 C3
Carr Mill Cres. WN5 33 E4
Carr Mill Inf Sch. WA11 44 B8
Carr Mill Jun Sch. WA11 33 C1
Carr Mill Rd. Billinge WA11 & WN5 33 D3
Carr Mill Rd. St Helens WA11 44 C8
Carr Moss La. Haskayne L39 12 B8
Carr Moss La. Southport L39 8 D2
Carr Rd. L20 38 D7
Carr Side La. L29 & L38 19 A3
Carr St. WA10 43 D5
Carr's Cres. L37 9 E1
Carr's Cres W. L37 9 D1
Carraway Rd. L10 40 C6
Carrfield Ave. L23 27 A3
Carrick Ct. L23 27 A3
Carrickmore Ave. L18 69 A2
Carrington Rd. L45 51 C6
Carrington St. L41 66 A8
Carrock Rd. L63 & L62 79 E2
Carroll Cres. L39 13 F7
Carrow Cl. L46 64 B7
Carrs Terr. L35 56 D3
Carruthers St. L3 52 C3
Carrville Way. L12 41 A3
Carrwood Cl. WA11 45 A6
Carsdale Rd. L18 69 A5
Carsgoe Rd. L47 63 C6
Carsington Rd. L11 40 A2
Carstairs Rd. L6 53 D4
Carsthorne Rd. L47 63 C6
Cartbridge La. L26 & L35 71 A2
Cartbridge Residential Sch. L26 71 A1
Carter Ave. WA11 32 A5
Carter St. L8 67 F6
Carters The. Birkenhead L49 64 C4
Carters The. Litherland L30 28 A4
Carterton Rd. L47 63 C6
Cartier Cl. WA5 60 C1
Cartmel Ave. Maghull L31 20 E2
Cartmel Ave. St Helens WA10 43 E7
Cartmel Ave. Warrington WA2 61 C3
Cartmel Cl. Birkenhead L41 66 C5
Cartmel Cl. Huyton-w-R L36 55 D4
Cartmel Cl. Southport PR8 4 F3
Cartmel Cl. Warrington WA5 60 E2
Cartmel Dr. Birkenhead L46 64 E7
Cartmel Dr. Formby L37 10 B2
Cartmel Dr. Liverpool L12 40 C1
Cartmel Dr. Rainhill L35 57 A4
Cartmel Rd. L36 55 C4
Cartmel Terr. L11 40 C3
Cartmel Way. L36 55 C4
Cartwright Cl. WA11 31 F7
Carver St. L3 52 F3
Caryl Gr. L8 67 E4
Caryl St. Liverpool L8 67 D5
Caryl St. Liverpool L72 & L8 67 D6
Caryl St. Liverpool L8 67 E4
Case Gr. L35 56 E5
Case Rd. WA11 45 D6
Cases St. 7 L1 52 D1
Caspian Rd. L4 39 D2
Cassia Cl. L9 39 B4
Cassino Rd. L36 55 E3
Cassio St. L20 38 E2
Cassley Rd. L24 83 A3
Cassville Rd. L15 & L18 69 A6
Castell Gr. WA10 43 F3
Casterton St. L7 68 C8
Castle Ave. WA9 44 E3
Castle Cl. L46 50 A3
Castle Dr. Formby L37 9 F1
Castle Dr. Heswall L60 85 F8
Castle Fields Est. L46 49 F4
Castle Gn. WA5 60 B2
Castle Hill. Liverpool L2 52 C1
Castle Hill. Newton-le-W WA12 46 E4
Castle Keep. L12 54 B7
Castle La. L40 14 E5
Castle Rd. L45 51 A6
Castle St. Birkenhead L41 66 F6
Castle St. Liverpool L2 52 C1
Castle St. Liverpool L25 69 F2
Castle St. Southport PR9 4 B8
Castle St. Widnes WA8 73 D1
Castle Wlk. PR8 4 A6
Castlefield Cl. L12 54 A7
Castlefield Rd. L12 54 A8
Castleford Rise. L46 49 E3
Castleford St. L15 69 A7
Castlegate Gr. L12 54 B7
Castlegrange Cl. L46 49 E4
Castleheath Cl. L46 49 E3
Castlehey. WN8 24 E6
Castlerigg Ct. L42 66 C1
Castlesite Rd. L12 54 B7
Castleton Dr. L30 28 B4
Castletown Cl. L16 69 E8
Castleview Rd. L12 54 B7
Castleway N. L46 50 A4
Castleway Prim Sch. L46 50 A4
Castleway S. L46 50 A3
Castlewell. L35 56 F4
Castlewood Rd. L6 53 B5
Castor St. L6 53 B5
Cat Tail La. PR8 5 E1
Catchdale Moss La. WA10 & WA11 42 E5
Catford Cl. WA8 72 C2
Catford Gn. L24 82 F3
Catfoss Cl. WA2 61 E1
Cath CE (Cath Ch of Christ). L1 67 E7
Cath RC (Met Cath of Christ The King). L3 52 F1
Catharine St. L8 67 F8
Catharine's La. L39 13 F1
Cathcart St. L41 66 D7
Cathcart Street Prim Sch. L41 66 D7
Cathedral Cl. 3 L1 67 E7
Cathedral Gate. L1 67 E8
Cathedral Rd. 2 L6 53 C6
Cathedral Wlk. L3 52 F1
Catherine Ct. L21 38 B6
Catherine St. Birkenhead L41 66 D6
Catherine St. Bootle L21 38 B6
Catherine Way. Newton-le-W WA12 46 B2
Catherine Way. St Helens WA11 44 F6
Catkin Rd. L26 70 D2
Caton Cl. PR9 1 F4
Catonfield Rd. L18 69 D5
Catterall Ave. St Helens WA9 58 D6
Catterall Ave. Warrington WA2 61 D2
Catterick Cl. L26 82 F8
Catterick Fold. PR8 4 F3
Caulfield Dr. L49 64 E3
Caunce Ave. Golborne WA3 47 A7
Caunce Ave. Haydock WA11 45 B6
Causeway Cl. L62 79 B6
Causeway La. L37 11 B1
Causeway The. Bebington L62 79 B5
Causeway The. Liverpool L12 54 D4
Causeway The. Southport PR9 2 C5
Cavan Rd. L11 53 E8
Cavell Cl. L25 70 A1
Cavendish Ct. PR9 4 E8
Cavendish Dr. Birkenhead L42 66 D1
Cavendish Dr. Liverpool L9 39 A3
Cavendish Rd. Birkenhead L41 66 B7
Cavendish Rd. Crosby L22 & L23 26 C3
Cavendish Rd. Southport PR8 3 F3
Cavendish Rd. 3 Wallasey L45 51 B8
Cavendish St. Birkenhead L41 66 B8
Cavendish St. Runcorn WA7 84 F2
Cawdor St. Liverpool L8 68 A6
Cawdor St. Runcorn WA7 84 F3

Caw – Chu 97

Cawfield Ave. WA8 ... 72 D1
Cawthorne Ave. L32 ... 40 E8
Cawthorne Cl. L32 ... 40 E8
Cawthorne Wlk. L32 ... 40 E8
Caxton Cl. Birkenhead L43 ... 65 C6
Caxton Cl. Widnes WA8 ... 72 C3
Caxton Rd. L35 ... 57 E1
Cazneau St. L3 ... 52 D3
Cearns Rd. L43 ... 66 A5
Cecil Dr. WA10 ... 43 A4
Cecil Rd. Bebington L62 ... 79 B8
Cecil Rd. Birkenhead L42 ... 66 B2
Cecil Rd. Seaforth L21 ... 37 F6
Cecil Rd. Wallasey L44 ... 51 B4
Cecil St. Liverpool L15 ... 68 D8
Cecil St. St Helens WA9 ... 58 F7
Cedar Ave. Bebington L63 ... 78 E4
Cedar Ave. Golborne WA3 ... 47 F7
Cedar Ave. Widnes WA8 ... 73 B2
Cedar Cl. Liverpool L18 ... 69 D3
Cedar Cl. Prescot L35 ... 56 E4
Cedar Cres. Huyton-w-R L36 ... 55 D1
Cedar Cres. Newton-le-W WA12 .. 46 D2
Cedar Cres. Ormskirk L39 ... 13 D4
Cedar Dr. Formby L37 ... 9 C1
Cedar Gr. Crosby L22 ... 26 D2
Cedar Gr. Garswood WN4 ... 34 D5
Cedar Gr. Haydock WA11 ... 45 E7
Cedar Gr. Liverpool L8 ... 68 C6
Cedar Gr. Maghull L31 ... 28 D6
Cedar Gr. Orrell WN5 ... 25 F6
Cedar Gr. Skelmersdale WN8 ... 15 E1
Cedar Rd. Liverpool L9 ... 39 B6
Cedar Rd. Prescot L35 ... 56 D3
Cedar Rd. Warrington WA5 ... 74 F6
Cedar St. Birkenhead L41 ... 66 D5
Cedar St. Bootle L20 ... 38 C4
Cedar St. Newton-le-W WA12 ... 46 C2
Cedar St. Southport PR8 ... 4 D4
Cedar St. St Helens WA10 ... 43 D2
Cedar Towers. L33 ... 29 F3
Cedardale Rd. L9 ... 39 A4
Cedars The. Birkenhead L46 ... 64 C7
Cedars The. Liverpool L12 ... 40 F3
Cedarway. L60 ... 86 B5
Cedarwood Cl. L49 ... 64 B4
Cedarwood Ct. L36 ... 70 E8
Celebration Dr. L6 ... 53 C5
Celedine Cl. L15 ... 68 E8
Celia St. L20 ... 38 D1
Celt St. L6 ... 53 C4
Celtic Rd. L47 ... 48 E1
Celtic St. 2 L8 ... 68 A6
Cemetery Rd. PR8 ... 4 C4
Central Ave. Bebington L62 ... 79 C1
Central Ave. Liverpool L24 ... 82 D3
Central Ave. Prescot L34 ... 56 C5
Central Ave. Southport PR8 ... 7 F8
Central Ave. St Helens L34 & L35 57 A7
Central Dr. Haydock WA11 ... 45 B6
Central Dr. Liverpool L12 ... 54 B5
Central Dr. Rainford WA11 ... 31 F7
Central Par. L24 ... 82 E3
Central Park Ave. L44 ... 51 C4
Central Rd. Bebington L62 ... 79 B6
Central Rd. Bebington L62 ... 79 C4
Central Sq. L31 ... 20 D2
Central St. WA10 ... 44 A4
Central Sta. L1 ... 52 D1
Central Trad Est. L20 ... 38 C7
Central Way. Liverpool L24 ... 82 F7
Central Way. Newton-le-W WA12 46 E2
Centre Way. Huyton-w-R L36 ... 55 E2
Centreville Rd. L15 & L18 ... 69 A6
Centurion Cl. L47 ... 48 E1
Centurion Dr. L47 ... 48 E1
Century Rd. L23 ... 26 D4
Ceres St. L20 ... 38 C1
Cestrian Dr. L61 ... 77 A5
Chadlow Rd. L32 ... 40 F7
Chadwell Rd. L33 ... 29 F4
Chadwick Rd. WA11 ... 44 C7
Chadwick St. Birkenhead L46 ... 64 E8
Chadwick St. Liverpool L3 ... 52 B3
Chaffinch Cl. L12 ... 40 F1
Chaffinch Glade. L26 ... 70 E1
Chain La. WA11 ... 44 E6
Chain Lane Sh Prec. WA11 ... 44 D7
Chainhurst Cl. L27 ... 70 D5
Chalfont Rd. L18 ... 69 D1
Chalfont Way. L14 & L28 ... 55 B7
Chalgrave Cl. WA8 ... 73 F3
Chalkwell Dr. L60 ... 86 C7
Challis St. L41 & L43 ... 50 E1
Challoner Cl. L36 ... 70 F8
Chalon Way. WA10 & WA9 ... 44 A3
Chalon Way Ind Est. WA9 ... 44 A2
Chalon Way W. St Helens WA10 . 44 A3
Chaloner Gr. L19 ... 80 F6
Chaloner St. L1 & L72 ... 67 D7
Chamberlain St. Birkenhead L41 66 F4
Chamberlain St. St Helens WA10 43 D3
Chamberlain St. Wallasey L44 ... 51 A2
Chambres Rd. PR8 ... 4 D5
Chambres Rd N. PR8 ... 4 D6
Chancel St. L4 ... 52 E7
Chancery La. WA9 ... 44 E3
Chandley Cl. PR8 ... 7 A5
Chandos St. 7 L7 ... 53 B1
Changford Gn. L33 ... 30 A3
Changford Rd. L33 ... 30 A3
Channel Rd. L23 ... 26 B3
Channel Reach. L23 ... 26 B3
Channel The. L45 ... 50 E8
Channell Rd. L6 ... 53 C3
Chantrell Rd. L48 ... 63 F2
Chantry Cl. L43 ... 65 C6
Chantry Wlk. Ashton-in-M WN4 ... 34 F5
Chantry Wlk. Heswall L60 ... 86 A6
Chapel Ave. L9 ... 39 A5
Chapel Gdns. L5 ... 52 D5
Chapel La. Burtonwood WA5 ... 59 F6
Chapel La. Formby L37 ... 9 F3
Chapel La. Kirkby L31 ... 29 A4
Chapel La. Litherland L30 ... 27 F5
Chapel La. Litherland L30 ... 28 A5
Chapel La. Rainhill L35 & WA9 ... 57 F2
Chapel La. St Helens WA10 ... 43 B4
Chapel La. Widnes WA8 ... 72 D4
Chapel Mews. L39 ... 13 F4
Chapel Pl. Ashton-in-M WN4 ... 35 B3
Chapel Pl. Liverpool L19 ... 81 C6
Chapel Rd. Hoylake L47 ... 63 C8
Chapel Rd. 3 Liverpool L6 ... 53 C6
Chapel Rd. Liverpool L19 ... 81 C6
Chapel Rd. Warrington WA5 ... 74 E3
Chapel St. Ashton-in-M WN4 ... 35 B3
Chapel St. Haydock WA11 ... 45 E6
Chapel St. Liverpool L2 & L3 ... 52 C2
Chapel St. Newton-le-W WA12 ... 46 B3
Chapel St. Ormskirk L39 ... 13 F4
Chapel St. 9 Prescot L34 ... 56 D6
Chapel St. Southport PR8 ... 4 B7
Chapel St. St Helens WA10 ... 43 F5
Chapel Street Sta. PR8 ... 4 B7
Chapel Terr. L20 ... 38 B3
Chapel Yd. L15 ... 69 A7
Chapelhill Rd. L46 ... 64 F8
Chapelhouse Wlk. L37 ... 10 A3
Chapman Cl. Liverpool L8 ... 67 E5
Chapman Cl. Widnes WA8 ... 72 D4
Chardstock Dr. L25 & L27 ... 70 C4
Charing Cross. L41 ... 66 D6
Charlecombe St. L42 ... 66 D4
Charlecote St. L8 ... 67 F3
Charles Ave. Southport PR8 ... 7 E6
Charles Ave. Warrington WA5 ... 74 F6
Charles Berrington Rd. L15 ... 69 A6
Charles Rd. L47 ... 63 B6
Charles St. Birkenhead L41 ... 66 D7
Charles St. Golborne WA3 ... 36 A1
Charles St. St Helens WA10 ... 44 A4
Charles Wlk. L14 ... 54 F3
Charlesbye Ave. L39 & L40 ... 14 B6
Charlesbye Cl. L40 ... 14 B6
Charlesville. L43 ... 66 B5
Charlesville Ct. L43 ... 66 B5
Charlesworth Cl. L31 ... 20 B5
Charley Wood Rd. L33 ... 30 C1
Charlotte Rd. L44 ... 51 D5
Charlotte Way. 14 L1 ... 52 D1
Charlotte's Meadow. L63 ... 79 A4
Charlton Ct. L43 ... 65 F6
Charlton Pl. L13 ... 54 A1
Charlton Rd. L13 ... 54 A1
Charlwood Ave. L36 ... 55 E1
Charlwood Cl. L43 ... 65 C6
Charmalue Ave. L23 ... 26 F4
Charmouth Cl. 2 L12 ... 40 E3
Charnley's La. PR9 ... 2 E7
Charnock Ave. WA12 ... 45 F3
Charnock Rd. L9 ... 39 D3
Charnwood Rd. L36 ... 55 B3
Charnwood St. WA9 ... 44 E4
Charter House. L44 ... 51 D4
Charterhouse Cl. L25 ... 70 B1
Charterhouse Dr. L10 ... 28 E2
Charterhouse Rd. L25 ... 70 B1
Chartmount Way. L25 ... 70 B4
Chartwell Rd. PR8 ... 7 B6
Chase Cl. PR8 ... 3 F4
Chase Heys. PR9 ... 2 A1
Chase The. Bebington L63 ... 88 C5
Chase The. Liverpool L36 ... 70 F8
Chase Way. L3 & L5 ... 52 E4
Chatburn Ave. WA3 ... 36 C1
Chatburn Wlk. 7 L8 ... 67 F4
Chater Cl. L35 ... 57 A5
Chatham Cl. L21 ... 37 F7
Chatham Pl. L7 ... 53 B1
Chatham Rd. L42 ... 67 A2
Chatham St. L69 & L7 ... 67 F8
Chatsworth Ave. Bootle L9 ... 38 F5
Chatsworth Ave. Wallasey L44 ... 51 C4
Chatsworth Cl. WN4 ... 34 F4
Chatsworth Cty Prim Mix & Inf Sch. L7 ... 68 B8
Chatsworth Dr. Liverpool L7 ... 68 B8
Chatsworth Dr. Widnes WA8 ... 72 C3
Chatsworth Rd. Birkenhead L42 . 67 A2
Chatsworth Rd. Heswall L61 ... 76 F5
Chatsworth Rd. Rainhill L35 ... 57 B4
Chatsworth Rd. Southport PR8 ... 7 B6
Chatsworth St. L7 ... 53 B1
Chatterton Rd. L12 & L14 ... 54 C4
Chaucer Dr. L12 ... 40 F2
Chaucer Rd. WA10 ... 43 D6
Chaucer St. Bootle L20 ... 38 A4
Chaucer St. Liverpool L3 ... 52 D3
Cheadle Ave. L13 ... 53 F4
Cheapside. Formby L37 ... 10 A2
Cheapside. Liverpool L1 & L2 ... 52 C2
Cheapside Alley. 13 L2 ... 52 C2
Cheddar Cl. L25 ... 69 F2
Cheddar Gr. Burtonwood WA5 ... 59 F7
Cheddar Gr. Kirkby L32 ... 40 E7
Chedworth Dr. WA8 ... 72 C4
Chedworth Rd. L14 ... 54 E4
Cheldon Rd. L11 ... 40 C2
Chelford Ave. WA3 ... 47 D8
Chellowdene. L23 ... 27 A6
Chelmarsh Ave. WN4 ... 35 C3
Chelsea Ct. L12 ... 54 E8
Chelsea Lea. L9 ... 38 F6
Chelsea Rd. Bootle L21 ... 38 B6
Chelsea Rd. Liverpool L9 ... 39 A6
Cheltenham Ave. L17 & L8 ... 68 D6
Cheltenham Cl. L10 ... 28 E1
Cheltenham Cres. L36 ... 55 D1
Cheltenham Dr. Newton-le-W WA12 ... 46 C5
Cheltenham Dr. Orrell WN5 ... 25 D2
Cheltenham Rd. L45 ... 50 E6
Cheltenham Way. PR8 ... 4 F3
Chelwood Ave. Liverpool L14 & L16 ... 54 E1
Chemical St. WA12 ... 46 B3
Chemistry Rd. L24 ... 82 C5
Chenotrie Gdns. L43 ... 65 D5
Chepstow Ave. L44 ... 51 C4
Chepstow Cl. WA5 ... 60 E2
Chepstow St. L4 ... 38 F1
Chequer Cl. WN8 ... 24 F5
Chequer La. WN8 ... 24 F6
Chequers Gdns. L19 ... 68 F1
Cheriton Ave. L48 ... 63 D2
Cheriton Cl. L26 ... 82 E8
Chermside Rd. L17 ... 68 E1
Cherry Ave. L4 ... 39 B1
Cherry Cl. Liverpool L4 ... 39 B1
Cherry Cl. Newton-le-W WA12 ... 45 F4
Cherry Gn. L39 ... 13 B1
Cherry La. Liverpool L4 ... 39 B1
Cherry La. Liverpool L13 & L4 ... 53 D8
Cherry Rd. PR8 ... 7 D2
Cherry Sq. L44 ... 51 B4
Cherry Tree Ave. WA5 ... 74 F4
Cherry Tree Cl. Hale L24 ... 83 E1
Cherry Tree Cl. Haydock WA11 ... 45 A5
Cherry Tree Cl. Prescot L35 ... 56 D3
Cherry Tree Dr. WA9 ... 45 A2
Cherry Tree La. Ormskirk L39 ... 13 B1
Cherry Tree La. St Helens WA11 ... 33 A2
Cherry Tree Rd. Birkenhead L46 ... 64 F8
Cherry Tree Rd. Golborne WA3 .. 47 F8
Cherry Tree Rd. Liverpool L36 ... 70 E8
Cherry Vale. L25 ... 70 B3
Cherrybank. L44 ... 51 B2
Cherrycroft. WN8 ... 24 E6
Cherrydale Rd. L18 ... 69 A4
Cherryfield Cres. L32 ... 29 E2
Cherryfield Dr. L32 ... 29 E2
Cherryfield Hts. L32 ... 40 F7
Cherryfield Prim Sch. L32 ... 40 E7
Cherrysutton. WA8 ... 72 B3
Cheryl Dr. WA8 ... 73 D1
Cheshire Acre. L49 ... 65 A2
Cheshire Ave. L10 ... 40 B7
Cheshire Cl. WA12 ... 46 E3
Cheshire Gdns. WA10 ... 43 E2
Cheshire Gr. L46 ... 64 E7
Cheshire Way. L61 ... 76 F3
Chesnut Gr. Birkenhead L41 & L42 ... 66 D4
Chesnut Gr. Bootle L20 ... 38 B4
Chesnut Gr. Liverpool L15 ... 69 A8
Chester Ave. Golborne WA3 ... 47 D8
Chester Ave. Litherland L30 ... 27 F1
Chester Ave. Southport PR9 ... 4 F8
Chester Cl. L23 ... 27 B4
Chester Ct. L63 ... 78 F4
Chester Dr. WN4 ... 35 D2
Chester High Rd. Heswall L64 ... 86 E4
Chester High Rd. Neston L64 ... 87 A1
Chester La. WA9 ... 58 B4
Chester Rd. Bebington L66 ... 89 A1
Chester Rd. Heswall L60 & L64 ... 86 C6
Chester Rd. Huyton-w-R L36 ... 56 A4
Chester Rd. Liverpool L6 ... 53 D5
Chester Rd. Southport PR9 ... 4 F8
Chester Row. WA12 ... 60 D8
Chester St. Birkenhead L41 ... 66 F6
Chester St. Liverpool L8 ... 67 E7
Chester St. Prescot L34 ... 56 D6
Chester St. Wallasey L44 ... 51 A3
Chester St. Widnes WA8 ... 73 B1
Chester Wlk. L36 ... 56 A4
Chesterfield Cl. PR8 ... 7 C4
Chesterfield Dr. L33 ... 29 E5
Chesterfield High Sch. Crosby L23 ... 27 A4
Chesterfield High Sch (Annexe). Crosby L22 ... 26 F1
Chesterfield Rd. Bebington L62 ... 88 D4
Chesterfield Rd. Crosby L23 ... 27 A4
Chesterfield Rd. Southport PR8 ... 7 C5
Chesterfield St. L8 ... 67 E7
Chesterton St. L19 ... 81 C4
Chestnut Ave. Crosby L23 ... 26 F6
Chestnut Ave. Liverpool L36 ... 70 D8
Chestnut Ave. St Helens WA11 ... 44 F5
Chestnut Ave. Warrington WA5 .. 74 F6
Chestnut Ave. Widnes WA8 ... 73 B2
Chestnut Cl. Birkenhead L49 ... 64 C2
Chestnut Cl. Prescot L35 ... 56 E4
Chestnut Ct. WA8 ... 72 D1
Chestnut Gr. Ashton-in-M WN4 ... 35 A3
Chestnut Gr. Bebington L62 ... 88 C8
Chestnut Gr. Bootle L20 ... 38 B5
Chestnut Gr. Golborne WA3 ... 47 F8
Chestnut Gr. St Helens WA11 ... 44 D7
Chestnut House. L20 ... 38 B4
Chestnut Lodge Sch. WA8 ... 72 E1
Chestnut Rd. Liverpool L9 ... 39 C3
Chestnut Rd. Seaforth L21 ... 37 F8
Chestnut St. Liverpool L7 ... 52 F1
Chestnut St. Southport PR8 ... 4 C5
Chestnut Way. L37 ... 9 C1
Chetham Ct. WA2 ... 61 A3
Chetwode Ave. WN4 ... 35 B1
Chetwood Ave. L23 ... 26 F5
Chetwood Dr. WA8 ... 72 F4
Chetwynd Cl. L43 ... 65 F4
Chetwynd Rd. L43 ... 66 A5
Chetwynd St. L17 ... 68 B3
Chevasse Wlk. L25 ... 70 C3
Cheverton Cl. L49 ... 65 B3
Chevin Rd. L9 ... 39 A5
Cheviot Ave. St Helens WA9 ... 44 F3
Cheviot Ave. Warrington WA2 ... 61 A3
Cheviot Cl. L42 ... 66 D1
Cheviot La. L33 ... 29 F6
Cheviot Rd. Birkenhead L42 ... 66 D1
Cheviot Rd. Liverpool L7 ... 53 E2
Cheyne Cl. L23 ... 26 A3
Cheyne Gdns. L19 ... 80 F8
Cheyne Wlk. WA9 ... 57 F6
Chichester Cl. L15 ... 68 D8
Chidden Cl. L49 ... 64 C3
Chigwell Cl. L12 ... 40 E3
Chilcott Rd. L13 & L14 ... 54 C3
Child Wall Five Ways. L15 ... 69 C7
Childers St. 1 L13 ... 54 A3
Childwall Abbey Rd. L16 ... 69 E7
Childwall Ave. Birkenhead L46 & L49 ... 64 D7
Childwall Ave. Liverpool L15 ... 68 D7
Childwall Bank Rd. L16 ... 69 D7
Childwall CE Prim Sch. L18 ... 69 D5
Childwall Cl. L46 ... 64 D7
Childwall Cres. L16 ... 69 D7
Childwall Gn. L49 ... 65 A2
Childwall Golf Course. L27 ... 70 E7
Childwall Hts. L25 ... 69 F7
Childwall La. Huyton-w-R L14 & L36 ... 55 A2
Childwall La. Liverpool L16 & L25 69 F6
Childwall Mount Rd. L16 ... 69 D7
Childwall Park Ave. L16 & L18 .. 69 E6
Childwall Priory Rd. L15 & L16 . 69 D7
Childwall Rd. L15 ... 69 B7
Childwall Sch. L15 ... 69 C7
Childwall Sch (Annexe). L15 ... 69 B8
Childwall Sch (Olive Mount Wing). L15 ... 69 B8
Childwall Valley Rd. Liverpool L16 & L25 & L27 ... 70 C6
Chilington Ave. WA8 ... 84 D8
Chillerton Rd. L12 ... 54 D8
Chillingham St. 1 L8 ... 68 A3
Chiltern Ave. WA2 ... 61 A3
Chiltern Cl. Ashton-in-M WN4 ... 35 C2
Chiltern Cl. Kirkby L32 ... 29 C4
Chiltern Cl. Liverpool L12 ... 40 F2
Chiltern Cres. WA2 ... 61 A3
Chiltern Dr. L32 ... 29 C4
Chiltern Pl. WA2 ... 61 A3
Chiltern Rd. Birkenhead L42 ... 66 C1
Chiltern Rd. Southport PR8 ... 7 B6
Chiltern Rd. St Helens WA9 ... 45 A3
Chiltern Rd. Warrington WA2 ... 61 A3
Chilwell Cl. WA8 ... 72 D4
Chimes Rd. WN4 ... 34 F6
China Farm La. L48 ... 63 E3
Chindit Cl. L37 ... 9 D2
Chippenham Ave. L49 ... 64 C3
Chipping Ave. PR8 ... 7 A5
Chirk Way. L46 ... 64 F7
Chirkdale St. Bootle L4 ... 38 E1
Chirkdale St. 2 Liverpool L4 ... 52 E8
Chisenhale St. L3 ... 52 C4
Chisledon Cl. WA11 ... 45 D7
Chislehurst Ave. L25 ... 70 B6
Chisnall Ave. WA10 ... 43 C4
Chiswell St. L7 ... 53 C2
Cholmondeley Rd. L48 ... 63 B2
Cholsey Cl. Birkenhead L49 ... 64 F4
Chorley Cl. Banks PR9 ... 2 F5
Chorley Rd. L34 ... 56 B6
Chorley St. WA10 ... 43 F4
Chorley Way. L63 ... 79 A1
Chorley's La. WA8 ... 73 E3
Chorlton Cl. L16 ... 69 F8
Chorlton Gr. L45 ... 50 D5
Chris Ward Cl. 1 L7 ... 53 C1
Christ Church CE Prim Sch. Birkenhead L41 ... 66 C5
Christ Church CE Prim Sch. Bootle L20 ... 38 D4
Christ Church CE Prim Sch. Ormskirk L39 ... 13 C3
Christ Church CE (VA) Prim Sch. L46 ... 64 E8
Christ The King RC Prim Sch. Bebington L62 ... 88 E7
Christ the King RC Prim Sch. Liverpool L15 ... 69 C8
Christ The King Sch. PR8 ... 4 B2
Christchurch Rd. L43 ... 66 B4
Christian St. L3 ... 52 E3
Christiana Hartley Maternity Hospl. PR8 ... 4 D5
Christie Cl. L66 ... 89 A2
Christie St. WA8 ... 73 D1
Christleton Cl. L43 ... 65 D2
Christmas St. L20 ... 38 D1
Christopher Cl. L16 ... 69 D8
Christopher Dr. L62 ... 89 A5
Christopher St. L4 ... 52 F8
Christopher Taylor House. L31 28 D8
Christopher Way. L16 ... 69 D8
Christophers Cl. L61 ... 77 A4
Christowe Wlk. L11 ... 40 C5
Chudleigh Cl. L26 ... 70 E1
Chudleigh Rd. L13 ... 53 F3
Church Alley. L1 ... 52 D1
Church Ave. Bickershaw WN2 ... 36 F8
Church Ave. Liverpool L9 ... 39 B7
Church Cl. Formby L37 ... 10 A3
Church Cl. Southport PR9 ... 5 A8
Church Cl. Wallasey L44 ... 51 D4
Church Close Ct. L37 ... 10 A3
Church Cotts. L25 ... 70 C5
Church Cres. 9 L44 ... 51 E2
Church Dr. Bebington L62 ... 79 B6
Church Dr. Newton-le-W WA12 ... 46 C1
Church Dr. Orrell WN5 ... 25 D5
Church Dr Prim Sch. L62 ... 79 B6
Church End. L24 ... 83 D1
Church Farm Ct. L60 ... 85 F7
Church Fields. L39 ... 13 E5
Church Gdns. Bootle L20 ... 38 B3
Church Gdns. Wallasey L44 ... 51 D4
Church Gn. Formby L37 ... 9 C2
Church Gn. Kirkby L32 ... 29 E3
Church Gn. Liverpool L16 ... 69 F7
Church Gr. L21 ... 37 F6
Church Gr. Seaforth L21 ... 37 F6
Church Hill. L44 ... 50 F5
Church Hill Rd. L39 ... 13 D6
Church La. Aughton L39 ... 21 A7
Church La. Bebington L62 ... 79 D1
Church La. Bebington L62 ... 89 A4
Church La. Birkenhead L49 ... 65 B2
Church La. Bootle L4 ... 38 F2
Church La. Golborne WA3 ... 47 D7
Church La. Kirkby L34 ... 41 C4
Church La. Liverpool L17 ... 68 E1
Church La. Maghull L39 ... 20 A8
Church La. St Helens WA10 ... 43 A4
Church La. Thurstaston L61 ... 76 B5
Church La. Wallasey L44 ... 51 D4
Church Meadow La. L60 ... 85 F7
Church Meadow Wlk. WA8 ... 84 B5
Church Mews. L24 ... 82 B3
Church Mount. 2 L7 ... 53 B1
Church Rd. Bebington L63 ... 79 A4
Church Rd. Bickerstaffe L39 ... 22 E6
Church Rd. Birkenhead L49 ... 65 A5
Church Rd. Birkenhead L42 ... 66 D3
Church Rd. Bootle L21 ... 38 C8
Church Rd. Bootle L20 ... 38 D6
Church Rd. Crosby L23 ... 26 E4
Church Rd. Formby L37 ... 10 A5
Church Rd. Hale L24 ... 83 E1
Church Rd. Haydock WA11 ... 45 E7
Church Rd. Huyton-w-R L36 ... 55 C3
Church Rd. Litherland L21 & L30 & L22 ... 27 D1
Church Rd. Liverpool L4 ... 39 A1
Church Rd. Liverpool L13 ... 53 F3
Church Rd. Liverpool L15 & L18 .. 69 A6
Church Rd. Liverpool L25 ... 70 A3
Church Rd. Liverpool L26 ... 70 F1
Church Rd. Liverpool L19 ... 81 C5
Church Rd. Maghull L31 ... 28 D7
Church Rd. Raby L63 ... 87 B6
Church Rd. Rainford WA11 ... 32 A5
Church Rd. Seaforth L22 ... 37 E8
Church Rd. Skelmersdale WN8 ... 15 F1
Church Rd. Southport PR9 ... 2 F6
Church Rd. Wallasey L44 ... 51 E2
Church Rd. West Kirby L48 ... 63 B1
Church Rd N. L15 ... 69 A7
Church Rd S. L25 ... 70 A2
Church Rd W. L4 ... 38 F2
Church Sq. 10 WA10 ... 44 A3
Church St. Birkenhead L41 ... 66 F6
Church St. Bootle L20 ... 38 A3
Church St. Golborne WA3 ... 36 B1
Church St. Liverpool L1 ... 52 D1
Church St. Newton-le-W WA12 ... 46 E4
Church St. Ormskirk L39 ... 13 E5
Church St. Orrell WN8 ... 25 C7
Church St. Orrell WN5 ... 25 E5
Church St. Prescot L34 ... 56 D6
Church St. Southport PR9 ... 4 C7
Church St. St Helens WA10 ... 44 A3
Church St. Wallasey L44 ... 51 D4
Church Terr. L42 ... 66 D3
Church View. Aughton L39 ... 21 A7
Church View. Bootle L20 ... 38 B3
Church View. Liverpool L12 ... 54 B7
Church View Ct. L39 ... 13 E5
Church Way. Formby L37 ... 9 C2
Church Way. Kirkby L32 ... 29 E3
Church Way. Litherland L30 ... 27 D5
Church Wlk. Bootle L20 ... 38 B3
Church Wlk. Winwick WA2 ... 61 A6
Church Wlks. L39 ... 13 E5
Churchdown Cl. L14 ... 54 F4
Churchdown Gr. L14 ... 54 E4
Churchdown Rd. L14 ... 54 E4
Churchfield Rd. L25 ... 70 C5
Churchfields. Southport PR8 ... 3 F3
Churchfields. 5 St Helens WA9 . 58 C4
Churchfields. Widnes WA8 ... 73 B5
Churchgate. Southport PR9 ... 1 F1
Churchgate Mews. PR9 ... 2 A1
Churchill Ave. PR9 ... 1 F2
Churchill Gr. L44 ... 51 C5
Churchill House. 6 L21 ... 37 F7
Churchill Ind Est. L9 ... 39 C8
Churchill Way. L1 & L3 ... 52 D2
Churchlands. 13 L44 ... 51 E2
Churchmeadow Cl. L44 ... 51 D4
Churchtown Ct. PR9 ... 2 A2
Churchtown Prim Sch. PR9 ... 2 B2
Churchview Rd. L41 ... 66 B8
Churchway Rd. L24 ... 83 A2
Churchwood Cl. L62 ... 79 D1
Churchwood Ct. L49 ... 65 B1
Churn Way. L49 ... 64 D4
Churnet St. L4 ... 52 E8
Churston Rd. L16 ... 69 E5
Churton Ave. L43 ... 65 F3
Churton Ct. 22 L6 ... 53 A3

98 Cia – Cor

Ciaran Cl. L12 54 E8
Cicely St. L7 53 B1
Cinder La. Bootle L20 38 D7
Cinder La. Liverpool L18 69 C5
Cinnamon Brow. WN8 25 C6
Cinnamon Brow CE Prim Sch. WA2 61 F3
Cinnamon La. WA2 61 F2
Cinnamon La N. WA2 61 F3
Circular Dr. Bebington L62 79 B7
Circular Dr. Birkenhead L49 64 D3
Circular Dr. Heswall L60 76 F1
Circular Rd. L41 66 D5
Circular Rd E. Liverpool L11 53 F8
Circular Rd W. L11 53 F8
Cirencester Ave. L49 64 C4
Citrine Rd. L44 51 D2
Citron Cl. L9 39 B4
City Coll. L1 52 C1
City Gdns. WA10 43 F6
City of Liverpool Comm Coll. L13 53 F5
City of Liverpool Comm Coll (Clarence St Ctr). L3 52 E1
City of Liverpool Comm Coll (Green Bank Ctr). L18 68 F5
City of Liverpool Comm Coll (Muirhead Ctr). L12 40 B1
City of Liverpool Comm Coll (Old Swan Ctr). L13 54 A3
City of Liverpool Comm Coll (Riversdale Ctr). L19 80 F7
City Rd. Bootle L4 38 F1
City Rd. St Helens WA10 43 F6
Civic Way. Bebington L63 79 A5
Civic Way. Huyton-w-R L36 55 E2
Clairville. PR8 3 F5
Clairville Cl. L20 38 C3
Clairville Way. L13 53 E5
Clamley Ct. L24 83 A3
Clamley Gdns. L24 83 E2
Clandon Rd. L18 69 D1
Clanfield Ave. WA8 72 C3
Clanfield Rd. L11 40 B1
Clap Gate Cres. WA8 84 B5
Clapham Rd. L4 53 B7
Clare Cl. WA9 57 E7
Clare Cres. L44 50 F4
Clare Rd. L20 38 E2
Clare Terr. L5 52 E6
Clare Way. L45 50 F5
Clare Wlk. L10 40 B7
Claremont Ave. Maghull L31 28 B8
Claremont Ave. Widnes WA8 73 C4
Claremont Cl. L21 37 F7
Claremont Dr. Ormskirk L39 13 D3
Claremont Dr. Widnes WA8 73 B4
Claremont Gdns. PR8 4 A4
Claremont Rd. Billinge WN5 33 E5
Claremont Rd. Crosby L23 26 E4
Claremont Rd. Liverpool L15 68 E6
Claremont Rd. Seaforth L21 37 F7
Claremont Rd. Southport PR8 4 A4
Claremont Rd. West Kirby L48 63 B3
Claremont Way. L63 78 D8
Claremount Dr. L63 78 F4
Claremount Rd. L44 & L45 50 F6
Claremount Sch. L46 50 A1
Clarence Ave. WA8 73 A4
Clarence House Sch. L37 9 F6
Clarence Rd. Birkenhead L42 66 C3
Clarence Rd. Southport PR8 4 A4
Clarence Rd. Wallasey L44 51 D3
Clarence St. 6 Ashton-in-M WN4 34 F5
Clarence St. Golborne WA3 36 A1
Clarence St. Liverpool L3 52 E1
Clarence St. Newton-le-W WA12 45 F4
Clarence St. Runcorn WA7 84 F3
Clarendon Cl. L43 66 C5
Clarendon Ct. WA2 60 F4
Clarendon Gr. L31 20 C5
Clarendon Rd. Liverpool L6 53 C6
Clarendon Rd. Liverpool L19 81 C6
Clarendon Rd. 3 Seaforth L21 37 F6
Clarendon Rd. Wallasey L44 51 D4
Clarendon Wlk. 10 L41 & L43 66 C5
Claribel St. L8 68 A6
Clarke Ave. L42 66 E2
Clarke's Cres. WA10 43 B4
Classic Rd. L13 54 A4
Clatterbridge Hospl. L63 78 D1
Clatterbridge Rd. Bebington L63 78 E2
Clatterbridge Rd. Raby L63 87 D8
Claude Rd. L6 53 C6
Claughton Cl. 9 L7 53 C1
Claughton Dr. L44 51 B3
Claughton Firs. L43 66 B4
Claughton Gn. L43 66 B5
Claughton Pl. L41 & L43 66 C6
Claughton St. WA10 44 A3
Clavell Rd. L19 81 D8
Clay Brow Rd. WN8 24 E6
Clay Cross Rd. L25 69 F2
Clay La. Burtonwood WA5 59 E5
Clay La. St Helens WA10 42 E3
Clay St. L3 52 B4
Clayfield Cl. L20 38 D3
Clayford Cres. L13 & L14 54 C4
Clayford Pl. L14 54 B4
Clayford Rd. L14 54 C4
Clayford Way. L14 54 C4
Clayhill. L64 86 F2
Clayhill Light Ind Pk. L64 86 F2
Claypole Cl. 8 L7 68 C8
Clayton Ave. WA3 47 E8
Clayton Cres. Runcorn WA7 84 F1
Clayton Cres. Widnes WA8 72 F1
Clayton Ct. L44 51 A2
Clayton La. L44 51 A2
Clayton Mews. WN8 15 D1
Clayton Pl. 3 L41 & L43 66 C5
Clayton Sq. 8 L1 52 D1
Clayton St. Birkenhead L43 66 C5
Clayton St. Skelmersdale WN8 15 D1
Cleadon Cl. 2 L32 41 A7
Cleadon Rd. L32 41 A7
Cleary St. L20 38 B4
Clee Hill Rd. L42 66 C1
Clegg St. Liverpool L5 52 E4
Clegg St. Skelmersdale WN8 15 D1
Clement Gdns. L3 52 C4
Clementina Rd. L23 26 B4
Clemmey Dr. L20 38 E6
Clengers Brow. PR9 2 A3
Clent Ave. L31 20 C3
Clent Gdns. L31 20 C3
Clent Rd. L31 20 C3
Cleopas St. L8 67 F4
Cleve Way. L37 10 B2
Clevedon St. L8 68 A5
Cleveland Bldgs. 3 L1 & L72 67 D8
Cleveland Cl. L32 29 D4
Cleveland Dr. Ashton-in-M WN4 35 C4
Cleveland Dr. Golborne WA3 36 D1
Cleveland Rd. WA2 61 B3
Cleveland Sq. L1 & L72 67 D8
Cleveland St. Birkenhead L41 & L72 66 D8
Cleveland St. St Helens WA9 44 C1
Cleveley Pk. L18 69 D1
Cleveley Rd. Hoylake L47 63 E8
Cleveley Rd. Liverpool L18 69 D1
Cleveleys Ave. Southport PR9 2 A4
Cleveleys Ave. Widnes WA8 73 D2
Cleveleys Rd. PR9 2 A3
Cleves The. L31 20 E3
Clieves Hills La. L39 12 E3
Clieves Rd. L32 29 F1
Clifden Ct. L37 9 F3
Cliff Dr. L44 51 D5
Cliff Rd. Southport PR9 1 D1
Cliff Rd. Wallasey L44 51 A4
Cliff St. L7 53 C2
Cliff The. L45 50 F8
Cliffe St. 3 WA8 73 C1
Clifford Holroyde Sch. L9 39 D6
Clifford Rd. Southport PR8 4 A2
Clifford Rd. Wallasey L44 51 C3
Clifford Rd. Warrington WA5 74 F4
Clifford St. Birkenhead L41 66 A8
Clifford St. Liverpool L3 52 E2
Clifton Ave. Bebington L62 88 E3
Clifton Ave. Liverpool L26 70 E1
Clifton Cres. 11 L41 66 E6
Clifton Ct. L19 81 C8
Clifton Dr. L10 28 D2
Clifton Gr. 2 Liverpool L5 52 E4
Clifton Gr. Wallasey L44 51 D4
Clifton Rd. Ashton-in-M WN4 34 F6
Clifton Rd. Billinge WN5 33 D4
Clifton Rd. Birkenhead L41 66 D5
Clifton Rd. Formby L37 10 A5
Clifton Rd. Liverpool L6 53 D5
Clifton Rd. Southport PR8 4 F6
Clifton Rd E. L13 & L6 53 D6
Clifton St. Liverpool L19 81 C6
Clifton St. St Helens WA10 44 A4
Cliftonmill Meadows. WA3 46 F8
Cliftonville Rd. L34 56 E6
Clincton Cl. WA8 84 A8
Clincton View. WA8 84 A8
Clinning Rd. PR8 4 A2
Clint Rd. L7 53 C1
Clint Way. 2 L7 53 C1
Clinton Pl. L12 53 F7
Clinton Rd. L12 53 F7
Clipper View. L62 79 B8
Clipsley Cres. WA11 45 B7
Clipsley La. WA11 45 C6
Clive Ave. WA2 61 C1
Clive Lodge. PR8 3 F2
Clive Rd. Birkenhead L43 66 C4
Clive Rd. Southport PR8 3 F2
Clock Face Rd. WA8 & WA9 58 D3
Cloister Gn. L37 10 B2
Cloisters The. Crosby L23 26 D3
Cloisters The. Formby L37 9 F3
Cloisters The. St Helens WA10 43 B4
Clorain Cl. L33 30 A3
Clorain Rd. L33 30 A3
Close St. WA9 57 E7
Close The. Birkenhead L49 64 D2
Close The. Birkenhead L42 66 D1
Close The. Bootle L9 38 F4
Close The. Crosby L23 26 D3
Close The. Huyton-w-R L28 55 C7
Close The. Ince Blundell L38 18 E3
Close The. Irby L61 76 D6
Close The. St Helens WA10 43 A5
Close The. St Helens WA11 44 F5
Closeburn Ave. L60 85 E6
Clough Ave. WA2 61 B2
Clough Fold Prim Sch. WN8 16 C2
Clough Gr. WN4 34 F5
Clough Rd. L24 82 E4
Clovelly Ave. St Helens WA9 58 E6
Clovelly Ave. Warrington WA5 74 E7
Clovelly Ct. L49 64 D3
Clovelly Dr. Skelmersdale WN8 16 A8
Clovelly Dr. Southport PR8 7 E8
Clovelly Rd. L4 53 B6
Clover Ave. L26 70 D2
Clover Dr. L41 50 E1
Clover Hey. WA11 44 B7
Cloverdale Rd. L25 70 B7
Club St. WA11 33 A1
Clucas Gdns. L39 13 E6
Clwyd Gr. L12 54 B8
Clwyd St. Birkenhead L41 66 D6
Clwyd St. 2 Birkenhead L41 66 E6
Clwyd St. Wallasey L45 51 B7
Clyde Rd. L7 53 E2
Clyde St. Birkenhead L42 66 F2
Clyde St. Liverpool L20 52 C8
Clydesdale Rd. Hoylake L47 63 B8
Clydesdale Rd. Wallasey L44 51 D4
Coach House Ct. L29 27 F7
Coach Rd. L33 & L39 & WA11 & L34 31 B5
Coachmans Dr. L12 & L28 40 E1
Coal Pit La. L39 & WN8 23 D4
Coal St. L1 & L3 52 E2
Coalbrookdale Rd. L64 86 F2
Coalgate La. L35 56 C2
Coalville Rd. WA11 44 D6
Coastal Dr. L45 50 E8
Coastal Rd. Southport PR8 7 A4
Coastguard La. L64 86 B1
Cob Moor Ave. WN5 25 D1
Cob Moor Rd. WN5 25 D1
Cobb Ave. L21 38 B6
Cobb's Brow La. Skelmersdale WN8 16 A8
Cobb's Clough Rd. L40 15 F5
Cobbles The. L26 70 D2
Cobbs Brow Cty Prim Sch. WN8 16 A3
Cobden Ave. L41 66 F3
Cobden Ct. L41 66 F3
Cobden Pl. Birkenhead L42 66 F3
Cobden Pl. Liverpool L25 69 F2
Cobden Rd. PR9 5 A6
Cobden St. Liverpool L6 52 F3
Cobden St. Liverpool L25 69 F2
Cobden St. Newton-le-W WA12 46 D4
Cobden View. L25 69 F2
Coberg St. L41 66 D6
Cobham Ave. L9 38 F6
Cobham Rd. L46 64 D7
Cobham Wlk. L30 27 E4
Coburg Wharf. L3 67 C6
Cochrane St. L5 52 F5
Cock Lane Ends. WA8 84 B4
Cockburn St. L8 67 F3
Cockerell Cl. 3 L4 52 F7
Cockerham Way. L11 40 C5
Cocklade La. L24 83 D1
Cockle Dick's La. PR9 1 E2
Cockshead Rd. L25 70 B5
Cockshead Way. L25 70 B6
Cockspur St. L3 52 C2
Cockspur St W. L3 52 C2
Coerton Rd. L9 39 B7
Cokers The. L42 78 E8
Colbern Cl. L31 28 E8
Colby Cl. L16 69 E8
Colchester Rd. PR8 4 F3
Coldstone Dr. WN4 34 D4
Coldstream Cl. WA2 61 E3
Cole Ave. WA12 46 C4
Cole Cres. L39 21 C8
Cole St. L41 & L43 66 C6
Cole Street Prim Sch. L43 66 C6
Colebrooke Rd. L17 68 A3
Coleman Dr. L49 64 C3
Colemere Dr. L61 77 B6
Coleridge Ave. WA10 43 D4
Coleridge Rd. WN5 25 D1
Coleridge St. Bootle L20 38 A4
Coleridge St. Liverpool L6 & L7 53 B3
Coles Cres. L23 27 B6
Colesborne Rd. L11 40 B2
Coleshill Rd. L11 39 E3
Colette Rd. L10 40 B7
Coleus Cl. L9 39 B4
Colin Cl. L36 55 C2
Colindale Rd. L16 69 E7
Colinmander Gdns. L39 13 C3
Colinton. WN8 24 E7
Colinton St. L15 68 E8
College Ave. Crosby L23 26 D2
College Ave. Formby L37 9 E4
College Cl. Birkenhead L43 65 B6
College Cl. Formby L37 9 D4
College Cl. Southport PR8 4 A3
College Cl. Wallasey L45 50 E6
College Ct. L12 54 A5
College Dr. L63 79 A7
College Fields. L36 55 E1
College Green. 2 L23 26 D3
College La. 2 L1 52 D1
College Path. L37 9 D5
College Rd. Crosby L22 & L23 26 D3
College Rd. Orrell WN8 25 B8
College Rd N. L23 26 C5
College St. WA10 44 A5
College St N. L6 52 F3
College St S. L6 52 F3
College View. L20 38 C2
Collier St. WA7 84 F3
Collin Rd. L43 65 E8
Collingwood Rd. Bebington L63 79 B4
Collingwood Rd. Newton-le-W WA12 46 B3
Collins Cl. L20 38 A5
Collins Green La. WA5 45 E1
Collisdene Rd. WN5 25 E6
Colmore Ave. L63 79 A1
Colmore Rd. L11 39 E2
Colne Dr. WA9 58 D7
Colne Rd. WA5 59 F6
Colquitt St. L1 67 E8
Coltart Rd. L8 68 B6
Colton Rd. L25 70 A7
Colton Wlk. L25 69 F7
Columban Cl. L30 27 E3
Columbia Rd. Birkenhead L43 66 B4
Columbia Rd. Liverpool L4 39 A2
Columbia Rd. Prescot L34 56 E6
Columbine Cl. WA8 72 B4
Columbus Dr. L61 76 E3
Columbus Quay. L3 67 E3
Columbus St. 2 WN4 34 F5
Columbus Way. L21 38 B7
Column Rd. West Kirby L48 63 D1
Colville Ct. WA2 61 A3
Colville Rd. L44 51 A4
Colville St. L15 68 E8
Colwall Cl. L33 30 A2
Colwall Rd. L33 30 A2
Colwall Wlk. L33 30 A2
Colwell Cl. L14 55 A6
Colwell Rd. L14 55 A6
Colwell Road Cty Jun & Inf Sch. L14 55 A6
Colwyn Cl. WA5 60 E2
Colwyn Rd. L13 53 F2
Colwyn St. L41 66 A8
Colyton Ave. WA9 58 D5
Combermere St. Liverpool L8 67 F6
Combermere St. Liverpool L15 68 D8
Comely Ave. L44 51 D4
Comely Bank Rd. L44 51 D4
Comer Gdns. L31 20 C3
Comercial Rd. L5 52 C7
Comfrey Gr. L26 70 E2
Commell Ct. L43 66 B6
Commercial Rd. L62 79 E3
Common Field Rd. L49 65 B2
Common Rd. WA12 & WA5 45 E3
Common St. Newton-le-W WA12 45 E3
Common St. St Helens WA9 57 D7
Commutation Row. 1 L1 & L3 52 E2
Compton Cl. WA11 45 C7
Compton Rd. Liverpool L6 53 A4
Compton Rd. Southport PR8 4 B3
Compton Rd. Wallasey L41 50 D1
Compton Way. L24 & L26 82 F6
Compton Wlk. L20 38 B4
Comus St. L3 52 D3
Concert St. L1 52 D1
Concorde Pl. WA2 61 D2
Concordia Ave. L49 65 A5
Concourse Sh Ctr. WN8 16 B1
Concourse Way. WA9 45 A2
Condor Cl. L19 81 D6
Condron Rd. L21 27 C1
Condron Rd N. L21 27 C1
Coney Cres. L23 27 B5
Coney La. Huyton-w-R L36 71 A8
Coney La. Liverpool L35 & L36 70 F7
Coney Wlk. L49 64 D6
Conifer Cl. Kirkby L33 29 E5
Conifer Cl. Liverpool L9 39 B4
Conifer Ct. L37 10 A2
Conifer Gr. WA5 74 F7
Conifers The. L31 20 C3
Coningsby Dr. L45 51 A4
Coningsby Rd. L4 53 A7
Coniston Ave. Ashton-in-M WN4 35 B4
Coniston Ave. Bebington L63 88 C4
Coniston Ave. Birkenhead L43 65 C5
Coniston Ave. Orrell WN5 25 F7
Coniston Ave. Prescot L34 & L35 56 F6
Coniston Ave. Wallasey L45 50 E7
Coniston Ave. Warrington WA5 74 D4
Coniston Cl. Bebington L66 89 B2
Coniston Cl. Kirkby L33 29 D4
Coniston Cl. Liverpool L9 39 B7
Coniston Ct. PR8 7 C3
Coniston Dr. WN2 36 B8
Coniston Gr. WA11 44 A7
Coniston Rd. Formby L37 9 D2
Coniston Rd. Irby L61 76 D6
Coniston Rd. Maghull L31 20 E2
Coniston St. L5 & L6 53 A5
Coniston Way. WA11 23 F2
Conleach Rd. L24 82 E3
Connaught Cl. L41 66 A8
Connaught Dr. WA12 46 C2
Connaught Rd. L7 53 B2
Connaught Way. L41 66 A8
Connolly Ave. L20 38 E5
Conroy Way. WA12 60 C8
Consett Rd. L35 57 D6
Constance St. Liverpool L3 52 F2
Constance St. St Helens WA10 43 D2
Constantine Ave. L60 77 A1
Convent Cl. Birkenhead L41 & L42 66 D4
Convent Cl. Liverpool L19 81 A7
Convent Cl. Ormskirk L39 13 E2
Conville Bvd. L63 78 E8
Conway Ave. WA5 60 F2
Conway Cl. Bebington L63 78 D5
Conway Cl. Kirkby L33 29 D5
Conway Cl. Warrington WA5 74 F6
Conway Cres. WN5 33 E6
Conway Ct. Bebington L63 78 F4
Conway Ct. 1 Birkenhead L41 66 D6
Conway Dr. Billinge WN5 33 F5
Conway Dr. Newton-le-W WA12 46 E3
Conway Pl. 9 L41 66 D6
Conway Rd. WN4 35 E5
Conway St. Birkenhead L41 66 E6
Conway St. Liverpool L5 52 E5
Conway St. Wallasey L44 51 B4
Conwy Dr. L6 53 B4
Conyers Ave. PR8 3 F3
Coogee Ave. WA5 74 E7
Cook Ave. WA11 45 F7
Cook Rd. L46 50 B4
Cook St. Birkenhead L41 66 D5
Cook St. Liverpool L2 52 C1
Cook St. Prescot L34 56 D6
Cook St. Prescot L35 56 F4
Cooke St. WN4 34 F6
Cooks Rd. L23 26 D5
Cookson Rd. L21 38 A6
Cookson St. L1 67 E7
Coombe Rd. L61 76 E7
Cooper Ave. Newton-le-W WA12 45 F3
Cooper Ave. Warrington WA2 61 B2
Cooper Ave N. L18 69 A2
Cooper Ave S. L18 & L19 69 A1
Cooper Cl. L19 81 A8
Cooper La. WA11 45 C6
Cooper St. St Helens WA10 43 F4
Cooper St. Widnes WA8 73 B1
Cooper's La. L33 41 D7
Coopers Row. L22 37 E8
Copeland Cl. L61 76 E3
Copperas Hill. L1 & L3 52 E1
Copperas St. WA10 43 F3
Copperfield Cl. L8 67 F5
Copperwood Dr. L35 56 F3
Coppice Cl. Birkenhead L49 64 C2
Coppice Cl. Birkenhead L43 65 B6
Coppice Cres. L36 55 F4
Coppice Dr. WN5 25 D2
Coppice Gn. WA5 60 A1
Coppice Grange. L46 64 C7
Coppice La. L35 71 C7
Coppice Leys. L37 9 E3
Coppice The. Knowsley L34 41 D3
Coppice The. Liverpool L6 53 C6
Coppice The. Wallasey L45 51 A7
Coppins The. Warrington WA2 61 C2
Copple House Cl. L10 40 A7
Copple House La. L10 40 A7
Coppull Rd. L31 20 C4
Copse Gr. L61 76 E7
Copse The. Liverpool L16 & L18 69 D5
Copse The. Newton-le-W WA12 46 B4
Copthorne Rd. L32 29 B2
Copy Cl. L30 27 F5
Copy La. L30 & L9 28 B3
Copy Way. L30 27 F5
Coral Ave. Huyton-w-R L36 55 D3
Coral Ave. St Helens WA9 57 F7
Coral Ridge. L43 65 D6
Coral St. L13 54 A1
Coralin Way. WN4 34 F7
Corbet Cl. L32 29 C2
Corbet Wlk. 4 L32 29 C2
Corbridge Rd. L16 69 C7
Corbyn St. L44 51 E1
Corfu St. L41 66 C6
Corinth Tower. L5 52 E6
Corinthian Ave. L13 54 A4
Corinthian Cty Prim Sch. L13 54 B4
Corinthian St. Birkenhead L42 66 F2
Corinthian St. Seaforth L21 37 F7
Corinto St. L8 67 F6
Corley Wlk. L24 82 E2
Cormorant Dr. WA7 84 E2
Corn Mill Lodge. L31 20 C2
Corn St. L8 67 E5
Cornation Rd. L23 26 E4
Cornbrook. WN8 24 E7
Corncroft Rd. L34 41 D3
Corndale Rd. L18 69 A4
Corneghie Ct. PR8 3 F4
Cornel Way. L36 70 F8
Cornelian Gr. WN4 34 F5
Cornelius Dr. L61 76 F5
Corner Brook. L12 & L28 54 F7
Cornerhouse La. WA8 72 D3
Cornett Rd. L9 39 B7
Corney St. L7 68 C7
Cornhill. L1 & L72 67 D8
Cornice Rd. L13 54 A4
Corniche Rd. L62 79 B6
Cornwall Cl. L62 79 B7
Cornwall Ct. L63 78 F4
Cornwall Dr. L43 66 A1
Cornwall Rd. WA8 73 B3
Cornwall St. WA9 44 E2
Cornwall Way. PR8 7 C2
Cornwallis St. Liverpool L1 & L72 67 D7
Cornwallis St. Liverpool L1 & L72 67 E8
Corona Ave. L31 20 C5
Corona Rd. Bebington L62 79 C6
Corona Rd. Crosby L22 26 D1
Corona Rd. Liverpool L13 54 A4
Coronation Ave. Formby L37 10 A2
Coronation Ave. Liverpool L14 54 E3
Coronation Ave. Wallasey L45 51 B7
Coronation Bldgs. L48 63 C4
Coronation Ct. L9 39 F4
Coronation Dr. Bebington L62 79 D3
Coronation Dr. Crosby L23 26 D3
Coronation Dr. Haydock WA11 46 A7
Coronation Dr. Liverpool L14 54 E3
Coronation Dr. Newton-le-W WA12 46 E1
Coronation Dr. Prescot L35 56 C3
Coronation Dr. Warrington WA5 74 F4
Coronation Dr. Widnes WA8 84 C8
Coronation Rd. Crosby L23 26 D4
Coronation Rd. Hoylake L47 62 F6
Coronation Rd. Maghull L31 20 D3
Coronation Rd. St Helens WA10 43 C5
Coronation St. WN4 34 D6
Coronation Wlk. Billinge WN5 33 D4
Coronation Wlk. Southport PR8 4 A7
Coroner's La. WA8 73 A4
Coronet Rd. L11 40 C3

Cor – Dal 99

Coronet Way. WA8 84 B8
Corporation Rd. L41 66 C8
Corporation St. Southport PR8 4 B7
Corporation St.
St Helens WA10 & WA9 44 A3
Corpus Christi RC Prim Sch.
WA11 31 F7
Corrie Dr. L63 78 F4
Corsewall St. L7 68 D8
Corsey Ave. L30 27 C3
Corsham Rd. L26 82 E6
Corsican Gdns. L35 57 C7
Cortsway. L49 64 E5
Cortsway W. L49 64 D5
Corwen Cl. Birkenhead L46 64 F7
Corwen Cl. Birkenhead L43 65 B6
Corwen Cl. Warrington WA5 60 E1
Corwen Cres. L14 54 F2
Corwen Dr. L30 28 B4
Corwen Rd. Hoylake L47 63 C7
Corwen Rd. Liverpool L4 53 C8
Cosgrove Cl. L6 53 D7
Cossack Ave. WA2 61 C1
Costain St. L20 52 C7
Cotham St. 1 WA10 44 A3
Cotsford Cl. L36 55 C4
Cotsford Pl. L36 55 C4
Cotsford Rd. L36 55 C4
Cotsford Way. L36 55 C4
Cotswold Ave. WA3 47 D6
Cotswold Gr. WA9 45 A3
Cotswold Pl. WA2 61 B4
Cotswold Rd. Birkenhead L42 66 C1
Cotswold Rd. Warrington WA2 61 B3
Cotswold St. L7 53 B2
Cotswolds Cres. L26 82 E7
Cottage Cl. Bebington L63 88 C5
Cottage Cl. Kirkby L32 40 F7
Cottage Cl. Ormskirk L39 13 D4
Cottage Dr E. L60 85 F5
Cottage Dr W. L60 85 F5
Cottage La. Heswall L60 85 F5
Cottage La. Ormskirk L39 13 D5
Cottage Mews. L39 13 D5
Cottage Pl. 9 WA9 58 C4
Cottage St. L41 66 D7
Cottenham St. 8 L7 53 B3
Cotterdale Cl. 2 St Helens WA9 58 C6
Cotterdale Cl. Warrington WA5 74 F7
Cottesbrook Cl. L11 40 A3
Cottesbrook Pl. L11 40 A3
Cottesbrook Rd. L11 40 A3
Cottesmore Dr. L60 86 D8
Cottesmore Way. WA3 36 B1
Cotton Dr. L39 13 D6
Cotton Gn. L37 10 B3
Cotton St. L3 52 B4
Cottonwood. L8 68 A2
Cottrell Cl. L19 81 C4
Cottys Brow. PR9 1 F3
Coudray Rd. PR9 1 E1
Coulport Cl. L14 55 A4
Coulsdon Pl. L8 68 A4
Coulthard Rd. L42 79 A8
Coulton Rd. WA8 73 F3
Coultshead Ave. WN5 33 E6
Counce Ave. WA12 46 B1
Council Ave. WN4 35 B3
Council St. L35 57 A5
Countisbury Dr. L16 69 E6
County Dr. WA10 43 E2
County Rd. Bootle L4 38 F1
County Rd. Kirkby L32 29 E2
County Rd. Ormskirk L39 13 E6
Court Ave. L26 71 A1
Court Hey. L31 20 E1
Court Hey Ave. L14 & L36 55 A2
Court Hey Dr. L16 54 F1
Court Hey Rd. L14 & L16 54 F1
Court Rd. PR9 4 C8
Court The. Bebington L63 79 A4
Court The. Huyton-w-R L36 55 C7
Courtenay Ave. L22 26 C2
Courtenay Rd. Crosby L22 26 C2
Courtenay Rd. Hoylake L47 63 A6
Courtenay Rd. Liverpool L25 70 A4
Courtfield. L39 13 D7
Courtfields. Cl. L12 54 B5
Courtgreen. L39 13 D7
Courthope Rd. Liverpool L4 39 B1
Courtland Rd. Liverpool L18 69 B5
Courtney Ave. L44 51 A3
Courtney Rd. L42 79 A8
Courtyard Wks. L33 30 C2
Covent Garden. L2 52 C1
Coventry Ave. L30 27 F1
Coventry Rd. L15 69 A6
Coventry St. 8 L41 66 D6
Coverdale Ave. L35 57 D3
Coverdale Cl. WA5 74 F7
Covertside. L48 63 D2
Cowan Way. L6 53 A4
Cowanway. WA8 72 F5
Cowdrey Ave. L43 50 C1
Cowley Cl. L49 64 D5
Cowley High Sch. WA10 43 E6
Cowley High Sch (Lower).
WA10 43 F5
Cowley Hill La. WA10 43 E4
Cowley Rd. L4 39 A1
Cowley St. WA10 44 A5
Cowper Rd. L13 54 B3
Cowper St. Bootle L20 38 A5
Cowper St. St Helens WA9 44 C1
Cowper Way. L36 56 A1
Coyford Dr. PR9 2 A4
Coylton Ave. L35 57 D2
Crab St. WA10 43 F4
Crab Tree Cl. L24 83 E2
Crabtree Cl. L27 70 E5
Cradley. WA8 72 C2
Crag Gr. WA11 33 B1
Craigburn Rd. L13 53 F6
Craighurst Prim Sch. L25 70 A7
Craighurst Rd. L25 70 A7
Craigleigh Gr. L62 88 F4
Craigmore Rd. L18 69 A1
Craigs Rd. L13 53 E6
Craigside Ave. L12 54 A7
Craigwood Way. L36 55 B3
Craine Cl. L4 53 B8
Cramond Ave. 1 L15 & L18 69 A5
Cranberry Cl. WA10 43 F5
Cranborne Ave. L47 48 E1
Cranborne Rd. L15 68 D7
Cranbourne Ave. Birkenhead L46 64 D7
Cranbourne Ave. Birkenhead L41 66 A7
Cranbrook Ave. WN4 35 A4
Crane Ave. WA9 58 D6
Cranehurst Rd. L4 39 B2
Cranes La. L40 14 E7
Cranfield Rd. L23 27 A5
Cranford Cl. L62 88 F4
Cranford Rd. L19 81 B8
Cranford St. L44 51 C2
Cranham Ave. WA3 47 E7
Crank Hill. WA11 32 E4
Crank Rd. Billinge WA11 & WN5 33 B8
Crank Rd. Rainford WA11 32 E2
Crank Rd. Rainford WA11 32 F7
Crank Rd. St Helens WA11 43 C7
Crankwood Rd. WN2 & WN7 36 D5
Cranleigh Pl. L25 70 A6
Cranleigh Rd. L25 70 A6
Cranmer St. Liverpool L5 52 C5
Cranmer St. Liverpool L5 52 D6
Cranmore Ave. L23 26 F2
Cranshaw Ave. WA9 58 D3
Cranshaw La. WA8 73 B6
Cranston Rd. L33 30 C2
Crantock Cl. Liverpool L11 40 C4
Crantock Cl. Liverpool L26 82 F8
Crantock Gr. WA10 43 C7
Cranwell Cl. L10 28 C2
Cranwell Rd. Birkenhead L49 64 B3
Cranwell Rd. Liverpool L25 70 A7
Cranwell Wlk. L25 70 A7
Crask Wlk. L33 29 F4
Craven Ave. WA3 47 E7
Craven Cl. L41 66 D6
Craven Ct. WA2 60 F4
Craven Lea. L12 40 E4
Craven Rd. Liverpool L12 54 C6
Craven Rd. Rainhill L35 57 C3
Craven St. Birkenhead L41 66 C6
Craven St. Liverpool L3 52 E2
Cravenwood Rd. L26 82 F7
Crawford Ave.
Liverpool L15 & L18 68 F5
Crawford Ave. Maghull L31 20 B3
Crawford Ave. Widnes WA8 72 B1
Crawford Cl. Liverpool L12 54 D7
Crawford Cl. St Helens WA9 58 D4
Crawford Dr. L15 54 A1
Crawford Pk. L18 68 F3
Crawford Rd. WA11 & WN8 24 D2
Crawford St. WA9 58 E3
Crawford Village Prim Sch.
WN8 24 E3
Crawford Way. L13 & L7 53 F1
Crawley Ave. WA2 61 A3
Crawley Cl. L25 82 D8
Crawshaw Ct. L36 55 B4
Crediton Ave. PR9 2 B5
Crediton Cl. L11 40 C5
Creek The. L45 50 E8
Cremorne Hey. L28 55 B7
Crescent Ave. Ashton-in-M WN4 35 A4
Crescent Ave. Formby L37 9 E1
Crescent Ct. 6 L21 38 A6
Crescent Gn. L39 13 B1
Crescent Rd. Bootle L21 38 A6
Crescent Rd. Crosby L23 26 B5
Crescent Rd. Liverpool L9 39 B4
Crescent Rd. Southport PR8 3 F3
Crescent Rd. Wallasey L44 51 C4
Crescent The. Bebington L63 78 E5
Crescent The. Birkenhead L49 64 D3
Crescent The. Bootle L20 38 E6
Crescent The. Crosby L22 26 E1
Crescent The. Crosby L23 27 A6
Crescent The. Huyton-w-R L36 56 B2
Crescent The. Irby L61 76 F6
Crescent The. Liverpool L24 82 C4
Crescent The. Maghull L31 28 C6
Crescent The. Prescot L35 56 F4
Crescent The. Southport PR9 2 C3
Crescent The. West Kirby L48 63 A2
Cressida Ave. L63 78 E7
Cressingham Rd. 2 L45 51 B8
Cressington Ave. L42 66 D1
Cressington Prom. L19 81 A6
Cressington Sta. L19 81 A7
Cresson. L43 65 F5
Cresswell Cl. Litherland L30 27 F1
Cresswell Cl. Warrington WA5 60 D2
Cresswell St. 18 Liverpool L6 53 A4
Crestor Rd. L25 69 F3
Creswell St. WA10 43 E3
Cretan Rd. L15 68 D7
Crete Tower. L5 52 E6
Crewe Gn. L49 65 A2
Cricket Path. Formby L37 9 F5
Cricket Path. Southport PR8 3 F3
Cricklade Cl. L20 38 B4
Cringles Dr. L35 71 A7
Crispin Rd. L27 70 E5
Crispin St. WA10 43 E3
Critchley Rd. L24 83 A3
Critchley Way. L33 29 F5
Crockett's Wlk. WA10 43 B5
Crockleford Ave. PR8 4 E3
Crocus Ave. L43 65 F7
Crocus St. L5 52 D7
Croft Ave. Bebington L62 79 D1
Croft Ave. Golborne WA3 35 F2
Croft Ave. Orrell WN5 25 D5
Croft Ave E. L62 79 D2
Croft Bsns Pk. L62 79 E2
Croft Cl. L43 65 E4
Croft Dr. Birkenhead L46 64 F7
Croft Dr. West Kirby L48 75 C7
Croft Dr E. L48 75 E6
Croft Dr W. L48 75 C7
Croft Edge. L43 66 B3
Croft End. WA9 44 F1
Croft Field. L31 20 E1
Croft Heys. L39 13 B1
Croft La. Bebington L62 79 D1
Croft La. Liverpool L9 39 D7
Croft St. WA3 47 A8
Croft The. Birkenhead L49 64 D2
Croft The. Huyton-w-R L28 55 A8
Croft The. Kirkby L32 40 F7
Croft The. Liverpool L12 54 B7
Croft The. Maghull L31 20 B5
Croft The. Orrell WN5 25 D3
Croft Way. L23 27 B5
Crofters The. L49 64 D4
Croftlands. WN5 25 D4
Crofton Cres. L13 54 B3
Crofton Rd. Birkenhead L42 66 E3
Crofton Rd. Liverpool L13 54 B3
Crofton Rd. Runcorn WA7 84 E1
Croftson Ave. L39 13 F7
Croftsway. L60 85 D8
Cromarty Rd. Liverpool L13 53 F2
Cromarty Rd. 3 Wallasey L44 50 F4
Cromdale Gr. WA9 58 C5
Cromdale Way. WA5 74 E6
Cromer Dr. L45 51 A5
Cromer Rd. Hoylake L47 63 A7
Cromer Rd. Liverpool L17 68 E1
Cromer Rd. Southport PR8 3 E2
Cromer Way. L26 82 F6
Cromfield. L39 13 C2
Cromford Rd. L36 55 E5
Crompton Ct. L18 69 D5
Crompton Dr. L12 40 E3
Crompton St. L5 52 D5
Cromptons La. L16 & L18 69 D5
Cromwell Ave.
Warrington WA2 & WA5 60 D3
Cromwell Cl. L39 13 C2
Cromwell Rd. 6 L4 38 F2
Crondall Gr. L15 69 B7
Cronton Ave. L46 49 F3
Cronton Ave. L35 56 C1
Cronton CE Prim Sch. WA8 72 C6
Cronton La. Rainhill L35 & WA8 57 B1
Cronton La. Widnes WA8 72 F5
Cronton Park Ave. WA8 72 C6
Cronton Park Cl. WA8 72 C6
Cronton Rd. Cronton L35 & WA8 72 C5
Cronton Rd.
Huyton-w-R L35 & L36 71 B7
Cronton Rd. 4
Liverpool L15 & L18 69 A5
Cronulla Dr. WA5 74 E7
Crookall St. WN4 35 C4
Crookhurst Ave. WN5 33 D6
Croome Dr. L48 63 D2
Cropper St. L1 52 E1
Cropper's La. L39 14 A1
Croppers Hill. WA10 43 E3
Croppers Hill Ct. WA10 43 E3
Croppers Rd. WA2 61 F3
Cropton Rd. L37 9 F3
Crosby Cl. L49 64 F6
Crosby Gn. L12 54 A7
Crosby Gr. Bebington L64 88 B1
Crosby Gr. St Helens WA10 43 D1
Crosby Rd. PR8 4 A3
Crosby Rd N. L22 26 E1
Crosby Rd S. L21 & L22 37 F7
Crosby Road North Prim Sch.
L22 26 E1
Crosender Rd. L22 & L23 26 C3
Crosfield Cl. 5 L7 53 C1
Crosfield Rd. Liverpool L7 53 C1
Crosfield Rd. Prescot L35 56 F4
Crosfield Rd. Wallasey L44 51 C3
Crosfield Wlk. 4 L7 53 C1
Crosgrove Rd. L4 39 C1
Crosland Rd. L32 30 A1
Cross Barn La. L38 18 E3
Cross Farm Jun Mix & Inf Sch.
L27 70 F4
Cross Farm Rd. WA9 44 C1
Cross Gn. L37 10 A2
Cross Green Cl. L37 10 A2
Cross Hey. L21 27 B2
Cross Hey Ave. L43 65 D5
Cross Hillocks La. L35 71 E3
Cross La. Bebington L63 78 F4
Cross La. Newton-le-W WA12 46 B4
Cross La. Orrell WN5 25 D3
Cross La. Wallasey L45 50 D4
Cross Meadow Ct. WA9 44 C2
Cross Pit La. WA11 31 F6
Cross St. Bebington L62 79 B5
Cross St. Birkenhead L41 66 F6
Cross St. Crosby L22 26 D1
Cross St. Golborne WA3 47 A7
Cross St. Prescot L34 56 E7
Cross St. Southport PR8 4 B6
Cross St. 4 St Helens WA10 44 A3
Cross St. Widnes WA8 73 C1
Cross The. L62 79 D1
Crossacre Rd. L25 70 B7
Crossdale Rd. Bebington L62 88 D5
Crossdale Rd. Crosby L22 & L23 26 C3
Crossdale Way. WA11 33 B1
Crossens CE Prim Sch. PR9 2 C5
Crossens Way. PR9 2 C6
Crossfield St. WA9 44 B3
Crosshall Brow. L40 14 C4
Crosshall High Sch. L40 14 B5
Crosshall St. L1 52 D2
Crossings The. WA12 46 C3
Crossley Dr. Heswall L60 85 D8
Crossley Dr. Liverpool L15 69 B8
Crossley Rd. WA10 43 D1
Crossvale Rd. L36 55 E1
Crossway. Birkenhead L43 65 E8
Crossway. Widnes WA8 84 D8
Crossway Cl. WN4 35 E5
Crossway The. L63 87 C4
Crossways. L62 79 D3
Crosswood Cres. L36 55 C3
Crosthwaite Ave. L62 88 F4
Croston Ave. L35 57 B5
Croston Cl. WA8 72 C3
Croston's Brow. PR9 1 F3
Crouch St. 9 Liverpool L5 53 A6
Crouch St. St Helens WA9 58 D8
Crow La. WN8 16 F3
Crow La E. WA12 46 C4
Crow La W. WA12 46 A4
Crow Orch Sch. WN8 15 F2
Crow St. L8 67 D6
Crow Wood La. WA8 73 D2
Crow Wood Pl. WA8 73 D3
Crow Wood Rd. WA3 36 D1
Crowe Ave. WA2 61 B2
Crowland Cl. PR9 5 A6
Crowland St. PR9 5 A6
Crowland Way. L37 10 B2
Crowmarsh Cl. L49 64 F4
Crown Acres Rd. L25 82 C8
Crown Ave. WA8 84 B8
Crown Cl. L37 10 A2
Crown Fields Cl. WA12 46 B5
Crown Gdns. WA12 46 B4
Crown Park Dr. WA12 46 B5
Crown Rd. L12 54 C7
Crown St. Liverpool L7 53 A1
Crown St. Liverpool L7 & L8 68 A8
Crown St. Newton-le-W WA12 46 A3
Crown St. St Helens WA9 57 D7
Crownway. L36 55 D4
Crowther St. WA10 43 E3
Croxdale Rd. Huyton-w-R L14 55 A6
Croxdale Rd. Liverpool L14 54 F7
Croxdale Rd W. L14 55 A7
Croxteth Ave. Bootle L21 38 B7
Croxteth Ave. Wallasey L44 51 B4
Croxteth Cl. L31 20 E3
Croxteth Community Comp Sch.
L11 40 C5
Croxteth Ctry Pk. L12 40 D2
Croxteth Cty Prim Sch. L11 40 D4
Croxteth Dr. Liverpool L17 68 D5
Croxteth Dr. Rainford WA11 31 F7
Croxteth Gr. L17 & L8 68 C6
Croxteth Hall La.
Liverpool L11 & L12 40 C2
Croxteth La. L28 & L34 41 C1
Croxteth Rd. Bootle L20 38 B5
Croxteth Rd. Liverpool L17 & L8 68 B5
Croxteth View. L32 40 F6
Croyde Cl. PR9 2 B5
Croyde Pl. WA9 58 C4
Croyde Rd. L24 83 A3
Croydon Ave. L18 68 F5
Croylands St. L4 52 E8
Crucian Way. L12 40 D3
Crump St. L1 67 E7
Crutchley Ave. L41 66 B8
Cubbin Cres. L5 52 D6
Cubert Rd. L11 40 D4
Cuckoo Cl. L25 70 A4
Cuckoo La. L25 70 A5
Cuckoo Way. L25 70 A4
Cuerdley Gn. WA5 74 A2
Cuerdley Rd. WA5 74 C3
Cullen Ave. L20 38 D5
Cullen Cl. L63 88 C4
Cullen St. L7 & L8 68 C7
Culme Rd. L12 & L13 53 F7
Culzean Cl. L12 40 E3
Cumber La. L35 56 F3
Cumberland Ave.
Birkenhead L43 66 A2
Cumberland Ave. Litherland L30 27 C3
Cumberland Ave.
Liverpool L15 & L17 68 D6
Cumberland Ave.
St Helens WA10 57 B8
Cumberland Cl. L6 53 D7
Cumberland Cres. WA11 45 A6
Cumberland Gate. L30 28 A4
Cumberland Rd. Southport PR8 4 D5
Cumberland Rd. Wallasey L45 51 C7
Cumberland St. L1 52 C2
Cumbria Way. L12 40 C2
Cummings St. L1 67 E8
Cummins Ave. L37 9 E5
Cumpsty Rd. L21 27 C1
Cunard Cl. L43 65 C6
Cunard Rd. L21 38 B7
Cunliffe Ave. WA12 46 B5
Cunliffe St. 15 L2 52 C2
Cunningham Cl. Warrington WA5 74 F5
Cunningham Cl. West Kirby L48 75 C6
Cunningham Dr. Bebington L63 88 C7
Cunningham Dr. Runcorn WA7 84 E1
Cunningham Rd. Liverpool L13 54 A2
Cunningham Rd. Widnes WA8 84 D8
Cunscough La. L31 & L39 21 D3
Cuper Cres. L36 55 D4
Curate Rd. L4 & L6 53 C7
Curlender Cl. L41 50 E1
Curlender Way. L24 83 E2
Curlew Ave. L49 64 D6
Curlew Cl. L49 64 D6
Curlew Ct. L46 49 C1
Curlew Gr. L26 70 E1
Curlew Way. L46 49 C1
Currans Rd. WA2 61 B2
Curtana Cres. L11 40 C3
Curtis Rd. L4 39 C1
Curwell Cl. L63 79 B3
Curzon Ave. Birkenhead L41 66 B7
Curzon Ave. 1 Wallasey L45 51 B7
Curzon Rd. Birkenhead L42 66 B2
Curzon Rd. Crosby L22 26 E1
Curzon Rd. Hoylake L47 63 A7
Curzon Rd. Southport PR8 4 E5
Curzon St. 3 WA7 84 F1
Cusson Rd. L33 30 B1
Custley Hey. L28 55 B8
Custom House La. L1 52 C1
Cut La. Haskayne L39 & L40 12 F6
Cut La. Knowsley L33 41 F7
Cygnet Cl. L39 13 C2
Cygnet Ct. L33 30 A2
Cynthia Rd. WA7 84 F1
Cypress Ave. WA8 73 B2
Cypress Croft. L63 79 B3
Cypress Gdns. L35 57 C7
Cypress Rd. Liverpool L36 70 D8
Cypress Rd. Southport PR8 & PR9 4 F6
Cyprion's Way. L30 27 E3
Cyprus St. L34 56 D6
Cyprus Terr. 6 L45 51 B7
Cyril Gr. L17 68 E2

D'Arcy Cotts. L63 87 B6
Dacre St. Birkenhead L41 66 E6
Dacre St. Bootle L20 38 B1
Dacre's Bridge La. L35 71 D6
Dacy Rd. L4 & L5 53 A6
Daffodil Cl. WA8 73 E4
Daffodil Rd. Birkenhead L41 65 F7
Daffodil Rd. Liverpool L15 69 B7
Dagnall Ave. WA5 60 F2
Dagnall Rd. L32 29 D1
Dahlia Cl. L9 39 B4
Dailton Rd. WN8 25 A7
Dairy Farm Rd. WA11 31 C7
Daisy Ave. WA12 46 C2
Daisy Bank Rd. WA5 74 F4
Daisy Mount. L31 28 E8
Daisy St. L5 52 D7
Dakin Wlk. L33 29 F2
Dalby Cl. WA11 44 C5
Dale Acre Cty Prim Sch. L21 27 C3
Dale Acre Dr. L21 & L30 27 C3
Dale Ave. Bebington L62 88 D8
Dale Ave. Heswall L60 76 F1
Dale Cl. Maghull L31 20 C2
Dale Cl. Widnes WA8 84 A8
Dale Cres. WA9 58 D6
Dale Ct. L60 76 F1
Dale End Rd. L61 77 C4
Dale Gdns. L60 76 D1
Dale Hey. Bebington L66 88 E2
Dale Hey. Wallasey L44 51 B3
Dale La. L33 30 B4
Dale Mews. L25 70 B4
Dale Rd. Bebington L62 88 D6
Dale Rd. Golborne WA3 47 A7
Dale St. Liverpool L1 & L2 52 C2
Dale St. Liverpool L19 81 C5
Dale The. WA5 74 F5
Dale View. WA12 46 E4
Dale View Cl. L61 77 A5
Dalecrest. WN5 25 D1
Dalegarth Ave. L12 40 F1
Dalehead Pl. WA11 33 B1
Dalehurst Cl. L44 51 D4
Dalemeadow Rd. L14 54 D3
Dales Row. L36 56 B2
Daleside Ave. WN4 35 A8
Daleside Cl. L61 76 F6
Daleside Rd. L33 29 F3
Daleside Wlk. L33 29 F3
Dalesway. L60 85 E8
Dalewood. L12 40 E3
Dalewood Gdns. L35 56 F2
Daley Pl. L20 38 E7
Daley Rd. L21 27 C1
Dallam Cty Prim Sch. WA5 60 F1
Dallas Gr. 3 L9 39 A6
Dallington Ct. L13 54 B2
Dalmeny St. L17 68 B3
Dalmorton Rd. L45 51 C8
Dalry Cres. L32 40 F7
Dalry Wlk. L32 40 F7
Dalrymple St. L5 52 D5
Dalston Dr. WA11 33 B1
Dalton Cl. L12 40 C2
Dalton Gr. WN4 35 A4
Dalton Rd. L45 51 C7
Dalton St Michael's CE Prim Sch.
WN8 16 D5

100 Dal – Dov

Daltry Cl. L12 54 A7
Dam La. Ashton-in-M WA3 35 F3
Dam La. Winwick WA3 61 F7
Dam Wood Rd. L24 82 E2
Damerham Croft. L25 70 A7
Damerham Mews. L25 70 A7
Damfield La. Maghull L31 20 C1
Damfield La. Maghull L31 28 D8
Damian Dr. WA12 46 A5
Dan's Rd. WA8 73 E2
Danbers. WN8 24 F6
Danby Cl. L5 52 F5
Danby Fold. L35 57 B3
Dane Cl. Heswall L49 76 F6
Dane Ct. Rainhill L35 57 C3
Dane St. L4 38 F1
Danefield Pl. L19 81 D8
Danefield Rd. Birkenhead L49 64 C3
Danefield Rd. Liverpool L19 81 D8
Danefield Terr. L19 81 D7
Danehurst Rd. Liverpool L9 39 B7
Danehurst Rd. Wallasey L45 50 F7
Danesbury Cl. WN5 33 E4
Danescourt Rd. Birkenhead L41 66 A8
Danescourt Rd. Liverpool L12 54 C5
Danescroft. WA8 72 B3
Daneswell Dr. L46 49 F1
Daneswell Rd. L24 83 A2
Daneville Rd. L11 & L4 39 D2
Daneway. PR8 7 B6
Danger La. L46 49 F1
Daniel Cl. L20 38 A6
Daniel Davies Dr. L8 68 A7
Daniels La. WN8 24 C7
Dannette Hey. L28 55 C7
Dansie St. L3 52 F1
Dante Cl. L9 39 C8
Danube St. L7 & L8 68 C7
Darby Gr. L19 81 B6
Darby Rd. L19 81 A8
Darent Rd. WA11 45 B7
Daresbury Ave. PR8 7 A5
Daresbury Ct. WA8 73 E3
Daresbury Expressway. WA7 84 F2
Daresbury Rd. St Helens WA10 43 B5
Daresbury Rd. Wallasey L44 51 A4
Darfield. WN8 24 F7
Dark Entry. L34 41 E1
Dark La. Maghull L31 20 E1
Dark La. Ormskirk L40 14 C6
Darley Cl. WA8 72 B3
Darley Dr. L12 54 C6
Darleydale Dr. L62 88 F5
Darlington Cl. L44 51 D4
Darlington St. L44 51 D4
Darmond Rd. L33 30 A3
Darmond's Gn. L48 63 B3
Darmonds Green Ave. L6 53 D7
Darnley St. L8 67 E5
Darrel Dr. L7 68 C7
Darrel St. L7 68 C7
Darsefield Rd. L16 69 E7
Dartington Rd. L16 69 D8
Dartmouth Ave. L10 28 C2
Dartmouth Dr. L30 27 C3
Darvel Ave. WN4 34 C4
Darwall Rd. L19 81 D8
Darwen Gdns. WA2 61 E1
Darwen St. L5 52 B5
Darwick Dr. L36 71 A8
Darwin Gr. WA9 57 E7
Daryl Rd. L60 86 A8
Daulby St. L3 52 F2
Dauntsey Brow. L25 70 B7
Dauntsey Mews. L25 70 B7
Davenham Ave. L43 65 F3
Davenham Cl. L43 65 F2
Davenham Rd. L37 9 F3
Davenhill Cty Prim Sch. L10 28 D2
Davenhill Pk. L10 28 C2
Davenport Cl. L48 75 C6
Davenport Rd. L60 85 E7
Daventree Rd. L45 51 B5
Daventry Rd. L17 68 E2
David St. L8 67 F4
Davids Wlk. L25 70 C3
Davidson Rd. L13 54 A3
Davies Ave. WA12 46 C4
Davies St. Bootle L20 38 D4
Davies St. Liverpool L1 & L2 52 C2
Davies St. St Helens WA9 44 C4
Davis Rd. L46 50 B3
Davy Cl. WA10 43 B5
Davy St. L5 53 A6
Dawber Cl. 14 L6 53 A4
Dawber St. WN4 35 D4
Dawley Cl. WN4 35 A3
Dawlish Cl. L25 82 C8
Dawlish Dr. PR9 2 A5
Dawlish Rd. Irby L61 76 C5
Dawlish Rd. Wallasey L44 51 A4
Dawn Cl. WA9 57 E7
Dawn Wlk. L10 40 B6
Dawpool CE (VA) Prim Sch. L61 76 B6
Dawpool Cotts. L61 76 A6
Dawpool Dr. Bebington L62 88 C7
Dawpool Dr. Birkenhead L46 64 E8
Dawpool Farm. L61 76 B5
Dawson Ave. Birkenhead L41 66 B8
Dawson Ave. Southport PR9 2 C5
Dawson Ave. St Helens WA9 58 D7
Dawson Gdns. L31 20 C2
Dawson Rd. L39 13 F7
Dawson St. L1 52 D1
Dawson Way. 21 L1 52 D1
Dawstone Rd. L60 86 A7
Dawstone Rise. L60 85 F7
Day St. L13 54 A3
Daybrook. WN8 24 F7
Dayfield. WN8 25 B7
Days Meadow. 1 L49 64 C3
De Grouchy St. L48 63 B3
De La Salle Sch. Liverpool L11 40 B2
De La Salle Sch. St Helens WA10 43 B4
De Villiers Ave. L23 26 E5
Deacon Cl. L22 37 D8
Deacon Ct. Liverpool L25 70 B2
Deacon Ct. Seaforth L22 37 D8
Deacon Rd. WA8 73 B1
Deacon Trad Est. WA12 46 A2
Deakin St. L41 65 F8
Dealcroft. L25 69 F2
Dean Ave. L45 50 E6
Dean Cl. Billinge WN5 33 D3
Dean Cl. Orrell WN8 25 C7
Dean Cres. WA2 61 B2
Dean Ct. WA3 47 A7
Dean Dillistone Ct. 4 L1 67 E7
Dean Meadow. WA12 46 C4
Dean Patey Ct. 2 L1 67 E7
Dean Rd. WA3 47 A7
Dean St. L22 37 D8
Dean Way. WA9 58 B2
Dean Wood. L35 56 F2
Dean Wood Ave. WN5 25 E8
Dean Wood Golf Course. WN8 25 D8
Deane Rd. L7 53 C2
Deans Ct. L37 9 F5
Deans Way. L41 & L43 65 F8
Deansburn Rd. L13 53 E6
Deanscales Rd. L11 40 A2
Deansgate La. L37 10 B5
Deansgate La N. L37 10 A6
Deansway. WA8 84 C8
Dearham Ave. WA11 44 B7
Dearne Cl. L14 54 E5
Dearnford Ave. L62 88 D6
Dearnford Cl. L62 88 D6
Dearnley Ave. WA11 44 E5
Deauville Rd. L9 39 C7
Debra Cl. L31 29 B4
Dee Cl. L33 29 F6
Dee Ct. L25 70 C3
Dee House. L25 70 C3
Dee La. L48 63 A2
Dee Park Cl. L60 86 B6
Dee Park Rd. L60 86 B5
Dee Rd. L35 57 B3
Dee Side. L60 85 C8
Dee View Rd. L60 85 F8
Deeley Cl. L7 53 C1
Deep Dale. WA5 74 F6
Deepdale. WA8 72 C3
Deepdale Ave. Bootle L20 38 A5
Deepdale Ave. St Helens WA11 33 C1
Deepdale Cl. L43 65 C6
Deepdale Dr. L35 57 D3
Deepdale Rd. L25 70 A7
Deepfield Dr. L36 70 F8
Deepfield Rd. L15 68 F6
Deerbarn Dr. L30 28 B4
Deerbolt Cl. L32 29 C3
Deerbolt Cres. L32 29 C3
Deerbolt Way. L32 29 C3
Deeside Cl. L43 65 B6
Deeside Ct. L64 86 B1
Deirdre Ave. WA8 73 A1
Delabole Rd. L11 40 D5
Delafield Cl. WA2 61 F3
Delagoa Rd. L10 & L9 39 F6
Delamain Rd. L13 53 E6
Delamere Ave. Bebington L62 88 E4
Delamere Ave. Golborne WA3 47 E6
Delamere Ave. St Helens WA9 58 A3
Delamere Ave. Widnes WA8 72 C1
Delamere Cl. Bebington L62 88 E4
Delamere Cl. Birkenhead L43 65 B6
Delamere Cl. Liverpool L11 40 D3
Delamere Gr. 3 L44 51 E2
Delamere Rd. Skelmersdale WN8 15 F2
Delamere Rd. Southport PR8 7 B5
Delamere Way. WN8 25 A7
Delamore Pl. L4 38 E1
Delamore St. Bootle L4 38 E1
Delamore St. 1 Liverpool L4 52 E8
Delavor Cl. L60 85 E8
Delavor Rd. L60 85 E8
Delaware Cres. L32 29 C3
Delf La. Haskayne L39 12 A5
Delf La. Liverpool L4 39 A2
Delf La. Liverpool L24 82 B5
Delfby Cres. L32 30 A1
Dell Cl. Bebington L63 88 B6
Dell Cl. Birkenhead L43 65 F1
Dell Gr. L42 79 B8
Dell La. L60 86 B7
Dell Prim Sch The. L8 67 B1
Dell St. 2 L7 53 C2
Dell The. Birkenhead L42 67 B1
Dell The. Liverpool L12 54 E8
Dell The. Orrell WN8 25 B7
Dellfield La. L31 20 E1
Dellside Cl. WN4 34 D5
Dellside Gr. WA9 58 C8
Delph Common Rd. L39 13 C1
Delph Ct. L21 38 A8
Delph La. Formby L37 9 C3
Delph La. Ormskirk L39 13 C1
Delph La. Prescot L35 56 F5
Delph La. Warrington WA2 60 F4
Delph La. Winwick WA2 61 E6
Delph Park Ave. L39 13 B1
Delph Rd. Crosby L23 & L38 26 D8
Delph Top. L39 14 A6
Delphside Cl. WN5 25 D5
Delphside Prim Sch. WN8 24 C8
Delphside Rd. WN5 25 D5
Delphwood Dr. WA9 44 B1
Delta Dr. L12 54 E8
Delta Rd. Bootle L21 38 B7
Delta Rd. St Helens WA9 44 F4
Delta Rd E. L42 67 B1
Delta Rd W. L42 67 B1
Deltic Way. L30 39 A8
Delves Ave. L63 78 F3
Delyn Cl. L42 66 E1
Demesne St. L44 51 E3
Denbigh Ave. Southport PR9 1 F3
Denbigh Ave. St Helens WA9 58 C7
Denbigh Rd. Bootle L9 38 F3
Denbigh Rd. Wallasey L44 51 D3
Denbigh St. L5 52 B5
Dencourt Rd. L11 40 B1
Dene Ave. WA12 45 F4
Denebank Rd. L4 53 B7
Denecliff. L36 55 B8
Denehurst Cl. WA5 74 F4
Denes Way. L28 55 A7
Deneshey Rd. L47 63 C8
Denford Rd. L14 54 F5
Denham Cl. L12 41 A3
Denholme. Orrell WN8 25 A7
Denholme. Skelmersdale WN8 24 F7
Denise Ave. WA5 74 E5
Denise Rd. L10 40 B7
Denison Gr. WA9 57 E7
Denman Dr. L6 53 C4
Denman Gr. 4 L44 51 E2
Denman St. 7 L7 53 B3
Denman Way. L6 53 C4
Denmark Rd. PR9 2 A2
Denmark St. L22 26 D1
Dennett Cl. L31 28 D7
Dennett Rd. L35 56 C4
Denning Dr. L61 76 D7
Dennis Ave. WA10 57 C7
Denny Cl. L49 64 F4
Densham Ave. WA2 61 B2
Denshaw. WN8 24 F7
Denston Cl. L43 65 B7
Denstone Ave. L10 28 D3
Denstone Cl. L25 82 B8
Denstone Cres. L14 55 B5
Dentdale Dr. L5 52 E4
Denton Dr. L45 51 C6
Denton Gr. L6 53 C5
Denton St. Liverpool L8 67 F4
Denton St. Widnes WA8 73 C1
Dentons Green La. WA10 43 E5
Dentwood St. L8 68 A4
Denver Rd. L32 29 C1
Depot Rd. L33 30 D4
Deptford Cl. L25 70 C6
Derby Cl. WA12 46 B3
Derby Dr. WA11 32 A5
Derby Gr. L31 28 D6
Derby Hill Cres. L39 14 A5
Derby Hill Rd. L39 14 A5
Derby La. L13 54 A4
Derby Rd. Birkenhead L41 & L42 66 D4
Derby Rd. Bootle L20 38 B2
Derby Rd. Formby L37 9 E5
Derby Rd. Golborne WA3 47 C8
Derby Rd. Huyton-w-R L36 55 E2
Derby Rd. Liverpool L20 & L5 52 C7
Derby Rd. Skelmersdale WN8 23 C8
Derby Rd. Southport PR8 & PR9 4 C7
Derby Rd. Wallasey L45 51 A6
Derby Rd. Widnes WA8 73 B4
Derby Rd. Widnes WA8 73 D4
Derby Row. WA12 60 D8
Derby Sq. Birkenhead L43 66 C5
Derby Sq. Liverpool L1 52 C1
Derby Sq. Prescot L34 56 E6
Derby St. Birkenhead L41 & L43 66 C5
Derby St. Huyton-w-R L36 56 A2
Derby St. Liverpool L13 53 F3
Derby St. Newton-le-W WA12 46 B3
Derby St. Ormskirk L39 13 F5
Derby St. Prescot L34 56 C6
Derby St W. L39 13 E5
Derbyshire Hill Rd. WA9 45 A2
Dereham Ave. L49 65 A7
Dereham Cres. L10 39 F7
Derek Ave. WA2 61 E1
Derna Rd. L36 55 D3
Derwent Ave. Formby L37 9 D2
Derwent Ave. Golborne WA3 36 C1
Derwent Ave. Prescot L34 56 F6
Derwent Ave. Southport PR9 1 F1
Derwent Cl. Bebington L63 78 D5
Derwent Cl. Kirkby L33 29 D4
Derwent Cl. Maghull L31 20 F2
Derwent Cl. Rainhill L35 57 B3
Derwent Dr. Bebington L66 89 B2
Derwent Dr. Bootle L21 & L30 38 D8
Derwent Dr. Heswall L61 76 F4
Derwent Dr. Wallasey L45 51 A6
Derwent Rd. Ashton-in-M WN4 35 B5
Derwent Rd. Bebington L63 78 D5
Derwent Rd. Birkenhead L43 66 B4
Derwent Rd. Crosby L23 26 F2
Derwent Rd. Hoylake L47 63 E8
Derwent Rd. Orrell WN5 25 F8
Derwent Rd. St Helens WA11 44 B7
Derwent Rd. Widnes WA8 72 C1
Derwent Rd E. L13 54 A4
Derwent Rd W. L13 53 F4
Derwent Sq. L13 54 A4
Desborough Cres. L12 54 A7
Desford Ave. WA11 44 D6
Desford Cl. L46 49 B1
Desford Rd. L19 80 F8
Desilva St. L36 56 A2
Desmond Cl. L43 65 C6
Desmond Gr. L23 26 F3
Desoto Rd. WA8 84 E5
Desoto Rd E. WA8 84 F6
Desoto Rd W. WA8 84 F6
Deva Cl. L33 29 E7
Deva Rd. L48 63 A2
Deveraux Dr. L44 51 C3
Deveraux Rd. L44 51 C3
Deverell Gr. L15 54 B1
Deverell Rd. L15 54 B1
Deverill Rd. L42 66 E1
Devizes Dr. L61 76 D7
Devizes Mews. L25 70 B7
Devoke Ave. WA11 33 A1
Devon Ave. L44 & L45 51 C5
Devon Cl. L23 26 A3
Devon Dr. L61 76 E4
Devon Farm Way. L37 10 B3
Devon Gdns. Birkenhead L42 66 F1
Devon Gdns. Liverpool L16 69 E5
Devon Pl. WA8 73 B3
Devon St. Liverpool L3 & L6 52 F2
Devon St. St Helens WA10 43 D4
Devon Way. Huyton-w-R L36 56 A4
Devon Way. Liverpool L16 69 E6
Devondale Rd. L18 69 A5
Devonfield Rd. L9 38 F5
Devonport St. L8 67 F5
Devonshire Cl. L43 66 B5
Devonshire Gdns. WA12 46 C2
Devonshire Park Prim Sch. L42 66 C2
Devonshire Pl. Birkenhead L43 66 A5
Devonshire Pl. Liverpool L5 52 E6
Devonshire Rd. Birkenhead L49 64 E5
Devonshire Rd. Birkenhead L43 66 B5
Devonshire Rd. Crosby L22 & L23 26 C3
Devonshire Rd. Heswall L61 76 E4
Devonshire Rd. Liverpool L8 68 A5
Devonshire Rd. Southport PR9 5 A8
Devonshire Rd. St Helens WA10 43 D5
Devonshire Rd. Wallasey L44 51 B4
Devonshire Rd. West Kirby L48 63 C1
Devonshire Rd W. L13 68 A5
Dewey Ave. L9 39 B8
Dewlands Rd. L21 37 F8
Dewsbury Rd. L4 53 C7
Dexter St. L8 67 E6
Deyburn Wlk. L12 54 D7
Deycroft Ave. L33 30 A4
Deycroft Wlk. L33 30 A4
Deyes End. L31 20 E1
Deyes High Sch. L31 20 D1
Deyes La. Maghull L31 20 D1
Deyes La. Maghull L31 20 F1
Deysbrook La. L12 & L28 54 E8
Deysbrook Side. L12 54 D7
Deysbrook Way. L12 54 D8
Dial Rd. L42 66 D3
Dial St. 5 L7 53 C2
Diamond Bsns Pk. WA11 32 B4
Diamond St. L3 & L5 52 D4
Diana Rd. L20 38 D7
Diana St. L4 53 A8
Diane Rd. WN4 35 E5
Dibb La. L23 26 C7
Dibbins Gn. L63 88 B7
Dibbins Hey. L63 79 B2
Dibbinsdale Rd. L63 88 B7
Dibbinview Gr. L63 79 B2
Dicconson St. WA10 44 A4
Dicconson Way. L39 14 A5
Dicconson's La. L39 12 D4
Dick's La. L40 14 F4
Dickens Ave. L43 65 F1
Dickens Cl. L43 65 F1
Dickens Dr. WN2 36 C8
Dickens Rd. WA10 57 C8
Dickens St. L8 67 F6
Dickenson St. 8 L1 & L72 67 D8
Dicket's La. WN8 & L40 15 A2
Dickinson Cl. Formby L37 9 F2
Dickinson Cl. Haydock WA11 45 A6
Dickinson Rd. L37 9 F2
Dickson St. L3 52 B4
Didcot Cl. L25 82 D8
Didsbury Cl. L32 29 F2
Digg La. L46 49 D1
Digmoor Dr. WN8 24 C7
Digmoor Rd. Kirkby L32 40 F7
Digmoor Rd. Skelmersdale WN8 24 D6
Dignum Mead. L27 70 E5
Dilloway St. WA10 43 E4
Dinas La. L14 & L36 55 B4
Dinesen Rd. L19 81 C7
Dingle Ave. Newton-le-W WA12 45 F2
Dingle Ave. Orrell WN8 25 C8
Dingle Brow. L8 68 A3
Dingle Cl. L39 13 C1
Dingle Gr. L8 68 A4
Dingle Grange. 5 L8 68 A3
Dingle La. L17 & L8 68 A3
Dingle Mount. L8 68 A3
Dingle Rd. Birkenhead L42 66 C4
Dingle Rd. Liverpool L8 68 A3
Dingle Rd. Orrell WN8 25 B7
Dingle Vale. L17 & L8 68 A3
Dingley Ave. L9 38 F6
Dingwall Dr. L49 64 E3
Dinmore Rd. L44 51 B4
Dinorwic Rd. Liverpool L4 53 A6
Dinorwic Rd. Southport PR8 4 A2
Dinsdale Rd. L62 79 E2
District General Hospl. PR8 4 E4
District (VC) Prim Sch The. WA12 46 A4
Ditchfield. L37 10 A2
Ditchfield Pl. WA8 84 B8
Ditchfield Rd. Warrington WA5 74 E3
Ditchfield Rd. Widnes WA8 84 B8
Ditton CE Prim Sch. WA8 72 A1
Ditton Cty Prim Sch. WA8 72 D1
Ditton Junction Sta. WA8 84 B6
Ditton La. L46 49 E3
Ditton Rd. WA8 84 D6
Dixon Ave. WA12 46 C5
Dixon Cl. WA11 46 A8
Dixon Rd. L33 41 B8
Dobbs Dr. L37 10 A4
Dobson St. L6 53 A4
Dobson Wlk. 1 L6 53 A4
Dock Rd. Liverpool L19 81 B5
Dock Rd. Wallasey L41 & L44 51 C1
Dock Rd. Widnes WA8 84 F5
Dock Rd N. L62 79 C6
Dock Rd S. L62 79 D4
Doctor's La. L37 10 E2
Dodd Ave. Birkenhead L49 64 D3
Dodd Ave. St Helens WA10 43 C4
Dodd's La. L31 20 D2
Doddridge Rd. L8 67 D5
Dodleston Cl. L43 65 D4
Dodman Rd. L11 40 D5
Dodworth Ave. PR8 4 E5
Doe's Meadow Rd. L63 88 B7
Doel St. 14 L6 53 A3
Dolly's La. Southport PR9 5 D8
Domar Cl. L32 29 F1
Dombey St. L8 67 F6
Domingo Dr. L33 29 D5
Dominic Cl. L16 69 E8
Dominic Rd. L16 69 E8
Dominion St. L6 53 C5
Domville. L35 56 E2
Domville Dr. L49 65 A3
Domville Rd. L13 54 A1
Donalds Way. L17 68 E1
Donaldson St. L4 & L5 53 A6
Doncaster Dr. L49 64 F6
Donegal Rd. L13 54 B2
Donhead Mews. L25 70 B7
Donne Ave. L63 79 A3
Donne Cl. L63 79 A3
Donnington Cl. L36 70 D8
Donnington Lodge. PR8 3 F6
Donsby Rd. L9 39 B6
Dooley Dr. L30 28 B4
Doon Cl. L4 52 E8
Dorbett Dr. L23 26 F2
Dorchester Cl. L49 64 F4
Dorchester Pk. L25 70 B6
Dorchester Rd. WN8 25 A7
Dorchester Way. WA5 59 F6
Doreen Ave. L46 64 D8
Dorgan Cl. L35 57 C4
Doric Gn. WN5 25 D3
Doric Rd. L13 54 A4
Doric St. Birkenhead L42 66 F2
Doric St. Seaforth L21 37 F7
Dorien Rd. L13 53 F2
Dorincourt. L43 66 A4
Dorking Gr. L15 69 B6
Dormie House Sch. L48 63 A2
Dorothy St. Liverpool L7 53 B1
Dorothy St. St Helens WA9 57 E8
Dorrit St. L8 67 F6
Dorset Ave. Liverpool L15 68 D7
Dorset Ave. Southport PR8 7 C2
Dorset Cl. L20 38 D3
Dorset Dr. L61 76 E4
Dorset Gdns. L42 66 F1
Dorset Rd. Huyton-w-R L36 56 A3
Dorset Rd. Liverpool L6 53 D5
Dorset Rd. St Helens WA10 43 D1
Dorset Rd. Wallasey L45 51 A7
Dorset Rd. West Kirby L48 63 C3
Dosen Brow. L27 70 E6
Douglas Ave. Billinge WN5 33 D3
Douglas Ave. Burtonwood WA9 59 B6
Douglas Ave. Orrell WN8 25 B7
Douglas Cl. Liverpool L13 53 F4
Douglas Cl. Widnes WA8 73 F3
Douglas Dr. Birkenhead L46 64 D8
Douglas Dr. Maghull L31 20 F2
Douglas Dr. Ormskirk L39 13 D7
Douglas Dr. Orrell WN5 25 F7
Douglas Pl. L20 38 B1
Douglas Rd. Liverpool L4 53 B6
Douglas Rd. Southport PR9 2 C4
Douglas Rd. West Kirby L48 63 D3
Douglas St. Birkenhead L41 66 E6
Douglas St. St Helens WA10 43 D3
Douglas Way. L33 29 F6
Doulton Cl. L43 65 B7
Doulton St. WA10 43 D3
Douro Pl. L13 53 F2
Douro St. L3 52 E4
Dove Cl. L25 70 B3
Dove St. Golborne WA3 36 A2
Dove St. Liverpool L8 68 B7
Dove Street Inf Sch. L8 68 B7
Dovecot Ave. L14 54 F4
Dovecot Pl. L14 54 F3
Dovecote Comm Comp Sch. L14 55 A5
Dovecote Cty Prim Sch. L14 55 A3
Dovecote Gn. WA5 60 A1
Dovedale Ave. Bebington L62 88 E5
Dovedale Ave. Maghull L31 20 C2
Dovedale Cl. L43 65 F2
Dovedale Cres. WN4 35 A8

Dov – Ele 101

Dovedale Ct. WA8 .... 72 B3
Dovedale Inf & Jun Sch. L15 .... 69 A5
Dovedale Rd. Ashton-in-M WN4 .. 35 A8
Dovedale Rd. Hoylake L47 .... 63 B8
Dovedale Rd. Liverpool L18 .... 69 A4
Dovedale Rd. Wallasey L45 .... 51 A7
Dovepoint Rd. L47 .... 48 E1
Dover Cl. L41 .... 66 D7
Dover Rd. Bootle L9 .... 38 F6
Dover Rd. Maghull L31 .... 28 C6
Dover Rd. Southport PR8 .... 3 F2
Dovercliffe Rd. L13 .... 54 B3
Dovercroft. L25 .... 69 F2
Dovesmead Rd. L60 .... 86 C7
Dovestone Cl. L7 .... 68 B8
Dovey St. L8 .... 68 A5
Doward St. WA8 .... 73 C2
Dowhills Dr. L23 .... 26 B5
Dowhills Pk. L23 .... 26 B6
Dowhills Rd. L23 .... 26 B5
Downall Green RC Jun Sch.
WN4 .... 34 E6
Downall Green Rd. WN4 .... 34 E6
Downes Gn. L63 .... 79 A1
Downham Cl. L25 .... 69 F5
Downham Dr. L60 .... 86 A8
Downham Gn. L25 .... 69 F5
Downham Rd. L42 .... 66 E3
Downham Rd N. L60 & L61 .... 77 A2
Downham Rd S. L60 .... 77 A1
Downham Way. L25 .... 69 F5
Downham Wlk. WN5 .... 25 D1
Downholland Haskayne CE Sch.
L39 .... 11 E3
Downing Cl. L43 .... 66 B3
Downing Rd. L20 .... 38 E2
Downing St. 3 L5 .... 53 A5
Downland Way. WA9 .... 44 F2
Downs Rd. WA10 .... 43 D2
Downs The. L23 .... 26 B3
Downside. WA8 .... 72 B3
Downside Cl. L30 .... 27 E4
Downside Dr. L10 .... 28 F1
Downway La. WA9 .... 45 A1
Dowsefield La. L18 & L25 .... 69 E3
Dragon Cl. L11 .... 40 C4
Dragon Cres. L35 .... 56 F4
Dragon Dr. L35 .... 56 E3
Dragon La. L35 .... 56 E3
Dragon Wlk. 2 L11 .... 40 C4
Dragon Yd. WA8 .... 73 B4
Drake Cl. Liverpool L10 .... 40 A7
Drake Cl. Ormskirk L39 .... 13 C2
Drake Cl. Prescot L35 .... 56 E2
Drake Cl. Warrington WA5 .... 60 D1
Drake Cres. Liverpool L10 .... 40 A7
Drake Pl. L10 .... 39 F7
Drake Rd. Liverpool L10 .... 40 A7
Drake Rd. Neston L64 .... 86 E1
Drake Rd. Wallasey L46 .... 50 B4
Drake St. Bootle L20 .... 38 B1
Drake St. St Helens WA10 .... 43 D4
Drake Way. L10 .... 40 A7
Drakefield Rd. L11 .... 39 E3
Draw Well Rd. L33 .... 30 D2
Draycott St. L8 .... 67 F3
Drayton Cl. Irby L61 .... 76 D5
Drayton Cl. Runcorn WA7 .... 84 F1
Drayton Cres. WA11 .... 44 D6
Drayton Rd. 3 Liverpool L4 .... 39 A2
Drayton Rd. Wallasey L44 .... 51 D3
Drennan Rd.
Liverpool L18 & L19 & L25 .... 81 E8
Drewell Rd. L18 .... 68 F3
Drewitt Cres. PR9 .... 2 D4
Driffield Rd. L34 .... 56 C6
Drinkwater Gdns. 2 L3 .... 52 E3
Drive The. L12 .... 54 B5
Driveway. Prescot L35 .... 56 E2
Driveway. Prescot L35 .... 56 F2
Droitwich Ave. L49 .... 64 C4
Dromore Ave. L18 .... 69 A3
Dronfield Way. Liverpool L25 .... 69 F7
Druid St. WN4 .... 35 C2
Druids' Cross Gdns. L18 .... 69 D4
Druids' Cross Rd. L18 .... 69 D4
Druids Pk. L18 .... 69 E4
Druids Way. L49 .... 65 A2
Druidsville Rd. L18 & L25 .... 69 E4
Drummer's La. WN4 .... 34 E7
Drummond Ct. WA8 .... 73 D2
Drummond Rd. Crosby L23 .... 27 B5
Drummond Rd. Hoylake L47 .... 63 B6
Drummond Rd. Liverpool L4 .... 39 C1
Drummoyne Ct. L23 .... 26 A5
Druridge Dr. WA5 .... 74 F4
Drury La. L2 .... 52 C1
Dryburgh Way. 5 L4 .... 52 E8
Dryden Ave. WN4 .... 34 F6
Dryden Cl. Birkenhead L43 .... 65 C7
Dryden Cl. Prescot L35 .... 56 E3
Dryden Gr. L36 .... 55 F1
Dryden Pl. WA2 .... 61 C2
Dryden Rd. L15 & L7 .... 53 E1
Dryden St. Bootle L20 .... 38 A5
Dryden St. Liverpool L5 .... 52 D4
Dryebeck Gr. WA9 .... 58 D6
Dryfield Cl. L49 .... 64 D4
Drysdale St. L8 .... 68 A4
Dublin St. L3 .... 52 B4
Ducie St. L8 .... 68 B6
Duck Pond La. L42 .... 66 A2
Duckinfield St. L3 .... 52 F1
Duddingston Ave. Crosby L23 .... 26 E2
Duddingston Ave. 2
Liverpool L15 & L18 .... 69 A5
Duddon Ave. L31 .... 20 F2
Duddon Cl. L43 .... 65 F3
Dudley Cl. L43 .... 66 B4
Dudley Cres. L62 .... 89 B3
Dudley Gr. L23 .... 26 E2
Dudley Pl. WA9 .... 44 D3
Dudley Rd. Liverpool L15 & L18 .... 68 F5
Dudley Rd. Wallasey L45 .... 51 A8
Dudley St. WN4 .... 35 A5
Dudlow Ct. L18 .... 69 C5
Dudlow Dr. L18 .... 69 C5
Dudlow Gdns. L18 .... 69 C6
Dudlow La. L18 .... 69 C5
Dudlow Nook Rd. L18 .... 69 C6
Dugdale Cl. L19 .... 81 A7
Duke Ave. PR8 .... 4 C4
Duke Of York Cotts. L62 .... 79 A6
Duke St. Ashton-in-M WN4 .... 35 C3
Duke St. Birkenhead L41 .... 66 C8
Duke St. Formby L37 .... 9 F2
Duke St. Golborne WA3 .... 36 A1
Duke St.
Liverpool L1 & L68 & L72 & L75 .... 67 D8
Duke St. Liverpool L19 .... 81 C6
Duke St. Newton-le-W WA12 .... 46 B3
Duke St. 4 Prescot L34 .... 56 D6
Duke St. Seaforth L22 .... 37 D8
Duke St. Southport PR8 .... 4 B5
Duke St. St Helens WA10 .... 43 F4
Duke St. Wallasey L45 .... 51 B8
Duke Street Gate. L41 .... 66 C8
Duke Street La. L1 & L72 .... 67 D8
Duke's Wood La. WN8 .... 24 D3
Dukes Rd. L5 .... 52 E6
Dukes Way. L37 .... 9 F2
Dulas Gn. L32 .... 30 A1
Dulas Rd. Kirkby L32 .... 30 A1
Dulas Rd. Liverpool L15 .... 69 B6
Dulverton Rd. L17 .... 80 E8
Dumbarton St. L4 .... 38 F1
Dumbrees Rd. L12 .... 54 F8
Dumbreeze Gr. L34 .... 41 D4
Dumfries Way. L33 .... 29 D6
Dunacre Way. L26 .... 82 F7
Dunbabin Rd. L15 & L16 .... 69 C6
Dunbar Cres. PR8 .... 7 F8
Dunbar Rd. PR8 .... 3 F1
Dunbar St. L4 .... 38 F2
Dunbeath Ave. L35 .... 57 D2
Dunbeath Cl. L35 .... 57 D1
Dunblane Cl. WN4 .... 34 C4
Duncan Ave. WA12 .... 46 C5
Duncan Cl. WA10 .... 43 F2
Duncan Dr. L49 .... 64 D4
Duncan St. WA10 .... 43 E3
Duncan St. Birkenhead L41 .... 66 F6
Duncan St. Liverpool L1 .... 67 E7
Duncansby Cres. WA5 .... 74 E6
Duncansby Dr. L63 .... 88 C4
Dunchurch Rd. L14 .... 54 F5
Duncombe Rd N. L19 .... 81 B7
Duncombe Rd S. L19 .... 81 B7
Dundale Rd. L13 .... 54 B3
Dundalk La. WA8 .... 84 D8
Dundalk Rd. WA8 .... 84 E8
Dundas St. L20 .... 38 B1
Dundee Cl. WA2 .... 61 F4
Dundee Gr. L44 .... 51 A3
Dundonald Rd. L17 .... 68 E1
Dundonald St. L41 .... 66 A8
Dunedin Ct. L47 .... 63 A6
Dunedin St. WA9 .... 57 E8
Dunes Dr. L37 .... 9 C4
Dunfold Cl. L32 .... 29 F1
Dungeon La. Liverpool L24 .... 82 F1
Dungeon La. Skelmersdale WN8 .. 16 C7
Dunham Ave. WA3 .... 35 F1
Dunham Cl. L62 .... 88 F3
Dunham Rd. L15 .... 54 B1
Dunkeld Cl. 1 L6 .... 53 A3
Dunkeld St. 2 L6 .... 53 A3
Dunkirk Rd. PR8 .... 3 F2
Dunlin Ave. WA12 .... 46 C4
Dunlin Cl. Liverpool L27 .... 70 E4
Dunlin Cl. Warrington WA2 .... 61 E3
Dunlop Ave. PR8 .... 7 C2
Dunlop Dr. L31 .... 29 B4
Dunlop Rd. L24 .... 82 C2
Dunluce St. L4 .... 38 E1
Dunmail Ave. WA11 .... 33 C1
Dunmore Rd. L13 .... 53 F3
Dunmow Way. L25 .... 82 C8
Dunnerdale Rd. L11 .... 40 A2
Dunnett St. L20 .... 38 B1
Dunning Cl. L49 .... 64 E5
Dunnings Bridge Rd.
Litherland L30 & L31 .... 28 B4
Dunnock Cl. Liverpool L25 .... 70 A5
Dunnock Cl. Warrington WA2 .... 61 E3
Dunraven Rd. L48 .... 63 A2
Dunriding La. WA10 .... 43 D3
Dunscroft. WA9 .... 58 D7
Dunsdale Dr. WN4 .... 35 C3
Dunsdon Cl. L18 & L25 .... 69 E4
Dunsdon Rd. L18 .... 69 E5
Dunsford. WA8 .... 72 B3
Dunsop Ave. WA9 .... 58 D4
Dunstan La. L7 .... 68 C8
Dunstan St. L15 .... 68 E8
Dunster Gr. Heswall L60 .... 86 B7
Dunster Gr. St Helens WA9 .... 58 D4
Dunster Rd. PR8 .... 7 E8
Durant's Cotts. L31 .... 28 E7
Durban Ave. L23 .... 26 E5
Durban Rd. Liverpool L13 .... 54 B3
Durban Rd. Wallasey L45 .... 51 C6
Durban St. Golborne WN2 & WN7 .. 36 E4
Durden St. Liverpool L7 .... 68 C7
Durham Ave. L30 .... 28 A1
Durham Mews E. L30 .... 28 A1
Durham Mews W. L30 .... 28 A1
Durham Rd. Seaforth L21 .... 37 F7
Durham Rd. Widnes WA8 .... 73 B3
Durham St. Liverpool L19 .... 81 D4
Durham St. Skelmersdale WN8 .. 15 D2
Durham Way. Litherland L30 .... 28 A1
Durham Way. Prescot L36 .... 56 A3
Durley Dr. L43 .... 65 E1
Durley Rd. L9 .... 39 B6
Durlston Cl. WA8 .... 72 C2
Durnford Hey. L25 .... 70 C6
Durning Rd. L7 .... 53 C1
Durrant Rd. 3 L11 .... 53 E8
Durrell Way. WA3 .... 47 E8
Durrington Bank. L25 .... 70 C6
Dursley. L35 .... 56 F2
Dursley Dr. WN4 .... 35 D4
Durston Rd. L16 .... 69 D8
Durweston Wlk. L25 .... 70 C6
Dutton Dr. L63 .... 78 F2
Duxbury Cl. Maghull L31 .... 20 E3
Duxbury Cl. Rainford WA11 .... 32 A7
Duxford Ct. WA2 .... 61 E1
Dwerryhouse La. L11 & L12 .... 40 B2
Dwerryhouse St. L72 & L8 .... 67 D6
Dyer St. WA3 .... 35 F1
Dyers La. L39 .... 13 E4
Dyke St. L6 .... 53 A4
Dykin Cl. WA8 .... 73 E3
Dykin Rd. WA8 .... 73 E3
Dymchurch Rd. L24 .... 82 B4
Dymoke Rd. 2 L11 .... 40 C3
Dyson Hall. L9 .... 39 D5
Dyson Hall Dr. L9 .... 39 D5
Dyson St. Bootle L4 .... 38 F1
Dyson St. St Helens WA9 .... 44 B1

Eager La. L31 .... 20 B8
Eagle Cres. WA11 .... 32 A6
Eagle Dene. L10 .... 40 A6
Eaglehall Rd. L11 & L9 .... 39 F4
Eaglehurst Rd. L25 .... 70 B4
Eagles Ct. L32 .... 29 E2
Eaglesfield Cl. 2 WA9 .... 58 D7
Ealing Rd. L9 .... 39 B7
Eamont Ave. PR9 .... 2 B5
Eardisley Rd. L15 & L18 .... 69 B6
Earl Rd. L20 .... 38 E4
Earl St. Bebington L62 .... 79 B8
Earl St. St Helens WA9 .... 44 C4
Earl's Cl. L23 .... 26 D3
Earle Cl. WA12 .... 45 F3
Earle Cres. L64 .... 86 D1
Earle Dr. L64 .... 86 D1
Earle House. L62 .... 79 B8
Earle Jun Mix & Inf Sch. L7 .... 68 C7
Earle Jun Mix & Inf Sch. L7 .... 68 D8
Earle Rd. L15 & L7 & L8 .... 68 C8
Earle St. 1 Liverpool L3 .... 52 C2
Earle St. Newton-le-W WA12 .... 46 A3
Earlestown Dist CE Jun Sch.
WA12 .... 46 A3
Earlestown Sta. WA12 .... 46 B3
Earlsfield Rd. L15 .... 68 F6
Earlston Rd. L45 .... 51 B6
Earlswood. WN8 .... 16 E1
Earp St. L19 .... 81 C6
Easby Cl. L37 .... 10 A2
Easby Rd. L4 & L5 .... 52 D7
Easby Wlk. L4 .... 52 D7
Easedale Dr. PR8 .... 7 B4
Easedale Wlk. L33 .... 29 D5
Easenhall Cl. WA8 .... 73 C5
Easington Rd. L35 & WA9 .... 57 D6
East Albert Rd. L17 .... 68 B4
East Ave. WA3 .... 36 C1
East Cl. L34 .... 57 A7
East Dam Wood Rd. L24 .... 83 A2
East Farm Mews. L48 .... 75 F8
East Front. L35 .... 56 E1
East La. L29 & L38 .... 19 B2
East Lancashire Rd.
Haydock WA11 .... 45 C8
East Lancashire Rd.
Knowsley L33 & L34 .... 41 C6
East Lancashire Rd.
Liverpool L11 .... 40 C5
East Lancashire Rd.
Newton-le-W WA11 & WA12 & WA3 .. 46 C7
East Lancashire Rd.
St Helens WA10 & WA11 .... 43 C7
East Lancashire Rd.
St Helens WA11 .... 44 C8
East Leigh. WN8 .... 16 D1
East Mains. L24 .... 83 A3
East Mead. L39 .... 13 B2
East Meade. L31 .... 20 C2
East Millwood Rd. L24 .... 83 A4
East Mount. WN5 .... 25 F6
East Orchard La. L9 .... 39 E7
East Prescot Rd. L13 & L14 .... 54 D4
East Rd. Liverpool L14 .... 54 C2
East Rd. Liverpool L24 .... 83 A5
East Rd. Maghull L31 .... 20 F1
East Side. WA9 .... 44 C2
East St. Ashton-in-M WN4 .... 35 D4
East St. Crosby L22 .... 26 D1
East St. Liverpool L3 .... 52 C2
East St. Prescot L34 .... 56 E6
East St. Southport PR9 .... 4 D7
East St. Wallasey L41 & L44 .... 51 E1
East St. Widnes WA8 .... 73 D1
East Way. L46 .... 49 F1
Eastbank St. PR8 .... 4 B6
Eastbourne Rd.
Birkenhead L41 & L43 .... 66 C6
Eastbourne Rd. Crosby L22 .... 26 B2
Eastbourne Rd. Liverpool L9 .... 39 B7
Eastbourne Rd. Southport PR8 .... 4 A3
Eastbourne Way. L6 .... 52 F3
Eastbury Cl. WA8 .... 73 C5
Eastcliffe Rd. L13 .... 54 B3
Eastcote Rd. L19 .... 81 C8
Eastcott Cl. L49 .... 64 C3
Eastcroft. L33 .... 29 F5
Eastcroft Park Prim Sch. L33 .. 29 F5
Eastcroft Rd. L44 .... 51 C2
Eastdale Rd. L15 .... 68 F8
Eastern Ave. Bebington L62 .... 79 D3
Eastern Ave. Liverpool L24 .... 82 F3
Eastern Dr. L19 .... 81 A7
Eastfield Dr. L17 .... 68 C3
Eastfield Wlk. L32 .... 29 C1
Eastham Cl. L16 .... 54 F1
Eastham Cres. WA9 .... 58 C4
Eastham Ctry Pk. L62 .... 89 A8
Eastham Gn. L24 .... 82 E4
Eastham Mews. L62 .... 89 A4
Eastham Rake. L63 & L62 & L66 .. 88 D3
Eastham Rake Sta. L62 .... 88 D3
Eastham Village Rd. L62 .... 89 A5
Eastlake Ave. L5 .... 52 F5
Eastleigh Dr. L61 .... 76 D7
Eastman Rd. L13 .... 53 E7
Easton Rd. Bebington L62 .... 79 B8
Easton Rd. Huyton-w-R L36 .... 55 A3
Eastpark Ct. L44 .... 51 E3
Eastview Cl. L43 .... 65 D4
Eastway. Birkenhead L49 .... 64 E4
Eastway. Maghull L31 .... 20 E1
Eastway. Widnes WA8 .... 72 D1
Eastway Prim Sch. L46 .... 49 F1
Eastwell Rd. WN4 .... 35 A3
Eastwood. L8 .... 68 A3
Eastwood Ave. WA12 .... 46 F3
Eastwood Rd. WA5 .... 59 F7
Eaton Ave. Bootle L21 .... 38 B7
Eaton Ave. Bootle L20 .... 38 D5
Eaton Ave. Wallasey L44 .... 51 C4
Eaton Cl. Huyton-w-R L36 .... 55 D2
Eaton Cl. Liverpool L12 .... 54 A7
Eaton Gdns. L12 .... 54 D4
Eaton Grange. L12 .... 54 C5
Eaton Rd. Birkenhead L43 .... 66 B5
Eaton Rd. Liverpool L12 & L14 .... 54 C5
Eaton Rd. Liverpool L19 .... 81 A6
Eaton Rd. Maghull L31 .... 28 D6
Eaton Rd. St Helens WA10 .... 43 D6
Eaton Rd. West Kirby L48 .... 63 B1
Eaton Rd N. L12 .... 54 A7
Eaton St. Liverpool L3 .... 52 C3
Eaton St. Prescot L34 .... 56 D7
Eaton St. Wallasey L44 .... 51 B5
Eaves La. WA9 .... 58 C6
Eaves Prim Sch. WA9 .... 58 C6
Eavesdale. WN8 .... 24 E8
Ebenezer Howard Rd. L21 .... 27 C1
Ebenezer Rd. L7 .... 53 C3
Ebenezer St. Birkenhead L42 .... 67 A2
Ebenezer St. St Helens WA11 .... 44 F6
Ebenfe St. L2 .... 52 C2
Ebony Cl. L46 .... 64 B8
Ebony Way. L33 .... 29 E5
Ebor La. L5 .... 52 E4
Ebrington St. L19 .... 81 C7
Eccles Gr. WA9 .... 58 E3
Eccles Rd. L37 .... 9 D1
Ecclesall Ave. L21 .... 38 D8
Ecclesfield Rd. WA10 .... 43 A6
Eccleshall Rd. L62 .... 79 C6
Eccleshill Rd. L13 .... 54 A5
Eccleston Ave. L62 .... 79 C1
Eccleston Cl. L43 .... 65 E3
Eccleston Gdns. St Helens WA10 43 B1
Eccleston Gdns. St Helens WA10 57 A8
Eccleston Lane Ends Prim Sch.
L34 .... 56 F7
Eccleston Mere Cty Prim Sch.
WA10 .... 43 A3
Eccleston Park Sta. L35 .... 57 A6
Eccleston Rd. 1 L9 .... 39 A6
Eccleston St. Prescot L34 .... 56 D6
Eccleston St. St Helens WA10 .... 43 E3
Edale Cl. L62 .... 88 E5
Edale Rd. L18 .... 69 B4
Eddisbury Rd. 4 Wallasey L44 .. 51 C5
Eddisbury Rd. West Kirby L48 .... 63 A4
Eddisbury Way. L12 .... 54 A7
Eddleston St. WN4 .... 34 F6
Eden Ave. Rainford WA11 .... 31 E7
Eden Ave. Southport PR9 .... 1 F2
Eden Cl. Kirkby L33 .... 29 F6
Eden Cl. Rainhill L35 .... 57 B2
Eden Dr N. L23 .... 27 A3
Eden Dr S. L23 .... 27 A3
Edendale. WA8 .... 72 B2
Edenfield Cl. PR8 .... 4 E3
Edenfield Cres. L36 .... 55 F4
Edenfield Rd. L15 .... 69 A6
Edenhall Dr. L25 .... 70 C2
Edenhurst Ave.
Liverpool L16 & L36 .... 70 A8
Edenhurst Ave. 2 Wallasey L44 51 C5
Edenhurst Cl. Formby L37 .... 9 C2
Edenhurst Ct. Huyton-w-R L36 .... 55 B4
Edenhurst Dr. L37 .... 9 C2
Edenpark Rd. L42 .... 66 C3
Edgar Ct. L41 .... 66 D7
Edgar St. Liverpool L3 .... 52 D3
Edgar St. St Helens WA9 .... 44 B1
Edgbaston Cl. L36 .... 55 C1
Edgbaston Way. L43 .... 65 C8
Edge Gr. L7 .... 53 E2
Edge Green La. WA3 .... 35 F2
Edge Green Rd. WA3 & WN4 .... 35 F4
Edge Green St. WN4 .... 35 D4
Edge Hall Rd. WN5 .... 25 E5
Edge Hill Coll of HE. L39 .... 14 A3
Edge Hill Sta. L7 .... 68 C8
Edge La. Crosby L23 .... 27 B5
Edge La. Liverpool L13 & L7 .... 53 D2
Edge Lane Dr. L13 .... 54 B2
Edge Lane Ret Pk. L13 .... 53 F2
Edge St. L35 .... 57 C6
Edgefield Cl. L43 .... 65 D4
Edgefold Rd. L32 .... 29 F1
Edgehill Rd. L46 .... 64 D8
Edgeley Gdns. L9 .... 38 F6
Edgemoor Cl. Birkenhead L43 .... 65 B7
Edgemoor Cl. Crosby L23 .... 27 B5
Edgemoor Cl. Liverpool L12 .... 54 D5
Edgemoor Dr. Crosby L23 .... 27 A5
Edgemoor Dr. Irby L61 .... 76 C7
Edgemoor Dr. Liverpool L10 .... 40 A7
Edgemoor Rd. L12 .... 54 D5
Edgerley Pl. WN4 .... 35 A3
Edgerton Rd. Birkenhead L43 .... 66 A6
Edgerton Rd. Golborne WA3 .... 47 F8
Edgewood Dr. L62 .... 88 D5
Edgewood Rd. Birkenhead L49 .... 64 F6
Edgewood Rd. Hoylake L47 .... 48 D1
Edgeworth Cl. WA9 .... 58 E8
Edgeworth Rd. WA3 .... 35 F1
Edgeworth St. WA9 .... 58 E7
Edgley Dr. L39 .... 14 A5
Edgworth Rd. L4 .... 53 B6
Edinburgh Cl. L30 .... 39 A8
Edinburgh Dr. Birkenhead L43 .... 66 A1
Edinburgh Dr. Huyton-w-R L36 .. 71 A8
Edinburgh Rd. Formby L37 .... 9 E1
Edinburgh Rd. Liverpool L7 .... 53 A2
Edinburgh Rd. Wallasey L45 .... 51 B5
Edinburgh Rd. Widnes WA8 .... 84 A8
Edinburgh Tower. L5 .... 52 E5
Edington St. L15 .... 68 E8
Edith Rd. Bootle L20 .... 38 D6
Edith Rd. Liverpool L4 .... 53 A6
Edith Rd. Wallasey L44 .... 51 E3
Edith St. WA9 .... 58 F7
Edith St. Runcorn WA7 .... 84 F3
Edmondson St. WA9 .... 44 F3
Edmonton Cl. L5 .... 52 D6
Edmund St. L3 .... 52 C2
Edna Ave. L10 .... 40 A7
Edrich Ave. L43 .... 65 C8
Edward Dr. WN4 .... 35 B4
Edward Jenner Ave. L30 .... 27 F3
Edward Rd. Hoylake L47 .... 63 C6
Edward Rd. Prescot L35 .... 56 F5
Edward Rd. Warrington WA5 .... 74 D6
Edward St. Haydock WA11 .... 45 A6
Edward St. 4 Liverpool L3 .... 52 E1
Edward St. St Helens WA9 .... 44 D1
Edward St. Widnes WA8 .... 73 D1
Edward's La. L24 .... 82 B6
Edwards Lane Ind Est. L24 .... 82 B6
Edwards Way. WA8 .... 84 C8
Edwin St. WA8 .... 73 C1
Effingham St. L20 .... 38 B1
Egan Rd. L43 .... 65 E8
Egbert Rd. L47 .... 63 C8
Egdon Cl. WA8 .... 73 E2
Egerton. WN8 .... 24 D8
Egerton Dr. L48 .... 63 B2
Egerton Gr. L45 .... 51 B5
Egerton Park Cl. L42 .... 66 E1
Egerton Rd. Bebington L62 .... 79 B7
Egerton Rd. Liverpool L15 .... 68 D7
Egerton Rd. Prescot L34 .... 56 C6
Egerton St. Abram WN2 .... 36 B7
Egerton St. Liverpool L7 & L8 .... 67 F7
Egerton St. Runcorn WA7 .... 84 F3
Egerton St. St Helens WA9 .... 44 D1
Egerton St. Wallasey L45 .... 51 C8
Egerton Wharf. L41 & L72 .... 66 E8
Eglington Ave. L35 .... 56 D2
Egremont Cl. L27 .... 71 A4
Egremont Lawn. L27 .... 71 A4
Egremont Prim Sch. L44 .... 51 D4
Egremont Prom. L44 & L45 .... 51 D5
Egremont Rd. L27 .... 71 A4
Egypt St. WA8 .... 84 F7
Eight Acre La. L37 .... 10 B6
Eileen Craven Jun Mix Sch. L4 52 F8
Eilian Gr. L14 .... 54 D2
Elaine Cl. Ashton-in-M WN4 .... 35 D5
Elaine Cl. Widnes WA8 .... 73 C1
Elaine St. L8 .... 67 F6
Elbow La. L37 .... 9 F3
Elcombe Ave. WA3 .... 47 E7
Elder Gdns. L19 .... 81 B8
Elder Gr. L48 .... 63 B2
Elderdale Rd. L4 .... 53 B7
Eldersfield Rd. L11 .... 40 B2
Elderswood Rd. L35 .... 57 C4
Elderwood Rd. L42 .... 66 E3
Eldon Cl. WA10 .... 43 E2
Eldon Gdns. WN4 .... 35 A6
Eldon Gr. L3 .... 52 D4
Eldon Pl. Birkenhead L41 .... 66 D6
Eldon Pl. Liverpool L3 .... 52 D4
Eldon Rd. Birkenhead L42 .... 66 F2
Eldon Rd. Wallasey L44 .... 51 B4
Eldon St. Liverpool L3 .... 52 C4
Eldon St. St Helens WA10 .... 43 E2
Eldonian Way. L3 & L5 .... 52 C4
Eldons Croft. PR8 .... 7 D5
Eldred Rd. L16 .... 69 C6
Eleanor Rd. Birkenhead L43 .... 65 D8
Eleanor Rd. Bootle L20 .... 38 D6

102 Ele – Fau

Eleanor Rd. Wallasey L46 49 D1
Eleanor St. L20 38 B1
Elephant La. L35 & WA9 57 E7
Elfet St. L41 65 F8
Elgar Ave. L62 88 E5
Elgin Ave. WN4 34 D4
Elgin Dr. L45 51 C6
Elgin Way. L41 & L72 66 E7
Eliot St. L20 38 B5
Eliza St. WA9 58 F7
Elizabeth Ave. PR8 7 E6
Elizabeth Rd. Bootle L20 38 D6
Elizabeth Rd. Haydock WA11 45 E7
Elizabeth Rd. Huyton-w-R L36 71 A8
Elizabeth Rd. Liverpool L10 & L11 40 B6
Elizabeth St. Liverpool L3 & L7 52 F2
Elizabeth St. St Helens WA9 58 E3
Elizabeth St. St Helens WA9 58 E8
Elkan Cl. WA8 73 E2
Elkan Rd. WA8 73 E2
Elkstone Rd. L11 40 B1
Ellaby Rd. L35 57 C4
Ellamsbridge Rd. WA9 58 E8
Ellel Gr. L6 53 C5
Ellen Garden. WA9 58 E7
Ellen St. WA9 58 E7
Ellen's Cl. 4 L6 & L7 53 A2
Ellen's La. L63 & L62 79 B5
Elleray Park Rd. L45 51 A7
Elleray Park Sch. L45 51 A7
Ellerbrook Way. L39 13 E6
Ellergreen Rd. L11 40 A2
Ellerman Rd. L3 & L8 67 F3
Ellerslie Ave. L35 57 C5
Ellerslie Rd. L13 53 E6
Ellerton Cl. WA8 72 D3
Ellerton Way. L12 40 E3
Ellesmere Dr. L10 28 C3
Ellesmere Gr. L45 51 B7
Ellesmere Rd. WN4 34 F4
Elliot St. Liverpool L1 52 D1
Elliot St. St Helens WA10 43 E3
Elliott Ave. WA3 36 B1
Elliott-Clark Sch. L1 67 E8
Ellis Ashton St. L35 & L36 56 B1
Ellis Pl. L8 67 F5
Ellis Rd. WN5 33 D4
Ellison Dr. WA10 43 C4
Ellison St. L13 53 F4
Ellison Tower. L5 52 E5
Ellon Ave. L35 57 D2
Elloway Rd. L24 83 A3
Elm Ave. Birkenhead L49 64 D6
Elm Ave. Crosby L23 26 F6
Elm Ave. Garswood WN4 34 D5
Elm Ave. Golborne WA3 36 A1
Elm Ave. Newton-le-W WA12 46 C2
Elm Ave. Widnes WA8 73 B2
Elm Bank. 7 L5 52 F7
Elm Cl. Heswall L61 77 A4
Elm Cl. Liverpool L12 40 F3
Elm Ct. L23 26 C4
Elm Dr. Billinge WN5 33 D5
Elm Dr. Birkenhead L49 64 C3
Elm Dr. Formby L37 9 D1
Elm Dr. Seaforth L21 37 F6
Elm Gdns. WA11 31 F6
Elm Gr. Birkenhead L41 & L42 66 D4
Elm Gr. Hoylake L47 63 C7
Elm Gr. Liverpool L7 53 A1
Elm Gr. Prescot L34 56 F7
Elm Gr. Skelmersdale WN8 15 E1
Elm Gr. Widnes WA8 73 B1
Elm Hall Dr. L15 & L18 69 A5
Elm House. Crosby L22 26 D1
Elm House. Prescot L34 56 C6
Elm House Mews. L25 70 B4
Elm Park Rd. L45 51 A7
Elm Pl. L39 13 E4
Elm Rd. Abram WN2 36 C7
Elm Rd. Bebington L63 78 F7
Elm Rd. Birkenhead L42 66 B2
Elm Rd. Birkenhead L42 66 D3
Elm Rd. Haydock WA11 45 E7
Elm Rd. Heswall L61 76 F6
Elm Rd. Kirkby L32 29 D3
Elm Rd. Liverpool L4 39 A2
Elm Rd. Seaforth L21 37 F6
Elm Rd. Southport PR8 4 B4
Elm Rd. St. Helens WA10 & WA9 57 E8
Elm Rd. Warrington WA2 61 A4
Elm Rd. Warrington WA5 74 F4
Elm Rd N. L42 66 B2
Elm St. Birkenhead L41 66 D6
Elm St. Huyton-w-R L36 56 A2
Elm Terr. Hoylake L47 63 C7
Elm Terr. Liverpool L7 53 C2
Elm Tree Rd. WA3 47 F8
Elm Vale. L6 & L7 53 D3
Elmar Rd. L17 68 E2
Elmbank Rd. Bebington L62 79 B6
Elmbank Rd. Liverpool L18 68 E5
Elmbank St. L44 51 C3
Elmcroft La. L38 18 A3
Elmdale Cl. L37 9 D2
Elmdale Rd. L9 39 A4
Elmdene Ct. L49 64 C2
Elmer's Green La. Skelmersdale WN8 16 C4
Elmer's Green La. Skelmersdale WN8 16 D2
Elmers Green Prim Sch. WN8 16 D1
Elmers Wood Rd. WN8 16 D2
Elmfield Cl. WA9 57 E8
Elmfield Rd. L9 39 A5
Elmham Cres. L10 39 F7
Elmhurst Rd. L25 70 B7
Elmore Cl. L5 52 F5
Elmridge. Skelmersdale WN8 24 D8
Elms House Rd. L13 53 F2
Elms Rd. L31 28 D6
Elms The. Golborne WA3 47 F7
Elms The. Huyton-w-R L28 55 B8
Elms The. Liverpool L17 & L8 68 A4
Elms The. Maghull L31 20 D3
Elms The. Runcorn WA7 84 F1
Elms The. Southport PR8 3 F6
Elms The. Southport PR8 4 C5
Elmsbury St. 1 WN4 34 F5
Elmsdale Rd. L18 69 A5
Elmsfield Cl. L25 70 A5
Elmsfield Pk. L39 21 A6
Elmsfield Rd. L23 27 B6
Elmsley Ct. L18 69 A3
Elmsley Rd. L18 68 F4
Elmstead. WN8 24 D8
Elmswood Ave. L35 57 D1
Elmswood Ct. L18 68 F3
Elmswood Gr. L36 55 C3
Elmswood Rd. Birkenhead L42 66 D4
Elmswood Rd. Liverpool L17 & L18 68 E2
Elmswood Rd. Wallasey L44 51 D4
Elmtree Cl. L12 54 C7
Elmtree Gr. L43 65 E8
Elmure Ave. L63 78 D5
Elmwood. WN8 16 C3
Elmwood Ave. Ashton-in-M WN4 35 A2
Elmwood Ave. Crosby L23 27 A5
Elmwood Dr. L60 & L61 76 F2
Elphin Gr. L4 39 A1
Elric Wlk. L33 29 F3
Elsbeck Gr. WA9 58 D6
Elsie Rd. L4 53 B6
Elsinore Ct. L23 26 C3
Elsinore Heights. L26 83 A7
Elsmere Ave. L17 68 C3
Elson Rd. L37 9 D1
Elstead Gr. WN4 34 D4
Elstead Rd. Kirkby L32 29 C1
Elstead Rd. Liverpool L9 39 E4
Elston Ave. WA12 46 C5
Elstow St. L5 52 D7
Elstree Rd. L6 53 D3
Elswick. WN8 24 C8
Elswick Gn. PR9 2 A5
Elswick Rd. PR9 1 F4
Elswick St. L8 67 F3
Eltham Ave. L21 27 B1
Eltham Cl. Birkenhead L49 65 B2
Eltham Cl. Widnes WA8 73 E3
Eltham Gn. L49 65 B2
Eltham St. L7 53 D2
Eltham Wlk. WA8 73 E3
Elton Ave. Crosby L23 26 C4
Elton Ave. Litherland L30 27 E3
Elton Cl. Bebington L62 88 E3
Elton Cl. Golborne WA3 47 E7
Elton Day Hospl. L35 57 C5
Elton Dr. L63 79 A3
Elton Head Rd. St Helens L35 & WA9 57 E6
Elton St. L4 38 F2
Elvington Rd. L38 18 A2
Elway Rd. WN4 35 C4
Elworth Ave. WA8 73 A5
Elworthy Ave. L26 70 F1
Elwy St. L8 68 A5
Elwyn Dr. L26 83 A8
Elwyn Rd. L47 48 E1
Ely Ave. L46 64 C8
Ely Cl. L30 27 F1
Embledon St. L8 68 B7
Emerald Cl. L30 28 B3
Emerald St. L8 67 F3
Emerson Cl. L38 18 A4
Emerson St. L8 67 F7
Emery St. L4 38 F1
Emily St. L35 57 C7
Emlyn St. WA9 44 D1
Emmanuel Rd. PR9 1 F2
Emmett St. WA9 44 C1
Empire Rd. L21 38 B6
Empress Cl. L31 20 B1
Empress Rd. Liverpool L7 53 B2
Empress Rd. Liverpool L6 53 C6
Empress Rd. Wallasey L44 51 C4
Emstrey Wlk. 1 L32 29 C2
Endborne Rd. L9 39 A6
Endbutt La. L23 26 E3
Enderby Ave. WA11 44 D6
Endfield Pk. L19 81 B8
Endmoor Rd. L36 55 D5
Endsleigh Rd. Crosby L22 26 D2
Endsleigh Rd. Liverpool L13 53 E3
Enerby Cl. L43 65 C7
Enfield Ave. L23 26 E4
Enfield Park Rd. WA2 61 F4
Enfield Rd. L13 54 B2
Enfield St. WA10 43 E2
Enfield Terr. L43 66 B5
Enford Dr. WA9 58 D7
Engine La. L37 18 E8
English Martyrs RC Prim Sch. Bootle L21 38 C8
English Martyrs RC Prim Sch. Haydock WA11 45 E7
English Martyrs RC Prim Sch. Kirkby L33 29 D4
Enid Pl. WN2 35 F8
Enid St. L8 67 F6
Enerdale. WN8 24 D8
Ennerdale Ave. Ashton-in-M WN4 35 B5
Ennerdale Ave. Bebington L62 88 F4
Ennerdale Ave. Maghull L31 20 E2
Ennerdale Ave. St Helens WA11 33 B1
Ennerdale Ave. Warrington WA2 61 B3
Ennerdale Cl. Formby L37 9 D3
Ennerdale Cl. Kirkby L33 29 D5
Ennerdale Dr. Bootle L21 & L30 38 D8
Ennerdale Dr. Ormskirk L39 13 B2
Ennerdale Rd. Birkenhead L43 65 E1
Ennerdale Rd. Formby L37 9 E3
Ennerdale Rd. Wallasey L45 50 F8
Ennerdale St. 3 L3 52 D4
Ennis Cl. L24 83 D2
Ennis Rd. L12 54 E6
Ennisdale Dr. L48 63 D2
Ennismore Rd. Crosby L23 26 C5
Ennismore Rd. Liverpool L13 53 F3
Ensor St. L20 38 B1
Enstone. WN8 16 D1
Enstone Ave. L21 27 A1
Enstone Rd. L25 82 B6
Ensworth Rd. L18 69 B5
Enterprise Workshops. PR9 5 A6
Epping Ave. WA9 58 B3
Epping Cl. L35 57 D2
Epping Ct. L60 77 A1
Epping Gr. L15 69 B6
Epsom Cl. L10 28 E1
Epsom Dr. WN2 35 F7
Epsom St. WA9 44 F4
Epsom Way. L5 52 D5
Epstein Ct. 12 L6 53 B3
Epworth Cl. 1 WA5 59 F7
Epworth St. L6 & L7 52 F2
Eremon Cl. L9 39 D8
Erfurt Ave. L63 79 A4
Eric Gr. L44 51 A4
Eric Rd. L44 51 A4
Eric St. WA8 73 C2
Erica Ct. L60 76 E1
Eridge St. L8 68 A3
Erl St. L9 39 A6
Ermine Cres. L5 52 F5
Ernest Cookson Sch. L12 54 A6
Errington Ct. L17 80 F8
Errington St. L20 & L5 52 C6
Errol St. L17 68 B3
Erwood Cl. L24 83 E2
Erskine Cl. WA11 44 E6
Erskine Ind Est. 5 L6 52 F3
Erskine Rd. L44 51 C3
Erskine St. L6 52 F2
Erskine St Ind Est. 5 L7 53 A2
Erylmore Rd. L18 69 A1
Escolme Dr. L49 64 E3
Escor Rd. L25 70 A6
Eshe Rd. L23 26 C4
Eshe Rd N. L23 26 C4
Eshelby Cl. L22 26 F1
Esher Cl. L43 65 C7
Esher Rd. Bebington L62 79 B8
Esher Rd. Liverpool L6 & L7 53 C3
Esk St. L20 52 B8
Eskbank. WN8 24 C8
Eskbrook. WN8 16 C1
Eskburn Rd. L13 53 E6
Eskdale. WN8 24 B8
Eskdale Ave. Bebington L62 88 E5
Eskdale Ave. Ormskirk L39 13 C2
Eskdale Ave. St Helens WA11 44 B8
Eskdale Ave. Wallasey L46 49 C1
Eskdale Ave. Warrington WA2 61 C3
Eskdale Cl. L37 9 D2
Eskdale Dr. Formby L37 9 D2
Eskdale Dr. Maghull L31 20 E2
Eskdale Rd. Ashton-in-M WN4 35 B4
Eskdale Rd. Liverpool L9 39 A6
Eslington St. L19 81 A7
Esmond St. L6 53 B5
Esonwood Rd. L35 56 D3
Espin St. 3 L4 38 F1
Esplanade. Birkenhead L8 67 A2
Esplanade. Southport PR8 3 F7
Esplanade The. 4 Bootle L20 38 C3
Esplanade The. Liverpool L8 67 C1
Esplen Ave. L23 26 F5
Essex Rd. Huyton-w-R L36 56 B4
Essex Rd. Southport PR8 8 A8
Essex Rd. West Kirby L48 63 C3
Essex St. L8 67 F5
Essex Way. L20 38 D4
Esther St. WA8 73 C1
Esthwaite Ave. WA11 44 C8
Ethel Rd. L44 51 D3
Ethelbert Rd. L47 63 C8
Etna St. Birkenhead L42 66 F2
Etna St. Liverpool L13 53 F3
Eton Ct. L18 69 D5
Eton Dr. Heswall L63 86 F6
Eton Dr. Litherland L10 28 D2
Eton Hall Dr. WA9 58 C7
Eton St. L4 38 F1
Eton Way. WN5 25 F8
Etruria St. L19 81 C4
Etruscan Rd. L13 54 A4
Ettington Dr. PR8 7 A5
Ettington Rd. L4 53 B7
Ettrick Cl. L33 29 D6
Eurolink. WA9 57 F4
Europa Bvd. Birkenhead L41 & L72 66 E6
Europa Bvd. Warrington WA5 60 D3
Euston Gr. L43 66 C5
Euston St. L4 38 F2
Evans Cl. WA11 45 F7
Evans Rd. Hoylake L47 63 B7
Evans Rd. Liverpool L24 82 C5
Evans St. L34 56 D7
Evelyn Ave. Prescot L34 56 E6
Evelyn Ave. St Helens WA9 44 E3
Evelyn Prim Sch. L34 56 E7
Evelyn Rd. L44 51 C3
Evelyn St. WA9 44 E3
Evenwood. Skelmersdale WN8 16 D1
Evenwood. 5 St Helens WA9 58 C6
Evenwood Ct. WN8 16 C1
Everard Rd. PR8 4 D4
Everdon Wood. L33 29 F3
Evered Ave. L9 39 A4
Everest Rd. Birkenhead L42 66 D2
Everest Rd. Crosby L23 26 E4
Evergreen Cl. L49 64 E6
Everite Rd. WA8 84 B7
Everleigh Cl. L43 65 B7
Eversleigh Dr. L63 79 A4
Eversley. Skelmersdale WN8 16 D1
Eversley. Widnes WA8 72 B2
Eversley Pk. L43 66 B3
Eversley St. Liverpool L8 68 A6
Eversley St. Liverpool L8 68 A7
Everton Brow. L3 & L6 52 E4
Everton Gr. WA11 44 D5
Everton Park Prim Sch. L6 53 A4
Everton Rd. Liverpool L6 52 F4
Everton Rd. Southport PR8 4 A4
Everton St. Garswood WN4 34 D5
Everton St. Liverpool L6 52 F4
Everton Terr. L5 & L6 52 F4
Everton Valley. L4 & L5 52 E7
Everton View. L20 38 B2
Every St. L6 53 B4
Evesham Cl. L25 69 F2
Evesham Rd. Liverpool L4 39 D1
Evesham Rd. Wallasey L45 50 F6
Evington. WN8 16 D1
Ewanville. L36 55 E1
Ewart Rd. Bootle L21 38 A7
Ewart Rd. Liverpool L16 70 A8
Ewart Rd. St Helens WA11 44 B6
Ewden Cl. L16 69 E7
Exchange Pas E. 6 L2 52 C2
Exchange Pas W. 5 L2 52 C2
Exchange Pl. L33 57 C3
Exchange St. 6 WA10 44 A3
Exchange St E. L2 52 C2
Exchange St W. L2 52 C1
Exeley. L35 56 E2
Exeter Cl. L10 28 E1
Exeter Rd. Bootle L20 38 C2
Exeter Rd. Wallasey L44 51 C5
Exeter St. WA10 43 D3
Exford Rd. L12 54 D8
Exley Way. 1 L6 53 B3
Exmoor Cl. Heswall L61 76 F5
Exmoor Cl. Southport PR9 2 B6
Exmouth Gdns. 3 L41 66 D6
Exmouth St. L41 66 D6
Exmouth Way. Birkenhead L41 66 D6
Exmouth Way. Burtonwood WA5 59 F6
Exploring View. WA9 58 D8
Factory La. WA8 73 C3
Factory Row. WA10 43 E1
Fair View. WN5 33 D5
Fair View Ave. WN5 33 D5
Fair View Pl. 3 L8 68 A4
Fair Way. WA10 43 C5
Fairacre Rd. L19 81 A8
Fairacres Rd. L63 79 A4
Fairbairn Rd. L22 26 E1
Fairbank St. L15 68 E7
Fairbeech Ct. L43 65 C7
Fairbeech Mews. L43 65 C7
Fairbourne Cl. WA5 60 E3
Fairbrook Dr. L41 50 E1
Fairbrother Cres. WA2 61 D2
Fairburn. WN8 16 B3
Fairburn Cl. WA8 73 E3
Fairburn Rd. L13 53 E6
Fairclough Cl. L35 57 B3
Fairclough Cres. WA11 45 A6
Fairclough La. L43 66 B4
Fairclough Rd. Huyton-w-R L36 55 C5
Fairclough Rd. Rainhill L35 57 B3
Fairclough Rd. St Helens WA10 43 C4
Fairclough St. Burtonwood WA5 59 E6
Fairclough St. 6 Liverpool L1 52 D1
Fairclough St. Newton-le-W WA12 46 B3
Fairfax Pl. L11 39 D2
Fairfax Rd. Birkenhead L41 & L42 66 E4
Fairfax Rd. Liverpool L11 39 E2
Fairfield. L23 26 E4
Fairfield Ave. L14 & L36 55 A2
Fairfield Cl. Huyton-w-R L36 55 A2
Fairfield Cl. 2 Ormskirk L39 13 E7
Fairfield Cres. Birkenhead L46 64 D8
Fairfield Cres. Huyton-w-R L36 55 A2
Fairfield Cres. Liverpool L6 53 D4
Fairfield Cty High Sch. WA8 73 B3
Fairfield Dr. 1 Ormskirk L39 13 E7
Fairfield Dr. West Kirby L48 63 E3
Fairfield Gdns. WA11 32 E2
Fairfield Hospl. WA11 32 E2
Fairfield Rd. Birkenhead L42 66 E2
Fairfield Rd. Southport PR8 7 C5
Fairfield Rd. St Helens WA10 43 D5
Fairfield Rd. Widnes WA8 73 B2
Fairfield St. L7 53 E3
Fairfields Cty Inf Sch. WA8 73 B2
Fairford Cres. L14 54 B4
Fairford Rd. L14 54 B4
Fairhaven. Kirkby L33 29 E5
Fairhaven. Skelmersdale WN8 16 C3
Fairhaven Cl. L42 66 F2
Fairhaven Dr. L63 88 C5
Fairhaven Rd. Southport PR9 2 B4
Fairhaven Rd. Widnes WA8 73 C2
Fairholme Ave. Ashton-in-M WN4 35 B4
Fairholme Ave. Neston L64 86 D1
Fairholme Ave. St Helens L34 & L35 57 A6
Fairholme Cl. L12 54 A8
Fairholme Mews. L23 26 E4
Fairholme Rd. L23 26 E4
Fairhurst Terr. L34 56 E6
Fairlawn Cl. L63 88 A6
Fairlawn Ct. L43 65 F5
Fairlawne Cl. L33 29 E5
Fairlie. WN8 16 C3
Fairlie Cres. L20 38 D7
Fairlie Cty Prim Sch. WN8 16 C3
Fairlie Dr. L35 57 D2
Fairmead Rd. Liverpool L11 39 E2
Fairmead Rd. Wallasey L46 49 F1
Fairoak Cl. L43 65 C7
Fairoak Mews. L43 65 C7
Fairstead. WN8 16 C3
Fairthorn Wlk. L33 30 A3
Fairview Ave. L45 51 B5
Fairview Cl. Ashton-in-M WN4 35 B4
Fairview Cl. Birkenhead L43 66 B3
Fairview Rd. L43 66 B3
Fairview Way. L61 76 F3
Fairway. Huyton-w-R L36 56 A4
Fairway. Southport PR9 1 C2
Fairway Cres. L62 79 D4
Fairway N. L62 79 D3
Fairway S. L62 79 D3
Fairway The. L14 54 D4
Fairways. L23 26 D5
Fairways Cl. L25 82 B8
Fairways Ct. L37 9 C5
Fairways The. Garswood WN4 34 D2
Fairways The. Liverpool L25 82 D8
Falcon Cres. L27 70 F4
Falcon Hey. L10 40 A6
Falcon Rd. L41 & L42 & L43 66 C4
Falcondale Rd. WA2 61 B6
Falconer St. L20 38 A6
Falconhall Rd. L9 39 F4
Falkland. WN8 16 C3
Falkland Dr. WN4 34 C4
Falkland Rd. Southport PR8 4 D5
Falkland Rd. Wallasey L44 51 D4
Falkland St. Birkenhead L41 66 A8
Falkland St. Liverpool L3 52 F2
Falklands App. L11 39 E2
Falkner Sq. L7 & L8 68 F7
Falkner St. Liverpool L1 & L7 & L8 67 F8
Fallow Cl. 6 WA9 58 C4
Fallowfield. L33 29 E4
Fallowfield Rd. L15 69 A6
Fallows Way. L35 71 C8
Falmouth Dr. WA5 74 E3
Falmouth Rd. L11 40 D5
Falstaff St. L20 52 C8
Falstone Rd. L33 30 A4
Far Meadow La. L61 76 D7
Far Moss Rd. L23 26 B6
Faraday Rd. Knowsley L33 41 B7
Faraday Rd. Liverpool L13 & L7 53 E1
Faraday St. L5 & L6 53 A5
Farefield Ave. WA3 35 F2
Fareham Rd. L7 53 D2
Faringdon Cl. L25 82 B6
Faringdon Rd. WA2 61 B6
Farley Ave. L62 79 C1
Farley La. WN8 16 F3
Farlow Rd. L42 66 F1
Farm Cl. Birkenhead L49 64 C4
Farm Cl. Southport PR9 5 A8
Farm Cl. St Helens WA9 58 D3
Farm Meadow Rd. WN5 25 E5
Farm Rd. WA9 58 D3
Farm View. L21 27 B2
Farm Way. WA12 46 E1
Farmbrook Rd. L25 70 B7
Farmdale Cl. L18 69 B2
Farmdale Dr. L31 20 E1
Farmer Pl. L20 38 E7
Farmer's La. WA5 60 A6
Farmfield Dr. L43 65 C7
Farmside. L46 49 F3
Farnborough Rd. PR8 7 F8
Farnborough Road Inf & Jun Sch. PR8 8 A8
Farndale. WA8 73 A5
Farndale Gr. WN4 35 C2
Farndon Ave. St Helens WA9 58 B4
Farndon Ave. Wallasey L45 50 E6
Farndon Dr. L48 63 E3
Farndon Way. L43 65 F4
Farnworth Ave. L46 49 F4
Farnworth CE Prim Sch. WA8 73 A4
Farnworth Cl. WA8 73 B4
Farnworth Rd. WA5 74 C4
Farnworth St. Liverpool L6 & L7 53 B3
Farnworth St. St Helens WA9 44 C4
Farnworth St. Widnes WA8 73 B4
Farr Hall Dr. L60 85 E7
Farr Hall Rd. L60 85 F8
Farrar St. L13 53 E7
Farrell Cl. L31 29 B4
Farrier Rd. L33 30 A2
Farrier Wlk. WA9 58 C4
Farriers Way. Birkenhead L48 64 B2
Farriers Way. Bootle L30 38 F8
Farringdon Cl. WA9 57 F6
Farrington Dr. L39 13 E6
Farthing Cl. L25 82 B7
Fatherside Dr. L30 27 C3
Faulkner Cl. PR8 7 C6
Faulkner Gdns. PR8 7 C6

Fav – Gal 103

Faversham Rd. L11 39 E3
Fawcett. WN8 16 B3
Fawcett Rd. L31 20 D3
Fawley Rd. Liverpool L18 69 C2
Fawley Rd. Rainhill L35 57 E1
Fazakerley Cl. L9 39 A4
Fazakerley High Sch. L10 39 F7
Fazakerley Hospl. L9 39 E6
Fazakerley Inf Sch. L10 39 F7
Fazakerley Rd. Liverpool L9 39 A4
Fazakerley Rd. Prescot L35 56 E4
Fazakerley St. L3 52 B2
Fazakerley Sta. L9 39 D7
Fearnhead Cross. WA2 61 F2
Fearnley Rd. L41 66 D5
Fearnley Way. WA12 46 B1
Fearnside St. L7 68 C8
Feather La. L60 85 E8
Feeny St. WA9 58 B2
Feilden Rd. L63 79 A4
Felicity Gr. L46 49 D1
Fell Gr. WA11 44 A8
Fell St. Liverpool L7 53 B2
Fell St. Wallasey L44 51 E2
Felltor Cl. L25 69 F3
Fellview. PR9 2 D6
Felmersham Gn. L11 39 F3
Felspar Rd. L32 40 F7
Felstead. WN8 16 B2
Felsted Ave. L25 70 C2
Felsted Dr. L10 28 E1
Felthorpe Cl. L49 65 B7
Felton Cl. L46 64 C8
Felton Ct. L17 68 C3
Felton Gr. L13 53 F3
Feltons. WN8 16 B2
Feltwell Rd. L4 53 B6
Feltwood Cl. L12 54 F7
Feltwood Rd. L12 54 F8
Feltwood Wlk. L12 54 E7
Fender Ct. L49 65 D1
Fender La. L43 & L46 50 B1
Fender Prim Sch. L49 65 C3
Fender Prim Sch Annexe. L49 65 B3
Fender View Rd. L46 65 A8
Fender Way.
Birkenhead L43 & L49 65 B7
Fender Way. Heswall L61 77 A4
Fenderside Rd. L43 65 C8
Fenham Dr. WA5 74 F4
Fenney Ct. WN8 16 C1
Fenton Cl. Liverpool L24 82 D3
Fenton Cl. St Helens WA10 43 F4
Fenton Cl. Widnes WA8 72 C3
Fenton Gn. L24 82 D2
Fenwick St. L2 52 C1
Ferguson Ave. L49 64 D3
Ferguson Dr. WA2 61 D1
Ferguson Rd. Litherland L21 27 C1
Ferguson Rd. Liverpool L11 & L13 53 E8
Fern Ave. WA12 46 D2
Fern Bank. Maghull L31 20 E1
Fern Bank. Rainford WA11 31 E7
Fern Cl. Liverpool L27 70 E4
Fern Cl. Skelmersdale WN8 15 E1
Fern Gr. Birkenhead L43 65 D4
Fern Gr. Bootle L20 38 C4
Fern Gr. Liverpool L8 68 C6
Fern Hey. L23 27 B5
Fern Hill. 5 L45 51 B8
Fern Lodge. L8 68 B6
Fernbank Ave. L36 55 D2
Fernbank Dr. L30 28 A4
Fernbank La. L49 64 F7
Ferndale. WN8 16 C2
Ferndale Ave. Birkenhead L48 64 B1
Ferndale Ave. Wallasey L44 51 C4
Ferndale Cl. WA8 73 E7
Ferndale Rd. Crosby L22 26 E2
Ferndale Rd. Hoylake L47 63 B8
Ferndale Rd. Liverpool L15 68 E6
Fernhill Ave. L20 38 E3
Fernhill Cl. L20 38 E3
Fernhill Dr. L8 68 A6
Fernhill Gdns. L20 38 E3
Fernhill Mews E. L20 38 E3
Fernhill Mews W. L20 38 E3
Fernhill Rd. L20 38 E4
Fernhill Sports Ctr. L20 38 D6
Fernhill Way. L20 38 E3
Fernhill Wlk. WA9 58 C3
Fernhurst Gate. L39 13 B1
Fernhurst Rd. L32 29 C1
Fernie Cres. L8 67 F5
Fernlea Ave. L35 57 D7
Fernlea Gr. WN4 34 D5
Fernlea Mews. L43 65 C8
Fernlea Rd. L60 86 A8
Fernleigh Rd. L13 54 B3
Fernley Rd. PR8 4 A5
Ferns Cl. L60 76 C1
Ferns Rd. L63 78 D5
Fernwood Dr. L26 82 E8
Fernwood Rd. L17 68 E3
Ferny Brow Rd. L49 65 B3
Ferny Knoll Rd.
Bickerstaffe WA11 23 F4
Ferny Knoll Rd.
Skelmersdale WA11 & WN8 24 A4
Ferrer St. WN4 34 F6
Ferrey Rd. L10 40 A7
Ferries Cl. L62 79 B8
Ferry Rd. L62 89 A6
Ferry Side La. PR9 2 C5
Ferry View Rd. L44 51 E2
Festival Ave. WA2 61 D2
Festival Cres. WA2 61 D2
Festival Ct. L11 40 B3
Festival Rd. WA11 32 A5
Ffrancon Dr. L63 78 F7
Fiddler's Ferry Rd. WA8 73 D1
Fidler St. WA10 43 D1
Field Ave. L21 38 A8
Field Cl. Bebington L62 79 C8
Field Cl. St Helens WA9 58 D3
Field Hey La. L64 88 B1
Field House. L12 54 A7
Field La. Bootle L21 38 A8
Field La. Litherland L21 27 B1
Field La. Liverpool L10 40 B7
Field Rd. St Helens WA9 58 D3
Field Rd. Wallasey L45 51 B7
Field St. Liverpool L3 52 E3
Field St. Skelmersdale WN8 15 D2
Field View. L21 27 A1
Field Way. L35 & WA9 57 C5
Field Wlk. L23 27 B5
Field's End. L36 70 E8
Fieldfare Cl. L25 70 A5
Fieldgate. WA8 84 B6
Fielding St. L6 & L7 53 A3
Fieldsend Cl. L27 70 E4
Fieldside Rd. L42 66 E2
Fieldton Rd. L11 40 B3
Fieldview Dr. WA2 61 C1
Fieldway. Bebington L63 78 D8
Fieldway. Heswall L60 77 C1
Fieldway. Hoylake L47 63 F7
Fieldway. Liverpool L15 69 C8
Fieldway. Liverpool L36 70 F8
Fieldway. Maghull L31 28 E7
Fieldway. Wallasey L45 51 A5
Fieldway. Widnes WA8 73 E2
Fieldway Ct. L41 66 C8
Fifth Ave. Birkenhead L43 65 B7
Fifth Ave. Liverpool L9 39 D7
Filbert Cl. L33 29 F6
Filton Rd. L14 55 B6
Finborough Rd. L4 39 C1
Finch Ave. WA11 32 A5
Finch Cl. Huyton-w-R L14 55 A6
Finch Cl. St Helens WA9 58 D3
Finch Ct. L41 66 D7
Finch Dene. L14 54 F6
Finch La. Huyton-w-R L14 & L12 55 A6
Finch La. Liverpool L14 54 F5
Finch La. Liverpool L26 83 B7
Finch Lea Dr. L14 55 A5
Finch Meadow Cl. L9 39 F4
Finch Pl. L3 52 F2
Finch Rd. L14 55 A6
Finch Way. L14 54 F5
Fincham Cl. L14 & L36 55 B5
Fincham Gn. L14 55 B5
Fincham Rd. L14 & L36 55 A5
Fincham Sq. L14 55 A5
Finchdean Cl. 3 L49 64 C4
Finchley Dr. WA11 44 C7
Finchley Rd. L4 53 B7
Finchley Special Sch. L13 54 A2
Findlay Cl. WA12 46 C2
Findley Dr. L46 49 F3
Findon Rd. L32 40 F8
Fine Jane's Way. PR9 5 B8
Fingall Rd. L15 69 B6
Finger House La. WA8 58 D1
Fingland Rd. L15 68 E7
Finlan Rd. WA8 84 F7
Finlay St. L6 & L7 53 C3
Finney Gr. WA11 45 E6
Finney The. L48 75 D6
Finningley Ct. WA2 61 E1
Finsbury Pk. WA8 73 C5
Finstall Rd. L63 79 A2
Finvoy Rd. L13 53 E7
Fiona Wlk. L10 40 B7
Fir Ave. L26 83 A8
Fir Cl. L26 83 A8
Fir Cotes. L31 20 E1
Fir Gr. L9 39 C8
Fir La. L15 69 A7
Fir Rd. L22 26 E2
Fir St. Southport PR8 4 F6
Fir St. St Helens WA10 & WA9 57 D8
Fir St. Widnes WA8 73 C2
Fir Tree Ave. WA3 47 F8
Fir Tree Cl. Rainford WA11 32 F7
Fir Tree Cl. Skelmersdale WN8 24 D7
Fir Tree Dr N. L12 40 E4
Fir Tree Dr S. L12 40 E3
Fir Tree La. Burtonwood WA5 60 A7
Fir Tree La. Haskayne L39 12 F3
Fir Tree La. Ormskirk L39 13 A2
Fir Tree Wlk. WA3 47 F8
Fir Way. L60 86 B5
Firbeck. WN8 16 C1
Firbrook Ct. L43 50 C1
Firdale Rd. L9 39 A4
Firdene Cres. L43 65 E4
Fire Station Rd. L35 56 F5
Firethorne Rd. L26 70 D2
Firman Cl. WA5 60 B1
Firs Ave. L63 78 F3
Firs Cl. L37 9 D5
Firs Cres. L37 9 D5
Firs La. L39 12 E3
Firs Link. L37 9 D4
Firscraig. L36 55 C7
Firshaw Rd. L47 48 C1
First Ave. Birkenhead L43 65 C6
First Ave. Crosby L23 26 D4
First Ave. Liverpool L9 39 C7
First Ave. Rainhill L35 57 B4
Firstone Gr. L32 40 F8
Firswood Rd. L40 & WN8 15 C3
Firthland Way. WA9 44 F2
Firwood. WN8 16 D3
Firwood Gr. WN4 35 A2
Fisher Ave. Abram WN2 36 C7
Fisher Ave. Prescot L35 56 D2
Fisher Ave. Warrington WA2 61 B2
Fisher Cl. L62 79 B8
Fisher Dr. Orrell WN5 25 E7
Fisher Dr. Southport PR9 4 F7
Fisher Pl. L35 56 D2
Fisher St. Liverpool L8 67 D6
Fisher St. St Helens WA9 58 E8
Fishermans Cl. L37 9 E6
Fishers La. L61 76 F4
Fishguard Cl. 5 L6 52 F4
Fistral Cl. L10 40 B6
Fistral Dr. WA10 43 B6
Fitzclarence Way. L6 52 F4
Fitzgerald Rd. L13 54 A3
Fitzpatrick Ct. L3 52 C4
Fitzroy Way. 9 L6 53 A3
Five Ways. L64 86 F3
Fiveways. WA10 43 A4
Flail Cl. L49 64 C4
Flambards. L49 65 B3
Flamstead. WN8 16 C1
Flander Cl. WA8 72 C2
Flatfield Way. L31 20 E1
Flatman's La. L39 11 E1
Flatt La. L43 65 F3
Flawn Rd. L11 53 E8
Flaxfield Rd. L37 10 A3
Flaxhill. L46 49 D1
Flaxman St. 8 L7 53 C2
Flaxton. WN8 16 C1
Flaybrick Cl. L43 65 E8
Fleck La. L48 63 D1
Fleet Croft Rd. L49 65 A2
Fleet La. WA9 44 E2
Fleet St. L1 52 D1
Fleetwood Cl. PR9 1 F3
Fleetwood Cotts. L30 27 E4
Fleetwood Rd. PR9 1 E3
Fleetwood's La. L30 27 D4
Fleming Ct. L3 52 C4
Fleming Rd. L24 82 C6
Flemington Ave. L4 39 D1
Fletcher Ave. L42 66 E2
Fletcher Dr. L19 81 A7
Flimby. WN8 16 D1
Flinders St. L5 52 D6
Flint St. L1 & L72 & L8 67 D7
Flora St. WN4 35 B2
Floral Wood. Liverpool L8 68 A2
Flordon. WN8 16 D2
Florence Ave. L60 76 F1
Florence Cl. L9 38 F6
Florence Melly Inf Sch. L4 39 C1
Florence Nightingale Cl. L30 27 F4
Florence Rd. L44 51 E3
Florence St. Birkenhead L41 66 D6
Florence St. Liverpool L4 52 F8
Florence St. St Helens L35 57 C7
Florentine Rd. L13 54 A4
Florida Ct. L19 81 B8
Flowermead Cl. L47 48 F1
Fluker's Brook La. L28 & L34 41 B2
Foinavon Cl. L9 38 F7
Fold St. WA3 36 A1
Folds La. WA11 44 B7
Folds Rd. WA11 44 F5
Folds The. L63 87 A6
Foley Cl. L4 52 E7
Foley St. L4 52 E7
Folkestone Rd. PR8 4 F3
Folly La. L44 & L45 50 E5
Fontenoy St. L3 52 D2
Fonthill Cl. L4 52 D7
Fonthill Rd. L4 52 D8
Ford Cl. Birkenhead L49 65 B4
Ford Cl. Bootle L20 38 E7
Ford Cl. Litherland L21 27 B2
Ford Dr. L49 65 B5
Ford La. L21 & L30 27 B3
Ford La. Birkenhead L49 65 B5
Ford Rd. Birkenhead L49 65 A5
Ford Rd. Prescot L35 56 F6
Ford St. L3 52 C3
Ford View. L21 27 B3
Ford Way. L49 65 B4
Fordcombe Rd. L25 70 C4
Fordham Cl. PR8 4 E3
Fordham St. L4 52 E8
Fordhill View. L46 65 A8
Fordland Cl. WA3 36 E1
Fordlea Rd. L12 54 A8
Fordlea Way. L12 54 A8
Fordton Leisure Ctr. WA2 61 A3
Forefield Cty Inf Sch. L23 27 A4
Forefield Junior Sch. L23 27 A4
Forefield La. Crosby L23 27 A4
Forest Cl. Hoylake L47 48 D1
Forest Cl. Prescot L34 56 F7
Forest Ct. L43 66 A6
Forest Dr. Huyton-w-R L36 55 C3
Forest Dr. Skelmersdale WN8 16 C3
Forest Gn. L12 54 B8
Forest Gr. L34 & L35 56 F7
Forest Lawn. L12 54 B8
Forest Mead. WA10 43 A3
Forest Rd. Birkenhead L41 & L43 66 A6
Forest Rd. Heswall L60 86 A8
Forest Rd. Hoylake L47 48 D1
Forest Rd. Southport PR8 4 D6
Forest Rd. St Helens WA9 58 A2
Forfar Rd. L13 53 D6
Forge Cl. Cronton WA8 72 C5
Forge Cl. Westhead L40 14 E4
Forge Cotts. L17 68 C4
Forge Rd. WA5 74 F5
Forge St. L20 52 C8
Formby Bridge. L37 9 E2
Formby Bsns Pk. L37 10 B3
Formby By-Pass. Formby L37 10 B5
Formby By-Pass. Hightown L37 18 B8
Formby Cl. WA5 74 F4
Formby Fields. L37 10 A2
Formby Gdns. L37 9 F4
Formby High Sch. L37 9 E4
Formby La. Formby L37 10 B2
Formby La. Haskayne L39 12 E2
Formby Point Caravan Pk. L37 9 B1
Formby Rd. WA10 43 D1
Formby St. L37 9 E2
Formby Sta. L37 9 E2
Formosa Dr. L10 39 F7
Formosa Rd. L10 39 F6
Formosa Way. L10 39 F7
Fornalls Green La. L47 63 E7
Forres Gr. WN4 34 D4
Forrest St. L1 & L72 67 D8
Forrester Ave. L35 57 C7
Forresters Cl. WN2 36 E8
Forshaw Ave. WA10 57 C8
Forshaw's La. WA5 59 E8
Forster St. WA3 36 A1
Forsythia Cl. L9 39 C3
Fort St. L45 51 C7
Forth St. L20 52 C8
Forthlin Rd. L18 69 C1
Forton Lodge. 3 L23 26 C4
Forwood Rd. L62 88 D8
Foscote Rd. L33 30 A4
Foster Rd. L37 9 D2
Foster St. Liverpool L20 & L5 52 C7
Foster St. Widnes WA8 73 B1
Fosters Cl. PR9 5 B8
Fosters Gr. WA11 44 F5
Fosters Green Rd. WN8 16 D3
Fosters Rd. WA11 44 F6
Foul La. PR8 & PR9 5 A5
Foundry La. WA8 84 C5
Foundry St. Newton-le-W WA12 46 B3
Foundry St.
St Helens WA10 & WA9 44 A3
Fountain Ct. L23 26 A5
Fountain Rd. Knowsley L34 41 D3
Fountain Rd. 4 Wallasey L45 51 B7
Fountain St. Birkenhead L42 66 D3
Fountain St. St Helens L35 57 C6
Fountains Ave. WA11 45 F7
Fountains Cl. L4 52 F7
Fountains Ct. L4 52 D7
Fountains Rd. L4 & L5 52 D7
Fountains The. L39 13 E6
Fountains Way. L37 10 B2
Four Acre Dr. L21 27 B2
Four Acre La. WA9 58 C4
Four Acre Lane Sh Ctr. WA9 58 B4
Four Lane Ends. St Helens WA9 57 F7
Four Lanes End. Raby L63 87 D5
Fouracres. L31 28 C7
Fourth Ave. Birkenhead L43 65 B6
Fourth Ave. Liverpool L9 39 D7
Fourways Cl. L27 70 D7
Fowell Rd. L45 51 B8
Fowler Cl. 7 L7 53 C1
Fox Cover Rd. L60 86 D7
Fox Hey Rd. L44 50 F4
Fox Pl. WA10 44 A4
Fox St. Birkenhead L41 66 C6
Fox St. Liverpool L3 52 E4
Fox's Bank La. L35 71 F7
Foxcote. WA8 72 B2
Foxcovers Rd. L63 79 A3
Foxdale Cl. Birkenhead L43 66 A5
Foxdale Cl. Southport PR8 4 E3
Foxdale Rd. L15 68 F6
Foxfield Rd. L47 63 D8
Foxfield Sch. L46 64 D8
Foxfold. WN8 16 D3
Foxglove Ave. L26 70 E1
Foxglove Cl. L11 & L9 39 F4
Foxglove Rd. L41 65 F7
Foxhill Cl. Formby L37 9 C3
Foxhill Cl. Liverpool L8 68 A6
Foxhill La. L26 70 F2
Foxhouse La. L31 20 F1
Foxhunter Dr. L9 39 C8
Foxleigh. L26 70 E1
Foxshaw Cl. L35 56 D1
Foxton Cl. St Helens WA11 44 D5
Foxton Cl. Wallasey L46 49 B1
Foxwood. Liverpool L12 54 E8
Foxwood. St Helens L35 57 C7
Foxwood Cl. L48 63 E3
Foy St. WN4 35 B3
Frailey Cl. PR8 7 C4
Frampton Rd. L4 39 D2
Frances Ct. L17 68 C4
Franceys St. L3 52 E1
Francis Ave. Birkenhead L46 64 D8
Francis Ave. Birkenhead L43 66 B6
Francis Cl. Rainhill L35 57 C4
Francis Cl. Widnes WA8 84 C8
Francis St. WA9 58 F7
Francis Way. L16 69 E8
Frank St. 3 Liverpool L8 67 E5
Frank St. Widnes WA8 73 C1
Frankby Ave. L44 51 A4
Frankby Cl. L49 64 B3
Frankby Gr. L49 64 F5
Frankby Rd.
Birkenhead L48 & L49 64 B3
Frankby Rd. Hoylake L47 63 D8
Frankby Rd. Liverpool L4 53 C8
Frankby Rd. West Kirby L48 63 E2
Franklin Pl. 4 L6 53 B5
Franklin Rd. L46 50 A4
Franton Wlk. 2 L32 29 C2
Fraser Rd. WA5 74 D6
Fraser St. L3 52 E2
Frawley Ave. WA12 46 C5
Freckleton Rd. Southport PR9 1 F4
Freckleton Rd. St Helens WA10 43 C1
Freda Ave. 4 WA9 58 C6
Frederick Banting Cl. L30 27 F4
Frederick Gr. L15 69 A8
Frederick Lunt Ave. L34 41 D3
Frederick St. Ashton-in-M WN4 35 A5
Frederick St. Liverpool L1 & L72 67 C8
Frederick St. St Helens WA9 58 F8
Frederick St. Widnes WA8 73 B1
Frederick Terr. WA8 84 A4
Freedom Cl. L7 68 A8
Freehold St. L7 53 E3
Freeland St. L4 52 E7
Freeman St.
Birkenhead L41 & L72 66 E7
Freeman St. Liverpool L7 68 C8
Freemantle Ave. WA9 57 F7
Freemasons' Row. L3 52 D3
Freemont Rd. L12 54 A7
Freeport Gr. L9 39 B7
Freesia Ave. L9 39 B4
Freme Cl. L11 40 B3
French St. St Helens WA10 43 D1
French St. Widnes WA8 73 D1
Frenchfield St. WA9 58 D3
Frensham Cl. L63 78 F2
Frensham Way. L25 82 D8
Freshfield Caravan Pk. L37 9 B6
Freshfield Cl. L36 55 C3
Freshfield Ct. L37 9 E4
Freshfield Prim Sch. L37 10 A4
Freshfield Rd. Formby L37 9 E4
Freshfield Rd. Liverpool L15 68 F6
Freshfield Sta. L37 9 E5
Freshford. WA9 58 D6
Freshwater Cl. WA5 74 D7
Friar St. 1 Liverpool L5 53 A5
Friar St. St Helens WA10 43 F6
Friars Ave. WA5 74 E5
Friars Cl. L63 78 F5
Friars Wlk. L37 10 B2
Friary RC Prim Sch. L3 52 E4
Friends La. WA5 74 D6
Frinsted Rd. L11 40 A1
Frobisher Rd. L46 50 A4
Frodsham Dr. WA11 44 D5
Frodsham St.
Birkenhead L41 & L42 66 E4
Frodsham St. Bootle L4 38 F1
Frogmore Rd. L13 53 E3
Frome Cl. L61 76 D7
Frome Way. L25 70 D1
Frontfield Ct. WA9 44 C2
Frost Dr. L61 76 C6
Frost St. L7 53 C2
Fry St. WA9 44 F3
Fuchsia Wlk. L49 64 C2
Fulbeck. WA8 72 C2
Fulbrook Cl. L63 78 F2
Fulbrook Rd. L63 78 F2
Fulford Cl. L14 54 F6
Fulmar Cl. Liverpool L27 70 E5
Fulmar Cl. St Helens WA11 44 B6
Fulmar Gr. L12 40 E3
Fulshaw Cl. L27 70 D6
Fulton Ave. L48 63 E3
Fulton St. L5 52 B6
Fulwood Ave. PR8 4 D4
Fulwood Cl. L17 68 D2
Fulwood Dr. L17 68 C2
Fulwood Pk. L17 68 D1
Fulwood Rd. Golborne WA3 47 E7
Fulwood Rd. Liverpool L17 68 C2
Fulwood Way. L21 27 C4
Funchal Ave. L37 9 D1
Furlong Cl. Ashton-in-M WN2 35 F7
Furlong Cl. Liverpool L9 39 D8
Furness Ave. Formby L37 9 F3
Furness Ave. Liverpool L12 40 C1
Furness Ave. Ormskirk L39 13 E4
Furness Ave. St Helens WA10 43 E7
Furness Cl. PR8 7 B3
Furness St. L4 52 E7
Furze Way. L46 49 E1
Fylde Rd. PR9 2 B4

Gable Ct. L11 39 E3
Gable Mews. L37 10 A1
Gable St. WA12 46 B3
Gable View. L11 39 E3
Gables Cl. WA2 61 F3
Gabriel Cl. L46 64 F8
Gainford Cl. WA8 72 C3
Gainford Rd. L14 55 A6
Gainsborough Ave. L31 28 B8
Gainsborough Cl. L14 54 E5
Gainsborough Ct. WA8 72 B1
Gainsborough Rd.
Birkenhead L49 64 F6
Gainsborough Rd. Liverpool L15 68 E6
Gainsborough Rd. Southport PR8 3 E3
Gainsborough Rd. Wallasey L45 50 E5
Gairloch Cl. WA2 61 F4
Gaisgill Ct. WA8 72 C1
Gale Ave. WA5 60 F1
Gale Rd. Kirkby L33 41 C8
Gale Rd. Litherland L21 27 C1
Galemeade. L11 40 B3

104 Gal – Gra

Gales Croft. L27 70 E6
Galion Way. WA8 72 F3
Gallagher Ind Est. L44 51 B2
Gallery The. L37 9 F3
Galloway Rd. L22 26 E2
Galloway St. L15 & L7 68 D8
Galston Ave. L35 57 D2
Galston Cl. L33 29 D6
Galsworthy Ave. L30 38 E7
Galsworthy Pl. L30 38 E8
Galsworthy Wlk. L30 38 E7
Galton St. L3 52 B3
Galtres Ct. L42 78 E8
Galtres Pk. L63 & L42 78 E8
Gamble Ave. WA10 43 E6
Gamble Inst (Liby & Coll). WA10 44 A3
Gambler Terr. L8 67 F7
Gamlin St. L41 66 A8
Gamstom Wood. L32 29 C1
Ganney's Meadow Rd. L49 65 C2
Gannock St. 6 L7 53 C2
Gantley Ave. WN5 25 D3
Gantley Cres. WN5 25 D3
Gantley Rd. WN5 25 D4
Ganton Cl. Southport PR8 4 E3
Ganton Cl. Widnes WA8 73 B4
Ganworth Cl. L24 82 E2
Ganworth Rd. Liverpool L24 82 E2
Ganworth Rd. Liverpool L24 82 E3
Garage Rd. L24 82 F5
Garden Hey Rd. Birkenhead L46 64 C6
Garden Hey Rd. Hoylake L47 48 C1
Garden La. Liverpool L9 39 D7
Garden La. Liverpool L3 52 F4
Garden La. 1 Wallasey L46 49 E1
Garden Lodge Gr. L27 70 D5
Garden Pl. L20 38 C3
Garden St. L25 70 A2
Garden View. L20 38 C3
Garden Way. L20 38 C3
Garden Wlk. L34 56 D6
Gardeners Way. L35 & WA9 57 C5
Gardenia Gr. L17 & L18 68 A2
Gardens Rd. L63 79 B5
Gardenside. L46 50 B4
Gardenside St. L6 52 F3
Gardiners Pl. WN8 23 E8
Gardner Ave. L20 38 E7
Gardner Rd. Formby L37 10 B4
Gardner Rd. Liverpool L13 53 E5
Gardner's Dr. L6 53 D4
Gardner's Row. L3 52 D3
Gareth Ave. WA11 44 B6
Garfield Terr. L49 65 A5
Garfourth Cl. L19 81 D7
Garfourth Rd. L19 81 D7
Garmoyle Rd. L15 68 E6
Garnet St. Liverpool L13 53 F1
Garnet St. St Helens WA9 58 D7
Garnett Ave. L4 52 E8
Garnett Gn. L39 13 D4
Garnett Pl. WN8 24 A7
Garnetts La. Tarbock Green L35 71 D1
Garnetts La. Widnes WA8 84 A3
Garrick Ave. L46 64 C8
Garrick Par. PR8 4 A6
Garrick Rd. L43 77 F8
Garrick St. L15 & L7 68 C7
Garrigill Cl. WA8 73 C5
Garrowby Dr. L36 55 C3
Garsdale Ave. L35 57 D2
Garsdale Cl. 2 WA5 74 F7
Garsfield Rd. 1 L4 53 E8
Garside Ave. WA3 47 D7
Garstang Rd. PR9 2 A5
Garston CE Prim Sch. L19 81 D6
Garston Old Rd. L19 81 C7
Garston RC Prim Sch. L19 81 C6
Garston Sta. L19 81 D6
Garston Way. L19 81 D5
Garswood Ave. WA11 32 A7
Garswood Cl. Maghull L31 20 E3
Garswood Cl. Wallasey L46 49 E4
Garswood Cres. WN5 33 E4
Garswood Cty Prim Sch. WN4 34 C4
Garswood Old Rd. WA11 & WN4 33 E1
Garswood Rd. Billinge WN5 33 F4
Garswood Rd. Garswood WA11 34 C3
Garswood St. Ashton-in-M WN4 35 B3
Garswood St. Liverpool L8 67 F3
Garswood St. St Helens WA10 44 A4
Garter Cl. L11 40 C3
Garth Bvd. L63 78 E8
Garth Ct. L22 26 E1
Garth Dr. L18 69 C4
Garth Rd. L32 41 A8
Garth The. Birkenhead L43 65 F5
Garth The. Huyton-w-R L36 55 E3
Garth Wlk. 6 L32 41 A8
Garthdale Rd. L18 69 B4
Garthowen Rd. L7 53 D2
Garton Dr. WA3 36 E1
Gartons La. WA9 58 C3
Garway. L25 70 C3
Garwood Cl. Warrington WA5 60 B1
Garwood Cl. Warrington WA5 60 C1
Garwood Sta. WN4 34 D3
Gascoyne St. L3 52 C3
Gaskell Ct. WA9 44 F3
Gaskell Rake. L30 27 D5
Gaskell St. WA9 44 D2
Gaskell's Brow. WN4 34 E5
Gaskill Rd. L24 82 D4
Gatclif Rd. L13 53 E7
Gateacre Brow. L25 70 B4
Gateacre Park Dr. L16 & L25 69 F6
Gateacre Rise. L25 70 B4
Gateacre Sch. L25 70 A5
Gateacre Vale Rd. L25 70 B3
Gategill Gr. WN5 25 D3
Gates La. L29 19 C1
Gathurst Ct. WA8 84 D8
Gathurst Rd. WN5 25 E8
Gatley Dr. L31 28 E7
Gautby Rd. L41 & L43 50 E1
Gavin Rd. WA8 84 B7
Gaw Hill La. L39 13 B3
Gaw Hill View. L39 13 B3
Gawsworth Cl. L43 65 F3
Gawsworth Rd. WA3 35 F1
Gaybeech Cl. L43 65 B8
Gayhurst Ave. WA2 61 F2
Gayhurst Cres. L11 40 A2
Gaynor Ave. WA11 45 F7
Gayton Ave. Bebington L63 78 C8
Gayton Ave. Wallasey L45 51 B8
Gayton Farm Rd. L60 86 A5
Gayton La. L60 86 B6
Gayton Mill Cl. L60 86 B7
Gayton Parkway. L60 & L64 86 C5
Gayton Prim Sch. L60 86 A6
Gayton Rd. Heswall L60 86 A6
Gaywood Ave. L32 40 F8
Gaywood Cl. Birkenhead L43 65 C7
Gaywood Cl. 5 Kirkby L32 40 F8
Gaywood Ct. L23 26 B3
Gaywood Gn. 4 L32 40 F8
Gelling St. L8 67 F5
Gellings Rd. L34 41 A5
Gemini Bsns Park. WA5 60 E3
Gemini Cl. L20 38 B4
Geneva Rd. Liverpool L6 53 C3
Geneva Rd. Wallasey L44 51 D2
Genista Cl. L9 39 A3
Gentwood Rd. L36 55 D3
George Dr. PR8 7 E5
George Hale Ave. L34 & L36 55 E6
George Harrison Cl. 4 L6 53 B3
George Moore Ct. L23 27 C6
George Rd. L47 63 C6
George St. Ashton-in-M WN4 35 C4
George St. Birkenhead L41 & L72 66 E7
George St. Liverpool L3 52 C2
George St. Newton-le-W WA12 46 A4
George St. St Helens WA10 44 A3
George's Dock Gates. L2 & L3 52 B1
George's La. PR9 2 F8
George's Precinct. WA5 74 D6
George's Terr. WN5 25 D5
Georges Dockway. L3 52 B1
Georges Par. L3 52 B1
Georges Pierhead. L3 52 B1
Georgia Ave. L63 & L62 79 E3
Georgian Cl. Liverpool L26 82 F6
Georgian Cl. St Helens L35 57 A6
Georgian Pl. L37 9 E1
Geraint St. L8 67 F6
Gerald Rd. L43 66 A4
Gerard Ave. L45 51 A7
Gerard Rd. Wallasey L45 50 F6
Gerard Rd. West Kirby L48 63 B3
Gerard St. Ashton-in-M WN4 35 B3
Gerard St. Liverpool L3 52 E2
Gerards La. WA9 58 D7
Germander Cl. L26 70 E1
Gerneth Cl. L24 82 C4
Gerneth Rd. L24 82 B4
Gerosa Ave. WA12 & WA2 61 B8
Gerrard Pl. WN8 23 F7
Gerrard Rd. WN5 33 E5
Gerrard's La. L26 & L27 70 F3
Gertrude Rd. L4 53 B6
Gertrude St. Birkenhead L41 66 F6
Gertrude St. St Helens L35 57 D7
Geves Gdns. L22 26 E1
Ghyll Gr. WA11 33 B1
Gibbon's Rd. WN4 34 D3
Gibbons Ave. WA10 43 C3
Gibraltar Row. L3 52 B2
Gibson Cl. L61 76 F3
Gibson St. 13 L8 67 F7
Giddygate La. L31 29 B7
Gidlow Rd. L13 53 F3
Gidlow Rd S. L13 53 F2
Gilbert Cl. L63 78 F2
Gilbert Rd. L35 56 F5
Gilbert St. L1 & L72 67 D8
Gilbrook Sch. L41 66 F6
Gildart St. L3 52 F2
Gildarts Gdns. L3 52 D4
Gilead St. L7 53 B2
Gill St. L3 52 F2
Gillar's La. WA10 42 E3
Gillars Green Dr. WA10 43 A3
Gillbrook Sq. 4 L41 65 F8
Gillibrands Rd. WN8 24 A7
Gillmoss Cl. L11 40 C4
Gillmoss Ind Est. L10 40 B6
Gillmoss La. L11 40 C5
Gills La. L61 77 B4
Gilman St. 3 L4 53 A7
Gilmour Mount. L43 66 B4
Gilmour Sch. L19 81 B7
Gilmour South Bank Inf Sch. L19 81 B7
Gilpin Ave. L31 20 E2
Gilroy Rd. Liverpool L6 53 B3
Gilroy Rd. West Kirby L48 63 D3
Gilsecroft Ave. L33 30 A4
Giltbrook Cl. WA8 72 F3
Gilwell Ave. L46 & L49 64 E7
Gilwell Cl. L46 64 E7
Ginnel The. L62 79 B5
Gipsy Gr. L18 69 E5
Gipsy La. L16 & L18 69 E5
Girton Ave. Ashton-in-M WN4 34 F4
Girton Ave. Bootle L20 38 E2
Girtrell Cl. L49 64 D5
Girtrell Rd. L49 64 D5
Girvan Cres. WN4 34 D4
Gisburn Ave. WA3 35 F2
Givenchy Cl. L16 69 E8
Gladden Pl. WN8 23 E8
Glade Rd. L36 55 E4
Glade The. L47 48 D1
Gladeville Rd. L17 & L18 68 E3
Gladstone Ave. Liverpool L16 70 A8
Gladstone Ave. 2 Seaforth L21 37 F7
Gladstone Cl. L41 66 C6
Gladstone Ct. 1 Bootle L21 38 A6
Gladstone Ct. 4 Seaforth L21 37 F7
Gladstone Hall Rd. L62 79 B4
Gladstone Rd. Birkenhead L42 66 F3
Gladstone Rd. Liverpool L9 39 A3
Gladstone Rd. Liverpool L7 53 B1
Gladstone Rd. Liverpool L19 81 C6
Gladstone Rd. Seaforth L21 37 F7
Gladstone Rd. Southport PR9 4 F6
Gladstone Rd. Wallasey L44 51 D3
Gladstone St. Birkenhead L41 66 C6
Gladstone St. 1 Liverpool L3 52 C3
Gladstone St. Liverpool L25 69 F2
Gladstone St. St Helens WA10 43 D3
Glaisdale Cl. WN4 35 C3
Glaisdale Dr. PR8 4 F3
Glaisher St. L5 53 A6
Glamis Dr. PR9 2 B3
Glamis Gr. WA9 58 C7
Glamis Rd. L13 53 E6
Glamorgan Cl. WA10 43 F2
Glan Aber Pk. L12 54 E8
Glasier Rd. L46 49 C1
Glaslyn Way. L9 39 A3
Glassonby Cres. L11 40 A1
Glassonby Way. 3 L11 40 A1
Glastonbury Cl. L6 53 D7
Glasven Rd. L33 29 F3
Gleadmere. WA8 72 C2
Gleaston Cl. L62 79 D1
Gleave Rd. WA5 59 F6
Gleave Sq. Liverpool L6 53 A4
Gleave St. WA10 44 A5
Glebe Ave. WN4 35 C2
Glebe Cl. L31 20 B1
Glebe End. L29 27 F7
Glebe Hey. L27 70 E5
Glebe Hey Rd. L49 65 A3
Glebe La. WA8 73 B5
Glebe Pl. PR8 4 B7
Glebe Rd. Skelmersdale WN8 24 A8
Glebe Rd. Wallasey L45 51 A6
Glebelands Rd. L46 64 E8
Glegg St. L3 52 B4
Glegside. L48 63 C2
Glegside Rd. L33 30 A2
Glen Park Rd. L45 51 A7
Glen Rd. L13 54 B2
Glen Ronald Dr. L49 64 D5
Glen The. Bebington L62 79 C3
Glen The. Liverpool L18 69 C3
Glen Vine Cl. L16 69 F8
Glenacres. L25 70 A3
Glenalmond Rd. L44 51 D4
Glenathol Rd. L18 69 C2
Glenavon Rd. Birkenhead L43 66 A1
Glenavon Rd. Liverpool L16 54 C1
Glenbank. L22 26 C2
Glenbank Cl. L9 39 A5
Glenburn Ave. L62 88 E4
Glenburn High Sch. WN8 24 B8
Glenburn Inf Sch. L62 88 F5
Glenburn Rd. Skelmersdale WN8 16 A1
Glenburn Rd. Skelmersdale WN8 23 F8
Glenburn Rd. Wallasey L44 51 D3
Glenburn-Heygarth Prim Sch. L62 88 E5
Glenby Ave. L23 26 F2
Glencairn Rd. L13 53 F3
Glencoe Rd. L45 51 C6
Glenconner Rd. L16 54 E1
Glencourse Rd. WA8 73 A5
Glencoyne Dr. PR9 2 B5
Glencroft Cl. L36 55 C5
Glendale Ave. WN4 35 C4
Glendale Cl. L8 67 F3
Glendale Gr. L63 79 B2
Glendale Rd. WA11 44 A7
Glendale Way. L37 9 F2
Glendevon Rd. Huyton-w-R L36 55 E1
Glendevon Rd. Liverpool L15 & L16 54 D1
Glendower Rd. L22 26 E1
Glendower St. L20 38 C1
Glendyke Rd. L18 69 C2
Gleneagles Cl. L61 76 F3
Gleneagles Dr. Haydock WA11 45 A5
Gleneagles Dr. Southport PR8 7 C3
Gleneagles Dr. Widnes WA8 73 B5
Gleneagles Rd. L14 & L16 54 D1
Glenfield Cl. Birkenhead L43 65 C8
Glenfield Cl. Wallasey L46 49 B1
Glenfield Rd. L15 69 A6
Glengariff St. L13 53 E7
Glenhead Rd. L19 81 B8
Glenholm Rd. L31 28 C7
Glenluce Rd. L19 69 B1
Glenlyon Rd. L15 & L16 69 C8
Glenmarsh Cl. Bebington L63 78 D5
Glenmarsh Cl. Liverpool L12 54 C6
Glenmarsh Way. L37 10 B3
Glenmaye Cl. L12 40 E2
Glenmore Ave. L18 69 A3
Glenmore Rd. L43 66 A4
Glenn Bldgs. 2 L23 26 E5
Glenn Pl. WA8 72 E1
Glenpark Dr. PR9 2 B4
Glenrose Rd. L25 70 A3
Glenrose Terr. PR8 4 A5
Glenside. L18 69 C2
Glentrees Cl. L49 64 D5
Glentrees Rd. L12 54 B8
Glentworth Cl. L31 28 D7
Glenvale Wlk. 7 L6 52 F4
Glenville Cl. L25 70 B4
Glenway. L33 29 F6
Glenway Cl. L12 40 F4
Glenwood Cl. L35 56 F2
Glenwood Dr. L61 76 E7
Glenwyllin Rd. L22 26 F1
Globe Rd. L20 38 B4
Globe St. L4 52 E7
Gloucester Ave. 2 WA3 47 B8
Gloucester Pl. 15 L6 53 A3
Gloucester Rd. Bootle L20 38 D4
Gloucester Rd. Huyton-w-R L36 56 A3
Gloucester Rd. Liverpool L6 53 D5
Gloucester Rd. Southport PR8 3 F5
Gloucester Rd. Wallasey L45 50 E6
Gloucester Rd. Widnes WA8 73 B3
Gloucester Rd N. L6 53 D6
Gloucester St. WA9 44 D2
Gloucester Way. 16 L6 53 A3
Glover Pl. L20 38 B4
Glover St. Birkenhead L42 & L43 66 C4
Glover St. Newton-le-W WA12 46 C3
Glover St. St Helens WA10 43 F3
Glover's Brow. L32 29 C4
Glover's La. L30 27 E4
Glyn Ave. L62 88 E7
Glyn Rd. L44 51 B5
Glyn St. L15 68 F8
Glynne Gr. L16 70 A8
Glynne St. L20 38 D6
Golborne (All Saints) RC Prim Sch. WA3 47 B8
Golborne Cty Prim Sch. WA3 47 A8
Golborne Dale Rd. WA12 47 A5
Golborne Enterprise Pk. WA3 36 A1
Golborne Rd. Ashton-in-M WA3 & WN4 35 E4
Golborne Rd. Golborne WA3 47 C8
Golborne Rd. Winwick WA12 & WA2 61 A7
Golborne St. WA12 46 E4
Golbourne High Sch. WA3 36 C1
Golbourne St Thomas' CE Jun & Inf Sch. WA3 36 B1
Gold Triangle Complex. WA8 84 C5
Goldcliffe Cl. WA5 60 D3
Goldcrest Cl. L12 40 F4
Goldcrest Mews. L26 70 E1
Golden Gr. 3 L4 39 A1
Goldfinch Cl. L26 70 E1
Goldfinch Farm Rd. L24 82 C3
Goldie St. L4 52 F7
Goldsmith Rd. 1 L43 65 F1
Goldsmith St. Bootle L20 38 A4
Goldsmith St. Liverpool L6 53 B3
Goldsmith Way. 2 L43 65 F1
Goldsworth Fold. L35 57 B3
Golf Links Rd. L42 78 B8
Golf Rd. L37 9 E5
Gondover Ave. L9 38 F6
Gonville Rd. L20 38 D2
Gooch Dr. WA12 46 D2
Good Shepherd Sch The. L21 27 C2
Goodacre Rd. L9 39 B7
Goodaker's Meadow. L49 65 A2
Goodall Pl. L4 52 E8
Goodall St. L4 38 E1
Goodban St. WA9 58 E8
Goodison Ave. L4 52 F8
Goodison Park (Everton Football Club). L4 52 F8
Goodison Pl. L4 38 F1
Goodison Rd. Bootle L4 38 F1
Goodison Rd. Liverpool L4 52 F8
Goodlass Rd. L24 82 A6
Goodleigh Pl. WA9 58 C5
Goodwood Cl. L36 55 D1
Goodwood St. L5 52 D5
Goose Green The. L47 48 D1
Goostrey Cl. L63 79 B1
Gordale Cl. WA5 74 F7
Gordon Ave. Bebington L62 88 E7
Gordon Ave. Birkenhead L49 64 E3
Gordon Ave. Crosby L22 26 C2
Gordon Ave. Garswood WN4 34 E4
Gordon Ave. Haydock WA11 45 F7
Gordon Ave. Maghull L31 20 C3
Gordon Ave. Southport PR9 1 C1
Gordon Ct. L49 64 E3
Gordon Dr. Liverpool L14 54 E3
Gordon Dr. Liverpool L19 81 A7
Gordon Pl. L18 69 A3
Gordon Rd. Seaforth L21 37 F6
Gordon Rd. Wallasey L45 51 C7
Gordon St. Birkenhead L41 66 C6
Gordon St. Liverpool L15 68 E7
Gordon St. Southport PR9 4 C8
Gordonstoun Cres. WN5 25 F7
Gore Dr. L39 13 E3
Gore St. Liverpool L2 52 C1
Gore St. Liverpool L8 67 E6
Gore's La. WA11 33 A5
Gores La. Formby L37 9 F5
Gores La. Rainford WA11 32 F6
Gores Rd. L33 30 C1
Gorse Ave. L12 40 B1
Gorse Cres. L44 51 C2
Gorse Hey Ct. L12 & L13 54 A5
Gorse La. L48 63 E1
Gorse Rd. L47 63 D8
Gorse Way. L37 9 C4
Gorsebank Rd. L18 68 E5
Gorsebank St. L44 51 C3
Gorseburn Rd. L13 53 E6
Gorsedale Pk. L44 51 D2
Gorsedale Rd. Liverpool L18 69 A4
Gorsedale Rd. Wallasey L44 51 C2
Gorsefield. Formby L37 10 A6
Gorsefield. St Helens L35 57 D7
Gorsefield Ave. L62 88 D5
Gorsefield Cl. L62 88 D5
Gorsefield Rd. Birkenhead L42 66 C3
Gorsefield Rd. Crosby L23 27 A5
Gorsehill Rd. Heswall L60 77 A1
Gorsehill Rd. Wallasey L45 51 A8
Gorselands Ct. L17 68 D2
Gorsewood Cl. L25 70 C5
Gorsewood Gr. L25 70 C5
Gorsewood Rd. L25 70 B5
Gorsey Brow. WN5 33 E5
Gorsey Brow Cl. WN5 33 D5
Gorsey Cop Way. L25 70 A6
Gorsey Croft. L34 & L35 56 F7
Gorsey La. Burtonwood WA5 & WA9 59 C5
Gorsey La. Haskayne L39 11 B7
Gorsey La. Hightown L38 18 B2
Gorsey La. Litherland L21 27 C2
Gorsey La. Wallasey L41 & L44 51 B2
Gorsey La. Widnes WA8 73 E1
Gorsey Pl. WN8 24 B7
Gorseyville Cres. L63 78 E5
Gorseyville Rd. L63 78 E5
Gorst St. 11 L4 52 F7
Gort Rd. L36 55 E3
Gorton Rd. L13 54 B2
Goschen St. 7 Birkenhead L43 65 F8
Goschen St. 6 Liverpool L5 52 F7
Goschen St. Liverpool L13 53 F3
Gosford St. L8 67 F4
Gosforth Rd. PR9 4 F8
Gosport Cl. WA2 61 F1
Goswell St. L15 68 E8
Gotham Rd. L63 79 B3
Gothic St. L42 66 F2
Gotley Wlk. L24 82 F4
Gough Ave. WA2 61 B2
Gough Rd. L13 53 E7
Gourley Rd. L13 54 B1
Gourley's La. L48 63 D1
Government Rd. L47 63 B7
Govett Rd. L35 57 D7
Gower St. Bootle L20 38 B5
Gower St. Liverpool L1 & L3 & L69 & L72 67 C8
Gower St. St Helens WA9 44 D1
Goyt Hey Ave. WN5 33 E5
Graburn Rd. L37 9 F4
Grace Ave. L10 40 A7
Grace Rd. L9 39 A6
Grace St. Liverpool L8 67 F4
Grace St. St Helens WA9 58 C8
Gradwell St. 1 L1 52 D1
Grafton Cres. L8 67 E6
Grafton Dr. Birkenhead L49 65 B4
Grafton Dr. Southport PR8 7 A5
Grafton Gr. L8 67 E4
Grafton Rd. L45 51 B7
Grafton St. Birkenhead L43 66 B5
Grafton St. Liverpool L72 & L8 67 D6
Grafton St. Liverpool L8 67 E4
Grafton St. Liverpool L8 67 E5
Grafton St. Liverpool L8 67 E6
Grafton St. Liverpool L8 67 F3
Grafton St. Newton-le-W WA12 46 B3
Grafton St. St Helens WA10 43 D3
Grafton Wlk. L48 63 C2
Graham Cl. WA8 72 C1
Graham Dr. L26 83 A8
Graham Rd. West Kirby L47 & L48 63 A3
Graham Rd. Widnes WA8 84 C8
Graham St. WA9 44 C4
Graham's Rd. L36 55 F2
Grain Ind Est. L8 67 E4
Grainger Ave. Birkenhead L43 65 F1
Grainger Ave. Bootle L20 38 E5
Grainger Ave. West Kirby L48 63 B3
Graley Cl. L26 82 F6
Grammar School La. L48 63 D1
Grampian Ave. L46 64 E8
Grampian Rd. L7 53 E2
Grampian Way. Bebington L62 88 E4
Grampian Way. Birkenhead L46 64 E8
Grampian Way. Golborne WA3 36 D1
Granams Croft. L30 27 D4
Granard Rd. L15 69 A6
Granborne Chase. L32 29 B3
Granby Cl. PR9 1 F3
Granby Cres. L63 79 A2
Granby Prim Sch. L8 68 A7
Granby St. L8 68 A6
Grandison Rd. L4 39 C1
Grange Ave. Liverpool L12 & L14 54 E5
Grange Ave. Liverpool L25 82 D7
Grange Ave. Southport PR9 4 E8
Grange Ave. Wallasey L45 51 B6
Grange Ave N. L14 54 F5
Grange Cl. WA3 47 C6
Grange Cres. L66 89 A2
Grange Cross Cl. L48 63 E1
Grange Cross Hey. L48 63 E1
Grange Cross La. L48 63 E1
Grange Dr. Heswall L60 76 F2

Gra – Hal 105

Grange Dr. Raby L63 87 A7
Grange Dr. St Helens WA10 57 B8
Grange Dr. Widnes WA8 72 D1
Grange Farm Cres. L48 63 E3
Grange La. Formby L37 9 E5
Grange La. Liverpool L25 70 A5
Grange Mount. Birkenhead L43 66 C5
Grange Mount. Heswall L60 76 F1
Grange Mount. West Kirby L48 63 D2
Grange Old Rd. L48 63 C2
Grange Park Rd. WA10 57 C8
Grange Pk. L31 28 F7
Grange Pl. L43 66 C6
Grange Prim Sch. L30 27 E5
Grange Rd. Ashton-in-M WN4 34 F6
Grange Rd. Birkenhead L41 66 D6
Grange Rd. 12 Birkenhead L41 66 E6
Grange Rd.
Haydock WA11 & WA12 45 D5
Grange Rd. Heswall L60 76 F2
Grange Rd. Hightown L38 17 E6
Grange Rd. Litherland L30 28 B2
Grange Rd. Southport PR9 4 E7
Grange Rd. West Kirby L48 63 B2
Grange Rd E. 8 L41 66 E6
Grange Rd W. L41 & L43 66 C6
Grange St. L6 53 D5
Grange Terr. L15 68 F7
Grange The. L44 51 C4
Grange Vale. L42 67 A1
Grange Valley. WA11 45 D6
Grange Valley Prim Sch. WA11 45 D5
Grange Way. L25 70 A5
Grange Weint. L25 70 B4
Grangehurst Ct. L25 70 B4
Grangemeadow Rd. L25 70 A5
Grangeside. L25 70 A5
Grangewood. L14 & L16 54 F1
Granite Terr. L36 56 A2
Granston Cl. WA5 60 E2
Grant Ave. L15 68 F6
Grant Cl. Huyton-w-R L14 55 A3
Grant Cl. St Helens WA10 43 E4
Grant Cl. Warrington WA5 60 D1
Grant Ct. 9 L20 38 C3
Grant Rd. Huyton-w-R L14 55 A4
Grant Rd. Wallasey L46 50 C4
Grant St. WA12 46 A3
Grantham Cl. Heswall L61 76 E4
Grantham Cl. Southport PR8 4 A1
Grantham Cres. WA11 44 D5
Grantham Rd. Kirkby L33 29 E5
Grantham Rd. Southport PR8 4 A1
Grantham St. L6 & L7 53 B3
Grantham Way. L30 28 B4
Grantley Rd. L15 69 B6
Grantley St. WN4 35 A5
Granton Cl. L37 9 E3
Granton Rd. L5 53 A6
Grantside Sch. L6 53 A3
Grantwood. WN4 35 A5
Granville Ave. L31 20 C2
Granville Cl. Ormskirk L39 21 B8
Granville Cl. Wallasey L45 50 E6
Granville Ct. PR9 1 D1
Granville Pk. L39 21 C8
Granville Rd. Liverpool L15 68 D7
Granville Rd. Liverpool L19 81 C6
Granville Rd. Southport PR8 3 D4
Granville St. WA9 44 D3
Grasmere Ave. Birkenhead L43 65 C5
Grasmere Ave. Orrell WN8 25 B7
Grasmere Ave. Orrell WN5 25 F8
Grasmere Ave. Prescot L34 56 F6
Grasmere Ave. St Helens WA11 44 B7
Grasmere Ave. Warrington WA2 61 E3
Grasmere Cl. Kirkby L33 29 D4
Grasmere Cl. St Helens WA11 44 B7
Grasmere Ct. WA11 44 B7
Grasmere Dr. Ashton-in-M WN4 35 B5
Grasmere Dr. Bootle L21 38 E8
Grasmere Dr. Wallasey L45 51 A6
Grasmere Fold. WA11 44 B7
Grasmere Gdns. L23 26 F3
Grasmere House. L17 68 D2
Grasmere Rd. Formby L37 9 D3
Grasmere Rd. Maghull L31 20 D2
Grasmere St. L5 & L6 53 B5
Grasmere Terr. WN2 36 B8
Grass Wood Rd. L49 65 C3
Grassendale Ct. L19 81 A7
Grassendale La. L19 81 A7
Grassendale Prom. L19 80 F6
Grassendale Rd. L19 81 A7
Grassington Cres. L25 70 C2
Grassmoor Cl. L62 88 E8
Grasville Rd. L42 66 E3
Gratrix Rd. L62 88 D8
Gratton Pl. WN8 24 A8
Grave-Yard La. L39 22 A6
Gravel La. PR9 2 F5
Gray Ave. WA11 45 D6
Gray Gr. L36 70 F8
Gray St. L20 38 A5
Graylands Pl. L4 39 C1
Graylands Rd. Bebington L62 79 C6
Graylands Rd. Liverpool L4 39 C2
Grayling Dr. L12 40 D3
Grays Ave. L35 56 F6
Grayson St. L1 & L72 67 D8
Graysons Rd. WA11 31 F8
Grayston Ave. WA9 58 D6
Greasby Inf Sch. L49 64 D2
Greasby Jun Sch. L49 64 D1
Greasby Rd. Birkenhead L49 64 E4
Greasby Rd. Wallasey L44 51 A4
Great Ashfield. WA8 72 D3
Great Charlotte St. 20 L1 52 D1
Great Crosby RC Jun Sch. L23 26 E4
Great Crosshall St. L3 52 D2
Great Delph. WA11 45 D7
Great George Pl. L1 & L69 67 E7
Great George St. L1 & L69 67 E7
Great George's Rd. L22 37 E8
Great Hey. L29 & L30 27 D5
Great Homer St. L3 & L5 52 E5
Great Howard St. L3 & L5 52 B4
Great Meols Prim Sch. L47 48 E1
Great Mersey St. L5 52 D6
Great Newton St. L3 52 F1
Great Orford St. L3 52 F1
Great Richmond St. L3 52 E3
Great Sankey Cty High Sch.
WA5 74 E7
Great Sankey L Ctr. WA5 74 D8
Greaves St. L8 67 F5
Grebe Ave. WA10 57 B7
Grecian St. L21 37 F8
Grecian Terr. L5 52 F6
Gredington St. L8 68 A4
Greek St. Liverpool L3 52 E2
Greek St. Runcorn WA7 84 F3
Green Bank. L63 78 A2
Green Croft. L23 27 B5
Green End La. WA9 58 C8
Green End Pk. L12 54 A7
Green Gates. L36 55 E6
Green Hey Dr. L30 27 D3
Green Heys Dr. L31 20 F1
Green Jones Brow. WA5 59 F6
Green La. Bebington L63 79 A5
Green La. Birkenhead L41 66 E4
Green La. Bootle L21 38 A7
Green La. Burtonwood WA5 59 E7
Green La. Crosby L22 26 C2
Green La. Crosby L23 27 B6
Green La. Formby L37 9 F5
Green La. Litherland L21 27 B2
Green La. Liverpool L3 52 E1
Green La. Liverpool L13 53 F4
Green La. Liverpool L18 69 B5
Green La. Liverpool L16 & L18 69 C5
Green La. Maghull L31 20 A2
Green La. Maghull L31 20 C1
Green La. Ormskirk L39 13 E6
Green La. Orrell WN5 25 D3
Green La. Rainford WA11 32 A5
Green La. Skelmersdale L40 16 A6
Green La. St Helens WA10 42 F5
Green La. Wallasey L45 & L46 50 C5
Green La. Wallasey L45 50 D6
Green La. Widnes WA8 72 E1
Green La. Winwick WA2 61 A7
Green La N. L16 69 D6
Green Lane Ave. L39 13 E6
Green Lane Cl. WA2 61 A7
Green Lane Sta. L41 66 E4
Green Lawn. Birkenhead L42 66 F1
Green Lawn. Huyton-w-R L36 56 A4
Green Lawn Gr. L42 66 F1
Green Leach Ave. WA11 44 B7
Green Leach Ct. WA11 44 B7
Green Leach La. WA11 44 B7
Green Link. L31 20 B2
Green Meadows. WA3 47 E5
Green Mount. L49 65 A5
Green Oaks Path. WA8 73 C1
Green Oaks Way. WA8 73 C1
Green Park Dr. L31 20 B1
Green Park Prim Sch. L31 20 B2
Green Pk. L30 27 F5
Green Rd. L34 56 C7
Green St. L3 & L5 52 C4
Green The. Bebington L62 79 D5
Green The. Crosby L23 26 D5
Green The. Hale L24 83 D1
Green The. Liverpool L13 54 C2
Green The. Raby L63 87 C4
Green The. West Kirby L48 75 D7
Green Way. Huyton-w-R L36 55 B4
Green Way Cl. L36 55 B4
Green Wlk. PR8 7 D5
Green's La. L31 & L39 12 C1
Greenacre. L40 14 E4
Greenacre Cl. L25 82 C8
Greenacre Dr. L63 88 C7
Greenacre Rd. L25 82 C8
Greenacres Cl. L43 65 C8
Greenall Ave. WA5 74 D4
Greenall Ct. 11 L34 56 D6
Greenall St. Ashton-in-M WN4 35 B5
Greenall St. St Helens WA10 43 E4
Greenbank. Abram WN2 36 B7
Greenbank. Seaforth L22 37 E8
Greenbank Ave. Maghull L31 20 C3
Greenbank Ave. Orrell WN5 25 D3
Greenbank Ave. 3 Wallasey L45 51 B7
Greenbank Cres. WA10 43 F3
Greenbank Ct. L17 68 E5
Greenbank Dr. L10 40 B7
Greenbank Dr. Heswall L61 77 A3
Greenbank Dr.
Liverpool L15 & L17 68 E5
Greenbank Dr. Southport PR8 3 E2
Greenbank High Sch. PR8 3 E1
Greenbank La. L17 & L18 68 E5
Greenbank Rd. Birkenhead L42 66 C3
Greenbank Rd.Liverpool L17 & L18 68 F5
Greenbank Rd. West Kirby L48 63 C4
Greenburn Ave. WA11 33 C1
Greencroft Rd. L44 51 C3
Greendale Rd. Bebington L62 79 B5
Greendale Rd. Liverpool L25 69 F4
Greene's Rd. L35 56 D2
Greenfield Cl.
Newton-le-W WA12 46 C4
Greenfield Cl. Southport PR9 2 A3
Greenfield Dr. L36 70 F8
Greenfield Gr. L36 70 F8
Greenfield La. Heswall L60 & L61 76 C2
Greenfield La. Litherland L21 27 A1
Greenfield Rd. Liverpool L13 54 A3
Greenfield Rd. St Helens WA10 43 E5
Greenfield View. WN5 33 D4
Greenfield Way. Liverpool L18 69 C1
Greenfield Way. Wallasey L44 51 B4
Greenfield Wlk. L36 55 F1
Greenfields Ave. L62 88 C7
Greenfields Cres.
Ashton-in-M WN4 35 B4
Greenfields Cres. Bebington L62 88 C7
Greenfinch Cl. 1 Liverpool L12 40 F3
Greenfinch Cl. Liverpool L26 70 E1
Greenford Cl. WN5 25 D6
Greenford Rd. PR8 7 C4
Greenhaven. WN8 25 B7
Greenheath Way. L46 49 F3
Greenhey Pl. WN8 23 F8
Greenheys Gdns. 5 L8 68 B6
Greenheys Rd. Irby L61 76 C5
Greenheys Rd. Liverpool L8 68 B6
Greenheys Rd. Wallasey L44 51 B4
Greenhill Ave. L18 69 C4
Greenhill Cl. L18 69 B2
Greenhill Cres. WN5 33 F5
Greenhill Pl. L36 55 E1
Greenhill Rd. Billinge WN5 33 F5
Greenhill Rd. Liverpool L18 69 B2
Greenhill Rd. Liverpool L19 81 C8
Greenholme Cl. L11 40 A3
Greenhow Ave. L48 63 B3
Greenlake Rd. L18 69 B2
Greenland St. L1 & L69 & L72 67 D7
Greenlands. L36 55 E1
Greenlea Cl. Bebington L63 78 F6
Greenlea Cl. Orrell WN5 25 D5
Greenleaf St. L7 & L8 68 C7
Greenleas Prim Sch. L45 50 D6
Greenleas Rd. L45 50 D5
Greenleigh Rd. L18 69 B2
Greenloon's Dr. L37 9 C3
Greenloon's Wlk. L37 9 C2
Greenock St. L3 52 B3
Greenodd Ave. L12 40 C1
Greenore Dr. L24 83 D2
Greenough Ave. L35 57 C5
Greenough St. L25 69 F2
Greens Wlk. L17 68 E3
Greensbridge La. L26 & L35 71 B2
Greenshank Cl. WA12 46 C4
Greenside. L6 52 F3
Greenside Ave. Litherland L10 28 E2
Greenside Ave. Liverpool L15 69 A7
Greenslate Ct. WN5 25 E3
Greenslate Rd. WN5 25 E3
Greenville Cl. L63 78 F5
Greenville Dr. L31 20 C1
Greenville Rd. Bebington L63 78 F5
Greenville Rd. Neston L64 86 F1
Greenway. Ashton-in-M WN4 35 A4
Greenway. Bebington L62 79 D3
Greenway. Birkenhead L49 64 E5
Greenway. Crosby L23 27 A5
Greenway. Heswall L61 76 E4
Greenway. Warrington WA5 74 E7
Greenway Ave. WN8 24 B8
Greenway Cl. WN8 15 E2
Greenway Rd. Birkenhead L42 66 D3
Greenway Rd. Liverpool L24 83 A3
Greenway Rd. Runcorn WA7 84 F1
Greenway Rd. Widnes WA8 73 B1
Greenway The. L12 & L14 54 E4
Greenways. WN5 25 D3
Greenways Sch. L19 80 F7
Greenwell Rd. WA11 45 C6
Greenwich Ct. L9 39 B8
Greenwich Rd. L9 39 B7
Greenwood Cl. Ormskirk L39 13 C1
Greenwood Cl. Prescot L34 56 E6
Greenwood Cres. WA2 61 E2
Greenwood Ct. 7 WA9 58 C4
Greenwood Dr. WA12 46 D2
Greenwood La. L44 51 C5
Greenwood Rd. Birkenhead L49 65 B3
Greenwood Rd. Hoylake L47 63 E8
Greenwood Rd. Liverpool L18 69 B1
Greetby Hill. L39 & L40 14 A6
Greetham St. L1 & L72 67 D8
Gregory Cl. L16 69 E8
Gregory Way. L16 69 E8
Gregson Ct. L45 51 C8
Gregson Rd. Liverpool L14 54 C2
Gregson Rd. Prescot L35 56 D5
Gregson Rd. Widnes WA8 73 C1
Gregson St. L6 52 F3
Gregson's Ave. L37 9 E5
Greig Way. L8 67 F5
Grenfell Cl. L64 86 C1
Grenfell Pk. L64 86 C1
Grenfell Rd. L13 53 E8
Grenloe Cl. L27 70 F5
Grenville Cres. L63 88 C7
Grenville Dr. L61 76 E3
Grenville Rd. L42 66 F3
Grenville St S. L1 & L72 67 E8
Grenville Way. L42 66 F3
Gresford Ave. L15 & L17 68 E6
Gresford Ave. Birkenhead L43 66 A2
Gresford Ave. West Kirby L48 63 C3
Gresford Cl. Prescot L35 56 F3
Gresford Cl. Warrington WA5 60 E1
Gresham St. L7 53 E2
Gresley Cl. 6 L7 53 C1
Gressingham Rd. L18 69 C2
Greta St. L8 68 A5
Gretton Rd. L14 55 B5
Grey Rd. Ashton-in-M WN4 35 A4
Grey Rd. Liverpool L9 39 A4
Grey Rock Wlk. L6 53 B4
Grey St. Liverpool L8 67 F6
Grey St. Liverpool L8 67 F7
Greyfriars. WN4 34 F4
Greyfriars Rd. PR8 7 B6
Greyhound Farm Rd. L24 82 C4
Greystoke Cl. L49 64 F4
Greystokes. L39 13 D2
Greystone Cres. L14 54 E3
Greystone Pl. L10 39 F7
Greystone Rd. Liverpool L10 39 F7
Greystone Rd. Liverpool L14 54 E2
Greystone Rd.
Warrington WA5 74 F4
Gribble Rd. L10 40 A7
Grierson St. L8 68 B7
Grieve Rd. L10 40 A7
Griffin Ave. L46 64 E8
Griffin Cl. Burtonwood WA5 59 E5
Griffin Cl. Liverpool L11 40 C4
Griffin Cl. St Helens WA10 42 F4
Griffin Mews. WA8 73 B3
Griffin St. WA9 58 E7
Griffin Wlk. 1 L11 40 C4
Griffith's Rd. L36 55 E2
Griffiths Cl. L49 64 C3
Griffiths Dr. PR9 4 F8
Griffiths St. 6 L1 67 E8
Griffon House. PR9 1 F2
Grimley Ave. L20 38 A4
Grimrod Pl. WN8 24 A7
Grimshaw La. L39 13 E7
Grimshaw Rd. WN8 24 D8
Grimshaw St. Bootle L20 38 B2
Grimshaw St. Golborne WA3 36 A1
Grimshaw St. St Helens WA9 58 C6
Grindleford Way. L7 68 B8
Grinfield St. L7 53 A1
Grinshill Cl. L8 68 A6
Grinstead Cl. PR8 3 F1
Grinton Cres. L36 55 D2
Grisedale Ave. WA2 61 B3
Grisedale Cl. L37 9 E3
Grisedale Rd. L62 88 F8
Grizedale. WA8 72 B2
Grizedale Ave. WA11 44 B8
Grizedale Rd. L5 52 F6
Groarke Dr. WA5 74 D5
Groes Rd. L19 81 B7
Grogan Sq. L20 38 D6
Gronow Pl. L20 38 E6
Grosmont Rd. Kirkby L32 40 F8
Grosvenor Ave. Crosby L23 26 E2
Grosvenor Ave. Golborne WA3 47 D8
Grosvenor Ave. West Kirby L48 63 B2
Grosvenor Cl. PR8 3 E3
Grosvenor Dr. L45 51 B8
Grosvenor Gdns.
Newton-le-W WA12 46 C2
Grosvenor Gdns. Southport PR8 3 F3
Grosvenor Pl. Birkenhead L43 66 A5
Grosvenor Pl. Southport PR8 3 F3
Grosvenor Rd. Birkenhead L43 66 B5
Grosvenor Rd. 7 Bootle L4 38 F2
Grosvenor Rd. Haydock WA11 45 B7
Grosvenor Rd. Hoylake L47 63 B6
Grosvenor Rd. Liverpool L15 68 E7
Grosvenor Rd. Liverpool L19 81 A6
Grosvenor Rd. Maghull L31 28 D6
Grosvenor Rd. Prescot L34 56 D6
Grosvenor Rd. Southport PR8 3 E4
Grosvenor Rd. St Helens WA10 43 D2
Grosvenor Rd. Wallasey L45 51 B8
Grosvenor Rd. Widnes WA8 73 B5
Grosvenor St. Liverpool L3 52 D3
Grosvenor St. Wallasey L44 51 B4
Grove Ave. L60 76 F1
Grove Mead. L31 20 F1
Grove Park Ave. L12 54 B8
Grove Pk. Liverpool L8 68 C6
Grove Pk. Ormskirk L39 13 F7
Grove Pk. Southport PR9 4 F8
Grove Pl. Hoylake L47 63 B7
Grove Pl. Liverpool L4 52 E7
Grove Rd. Birkenhead L42 66 F2
Grove Rd. Hoylake L47 63 B7
Grove Rd. Liverpool L6 & L7 53 D3
Grove Rd. Orrell WN8 25 C8
Grove Rd. Wallasey L45 50 E6
Grove Rd. Wallasey L45 50 F7
Grove Side. L7 68 A8
Grove Sq. L62 79 A7
Grove St. Ashton-in-M WN4 35 A4
Grove St. Bebington L62 79 B7
Grove St. Bootle L20 38 A4
Grove St. Liverpool L7 & L8 68 A8
Grove St. Liverpool L15 68 F8
Grove St. Runcorn WA7 84 F3
Grove St. Southport PR8 4 A4
Grove St Prim Sch. L42 79 B7
Grove Terr. Hoylake L47 63 B7
Grove Terr. Southport PR8 4 A5
Grove The. Bebington L63 79 A5
Grove The. Birkenhead L43 66 B3
Grove The. Golborne WA3 36 D1
Grove The. Huyton-w-R L28 55 C7
Grove The. Liverpool L13 53 F5
Grove The. Ormskirk L39 21 C7
Grove The. St Helens WA10 43 C5
Grove The. Wallasey L44 51 C3
Grove The. Warrington WA5 74 F4
Grove Way. L7 68 A8
Grovedale Rd. L18 68 F5
Grovehurst Ave. L14 54 F4
Groveland Ave. Hoylake L47 63 B7
Groveland Ave. Wallasey L45 50 D6
Groveland Rd. L45 50 D6
Grovelands. L7 68 A8
Grovenor Cl. L30 27 F3
Groves The. L32 40 E7
Groveside. L48 63 A2
Grovewood. Prescot L35 56 F3
Grovewood. Southport PR8 3 E5
Grovewood Ct. L43 66 B3
Grundy Cl. Southport PR8 4 E5
Grundy Cl. Widnes WA8 72 F3
Grundy Homes. PR8 4 E5
Grundy St. Golborne WA3 47 A7
Grundy St. Liverpool L20 & L5 52 C6
Guardian Ct. L48 63 B1
Guelph St. L7 53 A2
Guernsey Rd. Liverpool L13 54 A4
Guernsey Rd. Widnes WA8 73 E3
Guffitt's Rake. L47 48 E1
Guffitts Cl. L47 48 E1
Guild Hey. L34 41 D4
Guildford Avenue. L30 27 F1
Guildford Rd. Southport PR8 4 B2
Guildford St. L44 51 D4
Guildhall Rd. L9 39 A6
Guillemot Way. L26 70 E1
Guilsted Rd. L11 40 A2
Guinea Gap. L44 51 E3
Guion Rd. L21 38 B7
Guion St. L6 53 B4
Gullivers World Theme Park.
WA5 60 E1
Gulls Way. L60 85 E7
Gunning Ave. WA10 43 B5
Gunning Cl. WA10 43 B5
Gurnall St. 13 L4 52 F7
Guthrie Way. 2 L6 53 B3
Gutticar Rd. WA8 72 B1
Gwendoline Cl. L61 77 A5
Gwendoline St. L8 67 F6
Gwenfron Rd. 10 L6 & L7 53 B3
Gwent Cl. L6 53 B5
Gwent St. L8 68 A6
Gwladys St. L4 38 F1
Gwladys Street Jun & Mix Inf Sch.
L4 39 A1
Gwydir St. L8 68 A5
Gwydrin Rd. L18 69 C5

Hackett Ave. L20 38 D6
Hackthorpe St. L5 52 E7
Hadassah Gr. L17 68 C4
Hadden Cl. L35 57 A4
Haddock St. L20 38 B1
Haddon Ave. L9 38 F6
Haddon Dr. Heswall L61 76 F4
Haddon Dr. Widnes WA8 72 C3
Haddon Rd. Birkenhead L42 67 A2
Haddon Rd. Golborne WA3 36 D2
Haddon St. 5 WN4 34 F5
Haddon Wlk. L12 40 E3
Hadfield Ave. L47 63 B7
Hadfield Cl. WA8 73 E2
Hadfield Gr. L25 70 C3
Hadleigh Rd. L32 29 F1
Hadley Ave. L62 79 C1
Hadlow Gdns. L41 66 E4
Hadstock Ave. L37 9 D1
Hadwens Bldgs. 20 L3 52 C2
Haggerston Rd. L4 39 A2
Hague Bush Cl. WA3 36 E1
Hahnemann Rd. L4 38 E2
Haig Ave. Birkenhead L46 64 F8
Haig Ave. Southport PR8 4 E5
Haig Rd. WA8 73 A1
Haigh Cres. L31 20 C4
Haigh Ct. PR8 4 F6
Haigh Rd. L22 26 E1
Haigh St. L3 & L6 52 F3
Haileybury Ave. L10 28 D2
Haileybury Rd. L25 82 B8
Hailsham Rd. L19 80 F8
Halby Rd. L9 39 B6
Halcombe Rd. L12 54 D7
Halcyon Rd. L41 & L42 & L43 66 C4
Haldane Ave. L41 65 F7
Haldane Rd. L4 39 A2
Hale Bank Rd. WA8 83 F5
Hale Bank Terr. WA8 84 A4
Hale CE Prim Sch. L24 83 E1
Hale Dr. L24 82 E2
Hale Gate Rd.
Liverpool L24 & WA8 83 F3
Hale Gate Rd. Widnes WA8 84 A3
Hale Gr. WN4 34 F5
Hale Rd. Bootle L4 38 E1
Hale Rd. Liverpool L24 82 C3
Hale Rd. Liverpool L24 82 E2
Hale Rd. Wallasey L45 51 C6
Hale Rd. Widnes WA8 84 C7
Hale Road Ind Est. WA8 84 B4
Hale St. L2 52 C2
Hale View Rd. L36 56 A2
Halebank CE Prim Sch. WA8 84 A5
Halefield St. WA10 43 F4
Halewood Ave. WA3 35 F1
Halewood CE Prim Sch. L26 71 A1
Halewood Cl. L25 70 B4
Halewood Dr. Liverpool L25 70 B2
Halewood Dr. Liverpool L25 70 C2
Halewood Lane Ends. L26 83 A8
Halewood Pl. L25 70 C3
Halewood Rd. L25 70 C3
Halewood Sta. L26 82 F8

106 Hal – Hea

Halewood 'Triangle' Ctry Pk. L26 82 E8
Halewood Way. L25 70 C2
Haley Rd N. WA5 59 E6
Haley Rd S. WA5 59 E5
Halidon Ct. L20 38 A4
Halifax Cl. WA2 61 D2
Halifax Cres. L23 27 B6
Halifax Rd. PR8 7 C5
Halkirk Rd. L18 69 C1
Halkyn Ave. L15 & L17 68 D6
Halkyn Dr. L5 & L6 53 A5
Hall Ave. WA8 72 A1
Hall Brow Cl. L39 & L40 14 B4
Hall Dr. Birkenhead L49 64 C2
Hall Dr. Kirkby L32 29 E2
Hall Gn. WN8 25 B7
Hall Green Cl. WN8 25 B7
Hall La. Bickerstaffe L39 22 E4
Hall La. Burtonwood WA9 59 A4
Hall La. Cronton WA8 72 C8
Hall La. Huyton-w-R L36 56 A2
Hall La. Ince Blundell L38 18 F3
Hall La. Kirkby L32 29 E2
Hall La. Kirkby L33 & L39 30 A8
Hall La. Liverpool L9 39 B6
Hall La. Liverpool L7 53 A2
Hall La. Maghull L31 20 B7
Hall La. Maghull L31 28 D8
Hall La. Newton-le-W WA5 60 B8
Hall La. Orrell WN3 & WN5 25 F4
Hall La. Prescot L34 & L35 56 D5
Hall La. Skelmersdale L40 15 A6
Hall Nook. WA5 74 F3
Hall Rd. WA11 45 E7
Hall Rd E. L23 26 B6
Hall Rd W. L23 26 A6
Hall Road Sta. L23 26 A6
Hall St. Ashton-in-M WN2 35 E7
Hall St. Southport PR9 4 C7
Hall St. St Helens WA10 & WA9 44 B4
Hall St. St Helens WA9 58 E3
Hall Terr. WA5 74 E7
Hallam Wlk. 3 L7 53 C1
Hallbridge Gdns. WN8 25 B8
Hallcroft. WN8 16 C2
Hallfields Rd. WA2 61 D1
Hallmoor Cl. L39 13 E2
Hallows Ave. WA2 61 D1
Hallsands Rd. L32 40 E8
Hallside Cl. L19 81 A8
Halltine Cl. L23 26 A6
Hallville Rd. L18 69 B5
Halsall Cl. L23 26 E5
Halsall Ct. L39 13 D6
Halsall Gn. L63 79 B1
Halsall La. Formby L37 9 F3
Halsall La. Haskayne L39 12 D6
Halsall La. Ormskirk L39 13 D6
Halsall Rd. Bootle L20 38 C5
Halsall Rd. Southport PR8 8 A8
Halsall St. L34 56 D7
Halsall's Cotts. WA8 83 E5
Halsbury Rd. Liverpool L6 & L7 53 C3
Halsbury Rd. Wallasey L45 51 B6
Halsey Ave. L12 53 F7
Halsey Cres. L12 53 F7
Halsnead Ave. L35 56 C1
Halsnead Prim Sch. L35 56 D2
Halstead Cl. 4 L32 29 C1
Halstead Rd. Bootle L20 & L9 38 F6
Halstead Rd. Wallasey L44 51 C3
Halstead Wlk. L32 29 C1
Halton Chase. L40 14 E4
Halton Cres. L49 64 B3
Halton Hey. L35 56 D1
Halton Rd. Maghull L31 20 D3
Halton Rd. 9 Wallasey L45 51 A6
Halton Rd. Warrington WA5 74 F6
Halton St. WA11 45 E6
Halton View Rd. WA8 73 C1
Halton Wlk. L25 70 C6
Halton Wood. L31 29 B3
Halville Rd. L44 51 C3
Halyard House. L61 76 C2
Hamble Dr. 2 WA5 74 F3
Hambledon Dr. L49 64 D4
Hambleton Cl. Liverpool L11 40 B4
Hambleton Cl. Widnes WA8 72 C3
Hamblett Cres. WA11 44 B6
Hamblett Sch. WA10 43 D6
Hamer St. WA10 43 F4
Hamil Cl. L47 48 E1
Hamilton Cl. L64 86 B2
Hamilton Ct. L23 26 B4
Hamilton La. L41 & L72 66 E7
Hamilton Rd. Garswood WN4 34 D4
Hamilton Rd. Liverpool L5 52 F5
Hamilton Rd. St Helens WA10 43 C6
Hamilton Rd. Wallasey L45 51 A8
Hamilton Sq. L41 66 F7
Hamilton Square Sta. L41 66 F7
Hamilton St. L41 66 F6
Hamlet Ct. L17 68 C3
Hamlet Rd. L45 50 F6
Hamlin Rd. L19 81 D6
Hammersley Ave. WA9 58 C3
Hammersley St. WA9 58 C3
Hammill Ave. WA10 43 E6
Hammill St. WA10 43 D5
Hammond Rd. L33 30 C3
Hammond St. WA9 44 D2
Hampden Gr. L42 66 E4
Hampden Rd. L42 66 E4
Hampden St. L4 38 F2
Hampshire Ave. L30 27 C3
Hampson Cl. WN4 35 B2
Hampson St. L6 53 C5
Hampstead Rd. Liverpool L6 53 C4
Hampstead Rd. Wallasey L44 51 C3
Hampton Cl. WA8 73 E3
Hampton Court Rd. L12 54 D5
Hampton Dr. WA8 72 C5
Hampton Pl. WA11 44 B6
Hampton Rd. Formby L37 9 E1
Hampton Rd. Southport PR8 4 C5
Hampton St. L8 67 F7
Hanbury Rd. L4 53 D8
Handel Ct. L8 68 B6
Handfield Pl. 5 L5 53 A5
Handfield Rd. L22 26 E1
Handfield St. L5 53 A5
Handford Ave. L62 88 F5
Handley Ct. L19 80 F8
Handley St. WA7 84 F3
Hands St. L21 38 B6
Handsworth Wlk. PR8 4 F3
Hanford Ave. L9 38 F6
Hankey Dr. L20 38 E5
Hankey St. WA7 84 F2
Hankin St. L5 52 D5
Hankinson St. L13 54 A1
Hanley Cl. WA8 72 C1
Hanley Rd. WA8 72 C1
Hanlon Ave. L20 38 D6
Hanmer Rd. L32 29 B2
Hannah Cl. L61 76 E3
Hannan Rd. L6 & L7 53 C3
Hanns Hall Rd. L64 87 D8
Hanover Cl. L43 65 F6
Hanover St. Liverpool L1 52 D1
Hanover St. Liverpool L1 & L72 67 C8
Hans Rd. 9 L4 39 A1
Hanson Pk. L43 65 E5
Hanson Rd. L9 39 C5
Hants La. L39 13 E6
Hanwell St. L6 53 B6
Hanworth Cl. L12 40 E3
Hapsford Rd. L21 38 B6
Hapton St. L5 52 E6
Harbern Cl. L12 54 D6
Harbord Rd. L22 26 C1
Harbord St. L7 53 B1
Harborne Dr. L63 78 F2
Harbury Ave. PR8 7 A4
Harcourt Ave. L44 51 E3
Harcourt St. Birkenhead L41 66 C7
Harcourt St. Liverpool L4 52 D7
Hard La. WA10 43 E6
Hardacre St. L39 13 F6
Hardie Ave. L46 49 C1
Hardie Cl. WA9 58 A3
Hardie Rd. L36 56 A3
Harding Ave. Bebington L63 79 A4
Harding Ave. Warrington WA2 61 E1
Harding Cl. L5 53 A5
Harding St. L8 68 B7
Hardinge Rd. L19 81 D8
Hardknott Rd. Bebington L62 88 E8
Hardman St. L1 & L69 67 E8
Hardshaw Ctr. WA10 44 A3
Hardshaw St. St Helens WA10 44 A3
Hardshaw St. St Helens WA10 44 A4
Hardwick Rd. WN4 35 A5
Hardy St. Liverpool L1 & L72 67 D7
Hardy St. Liverpool L1 67 E8
Hardy St. Liverpool L19 81 D4
Hare Croft. L28 54 F8
Harebell Cl. L37 9 F1
Harebell St. L5 52 D7
Harefield Gn. L24 82 D3
Harefield Rd. L24 82 D3
Hares La. PR8 5 D1
Haresfinch Rd. WA10 & WA11 44 B6
Haresfinch View. WA11 44 B6
Harewell Rd. L11 40 A1
Harewood Ave. PR8 7 C6
Harewood Rd. L45 51 A7
Harewood St. 13 L6 53 A4
Hargate Rd. L33 29 F2
Hargate Wlk. 3 L33 29 F2
Hargrave Ave. L43 65 E3
Hargrave Cl. L43 65 E3
Hargrave La. Bebington L63 & L64 88 A4
Hargrave La. Raby L63 87 F5
Hargreaves Ct. WA8 73 D1
Hargreaves Rd. L17 68 C3
Hargreaves St. Southport PR8 4 C6
Hargreaves St. St Helens WA9 44 E3
Harington Cl. L37 9 D3
Harington Gn. L37 9 D3
Harington Rd. L37 9 D4
Harke St. L7 68 B8
Harker St. L3 52 E3
Harland Dr. WN4 35 C3
Harland Gn. Liverpool L24 82 F3
Harland Rd. L42 66 D4
Harlech Cl. WA5 60 E2
Harlech Ct. L63 78 F4
Harlech Rd. L23 26 C3
Harlech St. L44 51 E2
Harlech St. Ashton-in-M WN4 34 F5
Harlech St. Bootle L4 38 F1
Harleston Rd. L33 30 A3
Harleston Wlk. L33 30 A3
Harley Ave. L42 78 C8
Harley St. 2 L9 39 A6
Harlian Ave. L46 64 D7
Harlow Cl. WA9 57 F7
Harlow St. L8 67 F4
Harlyn Cl. L26 82 E6
Harmony Way. L13 54 A1
Harold Ave. WN4 35 A5
Harold Magnay Sch. L25 69 F4
Harold Rd. WA11 45 F7
Harp's Croft. L30 27 C3
Harper Rd. L9 39 A4
Harper St. 3 L6 & L7 53 A2
Harptree Cl. L35 56 E3
Harradon Rd. L9 39 B7
Harridge La. L40 12 F8
Harrier Dr. L26 70 E1
Harringay Ave. L18 68 F5
Harrington Ave. L47 63 C7
Harrington Rd. Crosby L23 26 D4
Harrington Rd. Litherland L21 27 D1
Harrington Rd. Liverpool L3 67 E4
Harrington St. L2 52 C1
Harris Cl. L63 79 A2
Harris Dr. L20 & L30 38 D7
Harris St. St Helens WA10 43 E4
Harris St. Widnes WA8 73 C1
Harrismith Rd. L10 39 F6
Harrison Dr. Bootle L20 38 E3
Harrison Dr. Haydock WA11 45 A6
Harrison Dr. Rainford WA11 31 F8
Harrison Dr. Wallasey L45 50 E7
Harrison Hey. L36 55 E1
Harrison Sq. WA5 60 F1
Harrison St. WA8 84 B6
Harrison Way. Liverpool L3 67 E4
Harrison Way. Newton-le-W WA12 46 C4
Harrock Wood Cl. L61 76 E6
Harrocks Cl. L30 27 D5
Harrod Dr. PR8 3 E3
Harrogate Cl. Bebington L62 88 D4
Harrogate Cl. Warrington WA5 60 A1
Harrogate Dr. L5 52 F5
Harrogate Rd. Bebington L42 79 A8
Harrogate Rd. Bebington L62 88 D4
Harrogate Way. PR9 2 C6
Harrogate Wlk. L42 79 A8
Harrops Croft. L30 27 E4
Harrow Cl. Litherland L30 27 F2
Harrow Cl. Orrell WN5 25 F8
Harrow Cl. Wallasey L44 50 F5
Harrow Dr. L10 28 D2
Harrow Gr. L62 88 E8
Harrow Rd. Liverpool L4 53 B6
Harrow Rd. Wallasey L44 50 F5
Harrowby Cl. L8 68 A7
Harrowby Rd. L42 66 D4
Harrowby Rd. Seaforth L21 37 F7
Harrowby Rd. Wallasey L44 51 E4
Harrowby Rd S. L42 66 C4
Harrowby St. L8 68 A7
Harsnips. WN8 16 C2
Hart St. Liverpool L3 52 E2
Hart St. Southport PR8 & PR9 4 E6
Hart's La. WN8 24 F8
Hartdale Rd. Crosby L23 27 B6
Hartdale Rd. Liverpool L18 69 A4
Hartford Cl. L43 65 F3
Harthill Ave. L18 69 B4
Harthill Mews. L43 50 C1
Harthill Rd. L18 69 C4
Hartington Ave. L41 66 B7
Hartington Rd. Liverpool L12 54 C6
Hartington Rd. Liverpool L17 & L7 & L8 68 C6
Hartington Rd. Liverpool L19 81 D6
Hartington Rd. St Helens WA10 43 D5
Hartington Rd. Wallasey L44 51 B4
Hartismere Rd. L44 51 D3
Hartland. WN8 16 C2
Hartland Ave. PR9 2 B5
Hartland Cl. WA8 73 A5
Hartland Rd. L11 39 E2
Hartley Ave. L9 39 B5
Hartley Cl. 4 L4 52 F7
Hartley Cres. Southport PR8 3 F2
Hartley Gr. Kirkby L33 29 F5
Hartley Gr. St Helens WA10 57 C8
Hartley Quay. L3 & L69 & L72 67 C8
Hartley Rd. PR8 3 F2
Hartnup St. Liverpool L5 52 F6
Hartnup St. Liverpool L4 & L5 53 A6
Hartopp Rd. L25 70 A6
Hartopp Wlk. L25 70 A7
Hartsbourne Ave. L25 & L16 70 A6
Hartsbourne Cl. L25 69 F7
Hartsbourne Hts. L25 69 F7
Hartsbourne Wlk. L25 70 A7
Hartshead. WN8 16 C2
Hartswell Cl. WA3 36 A2
Hartwell St. L21 38 B6
Hartwood Cl. 5 L32 41 A7
Hartwood Rd. Kirkby L32 40 F7
Hartwood Rd. Southport PR9 4 D7
Hartwood Sq. L32 40 F7
Harty Rd. WA11 45 A5
Harvard Ct. WA2 61 A3
Harvard Gr. L34 56 E7
Harvest La. L46 49 D1
Harvest Way. 10 WA9 58 C4
Harvester Way. Birkenhead L49 64 C4
Harvester Way. Litherland L30 28 A4
Harvey Ave. Birkenhead L49 64 D3
Harvey Ave. Newton-le-W WA12 45 F3
Harvey La. WA3 35 F1
Harvey Rd. L45 51 A6
Harvington Dr. PR8 7 B5
Harwich Gr. L16 69 F8
Harwood Rd. L19 81 D6
Haselbeech Cl. L11 39 F3
Haselbeech Cres. L11 39 F3
Haseldine St. WN4 34 F6
Hasfield Rd. L11 40 B2
Haslam Dr. L39 13 D7
Haslemere. L35 56 F3
Haslemere Dr. WA5 74 D4
Haslemere Ind Est. WN4 34 F8
Haslemere Rd. L25 70 B6
Haslemere Way. L25 70 B6
Haslingden Cl. L13 54 B2
Hassal Rd. L42 79 A8
Hastie Cl. L27 70 E6
Hastings Ave. WA2 61 B4
Hastings Dr. L36 71 A8
Hastings Rd. Crosby L22 26 B2
Hastings Rd. Southport PR8 3 E1
Haswell Dr. L28 55 B8
Hatchmere Cl. L43 65 F3
Hatfield Cl. Liverpool L12 41 A3
Hatfield Cl. St Helens WA9 57 F7
Hatfield Gdns. L36 55 F1
Hatfield Rd. Bootle L20 38 E3
Hatfield Rd. Southport PR8 7 C6
Hathaway. L31 28 B7
Hathaway Cl. L25 70 A6
Hathaway Rd. L25 70 A6
Hatherley Ave. L22 & L23 26 E2
Hatherley Cl. 3 L8 68 A7
Hatherley St. Liverpool L8 68 A7
Hatherley St. Wallasey L44 51 E2
Hathersage Rd. L36 55 F5
Hatton Ave. L62 88 E3
Hatton Cl. L60 76 D1
Hatton Garden. L1 & L2 & L3 52 D2
Hatton Hill Prim Sch. L21 27 B2
Hatton Hill Rd. L21 27 A1
Hattons La. L16 69 C6
Hauxwell Gr. WA11 44 B6
Havannah La. WA9 45 B3
Havelock Cl. WA10 43 F3
Haven Brow. L39 21 C8
Haven Rd. L10 39 F8
Haven Wlk. L31 20 C4
Havergal St. 2 WA7 84 F1
Haverstock Rd. L6 53 D3
Haverton Wlk. L12 40 E3
Hawarden Ave. Birkenhead L43 66 C6
Hawarden Ave. Liverpool L15, L17 68 E6
Hawarden Ave. Wallasey L44 51 C4
Hawarden Ct. L63 78 F4
Hawarden Gr. L21 38 A6
Hawdon Ct. 9 L7 68 C8
Hawes Ave. WA11 44 C8
Hawes Cres. WN4 35 B5
Hawesside St. PR8 & PR9 4 C7
Haweswater Ave. WA11 45 A6
Haweswater Cl. L33 29 D5
Haweswater Gr. L31 20 F2
Hawgreen Rd. L32 29 B1
Hawick Cl. L33 29 D6
Hawke Gn. L36 71 A7
Hawke St. L3 52 E1
Hawkesworth St. 7 L4 53 A6
Hawkins Rd. L64 86 F1
Hawkins St. L6 & L7 53 C3
Hawks Way. L60 85 E8
Hawksclough. WN8 16 D2
Hawkshead Ave. L12 40 C1
Hawkshead Cl. L31 20 E2
Hawkshead Dr. L21 & L30 38 D8
Hawkshead Rd. WA5 59 E6
Hawkshead St. PR8 & PR9 4 D7
Hawksmoor Cl. L10 40 A7
Hawksmoor Rd. L10 40 A7
Hawksmore Cl. L49 64 D6
Hawkstone St. Liverpool L8 68 A4
Hawkstone St. Liverpool L8 68 A5
Hawkstone Wlk. 6 L8 68 A4
Hawksworth Cl. L37 10 A6
Hawksworth Dr. L37 10 A6
Hawley's Cl. WA5 60 F1
Hawley's La. WA2 & WA5 61 A1
Haworth Dr. L20 38 D7
Hawthorn Ave. Garswood WN4 34 D5
Hawthorn Ave. Newton-le-W WA12 46 D3
Hawthorn Ave. WN5 25 F6
Hawthorn Ave. Widnes WA8 73 B2
Hawthorn Cl. WN5 33 D5
Hawthorn Cres. WN8 15 E1
Hawthorn Dr. Heswall L61 76 F2
Hawthorn Dr. St Helens WA10 43 B4
Hawthorn Dr. West Kirby L48 63 E2
Hawthorn Gr. 4 L7 53 B1
Hawthorn La. L62 88 D8
Hawthorn Rd. Huyton-w-R L36 55 C2
Hawthorn Rd. Neston L64 86 C1
Hawthorn Rd. Prescot L34 56 E6
Hawthorne Ave. Liverpool L26 82 F6
Hawthorne Ave. Warrington WA5 74 F6
Hawthorne Cl. WA11 45 A5
Hawthorne Cres. L37 10 A2
Hawthorne Dr. L64 88 B1
Hawthorne Gr. Southport PR9 4 F7
Hawthorne Gr. Wallasey L44 51 E2
Hawthorne Rd. Birkenhead L42 66 D3
Hawthorne Rd. Bootle L20 & L21 & L70 38 D5
Hawthorne Rd. St Helens WA9 58 D6
Hawthornes The. L25 & L27 70 C6
Hawthorns Gr. L12 54 B6
Haxted Gdns. L19 81 D6
Haycastle Cl. WA5 60 E1
Haydn Rd. L14 54 F6
Haydock High Sch. WA11 45 B6
Haydock La. Garswood WA11 34 E1
Haydock La. Haydock WA11 45 C7
Haydock La Ind Est. WA11 45 E8
Haydock Park Gdns. WA12 35 B1
Haydock Park Golf Course. WA12 46 F6
Haydock Park Race Course. WA12 35 D1
Haydock Park Rd. L10 28 E3
Haydock Rd. L45 51 C7
Haydock St. Ashton-in-M WN4 35 B2
Haydock St. Newton-le-W WA12 46 A3
Haydock St. St Helens WA10 44 A3
Hayes Ave. L35 56 E5
Hayes Dr. L31 29 B3
Hayes St. L35 & WA10 & WA9 57 C8
Hayes The. L25 70 B2
Hayfield Rd. L39 13 E7
Hayfield Sch. L49 65 A6
Hayfield St. 14 L4 52 F7
Hayfield Way. 8 WA9 58 C4
Hayles Cl. L25 70 A6
Hayles Gr. L25 70 A6
Hayles Way. L25 70 A6
Haylock Cl. L8 67 F4
Hayman's Cl. L12 54 A7
Hayman's Gn. L12 54 A7
Hayman's Gr. L12 54 A7
Haymans Gn. L31 20 E1
Haywood Cl. WA3 36 E1
Haywood Gdns. WA10 43 D2
Hazekbank Gdns. L37 9 E5
Hazel Ave. Kirkby L32 29 C3
Hazel Ave. Prescot L35 56 E4
Hazel Gr. Bebington L63 78 E4
Hazel Gr. Crosby L23 26 F3
Hazel Gr. Golborne WA3 47 B8
Hazel Gr. Irby L61 76 D7
Hazel Gr. Liverpool L9 39 B6
Hazel Gr. Southport PR8 & PR9 4 E7
Hazel Gr. St Helens WA10 43 C3
Hazel La. WN8 16 B4
Hazel Mews. L31 29 B3
Hazel Rd. Birkenhead L41 66 D5
Hazel Rd. Hoylake L47 63 B7
Hazel Rd. Huyton-w-R L36 55 F5
Hazeldale Rd. L9 39 A4
Hazeldene Ave. Heswall L61 77 B6
Hazeldene Ave. Wallasey L45 51 A5
Hazeldene Way. L61 77 B7
Hazelfield Ct. 2 WA9 58 C4
Hazelhurst Rd. L4 53 B7
Hazelslack Rd. L11 40 A2
Hazelwood. L49 64 D5
Hazelwood Cl. WA9 58 B3
Hazelwood Gr. L26 70 D2
Hazlehurst Cl. L37 9 C2
Hazlehurst Gr. WN4 35 C4
Hazleton Rd. L14 54 C3
Head St. L8 67 E6
Headbolt La. Kirkby L33 29 F4
Headbolt La. Southport PR8 8 A4
Headbourne Cl. L25 69 F7
Headingley Cl. Liverpool L36 70 C8
Headingley Cl. St Helens WA9 58 C6
Headington Rd. L49 64 D5
Headland Cl. Golborne WA3 47 E6
Headland Cl. West Kirby L48 75 B8
Headley Cl. WA10 43 F3
Heald St. WA12 45 F3
Healy Cl. L27 71 A4
Heanor Dr. PR8 4 F3
Hearne Rd. WA10 43 D4
Heath Cl. Liverpool L25 69 F5
Heath Cl. Prescot L34 56 F7
Heath Cl. West Kirby L48 75 B8
Heath Dale. L63 78 F3
Heath Dr. Birkenhead L49 65 A6
Heath Dr. Heswall L60 76 F1
Heath Hey. L25 69 F5
Heath La. L64 88 C1
Heath Rd. Ashton-in-M WN4 35 C2
Heath Rd. Bebington L63 78 F5
Heath Rd. Huyton-w-R L36 55 B5
Heath Rd. Liverpool L19 & L18 81 D8
Heath Rd. Warrington WA5 74 F5
Heath Rd. Widnes WA8 72 D2
Heath St. Ashton-in-M WN4 35 C2
Heath St. Golborne WA3 47 A8
Heath St. St Helens L35 57 D7
Heath View. L21 27 B3
Heathbank Ave. Irby L61 76 D7
Heathbank Ave. Wallasey L44 51 A3
Heathbank Rd. L42 66 D3
Heathcliff House. L4 39 B1
Heathcote Cl. 1 L7 68 C8
Heathcote Gdns. L63 78 F5
Heathcote Rd. L4 38 F2
Heather Bank. L63 78 D6
Heather Brae. WA12 46 A4
Heather Brow. L41 & L43 65 F7
Heather Cl. Formby L37 10 B5
Heather Cl. Kirkby L33 29 E4
Heather Cl. Liverpool L4 52 F8
Heather Cl. Southport PR8 7 D2
Heather Ct. L4 52 F8
Heather Dene. L62 79 D2
Heather Gr. WN4 35 E4
Heather Rd. Bebington L63 78 D4
Heather Rd. Heswall L60 77 A1
Heather Way. L23 27 C6
Heatherdale Cl. L43 66 C4
Heatherdale Rd. L18 69 A4
Heatherdene Rd. L48 63 B3
Heatherland. L49 65 B4
Heatherlea Cl. WN8 25 C7
Heathers Croft. L30 27 E3
Heatherways. L37 10 A6
Heathey La. PR8 8 F8
Heathfield. L33 29 E4
Heathfield Ave. WA9 57 E8
Heathfield Cl. Bootle L21 38 C6
Heathfield Cl. Formby L37 10 A6
Heathfield Dr. L33 29 E4
Heathfield House. L61 77 A6
Heathfield Rd. Bebington L63 78 F4

Hea – Hol 107

Heathfield Rd. Birkenhead L43 66 C4
Heathfield Rd. Crosby L22 26 C2
Heathfield Rd.
Liverpool L15 & L18 69 B6
Heathfield Rd. Maghull L31 28 F7
Heathfield Rd. Southport PR8 7 F6
Heathfield St. L1 52 E1
Heathgate. WN8 16 C2
Heathgate Ave. L24 83 A2
Heathland Rd. WA9 58 C4
Heathlands The. L46 49 E3
Heathmoor Ave. WA3 47 D6
Heathmoor Rd. L46 49 D1
Heathside. L60 76 D1
Heathview Cl. WA8 84 A5
Heathview Rd. WA8 84 A5
Heathwaite Cres. L11 40 A1
Heathway. L60 86 B7
Heathwood. L12 54 B5
Heathy La. L39 & PR8 11 B8
Heaton Cl. Liverpool L24 82 F3
Heaton Cl. Orrell WN8 25 A7
Hebburn Way. L12 41 A3
Hebden Par. 3 L11 40 C3
Hebden Rd. L11 40 B3
Hebdon Cl. WN4 35 A5
Hector Pl. L20 38 D1
Hedgebank Cl. L9 39 D8
Hedgecote. L32 40 E7
Hedgecroft. L23 27 C6
Hedgefield Rd. L25 70 B6
Hedges Cres. L13 53 E7
Helen Bank Dr. WA11 31 F7
Helen St. Ashton-in-M WN4 35 A4
Helen St. Golborne WA3 35 F1
Helena Rd. WA9 58 F7
Helena St. Birkenhead L41 66 E5
Helena St. Bootle L9 38 F3
Helena St. 10 Liverpool L7 53 B1
Helford Rd. L11 40 D5
Heliers Rd. L13 54 B2
Hell Nook. WA3 35 F1
Helmdon Cl. 2 L11 40 A1
Helmingham Gr. L41 66 E4
Helmingham Rd. L41 66 E4
Helmsdale. WN8 16 C2
Helmsley Rd. L26 82 F7
Helsby Ave. L62 88 F3
Helsby Rd. L9 39 B7
Helsby St. Liverpool L7 53 A1
Helsby St. St Helens WA9 44 E1
Helston Ave. Liverpool L26 70 F1
Helston Ave. St Helens WA11 44 D7
Helston Cl. Southport PR9 2 B5
Helston Cl. Warrington WA5 74 E5
Helston Gn. L36 56 B3
Helston Rd. L11 40 D5
Helton Cl. L43 65 E3
Hemans St. L20 38 A4
Hemer Terr. L20 38 A5
Hemingford St. L41 66 D6
Hemlock Cl. L12 40 D3
Hempstead Cl. WA9 57 F7
Henderson Cl. Birkenhead L49 64 E6
Henderson Cl. Warrington WA5 74 D6
Henderson Dr. WA11 32 A8
Henderson Rd. Huyton-w-R L36 56 A3
Henderson Rd. 2 Widnes WA8 73 A1
Henderson Rd. Widnes WA8 84 F8
Hendon Rd. L6 53 D4
Hendon Wlk. L49 64 C3
Henglers Cl. 21 L6 53 A3
Henley Ave. L21 38 A8
Henley Cl. L63 79 A2
Henley Ct. Southport PR9 1 E1
Henley Ct. St Helens WA10 43 D1
Henley Dr. PR9 1 F1
Henley Rd. L18 69 B5
Henlan Gdns. WA9 58 F7
Henlow Ave. L32 40 F8
Henry Edward St. L3 52 D3
Henry St. Birkenhead L41 66 E6
Henry St. Liverpool L13 & L7 53 F2
Henry St. Liverpool L1 & L72 67 D8
Henry St. St Helens WA10 43 F4
Henry St. 4 Widnes WA8 73 C1
Henthorne Rd. L62 79 B8
Henthorne St. L43 66 C5
Hepworth Cl. WN3 35 E2
Herald Cl. L11 40 C3
Herald St. L19 81 C6
Heralds Cl. WA8 84 C8
Heralds Gn. WA5 60 A2
Herbarth Cl. L9 38 F3
Herbert St. Burtonwood WA5 59 E6
Herbert St. St Helens WA9 58 F7
Herbert Taylor Cl. L6 53 C5
Herculaneum Ct. L8 67 F3
Herculaneum Rd. L8 67 E4
Herdman Cl. L25 70 B5
Hereford Ave. 1 WA3 47 B8
Hereford Ave. L49 64 E6
Hereford Cl. WN4 35 C2
Hereford Dr. L30 27 F1
Hereford Rd. Liverpool L15 69 A6
Hereford Rd. Seaforth L21 37 F7
Hereford Rd. Southport PR9 4 F7
Heriot St. L5 52 D6
Heriot Wlk. L5 52 D6
Hermes Cl. L30 38 E8
Hermes Rd. L10 40 C6
Hermitage Gr. L20 38 D6
Hermitage Green La.
WA2 & WA12 61 A8
Hero St. L20 38 D2
Heron Ct. L26 70 E1
Heron Gr. WA11 32 B5
Heron Rd. L47 & L48 64 A6
Herondale Rd. L18 69 A5
Heronhall Rd. L9 39 F4
Heronpark Way. L63 79 B2
Herons Ct. L31 20 B4
Herrick St. L13 53 F3
Herschell St. L5 53 A6
Hertford Dr. L45 51 C6
Hertford Rd. L20 38 C2
Hertford St. WA9 44 D2
Hesketh Ave. L42 66 D1
Hesketh Cl. WA5 74 F4
Hesketh Dr. PR9 1 F1
Hesketh Dr. Heswall L60 77 A1
Hesketh Dr. Maghull L31 20 F1
Hesketh Golf Links. PR9 1 E3
Hesketh Meadow La. WA3 47 F8
Hesketh Rd. Hale L24 83 E2
Hesketh Rd. Southport PR9 1 D2
Hesketh St. L17 68 C4
Heskin Cl. Kirkby L32 40 E7
Heskin Cl. Maghull L31 20 D4
Heskin Cl. Rainhill L35 57 B3
Heskin Hall Ct. L39 13 D8
Heskin La. L39 13 D8
Heskin Rd. L32 40 E7
Heskin Wlk. L32 40 E7
Hessle Dr. L60 85 F7
Hester Cl. L38 17 F4
Heswall Ave. Bebington L63 78 C8
Heswall Ave. St Helens WA9 58 B4
Heswall Cty Prim Sch. L60 77 A1
Heswall Golf Course. L60 86 A4
Heswall Mount. L61 77 A5
Heswall Rd. L9 39 B7
Heswall Sta. L60 86 D8
Hetherlow Towers. L9 39 A3
Heversham. WN8 16 C2
Heward Ave. 1 WA9 58 C6
Hewitson Ave. L13 53 F6
Hewitson Rd. L13 53 F6
Hewitt Ave. WA10 43 D4
Hewitt's La. L33 & L34 41 E7
Hewitts Pl. 14 L2 52 C2
Hexagon The. 1 L20 38 C3
Hexham Cl. L35 57 D6
Hey Green Rd. L15 68 E8
Hey Green Road Jun Mix & Inf Sch.
L15 68 E8
Hey Lock Cl. WA12 60 C8
Hey Pk. L36 55 F2
Hey Rd. L36 55 F2
Hey Wood Cl. WA12 60 C8
Heyburn Rd. L13 53 E6
Heydale Rd. L18 69 A4
Heydean Rd. L18 69 C1
Heydean Wlk. L18 69 C1
Heydon Cl. L37 9 D1
Heyes Ave. Haydock WA11 45 D5
Heyes Ave. Rainford WA11 32 A6
Heyes Dr. L45 50 C4
Heyes Gr. WA11 32 A6
Heyes Mount. L35 57 C2
Heyes Rd. Orrell WN5 25 E6
Heyes Rd. Widnes WA8 84 C8
Heyes St. L5 53 A5
Heyescroft. L39 22 D6
Heygarth Dr. L49 64 D4
Heygarth Jun Sch. L62 88 E5
Heygarth Rd. L62 88 E5
Heys Ave. L62 88 D8
Heys The. Bebington L62 88 F5
Heys The. Southport PR8 3 D4
Heyscroft Rd. L25 70 B2
Heysham Lawn. L27 71 A4
Heysham Rd.
Litherland L30 & L70 & L9 28 A2
Heysham Rd. Liverpool L27 & L35 71 A3
Heysham Rd. Southport PR9 4 F7
Heysmoor Heights. 4 L8 68 B6
Heythrop Dr. L60 86 D8
Heyville Rd. L63 78 E5
Heywood Ave. WA3 36 B1
Heywood Bvd. L61 77 A6
Heywood Cl. Formby L37 9 E3
Heywood Cl. Heswall L61 77 A6
Heywood Ct. L15 54 C1
Heywood Gdns. WA3 36 B1
Heywood Rd. L15 69 C8
Heyworth St. L5 & L6 52 F5
Hickmans Rd. L41 & L44 51 B1
Hicks Rd. Bootle L21 38 A7
Hicks Rd. Crosby L22 26 E1
Hickson Ave. L31 20 C3
High Bank Cl. L43 65 D5
High Banks. L31 20 C3
High Beeches. L16 54 F1
High Beeches Cres. WN4 35 A6
High Clere Cres. L36 55 E5
High La. Bickerstaffe L39 22 C8
High La. Ormskirk L39 & L40 14 A8
High Moss. L39 13 E3
High Mount. L60 85 F8
High Park Pl. PR9 5 A8
High Park Rd. PR9 5 A8
High Park St. L8 68 A5
High St. Bebington L62 79 E1
High St. Golborne WA3 47 A8
High St. Hale L24 83 D1
High St. Liverpool L2 52 C2
High St. Liverpool L15 68 F7
High St. Liverpool L25 70 A2
High St. Newton-le-W WA12 46 D4
High St. Prescot L34 56 D6
High St. Runcorn WA7 84 F2
High St. Skelmersdale WN8 15 E1
Highacre Rd. L45 51 A7
Higham Ave. St Helens WA10 42 F3
Higham Ave. Warrington WA5 60 F1
Higham Sq. 4 L5 52 E4
Highbank Dr. L19 81 E6
Highcroft Ave. L63 79 A5
Highcroft The. L63 78 F5
Higher Ashton. WA8 72 F3
Higher Bebington Jun Sch.
L63 78 D6
Higher Bebington Rd. L63 78 E5
Higher End Pk. L30 27 E5
Higher La. Liverpool L9 39 D5
Higher La. Orrell WN8 25 C7
Higher La. Rainford WA11 32 C5
Higher La. Skelmersdale WN8 16 C7
Higher Moss La. L37 11 A2
Higher Parr St. WA9 44 C3
Higher Rd. Liverpool L25 & L26 82 E7
Higher Rd. Liverpool L26 83 B6
Higher Rd.
Liverpool L24 & L26 & WA8 83 C5
Highfield. L33 29 F5
Highfield Ave. WA3 46 F8
Highfield Cl. L44 51 A4
Highfield Cres. Birkenhead L42 66 F1
Highfield Cres. Widnes WA8 73 A2
Highfield Ct. L42 66 F1
Highfield Dr. Birkenhead L49 64 D4
Highfield Dr. Rainford WA11 32 E4
Highfield Gr. Birkenhead L42 66 F1
Highfield Gr. Crosby L23 26 F5
Highfield La. Golborne WA3 47 C5
Highfield La. Winwick WA2 61 C7
Highfield Pk. L31 20 F1
Highfield Pl. 6 L34 56 D6
Highfield RC Prim Sch. L42 78 F8
Highfield Rd. Birkenhead L42 66 F1
Highfield Rd. Bootle L21 38 A8
Highfield Rd. Bootle L9 38 F4
Highfield Rd. Liverpool L13 54 A4
Highfield Rd. Ormskirk L39 13 E7
Highfield Rd. Southport PR9 2 B3
Highfield Rd. Widnes WA8 73 A2
Highfield S. L63 & L42 79 A8
Highfield Sch. Birkenhead L43 65 F6
Highfield Sch. Liverpool L26 83 A7
Highfield St. Liverpool L2 & L3 52 C2
Highfield St. St Helens WA9 58 D8
Highfield View. L13 54 A4
Highfields. Heswall L60 76 F1
Highfields. Prescot L34 56 C6
Highgate Cl. L60 76 F2
Highgate Rd. Maghull L31 20 D3
Highgate Rd. Orrell WN8 25 B7
Highgate St. L7 53 A1
Highgreen Rd. L42 66 C3
Highgrove Pk. L19 81 A8
Highlands Rd. WA7 84 F1
Highoaks Rd. L25 70 B1
Highpark Rd. L42 66 C3
Highsted Gr. L33 29 F5
Hightor Rd. L25 69 F3
Hightown Sta. L38 18 A4
Highville Rd. L16 69 D6
Highwood Ct. L33 29 F4
Highwoods Cl. WN4 35 B5
Hignett Ave. WA9 45 B2
Higson Ct. L8 68 A3
Hilary Ave. Golborne WA3 36 D1
Hilary Ave. Liverpool L14 54 F2
Hilary Cl. Liverpool L4 53 C8
Hilary Cl. Prescot L34 56 E7
Hilary Cl. Warrington WA5 74 D6
Hilary Cl. Widnes WA8 73 E3
Hilary Dr. L49 65 A6
Hilary Mansions. 10 L44 51 A4
Hilary Rd. L4 53 C8
Hilberry Ave. L13 53 E5
Hilbre Ave. Heswall L60 85 E6
Hilbre Ave. Wallasey L44 51 A4
Hilbre Cl. PR9 1 F1
Hilbre Ct. L48 63 A1
Hilbre Dr. PR9 1 F1
Hilbre High Sch. L48 63 D3
Hilbre Rd. L48 63 B1
Hilbre St. Birkenhead L41 66 D8
Hilbre St. Liverpool L3 52 E1
Hilbre View. L48 63 C2
Hilcrest Rd. L4 39 D1
Hilda Rd. L12 54 E5
Hildebrand Cl. L4 53 C8
Hildebrand Rd. L4 53 C8
Hilden Pl. WA2 61 E1
Hilden Rd. WA2 61 E1
Hill Crest. L20 & L4 38 E2
Hill Gr. L46 64 E7
Hill Rd. L43 65 E6
Hill Ridge. L43 65 D5
Hill School Rd. WA10 57 A8
Hill St. Crosby L23 26 F3
Hill St. Liverpool L3 & L8 67 D6
Hill St. Liverpool L8 67 E6
Hill St. Southport PR9 4 B7
Hill St. St Helens WA10 44 A5
Hill Top La. L60 86 B8
Hill View. WA8 72 F5
Hill View Dr. L49 65 A6
Hillam Rd. L45 50 D6
Hillary Cres. L31 20 D1
Hillary Dr. L23 27 A4
Hillary Rd. L62 88 E5
Hillary Wlk. L23 27 A4
Hillbark Rd. L48 & L49 64 B1
Hillbeck Cres. WN4 34 D4
Hillbrae Ave. WA11 33 A1
Hillburn Dr. L41 50 E1
Hillcrest. Maghull L31 20 F1
Hillcrest. Skelmersdale WN8 24 B8
Hillcrest Ave. L36 56 A2
Hillcrest Dr. L49 64 C3
Hillcrest Par. L36 56 A2
Hillcrest Rd. Crosby L23 27 A4
Hillcrest Rd. Ormskirk L39 13 E6
Hillcroft Rd. Liverpool L25 69 F4
Hillcroft Rd. Wallasey L44 51 C2
Hilldean. WN8 25 C8
Hillfield Dr. L61 76 F3
Hillfoot Ave. L25 82 C7
Hillfoot Cl. L43 65 C8
Hillfoot Gn. L25 82 A7
Hillfoot Rd. L25 82 A8
Hillhead Rd. L20 38 E2
Hillingden Ave. Liverpool L26 82 F7
Hillingdon Ave.
Heswall L60 & L61 76 F2
Hillingdon Rd. L15 69 B6
Hillock La. WN8 16 D7
Hills Moss Rd. WA9 58 F7
Hills Pl. L15 69 A7
Hillside Ave. Ashton-in-M WN4 34 F8
Hillside Ave. Huyton-w-R L36 55 D6
Hillside Ave. Newton-le-W WA12 45 F4
Hillside Ave. Ormskirk L39 13 D3
Hillside Ave. St Helens WA10 43 E6
Hillside Cl. Billinge WN5 33 D5
Hillside Cl. Bootle L20 & L4 38 E2
Hillside Cres. L36 55 D6
Hillside Ct. Birkenhead L41 66 E4
Hillside Ct. Liverpool L25 70 B3
Hillside Cty Prim Sch. WN8 24 D8
Hillside Dr. L25 70 B3
Hillside Golf Links. PR8 7 C8
Hillside Gr. WA5 74 F4
Hillside High Sch. L20 38 E3
Hillside Inf Sch. L43 65 D5
Hillside Jun Sch. L43 65 D5
Hillside Rd. Birkenhead L43 65 D8
Hillside Rd. Birkenhead L41 & L42 66 E4
Hillside Rd. Heswall L60 86 A7
Hillside Rd. Huyton-w-R L36 55 E5
Hillside Rd. Liverpool L18 69 B5
Hillside Rd. Southport PR8 3 E1
Hillside Rd. Wallasey L44 50 F4
Hillside Rd. West Kirby L48 63 D2
Hillside St. L6 52 F3
Hillside Sta. PR8 3 E1
Hillside View. L43 66 A3
Hillsview Rd. PR8 7 C4
Hilltop Rd. Liverpool L16 69 D7
Hilltop Rd. Rainford WA11 32 B2
Hilltop Wlk. L39 13 C3
Hillview. L17 68 E2
Hillview Ave. L48 63 B3
Hillview Ct. L43 65 C8
Hillview Gdns. L25 69 F3
Hillview Mansions. L48 63 B3
Hillview Rd. L61 76 C7
Hillwood Cl. L63 79 A1
Hilton Cl. L41 66 D6
Hilton Ct. L30 27 D4
Hilton Gr. L48 63 A3
Hilton St. WN4 35 C3
Hinchley Gn. L31 20 B1
Hinckley Rd. WA11 44 C6
Hind St. L41 66 E5
Hindburn Ave. L31 20 F2
Hinderton Dr. Heswall L60 85 F6
Hinderton Dr. West Kirby L48 63 E1
Hinderton La. L64 87 A1
Hinderton Rd.
Birkenhead L41 & L42 66 E5
Hinderton Rd. Raby L64 87 B1
Hindle Ave. WA5 60 F1
Hindley Beech. L31 20 C2
Hindley Wlk. L24 82 D2
Hindlip St. 4 L8 68 A3
Hinson St. 6 Birkenhead L41 66 E6
Hinton St. Bootle L21 38 B6
Hinton St. Liverpool L6 & L7 53 C3
Hobart St. Liverpool L5 52 E6
Hobart St. St Helens WA9 57 E8
Hoblyn Rd. L43 65 E8
Hockenhall Alley. 12 L1 & L2 52 C2
Hockenhull Cl. L63 79 A2
Hodder Ave. L31 20 F2
Hodder Cl. WA11 44 B7
Hodder Pl. L5 52 F6
Hodder Rd. L5 52 F6
Hodder St. L5 52 F6
Hodge St. PR8 4 B7
Hodgkinson Ave. WA5 60 F1
Hodnet Dr. WN4 35 C3
Hodson Pl. L6 53 A4
Hodson St. PR8 4 C6
Hogarth St. 3 L21 38 A6
Hogarth Wlk. L4 52 D8
Hoggs Hill La. L37 9 F1
Hoghton Cl. WA9 58 F8
Hoghton Gr. PR9 4 C8
Hoghton Pl. PR9 4 B7
Hoghton Rd. Hale L24 83 E2
Hoghton Rd. St Helens WA9 58 F7
Hoghton St. PR8 & PR9 4 C7
Holbeck St. L4 53 C7
Holborn Dr. L39 13 C3
Holborn Hill. Birkenhead L41 66 E4
Holborn Hill. Ormskirk L39 13 C4
Holborn Sq. L41 66 E4
Holborn St. L7 53 A2
Holbrook Cl. WA9 58 C6
Holcombe Ave. WA3 47 C8
Holcombe Cl. L49 64 D4
Holden Gr. L22 26 C2
Holden Rd. Crosby L22 26 C2
Holden Rd. Prescot L35 56 C4
Holden Rd E. L22 26 C2
Holden St. L7 68 A8
Holden Terr. L22 26 C2
Holdsworth St. L7 53 B2
Holford Way. WA12 46 F3
Holgate. L23 & L29 27 B7
Holgate Dr. WN5 25 E6
Holgate Pk. L23 27 B7
Holland Ct. L30 27 D4
Holland Gr. L60 76 F1
Holland Moor Prim Sch. WN8 24 E7
Holland Moss. WA11 & WN8 24 A5
Holland Rd. Liverpool L24 82 E2
Holland Rd. Liverpool L26 82 E6
Holland Rd. Wallasey L45 51 C7
Holland St. L7 53 D3
Holland Way. L26 82 E6
Holland's La. WN8 15 A1
Holley Ct. L35 57 C3
Holliers Cl. L31 20 E1
Hollies Rd. L26 82 F8
Hollies The. Liverpool L25 69 E3
Hollies The. Southport PR8 3 F6
Hollin Hey Cl. WN5 33 D3
Hollingbourne Pl. L11 40 A3
Hollingbourne Rd. L11 40 A3
Hollingwood Cl.
Ashton-in-M WN4 35 A3
Hollingworth Cl. Liverpool L9 39 B3
Hollinhey Cl. L30 28 A5
Hollins Cl. WN4 34 D4
Hollins Dr. WA2 61 A6
Hollins La. WA2 60 F6
Hollins Way. WA8 84 B5
Hollow Croft. L28 41 B1
Holloway. WA7 84 F1
Holly Ave. Bebington L63 78 F3
Holly Ave. Newton-le-W WA12 46 D3
Holly Bank Gr. WA9 44 C4
Holly Cl. Hale L24 83 D2
Holly Cl. Skelmersdale WN8 15 E1
Holly Cl. St Helens WA10 43 B4
Holly Cl. Westhead L40 14 E4
Holly Cres. WA11 32 A5
Holly Ct. L20 38 B5
Holly Farm Rd. L19 81 D6
Holly Fold La. WA11 23 E3
Holly Gr. Birkenhead L41 66 E4
Holly Gr. Huyton-w-R L36 55 B2
Holly Gr. Seaforth L21 37 F6
Holly Hey. L35 56 D1
Holly La. Ormskirk L39 13 B4
Holly La. Rainford WA11 & WN8 23 E4
Holly Lodge Girls Sch Bankfield.
L13 53 F5
Holly Lodge Sch. L12 54 A6
Holly Mount. WA10 43 D2
Holly Mount. L12 54 A6
Holly Pl. L46 64 F7
Holly Rd. Golborne WA3 47 C8
Holly Rd. Haydock WA11 45 A6
Holly Rd. Liverpool L7 53 D2
Holly Rd. Warrington WA5 74 E5
Holly St. L20 38 C4
Holly Terr. WA5 74 F5
Hollybank Ct. 5 L41 66 D5
Hollybank Rd. Birkenhead L41 66 D5
Hollybank Rd. Liverpool L18 68 E5
Hollybrook Rd. PR8 4 A5
Hollybush Sq. WA3 36 E1
Hollycourt. 10 L5 53 A6
Hollydale Rd. L18 69 A5
Hollyfield Rd. L9 38 F5
Hollymead Cl. L25 70 B4
Hollytree Rd. L25 70 B3
Hollywood Rd. L17 68 E3
Holm Hey Rd. L43 65 F1
Holm La. L43 65 F2
Holm View Cl. L43 66 A3
Holman Rd. L19 81 D6
Holmdale Ave. PR9 2 C4
Holme Cl. L34 57 A7
Holme Rd. WA10 43 C3
Holme St. L20 & L5 52 C6
Holmefield Ave. L19 69 A1
Holmefield Gr. L31 20 C1
Holmefield Rd. L18 & L19 69 A1
Holmes La. L21 38 A7
Holmes St. L7 & L8 68 C7
Holmesway. L61 76 F4
Holmfield. L43 65 F2
Holmfield Gr. L36 70 F8
Holmlands Cres. L43 65 E2
Holmlands Dr. L43 65 E2
Holmlands Way. L43 65 E2
Holmleigh Rd. L25 70 A6
Holmrook Day Special Sch.
L25 69 E3
Holmrook Rd. L11 40 A3
Holmside Cl. L46 64 F8
Holmside La. L43 65 F2
Holmville Rd. L63 78 E5
Holmway. L63 78 F5
Holmwood Ave. L61 77 C5
Holmwood Cl. Ashton-in-M WN4 35 A5
Holmwood Cl. Formby L37 9 D3
Holmwood Dr. L37 9 D4
Holmwood Dr. L61 77 C5
Holt Ave. Billinge WN5 33 D4
Holt Ave. Birkenhead L46 64 E8
Holt Coppice. L39 21 A7
Holt Cres. WN5 33 D4
Holt Hill. L41 & L42 66 E4
Holt Hill Terr. L41 & L42 66 E5
Holt La. Liverpool L27 70 E6
Holt La. Liverpool L27 70 E7
Holt La. Rainhill L35 57 A5
Holt Rd. Birkenhead L41 & L42 66 E4

108 Hol – Jub

Holt Rd. Liverpool L7 53 C2
Holt St. WN5 25 D5
Holtswell Cl. WA3 36 E1
Holwood Gdns. L37 9 D4
Holy Angel's Prim Schs. L32 29 D3
Holy Cross Cl. 5 L3 52 D3
Holy Cross RC Mid Sch. L41 50 E1
Holy Cross RC Prim Sch. WA10 44 B4
Holy Cross RC Prim Sch. L41 50 E1
Holy Cross & St Mary's Mix Inf Sch. L3 52 D3
Holy Family High Sch. L23 27 A6
Holy Family RC Prim Sch. Cronton WA8 72 D5
Holy Family RC Prim Sch. Liverpool L25 70 D1
Holy Family RC Prim Sch. Southport PR9 4 E7
Holy Name RC Prim Sch. L10 39 E7
Holy Rosary RC Prim Sch. Litherland L10 28 C3
Holy Rosary RC Prim Sch. Litherland L10 28 D3
Holy Trinity CE Prim Sch. Formby L37 9 F3
Holy Trinity CE Prim Sch. Southport PR9 4 C7
Holy Trinity RC Prim Sch. L19 81 D5
Holyhead Cl. WA5 60 D3
Holyrood. L23 26 A4
Holyrood Ave. WA8 73 A4
Holywell Cl. Neston L64 86 B1
Holywell Cl. St Helens WA9 58 D6
Home Farm Cl. L49 65 C2
Home Farm Rd. Birkenhead L49 65 C2
Home Farm Rd. Knowsley L34 41 D2
Homechase Hse. PR8 3 F4
Homedove House. 1 L23 26 C4
Homer Rd. L34 41 C3
Homerton Rd. L6 53 D3
Homesands House. PR9 4 D8
Homestall Rd. L11 40 A2
Homestead Ave. Haydock WA11 45 E6
Homestead Ave. Litherland L30 28 B3
Homestead Cl. L36 56 A3
Homestead Mews. L48 63 B2
Honey Hall Rd. L26 82 E6
Honey St. L35 57 C7
Honey's Green La. L12 54 D5
Honey's Green Lane Prec. L14 54 D4
Honeys Green Cl. L12 54 D5
Honeysuckle Cl. Liverpool L26 70 D2
Honeysuckle Cl. Widnes WA8 73 B4
Honeysuckle Dr. L9 39 B3
Honister Ave. St Helens WA11 44 C8
Honister Ave. Warrington WA2 61 C2
Honister Cl. L27 71 A3
Honister Wlk. L27 71 A3
Honiston Ave. L35 57 B4
Honiton Rd. L17 68 E1
Honiton Way. WA5 74 E4
Hood Rd. WA8 72 F1
Hood St. Bootle L20 38 A5
Hood St. Liverpool L1 52 D2
Hood St. Wallasey L44 51 D3
Hoole Rd. L49 65 B3
Hoose Ct. L47 63 C7
Hooton Gn. L66 89 B2
Hooton La. L65 & L66 89 B1
Hooton Rd. Bebington L64 & L66 88 D1
Hooton Rd. Liverpool L9 39 B7
Hooton Sta. L66 88 D1
Hooton Way. L66 89 A2
Hope Pk. L16 69 D6
Hope Pl. L1 & L7 67 E8
Hope Sq. PR9 4 D7
Hope St. Ashton-in-M WN4 35 D5
Hope St. Birkenhead L41 66 D7
Hope St. Liverpool L1 & L3 & L69 & L7 & L8 67 F8
Hope St. Newton-le-W WA12 46 B3
Hope St. Prescot L34 56 D6
Hope St. Southport PR9 4 C7
Hope St. Wallasey L45 51 B8
Hope Way. 8 L8 67 F8
Hopfield Rd. Birkenhead L46 64 F8
Hopfield Rd. Birkenhead L46 65 A8
Hopkins Cl. WA10 43 D4
Hopwood Cres. WA11 32 A5
Hopwood St. Liverpool L5 52 C5
Hopwood St. Liverpool L5 52 D5
Horace St. WA10 43 E4
Horatio St. 5 L41 66 D6
Hornbeam Cl. Birkenhead L46 64 B8
Hornbeam Cl. St Helens WA11 44 F5
Hornbeam Rd. Liverpool L9 39 C3
Hornbeam Rd. Liverpool L26 83 A7
Hornby Ave. Bebington L62 79 D1
Hornby Ave. Bootle L20 38 B5
Hornby Bvd. L20 & L21 38 B6
Hornby Chase. L31 28 D7
Hornby Cl. L9 38 F4
Hornby Cres. WA9 58 D4
Hornby Ct. L62 79 D1
Hornby Flats. L21 38 B6
Hornby La. Liverpool L16 & L18 69 D5
Hornby La. Winwick WA2 61 A6
Hornby Pk. L18 69 D5
Hornby Pl. L9 39 A5
Hornby Rd. Bebington L62 79 C1
Hornby Rd. Bootle L20 38 B5
Hornby Rd. Bootle L20 38 C4
Hornby Rd. Bootle L9 38 F5
Hornby Rd. Southport PR9 2 A4
Hornby St. Birkenhead L41 66 F6
Hornby St. Bootle L21 38 A6
Hornby St. Crosby L23 26 E4
Hornby Wlk. L5 52 C4
Horncastle Cl. WA3 47 F8
Horne St. L6 53 B4
Hornhouse La. L33 41 C7
Hornsey Rd. L4 53 B7
Hornspit La. L11 & L12 54 A8
Horridge Ave. WA12 46 C5
Horringford Rd. L19 80 F8
Horrocks Ave. L19 81 D6
Horrocks Cl. L36 55 D4
Horrocks Rd. L36 55 D3
Horseman Pl. L44 51 E2
Horseshoe Cres. WA2 61 E3
Horsfall Gr. L8 67 E4
Horsfall St. L8 67 E4
Horwood Ave. L35 57 B4
Hoscote Pk. L48 63 A2
Hose Side Rd. L45 51 A7
Hospital St. WA10 44 B4
Hostock Cl. L35 56 D2
Hotel St. WA12 46 B3
Hotham St. L3 52 E2
Hothfield Rd. L44 51 D3
Hotspur St. L20 52 C8
Hough Green Rd. WA8 72 B3
Hough Green Sta. WA8 72 A2
Houghton Cl. WA12 46 B3
Houghton Croft. WA8 72 C5
Houghton Ct. L49 65 B3
Houghton La. 12 L1 52 D1
Houghton Rd. L49 65 B3
Houghton St. Liverpool L1 52 D1
Houghton St. Newton-le-W WA12 46 B3
Houghton St. Prescot L34 56 D6
Houghton St. Rainhill L35 57 C3
Houghton St. Widnes WA8 73 D2
Houghton Way. 15 L1 52 D1
Houghton's La. Knowsley WA10 & WA11 42 F6
Houghton's La. Skelmersdale WN8 16 C1
Houghtons Rd. WN8 16 B3
Houghwood Grange. WN4 34 F3
Hougoumont Ave. L22 26 E1
Hougoumont Gr. L22 26 E1
Houlding St. 6 L4 53 A6
Houlston Rd. L32 29 B2
Houlston Wlk. L32 29 B2
Houlton St. 1 L7 53 C2
Hoverty Prec. WA12 46 B1
Howard Ave. L62 88 D8
Howard Cl. Litherland L21 27 C2
Howard Cl. Maghull L31 20 F1
Howard Ct. Neston L64 86 F1
Howard Ct. Southport PR9 1 D1
Howard Dr. L19 81 A7
Howard Florey Ave. L30 27 F4
Howard St. WA10 & WA9 57 D8
Howard's La. WA10 42 F4
Howards La. WN5 25 F7
Howards Rd. L61 77 B6
Howbeck Cl. L43 65 F6
Howbeck Ct. L43 65 F5
Howbeck Dr. L43 65 F6
Howbeck Rd. L43 65 F5
Howden Dr. L36 55 A3
Howe St. L20 38 B1
Howell Dr. L49 64 D2
Howell Rd. L62 79 A7
Howells Cl. L31 20 D2
Howson Rd. WA2 61 C3
Howson St. Birkenhead L42 66 F2
Hoylake Cottage Hospl. L47 63 C8
Hoylake Gr. WA9 58 C4
Hoylake Holy Trinity CE Sch. L47 63 C7
Hoylake Rd. Birkenhead L46 64 D8
Hoylake Rd. Wallasey L46 49 F1
Hoylake Rd. Wallasey L41 & L43 50 D2
Hoylake Sta. L47 63 B6
Hoyle Rd. L47 63 C8
Huddleston Rd. L15 54 B1
Huddlestone Cl. L49 65 C3
Hudson Cty Prim Sch. L31 28 D6
Hudson Rd. Maghull L31 28 D7
Hudson Rd. Wallasey L46 50 A4
Hugh Baird Coll F Ed. Bootle L20 38 C2
Hugh Baird Coll F Ed. Bootle L21 38 C8
Hughenden Rd. L13 53 F5
Hughes Ave. Prescot L35 56 D4
Hughes Ave. Warrington WA2 61 D2
Hughes Cl. L7 53 C1
Hughes Dr. L20 38 E6
Hughes La. L43 66 B3
Hughes Pl. WA2 61 D2
Hughes St. Liverpool L6 53 A4
Hughes St. Liverpool L19 81 C5
Hughes St. St Helens WA9 58 D8
Hughestead Gr. L19 81 B6
Hughson St. L8 67 E5
Hulme St. PR8 4 A7
Hulmewood. L63 79 A7
Hulton Ave. L35 56 F4
Humber Cl. Liverpool L4 52 E8
Humber Cl. Widnes WA8 73 F3
Humber Cres. WA9 58 C6
Humber Rd. WA2 61 E2
Humber St. L41 50 F1
Hume Ct. L47 63 C8
Hummocks Dr. L48 75 D6
Humphrey St. L20 38 D6
Humphreys Hey. L23 27 B5
Huncote Ave. WA11 44 D6
Hunslett Rd. L9 39 B6
Hunstanton Cl. L49 65 A7
Hunt Rd. Haydock WA11 45 E6
Hunt Rd. Maghull L31 20 D1
Hunt's Cross Sta. L25 82 C7
Hunter Ave. WA2 61 B3
Hunter St. Liverpool L3 52 D2
Hunter St. St Helens WA9 44 C2
Hunter's La. L15 69 A7
Huntingdon Cl. L46 64 B8
Huntingdon Gr. L31 20 C4
Huntley Ave. WA9 58 C7
Huntley Gr. WA9 58 C7
Huntly Rd. L6 53 C3
Hunts Cross Ave. Liverpool L25 70 B3
Hunts Cross Ave. Liverpool L25 70 C2
Hunts Cross Jun Mix & Inf Sch. L25 82 C6
Hunts Cross Sh Ctr The. L24 82 A6
Huntsman Wood. L12 54 E8
Hurlingham Rd. L4 39 C2
Hurlston Dr. L39 13 E7
Hurrell Rd. L41 50 D1
Hursley Rd. L9 39 E4
Hurst Bank. L63 78 F8
Hurst Gdns. L13 54 A2
Hurst Park Cl. L36 56 A4
Hurst Park Dr. L36 56 A4
Hurst Rd. L31 28 E7
Hurst Sch. WA10 43 E6
Hurst St. Liverpool L13 54 A2
Hurst St. Liverpool L1 & L72 67 C8
Hurst's La. L39 22 B2
Hurstlyn Rd. L18 69 C1
Huskisson St. L1 & L7 & L8 67 F7
Hutchinson St. Liverpool L6 53 A3
Hutchinson St. Widnes WA8 84 F6
Hutchinson Wlk. L6 53 A3
Huttfield Rd. L24 83 A4
Hutton Ct. WN8 15 D1
Hutton Rd. WN8 15 D1
Hutton Way. L39 13 E5
Huxley Cl. L46 64 B8
Huxley St. L13 53 D7
Huyton Ave. WA10 43 E6
Huyton Church Rd. L36 55 F2
Huyton Coll. L36 55 E2
Huyton Hey Rd. L36 55 F2
Huyton House Cl. L36 55 B4
Huyton House Rd. L36 55 B4
Huyton La. Huyton-w-R L36 55 F3
Huyton La. Huyton-w-R L34 & L36 56 A5
Huyton Sta. L36 55 E2
Huyton with Roby CE (VA) Sch. L36 55 D3
Hyacinth Cl. WA11 45 F6
Hyde Rd. L22 26 D1
Hyde's Brow. WA11 32 A8
Hydro Ave. L48 63 B1
Hygeia St. L6 53 B4
Hylton Ave. L44 51 A4
Hylton Rd. L19 81 D8
Hyslop St. L8 67 E6
Hythe Ave. L21 38 C8
Hythe Cl. PR8 4 E3
Hythedale Cl. L17 68 C2

Ibbotson's La. L17 & L18 68 E4
Ibstock Rd. L20 38 B5
Iffley Cl. L49 64 D5
Ikin Cl. L43 50 C1
Ilchester Rd. Liverpool L16 54 E1
Ilchester Rd. Wallasey L41 50 F1
Ilchester Rd. Wallasey L44 51 D3
Ilex Ave. WA2 61 B7
Ilford Ave. Crosby L23 26 D5
Ilford Ave. Wallasey L44 51 B3
Ilford St. L3 52 F2
Ilfracombe Rd. WA9 58 C5
Iliad St. L5 52 E4
Ilkley Ave. PR9 2 C6
Ilkley Wlk. L24 82 D4
Ilsley Cl. L49 64 F4
Imber Rd. L32 40 F8
Imison St. L4 38 F3
Imison Way. L4 38 E3
Imperial Ave. L45 51 C6
Imrie St. L4 38 F2
Ince Ave. Bebington L62 88 E3
Ince Ave. Bootle L21 38 B7
Ince Ave. Crosby L23 26 D5
Ince Ave. Liverpool L4 53 B8
Ince Cl. L43 65 F4
Ince Cres. L37 9 D3
Ince Gr. L43 65 F4
Ince La. L23 & L38 27 A8
Ince Rd. L23 27 A7
Incemore Rd. L18 & L19 69 B1
Inchcape Rd. Liverpool L16 54 E1
Inchcape Rd. Wallasey L45 50 D5
Inchfield. WN8 16 B2
Index St. L4 38 F1
Ingestre Ct. L43 66 A3
Ingestre Rd. L43 66 A3
Ingham Ave. WA12 46 B1
Ingham Rd. WA8 72 F4
Ingle Gn. L23 26 A5
Ingleborough Rd. L42 66 D2
Ingleby Rd. Bebington L62 79 B8
Ingleby Rd. Wallasey L44 51 A3
Ingledene Rd. L18 69 D5
Inglegreen. L60 86 B8
Ingleholme Gdns. L34 57 A7
Ingleholme Rd. L18 & L19 69 A1
Inglemere Rd. L42 66 E2
Inglemoss Dr. WA11 32 C1
Inglenook Rd. WA5 74 F4
Ingleton Cl. L49 64 D4
Ingleton Dr. WA11 33 B1
Ingleton Gn. L32 40 F8
Ingleton Rd. Kirkby L32 40 F8
Ingleton Rd. 3 Liverpool L18 68 F5
Ingleton Rd. Southport PR8 4 E3
Inglewhite. WN8 16 A2
Inglewood. L12 41 A2
Inglewood Ave. L46 64 D7
Inglewood Rd. WA11 43 C8
Inglis Rd. L9 39 B7
Ingoe Cl. L32 29 B1
Ingoe La. L32 40 B8
Ingram. WN8 16 B1
Ingrave Rd. L4 39 C2
Ingrow Rd. 9 L6 & L7 53 B3
Inigo Rd. L13 54 B4
Inley Cl. L63 79 A2
Inley Rd. L63 79 A2
Inman Ave. WA9 45 B2
Inman Rd. Birkenhead L49 64 E6
Inman Rd. Bootle L21 38 B7
Inner Central Rd. L24 82 F5
Inner Forum. L11 39 E2
Inner South Rd. L24 82 F4
Inner West Rd. L24 82 E5
Insall Rd. Liverpool L13 54 B1
Insall Rd. Warrington WA2 61 F2
Inskip. WN8 16 A2
Inskip Rd. PR9 2 A4
Intake La. Bickerstaffe L39 & WA11 23 B2
Intake La. Maghull L39 19 E8
Interchange Motorway Est. L36 56 A1
Inveresk Ct. L43 65 E6
Invincible Cl. L30 38 E8
Invincible Way. L10 40 C6
Inwood Rd. L19 81 D7
Iona Cl. L12 41 A3
Ionic Rd. L13 54 A4
Ionic St. Birkenhead L42 66 F2
Ionic St. Seaforth L21 37 F7
Irby Ave. L44 51 A4
Irby Prim Sch. L61 76 E7
Irby Rd. Heswall L60 & L61 76 E3
Irby Rd. Liverpool L4 53 C8
Irbyside Rd. L48 64 B1
Ireland Rd. Hale L24 83 E1
Ireland Rd. Haydock WA11 45 C6
Ireland St. WA8 73 D2
Irene Ave. WA11 44 C7
Irene Rd. L16 69 C6
Ireton St. L4 38 F2
Iris Ave. L41 65 F7
Iris Cl. WA8 72 C2
Irlam Dr. L32 29 E2
Irlam House. L20 38 B3
Irlam Pl. L20 38 B4
Irlam Rd. L20 38 B4
Ironside Rd. L36 55 D3
Irton Rd. PR9 4 E8
Irvin Ave. PR9 2 C5
Irvine Rd. L42 66 D2
Irvine St. L7 53 A1
Irving Cl. L9 39 C8
Irving St. PR8 1 B1
Irwell. WN8 16 A3
Irwell Cl. L17 68 E3
Irwell House. L17 68 E3
Irwell La. L17 68 E3
Irwell Rd. WN5 25 F7
Irwell St. L3 52 C1
Irwin Rd. WA9 58 C7
Isaac St. L8 67 F4
Isabel Gr. L13 53 F7
Isherwood Cl. WA2 61 F3
Island Pl. L19 81 C6
Island Rd. L19 81 C6
Island Rd S. L19 81 D6
Islands Brow. WA11 44 C6
Islington. Crosby L23 26 D4
Islington. Liverpool L3 52 E2
Islington Sq. L3 52 F2
Islip Cl. L61 76 D7
Ismay Dr. L44 51 D5
Ismay Rd. L21 38 B7
Ismay St. L4 38 F1
Ivanhoe Ave. WA3 36 D1
Ivanhoe Rd. Crosby L23 26 C4
Ivanhoe Rd. Liverpool L17 68 C4
Ivatt Way. L7 53 C1
Iver Cl. WA8 72 C6
Ivernia Rd. L4 39 B2
Ivor Rd. L44 51 C5
Ivory Dr. L33 29 E5
Ivy Ave. Bebington L63 78 E5
Ivy Ave. Liverpool L19 81 B7
Ivy Ave. Newton-le-W WA12 46 C2
Ivy Ct. WA9 44 C3
Ivy Farm Ct. L24 83 D1
Ivy Farm Rd. L35 57 B4
Ivy House Rd. WA3 36 D1
Ivy La. L46 49 E1
Ivy Leigh. L13 53 E5
Ivy Rd. WA3 47 B8
Ivy St. Ashton-in-M WN4 35 B3
Ivy St. Birkenhead L41 66 F6
Ivy St. Southport PR8 4 D6
Ivybridge. WN8 16 B2
Ivydale. WN8 16 B2
Ivydale Rd. Birkenhead L42 66 E3
Ivydale Rd. Liverpool L9 39 B4
Ivydale Rd. Liverpool L18 69 A4
Ivyhurst Cl. L19 80 F8

Jack McBain Ct. L3 52 C4
Jack's Brow. L34 41 E2
Jacksfield Way. L19 80 F7
Jackson Cl. Bebington L63 78 F8
Jackson Cl. Haskayne L39 11 F5
Jackson Cl. Rainhill L35 57 D1
Jackson St. Birkenhead L41 66 E5
Jackson St. Burtonwood WA5 59 E6
Jackson St. Haydock WA11 45 A7
Jackson St. Liverpool L19 81 C6
Jackson St. St Helens WA9 44 C2
Jacob St. L8 67 F4
Jacqueline Ct. L36 55 C2
Jacqueline Dr. L36 56 A4
Jade Cl. Kirkby L33 30 A3
Jamaica St. L1 & L72 & L8 67 D7
James Clarke St. L5 52 C4
James Ct. L25 70 B2
James Ct Apartments. L25 70 B2
James Gr. WA10 43 E2
James Holt Ave. L32 29 D2
James Hopkins Way. L4 52 D7
James Larkin Way. L4 & L5 52 D7
James Rd. Haydock WA11 45 F7
James Rd. Liverpool L25 70 B2
James St. Ashton-in-M WN2 35 E7
James St. Birkenhead L43 66 C4
James St. Liverpool L1 & L2 & L3 52 C1
James St. Liverpool L19 81 C6
James St. St Helens WA9 58 D3
James St. 7 Wallasey L44 51 E2
James Street Sta. L2 52 C1
Jamesbrook Cl. L41 66 A8
Jamieson Ave. L23 27 A4
Jamieson Rd. L15 68 E7
Jane St. WA9 58 F7
Jane's Brook Rd. PR8 4 E4
Janet St. L7 53 B1
Jarrett Rd. L33 30 A4
Jarrett Wlk. L33 30 A4
Jarrow Cl. L43 66 B4
Jasmine Cl. Birkenhead L46 & L49 64 D7
Jasmine Cl. Liverpool L5 52 F4
Jasmine Ct. L36 55 F5
Jasmine Mews. L8 68 A3
Jason St. L5 52 E6
Jason Wlk. L5 52 E6
Java Rd. L4 39 D1
Jean Wlk. L10 40 B6
Jedburgh Dr. L33 29 D6
Jeffereys Cres. L36 55 B2
Jeffereys Dr. L36 55 A2
Jeffreys Dr. L49 64 D5
Jellicoe Cl. L48 75 D6
Jenkinson St. L3 52 E3
Jennet Hey. WN4 34 F6
Jericho Cl. L17 68 D2
Jericho Farm Cl. L17 68 D1
Jericho Farm Wlk. L17 68 D1
Jericho La. L17 68 D1
Jermyn St. L8 68 B6
Jerningham Rd. L11 39 D3
Jersey Ave. L21 27 B1
Jersey Cl. L20 38 C3
Jersey St. Bootle L20 38 C3
Jersey St. St Helens WA9 58 C3
Jesmond St. L15 68 D8
Jessamine Rd. L42 66 E3
Jeudwine Cl. L25 70 B1
Joan Ave. Birkenhead L46 64 D8
Joan Ave. Birkenhead L49 64 E4
Jocelyn Cl. L63 79 A3
John Bagot Cl. L5 52 E5
John F Kennedy Hts. L3 52 E4
John Hunter Way. L30 27 F3
John Lennon Dr. L6 53 B3
John Middleton Cl. L24 83 E2
John Moores Cl. L7 68 A8
John Moores Univ. Liverpool L3 52 C2
John Moores Univ. Liverpool L3 52 D2
John Moores Univ. Liverpool L3 52 D3
John Moores Univ. Liverpool L3 52 E1
John St. Ashton-in-M WN4 35 D5
John St. Birkenhead L41 & L72 66 F7
John St. Golborne WA3 47 A8
John St. Liverpool L3 52 F3
John St. St Helens WA10 44 A4
Johns Ave. WA11 45 E7
Johnson Ave. Newton-le-W WA12 46 B5
Johnson Ave. Prescot L35 56 D4
Johnson Gr. L14 54 E5
Johnson Rd. L43 65 F1
Johnson St. Liverpool L1 & L2 & L3 52 D2
Johnson St. Southport PR8 & PR9 4 B8
Johnson St. St Helens WA9 44 C4
Johnson Wlk. 10 L7 53 C1
Johnson's La. WA8 73 E1
Johnston Ave. L20 38 E6
Jones Farm Rd. L25 70 C4
Jones St. L3 52 E1
Jonson Rd. L64 86 E1
Jonville Rd. L9 39 C7
Jordan St. L1 & L72 67 D7
Joseph Lister Cl. L30 27 F3
Joseph St. St Helens WA9 58 E7
Joseph St. Widnes WA8 73 C2
Joseph Williams Prim Sch. L25 70 C6
Joy La. Burtonwood WA5 59 E4
Joy La. St Helens WA9 58 E2
Joyce Wlk. L10 40 C7
Jubilee Ave. Liverpool L14 54 D1
Jubilee Ave. Ormskirk L39 13 F6
Jubilee Ave. Orrell WN5 25 D4
Jubilee Ave. Warrington WA5 74 E4
Jubilee Cres. Bebington L62 79 B5
Jubilee Cres. Haydock WA11 45 F7
Jubilee Dr. Litherland L30 28 A1
Jubilee Dr. Liverpool L7 53 B2
Jubilee Dr. Prescot L35 56 D2
Jubilee Dr. Skelmersdale WN8 23 E8

Jub – Lab 109

Jubilee Dr. West Kirby L48 .... 63 B3
Jubilee Gr. L44 .... 51 D3
Jubilee Rd. Bootle L21 .... 38 B7
Jubilee Rd. Crosby L22 & L23 .... 26 C3
Jubilee Rd. Formby L37 .... 9 D1
Jubilee Way. WA8 .... 72 E1
Jubits La. WA8 & WA9 & L35 .... 58 B2
Juddfield St. WA11 .... 45 A7
Judges Dr. L6 .... 53 C4
Judges Way. L6 .... 53 C4
Julian Way. WA8 .... 72 F4
Julie Gr. L14 .... 54 F5
Juliet Ave. L63 .... 78 E7
Juliet Gdns. L63 .... 78 E7
July Rd. L6 .... 53 D5
July St. L20 .... 38 C5
Junction La. Newton-le-W WA12 .... 46 B3
Junction La. St Helens WA9 .... 58 F7
Junction Rd. WA11 .... 31 E8
June Ave. L62 .... 88 E8
June Rd. L6 .... 53 D5
June St. L20 .... 38 C4
Juniper Cl. Birkenhead L49 .... 64 C2
Juniper Cl. Huyton-w-R L28 .... 55 B8
Juniper Cl. St Helens WA10 .... 43 D4
Juniper Gdns. L23 .... 27 B6
Juniper St. L20 .... 52 C8
Jupiter Cl. L6 .... 53 B5
Jurby Ct. WA2 .... 61 F1
Justin Way. L35 .... 57 B5
Juvenal Pl. L3 .... 52 E4
Juvenal St. L3 .... 52 D4

Kaigh Ave. L23 .... 26 D5
Kale Cl. L48 .... 63 B1
Karan Way. L31 .... 29 B3
Karen Cl. WA5 .... 60 A6
Karonga Rd. L10 & L9 .... 39 F7
Karonga Way. L10 .... 39 F7
Karslake Rd. Liverpool L18 .... 68 F5
Karslake Rd. Wallasey L44 .... 51 D3
Katherine Wlk. L10 .... 40 C7
Kearsley Cl. L4 .... 52 E7
Kearsley St. L4 .... 52 E7
Keates St. WA9 .... 58 F8
Keats Ave. Orrell WN5 .... 25 D1
Keats Ave. Prescot L35 .... 56 F3
Keats Gn. L36 .... 56 A1
Keats Gr. WA2 .... 61 C2
Keats House. L62 .... 79 A7
Keats St. L20 .... 38 B5
Keble Dr. Litherland L10 .... 28 C3
Keble Dr. Wallasey L45 .... 50 D6
Keble Rd. L20 .... 38 C2
Keble St. L6 & L7 .... 53 A3
Kedleston St. L8 .... 68 A4
Keegan Dr. L44 .... 51 E2
Keele Cl. L43 .... 50 C2
Keenan Dr. L20 .... 38 E5
Keene Ct. L30 .... 27 D4
Keepers La. L63 .... 78 B5
Keighley Ave. L45 .... 50 E5
Keightley St. L41 .... 66 D7
Keir Hardie Ave. L20 .... 38 E5
Keith Ave. 5 Liverpool L4 .... 39 A1
Keith Ave. Warrington WA5 .... 74 E6
Keith Ct. 4 L4 .... 38 F1
Keith Dr. L63 .... 88 D5
Kelbrook Cl. WA9 .... 58 D6
Kelday Cl. L32 & L33 .... 29 E2
Kelkbeck Cl. L31 .... 20 F2
Kellet's Pl. L42 .... 66 F3
Kellett Rd. L46 .... 50 B3
Kellitt Rd. L15 .... 68 E7
Kelly Dr. L20 .... 38 E5
Kelly St. L34 .... 56 E6
Kelmscott Dr. L44 .... 50 E4
Kelsall Ave. Bebington L62 .... 88 F3
Kelsall Ave. St Helens WA9 .... 58 B4
Kelsall Cl. Bebington L62 .... 88 E3
Kelsall Cl. Birkenhead L43 .... 65 F3
Kelsall Cl. Widnes WA8 .... 72 D1
Kelso Cl. L33 .... 29 D6
Kelso Rd. L6 & L7 .... 53 C3
Kelton Gr. L17 .... 68 E2
Kelvin Cl. WN4 .... 34 D4
Kelvin Gr. L8 .... 68 A6
Kelvin Rd. Birkenhead L41 .... 66 E4
Kelvin Rd. Wallasey L41 & L44 .... 51 E1
Kelvinside. Crosby L23 .... 26 F3
Kelvinside. Wallasey L44 .... 51 E1
Kemberton Dr. WA8 .... 73 A5
Kemble St. Liverpool L7 .... 53 B2
Kemble St. Prescot L34 .... 56 D6
Kemlyn Rd. L4 & L5 .... 53 A7
Kempsell Way. L26 .... 83 A7
Kempsell Wlk. L26 .... 83 A7
Kempsey Gr. WA9 .... 57 E7
Kempson Terr. L63 .... 78 F4
Kempston St. L3 .... 52 E2
Kempton Cl. Huyton-w-R L36 .... 55 D1
Kempton Cl. Newton-le-W WA12 .... 46 D5
Kempton Park Fold. PR8 .... 4 F3
Kempton Park Rd. L10 .... 28 E2
Kempton Rd. Bebington L62 .... 79 B8
Kempton Rd. Liverpool L15 .... 68 D8
Kemsley Rd. L14 .... 54 F4
Kenbury Cl. L33 .... 30 A4
Kenbury Rd. L33 .... 30 A4
Kendal Ave. WA2 .... 61 C2
Kendal Cl. Bebington L63 .... 78 F6
Kendal Cl. Rainford WA11 .... 23 F2
Kendal Dr. Maghull L31 .... 20 E2
Kendal Dr. Rainford WA11 .... 23 F2
Kendal Dr. Rainhill L35 .... 57 A4
Kendal Dr. St Helens WA11 .... 44 B8
Kendal Gr. WN4 .... 35 B4
Kendal Mount. WA11 .... 44 C8
Kendal Pk. L12 .... 54 D6
Kendal Rd. Liverpool L16 .... 69 E7
Kendal Rd. Wallasey L44 .... 51 A2
Kendal Rd. Widnes WA8 .... 72 C1
Kendal St. 15 L41 .... 66 E6
Kendal Way. PR8 .... 7 B3
Kendrick's Cross. L35 .... 57 C3
Kendricks Fold. L35 .... 57 B3
Kenilworth Cl. L25 .... 69 E3
Kenilworth Dr. L61 .... 76 F5
Kenilworth Gdns. Birkenhead L49 .... 64 E6
Kenilworth Gdns. Newton-le-W WA12 .... 46 C1
Kenilworth Rd. Crosby L23 .... 26 C3
Kenilworth Rd. Golborne WA3 .... 47 E7
Kenilworth Rd. Liverpool L16 .... 69 D7
Kenilworth Rd. Southport PR8 .... 7 B4
Kenilworth Rd. Wallasey L44 .... 51 E3
Kenilworth St. L20 .... 38 B3
Kenilworth Way. L25 .... 69 E3
Kenley Ave. WA8 .... 72 D5
Kenley Cl. L6 .... 53 C4
Kenmare Rd. L15 .... 68 E6
Kenmay Way. L33 .... 30 A3
Kenmore Gr. WN4 .... 34 D4
Kenmore Rd. L43 .... 65 E1
Kennelwood Ave. L33 .... 29 F3
Kennessee Cl. L31 .... 28 E8
Kennet Rd. Bebington L63 .... 78 D5
Kennet Rd. Haydock WA11 .... 45 C6
Kenneth Cl. L30 .... 27 E3
Kenneth Rd. WA8 .... 84 C8
Kennford Rd. L11 .... 40 C5
Kensington. L6 & L7 .... 53 B2
Kensington Ave. WA9 .... 58 C7
Kensington Gdns. L46 .... 64 E8
Kensington Ind Pk. PR9 .... 4 C6
Kensington Jun Sch. L7 .... 53 B2
Kensington Rd. Formby L37 .... 9 E1
Kensington Rd. Southport PR9 .... 4 C6
Kensington St. L6 & L7 .... 53 A2
Kent Ave. Bootle L21 .... 38 C8
Kent Ave. Formby L37 .... 10 A1
Kent Cl. Bebington L63 .... 88 B8
Kent Cl. Bootle L20 .... 38 D4
Kent Rd. Formby L37 .... 10 A1
Kent Rd. Southport PR8 .... 4 A4
Kent Rd. St Helens WA9 .... 58 D7
Kent Rd. Wallasey L44 .... 51 A3
Kent St. Birkenhead L43 .... 66 B4
Kent St. Liverpool L1 & L72 .... 67 D8
Kent St. Widnes WA8 .... 73 B1
Kent Way. WA12 .... 46 B1
Kentmere Ave. WA11 .... 33 C1
Kentmere Dr. L61 .... 76 F4
Kentmere Pl. WA2 .... 61 A3
Kenton Cl. L37 .... 9 F6
Kenton Rd. L26 .... 83 A7
Kents Bank. L12 .... 40 C1
Kenview Cl. WA8 .... 84 A4
Kenway. WA11 .... 32 A6
Kenworthys Flats. PR8 .... 4 B8
Kenwright Cres. WA9 .... 58 D8
Kenwyn Rd. L45 .... 51 B5
Kenyon Ave. WA5 .... 74 E5
Kenyon La. Golborne WA3 .... 47 F3
Kenyon La. Golborne WA3 .... 47 F5
Kenyon Rd. L15 .... 69 A5
Kenyon's La. Formby L37 .... 10 A3
Kenyon's La. Haydock WA11 .... 45 F8
Kenyons La. L31 .... 20 E3
Kepler St. Bootle L21 .... 38 A6
Kepler St. Liverpool L5 .... 52 F4
Keppel St. L20 .... 38 B1
Kerfoot's La. WN8 .... 23 C8
Kerr Gr. WA9 .... 44 E3
Kerris Cl. L17 .... 68 C2
Kerrysdale Cl. 4 WA9 .... 58 D7
Kersey Rd. L32 .... 40 F8
Kersey Wlk. L32 .... 40 F8
Kershaw Ave. L23 & L70 .... 26 F3
Kershaw St. WA8 .... 72 D1
Kershaw Way. WA12 .... 46 C5
Kerslake Way. L38 .... 18 A4
Kerswell Cl. WA9 .... 58 D6
Kestral Dene. L10 .... 40 A6
Kestral Gr. L26 .... 70 D2
Kestrel Ave. L49 .... 64 D6
Kestrel Cl. Birkenhead L49 .... 64 D6
Kestrel Cl. St Helens WA11 .... 44 B6
Kestrel Ct. PR9 .... 4 D7
Kestrel Dr. WN4 .... 35 C6
Kestrel Mews. WN8 .... 16 C4
Kestrel Pk. WN8 .... 16 C4
Kestrel Rd. Birkenhead L46 .... 64 C8
Kestrel Rd. Heswall L60 .... 86 C7
Keswick Ave. Bebington L63 .... 88 C4
Keswick Ave. Warrington WA2 .... 61 C2
Keswick Cl. Maghull L31 .... 20 E2
Keswick Cl. Southport PR8 .... 7 C3
Keswick Cl. Widnes WA8 .... 72 C1
Keswick Cres. WA2 .... 61 C2
Keswick Dr. L21 & L30 .... 38 E8
Keswick Pl. L43 .... 65 D8
Keswick Rd. Liverpool L18 .... 69 D2
Keswick Rd. St Helens WA10 .... 43 E5
Keswick Rd. Wallasey L45 .... 50 E7
Keswick Villas. L16 .... 70 A8
Keswick Way. Liverpool L16 .... 70 A8
Keswick Way. Rainford WA11 .... 23 F2
Kettering Rd. PR8 .... 7 B5
Kevelioc Cl. L63 .... 78 F3
Kew Rd. Formby L37 .... 9 D1
Kew Rd. Southport PR8 .... 4 B3
Kew St. L5 .... 52 D5
Kew Woods Cty Prim Sch. PR8 .... 4 F3
Keybank Rd. L12 .... 54 A8
Kiddman St. L4 .... 38 F3
Kidstone Cl. 6 WA9 .... 58 D7
Kilbuck La. WA11 .... 46 A8
Kilburn Ave. Ashton-in-M WN4 .... 35 D4
Kilburn Ave. Bebington L62 .... 88 E6
Kilburn Gr. WA9 .... 57 E7
Kilburn Rd. WN5 & WN8 .... 25 C5
Kilburn St. L21 .... 38 B6
Kildale Cl. L31 .... 20 C2
Kildare Cl. L24 .... 83 D2
Kildonan Rd. L17 .... 68 E2
Kilford Cl. WA5 .... 60 E2
Kilgarth Sch. L41 .... 66 B8
Kilgraston Gdns. L17 & L19 .... 68 F1
Killarney Gr. L44 .... 51 A3
Killarney Rd. L13 .... 54 B3
Killester Rd. L25 .... 70 B4
Killington Way. L4 .... 52 E8
Kilmalcolm Cl. L43 .... 65 F4
Kilmore Cl. L9 .... 39 C8
Kilmory Ave. L25 .... 70 C2
Kiln Cl. WA10 .... 43 E3
Kiln Hey. L12 .... 54 C5
Kiln La. Skelmersdale WN8 .... 15 E1
Kiln La. St Helens WA10 .... 43 C5
Kiln Rd. L49 .... 65 A3
Kilnyard Rd. L23 .... 26 D4
Kilrea Cl. L11 .... 53 F8
Kilrea Cl. Liverpool L11 & L13 .... 53 F8
Kilrea Rd. Liverpool L11 & L13 .... 53 E8
Kilrea Rd. Liverpool L11 & L13 .... 53 F8
Kilsail Rd. 3 L32 .... 41 A7
Kilsby Dr. WA8 .... 73 E2
Kilshaw Rd. WA5 .... 59 F6
Kilshaw St. L6 .... 53 A4
Kilsyth Cl. WA2 .... 61 F4
Kimberley Ave. Crosby L23 .... 26 D3
Kimberley Ave. St Helens WA9 .... 57 F7
Kimberley Cl. L8 .... 68 A7
Kimberley Dr. L23 .... 26 D3
Kimberley Pl. WN4 .... 35 B3
Kimberley Rd. L45 .... 51 B6
Kimberley St. L43 .... 65 F8
Kindale Rd. L43 .... 65 E1
Kinder Gr. WN4 .... 34 F6
Kinder St. L6 .... 52 F3
King Ave. L20 .... 38 E5
King David High Sch The. L15 .... 69 C7
King David Prim Sch The. L15 .... 69 C7
King Edward Cl. L35 .... 57 B4
King Edward Rd. Rainhill L35 .... 57 B4
King Edward Rd. St Helens WA10 .... 43 E6
King Edward St. L3 .... 52 B2
King Edward's Dr. L62 .... 79 B6
King George Cl. WN4 .... 35 B3
King George Dr. L44 & L45 .... 51 D6
King George Rd. WA11 .... 46 A7
King George V Coll. PR8 .... 4 E5
King George's Dr. L62 .... 79 B6
King St. Birkenhead L42 .... 67 A1
King St. Crosby L22 .... 26 D1
King St. Liverpool L19 .... 81 C4
King St. Newton-le-W WA12 .... 46 B3
King St. Prescot L34 .... 56 D6
King St. Southport PR8 .... 4 A6
King St. St Helens WA10 .... 43 F4
King St. Wallasey L44 .... 51 D4
King's Ave. Golborne WA3 .... 47 F7
King's Ave. Hoylake L47 .... 63 D8
King's Brow. L63 .... 78 D6
King's Ct. Bebington L63 .... 78 D6
King's Ct. Birkenhead L43 .... 66 B4
King's Dr. Heswall L61 .... 76 F6
King's Dr. West Kirby L48 .... 75 D8
King's Gap The. L47 .... 63 A6
King's La. L63 & L42 .... 78 E8
King's Moss La. WA11 .... 32 F7
King's Par. Wallasey L45 .... 37 A1
King's Par. Wallasey L45 .... 50 E8
King's Rd. Ashton-in-M WN4 .... 35 A5
King's Rd. Bebington L63 & L42 .... 78 D7
King's Rd. Bootle L20 .... 38 C1
King's Sq. L41 .... 66 F6
Kingfield Rd. L9 .... 38 F5
Kingfisher Cl. Kirkby L33 .... 29 E6
Kingfisher Cl. Liverpool L27 .... 70 F5
Kingfisher Ct. WN4 .... 35 B6
Kingfisher Ct. Southport PR9 .... 4 D8
Kingfisher Dr. WA11 .... 44 B6
Kingfisher Gr. L12 .... 40 F1
Kingfisher House. L13 .... 54 A1
Kingfisher Pk. WN8 .... 16 C4
Kingfisher Way. L49 .... 64 D6
Kingham Cl. Liverpool L25 .... 70 C2
Kingham Cl. Widnes WA8 .... 73 D1
Kinglake Rd. L44 .... 51 D5
Kinglake St. L7 .... 53 B1
Kinglass Rd. L62 .... 79 B3
Kings Cl. Bebington L63 .... 78 D7
Kings Cl. Formby L37 .... 9 E2
Kings Ct. Liverpool L17 .... 68 C2
Kings Ct. Hoylake L47 .... 63 A7
Kings Ct. Seaforth L21 .... 37 F7
Kings Dock St. L1 & L72 .... 67 D7
Kings Dr. Liverpool L25 .... 70 B2
Kings Dr. Liverpool L27 .... 70 D5
Kings Hey Dr. PR9 .... 1 F1
Kings Mount. L41 & L43 .... 66 C4
Kings Parade. L3 .... 67 C7
Kings Pk. L21 .... 37 F7
Kings Rd. Crosby L23 .... 26 D4
Kings Rd. Formby L37 .... 9 E2
Kings Rd. Golborne WA3 .... 47 A7
Kings Rd. St Helens WA10 .... 43 D2
Kings Wharf. L44 .... 51 F1
Kings Wlk. L8 .... 67 A1
Kingsbrook Way. L42 .... 78 D8
Kingsbury. L48 .... 63 D2
Kingsbury Cl. PR8 .... 7 B4
Kingsbury Ct. WN8 .... 16 C4
Kingscourt Rd. L12 .... 54 C5
Kingsdale Ave. Birkenhead L42 .... 66 D2
Kingsdale Ave. Rainhill L35 .... 57 D3
Kingsdale Rd. Liverpool L18 .... 69 A5
Kingsdale Rd. Warrington WA5 .... 74 F7
Kingsdown Rd. Abram WN2 .... 36 B7
Kingsdown Rd. Liverpool L11 .... 40 B1
Kingsdown St. L41 .... 66 E4
Kingsfield Rd. L31 .... 28 C7
Kingsheath Ave. L14 .... 54 F5
Kingsland Cres. L11 .... 39 E3
Kingsland Rd. Birkenhead L42 & L43 .... 66 C4
Kingsland Rd. Liverpool L11 .... 39 E3
Kingsley Ave. L62 .... 88 E3
Kingsley Cl. Heswall L61 .... 77 A3
Kingsley Cl. Maghull L31 .... 20 C5
Kingsley Rd. Liverpool L8 .... 68 B7
Kingsley Rd. St Helens WA10 .... 43 D6
Kingsley Rd. Wallasey L44 .... 51 B3
Kingsley St. L41 .... 66 A8
Kingsmead Dr. L25 .... 82 B7
Kingsmead Gr. L43 .... 65 F5
Kingsmead Rd. Birkenhead L43 .... 65 F5
Kingsmead Rd. Wallasey L46 .... 49 F2
Kingsmead Rd N. L43 .... 65 F5
Kingsmead Rd S. L43 .... 65 F5
Kingsmead Sch. L47 .... 63 D8
Kingsnorth. L35 .... 56 F2
Kingsthorne Pk. L24 & L25 .... 82 C6
Kingsthorne Rd. L25 .... 82 C6
Kingston Ave. WA5 .... 74 E6
Kingston Cl. Birkenhead L46 .... 64 E8
Kingston Cl. Liverpool L14 .... 54 E5
Kingston Cres. PR9 .... 2 C5
Kingsville Rd. L63 .... 78 E5
Kingswalk. L48 .... 63 C2
Kingsway. Bebington L63 .... 78 D7
Kingsway. Crosby L22 & L23 .... 26 E2
Kingsway. Heswall L60 .... 86 C6
Kingsway. Huyton-w-R L36 .... 55 D4
Kingsway. Newton-le-W WA12 .... 46 C2
Kingsway. Prescot L34 & L35 .... 56 E5
Kingsway. Southport PR8 .... 4 A7
Kingsway. St Helens WA11 .... 44 A8
Kingsway. Wallasey L45 .... 51 A6
Kingsway. Widnes WA8 .... 73 A1
Kingsway Entrance. L1 .... 52 D2
Kingsway Ind Pk. L3 .... 52 D4
Kingsway Par. L36 .... 55 C4
Kingsway Prim Sch. L44 .... 51 D2
Kingsway (Tunnel). L3 & L44 .... 52 B3
Kingswell Cl. L7 .... 68 B8
Kingswood Ave. Crosby L22 .... 26 F2
Kingswood Ave. Liverpool L9 .... 39 B7
Kingswood Bvd. L63 .... 78 E8
Kingswood Ct. L33 .... 29 F4
Kingswood Dr. L23 .... 26 D3
Kingswood Rd. 3 Wallasey L44 .... 51 C5
Kingswood Rd. Warrington WA5 .... 60 A2
Kingswood Schs. PR8 .... 3 F5
Kington Rd. L48 .... 63 A3
Kinley Gdns. L20 .... 38 E5
Kinloch Cl. L26 .... 83 A7
Kinloch Way. L39 .... 13 D6
Kinloss Rd. L49 .... 64 C3
Kinmel Cl. Birkenhead L41 .... 66 D7
Kinmel Cl. Liverpool L4 .... 53 D8
Kinmel St. Liverpool L8 .... 68 A5
Kinmel St. St Helens WA9 .... 58 C8
Kinnaird Rd. L45 .... 51 A6
Kinnaird St. L8 .... 68 A3
Kinnerton Cl. L46 .... 64 B8
Kinnock Pk. WA5 .... 59 E6
Kinross Ave. WN4 .... 34 C4
Kinross Cl. WA2 .... 61 F4
Kinross Rd. Liverpool L10 .... 39 F7
Kinross Rd. Seaforth L22 .... 37 E8
Kinross Rd. Wallasey L45 .... 50 D6
Kintbury St. WN2 .... 35 F7
Kintore Cl. L63 .... 88 C4
Kintore Dr. WA5 .... 74 D6
Kintore Rd. L19 .... 81 B7
Kipling Ave. 2 Birkenhead L42 .... 66 F1
Kipling Ave. Huyton-w-R L36 .... 71 A8
Kipling Ave. Warrington WA2 .... 61 C1
Kipling Cres. WA8 .... 84 F8
Kipling Gr. WA9 .... 58 A3
Kipling St. L20 .... 38 A5
Kirby Cl. L48 .... 63 C1
Kirby Mount. L48 .... 75 C8
Kirby Pk. L48 .... 63 C1
Kirby Rd. L20 .... 38 D6
Kirk Rd. L20 .... 38 C6
Kirk St. L5 .... 52 E6
Kirkacre Ave. WA12 .... 60 C8
Kirkbridge Cl. L27 .... 71 A4
Kirkbridge Lawn. L27 .... 71 A4
Kirkbridge Wlk. L27 .... 71 A4
Kirkby Bank Rd. L33 .... 30 C2
Kirkby CE Prim Sch. L32 .... 29 E2
Kirkby Municipal Golf Course. L10 .... 40 A8
Kirkby Park Mansions. L48 .... 63 C1
Kirkby Row. L32 .... 29 D3
Kirkby Sta. L32 .... 29 C3
Kirkcaldy Ave. WA5 .... 74 D6
Kirkdale Gdns. WN8 .... 25 A7
Kirkdale Prim Sch. L4 .... 52 D8
Kirkdale Rd. L4 & L5 .... 52 E6
Kirkdale Sta. L20 .... 38 D1
Kirkdale Vale. L4 & L5 .... 52 E7
Kirket Cl. L63 .... 79 A4
Kirket La. L63 .... 79 A4
Kirkfield Gr. L42 .... 67 A1
Kirkham Ave. WA3 .... 47 E6
Kirkham Rd. Southport PR9 .... 2 A4
Kirkham Rd. Widnes WA8 .... 73 C2
Kirkham St. WN2 .... 36 B8
Kirklake Bank. L37 .... 9 C2
Kirklake Rd. L37 .... 9 D2
Kirkland Ave. L42 .... 66 D2
Kirkland Cl. L9 .... 38 F7
Kirkland Rd. L45 .... 51 C8
Kirkland St. WA10 .... 43 F4
Kirklands The. L48 .... 63 C2
Kirklees Rd. PR8 .... 3 F1
Kirkmaiden Rd. L19 .... 81 B8
Kirkman Fold. L35 .... 57 B3
Kirkmore Rd. L18 .... 69 A2
Kirkmount. L49 .... 65 A5
Kirkside Cl. L11 & L12 .... 40 D3
Kirkstall Dr. L37 .... 10 B2
Kirkstall Rd. PR8 .... 3 F2
Kirkstone Ave. St Helens WA11 .... 44 C8
Kirkstone Ave. Warrington WA2 .... 61 C2
Kirkstone Rd N. L21 .... 27 C1
Kirkstone Rd S. L21 & L30 .... 38 D8
Kirkstone Rd W. L21 .... 27 B2
Kirkway. Bebington L63 .... 78 D7
Kirkway. Birkenhead L49 .... 64 E4
Kirkway. Birkenhead L49 .... 64 F5
Kirkway. Wallasey L45 .... 51 B7
Kitchen St. L1 & L72 .... 67 D7
Kitchener Dr. L9 .... 38 F6
Kitchener St. WA10 .... 43 E4
Kitling Rd. L34 .... 41 C5
Kiverley Cl. L25 .... 69 E3
Kiveton Dr. WN4 .... 35 C2
Knap The. L60 .... 86 A6
Knaresborough Rd. L44 .... 50 F4
Knight Rd. WA5 .... 59 F6
Knight St. L1 .... 67 E8
Knighton Rd. L4 .... 39 D1
Knightsway. L22 .... 26 F2
Knob Hall La. PR9 .... 1 F3
Knoclaid Rd. L13 .... 53 E7
Knoll The. L43 .... 66 A3
Knotty Ash Prim Sch. L12 .... 54 D4
Knotty Mews. L25 .... 70 C3
Knowe The. L64 .... 88 A1
Knowl Hey Rd. L26 .... 83 A6
Knowle Ave. PR8 .... 7 C6
Knowles House Ave. WA10 .... 42 F3
Knowles St. Birkenhead L41 .... 66 C7
Knowles St. Widnes WA8 .... 73 C2
Knowsley All Saints RC High Sch. L32 .... 29 E1
Knowsley Ave. WA3 .... 36 B1
Knowsley Bowring Comp Sch. L36 .... 55 B3
Knowsley Cl. L42 .... 67 A1
Knowsley Comm Coll. Huyton-w-R L36 .... 55 D3
Knowsley Comm Coll Bracknell Ctr. Kirkby L32 .... 29 D1
Knowsley Comm Coll Kirkby Ctr. Kirkby L32 .... 29 D2
Knowsley Ct. L8 .... 67 A1
Knowsley Halewood Comm Comp Sch. L26 .... 82 E7
Knowsley Hey Sch. L36 .... 55 F2
Knowsley Higher Side Comp Sch. L35 .... 56 F3
Knowsley Hts. L36 .... 55 E5
Knowsley Ind Pk. L33 .... 30 C2
Knowsley La. Huyton-w-R L34 & L36 .... 55 D6
Knowsley La. Knowsley L34 .... 41 C4
Knowsley Park La. L34 .... 56 C7
Knowsley Prescot Sch. L34 .... 56 C7
Knowsley Rd. Birkenhead L42 .... 67 A1
Knowsley Rd. Bootle L20 .... 38 B5
Knowsley Rd. Liverpool L19 .... 81 A6
Knowsley Rd. Ormskirk L39 .... 13 F5
Knowsley Rd. Rainhill L35 .... 57 D2
Knowsley Rd. Southport PR8 & PR9 .... 1 C1
Knowsley Rd. St Helens WA10 .... 43 D3
Knowsley Rd. Wallasey L45 .... 51 A6
Knowsley Road Prim Sch. WA10 .... 43 E3
Knowsley Ruffwood Comp Sch. L33 .... 29 F3
Knowsley Saf Pk. L34 .... 42 C2
Knowsley Safari Pk. L34 .... 56 C8
Knowsley St. 1 L4 .... 38 F2
Knowsley St Edmund Arrowsmith Comp Sch. L35 .... 56 F5
Knowsley View. WA11 .... 31 E8
Knowsley Village Prim Sch. L34 .... 41 C3
Knox Cl. L62 .... 79 B6
Knox St. L41 .... 66 F6
Knutsford Gn. L46 .... 49 E1
Knutsford Rd. L46 .... 49 E1
Knutsford Wlk. L31 .... 20 D4
Kramar Wlk. 1 L33 .... 29 F2
Kremlin Dr. L13 .... 54 A5
Kylemore Ave. Liverpool L18 .... 69 A2
Kylemore Cl. L61 .... 76 E3
Kylemore Dr. L61 .... 76 F3
Kylemore Rd. L43 .... 66 A4
Kylemore Way. L61 .... 76 E3
Kylemore Way. Liverpool L26 .... 82 E7
Kynance Rd. L11 .... 40 D5

Laburnum Ave. Liverpool L36 .... 70 E8
Laburnum Ave. St Helens WA11 .... 44 D7
Laburnum Cres. L32 .... 29 D3
Laburnum Dr. WN8 .... 15 D1

110 Lab – Lin

Laburnum Gr. Irby L61 .... 76 D6
Laburnum Gr. Liverpool L15 .... 69 A8
Laburnum Gr. Maghull L31 .... 20 F1
Laburnum Gr.
Southport PR8 & PR9 .... 4 F7
Laburnum La. WA5 & WA8 .... 74 C5
Laburnum Pl. L20 .... 38 D3
Laburnum Rd. Birkenhead L43 .... 66 C4
Laburnum Rd. Golborne WA3 .... 47 F7
Laburnum Rd. Liverpool L7 .... 53 D3
Laburnum Rd. Wallasey L45 .... 51 B7
Laburnum St. WN4 .... 35 B2
Lace St. L3 .... 52 D2
Lacey Rd. L34 & L35 .... 56 E5
Lacey St. WA10 .... 57 D8
Lad La. L3 .... 52 B2
Lady Alice's Dr. L40 .... 14 E8
Lady Green Cl. L38 .... 18 E3
Lady Green La. L38 .... 18 D4
Lady Lever Art Gallery The.
L62 .... 79 B6
Lady's Wlk. L40 .... 14 C6
Ladybarn Ave. WA3 .... 46 F7
Ladybower Cl. L7 .... 68 B8
Ladyewood Rd. L44 .... 51 C3
Ladyfield. L43 .... 65 C7
Ladyfields. L12 .... 54 B5
Ladymount RC Prim Sch. L61 .. 76 F3
Ladypool. L24 .... 83 C2
Ladysmith Ave. WN4 .... 35 C3
Ladysmith Rd. L10 .... 39 F6
Ladywood Rd. WA5 .... 60 D1
Laffak Rd. WA11 .... 44 D7
Lafford La. WN8 .... 25 C8
Laggan St. L7 .... 53 B2
Lagrange Arc. 7 WA10 .... 44 A3
Laird Cl. L41 & L43 .... 65 F8
Laird St. L41 .... 66 A8
Lairds Pl. L3 .... 52 D4
Laithwaite Cl. WA9 .... 58 B3
Lake Pl. L47 .... 63 B7
Lake Rd. Hoylake L47 .... 63 B7
Lake Rd. Liverpool L15 .... 69 A7
Lake St. 5 L4 .... 53 A7
Lake View. L35 .... 71 E8
Lakeland Ave. WN4 .... 35 C4
Lakeland Cl. 7 L1 & L72 .... 67 D8
Lakemoor Cl. WA9 .... 58 D7
Lakenheath Rd. L26 .... 82 E6
Lakes Dr. WN5 .... 25 E6
Lakeside Ave. WN5 .... 25 E3
Lakeside Cl. WA8 .... 84 A8
Lakeside Ct. Rainford WA11 .... 32 A6
Lakeside Ct. Wallasey L45 .... 51 C8
Lakeside Gdns. WA11 .... 32 A6
Lakeside Lawn. L27 .... 71 A3
Laleston Cl. WA8 .... 84 E8
Lambert St. L3 .... 52 E2
Lambert Way. 3 L3 .... 52 E2
Lambeth Ct. L47 .... 63 A7
Lambeth Rd. L4 & L5 .... 52 D7
Lambeth Wlk. L4 .... 52 D7
Lambourn Ave. WA8 .... 72 C5
Lambourne. WN8 .... 16 B4
Lambourne Gr. WA9 .... 45 A4
Lambourne Rd. L4 .... 39 D1
Lambshear La. L31 .... 20 C4
Lambton Rd. L17 .... 68 B3
Lammermoor Rd. L18 .... 69 A2
Lampeter Cl. WA5 .... 60 E2
Lampeter Rd. L6 .... 53 C6
Lamport Cl. WA8 .... 73 E3
Lamport St. 2 L8 .... 67 E5
Lancaster Ave. Crosby L23 .... 26 D3
Lancaster Ave. Golborne WA3 .... 47 C8
Lancaster Ave.
Liverpool L17 & L8 .... 68 D6
Lancaster Ave. Prescot L35 .... 56 D3
Lancaster Ave. Wallasey L45 .... 51 C5
Lancaster Ave. Widnes WA8 .... 72 A2
Lancaster Cl. Bebington L62 .... 79 B6
Lancaster Cl. Liverpool L5 .... 52 D6
Lancaster Cl. Maghull L31 .... 20 F1
Lancaster Cl. Newton-le-W WA12 45 F4
Lancaster Cl. Southport PR8 .... 3 E4
Lancaster Cres. WN8 .... 15 E1
Lancaster Dr. PR9 .... 2 F5
Lancaster Gate. PR9 .... 2 F5
Lancaster Gdns. PR8 .... 3 E4
Lancaster Rd. Formby L37 .... 9 E1
Lancaster Rd. Huyton-w-R L36 .... 56 A4
Lancaster Rd. Southport PR8 .... 3 E4
Lancaster Rd. Widnes WA8 .... 73 B3
Lancaster St. L9 .... 38 F3
Lancaster St. Liverpool L5 .... 52 D6
Lancaster Wlk. Huyton-w-R L36 .. 56 A4
Lancaster Wlk. Liverpool L5 .... 52 D6
Lance Cl. L5 & L6 .... 52 F5
Lance Gr. L15 .... 69 A7
Lance La. L15 & L18 .... 69 A7
Lancelyn Ct. L63 .... 79 A3
Lancelyn Terr. L63 .... 78 F4
Lancing Ave. WA2 .... 61 A4
Lancing Cl. L25 .... 70 D1
Lancing Dr. L10 .... 28 D2
Lancing Rd. L25 .... 70 D1
Lancing Way. L25 .... 70 D1
Lancots La. WA9 .... 58 D8
Land End. L31 .... 21 C1
Land Gate La. WN4 .... 35 B8
Land La. PR9 .... 2 D4
Lander Rd. L21 .... 38 C6
Lander Road Prim Sch. L21 .... 38 C6
Landford Ave. L11 & L9 .... 39 E4
Landford Pl. L9 .... 39 E4
Landgate Ind Est. WN4 .... 34 F8
Landican La. L49 & L61 .... 77 E7
Landican Rd. L49 & L61 .... 77 B7
Landor Cl. WA3 .... 47 E8
Landseer Rd. L5 & L6 .... 52 F5
Lane Ends. WA8 .... 83 D5
Lane Head Ave. WA3 .... 47 F8
Lanfranc Cl. L16 .... 69 E8
Lanfranc Way. L16 .... 69 E8
Lang La. L48 .... 63 B3
Lang La S. L48 .... 63 C2
Langbar. L35 .... 56 E2
Langdale Ave. Formby L37 .... 9 D2
Langdale Ave. Golborne WA3 .... 36 C1
Langdale Ave. Heswall L61 .... 76 F4
Langdale Cl. Formby L37 .... 9 D2
Langdale Cl. L32 .... 29 F1
Langdale Cl. Warrington WA2 .... 61 E2
Langdale Cl. Widnes WA8 .... 84 C8
Langdale Cres. WN2 .... 36 B8
Langdale Dr. L31 .... 20 E2
Langdale Gdns. PR8 .... 3 F1
Langdale Gr. WA11 .... 44 B7
Langdale Rd. Bebington L63 .... 78 F4
Langdale Rd. Liverpool L15 .... 68 E6
Langdale Rd. Wallasey L45 .... 51 A7
Langdale St. L20 .... 38 D3
Langfield. WA3 .... 47 E7
Langfield Gr. L62 .... 88 D5
Langford. L24 .... 83 C2
Langford Rd. L19 .... 80 F8
Langham Ave. L17 .... 68 C3
Langham Ct. L4 .... 52 F8
Langham St. L4 .... 52 F8
Langholm Rd. WN4 .... 34 C4
Langholme Hts. L11 .... 39 F4
Langland Cl. Liverpool L4 .... 53 D8
Langland Cl. Warrington WA5 .... 60 E2
Langley Ave. WA12 .... 46 B1
Langley Cl. Bebington L63 .... 79 A2
Langley Cl. Golborne WA3 .... 36 C1
Langley Cl. Hightown L38 .... 17 F2
Langley Cl. Liverpool L12 .... 40 F3
Langley Rd. L63 .... 79 A2
Langley St. L8 .... 67 E6
Langrove St. L5 .... 52 E5
Langsdale St. Liverpool L3 .... 52 E3
Langsdale St. Liverpool L3 & L6 .. 52 F3
Langstone Ave. L49 .... 64 C3
Langton Cl. WA8 .... 72 B3
Langton Rd. L33 .... 29 F5
Langton Rd. Liverpool L15 .... 68 D7
Langtree. WN8 .... 16 B3
Langtree St. WA9 .... 44 C3
Langtry Cl. L4 .... 52 D8
Langtry Rd. L4 .... 52 D8
Lansbury Ave. WA9 .... 44 E3
Lansbury Rd. L36 .... 56 A2
Lansdown. L12 .... 54 A6
Lansdowne Cl. L41 .... 66 A8
Lansdowne Ct. 6 L41 .... 65 F8
Lansdowne Pl. 5
Birkenhead L43 .... 65 F8
Lansdowne Pl. Liverpool L5 .... 52 F6
Lansdowne Rd.
Birkenhead L41 & L43 .... 65 F8
Lansdowne Rd. Southport PR8 .... 4 E6
Lansdowne Rd. Wallasey L45 .... 50 F7
Lanville Rd. L19 .... 69 B1
Lanyork Rd. L3 .... 52 B3
Lapford Cres. L33 .... 30 A4
Lapford Wlk. L33 .... 30 A4
Lapwing Cl. L12 .... 40 F1
Lapwing Ct. L26 .... 70 E1
Lapworth St. L5 .... 52 D6
Larch Ave. Newton-le-W WA12 .... 46 C2
Larch Ave. Warrington WA5 .... 74 E5
Larch Ave. Widnes WA8 .... 73 B2
Larch Cl. Billinge WN5 .... 33 D5
Larch Cl. Golborne WA3 .... 47 F6
Larch Cl. Liverpool L19 .... 80 F7
Larch Cl. Skelmersdale WN8 .... 15 E1
Larch Gr. L15 .... 54 A1
Larch Lea. 1 L6 .... 53 B5
Larch Rd. Birkenhead L41 & L42 .. 66 D5
Larch Rd. Haydock WA11 .... 45 E7
Larch Rd. Huyton-w-R L36 .... 55 D2
Larch St. PR8 .... 4 E6
Larch Towers. L33 .... 29 F3
Larch Way. L37 .... 9 D4
Larchdale Gr. L9 .... 39 B4
Larchfield Rd. L23 .... 27 B5
Larchwood Ave. L31 .... 28 C7
Larchwood Cl. Heswall L61 .... 76 F3
Larchwood Cl. Liverpool L25 .... 70 B5
Larchwood Dr. L63 .... 78 F7
Larcombe Ave. L49 .... 64 F5
Lark La. L17 .... 68 C4
Lark Way. L17 .... 68 C3
Larkfield Cl. L17 .... 68 C2
Larkfield Ct. PR9 .... 2 A3
Larkfield Gr. L17 .... 68 C2
Larkfield La. PR9 .... 2 A3
Larkfield Prim Sch. PR9 .... 2 A3
Larkfield Rd. L17 .... 68 C2
Larkfield View. L15 .... 68 E8
Larkhill. WN8 .... 16 B4
Larkhill Ave. L49 .... 65 A7
Larkhill Cl. L13 .... 53 E7
Larkhill Gr. L38 .... 17 F3
Larkhill La. Formby L37 .... 9 C4
Larkhill La. Liverpool L13 .... 53 E7
Larkhill Pl. L13 .... 53 F7
Larkhill View. L13 .... 53 F7
Larkhill Way. L49 .... 65 A7
Larksway. L60 .... 86 B8
Larton Rd. L48 .... 63 E3
Lascelles Rd. L19 .... 81 D7
Lascelles St. WA9 .... 44 C3
Latchford Rd. L60 .... 86 B6
Late Moffatt Rd W. L9 .... 39 B7
Latham Ave. Newton-le-W WA12 46 C4
Latham Ave. Ormskirk L39 .... 14 A5
Latham St. L5 .... 52 D6
Latham Way. L63 .... 79 B2
Lathbury La. L17 .... 68 E5
Lathom Ave. 2 Seaforth L21 .... 37 F6
Lathom Ave. Wallasey L44 .... 51 B4
Lathom Cl. 1 L21 .... 37 F6
Lathom Dr. Maghull L31 .... 20 E3
Lathom Dr. Rainford WA11 .... 31 F7
Lathom High Sch. WN8 .... 15 F3
Lathom La. L40 .... 14 C7
Lathom Park CE Prim Sch. L40 15 A8
Lathom Rd. Bickerstaffe L39 .... 22 F8
Lathom Rd. L20 .... 38 C5
Lathom Rd. Huyton-w-R L36 .... 55 E2
Lathom Rd. Southport PR8 & PR9 .. 1 C1
Lathom St James CE Prim Sch.
L39 .... 14 E4
Lathum Cl. L35 .... 56 E5
Latimer Cl. WN5 .... 25 F7
Latimer St. L5 .... 52 D5
Latrigg Rd. L17 .... 68 E2
Lauder Cl. L33 .... 29 D6
Launceston Dr. WA5 .... 74 E3
Laund The. L45 .... 50 F5
Laurel Ave. Bebington L63 .... 78 E4
Laurel Ave. Heswall L60 .... 76 F1
Laurel Ave. Newton-le-W WA12 .. 46 D3
Laurel Bank. WA8 .... 73 A3
Laurel Ct. Liverpool L7 .... 53 D3
Laurel Ct. St Helens WA11 .... 44 B7
Laurel Dr. Bebington L64 .... 88 B1
Laurel Dr. Knowsley WA10 .... 42 F4
Laurel Dr. Skelmersdale WN8 .... 15 E2
Laurel Gr. Ashton-in-M WN4 .... 35 B4
Laurel Gr. Crosby L22 .... 26 D2
Laurel Gr. Golborne WA3 .... 47 D8
Laurel Gr. Liverpool L8 .... 68 C6
Laurel Gr. Liverpool L36 .... 70 E8
Laurel Gr. Southport PR8 & PR9 .... 4 E7
Laurel Rd. Birkenhead L42 .... 66 D4
Laurel Rd. Liverpool L7 .... 53 D2
Laurel Rd. Prescot L34 .... 56 E6
Laurel Rd. St Helens WA10 .... 43 D2
Laurel Rd. St Helens WA11 .... 44 F5
Laurelbanks. L60 .... 76 E1
Laurelhurst Ave. L61 .... 77 A4
Laurels The. L46 .... 49 E3
Laurence Deacon Ct. L41 .... 66 D7
Lauriston Rd. L4 .... 39 C1
Lavan Cl. L6 .... 53 A3
Lavan St. 3 L6 .... 53 A3
Lavender Cres. L34 .... 56 E6
Lavender Gdns. L23 .... 27 B5
Lavender Way. L9 .... 39 B4
Lavender Wlk. WN4 .... 34 D5
Lavrock Bank. L8 .... 67 E4
Lawford Dr. L60 .... 86 C8
Lawler St. L21 .... 38 B6
Lawns Ave. Bebington L63 .... 88 B6
Lawns Ave. Orrell WN5 & WN8 .... 25 C5
Lawns The. Birkenhead L43 .... 65 D7
Lawns The. Southport PR9 .... 1 F2
Lawrence Cl. L19 .... 81 A7
Lawrence Ct. WN2 .... 36 B8
Lawrence Cty Prim Inf Sch.
L15 .... 68 D7
Lawrence Gr. L15 .... 68 E7
Lawrence Jun Mix Sch. L15 .... 68 D7
Lawrence Rd. Liverpool L15 .... 68 E7
Lawrence Rd. St Helens WA10 .... 43 C6
Lawrence St. WA12 .... 46 A3
Lawrenson St. WA10 .... 43 E3
Lawson St. PR9 .... 5 A7
Lawson Wlk. L12 .... 40 D3
Lawton Ave. L20 .... 38 E5
Lawton Rd. Crosby L22 & L23 .... 26 D2
Lawton Rd. Huyton-w-R L36 .... 55 C1
Lawton Rd. Rainhill L35 .... 57 D2
Lawton St. 1 L1 .... 52 E1
Laxey St. L8 .... 67 E6
Laxton Rd. L25 .... 82 C7
Layford Cl. L36 .... 55 D6
Layford Rd. L36 .... 55 D5
Layton Ave. L43 .... 65 F1
Layton Cl. L25 .... 70 C2
Layton Rd. L25 .... 70 C2
Lazenby Cres. WN4 .... 34 F3
Lea Cl. L43 .... 65 E4
Lea Cres. L39 .... 13 F7
Lea Cross Gr. WA8 .... 72 C3
Lea Green Ind Est. WA9 .... 58 A3
Lea Green Rd. L35 & WA9 .... 58 A4
Lea Rd. L44 .... 51 D5
Leach Croft. L28 .... 55 A7
Leach La. WA9 .... 58 D5
Leach St. 4 WA10 .... 43 F4
Leach Way. L61 .... 76 C6
Leacroft. WN4 .... 34 F6
Leadenhall Cl. L5 .... 52 F6
Leafield Cl. L61 .... 76 F6
Leafield Rd. L24 & L25 .... 82 B6
Leamington Ave.
Newton-le-W WA12 .... 46 C1
Leamington Ave. Southport PR8 .. 7 D5
Leamington Jun & Inf Schs.
L11 .... 39 D2
Leamington Rd. Liverpool L11 .... 39 D2
Leamington Rd. Southport PR8 .... 7 D5
Leander Rd. L45 .... 51 A5
Leas The. Heswall L61 .... 77 B6
Leas The. Wallasey L45 .... 50 E7
Leasowe Ave. L45 .... 50 E6
Leasowe Gdns. L46 .... 49 E4
Leasowe Prim Lower Sch. L46 50 B4
Leasowe Prim Sch. L46 .... 50 B4
Leasowe Rd. Liverpool L9 .... 39 B7
Leasowe Rd. Wallasey L45 & L46 50 C5
Leasowe Sta. L46 .... 50 A2
Leasoweside. L46 .... 50 A4
Leather La. 7 L2 .... 52 C2
Leather's La. L26 .... 82 F7
Leatherbarrows La. L31 .... 29 A6
Leatherbarrows La. Maghull L31 28 F7
Leathwood. L31 .... 28 E8
Leaway. L49 .... 64 D4
Leawood Gr. L46 .... 64 F8
Leckwith Rd. L30 .... 28 B2
Leda Gr. L17 .... 68 C4
Ledburn. WN8 .... 16 B3
Ledbury Cl. Birkenhead L43 .... 65 E2
Ledbury Cl. Liverpool L12 .... 40 F4
Ledbury Cl. St Helens WA10 .... 43 B3
Ledger Rd. WA11 .... 45 A5
Ledmore Gr. WN4 .... 34 D3
Ledsham Cl. L43 .... 65 E4
Ledsham Rd. L32 .... 29 C2
Ledsham Wlk. L32 .... 29 C2
Ledson Gr. L39 .... 21 B7
Lee Cl. L35 .... 57 D1
Lee Hall Rd. L25 & L27 .... 70 C5
Lee La. WN2 .... 36 B8
Lee Manor High Sch. L27 .... 70 D5
Lee Park Ave. L25 .... 70 C5
Lee Park Golf Course. L27 .... 70 D4
Lee Rd. L47 .... 63 C7
Lee St. WA9 .... 58 E8
Lee Vale Rd. L25 & L27 .... 70 C4
Leece St. 4 L1 .... 67 E8
Leecourt Cl. L12 .... 54 D5
Leeds St. L3 .... 52 C3
Leeming Cl. L19 .... 81 C5
Lees Ave. L42 .... 66 F2
Lees La. Liverpool L12 .... 54 D7
Lees La. Skelmersdale WN8 .... 16 E7
Lees Moor Way. L7 .... 68 B8
Lees Rd. L33 & L32 .... 30 B2
Leeside Ave. L32 .... 29 F1
Leeside Cl. L32 .... 29 F1
Leeswood. Crosby L22 .... 26 E1
Leeswood. Skelmersdale WN8 .... 16 B3
Leeswood Rd. L49 .... 65 A4
Legh Rd. Bebington L62 .... 79 B7
Legh Rd. Haydock WA11 .... 45 B6
Legh St. Ashton-in-M WN4 .... 35 B2
Legh St. Golborne WA3 .... 47 A8
Legh St. Newton-le-W WA12 .... 46 A3
Legh Vale Prim Sch. WA11 .... 45 B6
Legion La. L62 .... 79 D1
Legion Rd. WA10 .... 57 D8
Leicester Ave. L22 .... 26 D2
Leicester Rd. L20 .... 38 D4
Leicester St. Southport PR8 & PR9 . 4 B8
Leicester St. St Helens WA9 .... 57 D8
Leigh Ave. WA8 .... 73 A1
Leigh Green Cl. 4 WA8 .... 84 C8
Leigh Pl. 9 L1 .... 52 D1
Leigh Rd. L48 .... 63 B3
Leigh St. 10 L1 .... 52 D1
Leighs Hey Cres. L32 .... 29 F2
Leighton Ave. Hoylake L47 .... 63 E8
Leighton Ave. Maghull L31 .... 20 D2
Leighton Chase. L64 .... 86 D1
Leighton Rd. Birkenhead L41 .... 66 E4
Leighton Rd. Neston L64 .... 86 D2
Leighton St. L4 .... 38 E1
Leinster Gdns. WA7 .... 84 F3
Leinster Rd. L13 .... 54 B3
Leinster St. WA7 .... 84 F3
Leison St. L5 .... 52 D7
Leiston Cl. L61 .... 76 E7
Lemon Cl. L7 .... 53 C1
Lemon Gr. L8 .... 68 C6
Lemon St. L5 .... 52 D6
Lemon Tree Wlk. WA10 .... 43 D1
Lendel Cl. L37 .... 9 E3
Lenfield Dr. WA11 .... 44 F6
Lenham Way. L24 .... 82 B4
Lennox Ave. L45 .... 51 B7
Lennox La. L43 .... 50 C1
Lenthall St. L4 .... 38 F2
Lenton Ave. L37 .... 9 D4
Lenton Rd. L25 .... 70 C5
Leominster Rd. L44 .... 51 B4
Leon Cl. WA5 .... 74 D7
Leonard Cheshire Dr. L30 .... 27 F3
Leonard St. WA9 .... 58 F7
Leonards Cl. L36 .... 55 D6
Leonora St. 7 L8 .... 68 A4
Leopold Gr. WA9 .... 58 C5
Leopold Rd. Crosby L22 .... 26 C2
Leopold Rd. Liverpool L7 .... 53 B2
Leopold St. L44 .... 51 E3
Lesley Rd. PR8 & PR9 .... 4 E7
Leslie Ave. L49 .... 64 D3
Leslie Rd. WA10 .... 57 C8
Lesseps Rd. L8 .... 68 C7
Lessingham Rd. WA8 .... 72 F3
Lester Cl. L4 .... 52 E7
Lester Dr. Irby L61 .... 76 C7
Lester Dr. St Helens WA10 .... 43 A5
Lestock St. L8 .... 67 E7
Leta St. Birkenhead L41 .... 66 E6
Leta St. L4 .... 38 F1
Leta St. Liverpool L4 .... 39 A1
Letchworth St. L6 .... 53 C5
Lethbridge Cl. L5 .... 52 D6
Lethbridge Rd. PR8 .... 4 D5
Letitia St. L8 .... 67 F5
Letterstone Cl. 3 L6 .... 52 F4
Letterstone Wlk. 2 L6 .... 52 F4
Leven St. L4 .... 52 E8
Levens Hey. L46 .... 64 D8
Levens Way. 1 WA8 .... 84 C8
Lever Ave. 11 L44 .... 51 E2
Lever Cswy. L63 .... 78 B7
Lever St. WA9 .... 58 D3
Lever Terr. L42 .... 66 E3
Leveret Rd. L24 .... 83 A3
Leveson Rd. L13 .... 54 B1
Lewis Ave. WA5 .... 60 F2
Lewis Gr. WA8 .... 72 D1
Lewis St. WA10 .... 43 E3
Lewisham Rd. Bebington L62 .... 79 C6
Lewisham Rd. Liverpool L11 .... 40 A1
Lexham Rd. L13 & L14 .... 54 C3
Lexton Dr. PR9 .... 2 B3
Ley Cl. WA9 .... 58 C4
Leybourne Ave. PR8 .... 7 F7
Leybourne Cl. L25 .... 70 A6
Leybourne Gn. L25 .... 70 A6
Leybourne Gr. L25 .... 70 A5
Leybourne Rd. L25 .... 70 A6
Leyburn Cl. L32 .... 40 E7
Leyburn Rd. L45 .... 50 F6
Leyfield Cl. L12 .... 54 D6
Leyfield Ct. L12 .... 54 D6
Leyfield Rd. L12 .... 54 D6
Leyfield Wlk. L12 .... 54 D6
Leyland Cl. PR9 .... 2 E5
Leyland Gr. WA11 .... 45 B6
Leyland Green Rd. WN4 .... 34 C5
Leyland Rd. Rainford WA11 .... 31 F6
Leyland Rd. Southport PR8 & PR9 .. 1 C1
Leyland St. 7 L34 .... 56 D6
Leyland Way. L39 .... 13 F5
Liberton Ct. L5 .... 52 F6
Liberty St. L15 .... 68 E7
Libra Cl. L14 .... 55 A5
Lichfield Ave. Crosby L22 .... 26 D3
Lichfield Ave. Golborne WA3 .... 47 D8
Lichfield Cl. L30 .... 28 A1
Lichfield Gr. WN4 .... 35 C2
Lichfield Rd. Liverpool L15 .... 69 A6
Lichfield Rd. Liverpool L26 .... 82 E6
Lichfield St. L45 .... 51 C7
Lickers La. L35 .... 56 E2
Liddell Ave. L31 .... 29 B4
Liddell Ct. L45 .... 50 D5
Liddell Rd. L12 & L13 .... 53 F7
Lidderdale Inf Sch. L15 .... 68 E6
Lidderdale Rd. L15 .... 68 E6
Lidgate Cl. L33 .... 29 F5
Lifeboat Rd. L37 .... 9 B1
Liffey St. L8 .... 68 B7
Lifton Rd. L33 .... 30 A2
Lightbody St. L5 .... 52 C5
Lightburn St. 4 WA7 .... 84 F1
Lightfoot Cl. L60 .... 86 B7
Lightfoot La. L60 .... 86 B7
Lighthorne Dr. PR8 .... 7 A4
Lighthouse Rd. L47 .... 63 B6
Lightshaw La. WA3 .... 36 B4
Lightwood Dr. 3 L7 .... 68 C8
Lightwood St. 5 L7 .... 68 C8
Lilac Ave. Garswood WN4 .... 34 D5
Lilac Ave. Southport PR8 .... 7 D2
Lilac Ave. Widnes WA8 .... 73 B2
Lilac Gr. Billinge WN5 .... 33 D4
Lilac Gr. Liverpool L36 .... 70 D8
Lilac Gr. Skelmersdale WN8 .... 15 E1
Lilac Gr. St Helens WA11 .... 44 F5
Lilac Rd. WA3 .... 36 A1
Lilford Ave. L9 .... 38 F6
Lilford Dr. WA5 .... 74 F6
Lilley Rd. L7 .... 53 D2
Lillian Rd. L4 .... 53 B6
Lillie Cl. L43 .... 65 C8
Lilly Gn. L4 .... 39 B1
Lilly Gr. L4 .... 39 B1
Lilly Vale. L7 .... 53 D3
Lillyfield. L60 .... 85 F6
Lily Ave. WA12 .... 46 D2
Lily La. WN2 .... 35 F7
Lily Pl. WN4 .... 35 C2
Lily Rd. L21 .... 38 B6
Lily St. WN4 .... 35 E5
Limbo La. L49 .... 76 D8
Lime Ave. Bebington L63 .... 78 D4
Lime Ave. Widnes WA8 .... 73 B2
Lime Cl. Abram WN2 .... 36 C7
Lime Cl. Liverpool L13 .... 54 A4
Lime Ct. WN8 .... 15 E1
Lime Gr. L21 .... 38 A6
Lime Gr. Golborne WA3 .... 47 E6
Lime Gr. Liverpool L8 .... 68 C6
Lime Gr. Rainford WA11 .... 31 F6
Lime Gr. Skelmersdale WN8 .... 15 E1
Lime St. Liverpool L1 .... 52 D2
Lime St. Southport PR8 .... 4 E6
Lime Street Sta. L3 & L1 .... 52 E2
Lime Tree Cl. L9 .... 39 B4
Lime Tree Gr. L60 .... 86 C8
Lime Tree Way. L37 .... 9 C2
Lime Vale Rd. WA11 & WN5 .... 33 C3
Limedale Rd. L18 .... 69 B5
Limefield Dr. WN8 .... 24 E7
Limehurst Gr. L62 .... 88 D6
Limekiln Ct. L5 .... 52 D4
Limekiln La. Burtonwood WA5 .... 59 E3
Limekiln La. 1 Liverpool L3 .... 52 D3
Limekiln La. Liverpool L3 & L5 .... 52 D4
Limekiln La. Wallasey L41 & L44 . 51 A2
Limes The. L49 .... 64 F5
Limont Rd. PR8 .... 7 D5
Linacre La. L20 & L70 .... 38 D5
Linacre La. Maghull L37 & L38 .... 19 B7
Linacre Prim Sch. L20 .... 38 C5
Linacre Rd. L20 & L21 .... 38 B6
Linaker Dr. L39 .... 12 B8

Lin – Lyn 111

Linaker Prim Sch. PR8 4 B5
Linaker St. PR8 4 B5
Linbeck Gr. WA3 36 E1
Linbridge Rd. L14 54 F6
Lincoln Ave. WA3 36 D1
Lincoln Cl. Huyton-w-R L36 56 B3
Lincoln Cl. Liverpool L6 53 B4
Lincoln Cres. WA11 44 B6
Lincoln Dr. Ashton-in-M WN4 35 D2
Lincoln Dr. Litherland L10 28 D3
Lincoln Dr. Wallasey L45 51 C6
Lincoln Gdns. L41 66 A8
Lincoln Gn. L31 28 B8
Lincoln House Mus. WA10 44 A4
Lincoln Rd. Southport PR8 4 A1
Lincoln Rd. St Helens WA10 43 D2
Lincoln Sq. WA8 73 B2
Lincoln St. Birkenhead L41 51 A1
Lincoln St. Liverpool L19 81 D4
Lincoln Way. Huyton-w-R L36 56 B3
Lincoln Way. Rainhill L35 57 D1
Lincombe Rd. L36 55 C4
Lind St. L4 38 F1
Lindale Dr. 11 WA9 58 C4
Lindale Rd. L7 53 E3
Lindale Rd N. L41 65 F7
Lindby Cl. L32 41 A8
Lindby Rd. L32 41 A8
Linden Ave. Ashton-in-M WN4 34 F5
Linden Ave. Crosby L23 26 C4
Linden Ave. Litherland L30 27 F2
Linden Ave. Orrell WN5 25 E6
Linden Ct. Orrell WN5 25 E6
Linden Ct. Widnes WA8 72 F4
Linden Dr. Birkenhead L43 65 E1
Linden Dr. Liverpool L36 70 E8
Linden Gr. Billinge WA11 & WN5 33 C3
Linden Gr. Orrell WN5 25 E6
Linden Gr. Wallasey L45 51 B7
Linden Rd. L27 70 E5
Linden Way. St Helens WA10 43 B4
Linden Way. Widnes WA8 72 F4
Linden Wlk. WN5 25 E6
Lindens. WN8 16 B4
Lindens The. L31 28 C7
Lindeth Ave. L44 51 B3
Lindholme. WN8 16 C3
Lindisfarne Dr. L12 41 A3
Lindley Ave. WN5 25 C5
Lindley Cl. 6 L7 68 C8
Lindley St. L7 68 C8
Lindrick Cl. L35 57 A4
Lindsay Rd. L4 53 D8
Lindsay St. WA9 58 E3
Lindwall Cl. L43 50 C1
Linear Pk. L46 49 C1
Linear View. WA12 46 C1
Lineside Cl. L25 70 B5
Linford Gr. WA11 44 C5
Ling St. L7 53 B2
Lingdale Ave. L43 65 F6
Lingdale Ct. L43 65 F7
Lingdale Rd.
Birkenhead L41 & L43 65 F7
Lingdale Rd. West Kirby L48 63 A3
Lingdales. L37 10 B5
Lingfield Cl. L36 55 D1
Lingfield Gr. L14 54 D2
Lingfield Rd. Liverpool L14 54 D2
Lingfield Rd. Runcorn WA7 84 E1
Lingham Cl. L46 49 D2
Lingham La. Wallasey L46 & L47 49 C3
Lingham La. Wallasey L46 49 D1
Lingham Prim Sch. L46 49 D1
Lingholme Rd. WA10 43 E4
Lingley Green Ave. WA5 74 D8
Lingley Rd. WA5 74 D6
Lingmell Ave. WA11 33 C1
Lingmell Rd. L11 & L12 54 B8
Lingtree Rd. L32 29 B3
Lingwell Ave. WA8 72 D2
Lingwood Rd. WA5 74 F6
Linhope Way. L17 68 C3
Link Ave. Crosby L23 27 A5
Link Ave. St Helens WA11 44 E5
Link Rd. L36 56 B1
Links Ave. PR9 1 F3
Links Cl. Bebington L63 88 B6
Links Cl. Wallasey L45 50 F7
Links Hey Rd. L48 75 E6
Links Rd. L32 30 A1
Links View. Birkenhead L43 65 E5
Links View. Wallasey L45 50 F8
Links View Cl. L25 69 F2
Linkside. L63 78 D7
Linkside Ave. WA2 61 B6
Linkside Ct. L23 26 A5
Linkside Rd. L25 70 C1
Linkstor Rd. L25 69 F3
Linksview Tower. L25 69 F2
Linksway. L45 50 F7
Linkway. WA10 43 B6
Linkway Ave. WN4 35 E5
Linkway E. WA9 44 B2
Linkway W. WA10 & WA9 44 A2
Linner Rd. L24 82 D3
Linnet Cl. Newton-le-W WA12 46 C3
Linnet Cl. Warrington WA2 61 D3
Linnet House. L17 68 B5
Linnet La. L17 68 C4
Linnet Way. L33 29 E7
Linnets Way. L60 85 E8
Linosa Cl. L6 53 C4
Linslade Cl. L33 29 F4
Linslade Cres. L33 29 F4
Linton Ave. WA3 35 F2
Linton St. 1 L4 38 F1
Linville Ave. L23 26 B4
Linwood Rd. L42 66 E3
Lionel St. WA9 58 F7
Lions Cl. 2 L43 65 F6
Lipton Cl. L20 38 C2
Lisburn La. L13 53 E7
Lisburn Rd. L17 68 E2
Liscard Cres. L44 & L45 51 B4
Liscard Gr. L44 & L45 51 A4
Liscard House. 9 L44 51 B4
Liscard Prim Sch. L44 & L45 51 C5
Liscard Rd. Liverpool L15 68 D7
Liscard Rd. Wallasey L44 51 C4
Liscard Village. L45 51 B5
Liscard Way. L44 51 B4
Lisieux RC Inf Sch. L11 39 F2
Lisleholme Cl. L12 54 C6
Lisleholme Cres. L12 54 C6
Lisleholme Rd. L12 54 C6
Lismore Ct. L23 26 C4
Lismore Rd. L18 69 A2
Lister Cres. L7 53 C2
Lister Dr. L13 & L6 53 E4
Lister Drive Cty Prim Sch. L13 53 E4
Lister Rd. L7 53 C2
Liston St. L4 38 F2
Litcham Cl. L49 65 A7
Litherland Ave. L46 49 D1
Litherland Cres. WA11 44 C7
Litherland High Sch. L21 27 D2
Litherland Moss Prim Sch. L21 27 D1
Litherland Pk. L21 38 B8
Litherland Rd. L20 38 C4
Litherland Rd. L20 38 C5
Little Acre. L31 28 E8
Little Barn Hey. L30 27 D5
Little Brewery La. L37 9 F6
Little Brook La. L32 40 D8
Little Canning St. 1 L8 67 F7
Little Catharine St. L8 67 F7
Little Croft. L35 56 D3
Little Crosby Rd. L23 26 E6
Little Ct. L3 52 C4
Little Delph. WA11 45 C7
Little Digmoor Cty Sch. WN8 24 B6
Little Hardman St. 7 L1 67 E8
Little Heath Rd. L24 82 E3
Little Hey La. L37 10 B4
Little Heyes St. L4 & L5 53 A6
Little Howard St. L3 52 B4
Little Huskisson St. L7 & L8 67 F7
Little La. Neston L64 86 C1
Little La. Southport PR9 2 B1
Little Moss Hey. L28 55 C7
Little Parkfield Rd. L17 68 B4
Little St. WA9 44 E1
Little St Bride St. 12 L7 & L8 67 F8
Little Storeton La. L63 78 A6
Littlecote Cl. 16 WA9 58 C4
Littledale Rd. Liverpool L14 54 D3
Littledale Rd. Wallasey L44 51 D3
Littledale Rd. Warrington WA5 74 F7
Littlemore Cl. L49 64 D5
Littler Rd. WA11 45 A5
Littlestone Cl. WA8 73 A4
Littleton Cl. L43 65 E4
Littondale Ave. L35 57 D2
Liver Ind Est. L9 39 C4
Liver St. L1 & L72 67 C8
Livermore Ct. L8 68 C6
Liverpool Airport. L24 82 C2
Liverpool Ave. PR8 7 D5
Liverpool Coll (Lower Sch).
L17 68 F4
Liverpool Coll of F Ed. L1 67 E7
Liverpool Coll (Upper Sch).
L18 68 F4
Liverpool Hope Univ Coll. L17 68 B2
Liverpool Hope Univ Coll. L16 69 D6
Liverpool Inst Blackburn House High Sch for Girls. L1 67 F8
Liverpool Inst for the Performing Arts. L1 67 E8
Liverpool Maternity Hospl. L7 67 F8
Liverpool Old Rd. PR8 7 C1
Liverpool Pl. WA8 72 C1
Liverpool Rd. Ashton-in-M WN4 35 A3
Liverpool Rd. Bickerstaffe L39 22 C5
Liverpool Rd. Crosby L22 & L23 26 E3
Liverpool Rd. Formby L37 10 A1
Liverpool Rd.
Garswood WA11 & WN4 34 D2
Liverpool Rd. Haydock WA11 45 B8
Liverpool Rd. Heswall L64 86 F3
Liverpool Rd. Hightown L37 18 A8
Liverpool Rd.
Huyton-w-R L14 & L36 & L34 55 D4
Liverpool Rd. Huyton-w-R L34 56 B6
Liverpool Rd. Maghull L31 20 D4
Liverpool Rd. Maghull L39 21 F4
Liverpool Rd. Neston L64 & L63 86 F1
Liverpool Rd. Ormskirk L39 13 B2
Liverpool Rd. Skelmersdale WN8 23 C8
Liverpool Rd. Southport PR8 4 A3
Liverpool Rd. Southport PR8 7 E6
Liverpool Rd. St Helens WA10 43 F3
Liverpool Rd.
Warrington WA5 & WA8 74 E6
Liverpool Rd N. L31 20 C2
Liverpool Rd S. Maghull L31 20 C1
Liverpool Rd S. Maghull L31 28 C7
Liverpool Row. WA12 60 D8
Liverpool St. WA10 43 F3
Liverpool Womens Hospl. L8 68 A8
Liversidge Rd. L42 66 D4
Livesley's La. Great Altcar L37 10 F2
Livesley's La. Haskayne L37 11 A2
Livingston Ave. L17 68 C4
Livingston Ct. L17 68 C3
Livingston Dr. L17 68 C3
Livingston Dr N. L17 68 C3
Livingston Dr S. L17 68 C3
Livingstone Gdns. L41 66 C7
Livingstone Rd. Birkenhead L42 66 F3
Livingstone Rd. Wallasey L46 50 B4
Livingstone St. 2
Ashton-in-M WN4 35 A5
Livingstone St. Birkenhead L41 66 C7
Llanrwst Cl. L8 67 E5
Lloyd Ave. L41 66 B7
Lloyd Cl. L6 52 F4
Lloyd Cres. WA12 45 F3
Lloyd Dr. L49 64 D3
Lloyd Rd. L34 56 E7
Lloyd St. WA11 44 F6
Lobelia Ave. L9 39 B4
Lochinvar St. L4 & L9 38 F3
Lochmore Rd. L18 69 B1
Lochryan Rd. L19 81 B8
Lock Rd. L62 89 A8
Lock St. WA9 44 C5
Locke St. L19 81 C4
Locker Ave. WA2 61 B2
Locker La. WN4 35 F4
Locker Pk. L49 64 C4
Lockerbie Cl. WA2 61 E4
Lockerby Rd. L7 53 D2
Lockett Rd. Ashton-in-M WN4 35 C6
Lockett Rd. Widnes WA8 73 B3
Lockton Rd. L34 41 B5
Loddon Cl. L49 65 B7
Lodge La. Bebington L62 79 B6
Lodge La. Bickerstaffe WA11 23 D1
Lodge La. Liverpool L8 68 B7
Lodge La.
Newton-le-W WA11 WA12 & WN4 46 B8
Lodge La. Widnes WA8 72 B4
Lodge Rd. Orrell WN5 25 E4
Lodge Rd. Widnes WA8 84 B8
Lodwick St. L20 38 B1
Lofthouse Gate. WA8 72 F4
Logan Rd. L41 51 B1
Lognor Rd. L32 29 C2
Lognor Wlk. L32 29 C2
Logwood Rd. L36 71 A8
Lombard Rd. L46 49 F2
Lombardy Ave. L49 64 B2
Lomond Gr. L46 64 F8
Lomond Rd. L7 53 E2
London Fields. WN5 33 E5
London La. PR8 8 D8
London Rd. Liverpool L3 52 E2
London Rd. Liverpool L3 52 F2
London Row. WA12 60 D8
London Sq. PR8 4 B7
London St. PR8 & PR9 4 B7
Londonderry Rd. L13 53 E7
Long Acres Rd. L64 86 E2
Long Ave. L9 39 B6
Long Hey. L35 56 D2
Long Hey Rd. L48 75 E7
Long Heys or Back La. WN8 16 F5
Long La. Bickerstaffe L39 22 B7
Long La. Crosby L23 & L29 27 A8
Long La. Formby L37 9 E4
Long La. Liverpool L9 39 C5
Long La. Liverpool L10 & L9 39 E4
Long La. Liverpool L15 68 F8
Long La. Liverpool L19 81 C7
Long La. Maghull L39 19 B1
Long La. Maghull L39 21 F8
Long La. Skelmersdale WN8 24 E3
Long La. Warrington WA2 61 B1
Long Lane Cty Prim Sch. WA2 61 B2
Long Meadow. Heswall L60 85 F6
Long Meadow. St Helens WA10 43 B4
Long Meanygate. PR9 5 F8
Long View Prim Sch. L36 55 E6
Longacre. PR9 1 F3
Longacre Cl. L45 50 D5
Longborough Rd. L34 41 C2
Longcliffe Dr. PR8 7 C4
Longcroft Ave. L19 81 E7
Longcroft Sq. L19 81 E7
Longdale La. L29 27 D8
Longden Rd. WN4 35 A3
Longdown Rd. L10 40 B6
Longfellow St. L20 38 A5
Longfellow St. Liverpool L8 68 C7
Longfield. L37 10 B5
Longfield Ave. L23 26 E6
Longfield Cl. L49 64 D4
Longfield Rd. L21 38 B6
Longfield Rd. Warrington WA2 61 C1
Longfield Wlk. L23 26 E6
Longfold. L31 20 E1
Longford Rd. PR8 4 A2
Longford St. L8 68 A3
Longhey. WN8 16 C4
Longland Rd. L45 51 B6
Longmead Ave. WN4 35 C4
Longmeadow Rd. L34 41 D4
Longmoor Cl. L10 39 E7
Longmoor Gr. L9 39 B6
Longmoor Inf Sch. L9 39 B6
Longmoor La. L10 & L9 39 D7
Longmoor Lane Jun Sch. L9 39 B6
Longmoor Sch. L10 39 F8
Longreach Rd. L14 54 F3
Longridge Ave. Birkenhead L49 64 E6
Longridge Ave. St Helens WA11 44 D5
Longridge Wlk. 10 L4 52 E8
Longshaw Ave. WN5 25 E1
Longshaw Cl. WN5 25 E1
Longshaw Comm. WN5 33 E8
Longshaw Lea. L27 70 F4
Longshaw Old Rd. WN5 25 E1
Longshaw St. WA5 60 F1
Longstone Wlk. L7 68 B8
Longton Ave. WA3 47 C7
Longton Dr. L37 10 A6
Longton La. L35 57 B4
Longton Lane Comm Prim Sch.
L35 57 B5
Longview Ave. Rainhill L35 57 A4
Longview Ave. Wallasey L45 51 B5
Longview Cres. L36 55 F3
Longview Dr. L36 56 A3
Longview La. L36 55 F4
Longview Rd. Huyton-w-R L36 55 F3
Longview Rd. Rainhill L35 57 A4
Longville St. L8 67 E5
Longwood Cl. WA11 32 C1
Longworth Way. L25 70 A3
Lonie Gr. WA10 57 C8
Lonsboro Rd. L44 51 C3
Lonsdale Ave. Ormskirk L39 13 F7
Lonsdale Ave. St Helens WA10 57 B7
Lonsdale Ave. Wallasey L45 51 A6
Lonsdale Cl. Litherland L21 27 B2
Lonsdale Cl. 3 Widnes WA8 84 C8
Lonsdale Mews. L21 27 B2
Lonsdale Rd. Formby L37 9 F3
Lonsdale Rd. Litherland L21 27 B2
Lonsdale Rd. Liverpool L26 82 E6
Lonsdale Rd. Southport PR8 4 D4
Lonsdale Villas. L45 51 A6
Looe Cl. WA8 72 E2
Looe Rd. L11 40 D5
Looms The. L64 86 B2
Loomsway. L61 76 D6
Loraine St. L5 52 F5
Lord Nelson St. L1 & L3 52 E2
Lord Sefton Way. L37 10 E2
Lord St. Ashton-in-M WN4 35 D4
Lord St. Birkenhead L41 & L72 66 E7
Lord St. Liverpool L1 52 C1
Lord St. Liverpool L19 81 D4
Lord St. Newton-le-W WA12 46 A3
Lord St. Runcorn WA7 84 F3
Lord St. Southport PR8 & PR9 4 B7
Lord St. St Helens WA10 44 A5
Lord St W. PR8 4 A6
Lordens Cl. L14 55 A5
Lordens Rd. L14 55 A5
Lords Ave. L43 65 C8
Loreburn Rd. L15 69 B6
Lorenzo Dr. Liverpool L11 53 F8
Loretto Dr. L49 65 A6
Loretto Rd. L44 50 F4
Lorn St. L41 66 E6
Lorne Ct. L43 66 B4
Lorne Rd. Birkenhead L43 66 A5
Lorne Rd. Crosby L22 26 D1
Lorne St. L7 53 E3
Lorton Ave. WA11 44 A8
Lorton St. L8 68 B7
Lostock Cl. WN5 33 E5
Lothair Rd. L4 53 A7
Lothian St. L8 68 A5
Loudon Gr. L8 68 A6
Lough Gn. L63 79 A2
Loughrigg Ave. WA11 33 B1
Louis Braille Cl. L30 27 F4
Louis Pasteur Ave. L30 27 F4
Lourdes Hospl. L18 68 F5
Love La. Liverpool L3 52 B4
Love La. Wallasey L44 51 B3
Lovel Rd. L24 82 D3
Lovel Terr. WA8 84 B5
Lovel Way. L24 82 D3
Lovelace Rd. L19 81 B7
Lovett Dr. L35 56 E5
Low Bank Rd. WN4 34 F4
Low Hill. L6 & L7 53 A3
Low Wood Gr. L61 77 C4
Low Wood St. L6 53 A2
Lowcroft. WN8 16 C3
Lowden Ave. L21 27 B1
Lowe House RC Prim Sch.
WA10 43 F4
Lowe St. Golborne WA3 47 A8
Lowe St. St Helens WA10 43 F4
Lowe St S. WA10 43 F3
Lowe's La. WN8 15 F8
Lowell St. L4 38 F1
Lower Alt Rd. L38 17 F4
Lower Appleton Rd. WA8 73 B1
Lower Bank View. L20 38 B1
Lower Breck Rd. L6 53 C5
Lower Carr La. L38 19 B7
Lower Castle St. L2 52 C1
Lower Cl. L26 83 A8
Lower Farm Rd. L25 70 A7
Lower Flaybrick Rd. L43 65 E8
Lower Gn. L49 65 A3
Lower Hey. L23 27 B5
Lower House La. Liverpool L11 40 A3
Lower House La. Widnes WA8 84 F8
Lower La. L10 & L11 & L9 39 F6
Lower Lee Sch. L25 69 E4
Lower Mersey View. L20 38 B1
Lower Milk St. 17 L3 52 C2
Lower Prom. Southport PR8 4 A7
Lower Prom. Southport PR8 4 B8
Lower Rd. Bebington L62 79 B6
Lower Rd. Liverpool L26 & WA8 83 C7
Lower Thingwall La. L61 77 C5
Lowerson Cres. L11 53 E8
Lowerson Rd. L11 & L13 53 E8
Lowes Gn. L37 10 B3
Loweswater Cl. WA2 61 B3
Loweswater Cres. WA11 45 A6
Loweswater Way. L33 29 D4
Lowfield Ind Est. WA9 57 F5
Lowfield La. WA9 57 F5
Lowfield Rd. L14 54 C3
Lowfields Ave. L62 88 E3
Lowfields Cl. L62 88 E3
Lowlands Rd. WA7 84 F2
Lowndes Rd. L6 53 D6
Lowry Bank. L44 51 E3
Lowswood. L37 9 E5
Lowther Ave. Litherland L10 28 D2
Lowther Ave. Maghull L31 20 F2
Lowther Cres. WA10 57 B8
Lowther Dr. L35 57 C3
Lowther St. L7 & L8 68 A7
Lowton Gdns. WA3 47 B5
Lowton Rd. WA3 36 C1
Lowton West Cty Prim Sch.
WA3 47 D8
Lowwood Gr. L41 66 D5
Lowwood Rd. L41 66 D5
Loxley Rd. PR8 4 D4
Loyola Hey. L35 72 E8
Lucan Rd. L17 68 E2
Lucania St. L19 81 C4
Lucerne Rd. L44 51 D2
Lucerne St. L17 68 C3
Lucius Cl. L9 38 F7
Lucknow St. L17 68 C4
Ludlow. WN8 16 C4
Ludlow Ct. L48 63 C1
Ludlow Dr. Ormskirk L39 13 D7
Ludlow Dr. West Kirby L48 63 B1
Ludlow Gr. L62 79 D1
Ludlow St. L4 38 F1
Ludwig Rd. 1 L4 53 B6
Lugard Rd. L17 68 E2
Lugsmore La. WA10 43 D1
Luke St. Ashton-in-M WN4 35 D5
Luke St. Liverpool L8 67 F6
Luke St. Wallasey L44 51 E2
Lulworth. WN8 16 C4
Lulworth Ave. L22 26 C1
Lulworth Rd. Liverpool L25 70 C5
Lulworth Rd. Southport PR8 3 F5
Lumber La. WA5 59 F8
Lumby Ave. L36 55 E3
Lumley Rd. L44 51 D3
Lumley St. L19 81 B7
Lumley Wlk. L24 83 E1
Lunar Dr. L30 27 F4
Lunar Rd. L9 39 B6
Lune Ave. L31 20 E2
Lune St. L23 26 E4
Lune Way. WA8 72 C1
Lunehurst. WA3 47 E8
Lunesdale Ave. L9 39 B7
Lunsford Rd. L14 54 F4
Lunt Ave. Litherland L30 28 A2
Lunt Ave. Prescot L35 56 E3
Lunt La. L29 27 D8
Lunt Rd. L20 38 C5
Lunt Rd. Litherland L29 27 D8
Lunt Rd. Maghull L29 19 C1
Lunt's Heath Rd. WA8 73 B5
Lunts Heath Cty Prim Sch.
WA8 73 B5
Lupin Dr. WA11 45 F6
Lupton Dr. L23 27 A4
Luscombe Cl. L26 83 A8
Lusitania Rd. L4 39 B2
Luther Gr. WA9 45 B2
Luton Gr. L4 52 F8
Luton St. L5 52 C6
Lutyens Cl. 2 L4 52 F7
Luxmore Rd. L4 39 A1
Lycett Rd. Liverpool L4 53 C7
Lycett Rd. Wallasey L45 50 E5
Lyceum Pl. 5 L1 52 D1
Lydbrook Cl. L42 66 F3
Lydbury Cl. WA5 60 D2
Lydbury Cres. L32 40 F8
Lydd Cl. L24 82 B4
Lydford Rd. L12 54 B8
Lydia Ann St. L1 & L72 67 D8
Lydia Wlk. L10 40 B7
Lydiate Cty Prim Sch. L31 20 C4
Lydiate La.
Crosby L23 & L29 & L30 27 C6
Lydiate La. Liverpool L25 & L26 70 D2
Lydiate La. Raby L64 87 E1
Lydiate Pk. L23 27 B6
Lydiate Rd. L20 38 C5
Lydiate Station Rd. L31 19 E5
Lydiate The. L60 85 F7
Lydieth Lea. L27 70 E6
Lydney Rd. L36 55 B4
Lydstep Ct. WA5 60 E2
Lyelake Cl. L32 29 F1
Lyelake La. L40 & L39 14 F2
Lyelake Rd. L32 29 F1
Lyle St. L5 52 D5
Lyme Cl. L36 56 A6
Lyme Comm Inf Sch. WA12 45 F4
Lyme Cross Rd. L36 55 F6
Lyme Gr. L36 55 F5
Lyme St. Haydock WA11 45 E6
Lyme St. Newton-le-W WA12 45 F4
Lymecroft. L25 69 F2
Lymington Rd. L44 50 F4
Lymm Rd. L43 65 C7
Lynas Gdns. L19 81 B8
Lynas St. L41 66 D8
Lyncot Rd. L9 39 B8
Lyncroft Rd. L44 51 C2
Lyndale. WN8 16 B4
Lyndale Ave. Bebington L62 88 E4

112 Lyn – Mat

Lyndale Ave. Warrington WA2 .... 61 F2
Lyndene Rd. L25 .... 70 A7
Lyndhurst. Maghull L31 .... 20 D1
Lyndhurst. Skelmersdale WN8 .... 16 B4
Lyndhurst Ave. Heswall L61 .... 77 A3
Lyndhurst Ave. Liverpool L18 .... 69 A3
Lyndhurst Cl. L61 .... 77 A5
Lyndhurst Rd. Crosby L23 .... 27 A4
Lyndhurst Rd. Hoylake L47 .... 48 E1
Lyndhurst Rd. Irby L61 .... 76 C6
Lyndhurst Rd. Liverpool L18 .... 68 F3
Lyndhurst Rd. Southport PR8 .... 4 B2
Lyndhurst Rd. Wallasey L45 .... 50 F6
Lyndhurst Way. L36 .... 55 E2
Lyndon Dr. L18 .... 69 B4
Lyndor Cl. L25 .... 70 B1
Lyndor Rd. L25 .... 70 B1
Lyneham. L35 .... 56 F2
Lynholme Rd. L4 & L6 .... 53 B7
Lynmouth Rd. L17 .... 80 E8
Lynn Cl. WA10 .... 43 C4
Lynnbank. L43 .... 66 B4
Lynnbank Rd. L18 .... 69 D5
Lynscott Pl. L16 .... 69 D8
Lynsted Rd. L14 .... 54 F3
Lynton Cl. Heswall L60 .... 86 B6
Lynton Cl. Liverpool L19 .... 81 B8
Lynton Cl. Warrington WA5 .... 74 E4
Lynton Cres. WA8 .... 72 E2
Lynton Ct. Crosby L23 .... 26 B4
Lynton Ct. Hoylake L47 .... 63 A6
Lynton Dr. Bebington L63 .... 79 A3
Lynton Dr. Southport PR8 .... 3 E1
Lynton Gn. L25 .... 69 F4
Lynton Gr. WA9 .... 58 C5
Lynton Rd. Huyton-w-R L36 .... 56 B3
Lynton Rd. Southport PR8 .... 3 E1
Lynton Rd. Wallasey L45 .... 50 E6
Lynton Way. WA10 .... 43 B6
Lynwood Ave. Golborne WA3 .... 47 E6
Lynwood Ave. Ormskirk L39 .... 13 C3
Lynwood Ave. Wallasey L44 .... 51 A3
Lynwood Cl. WN8 .... 24 D7
Lynwood Dr. L61 .... 76 E6
Lynwood End. L39 .... 13 C3
Lynwood Gdns. L9 .... 38 F5
Lynwood Rd. L9 .... 39 A5
Lynxway The. L12 .... 54 D4
Lyon Cl. WA10 .... 43 F3
Lyon Rd. L4 .... 53 B6
Lyon St. Ashton-in-M WN4 .... 34 F7
Lyon St. Liverpool L19 .... 81 D4
Lyon St. St Helens WA10 .... 43 F3
Lyons Cl. L46 .... 49 E1
Lyons Rd. Southport PR8 .... 4 A5
Lyons Rd. Wallasey L46 .... 49 E1
Lyons Rd. Warrington WA5 .... 74 F4
Lyra Rd. L22 .... 26 D1
Lyster Rd. L20 .... 38 A3
Lytham Cl. L10 .... 28 F1
Lytham Ct. L32 .... 29 C3
Lytham Rd. Ashton-in-M WN4 .... 34 F5
Lytham Rd. Southport PR9 .... 2 A4
Lytham Rd. Widnes WA8 .... 73 C2
Lytham Way. L14 .... 54 E6
Lytles Cl. L37 .... 10 A2
Lyttelton Rd. L17 .... 68 E2
Lytton Ave. L42 .... 66 F1
Lytton Gr. L21 .... 38 A6
Lytton St. L6 .... 52 F3

Mab La. L12 & L14 .... 54 F7
Mab Lane Jun & Inf Sch. L12 .... 54 E7
Mabel Fletcher Centre Comm Coll. L15 .... 53 F1
Macalpine Cl. L49 .... 65 A6
Macbeth St. L20 .... 38 C1
Macdermott Rd. WA8 .... 84 F5
Macdona Dr. L48 .... 75 B8
Macdonald Ave. WA11 .... 44 E5
Macdonald Dr. L49 .... 64 D3
Macdonald Rd. L46 .... 64 C8
Macdonald St. L15 .... 68 E8
Mace Rd. L11 .... 40 C3
MacFarren St. 2 L13 .... 54 A3
Mack Gr. L30 .... 27 D2
Mackenzie Cl. 7 L6 .... 53 A4
Mackenzie Rd. L46 .... 50 B3
Mackenzie St. L6 .... 53 A5
Mackenzie Wlk. 6 L6 .... 53 A4
Macket's La. Liverpool L25 .... 82 C7
Mackets Cl. L25 .... 70 C1
MacQueen St. L13 .... 54 A2
Maddock Rd. L44 .... 51 D5
Maddock St. L41 .... 66 C8
Maddocks St. L13 .... 54 A2
Maddrell St. L3 .... 52 B4
Madelaine St. L8 .... 68 A6
Madeley Cl. L48 .... 63 B1
Madeley Dr. L48 .... 63 B1
Madeley St. L6 .... 53 C3
Madeline McKenna Ct. WA8 .... 72 C3
Madryn Ave. L33 .... 30 A2
Madryn St. L8 .... 68 A5
Maelor Cl. L63 .... 88 C6
Mafeking Cl. 1 L15 .... 68 F8
Mafeking Pl. WN4 .... 35 C3
Magazine Ave. L45 .... 51 B7
Magazine Brow. L45 .... 51 C7
Magazine La. Bebington L63 & L62 .... 79 E4
Magazine La. Wallasey L45 .... 51 C7
Magazine Rd. L62 .... 79 D3
Magazines Prom. L45 .... 51 C7
Magdala St. L7 & L8 .... 68 C7
Magdalen Dr. WN4 .... 34 F4
Magdalene Sq. L30 .... 27 F4
Maggots Nook Rd. WA11 .... 24 A1
Maghull High Sch. L31 .... 28 C8
Maghull La. L31 .... 21 B1
Maghull Smallholdings Est. L31 .... 20 F3
Maghull St. L1 & L72 .... 67 C8
Maghull Sta. L31 .... 28 E7
Magnolia Cl. Liverpool L26 .... 70 D2
Magnolia Cl. St Helens WA11 .... 44 F5
Magnolia Wlk. L49 .... 64 C2
Magnum St. L5 .... 52 F5
Maguire Ave. L20 .... 38 E4
Mahan Ct. 7 L8 .... 67 F7
Maharishi School of the Age of Enlightenment. L40 .... 16 A5
Mahon Ave. L20 .... 38 D6
Maiden La. L13 .... 53 D7
Maidford Jun Mix & Inf Sch. L14 .... 54 F5
Maidford Rd. L14 .... 54 F4
Main Ave. L35 & WA10 .... 57 C7
Main Cl. WA11 .... 45 A6
Main Dr. L35 .... 56 E1
Main La. WA3 .... 47 F3
Main Rd. L62 .... 79 B4
Main St. WN5 .... 33 E5
Mains Ave. WN2 .... 35 F7
Mainside Rd. L32 .... 29 F1
Maintree Cres. L24 .... 83 A4
Mainwaring Rd. Bebington L62 .... 88 D8
Mainwaring Rd. Wallasey L44 .... 51 D3
Mairscough La. L39 .... 12 B1
Maitland Cl. L8 .... 68 B7
Maitland Rd. L45 .... 51 C8
Maitland St. 4 L8 .... 68 B7
Major Lester Jun Mix Inf Sch. L5 .... 52 F7
Major St. L5 .... 52 D6
Makepeace Wlk. 3 L8 .... 67 F6
Makin St. L4 .... 38 F2
Malcolm Ave. WA2 .... 61 D1
Malcolm Cres. L63 .... 88 C6
Malcolm Gr. L20 .... 38 D1
Malcolm Pl. L15 .... 53 F1
Malden Rd. L6 .... 53 C3
Maldon Cl. L26 .... 82 F6
Maldwyn Rd. L44 .... 51 B5
Maley Cl. L8 .... 68 A4
Malham Cl. PR8 .... 4 E3
Malhamdale Ave. L35 .... 57 D2
Malin Cl. L24 .... 83 D2
Mall The. L6 .... 53 A5
Mallaby St. L41 .... 66 A8
Mallard Cl. Liverpool L12 .... 40 F3
Mallard Cl. Liverpool L26 .... 70 E1
Mallard Cl. Ormskirk L39 .... 13 C2
Mallard Cl. Warrington WA2 .... 61 D3
Mallard House. L31 .... 20 B4
Mallard Way. St Helens WA11 .... 44 B6
Mallard Way. Wallasey L46 .... 49 C1
Mallee Ave. PR9 .... 2 A3
Mallee Cres. PR9 .... 2 A3
Malleson Rd. L13 .... 53 E7
Mallins Cl. L8 .... 68 A4
Mallory Ave. L31 .... 20 B4
Mallory Gr. WA11 .... 44 D6
Mallory Rd. L42 .... 66 D2
Mallow Rd. L6 .... 53 C3
Mallow Way. L36 .... 70 F8
Mallowdale Cl. L62 .... 88 F5
Malmesbury Cl. 2 L49 .... 64 C4
Malmesbury Rd. L11 .... 39 E2
Malpas Ave. L43 .... 66 A2
Malpas Dr. L63 .... 78 E7
Malpas Gr. L45 .... 51 A6
Malpas Rd. Liverpool L11 .... 40 D5
Malpas Rd. Wallasey L45 .... 51 A6
Malt St. L7 .... 68 B8
Malta St. L8 .... 67 F5
Malta Wlk. 5 L8 .... 67 F5
Maltkiln La. L39 .... 21 E8
Malton Ave. WA3 .... 47 E7
Malton Cl. WA8 .... 72 C5
Malton Rd. L25 .... 70 C2
Malvern Ave. L14 .... 54 F2
Malvern Cl. Ashton-in-M WN4 .... 35 B4
Malvern Cl. L32 .... 29 C4
Malvern Cl. Warrington WA5 .... 74 F8
Malvern Cres. L14 .... 54 F2
Malvern Cty Prim Sch. L14 .... 54 F2
Malvern Gr. Birkenhead L42 .... 66 D2
Malvern Gr. Litherland L10 .... 28 C2
Malvern Rd. L20 .... 38 C5
Malvern Rd. Haydock WA9 .... 45 A4
Malvern Rd. Liverpool L6 .... 53 C3
Malvern Rd. Wallasey L45 .... 50 D5
Malwood St. L8 .... 67 F4
Manchester Rd. Prescot L34 .... 56 C5
Manchester Rd. Southport PR9 .... 4 C7
Manchester Row. WA12 .... 60 D8
Manchester St (Kingsway). L1 .... 52 D2
Mandela Ct. L8 .... 68 B5
Mandeville Rd. PR8 .... 7 B5
Mandeville St. L4 .... 38 F2
Manesty's La. L1 .... 52 D1
Manfield. WN8 .... 16 A3
Manfred St. 1 L6 & L7 .... 53 A2
Manica Cres. L10 .... 39 F6
Manion Ave. L31 .... 20 B5
Manion Cl. L31 .... 20 B5
Manley Ave. WA3 .... 35 F2
Manley Cl. L43 .... 65 F3
Manley Rd. Crosby L22 .... 26 D2
Manley Rd. Huyton-w-R L36 .... 71 A8
Mann Island. L3 & L69 .... 52 B1
Mann St. L8 .... 67 E6
Mannering Rd. L17 .... 68 C4
Manners La. L60 .... 85 E6
Manning Rd. PR8 .... 4 E6
Manning St. WA10 .... 43 F3
Manningham Rd. L4 & L6 .... 53 C6
Manor Ave. Crosby L23 .... 26 D5
Manor Ave. Golborne WA3 .... 47 C8
Manor Ave. Newton-le-W WA12 .... 45 F4
Manor Ave. Rainhill L35 .... 57 C2
Manor CE Jun Sch The. WA12 .... 45 F4
Manor Cl. L20 .... 38 E2
Manor Cl. Garswood WN4 .... 34 C3
Manor Cl. Liverpool L11 .... 40 D3
Manor Cres. L25 .... 70 B1
Manor Ct. WA3 .... 47 C8
Manor Dr. Birkenhead L49 .... 65 A6
Manor Dr. Crosby L23 .... 26 D5
Manor Dr. Litherland L30 .... 28 B3
Manor Farm Rd. L36 .... 55 F1
Manor Gr. L32 .... 29 B2
Manor Gr. Skelmersdale WN8 .... 15 F1
Manor High Sch. L23 .... 26 C6
Manor Hill. L43 .... 66 A6
Manor House. Bebington L62 .... 88 D8
Manor House Cl. Maghull L31 .... 20 C1
Manor House Cl. St Helens WA11 .... 33 B1
Manor House Dr. WN8 .... 24 E3
Manor La. Birkenhead L42 .... 67 A2
Manor La. Wallasey L44 & L45 .... 51 C5
Manor Lodge. L37 .... 9 E4
Manor Pl. Bebington L62 .... 79 D5
Manor Pl. Widnes WA8 .... 72 B1
Manor Prim Comm Sch. L43 .... 65 C7
Manor Rd. Bebington L62 .... 88 E6
Manor Rd. Crosby L23 .... 26 C5
Manor Rd. Haydock WA11 .... 45 F7
Manor Rd. Hoylake L47 .... 63 C7
Manor Rd. Irby L61 .... 76 D6
Manor Rd. Liverpool L25 .... 70 B1
Manor Rd. Raby L63 .... 87 A7
Manor Rd. Southport PR9 .... 2 A2
Manor Rd. Wallasey L44 & L45 .... 51 C5
Manor Rd. Widnes WA8 .... 72 B1
Manor Rd Sta. L47 .... 63 C7
Manor St. Golborne WA3 .... 36 B1
Manor St. St Helens WA9 .... 44 C2
Manor View. L12 .... 40 F1
Manor Way. L25 .... 70 B1
Manorbier Cres. L9 .... 39 A3
Manorside Cl. L49 .... 64 F6
Manorwood Dr. L35 .... 56 F2
Mans Sq. 5 L20 .... 38 C3
Manse Gdns. WA12 .... 46 D4
Mansell Cl. WA8 .... 73 C5
Mansell Dr. L26 .... 82 E6
Mansell Rd. L6 .... 53 B3
Mansfield St. Golborne WA3 .... 35 F1
Mansfield St. Liverpool L3 .... 52 E3
Manston Rd. WA5 .... 74 F3
Manton Rd. L6 .... 53 C3
Manvers Rd. L16 .... 54 E1
Manville Rd. L45 .... 51 B7
Manville St. WA9 .... 44 C1
Manx Jane's La. PR9 .... 2 A4
Maple Ave. Golborne WA3 .... 47 F7
Maple Ave. Haydock WA11 .... 45 B7
Maple Ave. Newton-le-W WA12 .... 46 D2
Maple Ave. Widnes WA8 .... 73 B1
Maple Cl. Billinge WN5 .... 33 D5
Maple Cl. L21 .... 38 A6
Maple Cl. Formby L37 .... 9 C1
Maple Cl. Liverpool L12 .... 40 D3
Maple Cl. Prescot L35 .... 56 E3
Maple Cres. Huyton-w-R L36 .... 55 D2
Maple Cres. Warrington WA5 .... 74 F3
Maple Dr. WN2 .... 36 B7
Maple Gr. Bebington L62 .... 88 C8
Maple Gr. Liverpool L8 .... 68 C6
Maple Gr. Prescot L35 .... 56 E5
Maple Gr. St Helens WA10 .... 43 C3
Maple Rd. WA2 .... 61 B6
Maple St. Ashton-in-M WN4 .... 35 A6
Maple St. Birkenhead L41 .... 66 D5
Maple St. Southport PR8 .... 4 E6
Maple Towers. L33 .... 29 F3
Maple Tree Gr. L60 .... 77 C1
Mapledale Rd. L18 .... 69 B5
Maples Ct. L43 .... 66 A3
Mapleton Cl. L43 .... 65 E1
Maplewood. Skelmersdale WN8 .... 16 A4
Maplewood. Southport PR9 .... 1 F2
Maplewood Cl. L27 .... 70 E5
Maplewood Gr. L43 .... 65 E8
Marathon Cl. L6 .... 52 F4
Marble Cl. L20 .... 38 C2
Marble Pl. PR8 .... 4 B7
Marbury Rd. L32 .... 29 C2
Marc Ave. L31 & L32 .... 29 B4
March Rd. L6 .... 53 D5
Marcham Way. L11 .... 40 B1
Marchbank Rd. WN8 .... 15 D1
Marchfield Rd. L9 .... 38 F5
Marchwood Way. L25 .... 70 A7
Marcien Way. WA8 .... 72 F3
Marcot Rd. L6 .... 53 D4
Marcross Cl. WA5 .... 60 E1
Marcus St. L41 .... 66 D7
Mardale Ave. St Helens WA11 .... 44 B8
Mardale Ave. Warrington WA2 .... 61 C3
Mardale Cl. Liverpool L27 .... 71 A3
Mardale Cl. Southport PR8 .... 7 B4
Mardale Lawn. L27 .... 71 A3
Mardale Rd. Huyton-w-R L36 .... 55 C5
Mardale Rd. Liverpool L27 .... 71 A3
Mardale Wlk. L36 .... 55 C5
Mareth Cl. L18 .... 69 A2
Marford Rd. L12 .... 54 B7
Marfords Ave. L63 .... 88 C7
Margaret Ave. L20 .... 38 C6
Margaret Ave. St Helens WA9 .... 58 C8
Margaret Beavan Sch. L12 .... 54 A7
Margaret Cl. L6 .... 53 A4
Margaret Ct. WA10 .... 43 D1
Margaret Rd. L4 .... 38 E2
Margaret Rd. Crosby L23 .... 26 A5
Margaret St. Liverpool L6 .... 53 A4
Margaret St. St Helens WA9 .... 58 E3
Margery Rd. WA10 .... 43 C1
Maria Rd. L4 & L9 .... 38 F3
Marian Ave. WA12 .... 45 F3
Marian Cl. L35 .... 57 C2
Marian Cl The. L30 .... 27 E4
Marian Dr. Birkenhead L46 .... 64 E8
Marian Dr. Rainhill L35 .... 57 B2
Marian Rd. WA11 .... 45 E7
Marian Sq The. L30 .... 27 F3
Marian Way The. L30 .... 27 E3
Marians Dr. L39 .... 13 E7
Maricourt RC High Sch. Maghull L31 .... 28 D8
Maricourt RC High Sch. Maghull L31 .... 28 E8
Marie Curie Ave. L30 .... 27 F3
Marina Ave. L21 .... 38 B8
Marina Ave. St Helens WA9 .... 58 C7
Marina Cres. Huyton-w-R L36 .... 55 D1
Marina Cres. Litherland L30 .... 28 A1
Marina Dr. WA2 .... 61 C1
Marina Rd. L37 .... 9 F1
Marine Cres. L22 .... 37 D8
Marine Dr. Heswall L60 .... 85 D6
Marine Dr. Southport PR8 & PR9 .... 1 D4
Marine Dr. Southport PR8 .... 3 E7
Marine Par. PR8 .... 4 A8
Marine Park Mansions. L45 .... 37 B1
Marine Pk. L48 .... 63 B3
Marine Prom. L45 .... 37 B1
Marine Rd. L47 .... 63 A7
Marine Terr. Seaforth L22 .... 37 D8
Marine Terr. Wallasey L45 .... 51 C7
Mariners Rd. Crosby L23 .... 26 B3
Mariners Rd. Wallasey L45 .... 51 C7
Mariners Way. 3 L20 .... 38 C3
Mariners Wharf. L3 .... 67 D6
Marion Gr. L18 .... 69 B2
Marion Pl. WN2 .... 35 F8
Marion Rd. L20 .... 38 D6
Marion St. L41 .... 66 E6
Maritime Cl. WA12 .... 46 C5
Maritime Ct. Birkenhead L49 .... 65 B1
Maritime Ct. Litherland L30 .... 27 F5
Maritime Ct. Liverpool L12 .... 54 A8
Maritime Grange. 15 L44 .... 51 E2
Maritime Lodge. L5 .... 52 F6
Maritime Pk. 4 L41 .... 66 C5
Maritime Pl. L3 .... 52 E3
Maritime View. L42 .... 66 D3
Maritime Way. 6 L1 & L72 .... 67 D8
Marius Cl. L4 .... 52 F8
Mark Rake. L62 .... 79 D1
Mark Rd. L38 .... 17 F4
Mark St. L5 .... 52 E7
Market App. WN4 .... 35 B3
Market Cross. L39 .... 13 E5
Market Pl. Birkenhead L41 .... 66 F6
Market Pl. Prescot L34 .... 56 D6
Market Sq. 17 L1 .... 52 D1
Market St. Birkenhead L41 & L72 .... 66 E6
Market St. Hoylake L47 .... 63 B7
Market St. Newton-le-W WA12 .... 46 A3
Market St. Southport PR8 .... 4 B7
Market St. 9 St Helens WA10 .... 44 A3
Market Way. 16 Liverpool L1 .... 52 D1
Market Way. Ormskirk L39 .... 13 E5
Markfield Cres. Liverpool L25 .... 70 C1
Markfield Cres. St Helens WA11 .... 44 C5
Markfield Rd. L20 .... 38 C5
Markham Dr. PR8 .... 4 E2
Marksway. L61 .... 77 A4
Marl Gr. WN5 .... 25 D4
Marl Rd. L33 .... 30 C3
Marl Rd. Litherland L30 .... 28 B3
Marland. WN8 .... 16 A4
Marlborough. WN8 .... 16 A4
Marlborough Ave. Litherland L30 .... 28 A2
Marlborough Ave. Maghull L31 .... 20 D3
Marlborough Cres. WA8 .... 73 A5
Marlborough Gr. L43 .... 66 C4
Marlborough Pl. 5 L3 .... 52 C3
Marlborough Rd. Crosby L23 .... 26 D3
Marlborough Rd. Liverpool L13 .... 53 E6
Marlborough Rd. Prescot L34 .... 56 E7
Marlborough Rd. Seaforth L22 .... 37 E8
Marlborough Rd. Southport PR9 .... 4 C7
Marlborough Rd. Wallasey L45 .... 51 C7
Marlborough St. 4 L3 .... 52 C3
Marlbrook Rd. L25 .... 70 B6
Marldon Ave. L23 .... 26 E2
Marldon Rd. L11 & L12 .... 54 B8
Marled Hey. L28 .... 55 A8
Marley Cl. L35 .... 57 E1
Marlfield La. L61 .... 77 A4
Marlfield Rd. L12 .... 54 B6
Marline Ave. L63 .... 88 C6
Marling Pk. WA8 .... 72 B1
Marlowe Cl. L19 .... 81 C5
Marlowe Dr. L12 & L13 .... 54 A6
Marlowe Rd. L44 .... 51 A4
Marlsford St. L6 .... 53 C3
Marlston Ave. L61 .... 76 F6
Marlwood Ave. L45 .... 50 E5
Marmaduke St. L7 .... 53 B1
Marmion Ave. L20 .... 38 E7
Marmion Cl. WA3 .... 36 E1
Marmion Rd. Hoylake L47 .... 63 B7
Marmion Rd. Liverpool L17 .... 68 C4
Marmonde St. L4 .... 52 E8
Marnwood Rd. L32 .... 29 D1
Marnwood Wlk. 5 L32 .... 29 C1
Marple Cl. L43 .... 65 E3
Marquis House. L62 .... 79 B8
Marquis St. Bebington L62 .... 79 B7
Marquis St. Birkenhead L41 & L42 .... 66 E4
Marquis St. 4 Liverpool L3 .... 52 E2
Marron Ave. WA2 .... 61 B2
Marsden Ave. WA10 .... 43 D4
Marsden Cl. L44 .... 51 D5
Marsden Rd. Liverpool L26 .... 82 F6
Marsden Rd. Southport PR9 .... 4 E7
Marsden St. 7 L6 .... 53 A3
Marsden Way. 8 L6 .... 53 A3
Marsh Ave. L20 .... 38 E6
Marsh Brows. L37 .... 9 E2
Marsh Hall Rd. WA8 .... 73 B4
Marsh La. Bebington L63 .... 78 C7
Marsh La. L20 .... 38 C4
Marsh La. Hightown L38 .... 18 E6
Marsh La. Warrington WA5 .... 74 C2
Marsh St. L20 & L4 .... 38 D1
Marsh St. St Helens WA9 .... 44 C3
Marshall Ave. St Helens WA9 .... 58 C8
Marshall Ave. Warrington WA5 .... 60 F2
Marshall Cl. L33 .... 29 F5
Marshall Pl. L3 .... 52 C4
Marshall St. L41 .... 66 C8
Marshall's Cl. L31 .... 20 C4
Marshalls Cross Rd. WA9 .... 58 B7
Marshallsay. L37 .... 10 A2
Marsham Cl. L49 .... 65 A7
Marsham Rd. L25 .... 70 C5
Marshfield Cl. L36 .... 55 F3
Marshfield Ct. L46 .... 49 E3
Marshfield Rd. L11 .... 40 B1
Marshgate. WA8 .... 84 B6
Marshgate Rd. L11 & L12 .... 40 C2
Marshlands Rd. 1 L45 .... 50 E6
Marshside Prim Sch. PR9 .... 2 A5
Marshside Rd. Southport PR9 .... 1 F4
Marsland Gr. WA9 .... 58 E8
Marston Cl. Bebington L62 .... 88 E3
Marston Cl. Birkenhead L43 .... 65 F3
Marston Cres. L38 .... 18 A2
Marten Ave. L63 .... 88 C7
Martensen St. L7 .... 53 B1
Martin Ave. Newton-le-W WA12 .... 46 C5
Martin Ave. St Helens WA10 .... 43 F6
Martin Ave. Warrington WA2 .... 61 E1
Martin Cl. Irby L61 .... 76 C6
Martin Cl. Liverpool L18 .... 69 A1
Martin Cl. Rainhill L35 .... 57 A4
Martin Gr. L35 .... 56 E5
Martin Rd. L18 .... 69 A1
Martin's La. L44 .... 51 C4
Martindale Rd. Bebington L63 & L62 .... 79 E1
Martindale Rd. Liverpool L18 .... 69 D5
Martindale Rd. St Helens WA11 .... 33 C2
Martine Cl. L32 .... 29 B4
Martinhall Rd. L9 .... 39 F4
Martins La. WN8 .... 24 D7
Martland Ave. Golborne WA3 .... 47 E7
Martland Ave. Litherland L10 .... 28 E2
Martland Rd. L25 .... 70 C4
Martlesham Cres. L49 .... 64 B3
Martlett Rd. L12 .... 54 D5
Martock. L35 .... 56 F2
Marton Cl. L24 .... 82 D3
Marton Gn. L24 .... 82 D2
Marton Rd. L36 .... 55 E6
Marvin St. L6 .... 53 A3
Mary Ave. PR8 .... 7 E6
Mary Rd. L20 .... 38 D6
Mary St. WA9 .... 58 E3
Mary Stockton Ct. 5 L21 .... 38 A6
Marybone. L3 .... 52 D2
Maryfield. L23 .... 26 E3
Maryland La. L46 .... 49 D1
Maryland St. L1 .... 67 E8
Marylebone Ave. WA9 .... 57 F6
Marymount Convent Sch. L44 .... 51 B3
Maryton Cl. L18 .... 69 D2
Maryville Rd. L34 .... 56 E6
Marywell Cl. WA9 .... 58 D7
Masefield Ave. WA8 .... 84 F8
Masefield Cres. L30 .... 38 D8
Masefield Gr. Liverpool L16 .... 69 F8
Masefield Gr. St Helens WA10 .... 43 D5
Masefield House. L62 .... 79 A7
Masefield Pl. L30 .... 38 E8
Masefield Rd. L23 .... 27 C6
Maskell Rd. L13 .... 53 F3
Mason Ave. WA8 .... 73 B4
Mason Cl. WN4 .... 35 D4
Mason St. Abram WN2 .... 36 B8
Mason St. Crosby L22 .... 26 D1
Mason St. Liverpool L7 .... 53 A1
Mason St. Liverpool L25 .... 70 A2
Mason St. Wallasey L45 .... 51 B8
Massam's La. L37 .... 9 F6
Massey Ave. WA5 .... 60 F2
Massey Pk. L45 .... 51 A5
Massey St. WA9 .... 58 C8
Massey St. L41 .... 66 D8
Mather Ave. Golborne WA3 .... 47 E6
Mather Ave. Liverpool L18 & L19 .... 69 C2
Mather Ave. St Helens WA9 .... 44 E3
Mather Rd. L43 .... 66 B5
Mathew St. L2 .... 52 C1
Mathieson Rd. WA8 .... 84 E5
Matlock Ave. 7 Liverpool L9 .... 39 A6
Matlock Ave. Southport PR8 .... 4 B4
Matlock Cl. Southport PR8 .... 4 B4

Mat – Mir 113

Matlock Cl. Warrington WA5 60 A1
Matlock Cres. PR8 4 B4
Matlock Rd. PR8 4 B4
Matthew Arnold Jun Mix & Inf Sch. L8 68 A3
Matthew St. L44 51 E2
Maud Roberts Ct. L21 38 A8
Maud St. L8 68 A6
Maunders Ct. L23 27 A5
Maureen Wlk. L10 40 B7
Mauretania Rd. L4 39 A2
Mavis Dr. L49 65 A3
Mawdsley Cl. L37 10 B3
Mawdsley St. L20 52 C7
Mawdsley Terr. L39 13 F7
Max Rd. L14 54 F6
Maxton Rd. L6 53 C3
Maxwell Cl. L49 65 A6
Maxwell Pl. L13 53 F6
Maxwell Rd. L13 53 F6
Maxwell St. WA10 43 E3
May Ave. Abram WN2 36 C7
May Ave. Wallasey L44 51 D2
May Cl. L21 38 B6
May Pl. L3 52 E1
May Rd. Heswall L60 86 A8
May St. L20 38 C5
May St. Golborne WA3 36 B2
May St. Liverpool L3 52 E1
Maybank Cl. PR9 2 A1
Maybank Gr. L17 68 F1
Maybank Rd. L42 66 D4
Maybury Way. L17 68 C2
Mayer Ave. L63 78 F4
Mayew Rd. L61 76 F6
Mayfair Ave. Crosby L23 26 E5
Mayfair Ave. Liverpool L14 54 F3
Mayfair Cl. Hightown L38 17 F2
Mayfair Cl. Liverpool L6 53 B4
Mayfair Cl. Warrington WA5 74 D7
Mayfair Gr. WA8 72 D1
Mayfayre Ave. L31 20 B5
Mayfield. L4 52 E8
Mayfield Ave. Formby L37 9 C1
Mayfield Ave. St Helens WA9 57 E8
Mayfield Ave. Widnes WA8 72 B1
Mayfield Cl. Liverpool L12 54 C6
Mayfield Cl. Liverpool L27 70 C6
Mayfield Ct. Formby L37 9 F5
Mayfield Ct. Widnes WA8 73 A2
Mayfield Dr. L62 89 B6
Mayfield Gdns. Liverpool L19 81 A7
Mayfield Gdns. Neston L64 86 E1
Mayfield Rd. Bebington L63 79 A3
Mayfield Rd. Liverpool L19 81 A7
Mayfield Rd. Orrell WN8 25 B7
Mayfield Rd. Wallasey L45 50 F5
Mayfield St. WN4 35 A3
Mayfields House. L62 79 B7
Mayfields N. L62 79 B7
Mayfields S. L62 79 B7
Mayflower Ind Est. L37 10 A1
Maynard St. L8 68 B7
Maypole Ct. L30 27 D5
Maypole Ind Est. WN2 36 C7
Maytree Wlk. WN8 16 B4
Mayville Rd. L18 69 B5
Mc Clellan Pl. WA8 73 B1
McBride St. L19 81 C6
McCormack Ave. WA9 44 E3
McCulloch St. WA9 44 C3
McFarlane Ave. WA10 43 C4
McGough Cl. WA9 58 A3
McGregor St. L5 52 F5
McKee Ave. WA2 61 B2
McKeown Cl. L5 52 D5
McMinnis Ave. WA9 45 B2
McVinnie Rd. L35 56 F6
Mead Ave. L21 38 C8
Meade Cl. L35 57 D1
Meade Rd. L13 53 E6
Meadfoot Rd. L46 49 D1
Meadow Ave. Southport PR8 4 C4
Meadow Ave. St Helens WA9 58 D3
Meadow Bank. Maghull L31 20 B2
Meadow Bank. Ormskirk L39 13 F5
Meadow Bank Sch. L10 39 F8
Meadow Brow. PR9 2 D5
Meadow Cl. Newton-le-W WA12 45 F3
Meadow Cl. Skelmersdale WN8 24 D7
Meadow Cl. Westhead L40 14 E4
Meadow Cl. Widnes WA8 72 D3
Meadow Clough. WN8 16 B4
Meadow Cres. L49 65 B2
Meadow Dr. Liverpool L36 70 F8
Meadow Dr. Ormskirk L39 13 C2
Meadow Hey. L20 38 A6
Meadow Hey Cl. L25 70 B3
Meadow La. Birkenhead L42 66 F2
Meadow La. Liverpool L11 & L12 54 B8
Meadow La. Maghull L31 20 F1
Meadow La. Raby L64 87 F1
Meadow La. Southport PR8 7 D3
Meadow La. St Helens WA9 44 F2
Meadow Oak Dr. L25 70 A4
Meadow Rd. L48 63 F3
Meadow St. L45 51 A8
Meadow The. L49 65 B3
Meadow View. Crosby L21 27 B3
Meadow View. Southport PR8 4 D4
Meadow Way. L11 40 B1
Meadow Wlk. L61 76 E3
Meadowbank Cl. L14 54 E5
Meadowbrook Rd. L46 64 D7
Meadowcroft. Ashton-in-M WN4 34 F6
Meadowcroft. Formby L37 9 F2
Meadowcroft. Heswall L60 77 C1
Meadowcroft. Skelmersdale WN8 16 B4
Meadowcroft. St Helens WA9 58 C6
Meadowcroft Pk. L12 & L14 54 D4
Meadowcroft Rd. L47 48 E1
Meadowfield Cl. L42 66 F2
Meadows The. L35 57 C3
Meadowside. L46 50 B4
Meadowside Ave. WN4 35 A8
Meadowside Rd. L62 88 D8
Meadowside Sch. L49 65 B2
Meadway. Bebington L62 79 C2
Meadway. Birkenhead L49 65 B6
Meadway. Golborne WA3 47 D8
Meadway. Heswall L60 85 F6
Meadway. Litherland L30 28 A2
Meadway. Liverpool L15 69 C8
Meadway. Maghull L31 28 B7
Meadway. Prescot L35 56 F4
Meadway. Wallasey L45 51 A5
Meadway. Widnes WA8 72 A1
Meander The. L12 40 E1
Measham Cl. WA11 44 C5
Measham Way. L12 40 E3
Medbourne Cres. L32 40 F8
Meddowcroft Rd. 5 L45 51 A6
Medea St. L5 52 E6
Medea Tower. L5 52 E6
Medlar Way. WN4 34 F5
Medlock Ct. L43 66 A5
Medlock St. L4 & L69 52 E7
Medway. 2 L20 38 C3
Medway Cl. Ashton-in-M WN4 34 F6
Medway Cl. Warrington WA2 61 E2
Medway Rd. L42 67 A2
Meeting La. WA5 74 E5
Melbourne St. St Helens WA9 57 E7
Melbourne St. Wallasey L45 51 A8
Melbreck. WN8 16 A4
Melbreck Rd. L18 & L19 69 B1
Melbury Rd. L14 & L36 55 C6
Melda Cl. 3 L6 52 F3
Meldon Cl. L11 40 C2
Meldreth Cl. L37 9 C1
Meldrum Rd. L15 69 B6
Melford Dr. Ashton-in-M WN4 35 A4
Melford Dr. Birkenhead L43 65 E1
Melford Dr. Orrell WN5 25 D3
Melford Gr. L6 53 D6
Meliden Gdns. Birkenhead L41 66 E4
Meliden Gdns. St Helens WA9 58 F7
Melksham Dr. L61 76 D7
Melling Ave. L9 39 B7
Melling Dr. L32 29 E3
Melling La. L31 28 F7
Melling Rd. L20 38 C5
Melling Rd. Liverpool L9 & L10 39 C8
Melling Rd. Southport PR9 4 E7
Melling Rd. Wallasey L45 51 C7
Melling Way. L32 29 E3
Mellings Ave. WN5 25 E1
Melloncroft Dr. L48 75 C7
Melloncroft Dr W. L48 75 C7
Mellor Cl. L35 71 A7
Mellor Rd. L42 66 C2
Mellowfield Sch. PR9 4 C7
Melly Rd. L17 68 B3
Melmerby Cl. WN4 34 F3
Melrose. L46 65 A8
Melrose Ave. Burtonwood WA5 59 F7
Melrose Ave. Crosby L23 26 E3
Melrose Ave. Hoylake L47 63 B7
Melrose Ave. Southport PR9 2 B5
Melrose Ave. St Helens WA10 43 B5
Melrose Cres. WN4 34 C3
Melrose Gdns. 5 Birkenhead L43 65 F1
Melrose Rd. L33 29 D6
Melrose Rd. Liverpool L4 & L5 52 D8
Melrose Rd. Seaforth L22 37 E8
Melton Cl. L49 64 E5
Melverley Rd. L32 29 B2
Melville Ave. L42 67 A1
Melville Cl. St Helens WA10 43 D4
Melville Cl. Widnes WA8 73 D1
Melville Pl. L7 68 A8
Melville Rd. Bebington L63 78 E5
Melville Rd. L20 38 C7
Melville St. L8 68 A5
Melwood Dr. L12 54 C7
Menai Mews. L34 56 E6
Menai Rd. L20 38 D6
Menai St. L41 & L43 66 C6
Mendell Cl. L62 88 E8
Mendell Prim Sch. L62 88 E8
Mendip Ave. WA2 61 B3
Mendip Cl. Birkenhead L42 66 C1
Mendip Cl. Liverpool L26 82 E7
Mendip Gr. WA9 44 F3
Mendip Rd. Birkenhead L42 66 C1
Mendip Rd. Liverpool L15 69 A6
Menivale Cl. PR9 2 B5
Menlo Ave. L61 76 F6
Menlo Cl. L43 65 F4
Menlove Ave. L18 & L25 69 D4
Menlove Ct. L18 69 C5
Menlove Gdns N. L18 69 C5
Menlove Gdns S. L18 69 B5
Menlove Gdns W. L16 & L18 69 B5
Menlove Mansions. L18 69 C6
Menstone Rd. L13 53 F4
Mentmore Cres. L11 40 B1
Mentmore Rd. L18 69 A2
Menzies St. L8 68 A4
Meols Cl. Formby L37 9 E2
Meols Cl. Hale L24 83 E2
Meols Cop Ctr The. PR9 5 A4
Meols Cop High Sch. PR8 4 F5
Meols Cop Sta. PR9 4 F7
Meols Dr. L47 & L48 63 A4
Meols Par. Hoylake L47 48 D1
Meols Sta. L47 63 E8
Mercer Ave. L32 29 C1
Mercer Ct. 8 L20 38 C3
Mercer Ct. Liverpool L14 54 E5
Mercer Dr. L4 52 E8
Mercer Heights. L32 29 C2
Mercer Rd. Birkenhead L43 65 E8
Mercer Rd. Haydock WA11 45 D6
Mercer St. Burtonwood WA5 59 E6
Mercer St. Liverpool L19 81 C5
Mercer St. Newton-le-W WA12 46 D4
Mercer's La. L39 22 B4
Merchant Taylors' Jun Sch. L23 26 E3
Merchant Taylors' Sch. Crosby L23 26 E3
Merchant Taylors' Sch. Crosby L23 26 E4
Merchants Cres. WA3 36 E1
Mere Ave. L63 88 B6
Mere Bank. L17 68 E4
Mere Cl. WN8 15 F2
Mere Farm Gr. L43 65 F4
Mere Farm Rd. L43 65 F4
Mere Gn. L4 39 A1
Mere Gr. WA11 33 B1
Mere Hey. WA10 43 A3
Mere La. Heswall L60 76 E2
Mere La. Liverpool L5 52 F6
Mere La. Wallasey L45 50 E7
Mere Park Rd. L49 64 C3
Mere Pk. L23 26 D4
Mere Rd. Ashton-in-M WN4 35 C4
Mere Rd. Formby L37 9 D2
Mere Rd. Newton-le-W WA12 46 F4
Merebank. L43 65 E4
Merebrook Gr. L33 29 F5
Merecliff. L36 55 B8
Merecroft Ave. L44 51 C2
Meredale Rd. L18 69 A4
Meredith St. L19 81 E5
Merefield Sch. Southport PR9 2 B3
Merefield Sch. Southport PR8 7 B4
Mereheath. L46 49 E3
Mereheath Gdns. L46 49 E3
Mereland Cl. WN5 25 E6
Merepark Dr. PR9 2 B4
Mereview Cres. L12 40 D3
Merewood. WN8 16 A4
Meribel Cl. L23 27 A5
Meriden Ave. L63 79 A1
Meriden Cl. Southport PR8 7 B5
Meriden Cl. St Helens WA11 44 D6
Meriden Rd. L25 70 B6
Merland Way. WA9 44 F2
Merlewood Ave. PR9 2 B3
Merlin Ave. L49 64 D6
Merlin Cl. Birkenhead L49 64 D6
Merlin Cl. St Helens WA11 44 B6
Merlin Ct. L26 70 D1
Merlin St. L8 67 F6
Merrick Cl. WA2 61 E3
Merriford Gn. L4 39 B1
Merrills La. L49 65 A5
Merrilocks Gn. L23 26 A5
Merrilocks Rd. L23 26 B5
Merrilox Ave. L31 20 D3
Merrion Cl. L25 69 F3
Merritt Ave. L41 66 B8
Merrivale Rd. L25 70 C2
Mersey Ave. Formby L37 9 E6
Mersey Ave. Liverpool L19 80 F8
Mersey Ave. Maghull L31 20 F2
Mersey Cotts. L19 81 D5
Mersey Ct. Crosby L23 26 C3
Mersey Ct. 14 Wallasey L44 51 E2
Mersey House. L20 38 B4
Mersey La S. L42 67 A2
Mersey Mount. L41 & L42 66 E3
Mersey Park Prim Sch. L42 66 D3
Mersey Rd. Birkenhead L42 67 A2
Mersey Rd. Birkenhead L42 67 A3
Mersey Rd. Crosby L23 26 C3
Mersey Rd. Liverpool L17 & L19 80 E8
Mersey Rd. Orrell WN5 25 F7
Mersey St. St Helens WA9 45 A3
Mersey St. 2 Wallasey L44 51 E2
Mersey View. Crosby L22 26 C2
Mersey View. Liverpool L19 81 C6
Mersey View Rd. WA8 84 B4
Mersey View Sch. L17 68 E1
Merseybank House. L62 79 B8
Merseybank Rd. L62 79 B7
Merstone Cl. L26 82 F7
Merthyr Gr. L16 54 E1
Merton Bank Cty Prim Sch. WA9 44 C4
Merton Bank Rd. WA11 & WA9 44 C5
Merton Cl. L36 55 B2
Merton Cres. L36 55 B2
Merton Dr. Birkenhead L49 65 A3
Merton Dr. Huyton-w-R L36 55 A2
Merton Gr. L20 38 C3
Merton Gr. Crosby L22 & L23 26 C3
Merton Pl. L43 66 C6
Merton Rd. Bebington L62 89 B3
Merton Rd. L20 & L69 38 C3
Merton Rd. Wallasey L45 51 B5
Merton St. WA9 44 C5
Merton Towers. L20 38 D3
Mesham Cl. L49 64 E5
Meteor Cres. WA2 61 D2
Methuen St. Birkenhead L41 66 A8
Methuen St. Liverpool L15 68 E8
Mews The. Huyton-w-R L28 55 C7
Mews The. Liverpool L17 & L19 68 F1
Meyrick Rd. L11 39 E2
Micawber Cl. L8 67 F5
Michael Dragonette Ct. L3 52 C4
Michael's La. L39 8 C3
Michaels Cl. L37 9 E3
Mickering La. L39 21 C5
Micklefield Rd. L15 68 F6
Mickleton Dr. PR8 7 A5
Middle Moss La. Great Altcar L37 10 F3
Middle Moss La. Haskayne L37 11 A2
Middle Rd. Liverpool L24 82 F4
Middle Rd. Liverpool L24 82 F5
Middle Way. L11 40 D5
Middle Withins La. L37 & L38 19 A7
Middlefield Rd. L18 & L25 69 E3
Middleham Cl. L32 29 C1
Middlehey Rd. L34 41 D4
Middlehurst Ave. WA10 43 F4
Middlehurst Cl. L34 57 A7
Middlemass Hey. L27 70 E5
Middlesex Rd. L20 38 D4
Middleton Rd. Crosby L22 26 F2
Middleton Rd. Liverpool L7 53 E3
Middlewood. Golborne WA3 47 E8
Middlewood. Skelmersdale WN8 16 A4
Middlewood Cl. L39 21 C7
Middlewood Dr. L39 21 C7
Middlewood Rd. L39 21 C7
Midghall St. L3 52 C3
Midhurst Dr. PR8 7 B4
Midhurst Rd. L12 41 A3
Midland St. 7 Birkenhead L41 66 C5
Midland St. Widnes WA8 73 B1
Midland Terr. L22 26 D1
Midlothian Dr. L23 26 C3
Midway Rd. L36 55 F4
Milbrook Cres. L32 29 E3
Milbrook Dr. L32 29 E3
Milbrook Wlk. L32 29 E3
Mildenhall Rd. L25 70 B7
Mildenhall Way. L25 70 B7
Mildmay Rd. L20 38 B5
Mildmay Rd. Liverpool L11 39 E2
Mile End. L5 52 D4
Miles Cl. L49 64 C2
Miles La. L49 64 C2
Miles St. L8 68 A4
Milestone Hey. L28 55 B8
Milford Cl. L37 9 C1
Milford Dr. L12 40 E3
Milford St. L5 52 C6
Milk St. 5 WA10 44 A3
Mill Ave. WA5 74 E7
Mill Bank. L13 53 F6
Mill Brow. Bebington L63 78 D6
Mill Brow. St Helens WA10 43 B4
Mill Brow. St Helens WA9 58 D5
Mill Brow. Widnes WA8 73 C1
Mill Brow Cl. WA9 58 D5
Mill Cl. Crosby L23 26 E6
Mill Cl. Warrington WA2 61 E4
Mill Ct. L30 27 D5
Mill Dam La. L40 14 D8
Mill Farm Cl. WA2 61 E3
Mill Green La. WA8 73 E5
Mill Hey. L35 57 E1
Mill Hey Rd. L48 75 D6
Mill Hill. L43 66 A3
Mill Hill Rd. L49 & L61 76 C7
Mill House Sch. WA12 46 F3
Mill House View. WN8 25 C7
Mill La. Birkenhead L49 64 C2
Mill La. Bold Heath WA8 73 D6
Mill La. L20 38 D3
Mill La. Cronton WA8 72 D6
Mill La. Haskayne L39 12 F1
Mill La. Heswall L60 86 B8
Mill La. L32 29 D4
Mill La. Knowsley L34 41 D5
Mill La. Liverpool L3 52 D2
Mill La. Liverpool L13 & L15 54 A1
Mill La. Liverpool L12 & L13 54 A6
Mill La. Newton-le-W WA12 46 E3
Mill La. Orrell WN8 25 A8
Mill La. Raby L64 87 F1
Mill La. Rainford WA11 32 C4
Mill La. Rainhill L35 57 D1
Mill La. Skelmersdale WN8 15 F2
Mill La. Southport PR9 2 A1
Mill La. St Helens WA9 58 D5
Mill La. Wallasey L44 51 A3
Mill La. Warrington WA2 60 F4
Mill Lane Cres. PR9 2 A1
Mill Park Dr. L62 88 E3
Mill Park Inf & Jun Schs. L62 88 E3
Mill Rd. Bebington L63 78 D6
Mill Rd. Bebington L62 79 D3
Mill Rd. Heswall L61 77 A6
Mill Rd. Liverpool L6 52 F4
Mill Rd. Liverpool L6 53 A4
Mill Rd. Orrell WN5 25 D5
Mill Rd. Southport PR8 7 D5
Mill Sq. Litherland L10 28 E2
Mill St. Ashton-in-M WN4 35 C2
Mill St. Birkenhead L42 66 D4
Mill St. Golborne WA3 47 A8
Mill St. Liverpool L8 67 E5
Mill St. Liverpool L25 70 A2
Mill St. Ormskirk L39 13 F5
Mill St. Prescot L34 56 D6
Mill St. Southport PR8 4 C6
Mill St. St Helens WA10 43 F4
Mill View. 5 L8 67 E5
Mill View Ct. L39 22 E6
Mill View Dr. L63 78 C6
Mill Wood Ave. WA10 42 F3
Millachip Ct. L6 53 B4
Millar's Pace. PR9 2 B5
Millbank La. L31 & L39 20 F3
Millbank Rd. L44 51 A3
Millbeck Gr. WA11 33 B2
Millbrook Bsns Ctr. WA11 32 C3
Millbrook Cl. WN8 15 E2
Millbrook La. WA10 43 B4
Millbrook Prim Sch. L32 29 D3
Millburn Hts. L5 52 E5
Millbutt Cl. L63 78 D6
Millcroft. L23 27 A5
Millcroft Ave. WN5 25 D5
Millcroft Pk. L49 64 B3
Millcroft Rd. L25 70 C1
Miller Ave. L23 26 D5
Miller Cl. L8 67 F4
Miller's Bridge. L20 38 B2
Millers Cl. L46 64 C7
Millers Ct. L39 13 F5
Millers Fold. WA10 43 B4
Millers Way. L46 64 C8
Millerscroft. L32 29 C4
Millersdale. 13 WA9 58 C4
Millersdale Ave. L9 39 B7
Millersdale Cl. L62 88 F5
Millersdale Rd. L18 69 A4
Millfield Cl. Bebington L63 78 D5
Millfield Cl. Liverpool L13 54 A6
Millfield La. WN4 34 E1
Millfield Rd. WA8 73 C2
Millfields. WA10 43 B3
Millgreen Cl. L12 40 E3
Millhouse Cl. L46 49 B1
Millhouse La. L46 49 B1
Millhouse Lodge. PR8 7 D5
Millingford Ave. WA3 35 F2
Millingford Gr. WN4 35 B3
Millingford Ind Est. WA3 47 A8
Millington Cl. L43 65 E1
Millom Ave. L35 57 B4
Millom Gr. Liverpool L12 40 C1
Millom Gr. St Helens WA10 57 C8
Millrose Cl. WN8 15 F2
Millstead Hospital Sch. L15 69 B8
Millstead Rd. L15 69 B8
Millstead Wlk. L15 69 A8
Millthwaite Ct. L44 50 F4
Millthwaite Rd. L44 50 F4
Millvale St. L6 53 C3
Millway Rd. L24 83 A4
Millwood. L63 78 D6
Millwood Cl. WN4 35 A5
Millwood Ct. L24 83 A4
Millwood Cty Prim Jun Mix Sch. L24 83 A3
Millwood Gdns. L35 56 F2
Millwood Rd. L24 82 F3
Milman Cl. Birkenhead L49 64 F4
Milman Cl. Ormskirk L39 13 D3
Milman Ct. L25 69 E3
Milman Rd. L4 39 A1
Milne Rd. 5 L13 53 E8
Milner Cop. L60 86 A8
Milner Rd. Heswall L60 86 A8
Milner Rd. Liverpool L17 68 E1
Milner St. Birkenhead L41 66 A8
Milner St. Liverpool L8 68 B8
Milnthorpe Cl. 11 L4 52 E8
Milnthorpe Rd. WA5 59 E6
Milnthorpe St. L19 81 C6
Milroy St. L7 53 B1
Milton Ave. Liverpool L14 54 F2
Milton Ave. Newton-le-W WA12 46 B3
Milton Ave. Prescot L35 56 F3
Milton Ave. Widnes WA8 84 F8
Milton Cl. L35 56 E3
Milton Cres. L60 77 A1
Milton Dr. L39 14 A4
Milton Gr. WN5 25 F6
Milton Pavement. 7 L41 66 D6
Milton Rd. Birkenhead L42 66 C4
Milton Rd. L4 38 E2
Milton Rd. Crosby L22 26 E2
Milton Rd. Golborne WA3 47 D7
Milton Rd. Liverpool L7 53 E2
Milton Rd. Wallasey L44 51 D2
Milton Rd. West Kirby L48 63 A3
Milton Rd. Widnes WA8 84 F8
Milton Rd E. L42 66 D4
Milton St. L20 38 B4
Milton St. Southport PR9 5 A7
Milton St. St Helens WA9 58 B2
Milton Way. L31 20 B1
Milvain Dr. WA2 61 C1
Milverton St. L6 53 C4
Mimosa Rd. L15 69 B7
Mindale Rd. L15 68 F8
Mine Way. WA11 45 F7
Mine's Ave. L34 56 E6
Minehead Gr. WA9 58 D5
Minehead Rd. L17 & L19 80 E8
Miners Way. L24 83 A3
Mines Ave. L17 & L19 80 F8
Minshull St. L7 53 A1
Minstead Ave. L33 30 A2
Minster Ct. L8 68 A8
Minto Cl. L7 53 C2
Minto St. L7 53 B2
Minton Way. WA8 73 B5
Mintor Rd. L33 30 A2
Minver Rd. L12 54 D7
Miranda Ave. L63 78 E7
Miranda Pl. L20 38 D1
Miranda Rd. L20 38 D1
Mirfield Cl. Golborne WA3 47 D7
Mirfield Cl. Liverpool L26 82 F6

114 Mir – New

Mirfield St. L6 53 C3
Miriam Pl. 2 L41 65 F8
Miriam Rd. L4 53 A6
Miskelly St. L20 52 C8
Mission Wlk. L6 53 A3
Missouri Rd. L13 53 D7
Mistlethrush Way. 2 L12 40 F3
Miston St. L20 52 C8
Misty Cl. WA8 72 C2
Mitchell Ave. WA5 59 E5
Mitchell Cres. L21 38 B8
Mitchell Rd. Billinge WN5 33 E5
Mitchell Rd. Prescot L34 56 C6
Mitchell Rd. St Helens WA10 43 C1
Mitchell St. Ashton-in-M WN4 35 C2
Mitchell St. Golborne WA3 47 A8
Mithril Cl. WA8 73 E3
Mitre Cl. L35 56 D1
Mitten's La. L37 10 B3
Mitylene St. L5 52 E6
Mobberley Way. L63 79 A3
Mockbeggar Dr. L45 50 D8
Mockbeggar Wharf. L45 50 E7
Mockets Prim Sch. L25 70 D1
Modred St. L8 67 F5
Moel Famau View. L17 68 B2
Moels Cop Rd. PR8 4 F4
Moffat Rd. L9 39 C7
Moffatdale Rd. L4 53 C8
Molesworth Gr. L16 54 F1
Molineux Ave. L14 54 D1
Molland Cl. L12 54 D8
Mollington Ave. L11 39 F2
Mollington Rd. L32 29 C2
Mollington Rd. Wallasey L44 51 C3
Mollington St. L41 66 E5
Molly's La. L33 41 D7
Molton Rd. L15 & L16 69 C8
Molyneux Cl. Birkenhead L49 64 F5
Molyneux Cl. Huyton-w-R L36 55 F2
Molyneux Cl. Prescot L35 56 D4
Molyneux Ct. L14 54 D1
Molyneux Ct. Liverpool L11 40 B3
Molyneux Dr. Prescot L35 56 D4
Molyneux Dr. Wallasey L45 51 C8
Molyneux Rd. Crosby L22 26 E2
Molyneux Rd. Liverpool L6 53 B3
Molyneux Rd. Liverpool L18 68 F4
Molyneux Rd. Maghull L31 28 F7
Molyneux Rd. Ormskirk L39 21 C7
Molyneux Way. L10 28 C3
Mona St. Birkenhead L41 65 F7
Mona St. L20 38 D6
Mona St. St Helens WA10 43 D3
Monaghan Cl. L9 39 A7
Monash Rd. L11 & L13 53 F8
Monastery La. WA9 58 E7
Monastery Rd. 4 Liverpool L6 53 C6
Monastery Rd. St Helens WA9 58 E7
Mond Rd. Liverpool L10 40 A7
Mond Rd. 5 Widnes WA8 73 A1
Monfa Rd. L20 38 C6
Monfa Rd. L20 38 D6
Monica Dr. WA8 73 A5
Monica Rd. L25 70 B1
Monica Terr. WN4 35 B2
Monk Rd. L44 & L45 51 B4
Monk St. Birkenhead L41 66 F6
Monk St. Liverpool L5 52 F6
Monk's Way. L48 63 C2
Monkfield Way. L19 81 D4
Monks Carr La. L38 19 A6
Monks Cl. L37 10 A1
Monks Dr. L37 10 A1
Monks Ferry. L41 66 F6
Monks Way. Bebington L63 78 F4
Monks Way. Liverpool L25 70 B2
Monksdown Jun & Inf Sch. L11 40 A1
Monksdown Rd. L11 40 A1
Monksferry Wlk. L19 80 F7
Monkswell Dr. L15 69 A8
Monkswell St. L8 68 A3
Monkswood Cl. WA5 60 E2
Monmouth Cres. WN4 35 D2
Monmouth Dr. L10 28 F1
Monmouth Gr. WA9 44 D2
Monmouth Rd. L44 50 F4
Monro Cl. L8 67 F4
Monro St. L8 67 F4
Montagu Rd. L37 9 E5
Montague Rd. L13 54 A2
Montclair Dr. L15 & L18 69 B6
Monterey Rd. L13 54 B2
Montfort Dr. L19 81 A7
Montgomery Ave. PR9 5 B6
Montgomery Cl. L35 56 D2
Montgomery Hill. Birkenhead L48 64 A1
Montgomery Hill. Irby L48 76 A8
Montgomery House. 8 L21 37 F7
Montgomery Rd. Huyton-w-R L36 55 E4
Montgomery Rd. Liverpool L9 39 A7
Montgomery Rd. Widnes WA8 84 D8
Montgomery Way. L6 53 B4
Montpellier Cres. L45 51 A8
Montreal St. WN7 36 E4
Montrey Cres. WN4 34 C3
Montrose Ave. L44 51 E1
Montrose Cl. WA2 61 F4
Montrose Ct. L12 54 E7
Montrose Dr. PR9 1 F1
Montrose Rd. L13 53 E6
Montrose Way. L13 53 F2
Montrovia Cres. L10 39 F6
Monville Rd. L9 39 C7
Moor Cl. Crosby L23 26 F5
Moor Cl. Southport PR8 7 D2
Moor Coppice. L23 26 F5
Moor Ct. L10 40 A7
Moor Dr. Crosby L23 26 F4
Moor Dr. Skelmersdale WN8 24 D7
Moor House. 3 L23 26 E5
Moor La. Crosby L23 26 F5
Moor La. Heswall L60 85 F8
Moor La. Ince Blundell L38 18 E2
Moor La. Liverpool L4 39 A2
Moor La. Liverpool L10 40 A7
Moor La. Liverpool L10 & L32 40 B8
Moor La. Maghull L29 19 D1
Moor La. Southport PR8 7 C2
Moor La. Widnes WA8 84 F7
Moor La S. WA8 84 F7
Moor Pl. L3 52 E2
Moor Rd. WN5 25 E6
Moor St. Liverpool L2 52 C1
Moor St. Ormskirk L39 13 F5
Moorbridge Cl. L30 28 A5
Moorcroft Rd. Huyton-w-R L36 55 E5
Moorcroft Rd. Liverpool L18 69 D1
Moorcroft Rd. Wallasey L45 50 D5
Moore Ave. Birkenhead L42 66 E2
Moore Ave. St Helens WA9 45 B3
Moore Cl. WA8 73 D2
Moore Dr. WA11 45 F6
Moore St. L20 38 B5
Mooreway. L35 57 E1
Moorfield. L33 29 F6
Moorfield Ctr The. L33 29 F6
Moorfield Cty Prim Sch. WA8 73 D3
Moorfield Dr. L64 86 C1
Moorfield Rd. Crosby L23 27 A5
Moorfield Rd. St Helens WA10 43 D5
Moorfield Rd. Widnes WA8 73 D3
Moorfields. L2 52 C2
Moorfields Ave. L43 65 D4
Moorfields Sta. L2 52 C2
Moorfoot Rd. WA9 44 F3
Moorfoot Way. L33 29 D6
Moorgate. L39 13 E4
Moorgate Ave. L23 26 F4
Moorgate Rd. Kirkby L32 & L33 41 A7
Moorgate St. 8 L7 53 B1
Moorhey Rd. L31 28 D6
Moorhouses. L38 17 F3
Moorings Cl. L64 86 B1
Moorings The. Heswall L60 85 C8
Moorings The. Maghull L31 20 B4
Moorland Ave. L23 26 E5
Moorland Cl. L60 86 A7
Moorland Pk. L60 86 A7
Moorland Rd. Ashton-in-M WN4 35 E5
Moorland Rd. Birkenhead L42 66 E3
Moorland Rd. Maghull L31 28 D6
Moorlands Rd. L23 27 B6
Moorside Cl. L23 26 F4
Moorside Ct. WA8 84 F7
Moorside Prim Sch. WN8 24 E7
Moorside Rd. L23 26 F4
Moorway. L60 86 B8
Moorwood Cres. WA9 58 C4
Moray Cl. WA10 43 E5
Morcott La. L24 83 D2
Morden Ave. WN4 35 B3
Morden St. L6 53 C3
Morecambe St. L6 53 C5
Morecroft Rd. L42 67 A1
Morella Rd. L4 53 C8
Morello Dr. L63 79 B2
Moret Cl. L23 27 A5
Moreton Ave. 1 WA9 58 C4
Moreton Cl. WA3 35 F1
Moreton Gr. L45 50 E6
Moreton Rd. L49 64 F6
Moreton Sta. L46 49 E2
Morgan Ave. WA2 61 C2
Morgan Hts. L10 40 A8
Morgan Mews. L30 27 D3
Morgan St. WA9 44 D3
Morland Ave. L62 88 D6
Morley Ave. L41 66 B8
Morley Rd. Southport PR9 4 E8
Morley Rd. Wallasey L41 & L44 51 A3
Morley St. Liverpool L4 52 E7
Morley St. St Helens WA10 43 F5
Morley Way. 1 WA10 43 F4
Morningside. L23 26 F3
Morningside Pl. L11 39 F1
Morningside Rd. L11 & L13 53 F8
Morningside View. L11 53 F8
Morningside Way. L11 53 F8
Mornington Ave. L22 & L23 26 E2
Mornington Rd. Southport PR9 4 C7
Mornington Rd. Wallasey L45 51 B6
Mornington St. L8 67 E5
Morpeth Cl. L46 64 B8
Morpeth Rd. L47 63 A5
Morpeth St. L8 67 F7
Morpeth Wharf. L41 & L72 66 E8
Morris Cl. WA11 45 A5
Morris Ct. L43 65 F5
Morris Rd. WN8 25 A7
Morris St. WA9 44 E1
Morrison Jun Sch. L18 68 F5
Morrissey Cl. WA10 43 D4
Morston Ave. L32 40 E8
Morston Cres. L32 40 E8
Morston Wlk. L32 40 E8
Mortimer St. L41 & L72 66 F6
Mortlake Cl. WA8 72 C3
Morton St. L8 67 F5
Morval Cres. L4 38 E2
Morven Cl. WA2 61 E3
Morven Gr. PR8 & PR9 4 E7
Moscow Dr. Liverpool L13 53 F5
Moscow Dr. Liverpool L13 54 A5
Mosedale Ave. WA11 33 B1
Mosedale Rd. Bebington L62 79 E2
Mosedale Rd. Liverpool L9 39 A5
Moseley Ave. L44 & L45 51 A4
Moseley Rd. L63 79 A1
Moses St. L8 67 F4
Mosley St. PR8 4 B4
Moss Ave. WN5 25 D3
Moss Bank. L39 13 D2
Moss Bank Ct. L39 13 D2
Moss Bank Pk. L21 38 A8
Moss Bank Rd. St Helens WA11 33 B2
Moss Bank Rd. St Helens WA10 & WA11 43 F8
Moss Brow. WA11 31 E7
Moss Delph La. L39 13 C1
Moss End Way. L33 30 D3
Moss Gate Gr. L14 55 A3
Moss Gate Rd. L14 55 A3
Moss Gn. L37 10 B4
Moss Gr. Birkenhead L42 66 C2
Moss Gr. Liverpool L8 68 C6
Moss Green Way. WA9 45 A1
Moss La. Bickerstaffe L39 22 F2
Moss La. Bickerstaffe WN8 23 F6
Moss La. Birkenhead L42 66 B2
Moss La. L21 38 C8
Moss La. L9 & L20 38 F6
Moss La. Formby L37 & L39 & L38 & L23 10 D5
Moss La. Golborne WA3 47 B5
Moss La. Hightown L38 18 C2
Moss La. L33 29 F7
Moss La. L33 30 B3
Moss La. Knowsley WA11 42 F8
Moss La. Litherland L21 & L30 27 D1
Moss La. Maghull L31 20 D5
Moss La. Maghull L31 20 E2
Moss La. Rainford WA11 32 E5
Moss La. Southport PR9 5 B8
Moss La. St Helens WA11 43 B7
Moss La. St Helens WA9 45 A1
Moss Lane View. WN8 23 F6
Moss Nook. L39 13 C2
Moss Nook La. L31 29 B7
Moss Nook La. Rainford WA11 31 E6
Moss Nook La. Rainford WA11 31 F5
Moss Pits Cl. L10 39 F7
Moss Pits La. Liverpool L10 & L9 39 E7
Moss Pits La. Liverpool L15 69 B7
Moss Rd. Orrell WN5 25 D3
Moss Rd. Southport PR8 4 C2
Moss Side. Formby L37 10 B4
Moss Side. Huyton-w-R L14 55 A3
Moss St. Liverpool L3 & L6 & L7 52 F2
Moss St. Liverpool L19 81 C6
Moss St. Prescot L34 56 D7
Moss View. L21 38 C8
Moss View. Maghull L31 20 F1
Moss View. Southport PR8 7 E5
Moss Way. L11 40 C4
Mossborough Hall La. WA11 31 C2
Mossborough Rd. WA11 31 E4
Mossbrow Rd. L36 55 E4
Mosscraig. L36 55 C7
Mosscroft. L33 30 A5
Mosscroft Cl. L36 56 A4
Mosscroft Cty Prim Sch. L36 56 A3
Mossdale Dr. L35 57 D3
Mossdale Rd. Ashton-in-M WN4 35 A8
Mossdale Rd. L33 29 F5
Mossdene Rd. Wallasey L44 50 F4
Mossfield Rd. L9 38 F6
Mossgiel Ave. PR8 7 B5
Mosshill Cl. L31 20 C3
Mosslands. WA10 43 A4
Mosslands Dr. L44 & L45 50 E4
Mosslands Lower Sch. L44 50 F3
Mosslands Sch The. L45 50 E4
Mosslawn Rd. L32 30 A1
Mosslea Pk. L18 68 F4
Mossley Ave. Bebington L62 88 D8
Mossley Ave. Liverpool L18 68 F5
Mossley Hill Dr. L17 & L18 68 E4
Mossley Hill Hospl. L18 68 E3
Mossley Hill Rd. L18 & L19 68 F2
Mossley Hill Sta. L18 69 A3
Mossley Rd. L42 66 E3
Mossock Hall Golf Course. L39 21 D3
Mosspits Inf Sch. L15 69 B6
Mossville Cl. L18 69 A2
Mossville Rd. L18 69 B2
Mossy Bank Rd. L44 51 D4
Mostyn Ave. Heswall L60 85 C8
Mostyn Ave. Litherland L10 28 C2
Mostyn Ave. Liverpool L19 81 D8
Mostyn Ave. West Kirby L48 63 B1
Mostyn Cl. L4 52 E7
Mostyn Gdns. L64 86 B1
Mostyn House Sch. L64 86 C1
Mostyn St. L44 51 B2
Mother Teresa RC Prim Sch. L5 52 D4
Motherwell Cres. PR8 4 F3
Mottershead Rd. WA8 73 A1
Mottram Cl. L32 29 F2
Moughland La. WA7 84 F1
Mould St. L5 52 D5
Mounsey Rd. L41 & L42 66 D5
Mount Ave. Bebington L63 78 D7
Mount Ave. L20 38 D7
Mount Ave. Heswall L60 85 F8
Mount Carmel Prep Sch. L39 13 D2
Mount Cl. L32 29 C4
Mount Cres. L32 29 C4
Mount Cres. Orrell WN5 25 F6
Mount Ct. Heswall L60 85 F8
Mount Ct. 4 Wallasey L45 51 A8
Mount Dr. L63 78 D7
Mount Gr. L41 66 C5
Mount Grove Pl. 14 L41 66 C5
Mount Haven Cl. L49 65 A5
Mount House Cl. L37 10 B5
Mount House Rd. L37 10 B5
Mount Olive. L43 66 A3
Mount Park Ct. L25 70 A3
Mount Pk. Bebington L63 78 D7
Mount Pk. Liverpool L25 70 A3
Mount Pleasant. Birkenhead L43 66 B3
Mount Pleasant. Crosby L22 26 D1
Mount Pleasant. Liverpool L1 & L3 & L7 52 E1
Mount Pleasant. Liverpool L3 & L7 52 F1
Mount Pleasant. Widnes WA8 73 B2
Mount Pleasant Ave. WA9 45 B3
Mount Pleasant Rd. L45 51 B7
Mount Prim Sch. L45 51 A8
Mount Rd. Bebington L63 & L42 78 D5
Mount Rd. Birkenhead L49 65 A5
Mount Rd. Birkenhead L42 66 D1
Mount Rd. L31 & L32 29 B3
Mount Rd. Wallasey L45 51 A7
Mount Rd. West Kirby L48 63 C1
Mount St. Crosby L22 26 D1
Mount St. Liverpool L1 67 E8
Mount St. Liverpool L25 70 A2
Mount St. Southport PR9 4 D7
Mount St. Widnes WA8 73 B1
Mount The. Heswall L60 85 F8
Mount The. Skelmersdale WN8 24 B8
Mount The. Wallasey L44 51 C4
Mount Vernon. L7 53 A1
Mount Vernon Gn. 9 L7 53 A2
Mount Vernon St. 6 L7 53 A2
Mount Vernon View. 7 L7 53 A2
Mount Wood Rd. L42 78 C8
Mountfield Ct. WN5 25 F7
Mountway. L63 78 D7
Mountwood. WN8 16 A4
Mountwood Lodge. PR8 7 C5
Mowbray Ave. WA11 44 C5
Mowbray Ct. L20 38 C1
Mowbray Gr. L13 54 A1
Mowbray Grove. L13 54 A1
Mowcroft La. WA5 74 B3
Moxen Dale. L27 70 F4
Moxon St. WA10 43 D2
Moyles Cl. WA8 72 D2
Mozart Cl. L8 68 B6
Much Woolton RC Prim Sch. L25 70 B2
Muirfield Cl. L14 54 E6
Muirfield Dr. PR8 7 C4
Muirfield Rd. L36 55 C1
Muirhead Ave. L12 & L13 & L11 53 F7
Muirhead Ave E. Liverpool L11 & L12 40 B1
Mulberry Ave. Golborne WA3 47 F7
Mulberry Ave. St Helens WA10 43 C3
Mulberry Cl. L33 29 F6
Mulberry Gr. L44 51 D3
Mulberry Pl. L7 67 F8
Mulberry Rd. L42 66 F2
Mulberry St. L7 & L8 67 F8
Mulcrow Cl. WA9 44 D4
Mulgrave St. L8 68 A7
Mullberry St. L7 52 F1
Mullen Cl. WA5 60 F1
Mulliner St. L7 68 C7
Mullins Ave. WA12 46 C5
Mullion Cl. Liverpool L26 82 E8
Mullion Cl. Southport PR9 2 B5
Mullion Rd. L11 40 C5
Mullion Wlk. L11 40 C5
Mulveton Rd. L63 78 F3
Mumfords Gr. L47 48 E1
Mumfords La. L47 48 E1
Muncaster Cl. L62 79 D1
Muncaster Dr. WA11 32 B6
Municipal Golf Course. L47 63 B6
Munro Ave. WN5 25 E6
Munster Rd. L13 54 B3
Murat Gr. L22 26 D1
Murat St. L22 26 D1
Murcote Rd. L14 54 F5
Muriel Cl. WA5 74 D6
Muriel St. L4 53 A8
Murphy Gr. WA9 44 E4
Murray Gr. L48 63 A3
Murrayfield Dr. L46 49 F4
Murrayfield Hospl. L61 77 D5
Murrayfield Rd. L25 70 B6
Murrayfield Wlk. L25 70 B6
Musker Dr. L30 27 C3
Musker Gdns. L23 26 F3
Musker St. L23 26 F3
Muspratt Rd. L21 38 A6
Muttocks Rake. L30 27 D5
Myddleton La. WA2 61 C6
Myers Ct. L23 26 F2
Myers Rd E. L23 26 E3
Myers Rd W. L23 26 D3
Myerscough Ave. L20 38 E5
Mynsule Rd. L63 78 F3
Myrtle Ave. Ashton-in-M WN4 34 F6
Myrtle Ave. Haydock WA11 45 B7
Myrtle Ave. Newton-le-W WA12 46 C2
Myrtle Gr. Billinge WN5 33 D4
Myrtle Gr. Crosby L22 26 D2
Myrtle Gr. Southport PR9 4 E7
Myrtle Gr. Wallasey L44 51 E3
Myrtle Par. L7 67 F8
Myrtle St. L7 & L8 68 A8

Nairn Cl. L63 88 D4
Nansen Gr. 4 L4 39 A1
Nant Park Ct. L45 51 C8
Nantwich Cl. L49 65 A2
Napier Cl. WA10 43 E3
Napier Dr. L46 64 F8
Napier Rd. L62 79 B8
Napier St. L20 38 B1
Napier St. St Helens WA10 43 E3
Napier Terr. PR8 4 A5
Naples Rd. L44 51 D3
Napps Cl. L25 69 F7
Napps Way. Heswall L61 77 A2
Napps Way. Liverpool L25 69 F8
Napps Wlk. L25 69 F7
Nares Cl. WA5 60 C1
Narrow Croft Rd. L39 13 B1
Narrow La. L39 13 B1
Narrow Lane (Clieves Hills). L39 12 E6
Narrow Moss La. L39 & L40 13 E8
Naseby Cl. L43 65 C4
Naseby St. L4 38 F2
Natal Rd. L9 39 B6
Nathan Gr. L33 29 F4
Naughton Lea. WA8 72 D3
Navigation Cl. L30 28 A4
Naylor Ave. WA3 47 B8
Naylor Rd. Birkenhead L43 65 E8
Naylor Rd. Widnes WA8 73 D1
Naylor St. L3 52 D3
Naylor's Rd. Liverpool L25 & L27 70 D5
Naylor's Rd. Liverpool L27 70 D7
Naylorsfield Dr. L25 & L27 70 C6
Nazeby Ave. L23 27 A3
Neale Dr. L49 64 E3
Neasham Cl. L26 82 F8
Nedens Gr. L31 20 C3
Nedens La. L31 20 C3
Needham Cres. L43 65 D4
Needham Rd. L7 53 C2
Needwood Dr. L63 78 F3
Neil St. WA8 73 C2
Neills Rd. WA9 59 B6
Neilson Rd. L17 68 C3
Neilson St. L17 68 B3
Nell's La. L39 20 F5
Nelson Ave. L35 56 E2
Nelson Ct. L8 67 A1
Nelson Dr. L61 76 E3
Nelson Pl. L35 56 E2
Nelson Rd. Birkenhead L42 67 A1
Nelson Rd. L21 38 B7
Nelson Rd. Liverpool L7 53 B1
Nelson St. L20 38 B2
Nelson St. Liverpool L1 & L72 67 D7
Nelson St. Liverpool L1 67 E8
Nelson St. Liverpool L15 68 E8
Nelson St. Newton-le-W WA12 46 A3
Nelson St. Southport PR8 4 A6
Nelson St. Wallasey L45 51 C7
Nelson's Croft. L63 79 A3
Nelville Rd. L9 39 C7
Neptune St. L41 66 D8
Ness Gr. L32 29 C2
Neston Ave. WA9 58 B4
Neston Cty High Sch. L64 86 F1
Neston Gdns. L41 66 B8
Neston Parkgate Cty Prim Sch. L64 86 C1
Neston Rd. L63 86 F5
Neston St. L4 38 F1
Neston St Mary's CE Prim Sch. L64 86 F1
Netherby St. L8 67 F4
Netherfield. WA8 84 E8
Netherfield Cl. L43 65 C4
Netherfield Rd N. L4 & L5 52 E6
Netherfield Rd S. L5 & L6 52 F4
Netherley Rd. Liverpool L35 & L27 71 C3
Netherley Rd. Widnes WA8 72 A2
Netherton Gn. L30 27 F5
Netherton Grange. L30 28 B3
Netherton Ind Est. L30 38 F8
Netherton La. L30 27 E5
Netherton Moss Cty Prim Sch. L30 27 E3
Netherton Park Prim Sch. L30 27 F1
Netherton Park Rd. L21 & L30 38 D8
Netherton Rd. Birkenhead L46 64 E8
Netherton Rd. L20 38 D6
Netherton Rd. Liverpool L18 & L19 69 A1
Netherton Way. L20 & L21 & L30 38 E8
Netherwood Rd. L11 39 E2
Netley St. L4 52 E8
Nettlestead Rd. Liverpool L11 40 A1
Neva Ave. L46 64 D8
Neverstitch Cl. WN8 15 F2
Neverstitch Rd. WN8 15 D2
Nevill St. PR8 4 B7
Neville Ave. St Helens WA9 45 B2
Neville Ave. Warrington WA2 61 D1
Neville Cl. L43 65 C4
Neville Rd. Bebington L62 88 E8
Neville Rd. Crosby L22 26 E1
Neville Rd. Wallasey L44 51 A4
Neville St. WA12 46 A3
Nevin St. 6 L6 53 A3
Nevison St. 11 L7 53 B1
Nevitte Cl. L28 55 A8
New Acres Cl. L43 65 C8
New Bank Pl. WA8 72 B1

New – Old 115

New Bank Rd. WA8 72 B1
New Barn Ave. WN4 35 C3
New Barnet. WA8 72 F4
New Bird St. L1 & L72 67 D7
New Brighton Prim Sch. L45 51 C8
New Brighton Sta. L45 51 A8
New Chester Rd. Bebington L62 & L42 79 C5
New Chester Rd. Bebington L62 & L66 89 A2
New Chester Rd. Birkenhead L41 & L42 66 F4
New Court Way. L39 13 F5
New Cross St. Prescot L34 56 D7
New Cross St. 1 St Helens WA10 43 F3
New Cross St. 6 St Helens WA10 43 F4
New Cswy. L37 & L38 18 B7
New Cut Cl. PR8 8 A8
New Cut La. Knowsley L34 42 A8
New Cut La. Rainford L33 & WA11 31 B1
New Cut La. Southport L39 & PR8 8 D6
New Ferry By-Pass. L62 79 B7
New Ferry Rd. L62 79 B8
New Fold. WN5 25 C4
New Fort Way. L20 38 A6
New Foul La. PR8 5 A4
New Glade Hill. WA11 44 E6
New Hall La. L11 39 E1
New Hedley Gr. L5 52 C5
New Henderson St. L8 67 E5
New Hey. L12 54 B5
New Hey Rd. L49 65 C3
New Heys Comm Comp Sch. L18 69 D1
New Heys Comm Comp Sch. L19 81 D8
New Hutte Jun Sch. L26 82 E6
New Hutte La. L26 82 F6
New Hutte Prim Sch. L26 82 E6
New Islington. L3 52 E2
New La. Haskayne L39 11 E3
New La. Ormskirk L39 13 E2
New La. Southport PR9 2 E3
New Meadow La. L37 & L38 18 F8
New Mill Stile. L25 70 A3
New Park Ormskirk Golf Course. L40 14 E6
New Quay. L3 52 B2
New Rd. Formby L37 10 A5
New Rd. Liverpool L13 53 E5
New Rd. Prescot L34 56 E7
New Road Ct. L13 53 E5
New School La. L66 89 B1
New St. Ashton-in-M WN4 35 C4
New St. Haskayne L39 12 B8
New St. St Helens WA9 58 C7
New St. Wallasey L44 51 E2
New Strand. L20 38 C3
New Tower Ct. L45 51 C8
New Town Gds. L32 29 E2
New Way. L39 22 C2
New Way Bsns Ctr. L44 51 D2
Newark Cl. Birkenhead L43 65 C4
Newark Cl. Huyton-w-R L36 55 D6
Newark Cl. Litherland L30 28 B5
Newark St. L4 38 F1
Newbold Cres. L48 63 E3
Newbold Gr. L12 40 F2
Newborough Ave. Crosby L23 27 A4
Newborough Ave. 9 Liverpool L18 68 F5
Newborough Cl. WA5 60 E2
Newborough Prep Sch. L25 69 F3
Newbridge Cl. Birkenhead L49 65 B3
Newbridge Cl. Garswood WN4 34 D3
Newbridge Cl. Warrington WA5 60 D2
Newburn. L43 66 B5
Newburn St. 7 L4 39 A2
Newburns La. L43 66 B3
Newbury Cl. Huyton-w-R L36 55 D1
Newbury Cl. Widnes WA8 73 A3
Newbury Way. L14 54 E5
Newby Ave. L35 57 A4
Newby Cl. PR8 7 B3
Newby Dr. L36 55 C3
Newby Gr. L12 40 C2
Newby Pl. WA11 44 A8
Newby St. L4 52 F8
Newcastle Rd. L15 69 A6
Newcombe St. L6 53 B5
Newcroft Rd. L25 69 F4
Newdales Cl. L43 65 C8
Newdown Rd. L11 40 D5
Newdown Wlk. L11 40 D5
Newell Rd. L44 & L45 51 B5
Newenham Cres. L14 54 E3
Newfield Cl. L23 27 C6
Newfield Sch. L23 27 B5
Newgate Rd. WN8 24 F7
Newhall La. L47 63 B6
Newhall St. L1 & L69 & L72 & L8 67 E7
Newhaven Rd. Wallasey L45 51 C7
Newhaven Rd. Warrington WA2 61 B4
Newholme Cl. L12 40 E3
Newhope Rd. L41 66 C7
Newhouse Rd. L15 68 D7
Newick Rd. L32 29 C1
Newington. L1 52 E1
Newland Cl. WA8 72 C3
Newland Ct. L17 68 C3
Newland Dr. L44 & L45 51 A4
Newlands Cl. 10 L6 53 A4
Newlands Dr. WA3 47 D8
Newlands Rd. Bebington L63 79 B4
Newlands Rd. St Helens WA11 44 C7
Newlands St. L6 53 A4
Newlands Wlk. 9 L6 53 A4
Newling St. L41 66 C7
Newlyn Ave. Litherland L21 27 B1
Newlyn Ave. Maghull L31 20 E1
Newlyn Cl. L47 48 E2
Newlyn Dr. Ashton-in-M WN4 35 B1
Newlyn Dr. Skelmersdale WN8 24 D7
Newlyn Gdns. WA5 74 D3
Newlyn Gr. WA11 44 D7
Newlyn Rd. Hoylake L47 48 E2
Newlyn Rd. Liverpool L11 40 D5
Newman St. L4 52 D7
Newmorn Ct. L17 68 C2
Newport Ave. L45 50 D7
Newport Cl. Birkenhead L43 65 C4
Newport Ct. Liverpool L5 52 C5
News La. WA11 23 F2
Newsham Cl. WA8 72 B4
Newsham Cty Prim Sch. L6 53 C4
Newsham Dr. L6 53 D5
Newsham Rd. L36 71 A8
Newsham St. L5 52 D5
Newstead Ave. L23 26 B3
Newstead Rd. L7 & L8 68 C7
Newstet Rd. L33 30 C2
Newton Bank Sch. WA12 46 E4
Newton Cl. L12 54 B8
Newton Comm Hospl. WA12 46 B2
Newton Cross La. L48 63 E2
Newton Ct. L13 & L7 53 E1
Newton Cty Prim Sch. WA12 46 D3
Newton Dr. L48 63 E2
Newton Gr. WA2 61 F3
Newton La. WA12 46 E6
Newton Park Dr. WA12 46 F3
Newton Park Rd. L48 63 E2
Newton Rd. Billinge WN5 & WA9 & WN4 33 F6
Newton Rd. Golborne WA12 & 3 47 D5
Newton Rd. Hoylake L47 63 C7
Newton Rd. Liverpool L13 53 E3
Newton Rd. St Helens WA9 45 A3
Newton Rd. Wallasey L44 51 A4
Newton Rd. Warrington WA2 & WA12 60 F8
Newton Rd. Winwick WA2 61 A5
Newton St. Birkenhead L41 66 C7
Newton St. Southport PR9 5 A7
Newton Way. Birkenhead L49 64 F5
Newton Way. Liverpool L3 52 F1
Newton Wlk. L20 38 B4
Newton-le-Willows Comm Sch. WA12 46 D5
Newton-le-Willows Sta. WA12 46 E3
Nicander Rd. L15 & L18 68 F5
Nicholas Rd. Crosby L23 26 B3
Nicholas Rd. Widnes WA8 84 C8
Nicholas St. 3 L3 52 D3
Nicholl Rd. WA10 43 A5
Nicholls Dr. L61 76 F4
Nicholson St. WA9 44 E4
Nickleby Cl. L8 67 F5
Nicol Mere Cty Prim Sch. WN4 35 B5
Nicol Mere Dr. WN4 35 A5
Nicol Rd. WN4 35 B5
Nicola Ct. L45 51 C6
Nidderdale Ave. L35 57 D3
Nigel Rd. L60 86 C8
Nightingale Cl. L27 70 F5
Nightingale Rd. L12 40 F3
Nimrod St. L4 38 F1
Nine Tree Prim Sch. L28 41 A1
Nipe La. WA11 & WN8 24 B5
Nithsdale Rd. L15 68 E6
Nixon St. L4 38 F2
Nixon's La. PR8 7 E7
Nixons La. WN8 24 D7
Noctorum Ave. L43 & L49 65 C4
Noctorum Dell. L43 65 D4
Noctorum La. L43 65 E5
Noctorum Rd. L43 65 E5
Noctorum Way. L43 65 D3
Noel Gate. L39 13 B1
Noel St. L8 68 C7
Nolan St. PR8 4 C5
Nook La. Golborne WA3 47 B8
Nook La. St Helens WA9 44 F1
Nook Rise. L15 69 B8
Nook The. Birkenhead L48 64 B2
Nook The. Birkenhead L43 66 B5
Nook The. Liverpool L25 70 C3
Nook The. St Helens WA10 43 B6
Noon Ct. WA12 46 B1
Norbeck Ave. L14 54 F2
Norbreck Ave. L14 54 F2
Norburn Cres. L37 9 F2
Norbury Ave. Bebington L63 78 E5
Norbury Ave. Billinge WN5 33 D6
Norbury Ave. 8 Liverpool L18 68 F5
Norbury Cl. Bebington L63 78 F5
Norbury Cl. Southport PR9 2 C5
Norbury Fold. L35 57 E1
Norbury Gdns. L41 66 E4
Norbury Rd. L32 29 D2
Norbury Wlk. L32 29 D2
Norcliffe Rd. L35 57 B4
Norcott Dr. WA5 59 F6
Norfield. L39 13 F5
Norfolk Cl. Birkenhead L43 65 C4
Norfolk Cl. L20 38 D4
Norfolk Dr. Warrington WA5 74 E6
Norfolk Dr. West Kirby L48 63 C1
Norfolk Gr. PR8 3 F1
Norfolk Pl. L21 38 A7
Norfolk Pl. Widnes WA8 84 C8
Norfolk Rd. Maghull L31 28 C7
Norfolk Rd. Orrell WN5 25 E1
Norfolk Rd. Southport PR8 3 F1
Norfolk Rd. St Helens WA10 43 D1
Norfolk St. L1 & L72 67 D7
Norgate St. 16 L4 52 F7
Norland St. WA8 73 D1
Norland's La. Cronton L35 & WA8 72 E8
Norland's La. Cronton L35 & WA8 72 F8
Norlands Ct. L42 66 E1
Norley Ave. L62 88 E3
Norley Dr. WA10 43 B3
Norley Pl. L26 82 E6
Norma Rd. L22 26 E1
Norman Ave. Haydock WA11 46 A7
Norman Ave. Newton-le-W WA12 46 E3
Norman Pannell Prim Sch. L27 70 E5
Norman Rd. L20 38 C7
Norman Rd. Crosby L23 26 D3
Norman Rd. Wallasey L44 51 E2
Norman St. Birkenhead L41 & L43 65 F8
Norman St. Liverpool L3 52 F2
Normandale Rd. L4 39 D1
Normandy Rd. L36 55 D3
Normanhurst. L39 14 A4
Normans Rd. WA9 58 F7
Normanston Cl. L43 66 B4
Normanston Rd. L43 66 B4
Normanton Ave. L17 68 C3
Normington Cl. L31 20 C4
Norris Cl. L43 65 C4
Norris Green Cres. Liverpool L11 39 F1
Norris Green Rd. L12 54 B6
Norris Green Way. 6 L11 40 A1
Norris House Dr. L39 21 C8
Norris Rd. L34 56 C6
Norris Way. L37 10 B3
Norseman Cl. L12 54 B8
North Ave. Golborne WN7 36 F4
North Ave. Litherland L10 28 E2
North Ave. Liverpool L24 82 A6
North Barcombe Rd. L16 69 D7
North Breeze Hill. 8 L4 & L9 38 F2
North Brooke Way. L49 65 A3
North Cantril Ave. L12 54 F8
North Cheshire Trad Est. L43 77 E8
North Cl. L62 79 C2
North Dingle. Liverpool L4 52 D8
North Dingle. Liverpool L4 52 E7
North Dr. Heswall L60 86 A7
North Dr. Liverpool L12 & L13 54 B6
North Dr. Liverpool L15 69 A8
North Dr. Wallasey L45 50 F8
North End La. Hightown L38 18 A6
North End La. Liverpool L26 70 E3
North Florida Rd. WA11 45 E8
North Front. L35 56 E1
North Gr. L18 69 C1
North Hill St. Liverpool L8 67 F5
North Hill St. Liverpool L8 68 A6
North John St. Liverpool L2 52 C1
North John St. St Helens WA10 43 F3
North Leach Dr. PR8 7 A5
North Linkside Rd. L25 70 C1
North Manor Way. L25 70 C2
North Meade. L31 20 C2
North Mersey Bsns Ctr. L33 30 D4
North Moor La. L39 12 F8
North Moss La. L37 & L39 10 D7
North Mossley Hill Rd. L17 & L18 68 F3
North Mount Rd. L32 29 C4
North Par. Hoylake L47 63 B7
North Par. L32 29 E2
North Par. Liverpool L24 82 E3
North Par. Neston L64 86 B2
North Park Brook Rd. WA5 60 E1
North Park Rd. L32 29 C4
North Parkside Wlk. L12 54 A8
North Perimeter Rd. L33 30 D4
North Rd. Bebington L62 & L65 & L19 89 E2
North Rd. Birkenhead L42 66 D3
North Rd. Liverpool L13 & L14 54 C2
North Rd. Liverpool L24 82 E5
North Rd. Southport PR9 2 C4
North Rd. St Helens WA10 43 F5
North Rd. West Kirby L48 63 A2
North St. Ashton-in-M WN4 35 D5
North St. Haydock WA11 45 E6
North St. Liverpool L1 & L2 & L3 52 D2
North St. Newton-le-W WA12 45 F4
North St. Southport PR9 4 C8
North Sudley Rd. L17 & L19 68 E2
North View. Huyton-w-R L36 56 A2
North View. Liverpool L7 53 A1
North View. Warrington WA5 74 E7
North William St. 5 L44 51 E2
Northam Cl. PR9 2 A5
Northbrook Cl. L8 68 A7
Northbrook Rd. L44 51 D3
Northbrook St. L8 68 A7
Northcote Cl. 1 L5 & L6 52 F4
Northcote Prim Sch. L9 39 A3
Northcote Rd. L9 38 F3
Northcote Rd. Wallasey L45 50 D5
Northdale Rd. L15 68 F8
Northdunes. L38 17 F4
Northern La. WA8 72 A3
Northern Perimeter Rd. Litherland L30 28 B5
Northern Rd. L24 82 E4
Northern Rd The. L23 26 F4
Northfield. WN8 16 B4
Northfield Cl. WA9 58 D3
Northfield Ct. WN3 36 C1
Northfield Rd. L20 & L9 38 E6
Northgate Rd. L13 54 A5
Northmead Rd. L19 81 E7
Northolt Ct. WA2 61 E1
Northop Rd. 8 L45 51 A6
Northpark Ct. L44 51 E3
Northridge Rd. L61 77 A5
Northumberland Gr. L8 67 D5
Northumberland St. L8 67 E5
Northumberland Terr. L5 52 E6
Northumberland Way. L30 27 C3
Northway. Heswall L60 77 D1
Northway. Liverpool L15 54 B1
Northway. Maghull L31 & L39 20 E4
Northway. Ormskirk L39 13 A1
Northway. Skelmersdale WN8 16 B2
Northway. Warrington WA2 61 B2
Northway. Widnes WA8 72 D1
Northway Jun, Mix & Inf Sch. L15 54 B1
Northway Prim Sch. L31 20 E3
Northways. L62 79 D3
Northwich Cl. L23 27 B6
Northwood Ave. WA12 46 F3
Northwood Rd. Birkenhead L43 65 F1
Northwood Rd. Huyton-w-R L36 55 F4
Norton Ave. WA5 74 E5
Norton Dr. L61 76 C7
Norton Gr. Maghull L31 28 D6
Norton Gr. St Helens L35 57 D7
Norton Rd. L48 63 A3
Norton St. L20 38 B5
Norton St. Liverpool L3 & L69 52 E2
Norville Rd. L14 54 C2
Norwich Ave. Ashton-in-M WN4 35 D3
Norwich Ave. Golborne WA3 47 D8
Norwich Dr. L49 65 A7
Norwich Rd. L15 69 A6
Norwich Way. L32 29 E2
Norwood Ave. Ashton-in-M WN4 34 F6
Norwood Ave. Golborne WA3 47 F7
Norwood Ave. Litherland L21 27 B1
Norwood Ave. Southport PR9 4 E7
Norwood Cl. L6 53 B4
Norwood Cres. PR9 4 E7
Norwood Ct. L49 64 D3
Norwood Gdns. PR9 4 F7
Norwood Gr. Liverpool L6 53 B4
Norwood Gr. Rainford WA11 32 A6
Norwood Prim Sch. PR9 4 E7
Norwood Rd. Birkenhead L49 64 D4
Norwood Rd. Southport PR8 & PR9 4 F6
Norwood Rd. Wallasey L44 51 B2
Norwood Way. L6 53 B4
Norwyn Rd. L11 39 E2
Nostell Rd. WN4 35 A5
Notre Dame High Sch (Lower Sch). L4 52 E7
Notre Dame High Sch (Upper Sch). L5 52 F7
Nottingham Cl. L35 57 C5
Nottingham Rd. L36 55 C1
Nowshera Ave. L61 76 F5
Nuffield Cl. L49 64 F4
Nugent House Sch. WN5 33 D4
Nun Cl. L43 66 B3
Nunn St. WA9 44 D3
Nunsford Cl. L21 27 D2
Nunthorpe Rd. L34 41 B5
Nurse Rd. L61 77 B6
Nurseries The. L37 10 A2
Nursery Ave. L39 14 A6
Nursery Cl. Birkenhead L43 66 C3
Nursery Cl. Liverpool L25 82 C8
Nursery Cl. Widnes WA8 73 D3
Nursery Dr. L37 9 F2
Nursery La. L19 81 C7
Nursery Rd. Maghull L31 20 C4
Nursery Rd. St Helens L35 57 D7
Nut St. L35 57 D7
Nutgrove Ave. L35 57 D7
Nutgrove Hall Dr. L35 & WA9 57 D6
Nutgrove Meth Prim Sch. L35 57 D7
Nutgrove Rd. L35 57 D7
Nuthall Rd. PR8 4 F3
Nuttall St. L7 53 C1
Nyland Rd. L36 55 E5

O'Brien Gr. WA9 44 E4
O'Connell Cl. WA11 45 C6
O'Connell Rd. L3 52 D4
O'Keeffe Rd. WA9 44 C4
O'Neill St. L20 38 B4
O'Reilly Ct. L3 52 C4
O'Sullivan Cres. WA11 44 E5
Oak Ave. Abram WN2 36 C7
Oak Ave. Birkenhead L49 64 D6
Oak Ave. Golborne WA3 47 B8
Oak Ave. Haydock WA11 45 E7
Oak Ave. Liverpool L9 39 B6
Oak Ave. Newton-le-W WA12 46 D3
Oak Ave. Ormskirk L39 13 D4
Oak Bank. L41 66 C5
Oak Cl. Birkenhead L46 64 D7
Oak Cl. Liverpool L12 40 F1
Oak Cl. Prescot L35 56 E3
Oak Cres. WN8 15 D1
Oak Gn. L39 13 F5
Oak La. L12 40 C2
Oak La N. L11 & L12 40 D2
Oak Leigh. L13 53 E5
Oak Rd. Bebington L63 78 F7
Oak Rd. Bebington L66 88 E1
Oak Rd. Liverpool L36 70 D8
Oak Rd. Prescot L35 56 E3
Oak Rd. Warrington WA5 74 F3
Oak St. L20 38 C4
Oak St. Southport PR8 4 E6
Oak St. St Helens WA9 58 E8
Oak Terr. L7 53 C2
Oak Tree Ct. WN8 16 D3
Oak Vale. L13 54 B2
Oak View. L24 83 A3
Oakbank Rd. L18 68 E5
Oakbank St. L44 51 C3
Oakbourne Cl. L17 68 C2
Oakdale Ave. L44 51 D2
Oakdale Dr. L49 64 C2
Oakdale Rd. Crosby L22 26 D2
Oakdale Rd. Liverpool L18 69 A5
Oakdale Rd. Wallasey L41 & L44 51 D2
Oakdene Cl. L62 88 D5
Oakdene Prim Sch. L35 57 D2
Oakdene Rd. Birkenhead L42 66 C3
Oakdene Rd. Liverpool L4 53 B7
Oakenden Cl. WN4 35 A6
Oakenholt Rd. Birkenhead L46 64 E8
Oakenholt Rd. 2 Wallasey L46 49 E1
Oakes St. L3 52 F2
Oakfield. L4 53 B6
Oakfield Ave. Golborne WA3 35 F1
Oakfield Ave. Liverpool L25 70 A4
Oakfield Cl. L35 57 D7
Oakfield Cty Inf Sch. WA8 84 B8
Oakfield Cty Jun Sch. WA8 84 B8
Oakfield Dr. Formby L37 9 D4
Oakfield Dr. Liverpool L36 70 F8
Oakfield Dr. Widnes WA8 84 A8
Oakfield Gr. L36 70 F8
Oakfield Rd. Bebington L62 88 C8
Oakfield Rd. Hightown L38 17 F2
Oakfield Rd. Liverpool L4 & L6 53 A6
Oakham Dr. Litherland L10 28 F1
Oakham Dr. Wallasey L46 49 B1
Oakham St. L8 67 E6
Oakhill Cl. Liverpool L12 40 D3
Oakhill Cl. Maghull L31 20 D2
Oakhill Cottage La. L31 20 D4
Oakhill Dr. L31 20 D4
Oakhill Pk. L13 54 B2
Oakhill Rd. Liverpool L13 54 B3
Oakhill Rd. Maghull L31 20 D3
Oakhurst Cl. L25 70 B5
Oakland Cl. L21 38 C6
Oakland Dr. L49 65 A6
Oakland Rd. L19 80 F8
Oakland Vale. L45 51 C8
Oaklands. L35 57 C3
Oaklands Ave. L23 26 E5
Oaklands Ct. WA9 58 C4
Oaklands Dr. Bebington L63 79 A6
Oaklands Dr. Heswall L60 & L61 77 A1
Oaklands Rd. WA3 47 F7
Oaklands Terr. L60 & L61 77 A2
Oaklea Rd. L61 76 F6
Oakleaf Mews. L43 65 D5
Oaklee Gr. L33 30 A4
Oakleigh. WN8 24 D2
Oakleigh Gr. L63 78 F6
Oakley Ave. WN5 33 E6
Oakley Cl. L12 40 E3
Oakmere Dr. L49 64 C4
Oakmere Dr. WA5 74 F3
Oakridge Cl. L62 79 C2
Oakridge Rd. L62 79 C2
Oaks Cl. WA9 58 D3
Oaks La. L61 77 A4
Oaks The. Bebington L62 88 C8
Oaks The. Liverpool L12 40 F3
Oaks The. St Helens WA9 58 D4
Oaksmeade Cl. L12 40 F2
Oakston Ave. L35 57 D2
Oaksway. L60 86 C6
Oaktree Pl. L42 66 F3
Oaktree Rd. WA10 43 A5
Oakwood. WN8 16 D3
Oakwood Ave. Ashton-in-M WN4 35 A2
Oakwood Ave. Southport PR8 7 D6
Oakwood Cl. Liverpool L25 70 B5
Oakwood Cl. Liverpool L27 70 E5
Oakwood Dr. Birkenhead L43 65 E8
Oakwood Dr. Huyton-w-R L36 55 F1
Oakwood Dr. Southport PR8 7 E5
Oakwood Rd. L26 82 F7
Oakworth Cl. L33 29 E4
Oakworth Dr. Bebington L62 79 C7
Oakworth Dr. Huyton-w-R L36 71 A7
Oarside Dr. L45 51 A6
Oatfield La. L21 27 B2
Oatlands Rd. L32 29 C2
Oatlands The. L48 63 C1
Oban Dr. Garswood WN4 34 C4
Oban Dr. Heswall L60 86 A8
Oban Rd. L4 53 B6
Oberon St. L20 38 C1
Observatory Rd. L43 65 E8
Ocean Rd. L21 38 B7
Oceanic Rd. L13 53 F2
Octavia Hill Rd. L21 27 C1
Odsey St. L7 53 C2
Off Botanic Rd. PR9 2 A1
Ogden Cl. L12 54 A8
Ogle Cl. L35 56 E5
Oglet La. Liverpool L24 82 C2
Oglet La. Liverpool L24 82 D1
Oil St. L3 52 B4
Okehampton Rd. L16 69 D8
Okell Dr. Liverpool L26 70 D1
Okell Dr. Liverpool L26 70 F1
Old Acre. L38 17 F3
Old Barn Rd. 2 Liverpool L4 & L6 53 B6
Old Barn Rd. Wallasey L44 51 A3
Old Bidston Rd. L41 66 B8
Old Boston. WA11 46 A7
Old Boston Trad Est. WA11 46 B8
Old Boundary Way. L39 13 F6
Old Chester Rd. Bebington L63 & L42 78 F8

116 Old – Par

Old Chester Rd. Birkenhead L41 & L42 & L63 66 F2
Old Church Yd. L2 52 B1
Old Colliery Rd. L35 56 D3
Old Colliery Yd. WN4 34 C3
Old Dover Rd. L36 70 C8
Old Eccleston La. WA10 43 C3
Old Engine La. WN8 15 C2
Old Farm Rd. Crosby L23 26 F4
Old Farm Rd. Kirkby L32 40 F6
Old Gorsey La. L41 & L44 51 C1
Old Hall. L35 71 E8
Old Hall Cl. L31 28 D7
Old Hall Dr. WN4 35 A2
Old Hall Gdns. WA11 32 A7
Old Hall La. L32 29 D2
Old Hall Rd. Bebington L63 & L62 79 F1
Old Hall Rd. Maghull L31 28 D7
Old Hall St. L2 & L3 52 C2
Old Haymarket. L1 52 D2
Old Hey Wlk. WA12 46 B1
Old Higher Rd. WA8 83 D5
Old Hutte La. L24 & L26 83 A6
Old La. Formby L37 9 F6
Old La. Haskayne L39 11 E3
Old La. Maghull L31 20 E4
Old La. Prescot L34 & L35 56 F6
Old La. Rainford WA11 31 F7
Old La. Rainhill L35 57 B3
Old Leeds St. L3 52 B2
Old Links Cl. PR9 5 B8
Old Maryland La. L46 49 E1
Old Meadow. L34 41 C4
Old Meadow Rd. L61 76 E4
Old Mill Ave. WA9 58 D5
Old Mill Cl. Heswall L60 86 B7
Old Mill Cl. Liverpool L15 69 A8
Old Mill Hill. L39 13 D3
Old Mill La. Formby L37 9 F4
Old Mill La. Knowsley L34 41 E4
Old Mill La. Liverpool L15 69 A8
Old Moss La. L39 11 B5
Old Nook La. WA11 44 E6
Old Orchard. L35 56 E1
Old Park La. PR9 5 A8
Old Post Office Pl. 3 L1 52 D1
Old Prescot Cl. L31 21 C2
Old Pump La. L49 64 C3
Old Quarry The. L25 70 A2
Old Racecourse Rd. L31 28 B8
Old Rd. WN4 35 A4
Old Rectory Gn. Holt Green L39 21 A7
Old Rectory Gn. Litherland L29 27 F7
Old Riding. L14 54 F5
Old Roan Sta. L30 28 B3
Old Ropery. L2 52 C1
Old Rough La. L32 & L33 29 F2
Old School House La. WA2 61 A7
Old School Pl. WN4 35 A2
Old Thomas La. L14 54 D1
Old Town La. L37 9 E4
Old Upton La. WA8 72 E4
Old Wargrave Rd. WA12 46 C3
Old Whint Rd. WA11 45 A6
Old Wood Rd. L61 76 F3
Oldbridge Rd. L24 82 F3
Oldershaw Sch The. L45 51 A5
Oldfield. L35 56 F4
Oldfield Cl. L60 76 E2
Oldfield Cotts. L61 76 C2
Oldfield Dr. L60 76 D2
Oldfield Gdns. L60 76 D1
Oldfield La. L48 64 A5
Oldfield Rd. Heswall L60 & L61 76 D1
Oldfield Rd. Liverpool L19 81 A8
Oldfield Rd. Wallasey L45 50 F6
Oldfield St. WA10 43 F5
Oldfield Way. L60 76 E1
Oldgate. WA8 84 C7
Oldham Pl. L1 52 E1
Oldham St. 2 L1 67 E8
Oleander Dr. WA10 43 C4
Olga Rd. WA9 58 C7
Olinda St. L62 79 B7
Olive Cres. L41 66 E4
Olive Gr. Huyton-w-R L36 55 D2
Olive Gr. Litherland L30 28 A1
Olive Gr. Liverpool L15 54 A1
Olive Gr. Skelmersdale WN8 15 E1
Olive Gr. Southport PR8 & PR9 4 E7
Olive La. L15 69 A8
Olive Mount. L41 66 E4
Olive Mount Hospl. L15 69 B8
Olive Mount Hts. L15 69 A8
Olive Mount Rd. L15 69 A8
Olive Mount Wlk. L15 69 B8
Olive Rd. L22 37 E8
Olive Vale. L15 68 F8
Olivedale Rd. L18 68 F5
Oliver La. L41 66 E6
Oliver Lyme Rd. L34 56 E6
Oliver Rd. WA10 57 C8
Oliver St. L41 66 D6
Oliver St E. L41 66 E6
Olivetree Rd. L15 54 B1
Olivia Cl. L43 65 C4
Olivia Mews. L43 65 C4
Olivia St. L20 38 D1
Ollerton Cl. L43 65 C4
Ollery Gn. L30 28 B4
Olney St. L4 38 F2
Olton St. L15 68 E8
Olympic Way. L30 & L9 39 B8
Onslow Cres. PR8 4 A2
Onslow Rd. Bebington L62 79 B8
Onslow Rd. Liverpool L6 & L7 53 C3
Onslow Rd. 6 Wallasey L45 51 B8
Openfields Cl. L26 70 E2
Oppenheim Ave. WA10 57 C8
Oran Way. L36 55 D3
Orange Gr. Liverpool L8 68 C6
Orange Gr. Warrington WA2 61 E2
Orange Tree Cl. L28 55 B8
Orb Cl. L11 40 C3
Orb Wlk. 4 L11 40 C4
Orchard Ave. L14 & L16 54 D1
Orchard Cl. St Helens WA11 44 D7
Orchard Cl. St Helens L34 57 A7
Orchard Ct. Birkenhead L41 66 F3
Orchard Ct. Maghull L31 20 F1
Orchard Dale. L23 26 F4
Orchard Dene. L35 57 C3
Orchard Gdns. L35 71 E8
Orchard Grange. L46 64 C7
Orchard Hey. Litherland L30 28 B4
Orchard Hey. Maghull L31 28 E8
Orchard Hey. St Helens WA10 43 A3
Orchard La. PR8 7 D4
Orchard Lodge. L39 13 F6
Orchard Rd. L46 49 E1
Orchard St. WN4 35 C3
Orchard The. Huyton-w-R L36 55 E2
Orchard The. Liverpool L17 68 F1
Orchard The. Ormskirk L39 13 D5
Orchard The. Wallasey L45 51 A7
Orchard View. L39 13 D1
Orchard Way. Bebington L63 78 D6
Orchard Way. Widnes WA8 72 A3
Orchid Gr. L8 67 F3
Orford Cl. L24 83 E2
Orford Gn. WA2 61 D1
Orford St. L15 68 F8
Oriel Cl. Litherland L10 28 D3
Oriel Cl. Liverpool L2 52 C1
Oriel Cres. L20 38 C1
Oriel Dr. L10 28 D3
Oriel Lodge. L20 38 C2
Oriel Rd. Ashton-in-M WN4 34 F4
Oriel Rd. Birkenhead L42 66 E3
Oriel Rd. L20 38 C1
Oriel Rd. L20 38 C2
Oriel St. L3 52 D3
Orient Dr. L25 70 B3
Origen Rd. L16 54 D1
Oriole Cl. WA10 57 B7
Orith Ave. WA10 42 F3
Orkney Cl. St Helens WA11 44 D7
Orkney Cl. Widnes WA8 73 E3
Orlando Cl. L43 65 C4
Orlando St. L20 38 C1
Orleans Rd. L13 54 A3
Ormande St. WA9 44 B1
Ormesby Gr. L63 88 B6
Ormiston Rd. L45 51 B7
Ormond Ave. L40 14 E4
Ormond Cl. WA8 72 C2
Ormond Mews. L43 65 C4
Ormond St. Liverpool L3 52 C2
Ormond St. Wallasey L45 51 B5
Ormond Way. L43 65 C4
Ormonde Ave. L31 28 C7
Ormonde Cres. L33 30 A2
Ormonde Dr. L31 28 C8
Orms Way. L37 9 E3
Ormsby St. L15 68 E7
Ormside Gr. 7 WA9 58 D7
Ormskirk Bsns Pk. L39 13 F6
Ormskirk CE Prim Sch. L39 14 A6
Ormskirk & District General Hospl. L39 14 A4
Ormskirk Gram Sch. L39 13 F4
Ormskirk Old Rd. L39 22 F1
Ormskirk Rd. Bickerstaffe L39 22 E7
Ormskirk Rd. Bickerstaffe WA11 23 D1
Ormskirk Rd. Knowsley L33 & L34 41 D4
Ormskirk Rd. Litherland L10 & L30 & L68 & L9 28 B2
Ormskirk Rd. Orrell WN8 25 A7
Ormskirk Rd. Rainford WA11 31 E7
Ormskirk Rd. Skelmersdale WN8 15 C1
Ormskirk Rd. Skelmersdale WN8 24 D7
Ormskirk Rd. Skelmersdale WN8 24 F7
Ormskirk St. WA10 44 A3
Ormskirk Sta. L39 13 F5
Ormskirk West End Cty Prim Sch. L39 13 E7
Orphan Dr. Liverpool L6 & L7 53 D3
Orphan Dr. Liverpool L6 53 D4
Orphan St. L7 68 A8
Orrell Gdns. WN5 25 F6
Orrell Hey. L20 38 D7
Orrell Hill La. L38 18 C4
Orrell Holgate Prim Sch. WN5 25 E5
Orrell La. L20 & L9 38 F7
Orrell Mount. L20 38 C7
Orrell Park Sta. L9 39 A6
Orrell Prim Sch. L20 38 D5
Orrell Rd. L20 & L21 38 C7
Orrell Rd. Orrell WN5 25 E7
Orrell Rd. Wallasey L45 51 C7
Orrell St. WA9 44 C3
Orrell St James' Road Cty Jun & Inf Sch. WN5 25 D4
Orrell Sta. WN5 25 E4
Orrell Water Pk. WN5 25 E4
Orret's Meadow Rd. L49 65 B3
Orrets Meadow Sch. L46 64 F8
Orry St. L5 52 D5
Orrysdale Rd. L48 63 A3
Orsett Rd. L32 40 F8
Orston Cres. L63 79 B2
Ortega Cl. L62 79 C7
Orthes St. L3 52 F1
Orton Rd. L16 69 C8
Orton Way. WN4 34 F3
Orville St. WA9 58 F7
Orwell Cl. Formby L37 9 D1
Orwell Cl. St Helens WA9 58 A3
Orwell Rd. L4 & L5 52 D8
Osbert Rd. L23 26 B4
Osborne Ave. Wallasey L45 51 B7
Osborne Ave. Warrington WA2 61 D1
Osborne Gr. L45 51 B6
Osborne Rd. Ashton-in-M WN4 35 A4
Osborne Rd. Birkenhead L43 66 B5
Osborne Rd. Formby L37 9 E1
Osborne Rd. Golborne WA3 47 E7
Osborne Rd. Litherland L21 27 C1
Osborne Rd. Liverpool L13 53 E6
Osborne Rd. Southport PR8 7 B6
Osborne Rd. St Helens WA10 43 A5
Osborne Rd. Wallasey L45 51 C7
Osborne Vale. 8 L45 51 B7
Osborne Wood. L17 68 D1
Osmaston Rd. L42 66 A1
Osprey Cl. Liverpool L27 70 F5
Osprey Cl. Warrington WA2 61 E3
Ossett Cl. L43 65 C4
Osterley Gdns. L9 38 F6
Oteley Ave. L62 88 D8
Othello Cl. L20 38 C1
Otterburn Cl. L46 64 B8
Otterspool Dr. L17 80 D8
Otterspool Rd. L17 68 D1
Otterton Rd. L11 40 C5
Ottery Cl. PR9 2 A5
Ottley St. L6 53 C3
Otway St. L19 81 C4
Oueenswood Ave. L63 78 E7
Oulton Cl. Birkenhead L43 65 E2
Oulton Cl. Maghull L31 20 B4
Oulton La. L36 70 D8
Oulton Rd. L16 69 D6
Oulton Way. L43 65 E3
Oundle Cl. L25 82 B7
Oundle Dr. L10 28 C3
Oundle Rd. L46 49 E1
Our Lady Immaculate Prim Sch. L5 52 E6
Our Lady Of Compassion RC Prim Sch. L37 10 A3
Our Lady of Fatima Sch. L6 53 A4
Our Lady of Good Help RC Prim Sch L15 69 A8
Our Lady of Lourdes RC Prim Sch. Southport PR8 4 A1
Our Lady of Lourdes RC Prim Sch. Wallasey L46 50 B4
Our Lady of Mount Carmel RC Prim Sch. L8 67 F5
Our Lady of Perpetual Succour Inf Sch. WA8 72 C1
Our Lady of Perpetual Succour RC Inf Sch. WA8 72 B1
Our Lady of Perpetual Succour RC . Jun Sch. WA8 84 A8
Our Lady of Pity RC Prim Sch. L49 64 D2
Our Lady of Reconciliation Mix Inf Sch. L3 52 C4
Our Lady of the Assumption RC Jun & Prim Schs. L25 70 B6
Our Lady of Walsingham RC Jun (Aided) Sch. L30 27 F2
Our Lady of Walsingham RC Prim Sch. L30 27 F2
Our Lady Queen of Peace RC High Sch. WN8 15 F4
Our Lady Queen of Peace RC Inf Sch. L21 27 B2
Our Lady & St Edward's RC Prim Sch. L41 66 B8
Our Lady & St Smithin RC Prim Sch L11 40 C5
Our Lady Star of the Sea RC Prim Sch. L21 38 A6
Our Lady's Bishop Eton RC Prim Sch. L18 69 C5
Our Lady's RC Prim Sch. Prescot L34 56 D7
Our Lady's RC Prim Sch. St Helens WA9 44 E2
Ouse St. L8 68 A5
Out La. L25 70 B3
Outer Central Rd. L24 82 F5
Outer Forum. L11 39 E2
Outlet La. L31 & L39 21 F1
Oval Sports Ctr The. L63 78 F7
Oval The. L45 50 F6
Overbury St. L7 68 B8
Overchurch Inf Sch. L49 64 F6
Overchurch Jun Sch. L49 64 F6
Overchurch Rd. L46 & L49 64 E6
Overdale Ave. L61 77 D5
Overdale Prim Sch. L33 29 F4
Overdale Rd. L64 88 A1
Overdene Wlk. L32 29 F1
Overgreen Gr. L46 49 D1
Overstrand. L48 63 A2
Overton Ave. L21 27 B1
Overton Cl. Birkenhead L43 65 F3
Overton Cl. L32 29 D1
Overton Rd. L44 51 B4
Overton St. L7 53 B1
Overton Way. L43 65 F3
Ovington Dr. PR8 4 E3
Ovolo Rd. L13 54 A4
Owen Ave. L39 13 F6
Owen Cl. WA10 43 D1
Owen Dr. L24 82 B3
Owen Rd. Knowsley L33 41 C7
Owen Rd. Liverpool L4 52 D8
Owen Rd. Rainhill L35 57 C2
Owen St. WA10 43 D1
Owen's La. L39 11 E2
Ox La. L35 71 C6
Oxborough Cl. WA8 72 F4
Oxbow Rd. L12 54 E8
Oxendale Cl. L8 68 B7
Oxenham Rd. WA2 61 A3
Oxenholme Cres. L11 40 A1
Oxford Ave. L21 38 B8
Oxford Ave. L20 38 E3
Oxford Cl. L17 68 C2
Oxford Ct. PR8 3 F4
Oxford Dr. Crosby L22 26 C2
Oxford Dr. Heswall L63 86 F6
Oxford Dr. Liverpool L26 83 A8
Oxford Gdns. PR8 3 E4
Oxford House. L20 38 E3
Oxford Rd. L20 38 D3
Oxford Rd. Crosby L22 26 C1
Oxford Rd. Huyton-w-R L36 56 A3
Oxford Rd. Liverpool L9 39 B8
Oxford Rd. Orrell WN5 25 F8
Oxford Rd. Skelmersdale WN8 15 E1
Oxford Rd. Southport PR8 3 E4
Oxford Rd. Wallasey L44 51 C4
Oxford St. Liverpool L7 52 F1
Oxford St. Newton-le-W WA12 46 B3
Oxford St. 2 St Helens WA10 43 F4
Oxford St. St Helens WA10 43 F5
Oxford St E. L7 53 A1
Oxhouse Rd. WN5 25 D4
Oxley Ave. L46 50 B3
Oxley St. WA9 58 D7
Oxton Cl. Liverpool L32 40 B8
Oxton Cl. Liverpool L17 68 C2
Oxton Cl. Widnes WA8 72 C4
Oxton Ct. L43 66 B4
Oxton Rd. Birkenhead L41 66 C5
Oxton Rd. Wallasey L44 51 B3
Oxton St. L4 52 F8
Oxton St Saviour's CE (Aided) Prim Sch. L43 66 A3
Pacific Rd. Birkenhead L41 & L72 66 F7
Pacific Rd. L20 38 B4
Packenham Rd. L13 53 F6
Paddington. L7 53 A1
Paddock Cl. L23 26 B6
Paddock Dr. L64 86 D2
Paddock Gr. WA9 58 D3
Paddock Hey. L27 70 D6
Paddock Rd. WN8 24 C5
Paddock The. Ashton-in-M WN4 34 F6
Paddock The. Birkenhead L46 64 C7
Paddock The. Birkenhead L49 65 B5
Paddock The. Formby L37 10 A5
Paddock The. Heswall L60 86 C8
Paddock The. Kirkby L32 40 D7
Paddock The. Liverpool L25 70 B4
Paddock The. Ormskirk L39 13 C3
Paddock The. Prescot L34 56 F7
Paddock The. Southport PR8 7 C4
Padeswood Cl. WA9 58 C6
Padgate Cty High Sch. WA2 61 F2
Padstow Cl. Liverpool L26 70 E1
Padstow Cl. Southport PR9 2 A5
Padstow Cl. Warrington WA5 74 E3
Padstow Dr. WA10 43 B6
Padstow Rd. Birkenhead L49 64 C2
Padstow Rd. Liverpool L16 69 D8
Page Ct. L37 9 F3
Page La. WA8 73 C1
Page Moss Ave. L36 55 B4
Page Moss La. L14 & L36 55 A3
Page Moss Par. L36 55 B4
Page Moss Prim Sch. L36 55 A3
Page Wlk. L3 52 E3
Pagebank Rd. L14 & L36 55 A3
Pagefield Rd. L15 69 A6
Pagewood Cl. L43 65 D4
Paignton Cl. Billinge WN5 33 E8
Paignton Cl. Huyton-w-R L36 56 B3
Paignton Cl. Warrington WA5 74 E4
Paignton Rd. Liverpool L16 69 D8
Paignton Rd. Wallasey L45 50 F6
Paisley Ave. Bebington L62 88 E4
Paisley Ave. St Helens WA11 44 E7
Paisley St. L3 52 B3
Palace Arc. WN4 35 B3
Palace Rd. Liverpool L9 39 A6
Palace Rd. Southport PR8 3 E5
Palatine Arc. 8 WA10 44 A3
Palatine Rd. Bebington L62 79 C1
Palatine Rd. Southport PR8 3 F5
Palatine Rd. Wallasey L44 51 D2
Palatine The. 6 L20 38 C3
Palermo St. L44 51 D2
Paley Cl. L4 52 F7
Palin Dr. WA5 74 F6
Pall Mall. L2 & L3 52 C3
Palladio Rd. L13 54 B4
Palm Ave. WN4 34 D5
Palm Cl. L9 39 C3
Palm Ct. WN8 15 E2
Palm Gr. Birkenhead L43 66 B5
Palm Gr. Liverpool L25 70 B1
Palm Gr. Southport PR8 & PR9 4 E6
Palm Hill. L43 66 B4
Palmer Cl. 7 WA10 43 F4
Palmerston Ave. L21 38 A7
Palmerston Cl. L18 68 F3
Palmerston Dr. L21 38 B7
Palmerston Rd. Liverpool L18 68 F3
Palmerston Rd. Liverpool L19 81 C6
Palmerston Rd. Southport PR9 4 F6
Palmerston Rd. Wallasey L44 50 F4
Palmerston St. L42 66 F2
Palmwood Ave. L35 57 D2
Palmwood Cl. L43 65 E1
Paltridge Way. L61 76 F4
Pamela Cl. L10 40 B6
Pampas Gr. L9 39 B4
Pankhurst Rd. L21 27 C2
Pansy St. L5 52 D7
Parade. L3 67 B8
Parade Cres. L24 82 E2
Parade St. WA10 44 A4
Parade The. L64 86 B1
Paradise La. Formby L37 10 A6
Paradise La. Prescot L35 56 D2
Paradise St. Liverpool L1 52 D1
Paradise St. Liverpool L1 & L72 67 D8
Paragon Cl. WA8 73 B5
Parbold Ave. WA11 44 D6
Parbold Ct. WA8 84 D8
Parbrook Cl. L36 55 D6
Parbrook Rd. L36 55 D5
Parchments The. WA12 46 D4
Parish CE Prim Sch. WA10 44 B4
Park Ave. Crosby L23 26 E5
Park Ave. Formby L37 9 F1
Park Ave. Golborne WA3 35 F2
Park Ave. Haydock WA11 45 A6
Park Ave. Liverpool L9 39 D7
Park Ave. Liverpool L18 68 E3
Park Ave. Maghull L31 20 D3
Park Ave. Ormskirk L39 13 E5
Park Ave. Orrell WN5 25 E1
Park Ave. Rainhill L35 57 C4
Park Ave. Southport PR9 4 E8
Park Ave. St Helens L34 57 A7
Park Ave. Wallasey L44 51 D3
Park Ave. Widnes WA8 73 B1
Park Ave N. WA12 46 C2
Park Ave S. WA12 46 C2
Park Brow Cty Prim Sch. L32 41 A8
Park Brow Dr. L32 29 F1
Park Cl. Birkenhead L41 66 C6
Park Cl. Hightown L37 17 E8
Park Cl. L32 29 B3
Park Cres. Haskayne L39 11 F4
Park Cres. Southport PR9 1 D1
Park Ct. L22 26 E1
Park Dr. Birkenhead L41 66 A7
Park Dr. Birkenhead L41 & L43 66 C6
Park Dr. Crosby L23 26 A4
Park Dr. Crosby L23 27 A7
Park Gr. L41 66 D5
Park High Sch. Birkenhead L41 66 A7
Park High Sch. Birkenhead L43 66 B6
Park Hill Ct. 6 L8 67 F4
Park Hill Rd. L8 67 F4
Park Hospl. L6 53 D5
Park Ind Est. WN4 34 E3
Park La. L20 38 E7
Park La. Golborne WN2 & WN7 36 D6
Park La. Litherland L30 28 A1
Park La. Liverpool L30 & L9 39 A8
Park La. Liverpool L1 & L72 67 D8
Park La. Maghull L31 20 F3
Park La. Wallasey L47 49 A2
Park La W. L30 27 F2
Park Lane Dr. L31 21 B2
Park Lane Inf Sch. WN4 34 F7
Park Link. L39 13 B1
Park Pl. L20 38 C3
Park Pl. Liverpool L8 67 E6
Park Prim Sch. Skelmersdale WN8 15 E1
Park Prim Sch. Wallasey L44 51 B3
Park Rd. Bebington L62 79 B5
Park Rd. Bebington L62 88 F6
Park Rd. Birkenhead L42 66 E3
Park Rd. Crosby L22 26 E1
Park Rd. Formby L37 9 E1
Park Rd. Golborne WA12 47 A7
Park Rd. Heswall L60 86 B8
Park Rd. Hoylake L47 48 F1
Park Rd. L32 29 C3
Park Rd. Liverpool L8 67 F5
Park Rd. Ormskirk L39 13 E5
Park Rd. Orrell WN5 25 F1
Park Rd. Prescot L34 56 C7
Park Rd. Southport PR9 1 D1
Park Rd. Southport PR9 4 D8
Park Rd. St Helens WA9 44 D4
Park Rd. Wallasey L44 51 C3
Park Rd. Warrington WA2 61 D1
Park Rd. Warrington WA5 74 E6
Park Rd. West Kirby L48 63 A2
Park Rd. Widnes WA8 73 B1
Park Rd E. L41 & L43 66 C6
Park Rd N. Birkenhead L41 66 B7
Park Rd N. Newton-le-W WA12 46 E4
Park Rd S. Birkenhead L43 66 B6
Park Rd S. Newton-le-W WA12 46 D2
Park Rd W. Birkenhead L41 & L43 66 A7
Park Rd W. Southport PR9 1 C1
Park Road Prim Sch. WA5 74 E6
Park St. Birkenhead L41 66 D7
Park St. Birkenhead L41 66 E7
Park St. L20 38 D3
Park St. Haydock WA11 45 A6
Park St. Liverpool L8 67 E5
Park St. St Helens WA9 44 C4
Park St. Wallasey L44 51 C4
Park Terr. L22 37 E8
Park The. Huyton-w-R L36 55 E1
Park The. Warrington WA5 74 D3
Park Vale Rd. L9 39 A6
Park View. Abram WN2 36 B8
Park View. Ashton-in-M WN4 35 B2
Park View. Bebington L62 88 C8

Par – Ply 117

Park View. Crosby L22 & L23 26 D2
Park View. Crosby L23 27 B7
Park View. Huyton-w-R L36 55 C4
Park View. Liverpool L6 53 D5
Park View. Newton-le-W WA12 46 E3
Park View Ct. L17 68 E5
Park View Flats. L21 38 A8
Park View Prim Sch. L36 55 C4
Park W. L60 85 E7
Park Wall Rd. L29 & L38 19 B2
Park Way. Formby L37 9 F1
Park Way. Hoylake L47 48 E1
Park Way. Huyton-w-R L34 & L36 55 D7
Park Way. Liverpool L8 67 F7
Park Way E. L32 29 B3
Park Way W. L32 29 B3
Parkbourn. L31 21 A2
Parkbourn Dr. L31 21 A2
Parkbourn N. L31 21 A2
Parkbourn Sq. L31 21 A2
Parkbridge Rd. L42 66 C3
Parkend Rd. L42 66 C3
Parker Ave. L21 37 F7
Parker Cres. L39 13 F7
Parker St. L1 52 D1
Parkfield Ave. Birkenhead L41 66 D6
Parkfield Ave. Litherland L30 28 A1
Parkfield Cl. L41 66 C7
Parkfield Dr. L44 51 B4
Parkfield Gr. L31 20 C1
Parkfield Pl. L41 66 D6
Parkfield Rd. Bebington L63 79 A3
Parkfield Rd. Crosby L22 26 F2
Parkfield Rd. Liverpool L17 68 B4
Parkfield Sch. L32 40 E8
Parkfields. WN2 36 C6
Parkfields La. WA2 61 F2
Parkgate La. L63 & L64 86 F5
Parkhill Prim Sch. L8 67 F4
Parkhill Rd. L42 66 C3
Parkholme. L22 26 E1
Parkhurst Rd. Birkenhead L42 66 C2
Parkhurst Rd. Liverpool L11 39 F1
Parkinson Rd. L9 39 A4
Parkland Ct. L43 65 C8
Parklands. Knowsley L34 41 E3
Parklands. Rainford WA11 31 F7
Parklands. Skelmersdale WN8 16 D2
Parklands. Southport PR9 4 E8
Parklands. Widnes WA8 72 C3
Parklands Dr. L60 86 C6
Parks The. WA12 35 B1
Parkside. L44 51 D3
Parkside Ave. Ashton-in-M WN4 34 F8
Parkside Ave. St Helens WA9 58 B3
Parkside Cl. Bebington L63 79 A5
Parkside Cl. Liverpool L27 70 E4
Parkside Cres. WN5 25 F6
Parkside Ct. WA8 73 A2
Parkside Dr. L11 & L12 54 B8
Parkside Rd. Bebington L63 79 A6
Parkside Rd. Birkenhead L42 66 E3
Parkside Rd.
Golborne WA12 & WA3 47 B2
Parkside Sch. L39 13 E5
Parkside St. L6 52 F3
Parkstile La. L11 40 C4
Parkstone Rd. L42 66 C3
Parkvale Ave. L43 77 E8
Parkview Dr. L27 70 E4
Parkview Rd. L11 40 E5
Parkway. Crosby L23 26 F2
Parkway. Irby L49 76 F7
Parkway. Litherland L30 27 F5
Parkway. Wallasey L45 50 E7
Parkway Cl. L49 76 F7
Parkwood Cl. L62 88 E8
Parkwood Rd. Liverpool L25 70 A4
Parkwood Rd. Prescot L35 56 E2
Parlane St. WA9 44 C4
Parle Ct. 5 L6 53 B5
Parliament Cl. 6 L1 67 E7
Parliament Pl. L8 67 F7
Parliament St.
Liverpool L1 & L69 & L72 & L8 67 D7
Parliament St. Orrell WN8 25 C7
Parliament St.
St Helens L35 & WA9 57 D7
Parlington Cl. WA8 84 C7
Parlow Rd. 4 L11 & L13 53 E8
Parnell Rd. L63 79 A2
Parr Comm High Sch. WA9 44 E3
Parr Flat Comm Jun Sch. WA9 45 A3
Parr Gr. Birkenhead L49 64 C4
Parr Gr. Haydock WA11 45 A6
Parr Ind Est. WA9 44 E2
Parr Mount St. WA9 44 C3
Parr St. L21 38 B8
Parr St. Litherland L21 27 B1
Parr St. Liverpool L1 & L69 & L72 67 D8
Parr St. St Helens WA10 & WA9 44 B3
Parr St. 1 Widnes WA8 73 C1
Parr Stocks Rd. WA9 44 D3
Parr's La. L39 13 D1
Parren Ave. L35 56 C1
Parrmount Ct. WA9 44 C3
Parrs Rd. L43 66 B3
Parry St. L44 51 D2
Parson's Brow. WA11 31 E6
Parsonage Brow. WN8 25 A8
Parsonage Gn. L24 83 E1
Part St. PR8 4 B6
Parthenon Dr. L11 39 E2
Partington Ave. L20 38 E4
Parton St. L6 & L7 53 C3
Partridge Rd. Crosby L23 26 B4
Partridge Rd. L32 29 B3
Pasture Ave. L46 49 E2
Pasture Cl. Garswood WN4 34 E6
Pasture Cl. Liverpool L25 70 B1
Pasture Cl. St Helens WA9 58 C4
Pasture Cres. L46 49 E2
Pasture La. WA11 32 A4
Pasture Rd. L46 49 D2
Pastures The. Southport PR9 2 D5
Pastures The. West Kirby L48 63 F2
Pateley Cl. L32 29 C1
Pateley Wlk. L24 82 F4
Paterson St. L41 66 C6
Paton Cl. L48 63 D3
Patricia Ave. L41 50 F1
Patricia Ct. 9 WA10 43 F4
Patricia Gr. L20 38 D6
Patrick Ave. L20 38 E7
Patten St. L41 66 B8
Patten's Cl. L30 27 D4
Patten's Wlk. L34 41 E5
Patterdale Ave. WA2 61 C2
Patterdale Cl. PR8 7 B3
Patterdale Cres. L31 20 E2
Patterdale Dr. WA10 57 B8
Patterdale Rd. Ashton-in-M WN4 35 A8
Patterdale Rd. Bebington L63 78 F3
Patterdale Rd. Liverpool L15 68 F6
Patterson St. WA12 46 B3
Paul Cl. WA5 74 D6
Paul McCartney Way. 5 L6 53 B3
Paul Orr Ct. L3 52 C4
Paul St. L3 52 D3
Paul's La. PR9 1 F3
Pauline Wlk. L10 40 B7
Paulsfield Dr. L46 & L49 64 E7
Paulton Cl. L8 67 F4
Paulton Vale. L44 51 A2
Paveley Bank. L27 70 D6
Pavilion Cl. L8 68 B7
Paxton Pl. WN8 24 C4
Paxton Rd. L36 55 E4
Paxton St. L5 52 E6
Peacehaven. WN8 15 E1
Peacehaven Cl. L16 69 F8
Peach Gr. Haydock WA11 45 E7
Peach Gr. L31 29 B4
Peach Tree Cl. L24 83 E2
Pear Gr. L6 53 B3
Pear Tree Cl. Hale L24 83 E1
Pear Tree Cl. Heswall L60 77 C1
Pear Tree Rd. L36 70 E8
Pearce Cl. L25 69 F6
Pearson Dr. L20 38 E4
Pearson Rd. L41 & L42 66 E5
Pearson St. L15 68 F8
Peartree Ave. L12 40 F1
Peasefield Rd. L14 55 A4
Peasley Cross La. WA9 44 C2
Peasley View. WA9 44 C2
Peatwood Ave. L32 40 F7
Peckers Hill Rd. WA9 58 E7
Peckmill Gn. L27 70 F4
Pecksniff Cl. 4 L8 67 F5
Peebles Ave. WA11 44 E6
Peebles Cl. Garswood WN4 34 C4
Peebles Cl. L33 29 D6
Peech St. L3 & L7 52 F3
Peel Ave. L41 66 F3
Peel Cl. L35 56 E3
Peel House La. WA8 73 B2
Peel Pl. Liverpool L8 67 F7
Peel Pl. St Helens WA10 44 A5
Peel Rd. L20 38 A5
Peel Rd. Skelmersdale WN8 24 E5
Peel St. Liverpool L8 68 A4
Peel St. Newton-le-W WA12 46 A3
Peel St. Runcorn WA7 84 F3
Peel St. Southport PR8 & PR9 4 F6
Peel Wlk. L31 20 B2
Peet Ave. Ormskirk L39 13 D4
Peet Ave. St Helens WA10 43 C3
Peet St. L7 53 B1
Peet's La. PR9 2 A1
Pelham Gr. L17 68 C4
Pelham Rd. L44 51 A3
Pemberton Rd. Birkenhead L49 65 B2
Pemberton Rd.
Garswood WN3 & WN5 34 A8
Pemberton Rd. Liverpool L13 54 A3
Pemberton St. WA10 43 E3
Pembertons Ct. L34 56 E6
Pembrey Way. L25 82 D8
Pembroke Ave. L46 64 E7
Pembroke Ct. L41 66 E4
Pembroke Gdns. L3 52 E2
Pembroke Pl. L3 52 F2
Pembroke Rd. L20 38 C1
Pembroke Rd. L20 38 C2
Pembroke St. L3 52 F2
Pembury Cl. L12 40 E3
Penarth Cl. L7 68 B8
Penbroke St. L3 52 F1
Pencombe Rd. L36 55 C4
Pendennis Rd. L44 51 C3
Pendennis St. L6 53 B5
Pendine Cl. Liverpool L6 53 C4
Pendine Cl. Warrington WA5 60 C2
Pendle Ave. WA11 44 D5
Pendle Cl. L49 64 E6
Pendle Dr. Litherland L21 27 C4
Pendle Dr. Ormskirk L39 14 A6
Pendle Pl. WN8 24 D4
Pendle Rd. WA3 36 C1
Pendle View. L21 27 C4
Pendle Villas. L21 27 C3
Pendlebury St. WA9 58 C3
Pendleton Gn. L26 82 E7
Pendleton Rd. 8 L4 39 A2
Penfold. L31 20 E1
Penfold Cl. L18 69 D5
Pengallo Hey. L27 70 F5
Pengwern Gr. L15 68 D8
Pengwern St. L8 68 A5
Penhale Cl. L17 68 B2
Penketh Cty High Sch. WA5 74 F5
Penketh Cty Prim Sch. WA5 74 D4
Penketh Gn. L24 82 E4
Penketh Pl. WN8 24 C5
Penketh South Cty Prim Sch.
WA5 74 E3
Penkett Ct. L45 51 C6
Penkett Gr. L45 51 C6
Penkett Rd. L45 51 C6
Penkford La. WA5 45 D2
Penkford Sch. WA12 45 E2
Penkford St. WA12 45 E3
Penlake Ind Est. WA9 58 E6
Penlake La. WA9 58 F7
Penley Cres. L32 29 B2
Penmann Cl. L26 82 F7
Penmann Cres. L26 82 F7
Penmark Cl. WA5 60 C2
Penmon Dr. L61 76 F3
Penn La. WA7 84 F1
Pennant Ave. L12 40 C1
Pennard Ave. L36 55 D5
Pennine Cl. WA9 44 E3
Pennine Dr. WA9 44 F3
Pennine La. WA3 36 C1
Pennine Pl. WN8 24 B6
Pennine Rd. Bebington L42 78 C8
Pennine Rd. Wallasey L44 50 F4
Pennine Rd. Warrington WA2 61 E2
Pennine Way. L32 29 C4
Pennington Ave. L20 38 E6
Pennington Ave. Ormskirk L39 13 E6
Pennington Flash Ctry Pk.
WA3 36 F4
Pennington La. WA5 & WA9 45 D2
Pennington Rd. L21 38 C6
Pennington St. 2 L4 38 F2
Pennington's Pl. L36 55 E2
Pennsylvania Rd. L13 53 D7
Penny La. Burtonwood WA5 45 D1
Penny La. Cronton L35 & WA8 72 B6
Penny La. Haydock WA11 & WA12 46 A7
Penny La.
Liverpool L17 & L18 & L15 68 F5
Penny Lane Neighbourhood Ctr.
L15 69 A6
Pennystone Cl. L49 64 D6
Penpoll Ind Est. L20 38 C6
Penrhos Rd. L47 63 A6
Penrhyd Rd. L61 76 D5
Penrhyn Ave. L21 38 B7
Penrhyn Ave. Heswall L61 77 A6
Penrhyn Rd. L34 41 B6
Penrhyn St. L5 52 D5
Penrith Ave. Southport PR8 7 C3
Penrith Ave. Warrington WA2 61 C2
Penrith Cres. Ashton-in-M WN4 35 B4
Penrith Cres. Maghull L31 20 E2
Penrith Rd. WA10 57 B7
Penrith St. L41 66 C5
Penrose Ave E. L14 54 F2
Penrose Ave W. L14 54 E2
Penrose Pl. WN8 24 E4
Penrose St. L5 52 F6
Penryn Ave. WA11 44 D7
Penryn Cl. WA5 74 E3
Pensall Dr. L60 & L61 76 F2
Pensarn Gdns. WA5 60 D2
Pensarn Rd. L13 53 F2
Pensby Cl. L61 77 A5
Pensby Cty Inf Sch. L61 76 F3
Pensby Hall La. L60 & L61 76 F2
Pensby High Sch for Boys. L61 76 D4
Pensby High Sch for Girls. L61 76 E3
Pensby Jun Sch. L61 76 F3
Pensby Park Prim Sch. L61 76 E4
Pensby Rd. L60 & L61 77 A4
Pentire Ave. WA10 43 B6
Pentland Ave. 6 Liverpool L4 39 A1
Pentland Ave. St Helens WA9 44 F3
Pentland Ave. Warrington WA2 61 B3
Pentland Pl. WA2 61 B3
Pentland Rd. L33 30 A4
Penton Wlk. 12 L6 53 A3
Penuel Rd. 10 L4 38 F2
Peover St. L3 52 D3
Peploe Rd. L4 39 D2
Peplow Rd. L32 29 B2
Pepper St. L24 83 D1
Pera Cl. 11 L6 53 A3
Perch Pool La. PR9 5 F4
Percival Ct. PR8 4 A6
Percival La. WA7 84 E2
Percy Rd. L44 51 E2
Percy St. L20 38 B5
Percy St. Liverpool L8 67 F7
Percy St. St Helens WA9 58 F7
Percy Villas. L9 39 A4
Perimeter Rd. L33 30 E2
Perriam Rd. L19 81 D8
Perrin Rd. L45 50 E5
Perrins Rd. WA5 59 F6
Perry Brook Comm Prim Sch.
WN4 35 A7
Perry St. L3 & L8 67 D6
Perrybrook Wlk. WN4 35 D4
Perryside. L44 51 E2
Pershore Gr. PR8 7 A4
Pershore House Sch. L42 66 B1
Pershore Rd. L32 40 E8
Perth Ave. WA9 57 E7
Perth Cl. L33 29 D6
Perth Cl. Warrington WA2 61 F3
Perth St. L6 53 A3
Peter Lloyd L Ctr. L13 53 F6
Peter Mahon Way. L20 38 B4
Peter Price's La. L63 78 E4
Peter Rd. L4 38 E1
Peter Rd. L4 38 F2
Peter St. Ashton-in-M WN4 35 C3
Peter St. Golborne WA3 47 A8
Peter St. Liverpool L1 52 D2
Peter St. St Helens WA10 43 F4
Peter St. 8 Wallasey L44 51 E2
Peter's La. L1 52 D1
Peterborough Dr. L30 27 F4
Peterborough Rd. L15 69 A6
Peterhouse Walk. WN4 34 F3
Peterlee Cl. WA9 57 F7
Peterlee Way. L30 28 A1
Petersfield Cl. L30 28 A1
Peterstone Cl. WA5 60 D2
Peterwood. L42 67 A1
Petherick Rd. L11 40 C5
Petton St. L5 52 F6
Petunia Cl. L14 55 A4
Petworth Ave. WA2 61 B3
Petworth Cl. L24 82 B4
Petworth Rd. PR8 7 B6
Peveril St. L4 & L9 38 F3
Pharmacy Rd. L24 82 C5
Pheasant Field. L24 83 C2
Pheasant Gr. L26 70 E1
Philbeach Rd. L11 & L4 39 D2
Philharmonic Ct. 5 L7 67 F8
Philip Dr. PR8 7 F6
Philip Gr. WA9 58 C7
Philip Rd. WA8 84 B8
Philips Dr. WA5 74 E6
Phillimore Rd. L6 & L7 53 C3
Phillip Gr. L14 54 F5
Phillip's Cl. L37 9 F2
Phillip's La. L37 9 F2
Phillips Cl. L23 27 B6
Phillips St. L3 52 C3
Phillips Way. L60 85 E8
Phipps' La. WA5 59 E7
Phoenix Ave. WA5 60 F2
Physics Rd. L24 82 C5
Phythian Cl. L6 53 B3
Phythian Cres. WA5 74 F4
Phythian St. Liverpool L6 53 A3
Phythian St. St Helens WA11 44 F6
Picadilly. WN5 33 E5
Pickerill Rd. L49 64 D3
Pickering Rake. L30 27 D5
Pickering Rd. Wallasey L45 51 B8
Pickering Rd. Widnes WA8 84 B5
Pickering St. L6 53 A5
Pickmere Dr. Bebington L62 88 F3
Pickmere Dr. Bebington L62 88 F4
Pickop St. 6 L3 52 C3
Pickwick St. L8 67 F6
Picow Farm Rd. WA7 84 E1
Picow St. 1 WA7 84 F1
Picton Cl. Bebington L62 88 E3
Picton Cl. Birkenhead L43 65 F4
Picton Cres. L15 68 E8
Picton Gr. L15 68 D8
Picton Rd. Crosby L22 26 D1
Picton Rd. Liverpool L15 68 E8
Piele Rd. WA11 45 E8
Piercefield Rd. L37 9 F5
Pierpoint St. WA12 47 A7
Pighue La. Liverpool L13 & L7 53 F1
Pighue La. Liverpool L13 54 A1
Pigot St. WA10 43 E3
Pigotts Rake. L30 27 D5
Pike House Rd. WA10 43 A5
Pike Pl. WA10 43 B4
Pikelaw Pl. WN8 24 C5
Pikes Hey Rd. L48 75 F7
Pilch La. L14 & L36 54 F3
Pilch La E. L36 55 A2
Pilchbank Rd. L14 54 E4
Pilgrim Cl. WA2 61 A6
Pilgrim St. Birkenhead L41 66 F6
Pilgrim St. Liverpool L1 67 E8
Pilkington Rd. PR8 4 D5
Pilkington St. WA11 31 F6
Pilling Cl. PR9 1 F5
Pilling La. L31 20 A5
Pilling Pl. WN8 24 C5
Pilot Gr. L15 68 D8
Pimblett Rd. WA11 45 E7
Pimblett St. WA3 47 A7
Pimbley Gr E. L31 28 C6
Pimbley Gr W. L31 28 C6
Pimbo La. Orrell WN8 25 A4
Pimbo La.
Skelmersdale WN5 & WN8 24 F3
Pimbo Rd. Rainford WA11 & WN5 32 E7
Pimbo Rd. Skelmersdale WN8 24 C5
Pimhill Cl. L8 68 A6
Pincroft Way. L4 52 D7
Pine Ave. Bebington L63 78 F3
Pine Ave. Newton-le-W WA12 46 D2
Pine Ave. Ormskirk L39 13 F7
Pine Ave. St Helens WA10 43 F6
Pine Ave. Widnes WA8 73 B2
Pine Cl. Haydock WA11 45 C6
Pine Cl. Huyton-w-R L36 55 D4
Pine Cl. L32 29 C3
Pine Cl. Prescot L35 56 E3
Pine Cl. Skelmersdale WN8 15 F1
Pine Crest. L39 13 B2
Pine Ct. L41 66 D6
Pine Dale. WA11 31 E7
Pine Dr. L39 13 F6
Pine Gr. L20 38 D4
Pine Gr. Crosby L22 26 D2
Pine Gr. Golborne WA3 47 C8
Pine Gr. Ormskirk L39 13 F7
Pine Gr. Southport PR9 4 D7
Pine Mews. L1 67 E7
Pine Rd. L60 86 C8
Pine Tree Ave. L43 65 C4
Pine Tree Cl. L46 64 F8
Pine Tree Gr. L46 64 F8
Pine Tree Rd. L36 70 D8
Pine View Dr. L61 77 A3
Pine Walks. Bebington L42 78 B8
Pine Walks. Birkenhead L42 66 B1
Pine Way. L60 76 E2
Pinedale Cl. L43 65 D4
Pinehey. L64 86 D1
Pinehurst Ave. Crosby L22 26 C2
Pinehurst Ave. Liverpool L4 53 C7
Pinehurst Avenue Jun Sch. L4 53 C7
Pinehurst Rd. L4 53 C7
Pinehurst Road Inf Sch. L4 53 C7
Pinemore Rd. L18 69 A2
Pineridge Cl. L62 79 C2
Pines The. Bebington L63 79 B3
Pines The. Liverpool L12 40 F4
Pinetree Ct. L44 50 F5
Pinetree Dr. L48 63 D1
Pinewood. Ashton-in-M WN4 35 A2
Pinewood. Skelmersdale WN8 16 D3
Pinewood Ave. Formby L37 9 D1
Pinewood Ave. Liverpool L12 40 D3
Pinewood Cl. Abram WN2 36 C7
Pinewood Cl. Formby L37 9 D2
Pinewood Cl. Liverpool L27 70 E6
Pinewood Cres. WN5 25 E6
Pinewood Dr. L60 86 B8
Pinewood Gdns. L33 29 E5
Pinewood Rd. WA5 59 F7
Pinfold Cl. Litherland L30 27 E5
Pinfold Cl. Southport PR8 7 B3
Pinfold Cres. L32 41 A8
Pinfold Ct. 1 Crosby L23 26 D5
Pinfold Ct. West Kirby L47 63 A4
Pinfold Dr. WA10 43 A3
Pinfold La. Knowsley L34 41 C3
Pinfold La. Southport PR8 7 B3
Pinfold La. West Kirby L47 & L48 63 A4
Pinfold Pl. WN8 24 D4
Pinfold Rd. L25 82 C7
Pingot Rd. WN5 33 E5
Pingwood La. L33 30 A5
Pinnington Rd. L35 56 E3
Pintail Cl. WA11 44 B6
Piper's Cl. L60 85 D8
Piper's End. L60 85 D8
Piper's La. Heswall L60 & L61 76 C1
Piper's La. Heswall L60 85 D8
Pipers The. WA3 47 F8
Pipit Ave. WA12 46 C3
Pipit Cl. L26 70 E2
Pirrie Rd. L9 39 D3
Pit Hey Pl. WN8 24 C5
Pit La. WA8 73 A4
Pit Pl. L25 70 A2
Pitch Cl. L49 64 D4
Pitsmead Rd. L32 29 E1
Pitt St. Liverpool L1 & L72 67 D8
Pitt St. Southport PR9 4 F6
Pitt St. St Helens WA9 44 C3
Pitt St. St Helens WA9 44 C4
Pitts House La. PR9 5 B8
Pitville Ave. L18 69 A3
Pitville Cl. L18 69 A2
Pitville Gr. L18 69 A3
Pitville Rd. L18 69 A3
Plane Cl. L9 39 C3
Plane Tree Gr. WA11 46 A7
Plane Tree Rd. L63 78 E5
Planetree Rd. L12 54 F8
Plantation Prim Sch. L26 82 F8
Plantation Rd. L62 79 F2
Planters The. Birkenhead L49 64 C4
Planters The. Litherland L30 28 A4
Platt Gr. L42 79 A8
Platts St. WA11 45 A6
Plattsville Rd. L18 69 A5
Playfield Rd. L12 54 F7
Playfield Wlk. L12 54 E7
Pleasance Way. WA12 46 D4
Pleasant Hill St. L3 & L8 67 D6
Pleasant St. L20 38 B2
Pleasant St. 3 Liverpool L3 52 E1
Pleasant St. Wallasey L45 51 B7
Pleasant Street Prim Sch. L3 52 E1
Pleasant View. L20 38 B2
Pleasant View. Liverpool L7 53 E2
Pleasington Cl. L43 65 E4
Pleasington Dr. L43 65 E4
Pleasureland. PR8 3 F7
Plemont Rd. L13 54 A5
Plessington RC High Sch. L42 79 A7
Plex La. L39 12 C5
Plex Moss La. L39 & PR8 11 D8
Plimsoll St. 5 L7 53 B1
Plough La. L40 & WN8 15 A4
Plover Cl. WA12 46 C3
Pluckington Rd. L36 56 B3
Plum Tree Cl. Huyton-w-R L28 55 B8
Plum Tree Cl. St Helens L35 57 A6
Plumbers Way. L36 55 F2
Plumer St. Birkenhead L41 66 A8
Plumer St. Liverpool L15 68 E8
Plumpton La. L39 8 E2
Plumpton St. L6 52 F4
Plymyard Ave. L62 88 D5
Plymyard Cl. L62 88 D5

118 Poc – Rak

Pocket Nook St. WA9 44 C4
Pocklington Ct. WA2 61 F1
Podium Rd. L13 54 A4
Poets Cnr. L62 79 B5
Poets Gn. L35 56 F3
Poleacre Dr. WA8 72 D2
Poll Hill Rd. L60 76 F1
Poll Moll Ctr. L3 52 C3
Pollard Rd. L15 54 A1
Pollitt Cres. WA9 58 C3
Pollitt Sq. L62 79 C8
Polperro Cl. WA5 74 E3
Pomfret St. L8 68 A6
Pomona St. L3 52 E1
Pond Green Way. WA9 44 F1
Pond View Cl. L60 86 C8
Pond Wlk. WA9 45 A1
Ponsonby Rd. L45 50 E5
Ponsonby St. L8 68 A6
Pontville Sch. L39 13 D3
Pool Bank. L62 79 B6
Pool End. WA9 44 F2
Pool Hey. L28 55 B8
Pool Hey La. PR8 & PR9 5 B3
Pool La. Bebington L62 79 D5
Pool La. Birkenhead L49 65 A2
Pool St. Birkenhead L41 66 D7
Pool St. Southport PR9 2 D5
Poolbank Rd. L62 79 B7
Poole Ave. WA2 61 B2
Poole Cres. WA2 61 B2
Poole Rd. L44 51 D5
Poole Wlk. 5 L8 68 A4
Poolside Wlk. PR9 2 C4
Poolwood Rd. L49 65 B3
Pope John Paul High Sch. L24 82 F3
Pope St. L20 38 B5
Poplar Ave. Birkenhead L49 64 F5
Poplar Ave. Crosby L23 26 F5
Poplar Ave. Garswood WN4 34 D5
Poplar Ave. Newton-le-W WA12 46 D3
Poplar Ave. St Helens WA10 43 A4
Poplar Ave. Warrington WA5 74 E3
Poplar Bank. Huyton-w-R L36 55 E2
Poplar Bank. Southport PR9 1 D1
Poplar Dr. Bebington L63 79 A4
Poplar Dr. L32 29 D3
Poplar Dr. Liverpool L5 & L6 53 A5
Poplar Dr. Skelmersdale WN8 15 F1
Poplar Farm Cl. L46 64 C6
Poplar Gr. Haydock WA11 45 C6
Poplar Gr. Prescot L35 56 E5
Poplar Gr. Seaforth L21 37 F6
Poplar Gr. St Helens WA10 43 C3
Poplar Rd. Birkenhead L43 66 B4
Poplar Rd. Haydock WA11 45 C6
Poplar Rd. Liverpool L25 70 A3
Poplar St. Golborne WA3 36 B1
Poplar St. Southport PR8 4 E6
Poplar Way. L4 52 D8
Poplars Ave. Warrington WA2 61 A4
Poplars Ave. Warrington WA2 61 C3
Poplars Pl. WA2 61 D2
Poplars The. WA3 36 B1
Poppleford Cl. L25 & L27 70 D5
Poppy La. L39 14 B1
Porchester Rd. L11 39 F1
Porkbury Ct. L43 66 A3
Porlock Ave. Liverpool L16 69 E5
Porlock Ave. St Helens WA9 58 C5
Porlock Cl. Heswall L60 86 B6
Porlock Cl. Warrington WA5 74 E4
Port Cswy. L62 79 D4
Port of Liverpool Euro Rail Terminal. L21 37 E7
Port Sunlight Sta. L62 79 B5
Portal Mews. L61 76 F3
Portal Rd. L61 76 F3
Portbury Cl. L62 79 C6
Portbury Way. L62 79 C6
Portbury Wlk. L62 79 C6
Portelet Rd. L13 53 F4
Porter Ave. WA12 46 C5
Porter Cl. L35 57 E1
Porter St. L3 52 B4
Porthcawl Cl. WA8 72 C3
Portia Ave. L63 78 E7
Portia Gdns. L42 78 E7
Portia St. L20 38 C1
Portico Ave. L35 57 A6
Portico Ct. L35 57 A6
Portico La. L35 57 A6
Portland Ave. L22 26 C2
Portland Cl. WN2 36 A8
Portland Gdns. L3 52 C4
Portland Pl. L5 52 E4
Portland Prim Sch. L41 66 A8
Portland St. Birkenhead L41 66 A8
Portland St. Liverpool L3 52 C4
Portland St. Newton-le-W WA12 45 F4
Portland St. Runcorn WA7 84 F3
Portland St. Southport PR8 4 B5
Portland St. Wallasey L45 37 A1
Portland Way. WA9 44 F1
Portlemouth Rd. L11 40 C5
Portloe Ave. L26 70 F1
Portman Rd. L15 68 D7
Porto Hey Rd. L61 76 D5
Porton Rd. L32 29 C1
Portreath Way. WA10 43 B6
Portree Ave. L63 88 D5
Portree Cl. L9 39 A5
Portrush St. L13 53 E6
Portwood Cl. L8 68 B8
Post Office Ave. PR9 4 B7
Potter Pl. WN8 24 D5
Potters La. WA8 83 F5
Pottery Cl. L35 56 C3
Pottery Fields. L34 56 E6
Pottery La. 3 Liverpool L8 67 F4
Pottery La. Prescot L35 & L36 56 C3
Poulsom Dr. L30 27 D3
Poulter Rd. L9 39 B7
Poulton Bridge Rd. L41 & L44 51 A3
Poulton Cl. L26 82 E6
Poulton Dr. 7 Ashton-in-M WN4 34 F5
Poulton Dr. Widnes WA8 84 D8
Poulton Green Cl. L63 78 F1
Poulton Hall Rd. Bebington L63 88 A7
Poulton Hall Rd. Wallasey L44 51 A3
Poulton Lancelyn Prim Sch. L63 79 A2
Poulton Rd. Bebington L63 79 A2
Poulton Rd. Southport PR9 4 F7
Poulton Rd. Wallasey L44 51 C3
Poulton Royd Dr. L63 78 F2
Poverty La. L31 28 F8
Povey Rd. WA2 61 D1
Powderworks La. L31 21 C3
Powell Dr. WN5 33 D3
Powell St. Birkenhead L43 65 F8
Powell St. St Helens WA9 58 E7
Power Rd. Bebington L42 79 A8
Power Rd. Bebington L62 79 F1
Powis St. L8 68 A5
Pownall Sq. 19 L3 52 C2
Pownall St. L1 & L72 67 D8
Poynter St. WA9 57 E6
Pratt Rd. L34 56 C6
Precinct. L63 79 A3
Precinct The. L62 79 D1
Precincts The. L23 26 E4
Preesall Cl. PR9 1 F4
Preesall Way. L11 40 C5
Premier St. Liverpool L5 52 F5
Premier St. 2 Liverpool L5 53 A5
Prentice Rd. L42 66 E1
Prenton Ave. WA9 58 C4
Prenton Cty Inf Sch. L43 66 A1
Prenton Cty Jun Sch. L43 66 A1
Prenton Dell Ave. L43 78 A8
Prenton Dell Rd. L43 77 F8
Prenton Farm Rd. L43 78 A8
Prenton Gn. L24 82 E3
Prenton Golf Course. L43 77 F8
Prenton Hall Rd. Bebington L43 78 A8
Prenton Hall Rd. Birkenhead L43 & L42 65 F1
Prenton High Sch. L42 66 D1
Prenton La. L42 66 B1
Prenton Prep Sch. L43 66 B3
Prenton Rd E. L42 66 D3
Prenton Rd W. L42 66 C2
Prenton Village Rd. Bebington L43 78 A8
Prenton Village Rd. Birkenhead L43 65 F1
Prenton Way. Birkenhead L43 & L49 65 D1
Prenton Way. Heswall L43 & L49 77 E8
Prentonpark Rd. L42 66 C2
Prentonwood Ct. L42 66 C1
Prescot Coll of F Ed. L34 56 E6
Prescot Cty Prim & Jun Sch. L34 56 E6
Prescot Dr. L6 & L7 53 E3
Prescot Gn. L39 13 D3
Prescot Rd. L31 & L32 29 C6
Prescot Rd. Liverpool L13 & L7 53 E3
Prescot Rd. Maghull L31 & L39 21 D6
Prescot Rd. St Helens WA10 43 D2
Prescot Rd. Tarbock Green L35 71 F5
Prescot Rd. Widnes WA8 72 D2
Prescot St. Liverpool L3 & L7 52 F2
Prescot St. Wallasey L45 51 A8
Prescot Sta. L35 56 E5
Prescott Ave. WA3 35 F2
Prescott Rd. WN8 24 F4
Prescott St. WA3 36 A1
Preseland Rd. L23 26 E3
Pressfield Sch. PR9 2 A3
Prestbury Ave. Birkenhead L43 65 E2
Prestbury Ave. Southport PR8 7 B5
Prestbury Cl. L43 65 E2
Prestbury Rd. L11 39 F4
Preston Ave. L34 56 C5
Preston Gr. L6 53 C5
Preston New Rd. PR9 2 B4
Preston Rd. PR9 4 E8
Preston St. Liverpool L1 52 D2
Preston St. St Helens WA9 58 A2
Preston Way. L23 27 A4
Prestwick Dr. L23 26 C6
Prestwood Cres. L14 54 F4
Prestwood Pl. WN8 24 F4
Prestwood Rd. L14 54 F4
Pretoria Rd. Ashton-in-M WN4 35 B4
Pretoria Rd. Liverpool L9 39 B6
Price Gr. WA9 45 A2
Price St. Birkenhead L41 & L72 66 D7
Price St. 2 Liverpool L1 67 D8
Price's La. L43 66 B4
Priesthouse Cl. L37 10 A3
Priesthouse La. L37 10 A3
Primrose Cl. Formby L37 10 B5
Primrose Cl. Southport PR9 2 C6
Primrose Cl. Warrington WA2 61 D2
Primrose Cl. Widnes WA8 72 E1
Primrose Dr. L36 55 E5
Primrose Gr. Haydock WA11 45 E7
Primrose Gr. 6 Wallasey L44 51 E2
Primrose Hill. Bebington L62 79 B6
Primrose Hill. Liverpool L3 52 D2
Primrose Rd. Birkenhead L41 65 F7
Primrose Rd. Liverpool L18 69 C5
Primrose St. L4 & L5 52 D7
Primrose View. WN4 35 C2
Primula Dr. L9 39 B4
Prince Albert Mews. 1 L1 67 E7
Prince Alfred Rd. L15 69 A6
Prince Andrew's Gr. WA10 43 C6
Prince Charles Gdns. PR8 3 F4
Prince Edward St. L41 66 C7
Prince Edwin St. L3 & L5 52 E4
Prince St. Ashton-in-M WN4 35 A5
Prince St. Seaforth L22 37 E8
Prince William St. L8 67 E6
Princes Ave. Bebington L62 88 E6
Princes Ave. Crosby L23 26 D4
Princes Ave. Liverpool L8 68 A6
Princes Ave. West Kirby L48 63 B2
Princes Bvd. L63 78 E8
Princes Ct. L8 68 B6
Princes Gate E. 1 L8 68 B6
Princes Gate House. 3 L8 68 B6
Princes Gate W. 2 L8 68 B6
Princes Gdns. L3 52 C3
Princes Par. L3 52 B2
Princes Park Mansions. L8 68 B5
Princes Pl. WA8 72 E1
Princes Rd. Liverpool L8 68 A6
Princes Rd. St Helens WA10 43 C1
Princes Sch. L8 68 A7
Princes St. L20 38 B1
Princes St. Liverpool L2 52 C2
Princes St. Newton-le-W WA12 46 B3
Princes St. Southport PR8 4 A6
Princes Way. WA11 44 A8
Princess Ave. Ashton-in-M WN4 35 C3
Princess Ave. Haydock WA11 46 A7
Princess Ave. St Helens WA10 43 E6
Princess Ave. Warrington WA5 74 E7
Princess Dr. Huyton-w-R L14 & L36 & L12 55 A5
Princess Dr. Liverpool L14 54 F6
Princess Pavement. 14 L41 66 E6
Princess Rd. Ashton-in-M WN4 35 C3
Princess Rd. Wallasey L45 51 B7
Princess St. L2 52 C1
Princess Terr. L43 66 C5
Princess Way. L21 38 A7
Princesway. L45 51 A6
Prior Farm Cl. L19 81 A7
Prior St. L20 38 B6
Priors Cl. L25 70 B2
Priorsfield. L46 64 E8
Priorsfield Rd. L25 70 C2
Priorswood Pl. WN8 24 F4
Priory CE Prim Sch The. L41 66 C7
Priory Cl. Bebington L63 79 A3
Priory Cl. Formby L37 10 B2
Priory Cl. Liverpool L17 68 B2
Priory Cl. Prescot L35 56 C1
Priory Ct. L25 70 B2
Priory Day Hospl. L43 65 D6
Priory Gdns. Southport PR8 3 F4
Priory Gdns. St Helens WA10 43 F7
Priory Gr. L39 13 D4
Priory Grange. PR8 4 A4
Priory Mews. PR8 3 F6
Priory Nook. WN8 25 C7
Priory Rd. Ashton-in-M WN4 34 F5
Priory Rd. Liverpool L4 & L6 53 B7
Priory Rd. Orrell WN8 25 C7
Priory Rd. Wallasey L44 51 E3
Priory Rd. West Kirby L48 63 C2
Priory St. Birkenhead L41 66 F6
Priory St. Liverpool L19 81 D4
Priory The. Neston L64 86 E1
Priory The. Winwick WA2 61 A7
Priory Wharf. L41 66 F6
Pritchard Ave. L21 37 F7
Pritt St. L3 52 E3
Private Dr. L61 77 D5
Prizett Rd. L19 81 B7
Probyn Rd. L45 50 E5
Procter Cl. L30 27 D4
Procter Rd. Birkenhead L42 67 A1
Proctor Rd. Formby L37 9 C4
Proctor Rd. Hoylake L47 63 C6
Proctors Cl. WA8 73 D2
Progress Pl. 11 L2 52 C2
Promenade. Southport PR8 1 B1
Promenade. Southport PR8 4 B8
Promenade. Southport PR8 6 F6
Promenade Gdns. Liverpool L17 & L8 68 A3
Promenade Hospl. PR8 4 B8
Prophet Wlk. L8 67 F5
Prospect Ct. L6 53 D3
Prospect Pl. WN8 24 F5
Prospect Rd. Birkenhead L42 66 B1
Prospect Rd. St Helens WA9 44 D4
Prospect St. 2 L7 53 A2
Prospect Vale. Liverpool L6 & L7 53 D3
Prospect Vale. Wallasey L45 50 F5
Prospect Way. L30 28 B3
Providence Cres. L8 67 E6
Provident St. WA9 44 A3
Province Rd. L20 38 D6
Prussia St. 3 L3 52 C2
Pudsey St. L3 52 E2
Pugin St. L4 52 F7
Pulford Ave. L43 66 A2
Pulford Rd. L63 78 F5
Pulford St. 9 L4 52 F7
Pullman Cl. L60 86 D8
Pump La. L48 & L49 64 B4
Pump Rd. L41 66 F8
Punnell's La. L31 19 F5
Purbeck Dr. L61 76 D7
Purdy Cl. WA5 60 D1
Purley Gr. L18 69 A2
Purley Rd. L22 26 C2
Purser Gr. L15 68 D8
Pye Cl. WA11 46 B8
Pye Rd. L60 86 A8
Pye St. L15 69 A7
Pye's Cotts. L39 20 E7
Pyecroft Cl. WA5 74 D6
Pyecroft Rd. WA5 74 D6
Pyes Gdns. WA11 44 B7
Pyes La. L28 & L36 55 C7
Pygon's Hill La. L31 20 D6
Pym St. L4 38 F2
Pyramids The. L41 66 D6

Qakfield Rd. L4 53 B6
Quadrangle The. L18 69 B4
Quadrant The. L47 63 B6
Quail Cl. WA2 61 D3
Quaker La. L60 76 E1
Quakers Meadow. L34 41 D4
Quarry Ave. L63 79 A4
Quarry Bank. Birkenhead L41 66 D5
Quarry Bank. L33 29 F3
Quarry Cl. Heswall L60 76 F2
Quarry Cl. L33 29 F3
Quarry Cl. Liverpool L13 54 A5
Quarry Ct. WA8 72 C1
Quarry Dale. L33 29 F3
Quarry Dr. Ormskirk L39 13 C1
Quarry Gn. L33 29 F3
Quarry Hey. L33 29 F3
Quarry La. Heswall L61 77 A6
Quarry La. Raby L64 87 B1
Quarry Rd. L20 38 E2
Quarry Rd. Crosby L23 27 A6
Quarry Rd. Liverpool L13 54 A5
Quarry Rd. Raby L64 87 C1
Quarry Rd E. Bebington L63 79 A4
Quarry Rd E. Heswall L60 76 F2
Quarry Rd W. L60 76 E1
Quarry St. L25 69 F3
Quarry St S. L25 70 A2
Quarrybank St. 5 L41 66 C5
Quarrybank Workshops. L41 66 C5
Quarryside Dr. L33 30 A3
Quebec St. WN2 & WN7 36 E5
Queen Anne St. Liverpool L3 52 E3
Queen Anne St. Southport PR8 4 B7
Queen Ave. L2 52 C1
Queen Elizabeth Ct. L21 38 A8
Queen Mary Sch The. L9 39 D4
Queen Mary's Dr. L62 79 B6
Queen Sq. L1 52 D2
Queen St. Birkenhead L41 66 E4
Queen St. Golborne WA3 47 B8
Queen St. Liverpool L19 81 C5
Queen St. Newton-le-W WA12 46 B3
Queen St. Ormskirk L39 13 E4
Queen St. Seaforth L22 37 D8
Queen St. St Helens WA10 44 A5
Queen St. Wallasey L44 & L45 51 B5
Queen's Ave. Ashton-in-M WN4 35 B3
Queen's Ave. Hoylake L47 63 D8
Queen's Ave. Widnes WA8 84 B8
Queen's Cl. Liverpool L19 81 C6
Queen's Cl. Runcorn WA7 84 F1
Queen's Rd. Ashton-in-M WN4 35 B4
Queen's Rd. L20 38 C2
Queen's Rd. Formby L37 9 D2
Queen's Rd. Hoylake L47 63 B7
Queen's Rd. Liverpool L6 53 A4
Queen's Rd. Runcorn WA7 84 F1
Queen's Rd. Wallasey L44 51 E4
Queens Ave. L37 9 E5
Queens Croft. L37 9 D2
Queens Ct. Liverpool L6 53 A5
Queens Ct. Liverpool L16 54 C1
Queens Dr. Birkenhead L43 66 A1
Queens Dr. Golborne WA3 47 C8
Queens Dr. Heswall L60 85 E8
Queens Dr. Liverpool L12 & L13 54 B4
Queens Dr. Newton-le-W WA12 46 C5
Queens Dr. St Helens WA10 43 C6
Queens Drive Mossley Hill. Liverpool L15 & L18 69 B5
Queens Drive Stoneycroft. L13 & L14 54 B3
Queens Drive Walton. Liverpool L4 & LN9 39 B2
Queens Drive Wavertree. L15 & L13 69 C7
Queens Drive West Derby. Liverpool L13 53 F7
Queens Gn. L39 11 F5
Queens Mews. 11 L6 53 A5
Queens Park Recn Ctr. WA10 43 E4
Queens Rd. Birkenhead L42 67 A1
Queens Rd. Crosby L23 26 E4
Queens Rd. Haydock WA11 46 A7
Queens Rd. Orrell WN5 25 C5
Queens Rd. Prescot L34 56 E6
Queens Rd. Southport PR9 4 C8
Queens Rd. St Helens WA10 43 C1
Queens Wharf. L1 & L3 & L72 67 C7
Queensberry St. L8 67 F5
Queensbury. L48 63 D3
Queensbury Ave. L62 79 E1
Queensbury Way. WA8 72 E3
Queenscourt Rd. L12 54 C5
Queensdale Rd. L18 69 A5
Queensland Ave. WA9 57 E7
Queensland Pl. WA9 57 E7
Queensland St. L7 68 B8
Queensway. Crosby L22 & L23 26 F2
Queensway. Heswall L60 86 C6
Queensway. Rainford WA11 32 A5
Queensway. Runcorn WA7 84 F3
Queensway. St Helens WA11 44 A8
Queensway. Wallasey L45 51 A6
Queensway. Widnes WA8 84 F6
Queensway (Mersey Tunnel). L41 66 F7
Quernmore Rd. L33 30 A3
Quernmore Wlk. L33 30 A3
Quickswood Cl. L25 69 F5
Quickswood Dr. L25 69 F5
Quickswood Gn. L25 69 F5
Quickthorn Cres. L28 55 B7
Quigley Ave. L30 28 A1
Quigley St. L41 66 E4
Quinesway. L49 65 A5
Quintbridge Cl. L26 82 E8
Quinton Cl. PR8 7 A4
Quorn St. L7 53 B2

Raby Ave. L63 88 B6
Raby Cl. Bebington L63 88 A7
Raby Cl. Heswall L60 85 F7
Raby Cl. Widnes WA8 73 E2
Raby Dr. Bebington L63 88 A6
Raby Dr. Birkenhead L46 64 D7
Raby Gr. L42 78 D8
Raby Hall Rd. L63 88 A6
Raby Mere Rd. L63 87 D5
Raby Park Rd. L64 86 F1
Raby Rd. L63 & L64 87 B5
Rachel St. L5 52 D4
Radburn Cl. L23 27 B5
Radburn Rd. L23 27 B5
Radford Ave. L63 79 B2
Radford Cl. WA8 84 C7
Radlett Cl. WA5 74 E3
Radley Dr. Heswall L63 86 F6
Radley Dr. Litherland L10 28 C3
Radley La. WA2 61 E4
Radley Rd. L44 50 F5
Radley St. WA9 57 E7
Radley's Ct. 4 L8 67 F6
Radmore Rd. L14 54 D3
Radnor Ave. L60 76 F1
Radnor Cl. L26 82 E6
Radnor Dr. L20 38 E4
Radnor Dr. Southport PR9 1 F3
Radnor Dr. Wallasey L45 51 C6
Radnor Dr. Widnes WA8 72 D2
Radnor Pl. Birkenhead L43 66 C6
Radnor Pl. Liverpool L6 53 D5
Radstock Gr. WA9 58 D5
Radstock Rd. Liverpool L6 53 C3
Radstock Rd. Wallasey L45 50 E5
Radway Rd. L36 55 F5
Raeburn Ave. Bebington L62 88 E6
Raeburn Ave. West Kirby L48 63 C3
Raeburn Prim Sch. L62 88 D6
Raffles Rd. L41 & L42 66 D5
Raffles St. L1 67 E7
Rafter Ave. L20 38 E6
Raglan St. L19 81 C5
Raglan Wlk. L19 81 C5
Rail Cl. WA11 23 F2
Railside Ct. L5 52 C5
Railton Ave. L35 57 D2
Railton Cl. L35 57 D2
Railton Rd. L11 39 E2
Railway App. L39 13 F5
Railway Ave. PR9 2 F5
Railway Bldgs. L47 63 B6
Railway Path. L39 13 E4
Railway Rd. Birkenhead L42 67 A1
Railway Rd. Golborne WA3 36 B1
Railway Rd. Ormskirk L39 13 F5
Railway Rd. Skelmersdale WN8 23 E8
Railway St. Liverpool L19 81 C5
Railway St. Newton-le-W WA12 46 B3
Railway St. Southport PR8 4 B5
Railway St. St Helens WA9 44 B4
Railway Terr. PR8 4 A5
Railway View. WA5 45 D1
Rainbow Cl. WA8 72 C3
Rainbow Dr. L31 & L32 29 B4
Rainbow Dr. Liverpool L26 82 E8
Raines Cl. L49 64 E4
Rainford Ave. L20 38 E5
Rainford Brook Lodge Cty Prim Sch. WA11 32 A8
Rainford By-Pass. Rainford WA11 31 E6
Rainford By-Pass. Rainford WA11 32 B3
Rainford CE Prim Sch. WA11 32 A6
Rainford Gdns. 25 L1 52 D1
Rainford High Sch. WA11 32 A8
Rainford Ind Est. WA11 32 C4
Rainford Junction. WA11 23 F2
Rainford Rd. Bickerstaffe L39 & WA11 & WN8 23 C4
Rainford Rd. Billinge WA11 & WN5 33 C5
Rainford Rd. St Helens WA10 & WA11 43 C6
Rainham Cl. L19 81 C8
Rainhill High Sch. L35 57 E2
Rainhill Hospl (Annexe). L35 57 C5
Rainhill Neuro-Psychiatric Unit. L35 57 B6
Rainhill Park Prim Sch. L35 57 D3
Rainhill Rd. L35 57 C5
Rainhill St Ann's CE Prim Sch. L35 57 C3
Rainhill Sta. L35 57 C3
Rake Cl. L49 65 A4
Rake Hey. L46 64 B8
Rake Hey Cl. L46 64 C8
Rake La. Birkenhead L49 65 A4

Rak – Rod 119

Rake La. Wallasey L45 ..... 51 B6
Rake The. L62 ..... 79 D1
Rakersfield Ct. L45 ..... 51 C8
Rakersfield Rd. L45 ..... 51 C8
Raleigh Ave. L35 ..... 56 D2
Raleigh Cl. WA5 ..... 60 D1
Raleigh Rd. Neston L64 ..... 86 F1
Raleigh Rd. Wallasey L46 ..... 50 B4
Raleigh St. L20 ..... 38 B1
Ralph's Wife's La. PR9 ..... 2 E6
Rame Cl. L10 ..... 40 B6
Ramford St. WA9 ..... 44 D2
Ramilies Rd. L15 & L18 ..... 68 F5
Ramleh Cl. L23 ..... 26 B3
Rampit Cl. WA11 ..... 45 F7
Ramsbrook Cl. L24 ..... 82 C4
Ramsbrook La. L24 ..... 83 C3
Ramsbrook Rd. L24 ..... 82 C4
Ramsey Cl. Ashton-in-M WN4 ..... 35 B2
Ramsey Cl. Liverpool L19 ..... 81 D8
Ramsey Cl. Prescot L35 ..... 56 E3
Ramsey Cl. Widnes WA8 ..... 73 E3
Ramsey Ct. L48 ..... 63 B1
Ramsey Rd. L19 ..... 81 D7
Ramsfield Rd. L24 ..... 83 A4
Ramsons Cl. L26 ..... 70 E1
Randall Dr. L30 ..... 27 C3
Randle Ave. WA11 ..... 31 E8
Randle Cl. L63 ..... 79 A2
Randle Hts. L11 ..... 40 E5
Randles Rd. L34 ..... 41 A5
Randolph St. 12 L4 ..... 52 F7
Randon Gr. 5 WA10 ..... 43 F4
Ranelagh Ave. L21 ..... 38 A8
Ranelagh Dr. PR8 ..... 7 F7
Ranelagh Dr N. L19 ..... 81 A8
Ranelagh Dr S. L19 ..... 81 A8
Ranelagh Pl. L3 ..... 52 E1
Ranelagh St. L1 ..... 52 D1
Ranfurly Rd. L19 ..... 81 B7
Rangemore Rd. L18 ..... 69 A1
Rankin St. Liverpool L8 ..... 67 F4
Rankin St. Wallasey L44 ..... 51 A2
Ranleigh Dr. WN8 ..... 16 A8
Ranmore Ave. WN4 ..... 34 D4
Ranworth Cl. L11 ..... 39 E3
Ranworth Pl. L11 ..... 39 F3
Ranworth Rd. WA5 ..... 74 E6
Ranworth Sq. L11 ..... 39 F3
Ranworth Square Jun & Mix Inf Sch. L11 ..... 39 F3
Ranworth Way. L11 ..... 39 F3
Rappart Rd. L44 ..... 51 D3
Ratcliff Pl. L35 ..... 57 B4
Rathbone Hosp. L13 ..... 54 A2
Rathbone Prim Sch. L7 ..... 53 A2
Rathbone Rd. Hightown L38 ..... 17 F4
Rathbone Rd. Liverpool L15 & L13 ..... 68 F8
Rathlin Cl. WA8 ..... 73 E3
Rathmore Ave. L18 ..... 69 A3
Rathmore Cl. L43 ..... 66 A3
Rathmore Cres. PR9 ..... 2 B3
Rathmore Dr. L43 ..... 66 A4
Rathmore Rd. L43 ..... 66 A4
Raven Cl. 10 L6 ..... 53 A3
Raven Meols La. L37 ..... 9 F2
Ravendale Cl. L43 ..... 65 D4
Ravenfield Cl. L26 ..... 82 E8
Ravenfield Dr. WA8 ..... 72 C3
Ravenglass Ave. L31 ..... 20 D2
Ravenhead Ave. L32 ..... 40 E7
Ravenhead Dr. WN8 ..... 25 A7
Ravenhead Rd. WA10 ..... 43 E1
Ravenhead Way. WN8 ..... 24 F6
Ravenhill Cres. L46 ..... 49 F4
Ravenhurst Way. L35 ..... 56 D1
Ravenna Rd. L19 ..... 81 D8
Ravenscroft. L37 ..... 9 F2
Ravenscroft Ave. L39 ..... 13 E4
Ravenscroft Cty Prim Sch. L33 ..... 29 E5
Ravenscroft Rd. 1 L43 ..... 66 C5
Ravenside Ind Pk. L19 ..... 81 F5
Ravensthorpe Gn. L11 ..... 39 F3
Ravenstone Dr. WA9 ..... 58 D7
Ravenstone Rd. L19 ..... 81 B8
Ravenswood Ave. L42 ..... 78 F8
Ravenswood Rd. Heswall L60 & L61 ..... 77 A2
Ravenswood Rd. 7 Liverpool L13 ..... 54 A3
Rawcliffe Cl. WA8 ..... 72 F4
Rawcliffe Rd. 3 Birkenhead L41 & L42 ..... 66 D5
Rawcliffe Rd. Liverpool L9 ..... 39 A4
Rawlins St. L7 ..... 53 D3
Rawlinson Cres. L26 ..... 83 B8
Rawlinson Ct. PR9 ..... 4 D8
Rawlinson Gr. PR9 ..... 1 F1
Rawlinson Rd. Liverpool L13 ..... 54 A2
Rawlinson Rd. Southport PR9 ..... 1 E1
Rawson Cl. L21 ..... 37 F7
Rawson Rd. L21 ..... 37 F7
Rawson Road Prim Sch. L21 ..... 37 F6
Raydale Cl. Golborne WA3 ..... 36 E1
Raydale Cl. Liverpool L9 ..... 39 A3
Raymond Ave. L30 ..... 28 A1
Raymond Pl. L5 ..... 52 D4
Raymond Rd. L44 ..... 51 C3
Raynham Rd. L13 ..... 53 F2
Reade Cl. L63 ..... 79 A1
Reading Cl. L5 ..... 52 D7
Reading St. L5 ..... 52 D7
Reads Ct. L9 ..... 38 F6
Reapers Way. L30 ..... 28 A4
Reay St. WA8 ..... 73 C2
Rebecca Gdns. WA9 ..... 58 C7
Recreation Ave. WN4 ..... 35 D4
Recreation Dr. WN5 ..... 33 E5
Recreation St. WA9 ..... 44 D4
Rector Rd. L4 & L6 ..... 53 C7
Rectory Ave. WA3 ..... 47 C6
Rectory CE Prim Sch. WN4 ..... 34 D5
Rectory Cl. Birkenhead L41 & L42 ..... 66 D4
Rectory Cl. Heswall L60 ..... 85 F7
Rectory Cl. Winwick WA2 ..... 61 A6
Rectory Dr. Liverpool L26 ..... 71 A1
Rectory La. Heswall L60 ..... 85 E7
Rectory La. Winwick WA2 ..... 61 A6
Rectory Rd. Garswood WN4 ..... 34 D5
Rectory Rd. Southport PR9 ..... 2 A1
Rectory Rd. West Kirby L48 ..... 63 B1
Red Bank Ave. WA12 ..... 46 F1
Red Banks. L48 ..... 75 D6
Red Barn Rd. WN5 ..... 33 C6
Red Barnes. L37 ..... 9 F5
Red Cat La. WA11 ..... 32 F5
Red Cross St. L1 ..... 52 C1
Red Cut La. L33 ..... 41 F8
Red Delph La. WA11 ..... 23 E1
Red Fold. L39 ..... 13 C2
Red Hill Rd. L63 ..... 78 B5
Red Lion Cl. L31 ..... 20 C1
Red Lomes. L30 ..... 27 D5
Red Rock Cl. L6 ..... 53 B4
Red Rock St. L6 ..... 53 B4
Red Rum Cl. L9 ..... 39 D8
Red Sands. L39 ..... 13 D3
Redbourn Ave. L26 ..... 82 F6
Redbourn St. L6 ..... 53 C6
Redbourne Ave. L24 & L26 ..... 82 F6
Redbourne Dr. WA8 ..... 72 B4
Redbrook Cl. L62 ..... 88 D6
Redbrook St. L6 ..... 53 C6
Redbrow Way. L33 ..... 29 E4
Redburn Cl. 1 L8 ..... 68 A4
Redcar Cl. PR8 ..... 4 F3
Redcar Dr. L62 ..... 88 D5
Redcar Mews. L6 ..... 53 C6
Redcar Rd. L45 ..... 50 D6
Redcar St. L6 ..... 53 C6
Redcliffe Gdns. L39 ..... 13 E3
Redcote Ct. L48 ..... 63 A1
Redcroft. 2 L49 ..... 64 C3
Redditch Cl. L49 ..... 64 C4
Redesdale Cl. WA2 ..... 61 E2
Redfern St. L20 ..... 52 C8
Redfield Cl. L44 ..... 51 D4
Redford Cl. L49 ..... 64 C4
Redford St. L6 ..... 53 C6
Redgate. Formby L37 ..... 10 A2
Redgate. Ormskirk L39 ..... 13 D5
Redgate Ave. L23 ..... 27 A4
Redgate Dr. Formby L37 ..... 10 B2
Redgate Dr. St Helens WA9 ..... 44 D3
Redgate Prim Sch. L37 ..... 10 A2
Redgate Rd. WN4 ..... 35 B6
Redgrave St. 4 L7 ..... 53 C2
Redhill Ave. L32 ..... 41 A8
Redhills Dr. PR8 ..... 4 F3
Redhouse Bank. L48 ..... 63 A3
Redhouse La. L48 ..... 63 A3
Redington Rd. L19 ..... 81 E8
Redland Ct. WN2 ..... 35 E7
Redland Rd. L9 ..... 39 B8
Redmain Gr. WA3 ..... 47 E8
Redmain Way. L12 ..... 40 F2
Redmayne Cl. WA12 ..... 46 B4
Redmere Dr. L60 ..... 86 D8
Redmires Cl. L7 ..... 68 B8
Redmond St. L41 ..... 66 E4
Redmoor Cres. L33 ..... 29 E5
Redpoll Gr. L26 ..... 70 E2
Redruth Ave. WA11 ..... 44 D7
Redruth Rd. L11 ..... 40 D5
Redshank Cl. WA12 ..... 46 C4
Redstone Cl. L47 ..... 63 D8
Redstone Dr. L60 ..... 76 C1
Redstone Pk. 3 L45 ..... 51 A8
Redstone Rise. L43 ..... 65 D6
Redvers Ave. L66 ..... 89 A2
Redvers Dr. L9 ..... 38 F6
Redwing La. L25 ..... 70 A4
Redwing Way. L26 ..... 70 D2
Redwood Ave. L31 ..... 20 C3
Redwood Cl. L25 ..... 70 B5
Redwood Dr. Ormskirk L39 ..... 13 D4
Redwood Dr. St Helens WA11 ..... 44 F5
Redwood Gr. L20 ..... 38 C4
Redwood Rd. L25 ..... 70 B5
Redwood Way. L33 ..... 29 F6
Reed's La. WA11 ..... 32 A3
Reedale Cl. L18 ..... 69 A4
Reedale Rd. L18 ..... 69 A4
Reeds Ave E. L46 ..... 50 A3
Reeds Ave W. L46 ..... 49 F3
Reeds Brow. WA11 ..... 32 B8
Reeds La. Wallasey L46 ..... 49 F3
Reeds Rd. L36 ..... 55 E4
Reeds The. L39 ..... 13 D6
Reedville. L43 ..... 66 B5
Reedville Gr. L46 ..... 49 F2
Reedville Rd. L63 ..... 78 F5
Reeves Ave. L20 ..... 38 E5
Reeves St. WA9 ..... 44 E3
Regal Cres. WA8 ..... 84 B8
Regal Dr. WA10 ..... 43 C5
Regal Rd. L11 ..... 40 C3
Regal Tower. L11 ..... 40 C3
Regal Wlk. L4 ..... 52 F7
Regent Ave. Ashton-in-M WN4 ..... 34 F5
Regent Ave. Haydock WA11 ..... 45 B7
Regent Ave. Litherland L30 ..... 27 F3
Regent Ave. Liverpool L14 ..... 54 E2
Regent Cl. PR8 ..... 3 F4
Regent Ct. PR9 ..... 4 C8
Regent Rd. L20 & L5 ..... 38 A3
Regent Rd. Crosby L23 ..... 26 D4
Regent Rd. Liverpool L5 ..... 52 B6
Regent Rd. Southport PR8 ..... 3 F4
Regent Rd. Wallasey L45 ..... 50 D6
Regent Rd. Widnes WA8 ..... 73 B1
Regent St. Liverpool L3 ..... 52 B4
Regent St. Newton-le-W WA12 ..... 46 A3
Regents Cl. L61 ..... 77 B6
Regents Rd. WA10 ..... 43 C1
Regents Way. L63 ..... 78 D8
Regina Ave. L22 ..... 26 C2
Regina Rd. L9 ..... 39 A6
Reginald Rd. WA9 ..... 58 E6
Reginald Rd Ind Pk. WA9 ..... 58 E6
Reigate Cl. L25 ..... 70 C3
Renacres La. L39 ..... 8 F6
Rendal Cl. L5 & L6 ..... 53 A5
Rendcombe Gn. L11 ..... 39 F3
Rendel Cl. WA12 ..... 46 D2
Rendel St. L41 ..... 66 D7
Rendelsham Cl. L49 ..... 64 E5
Renfrew Ave. Bebington L62 ..... 88 E5
Renfrew Ave. St Helens WA11 ..... 44 E7
Renfrew St. L7 ..... 53 A2
Renfrey Cl. L39 ..... 13 E8
Rennell Rd. L14 ..... 54 C3
Rennie Ave. WA10 ..... 43 C4
Renshaw St. L1 ..... 52 E1
Renville Rd. L14 ..... 54 C2
Renwick Ave. L35 ..... 57 A4
Renwick Rd. L9 ..... 39 B
Renwick Sq. WN4 ..... 34 F3
Repton Gr. L10 ..... 28 C2
Repton Rd. L16 ..... 69 D8
Reservoir Rd. Birkenhead L42 ..... 66 B1
Reservoir Rd. Liverpool L25 ..... 69 F3
Reservoir Rd N. L42 ..... 66 B1
Reservoir St. Liverpool L6 ..... 53 A4
Reservoir St. St Helens L35 ..... 57 C7
Rest Hill Rd. L63 ..... 78 C5
Retford Rd. L33 ..... 30 A2
Retford Wlk. 5 L33 ..... 29 F2
Reva Rd. L14 ..... 54 F3
Revesby Cl. WA8 ..... 72 D2
Rex Cohen Ct. L17 ..... 68 E5
Rexmore Rd. L18 ..... 69 A2
Rexmore Way. L15 ..... 68 E7
Reynolds Ave. WA9 ..... 45 B2
Reynolds Cl. L6 ..... 53 A4
Reynolds Way. L25 ..... 70 A3
Rhiwlas St. L8 ..... 68 A5
Rhodesia Rd. L9 ..... 39 C6
Rhodesway. L60 ..... 86 B7
Rhona Cl. L63 ..... 88 C4
Rhona Dr. WA5 ..... 74 E6
Rhosesmor Cl. L32 ..... 40 F6
Rhosesmor Rd. L32 ..... 40 F6
Rhyl St. Liverpool L8 ..... 67 F5
Rhyl St. Widnes WA8 ..... 84 F7
Ribble Ave. Maghull L31 ..... 20 E2
Ribble Ave. Rainhill L35 ..... 57 C3
Ribble Ave. Southport PR9 ..... 2 C4
Ribble Cl. WA8 ..... 73 F3
Ribble Cres. WN5 ..... 33 C3
Ribble House. L25 ..... 70 C3
Ribble Rd. L25 ..... 70 C3
Ribble St. L41 ..... 50 F1
Ribbledale Rd. L18 ..... 69 A4
Ribbler's La. Kirkby L32 ..... 40 E7
Ribbler's La. Kirkby L34 ..... 40 F6
Ribblesdale Ave. L9 ..... 39 B7
Ribblesdale Cl. L62 ..... 88 F5
Ribchester Way. L35 ..... 71 A7
Rice Hey Rd. L44 ..... 51 C4
Rice La. L4 & L9 ..... 38 F3
Rice La. Liverpool L9 ..... 39 A4
Rice La. Wallasey L44 ..... 51 D4
Rice Lane Jun & Inf Sch. L9 ..... 39 A5
Rice Lane Sta. L9 ..... 39 A5
Rice St. L1 ..... 67 E8
Rich View. L43 ..... 66 B3
Richard Allen Way. 9 L5 ..... 52 F4
Richard Chubb Dr. L44 & L45 ..... 51 D6
Richard Evans Comm Sch. WA11 ..... 45 A6
Richard Evans Jun Sch. WA11 ..... 44 F6
Richard Gr. L14 ..... 54 F5
Richard Hesketh Dr. L32 ..... 29 C2
Richard Kelly Cl. L4 ..... 53 D8
Richard Kelly Dr. L4 & L13 ..... 39 D2
Richard Kelly Pl. L13 ..... 53 D8
Richard Martin Rd. L21 ..... 27 C1
Richard Rd. L23 ..... 26 A5
Richards Gr. WA9 ..... 44 E4
Richardson Rd. L42 ..... 78 E8
Richardson St. L15 & L7 ..... 68 C7
Richland Rd. L13 ..... 53 F5
Richmond Ave. L21 ..... 38 A8
Richmond Ave. Haydock WA11 ..... 45 B7
Richmond Cl. Bebington L63 ..... 79 A6
Richmond Cl. Hightown L38 ..... 17 F2
Richmond Cl. St Helens WA10 ..... 42 F4
Richmond Cres. L30 ..... 27 F3
Richmond Ct. L21 ..... 38 B7
Richmond Gdns. WA12 ..... 46 C2
Richmond Gr. L31 ..... 20 E3
Richmond Pk. L6 ..... 53 C5
Richmond Rd. Ashton-in-M WN4 ..... 34 F5
Richmond Rd. Bebington L63 ..... 78 F6
Richmond Rd. Crosby L23 ..... 26 E5
Richmond Rd. Southport PR8 ..... 3 F2
Richmond Row. L3 ..... 52 E3
Richmond St. Liverpool L1 ..... 52 D1
Richmond St. Wallasey L45 ..... 37 B1
Richmond St. Widnes WA8 ..... 73 C1
Richmond Terr. L6 ..... 53 B5
Richmond Way. Heswall L60 & L61 ..... 76 F2
Richmond Way. Heswall L61 ..... 77 A6
Richmond Way. Huyton-w-R L35 & L36 ..... 71 A7
Rickaby Cl. L63 ..... 88 C8
Rickman St. L4 ..... 52 D7
Rickman Way. L36 ..... 70 F8
Riddock Rd. L21 ..... 38 B6
Ridge Cl. PR9 ..... 2 C5
Ridge The. L60 ..... 76 D2
Ridgeborne Cl. WA5 ..... 60 D2
Ridgefield Rd. L61 ..... 76 F5
Ridgemere Rd. L61 ..... 76 F5
Ridgetor Rd. L25 ..... 70 A3
Ridgeview Rd. L43 ..... 65 D5
Ridgeway. WA3 ..... 47 E7
Ridgeway Dr. L31 ..... 20 E3
Ridgeway High Sch. L43 ..... 65 D4
Ridgeway The. Bebington L63 ..... 78 D8
Ridgeway The. Cronton WA8 ..... 72 C6
Ridgeway The. Heswall L60 ..... 86 B7
Ridgeway The. Hoylake L47 ..... 63 E7
Ridgeway The. Liverpool L25 ..... 70 A3
Ridgewell Ave. WA3 ..... 47 D8
Ridgewood Dr. Heswall L61 ..... 76 F5
Ridgewood Dr. St Helens WA9 ..... 58 D6
Ridgmont Ave. L11 ..... 39 F2
Riding Cl. WA9 ..... 58 C4
Riding Fold. L26 ..... 70 D2
Riding Hill Rd. L34 ..... 41 D2
Riding La. Ashton-in-M WN4 ..... 35 F5
Riding La. Haskayne L39 ..... 11 E4
Riding St. Liverpool L3 ..... 52 F2
Riding St. Southport PR8 ..... 4 B6
Ridings Hey. L43 ..... 65 D4
Ridings The. Birkenhead L43 ..... 65 D5
Ridings The. Southport PR9 ..... 2 A3
Ridley Gr. L48 ..... 63 A3
Ridley La. L31 ..... 20 D1
Ridley Rd. L6 ..... 53 C3
Ridley St. L41 & L43 ..... 66 C5
Ridsdale. 2 WA8 ..... 84 C8
Ridsdale Lawn. L27 ..... 71 A3
Rigby Dr. L49 ..... 64 D2
Rigby Rd. L31 ..... 20 B3
Rigby St. Ashton-in-M WN4 ..... 35 A3
Rigby St. Golborne WA3 ..... 47 A8
Rigby St. Liverpool L3 ..... 52 C2
Rigby St. St Helens WA10 ..... 43 F3
Rigby St. St Helens WA10 ..... 43 F4
Riley Ave. L20 ..... 38 D5
Rimington Ave. WA3 ..... 36 C1
Rimmer Ave. L14 & L16 ..... 55 A1
Rimmer Cl. L21 ..... 38 B7
Rimmer Gn. PR8 ..... 5 D1
Rimmer Gr. WA9 ..... 44 E3
Rimmer St. L3 ..... 52 E2
Rimmer's Ave. Formby L37 ..... 9 E6
Rimmer's Ave. Southport PR8 ..... 4 B6
Rimmerbrook Rd. L25 ..... 70 B7
Rimmers Ct. L41 ..... 65 F7
Rimmington Rd. L17 ..... 68 E2
Rimrose Rd. L20 ..... 38 A4
Rimrose Valley Rd. L23 ..... 27 B4
Ringcroft Rd. L13 ..... 54 B2
Ringley Ave. WA3 ..... 35 F1
Ringo Starr Dr. 6 L6 ..... 53 B3
Ringsfield Rd. L24 ..... 83 A2
Ringway. L64 ..... 86 F2
Ringway Rd. L25 ..... 70 C4
Ringways. L62 ..... 79 D3
Ringwood. L43 ..... 66 A3
Ringwood Ave. L14 ..... 54 F2
Ripley Ave. L21 ..... 27 B1
Ripley Cl. L31 ..... 20 E1
Ripon Ave. WA3 ..... 47 D8
Ripon Cl. Huyton-w-R L36 ..... 56 B3
Ripon Cl. Litherland L30 ..... 27 F1
Ripon Cl. Newton-le-W WA12 ..... 46 C5
Ripon Cl. Southport PR8 ..... 4 F3
Ripon Dr. WN4 ..... 35 D2
Ripon Rd. L45 ..... 50 F6
Ripon St. Birkenhead L42 ..... 66 E4
Ripon St. L4 ..... 38 F1
Risbury Cl. L11 ..... 39 F2
Rishton Cl. 10 L5 ..... 53 A5
Rishton St. 8 L5 ..... 53 A5
Ritchie Ave. L9 ..... 39 C6
Ritherup La. L35 ..... 57 C4
Ritson St. L8 ..... 68 B6
Rivacre Rd. L62 & L65 & L66 ..... 89 C2
River Avon St. 3 Liverpool L8 ..... 68 B7
River Avon St. 1 Liverpool L8 ..... 68 C7
River Cl. L37 ..... 10 B1
River Gr. L62 ..... 79 B8
River St. L41 ..... 66 D6
River View. Bebington L62 ..... 79 C8
River View. Crosby L22 ..... 26 C2
Riverbank Cl. L60 ..... 85 F6
Riverbank Rd. Heswall L60 ..... 85 E6
Riverbank Rd. Liverpool L19 ..... 81 A7
Rivermeade. PR8 ..... 4 D4
Rivers St. WN5 ..... 25 E6
Riversdale Ct. L19 ..... 80 F8
Riversdale Mews. L19 ..... 80 F8
Riversdale Rd. Liverpool L19 ..... 80 F7
Riversdale Rd. 3 Seaforth L21 ..... 37 F7
Riversdale Rd. Wallasey L44 ..... 51 D4
Riversdale Rd. West Kirby L48 ..... 63 A2
Riverside. Bebington L62 ..... 79 B5
Riverside. Hightown L38 ..... 17 F4
Riverside. Liverpool L12 ..... 40 E1
Riverside. West Kirby L48 ..... 75 B8
Riverside Cl. L20 ..... 38 A5
Riverside Ct. L47 ..... 63 A3
Riverside Dr. L17 & L3 & L8 ..... 68 B2
Riverside Gr. WA9 ..... 58 D7
Riverside Prim Sch. L44 ..... 51 E3
Riverslea Rd. L23 ..... 26 B2
Riverview Heights. L19 ..... 80 F7
Riverview Rd. L44 ..... 51 E3
Riverview Wlk. 4 L8 ..... 67 F4
Riviera Dr. L42 ..... 66 D1
Rivington Ave. Birkenhead L43 ..... 65 E4
Rivington Ave. Golborne WA3 ..... 36 C1
Rivington Ave. St Helens WA10 ..... 43 F6
Rivington Cl. PR8 ..... 4 A3
Rivington Dr. Bickershaw WN2 ..... 36 F8
Rivington Dr. Orrell WN8 ..... 25 C7
Rivington Prim Sch. WA10 ..... 43 E5
Rivington Rd. St Helens WA10 ..... 43 D4
Rivington Rd. Wallasey L44 ..... 51 D3
Rivington St. WA10 ..... 43 D3
RL Hughes Prim Sch. WN4 ..... 35 A3
Road N. L6 ..... 53 D6
Roadside Ct. WA3 ..... 47 C8
Rob La. WA12 ..... 46 E5
Robarts Rd. L4 ..... 53 B6
Robbin's Bridge. L31 ..... 20 E5
Robeck Rd. L13 ..... 54 B1
Robert Dr. L49 ..... 64 E3
Robert Gr. L14 ..... 54 E5
Robert St. Birkenhead L41 ..... 66 D7
Robert St. Widnes WA8 ..... 73 B1
Roberts Ave. WA11 ..... 45 A5
Roberts Dr. L20 ..... 38 E7
Roberts Prim Sch. L20 ..... 38 E7
Roberts St. L3 ..... 52 B3
Robertson St. L8 ..... 67 E5
Robin Way. L49 ..... 65 B2
Robin's La. WA11 ..... 33 A8
Robina Rd. WA9 ..... 58 D8
Robins La. WA9 ..... 58 D8
Robins Lane Comm Prim Sch. WA9 ..... 58 C8
Robinson Pl. WA9 ..... 44 D3
Robinson Rd. L21 ..... 27 C1
Robsart St. L5 ..... 52 E5
Robson Pl. WN2 ..... 36 B8
Robson St. Liverpool L4 & L5 ..... 52 F6
Robson St. Liverpool L13 ..... 54 A1
Roby Cl. L35 ..... 57 C4
Roby Mount Ave. L36 ..... 55 D2
Roby Rd. Huyton-w-R L36 ..... 55 C2
Roby Rd. Liverpool L14 & L36 ..... 54 F1
Roby St. L20 ..... 38 C4
Roby St. Liverpool L15 ..... 68 E7
Roby St. St Helens WA10 ..... 43 D1
Roby Sta. L36 ..... 55 C2
Roby Well Way. WN5 ..... 33 D5
Rochester Ave. L30 ..... 27 F1
Rochester Cl. WA3 ..... 47 A8
Rochester Gdns. WA10 ..... 43 D1
Rochester Rd. L42 ..... 67 A1
Rock Ave. L60 ..... 76 F1
Rock Cl. L42 ..... 66 F2
Rock Ct. L13 ..... 54 A3
Rock Ferry By-Pass. Birkenhead L42 ..... 67 A2
Rock Ferry High Sch. L42 ..... 78 F8
Rock Ferry Prim Sch. L42 ..... 66 F2
Rock Ferry Sta. L42 ..... 66 F2
Rock Gr. L13 ..... 54 A3
Rock La. Litherland L31 ..... 28 F5
Rock La. Widnes WA8 ..... 72 E3
Rock La. Widnes WA8 ..... 72 F4
Rock La E. L42 ..... 67 A2
Rock La W. L42 ..... 66 F1
Rock Mount Cl. L25 ..... 69 F3
Rock Mount Pk. L25 ..... 69 F3
Rock Park Rd. L42 ..... 67 B1
Rock St. Golborne WA3 ..... 36 A2
Rock St. Liverpool L13 ..... 54 A3
Rock St. St Helens WA9 ..... 57 C8
Rock View. L31 ..... 29 A4
Rock View. Liverpool L5 ..... 52 E6
Rockbank Rd. L13 ..... 53 F5
Rockbourne Ave. L25 ..... 69 F5
Rockbourne Gn. L25 ..... 69 F5
Rockbourne Way. L25 ..... 69 F5
Rockfield Cl. WA8 ..... 72 D2
Rockfield Gdns. L31 ..... 20 C2
Rockfield Rd. L4 ..... 53 A7
Rockford Ave. L32 ..... 40 E7
Rockford Cl. L32 ..... 40 E7
Rockford Wlk. L32 ..... 40 E7
Rockhill Rd. L25 ..... 70 B2
Rockhouse St. L6 ..... 53 C5
Rockingham Ct. L33 ..... 29 F4
Rockingham St. L5 ..... 52 D6
Rockland Rd. Crosby L22 ..... 26 E2
Rockland Rd. Wallasey L45 ..... 50 F7
Rocklands Ave. L63 ..... 79 A7
Rocklands La. L63 ..... 87 C8
Rockley St. 8 L4 ..... 52 E8
Rockmount Rd. L17 & L19 ..... 68 F1
Rockpoint Ave. L45 ..... 51 C7
Rockside Rd. L18 ..... 69 A1
Rockville Rd. L13 & L14 ..... 54 C1
Rockville St. L42 ..... 66 F2
Rockwell Cl. L12 ..... 54 D8
Rockwell Rd. L12 ..... 54 E8
Rocky La. Heswall L60 ..... 85 F8
Rocky La. Liverpool L6 ..... 53 C5
Rocky La. Liverpool L15 & L16 ..... 69 D8
Rocky La S. L60 ..... 86 A8
Rockybank Rd. L42 ..... 66 D3
Roderick Rd. 1 L4 ..... 39 A2
Roderick St. 3 L3 ..... 52 E3
Rodick St. L25 ..... 69 F2
Rodmell Rd. L9 ..... 39 B6
Rodney St. Birkenhead L41 ..... 66 E5
Rodney St. Liverpool L1 & L3 ..... 67 E8
Rodney St. St Helens WA10 ..... 43 E4

120 Roe – St B

Roe Alley. L1 52 D1
Roe La. PR9 4 E8
Roe St. L1 52 D2
Roeburn Way. WA5 74 D3
Roedean Cl. Liverpool L25 82 B8
Roedean Cl. Maghull L31 20 D2
Roehampton Dr. L23 26 C6
Roemarsh Cl. L11 40 B2
Roften Ind Est. L66 88 D1
Rogers Ave. L20 38 E5
Rogerson's Gn. L26 70 E2
Rokeby Ave. WA3 36 D1
Rokeby Cl. L3 52 E3
Rokeby St. L3 52 E3
Rokeden. WA12 46 D4
Roker Ave. L44 51 A3
Rokesmith Ave. L7 68 C8
Roland Ave. Bebington L63 78 E6
Roland Ave. Runcorn WA7 84 F1
Roland Ave. St Helens WA11 44 C7
Roleton Cl. L30 28 B4
Rolleston Dr. Bebington L63 79 A4
Rolleston Dr. Wallasey L45 50 F6
Rolling Mill La. WA9 58 F8
Rollo St. L4 52 E7
Roman Cl. WA12 46 C2
Roman Rd. Ashton-in-M WN4 35 A5
Roman Rd. Bebington L43 78 A8
Roman Rd. Hoylake L47 48 D1
Rome Cl. L36 55 D3
Romer Rd. L6 & L7 53 C3
Romford Way. L26 82 F6
Romiley Dr. WN8 15 F2
Romilly St. L6 53 B3
Romley St. L4 38 F1
Romney Cl. WA8 73 E2
Romsey Ave. L37 10 B2
Romulus St. L7 53 D2
Ronald Cl. L22 26 F1
Ronald House Sch. L23 26 E5
Ronald Rd. L22 26 F1
Ronald Ross Ave. L30 27 F3
Ronald St. L13 53 F3
Ronaldshay. WA8 73 E2
Ronaldsway. Birkenhead L49 64 F6
Ronaldsway. Crosby L23 27 A6
Ronaldsway. Heswall L60 85 F6
Ronaldsway. Liverpool L10 40 A7
Ronaldsway. Liverpool L26 83 A8
Ronan Cl. L20 38 A4
Ronan Rd. WA8 84 E5
Rone Cl. L46 64 D8
Rookery Ave. WN4 35 B2
Rookery Dr. WA11 32 A5
Rookery La. WA11 32 B5
Rookery Rd. PR9 1 F1
Rookery The. WA12 46 D4
Rooks Way. L60 85 E8
Rooley The. L36 55 D1
Roosevelt Dr. L9 39 B8
Roper St. Liverpool L8 67 F5
Roper St. St Helens WA9 44 C4
Ropers Bridge Cl. L35 56 D2
Ropewalk The. L64 86 C1
Rosalind Ave. L63 78 E7
Rosalind Way. L20 38 D1
Rosclare Dr. L45 50 F6
Roscoe Ave. WA12 46 E3
Roscoe Cl. L35 71 A7
Roscoe Cty Prim Sch. L13 53 E7
Roscoe La. L1 67 E8
Roscoe Pl. 1 L1 67 E8
Roscoe St. Liverpool L1 & L3 67 E8
Roscoe St. St Helens WA10 43 D3
Roscommon St. L5 52 E4
Roscote Cl. L60 85 F7
Roscote The. L60 85 F7
Rose Ave. Abram WN2 36 B7
Rose Ave. L20 38 C7
Rose Ave. Haydock WA11 45 E6
Rose Ave. St Helens WA9 58 C7
Rose Bank Rd. L16 69 D7
Rose Brae. L18 69 B4
Rose Brow. L25 70 A4
Rose Cres. Skelmersdale WN8 15 E1
Rose Cres. Southport PR8 7 C2
Rose Cres. Widnes WA8 84 F7
Rose Ct. L15 68 E7
Rose Dr. WA11 32 A5
Rose Hill. Liverpool L3 52 D3
Rose Hill. Southport PR8 & PR9 4 D6
Rose Hill View. WN4 34 F7
Rose La. L18 69 A3
Rose Lea Cl. WA8 73 A4
Rose Mount. L43 66 B4
Rose Mount Cl. L43 66 A3
Rose Mount Dr. L45 51 A6
Rose Mount Pk. L43 66 A3
Rose Pl. Birkenhead L42 66 D4
Rose Pl. Birkenhead L41 66 F3
Rose Pl. Liverpool L3 52 D3
Rose Pl. Liverpool L3 52 E3
Rose Pl. Ormskirk L39 13 D2
Rose St. Liverpool L1 52 D2
Rose St. Liverpool L25 69 F2
Rose St. Widnes WA8 84 F7
Rose Vale. L5 52 E5
Rose View Ave. WA8 73 A2
Rose Villas. L15 69 A7
Roseacre. L48 63 A3
Rosebank Rd. L36 55 C5
Rosebank Way. L36 55 C5
Rosebay Cl. L37 10 A3
Roseberry Rd. WN4 35 A5
Roseberry St. L8 68 A7
Rosebery Ave. Crosby L22 26 C2
Rosebery Ave. Wallasey L44 51 C4
Rosebery Gr. L42 66 B2
Rosebery Rd. WA10 43 D5
Rosebery St. PR9 5 A6
Rosebourne Cl. L17 68 C2
Rosecroft. L62 88 C6
Rosecroft Cl. L39 13 E6
Rosecroft Ct. L47 63 A6
Rosedale Ave. Crosby L23 26 F4
Rosedale Ave. Golborne WA3 47 C7
Rosedale Cl. L9 39 B4
Rosedale Rd. Birkenhead L42 66 E3
Rosedale Rd. Liverpool L18 69 B5
Rosefield Ave. L63 78 E7
Rosefield Rd. L25 70 C1
Roseheath Dr. L26 83 A6
Roseheath Prim Sch. L26 82 F7
Rosehill Ave. WA9 59 B5
Rosehill Ct. L25 70 A4
Rosehill Dr. L39 13 C2
Rosehill Sch. WN4 34 F7
Roseland Cl. L31 20 B4
Roselands Ct. L42 66 E1
Roselea Dr. PR9 2 C4
Rosemary Cl. Birkenhead L43 65 E8
Rosemary Cl. Liverpool L7 68 A8
Rosemary Dr. WA12 46 F3
Rosemary La. Formby L37 9 F3
Rosemary La. Haskayne L39 12 B4
Rosemead Ave. L61 77 A4
Rosemont Rd. L17 68 F2
Rosemoor Dr. L23 27 A5
Rosewarne Cl. L17 68 B2
Rosewell Ct. L28 55 B6
Rosewood Cl. Abram WN2 36 B7
Rosewood Cl. Huyton-w-R L28 55 B7
Rosewood Cl. Liverpool L27 70 E5
Rosewood Dr. L46 64 B8
Rosewood Gdns. L11 40 B1
Rosina Cl. WN4 34 F6
Roskell Rd. L25 82 C7
Roslin Ct. L43 66 B4
Roslin Rd. Birkenhead L43 66 B4
Roslin Rd. Irby L61 76 D6
Roslyn St. L41 66 F3
Ross Ave. L46 50 C4
Ross Cl. Billinge WN5 33 E6
Ross Cl. Knowsley L34 41 D3
Ross St. St Helens WA9 44 C4
Ross St. Widnes WA8 73 B1
Ross Tower Ct. L45 51 C8
Rossall Ave. L10 28 D3
Rossall Cl. L24 83 E2
Rossall Rd. Liverpool L13 54 B2
Rossall Rd. Wallasey L46 49 F1
Rossall Rd. Widnes WA8 73 D2
Rossendale Cl. L43 65 D4
Rossett Ave. L15 & L17 68 E6
Rossett Cl. WA5 60 E2
Rossett Rd. L23 26 C3
Rossett St. L6 53 C5
Rossini St. L21 38 A6
Rosslyn Ave. L31 28 B8
Rosslyn Cres. L46 64 E8
Rosslyn Dr. L46 64 E8
Rosslyn Pk. 1 L46 64 E7
Rosslyn St. L17 68 B3
Rossmore Gdns. L4 53 C8
Rostherne Ave. Golborne WA3 47 D8
Rostherne Ave. Wallasey L44 51 A3
Rostherne Cres. WA8 72 D2
Rosthwaite Gr. WA11 33 B1
Rosthwaite Rd. L12 54 C6
Rostron Cres. L37 9 E1
Rothay Dr. WA5 74 D3
Rothbury Cl. L46 64 C8
Rothbury Ct. WA9 58 B2
Rothbury Rd. L14 54 F6
Rotherwood Cl. L63 78 D6
Rothesay Ct. L63 78 F4
Rothesay Dr. Bebington L62 88 E4
Rothesay Dr. Crosby L23 26 F3
Rothesay Gdns. 3 L43 65 F1
Rothley Ave. PR8 7 A4
Rothsay Cl. WA11 44 E6
Rothwell Cl. L39 13 D5
Rothwell Dr. Ormskirk L39 13 B2
Rothwell Dr. Southport PR8 7 A4
Rothwell Rd. WA3 36 C1
Rothwell St. 15 L6 53 A4
Rothwells La. L23 27 B7
Rotten Row. PR8 3 F6
Rotunda St. L5 52 D5
Roughdale Ave. Kirkby L32 40 F7
Roughdale Ave. St Helens WA9 58 B4
Roughdale Cl. L32 40 F7
Roughhedge House. L28 55 B8
Roughwood Dr. L33 29 F3
Round Hey. L28 55 A8
Round Meade The. L31 20 C2
Roundabout The. WA8 72 D6
Roundway The. L38 17 F3
Roundwood Dr. WA9 44 B1
Routledge St. WA8 73 B1
Rowan Ave. Golborne WA3 47 F7
Rowan Ave. Liverpool L12 40 F1
Rowan Cl. St Helens WA11 44 D7
Rowan Cl. St Helens WA11 44 F5
Rowan Cl. Warrington WA5 74 F6
Rowan Ct. Birkenhead L49 64 C2
Rowan Ct. Liverpool L17 68 E2
Rowan Dr. L32 29 D3
Rowan Gr. Bebington L63 78 E4
Rowan Gr. Liverpool L36 70 D8
Rowan La. WN8 16 B4
Rowan Park Sch. L23 26 D4
Rowan Park Upper Sch. L20 38 D7
Rowan Tree Cl. L49 64 B3
Rowans The. L39 21 A7
Rowena Cl. L23 26 F4
Rowsley Gr. L9 39 B7
Rowson Ct. L45 51 B8
Rowson St. Prescot L34 56 D7
Rowson St. Wallasey L45 51 B7
Rowthorn Cl. WA8 84 E8
Rowton Cl. L43 65 F3
Roxborough Cl. WA5 60 A6
Roxborough Wlk. L25 70 C3
Roxburgh Ave. Birkenhead L42 66 D2
Roxburgh Ave. Liverpool L17 68 C3
Roxburgh St. L20 & L4 38 E1
Royal Ave. WA8 72 A1
Royal Birkdale Golf Links. PR8 3 D3
Royal Cl. L37 10 A1
Royal Cres. L37 10 A1
Royal Croft. L12 54 B4
Royal Gr. WA10 43 D1
Royal Infmy. L3 52 F2
Royal Liverpool Children's Hospl The. L7 67 F8
Royal Liverpool Univ Hospl. L3 & L7 52 F2
Royal Mail St. L3 52 E1
Royal Pl. WA8 84 B8
Royal School for the Blind The. L15 69 A7
Royal St. L4 52 E7
Royal Terr. PR8 4 A7
Royal The. L47 62 F6
Royden Ave. L44 51 D5
Royden Cres. WN5 33 E5
Royden Pk. L48 76 A8
Royden Rd. Billinge WN5 33 E5
Royden Rd. Birkenhead L49 64 E6
Royden St. L8 67 F4
Royden Way. L3 67 E3
Royhsay Cl. L5 52 F4
Royston Ave. L44 51 D4
Royston Cl. WA3 47 E8
Royston St. L7 53 B1
Royton Rd. L22 26 F2
Rubbing Stone. L48 75 D6
Ruby St. Liverpool L8 68 A3
Rudd Ave. WA9 45 B2
Rudd St. L47 63 B7
Ruddington Rd. PR8 4 E2
Rudgate. L35 56 E2
Rudgrave Cl. L43 65 D4
Rudgrave Mews. L44 51 D5
Rudgrave Pl. L44 51 D5
Rudgrave Sq. L44 51 D5
Rudley Wlk. L24 82 F2
Rudloe Ct. WA2 61 F1
Rudston Inf & Jun Sch. L16 69 D8
Rudston Rd. L16 69 D7
Rudyard Cl. L14 54 C3
Rudyard Rd. L14 54 D3
Ruff La. L39 & L40 14 B4
Rufford Ave. L31 20 E3
Rufford Cl. Liverpool L10 39 F8
Rufford Cl. Prescot L35 56 F5
Rufford Dr. PR9 2 F5
Rufford Rd. L20 38 C5
Rufford Rd. Liverpool L6 & L7 53 D3
Rufford Rd. Rainford WA11 31 F8
Rufford Rd. Southport PR9 2 C4
Rufford Rd. Wallasey L44 51 C3
Rufford St. 4 WN4 34 F5
Rufford Wlk. WA11 44 E6
Rugby Dr. Litherland L10 28 F1
Rugby Dr. Orrell WN5 25 F8
Rugby Rd. Liverpool L9 39 B8
Rugby Rd. Wallasey L44 50 F4
Ruislip Cl. L25 70 C2
Ruislip Ct. WA2 61 F1
Rullerton Rd. L44 & L45 51 A4
Rumford Pl. 4 L2 & L3 52 C2
Rumford St. L2 52 C1
Rumney Pl. L4 52 E8
Rumney Rd. L4 52 E8
Rumney Rd W. L4 52 D8
Runcorn Docks Rd. WA7 84 E2
Runcorn Sta. WA7 84 F2
Rundle Rd. L17 68 E1
Rundle St. L41 66 A8
Runic St. L13 53 F2
Runnell The. L64 86 D4
Runnell's La. L23 27 C5
Runnymede. L36 55 D4
Runnymede Cl. L25 70 A4
Runnymede Ct. 2 WA8 73 C1
Runnymede Dr. WA11 45 A6
Runnymede Gdns. 5 WA8 73 C1
Runnymede Wlk. WA8 73 C2
Runton Rd. L25 70 C5
Rupert Rd. L36 55 D3
Ruscar Cl. L26 70 E2
Ruscolm Cl. WA5 74 D7
Ruscombe Rd. L14 55 A6
Rushden Rd. L32 30 A1
Rushey Hey Rd. L32 29 F1
Rushlake Dr. L27 70 D5
Rushmere Rd. L11 39 F2
Rushmoor Ave. WN4 35 E4
Rusholme Cl. L26 83 A6
Rushton Ave. WA12 46 B4
Rushton Cl. WA8 72 F3
Rushton Pl. L25 70 A2
Rushton's Wlk. L30 27 D4
Ruskin Ave. Birkenhead L42 66 F1
Ruskin Ave. Newton-le-W WA12 46 C4
Ruskin Ave. Wallasey L44 51 A3
Ruskin Ave. Warrington WA2 61 C2
Ruskin Dr. WA10 43 D5
Ruskin St. L4 38 E1
Ruskin Way. L36 55 D1
Rusland Ave. L61 76 F4
Rusland Rd. L32 40 F8
Russel Ct. WA8 73 B4
Russell Ave. PR9 5 A7
Russell Ct. PR9 2 B4
Russell Pl. 5 L3 52 E1
Russell Rd. Birkenhead L42 67 A2
Russell Rd. Huyton-w-R L36 56 B2
Russell Rd. Liverpool L15 & L18 68 F5
Russell Rd. Liverpool L19 81 C6
Russell Rd. Runcorn WA7 84 E1
Russell Rd. Southport PR9 5 A6
Russell Rd. Wallasey L45 50 E5
Russell St. Birkenhead L41 & L72 66 E7
Russell St. Liverpool L3 52 E1
Russet Cl. Liverpool L27 70 E5
Russet Cl. St Helens WA10 43 F5
Russian Ave. L13 53 F5
Russian Dr. L13 53 F5
Ruth Evans Ct. L35 57 A4
Rutherford Cl. L7 53 E1
Rutherford Rd. Liverpool L15 & L18 69 B6
Rutherford Rd. Maghull L31 28 E7
Rutherford Rd. St Helens WA10 43 C6
Rutherglen Ave. L23 26 F2
Ruthin Cl. WA5 60 E3
Ruthven Rd. L21 38 A7
Ruthven Rd. Liverpool L13 54 B1
Rutland Ave. Golborne WA3 47 D7
Rutland Ave. Liverpool L15 & L17 68 D6
Rutland Ave. Liverpool L26 83 A8
Rutland Cl. 4 L5 53 A5
Rutland Cres. L39 13 E7
Rutland Dr. WN4 35 C4
Rutland House. L23 26 B3
Rutland Rd. PR8 4 D5
Rutland St. L20 38 D4
Rutland St. Runcorn WA7 84 F2
Rutland St. St Helens WA10 43 F5
Rutland Way. L36 56 B3
Rutter Ave. WA5 60 F2
Rutter St. L8 67 E5
Ryburn Rd. L39 13 E4
Rycot Rd. L24 82 C4
Rycroft Rd. Hoylake L47 63 E8
Rycroft Rd. Liverpool L10 39 E7
Rycroft Rd. Wallasey L44 51 C2
Rydal Ave. Birkenhead L43 65 C5
Rydal Ave. Crosby L23 26 F2
Rydal Ave. Formby L37 9 D3
Rydal Ave. Orrell WN5 25 F7
Rydal Ave. Prescot L34 56 F6
Rydal Bank. Bebington L63 79 A7
Rydal Bank. Wallasey L44 51 C4
Rydal Cl. Ashton-in-M WN4 35 C4
Rydal Cl. Heswall L61 76 F4
Rydal Cl. L33 29 D4
Rydal Cl. Litherland L10 28 F2
Rydal Gr. WA11 44 A7
Rydal Pl. WN2 36 B8
Rydal Rd. L36 55 E1
Rydal St. Liverpool L5 & L6 53 A5
Rydal St. Newton-le-W WA12 46 C3
Rydal Way. WA8 72 C1
Rydecroft. L25 69 F2
Ryder Cl. Ormskirk L39 13 C2
Ryder Cl. Rainhill L35 57 A4
Ryder Cres. Ormskirk L39 13 C1
Ryder Cres. Southport PR8 7 E7
Ryder Rd. WA8 73 B4
Rydinge The. L37 10 A6
Rye Cl. WA9 58 D4
Rye Croft. L21 27 B3
Rye Gr. L14 54 E6
Rye Hey Rd. L32 29 F2
Rye Moss La. L37 & L38 19 B8
Ryecote. L32 40 E7
Ryecroft Ave. WA3 36 E1
Ryecroft Rd. L60 86 C7
Ryedale Cl. L8 68 B7
Ryefield La. L21 27 B3
Ryegate Rd. L19 81 B8
Ryeground La. L37 10 A5
Ryland Pk. L61 77 A5
Rylands Hey. L49 64 D4
Ryleys Gdns. 9 L2 52 C2
Rymer Gr. 2 L4 39 A1
Rymers Gn. L37 9 E4

Sackville Rd. WA10 43 C6
Sacred Heart Prim Sch. L7 53 A2
Sacred Heart RC High Sch. L23 26 E3
Sacred Heart RC Prim Sch. L33 29 F2
Sacred Heart RC Prim Sch. Wallasey L46 49 F1
Sacred Heart Schs. WA10 43 F3
Sadler St. WA8 73 C1
Sadler's La. WA11 42 E7
Saffron Mews. L23 27 B6
Sagar Fold. L39 21 D8
Sainsbury's Ctr. L25 70 B2
SS Peter & Paul RC High Sch. Widnes WA8 72 F2
SS Peter & Paul RC High Sch. Widnes WA8 84 E8
SS Peter & Paul RC Prim Sch. L33 29 F6
SS Peter & Paul RC Prim Sch. Wallasey L45 51 B8
St Aelred's RC High Sch. WA12 46 D4
St Agnes RC Prim Sch. L36 55 F1
St Agnes Rd. Huyton-w-R L36 55 F2
St Agnes Rd. Liverpool L4 52 D8
St Aidan's CE Comm Sch. WA9 58 E3
St Aidan's Cl. WN5 33 E6
St Aidan's Ct. L43 65 F6
St Aidan's RC Prim Sch. L36 55 F3
St Aidan's Terr. 1 Birkenhead L43 65 F6
St Aidan's Terr. Liverpool L5 52 D6
St Aidan's Way. L30 27 E3
St Alaysius RC Jun & Inf Schs. L36 55 C4
St Alban Rd. WA5 74 E5
St Alban's RC Prim Sch. L44 51 B4
St Alban's Rd. Birkenhead L41 & L43 66 A6
St Alban's Rd. L20 & L69 38 C3
St Alban's Rd. Wallasey L44 51 B4
St Alban's Sq. L20 & L69 38 C2
St Albans. L6 53 B5
St Albans Cl. WA11 46 A7
St Albans Ct. L5 52 C5
St Alberts RC Prim Sch. L28 55 A8
St Ambrose Barlow RC High Sch. L30 28 A5
St Ambrose Croft. L30 27 E4
St Ambrose Gr. L4 & L6 53 B6
St Ambrose RC Jun Mix & Inf Sch. L24 83 A2
St Ambrose Rd. WA8 73 C1
St Ambrose Way. 10 L3 52 F4
St Andrew Rd. L4 & L6 53 B6
St Andrew St. L3 52 F1
St Andrew's CE Prim Sch. Bebington L63 78 F6
St Andrew's CE Prim Sch. Warrington WA2 61 C3
St Andrew's Dr. L23 26 C6
St Andrew's Gr. L30 27 C3
St Andrew's Pl. PR8 4 B6
St Andrew's RC Prim Sch. L25 82 D7
St Andrew's Rd. Birkenhead L43 66 B6
St Andrew's Rd. Crosby L23 26 B6
St Andrew's View. L33 29 E5
St Andrews Ave. L12 & L14 54 E6
St Andrews Ct. Seaforth L22 37 E8
St Andrews Ct. 10 St Helens WA10 43 F3
St Andrews Gdns. 5 L3 52 E2
St Andrews Gr. WA11 44 B6
St Andrews Maghull CE Prim Sch. L31 20 D1
St Andrews Pl. L17 68 C3
St Andrews Rd. Bebington L63 79 A4
St Andrews Rd. L20 38 C6
St Ann Pl. L35 57 C4
St Anne St. Birkenhead L41 66 C8
St Anne St. Birkenhead L41 66 D7
St Anne St. Liverpool L3 52 E3
St Anne Terr. L41 66 C7
St Anne's Cl. Birkenhead L41 66 D7
St Anne's Cl. Formby L37 9 F6
St Anne's Cotts. L14 54 C3
St Anne's Path. L37 9 F6
St Anne's Pl. L41 66 C8
St Anne's RC Prim Sch. Liverpool L7 68 B8
St Anne's RC Prim Sch. Ormskirk L39 13 E4
St Anne's RC Prim Sch. St Helens WA9 58 D7
St Anne's Rd. Formby L37 9 F6
St Anne's Rd. Huyton-w-R L36 55 F1
St Anne's Rd. Liverpool L17 68 F1
St Anne's Rd. Ormskirk L39 13 D4
St Anne's Rd. Widnes WA8 73 B2
St Anne's (Stanley) CE Prim Sch. L13 54 A3
St Annes Ct. L17 68 E1
St Annes Gdns. L17 68 F1
St Annes Gr. L17 68 F1
St Annes RC Prim Sch. L36 55 D1
St Annes Rd. PR9 1 F4
St Anns Rd. WA10 43 C3
St Anselm's Coll. L43 66 A6
St Anselm's Coll Prep Sch. L43 66 A5
St Anthony of Padua RC Jun & Inf Sch. L18 68 F4
St Anthony's Gr. L30 27 D3
St Anthony's Rd. L23 26 B4
St Anthony's Sh Ctr. L5 52 D5
St Asaph Dr. WA5 60 E3
St Asaph Gr. L30 27 F1
St Augustine of Canterbury RC High Sch. WA11 44 E5
St Augustine St. L5 52 D5
St Augustine's Way. L30 27 E4
St Austel Cl. WA5 74 E3
St Austell Cl. L46 49 B1
St Austells Rd. L4 38 E2
St Austin's RC Prim Sch. Liverpool L19 81 A7
St Austin's RC Prim Sch. St Helens L35 57 D7
St Bartholomew's RC Prim Sch. L35 57 E1
St Bartholomews Ct. 8 WA10 43 F3
St Bartholomews Day Hospl. L36 55 C2
St Basil RC Prim Sch. WA8 72 A2
St Bede's RC High Sch. L39 13 D4
St Bede's RC Inf & Jun Sch. WA8 73 A1
St Bedes Cl. L39 13 D3
St Benedict's RC High Sch. L49 65 B4
St Benet's RC Jun Aided Sch. L30 27 F4
St Benet's RC Prim Sch. L30 28 A4
St Benet's Way. L30 27 E3
St Bernard's Cl. L30 27 D3

St B – San 121

St Bernard's Dr. L30 27 D3
St Bernard's RC Prim Sch. L8 67 B7
St Bride St. 10 L8 67 F8
St Bride's Rd. L44 51 D5
St Brides Cl. WA5 74 E3
St Bridget's CE Prim Sch. L48 63 B1
St Bridget's Gr. L30 27 D3
St Bridget's La. L48 63 B1
St Bridget's RC Prim Sch. WA2 61 E3
St Bridgets Cl. WA2 61 F3
St Brigid's Cres. L5 52 C5
St Brigid's RC Prim Sch. L28 55 A7
St Catherine's Hospl. L42 66 D3
St Catherine's RC Prim Sch. WA3 47 E7
St Catherine's Rd. L20 38 C3
St Catherines Cl. L36 55 E1
St Catherines Gdns. L42 66 D4
St Cecilia's RC Prim Schs. L13 53 E5
St Chad's Dr. L32 29 E2
St Chad's Par. L32 29 E2
St Christopher's Ave. L30 27 D4
St Christopher's RC Inf Sch. L24 82 D3
St Christopher's RC Jun Sch. L24 82 D4
St Chrysostoms Way. 17 L6 53 A4
St Clair Dr. PR9 2 A1
St Clares RC Prim Sch. L15 68 E6
St Cleopas' CE Prim Sch. L8 67 E4
St Columba's Cl. L44 51 D5
St Columba's RC Prim Sch. L36 55 E5
St Cuthbert's Cl. 3 Liverpool L12 40 E3
St Cuthbert's Cl. Southport PR9 2 A2
St Cuthbert's RC Comm Sch. WA9 44 F1
St Cuthbert's RC Prim Sch. L13 53 F3
St Cuthbert's Rd. PR9 2 A2
St Cyrils Cl. L27 70 C6
St Damian's Croft. L30 27 E3
St David Rd. Bebington L62 89 A6
St David Rd. Birkenhead L43 66 A6
St David's Rd. 4 L4 & L6 53 B6
St Davids Cl. L35 57 C4
St Davids Dr. WA5 60 E2
St Davids Gr. L30 27 D2
St Davids La. L43 65 D5
St Davids Rd. L14 & L36 55 B5
St Domingo Gr. L4 & L5 53 A6
St Domingo Rd. L5 52 E6
St Domingo Vale. L4 & L5 53 A6
St Dominic's RC Jun & Inf Sch. L14 55 B6
St Dunstan's Gr. L30 27 D3
St Edmond's Rd. L20 38 C2
St Edmund Arrowsmith RC High Sch. WN4 35 A2
St Edmund of Canterbury RC Comp Sch. L14 55 B6
St Edmund's RC Prim Sch. Crosby L22 26 D1
St Edmund's RC Prim Sch. Skelmersdale WN8 15 F1
St Edmunds Rd. L63 78 F5
St Edward's Coll. L12 54 B5
St Edwards Cl. L41 66 B8
St Elizabeth's RC Inf Sch. L21 38 C6
St Elizabeth's RC Jun Sch. L21 38 C6
St Elmo Rd. L44 51 D5
St Finbar's RC Prim Sch. L8 68 A3
St Francis de Sales RC Inf Sch. L4 38 E2
St Francis de Sales RC Jun Sch. L4 38 E1
St Francis Xavier Coll. Liverpool L15 69 C8
St Francis Xavier Coll. Liverpool L25 69 F4
St Gabriel's Ave. L36 56 A2
St Gabriel's CE Prim Sch. L36 56 A2
St George of England High Sch. L20 38 D6
St George's Ave. WA10 43 C5
St George's CE Prim Sch. L5 52 F5
St George's Ct. WA8 84 D8
St George's Hill. L5 52 F5
St George's Hts. L5 52 F5
St George's Mount. L45 51 B8
St George's Pk. L45 51 B8
St George's Pl. Liverpool L1 52 D2
St George's Pl. Southport PR8 & PR9 4 B7
St George's Prim Sch. L45 50 F5
St George's RC Prim Sch. Maghull L31 28 D7
St George's RC Prim Sch. Maghull L31 28 D8
St George's Rd. Formby L37 9 E4
St George's Rd. Hightown L38 17 F5
St George's Rd. Huyton-w-R L36 55 E5
St George's Rd. Wallasey L45 50 E6
St George's Way. 19 Liverpool L1 52 D1
St George's Way. Raby L63 87 A7
St Georges Ave. L42 66 D2
St Georges Gr. Birkenhead L46 64 D8
St Georges Gr. Litherland L30 27 D2
St Georges Rd. WA10 43 D2
St Gerard's RC Jun Mix Sch. L5 52 D6
St Gregory's Croft. L30 27 E4
St Gregory's RC Inf Sch. L31 20 C4
St Gregory's RC Jun Mix & Inf Sch. L27 70 E5
St Gregory's RC Jun Sch. L31 20 C4
St Helen's Cl. L43 66 B6
St Helen's Coll Newton Campus. WA12 46 B4
St Helens Central Sta. WA9 44 B3
St Helens Comm Coll. WA10 43 F3
St Helens Hospl. St Helens WA9 44 C1
St Helens Hospl. St Helens WA9 58 C8
St Helens Junction Sta. WA9 58 F7
St Helens Linkway. Rainhill L35 & WA9 57 F4
St Helens Linkway. St Helens WA9 58 A8
St Helens Rd. Ormskirk L39 14 A2
St Helens Rd. Prescot L34 & WA10 56 E7
St Helens Rd. Rainford WA11 32 B1
St Helens Ret Pk. WA9 44 B3
St Helens Tech Campus. WA9 44 B4
St Hilary Brow. L44 50 F4
St Hilary Dr. L44 50 F5
St Hilda St. 9 L4 52 E8
St Hilda's CE High Sch. L17 68 D5
St Hildas Ct. L8 68 D6
St Hugh's Cl. L43 66 B6
St Hugh's RC Jun & Inf Sch. L15 68 D8
St Ives Ct. L41 66 A7
St Ives Gr. L13 53 F3
St Ives Rd. L43 66 A6
St Ives Way. L26 70 F1
St James CE Prim Sch. WA11 45 E6
St James' Cl. Liverpool L12 54 A6
St James Cl. Ormskirk L40 14 C3
St James Cres. WN2 36 F8
St James Ct. 12 WA10 43 F3
St James Dr. L20 38 B4
St James Mount. L35 57 C2
St James Pl. L69 & L8 67 E6
St James' RC Prim Sch. L20 38 B4
St James' RC Prim Sch. Orrell WN5 25 D4
St James RC Prim Sch. Skelmersdale WN8 16 B4
St James Rd. Birkenhead L41 & L43 65 F8
St James' Rd. Huyton-w-R L36 55 E1
St James Rd. Liverpool L1 & L8 67 E7
St James' Rd. Orrell WN5 25 D4
St James' Rd. Prescot L34 56 E6
St James Rd. Rainhill L35 57 C2
St James Rd. Wallasey L45 51 B8
St James St. Liverpool L1 & L69 & L72 67 D7
St James St. Southport PR8 4 B6
St James Way. L30 27 D4
St Jerome's RC Prim Sch. L37 9 C3
St Jerome's Way. L30 27 E4
St Joan of Arc RC Prim Sch. L20 38 A5
St John Almond High Sch. L19 81 D6
St John Bosco High Sch. L11 40 B3
St John Bosco RC Prim Sch. L31 20 B2
St John Fisher RC Prim Sch. Knowsley L34 41 D4
St John Fisher RC Prim Sch. Widnes WA8 73 D1
St John Southworth RC Prim Sch. WN4 35 D4
St John St. Birkenhead L41 66 D6
St John St. Newton-le-W WA12 46 A3
St John St. St Helens WA10 43 D1
St John Stone RC Prim Sch. PR8 7 D2
St John Vianney RC Prim Sch. WA9 57 E6
St John's Ave. L9 39 A5
St John's CE (Aided) Prim Sch. L22 26 D1
St John's CE Prim Sch. L22 26 D1
St John's Cl. L47 63 D8
St John's Ct. L22 26 D1
St John's Ctr & Mkt. L1 52 D1
St John's La. L1 52 D2
St John's Pavement. 6 L41 66 D6
St John's Pl. L22 26 D1
St John's RC Inf Sch. L63 78 F7
St John's RC Jun Sch. L63 78 F7
St John's RC Prim Sch. L4 52 E7
St John's Rd. Bebington L62 89 A5
St John's Rd. L20 38 C1
St John's Rd. Crosby L22 26 D1
St John's Rd. Huyton-w-R L36 55 F1
St John's Rd. Liverpool L36 70 E8
St John's Rd. Southport PR8 3 F1
St John's Rd. Wallasey L45 50 E5
St John's Sq. Birkenhead L41 66 D6
St John's Sq. 18 Liverpool L1 52 D1
St John's St. WN2 36 B8
St John's Terr. L20 38 B1
St John's Way. 13 L1 52 D1
St Johns Ct. 9 WA10 43 F3
St Johns RC Prim Sch. WN8 16 C1
St Joseph's Cl. WA5 74 E5
St Joseph's RC Jun & Inf Sch. L32 29 E1
St Joseph's RC Prim Sch. Birkenhead L49 65 A5
St Joseph's RC Prim Sch. Huyton-w-R L36 55 F3
St Joseph's RC Prim Sch. Wallasey L44 51 D2
St Joseph's RC Prim Sch. Warrington WA5 74 E5
St Josephs Cres. L3 52 E3
St Judes Ct. 7 WA10 43 F3
St Julie RC Prim Sch. WA10 43 A4
St Julie's High Sch. L25 70 A1
St Kilda's Rd. L46 64 D7
St Laurence Gr. L32 40 F8
St Laurence's RC Prim Sch. Birkenhead L41 66 D7
St Laurence's RC Prim Sch. L32 29 F1
St Lawrence Cl. 2 L8 68 A4
St Lawrence's CE Prim Sch. L4 38 E1
St Leo's RC Prim Sch. L35 56 E2
St Leonard's Cl. L30 27 D4
St Lucia Rd. L44 51 D5
St Luke's Ave. WA3 47 D8
St Luke's CE Prim Sch. Formby L37 9 D1
St Luke's CE Prim Sch. Golborne WA3 47 E7
St Luke's CE Prim Sch. St Helens WA10 43 D3
St Luke's Church Rd. L37 & L38 17 C8
St Luke's Cres. WA8 73 B4
St Luke's Ct. L4 39 A2
St Luke's Dr. Formby L37 9 C2
St Luke's Dr. Orrell WN5 25 E4
St Luke's Gr. Litherland L30 27 D4
St Luke's Gr. Southport PR9 4 E7
St Luke's Halsall CE Prim Sch. L23 26 D5
St Luke's Pl. 8 L1 67 E8
St Luke's RC Prim Sch. Prescot L35 56 F4
St Luke's RC Prim Sch. Skelmersdale WN8 24 E6
St Luke's Rd. Crosby L23 26 E4
St Luke's Rd. Southport PR9 4 D7
St Luke's Rd. St Helens WA10 43 D4
St Lukes Cl. L14 54 F6
St Lukes Ct. 11 WA10 43 F3
St Malachy's RC Jun Mix & Inf Sch. L8 67 E5
St Margaret Mary's Sec Sch. L14 54 F3
St Margaret's (Anfield) CE Sch. L6 53 C5
St Margaret's Ave. WA2 61 D1
St Margaret's CE Jun Sch. WA2 61 C1
St Margaret's Gr. L30 27 C3
St Margaret's Jun Mix & Inf Sch. L8 67 F7
St Margaret's Rd. L47 63 A6
St Margarets CE High Sch. L17 68 E1
St Margarets CE Inf Sch. WA2 61 C2
St Marie's RC Jun Mix & Inf Sch. L33 30 A3
St Marie's RC Prim Sch. PR8 4 B8
St Mark's Gr. L30 27 C4
St Mark's RC Prim Sch. L26 83 A8
St Mark's Rd. L36 55 F1
St Mark's St. WA11 45 A6
St Marks RC Prim Sch. WN8 24 E8
St Martin's Mews. 1 L5 52 E4
St Martins Gr. L32 40 F7
St Mary & St Thomas's Prim Sch. WA10 43 F4
St Mary's Arc. 11 WA10 44 A3
St Mary's Ave. Billinge WN5 33 C4
St Mary's Ave. 4 Liverpool L4 39 A2
St Mary's Ave. Wallasey L44 51 B4
St Mary's CE Prim Sch. L62 89 A5
St Mary's CE (VA) Prim Sch. L20 38 B3
St Mary's Cl. Hale L24 83 E2
St Mary's Cl. Liverpool L13 53 F1
St Mary's Coll. Crosby L23 26 E4
St Mary's Coll. Wallasey L45 50 C5
St Mary's Coll. Wallasey L45 50 E6
St Mary's Coll Prep Sch. L23 26 B3
St Mary's Ct. L49 65 A4
St Mary's Dr. L30 27 C2
St Mary's Gate. L41 66 F6
St Mary's Gdns. PR8 7 F7
St Mary's Gr. 5 L4 39 A2
St Mary's High Sch. L8 68 B5
St Mary's La. L4 39 A2
St Mary's Mkt. WA10 44 A3
St Mary's Pl. 6 Liverpool L4 39 A2
St Mary's Pl. Liverpool L25 70 A2
St Mary's RC Inf Sch. WA12 46 C4
St Mary's RC Jun Sch. WA12 46 B3
St Mary's RC Prim Sch. L23 26 D8
St Mary's Rd. Crosby L22 26 F1
St Mary's Rd. Huyton-w-R L36 55 F2
St Mary's Rd. Liverpool L19 81 B7
St Mary's Rd. Warrington WA5 74 F5
St Mary's St. L44 51 B4
St Mary's & St Paul's CE Sch. L35 56 D4
St Marys Ct. L25 70 A2
St Marys Gdns. 7 L8 67 E7
St Marys High Sch. L17 68 D5
St Marys West Derby CE Sch. L12 54 B7
St Mathew's RC Prim Sch. WN8 24 D7
St Mathews Ave. L21 38 D8
St Mathews Cl. L4 39 D2
St Matthew's RC Prim Sch. L4 53 E8
St Matthews CE Prim Sch. L35 57 D7
St Matthews Ct. 6 WA10 43 F3
St Matthews Gr. WA10 57 C8
St Mawes Cl. WA8 72 E2
St Mawes Way. WA10 43 B6
St Mawgan Ct. WA2 61 F2
St Michael & All Angels RC Prim Sch. L49 65 D2
St Michael Jubilee Golf Course. WA8 84 E7
St Michael Rd. L39 20 F7
St Michael's Church Rd. L17 68 C2
St Michael's Cl. Liverpool L17 68 C2
St Michael's Cl. Southport PR9 1 F3
St Michael's Cl. Widnes WA8 84 C7
St Michael's Gr. Litherland L30 27 C3
St Michael's Gr. Liverpool L6 53 B4
St Michael's in the Hamlet Inf Sch. L17 68 B3
St Michael's Ind Est. WA8 84 C6
St Michael's RC Prim Sch. Liverpool L6 53 B4
St Michael's RC Prim Sch. Widnes WA8 84 C7
St Michael's Rd. Crosby L23 26 C6
St Michael's Rd. Liverpool L17 68 B3
St Michael's Rd. Widnes WA8 84 C7
St Michael's Sta. L17 68 B2
St Michaels Ct. L36 55 E3
St Michaels Gr. L46 64 D8
St Michaels Pk. L39 21 A7
St Michaels Rd. WA9 58 A3
St Monica's Dr. L30 27 D4
St Monica's Prim Sch. L20 38 E5
St Nicholas CE Prim Sch. L23 26 B3
St Nicholas CE Sch. L22 26 C2
St Nicholas' Dr. L30 27 D4
St Nicholas Gr. 1 WA9 58 D7
St Nicholas Pl. L3 52 B1
St Nicholas RC Jun Mix & Inf Sch. L3 52 F1
St Nicholas Rd. Prescot L35 56 D1
St Nicholas' Rd. Wallasey L45 50 D5
St Oswald House. 6 L13 54 A3
St Oswald's Ave. L43 50 C1
St Oswald's CE (VA) Prim Sch. L30 27 F3
St Oswald's La. L30 27 F3
St Oswald's Mews. L43 50 C1
St Oswald's RC Jun Mix Sch. L13 54 A2
St Oswald's RC Prim Sch. WN4 35 B3
St Oswald's St. L13 54 A2
St Oswalds Cl. Litherland L30 27 F3
St Oswalds Cl. Winwick WA2 61 B6
St Oswalds Rd. WN4 35 A2
St Paschal Baylon RC Prim Sch. L16 69 E7
St Patrick's Cl. L33 29 E5
St Patrick's Dr. L30 27 D4
St Patrick's RC Jun Sch. L8 67 F6
St Patrick's RC Prim Sch. PR9 2 A2
St Paul. L42 66 F3
St Paul of the Cross RC Prim Sch. WA5 59 E6
St Paul St. WA10 43 E3
St Paul's Ave. 10 L44 51 E2
St Paul's Cl. L42 66 E2
St Paul's Pas. PR8 4 A6
St Paul's Pl. L20 38 D2
St Paul's RC Jun Sch. L12 54 C6
St Paul's RC Prim Sch. Birkenhead L43 65 C7
St Paul's RC Prim Sch. Liverpool L12 54 B6
St Paul's Rd. Birkenhead L42 66 F3
St Paul's Rd. Wallasey L44 51 E2
St Paul's Sq. 2 Liverpool L3 52 C2
St Paul's Sq. Southport PR8 4 A6
St Paul's St. PR8 4 A6
St Paul's & St Timothy's Inf Sch. L12 54 C6
St Paul's Villas. L42 66 F2
St Pauls Cl. L33 29 D5
St Peter & Paul RC Prim Sch. WA11 44 B7
St Peter's Ave. L37 9 D4
St Peter's CE Prim Sch. L37 10 A5
St Peter's CE Prim Sch. Garswood WN4 34 F6
St Peter's CE Prim Sch. Heswall L60 85 F8
St Peter's CE Prim Sch. Newton-le-W WA12 46 E4
St Peter's Cl. Formby L37 9 D4
St Peter's Cl. Heswall L60 85 F7
St Peter's Mews. L42 67 B1
St Peter's RC High Sch. WN5 25 F7
St Peter's RC Prim Sch. L43 65 C3
St Peter's Rd. Birkenhead L42 67 A1
St Peter's Rd. Liverpool L9 39 C6
St Peter's Rd. Southport PR8 4 A3
St Peter's Row. L31 28 D6
St Peter's Way. L43 65 C4
St Peters Cl. L33 29 D5
St Peters Ct. Liverpool L17 68 B4
St Peters Ct. 13 St Helens WA10 43 F3
St Philip's Ave. L21 38 C7
St Philip's CE Prim Sch. L21 38 C8
St Philip's Prim Sch. PR8 4 C5
St Philips Church & Comm Sch. WA5 60 B1
St Philips Ct. 5 WA10 43 F3
St Philomena's RC Jun Sch. L9 39 F4
St Raymond's RC Prim Sch. L30 27 E4
St Richards RC Prim Sch. WN8 15 D1
St Robert Bellarmine RC Prim Sch. L20 38 D7
St Sebastian's Prim Sch. L7 53 D2
St Seiriol Gr. L43 66 A6
St Silas CE Prim Sch. L8 68 A5
St Simons Ct. 4 WA10 43 F3
St Stephen Rd. WA5 74 F5
St Stephen's Ave. WA2 61 B3
St Stephen's Gr. L30 27 D3
St Stephen's RC Prim Sch. WA2 61 B2
St Stephen's Rd. Birkenhead L42 66 B1
St Stephen's Rd. Hightown L38 17 F4
St Stephens Cl. Heswall L60 86 C6
St Stephens Cl. Liverpool L25 70 C5
St Stephens Ct. L42 66 B1
St Stephens Pl. 4 L3 52 D3
St Teresa's Prim Sch. WA10 43 D4
St Teresa's RC Inf Sch. PR8 4 A4
St Teresa's RC Jun Mix Inf Schs. L11 39 F2
St Teresa's Rd. WA10 43 D4
St Theresa's RC Prim Sch. WA9 58 C3
St Thomas Becket RC Comp Comm Sch. L36 56 A3
St Thomas CE Prim Sch. Ashton-in-M WN4 35 C3
St Thomas CE Prim Sch. Maghull L31 20 D4
St Thomas Ct. WA8 72 E1
St Thomas the Martyr CE Prim Sch. WN8 25 B7
St Thomas's Ct. WN8 25 C7
St Thomas's Dr. L30 27 D3
St Vincent de Paul RC Sch. L1 67 D8
St Vincent Rd. Birkenhead L43 66 A6
St Vincent Rd. Wallasey L44 51 D5
St Vincent Rd. Warrington WA5 74 F5
St Vincent St. L3 52 E2
St Vincent Way. L3 52 E2
St Vincent's Cl. L12 & L14 54 E6
St Vincent's RC Comm Sch. WA9 45 A3
St Vincent's RC Prim Sch. WA5 74 F3
St Vincent's St. L14 54 E6
St Vincent's Way. Southport PR8 4 A4
St Werburgh's RC Prim Sch. L41 66 D5
St Werburgh's Sq. 13 L41 66 E6
St Wilfrid's RC High Sch. L21 38 C7
St William of York RC Prim Sch. L23 27 B5
St William Rd. L23 27 B5
St William Way. L23 27 B5
St Winefride's RC Inf Sch. L20 38 C2
St Winefride's RC Jun Sch. L20 38 C3
St Winifred Rd. Rainhill L35 57 B5
St Winifred Rd. Wallasey L45 51 B7
Saker St. 17 L4 52 F7
Salacre Cl. L49 65 A4
Salacre Cres. L49 65 A4
Salacre La. L49 65 A4
Salacre Terr. L49 65 A5
Salcombe Dr. Liverpool L25 82 B7
Salcombe Dr. Southport PR9 2 A5
Salem View. L43 66 B3
Salerno Dr. L36 55 D3
Saleswood Ave. WA10 43 A3
Salford Rd. PR8 7 C5
Salisbury Ave. Litherland L30 28 A1
Salisbury Ave. West Kirby L48 63 A2
Salisbury Dr. L62 79 B7
Salisbury House. L20 38 B4
Salisbury Pk. L16 69 D5
Salisbury Rd. 1 Ashton-in-M WN4 35 A5
Salisbury Rd. L20 38 B5
Salisbury Rd. Haydock WA11 45 E8
Salisbury Rd. Liverpool L9 39 A3
Salisbury Rd. Liverpool L5 52 F6
Salisbury Rd. Liverpool L4 & L5 53 A6
Salisbury Rd. Liverpool L15 68 D8
Salisbury Rd. Liverpool L19 81 A6
Salisbury Rd. Wallasey L45 51 A8
Salisbury St. Birkenhead L41 66 D5
Salisbury St. Golborne WA3 47 A8
Salisbury St. Liverpool L3 52 F3
Salisbury St. 3 Prescot L34 56 D6
Salisbury St. Southport PR9 5 A6
Salisbury Terr. L15 68 F8
Salkeld Ave. WN4 34 F3
Sallowfields. WN5 25 D5
Sally's La. PR9 2 B2
Salop St. L4 52 F8
Saltash Cl. L26 82 E8
Saltburn Rd. L45 50 D5
Salthouse Quay. L1 & L3 & L72 67 C8
Saltney St. L3 52 B4
Saltpit La. L31 20 E1
Salwick Cl. PR9 1 F5
Samaria Ave. L62 79 C7
Sambourn Fold. PR8 7 A5
Samuel St. L35 57 D7
Sanbec Gdns. WA8 72 D5
Sandalwood Dr. L43 65 D4
Sandalwood Gdns. WA9 58 C7
Sandbeck St. L8 67 F3
Sandbourne. L46 65 A8
Sandbrook Ct. L46 64 E8
Sandbrook Gdns. WN5 25 D5
Sandbrook La. L46 64 F8
Sandbrook Prim Sch. L46 65 A8
Sandbrook Rd. Liverpool L25 70 A7
Sandbrook Rd. Orrell WN5 25 C5
Sandbrook Rd. Southport PR8 7 D4
Sandbrook Way. PR8 7 C3
Sandcliffe Rd. L45 50 E7
Sandeman Rd. L4 53 D8
Sanderling Rd. L33 30 A3
Sanderson Cl. WA5 74 D6
Sandfield. L36 55 D2
Sandfield Ave. L47 48 D1
Sandfield Cl. Bebington L63 78 D6
Sandfield Cl. Golborne WA3 47 F8
Sandfield Cl. Liverpool L12 54 C5

122 San – She

Sandfield Cotts. L39 ... 13 D2
Sandfield Cres. WA10 ... 43 F3
Sandfield Park Sch. L12 ... 54 B5
Sandfield Pk. L60 ... 85 D8
Sandfield Pk E. L12 ... 54 C6
Sandfield Pl. L20 ... 38 B4
Sandfield Rd. Bebington L63 ... 78 D6
Sandfield Rd. Birkenhead L49 ... 65 B2
Sandfield Rd. L20 ... 38 D3
Sandfield Rd. Liverpool L25 ... 70 B4
Sandfield Rd. St Helens WA10 ... 43 A5
Sandfield Rd. Wallasey L45 ... 51 B7
Sandfield Wlk. L12 & L13 ... 54 B4
Sandford Dr. L31 ... 20 D2
Sandford Rd. WN5 ... 25 C5
Sandford St. L41 & L72 ... 66 E7
Sandforth Cl. L12 ... 54 A6
Sandforth Rd. L12 & L13 ... 54 B6
Sandgate Cl. L24 ... 82 B4
Sandham Gr. L60 ... 86 D7
Sandham Rd. L24 ... 83 A4
Sandhead St. L15 & L7 ... 68 D8
Sandhey Rd. L47 ... 63 C8
Sandheys. L64 ... 86 C1
Sandheys Ave. L22 ... 26 C1
Sandheys Cl. L4 ... 52 E7
Sandheys Dr. PR9 ... 1 F1
Sandheys Gr. L22 ... 26 C2
Sandheys Rd. L45 ... 51 B7
Sandheys Terr. L22 ... 26 C1
Sandhills. L38 ... 17 F3
Sandhills Ind Ctr. L5 ... 52 C6
Sandhills La. L20 & L5 ... 52 C7
Sandhills Sta. L5 ... 52 C7
Sandhills The. L46 ... 49 E3
Sandhills View. L45 ... 50 D5
Sandhurst. 2 L23 ... 26 C4
Sandhurst Cl. Formby L37 ... 9 C1
Sandhurst Cl. Seaforth L21 ... 37 F7
Sandhurst Dr. L10 ... 28 E2
Sandhurst Rd. Liverpool L26 ... 83 A6
Sandhurst Rd. Rainhill L35 ... 57 B4
Sandhurst St. L17 ... 68 B3
Sandhurst Way. L31 ... 20 B5
Sandicroft Rd. L12 ... 40 F2
Sandilands Gr. L38 ... 17 F3
Sandino St. L8 ... 67 E6
Sandirngham Dr. L17 ... 68 B4
Sandiway. Bebington L63 ... 88 C6
Sandiway. Hoylake L47 ... 48 D1
Sandiway. Huyton-w-R L36 ... 55 F1
Sandiway. Prescot L35 ... 56 D2
Sandiway Ave. WA8 ... 72 A1
Sandiway Ct. PR9 ... 4 E8
Sandiways. L31 ... 20 E1
Sandiways Ave. L30 ... 28 A2
Sandiways Rd. L45 ... 50 E6
Sandlea Pk. L48 ... 63 A2
Sandlewood Gr. L33 ... 29 F4
Sandon Cl. L35 ... 57 B4
Sandon Gr. WA11 ... 32 A6
Sandon Lodge. 8 L21 ... 38 A6
Sandon Pl. WA8 ... 73 D1
Sandon Prom. L44 ... 51 E4
Sandon Rd. Southport PR8 ... 3 F1
Sandon Rd. Wallasey L44 ... 51 E4
Sandon St. Crosby L22 ... 26 D1
Sandon St. 15 Liverpool L7 & L8 ... 67 F8
Sandon Way. L5 ... 52 B6
Sandown Ct. 4 Liverpool L15 ... 68 F8
Sandown Ct. Southport PR9 ... 4 C8
Sandown La. L15 ... 68 F8
Sandown Park Rd. L10 ... 28 E3
Sandown Rd. Liverpool L15 ... 53 F1
Sandown Rd. Seaforth L21 ... 37 F7
Sandpiper Cl. Birkenhead L49 ... 64 D6
Sandpiper Cl.
Newton-le-W WA12 ... 46 C4
Sandpiper Gr. L26 ... 70 E1
Sandpiper Pl. 17 L6 ... 53 A3
Sandra Dr. WA12 ... 46 E3
Sandridge Rd. Heswall L61 ... 76 F5
Sandridge Rd. Wallasey L45 ... 51 B7
Sandringham Ave. Hoylake L47 ... 63 C7
Sandringham Ave. 2
Seaforth L22 ... 37 E8
Sandringham Cl. Bebington L62 ... 79 A7
Sandringham Cl. Hoylake L47 ... 63 C7
Sandringham Cl. L33 ... 29 E5
Sandringham Ct. PR8 ... 4 B8
Sandringham Dr. St Helens WA9 ... 58 C7
Sandringham Dr. Wallasey L45 ... 51 A8
Sandringham Rd. Formby L37 ... 9 E1
Sandringham Rd. Liverpool L13 ... 53 E6
Sandringham Rd. Maghull L31 ... 28 C8
Sandringham Rd.
Seaforth L21 & L22 ... 37 E8
Sandringham Rd. Southport PR8 ... 3 E3
Sandringham Rd. Southport PR8 ... 7 C5
Sandringham Rd. Widnes WA8 ... 73 A4
Sandrock Rd. L45 ... 51 B7
Sands Rd. L18 ... 68 F4
Sandstone Dr. Rainhill L35 ... 57 A5
Sandstone Dr. West Kirby L48 ... 63 C3
Sandstone La. 2 L8 ... 67 F4
Sandstone Rd E. L13 ... 54 A4
Sandstone Rd W. L13 ... 53 F4
Sandstone Wlk. L60 ... 86 A7
Sandwash Cl. WA11 ... 32 B4
Sandway Cres. L11 ... 40 A2
Sandy Brow La. Golborne WA3 ... 47 E2
Sandy Brow La. Knowsley L33 ... 41 E8
Sandy Gn. L9 ... 39 C6
Sandy Gr. L13 ... 53 F6
Sandy House. 5 L21 ... 37 F7
Sandy Knowe. L15 ... 69 A8
Sandy La. L21 ... 38 A7
Sandy La. Cronton WA8 ... 72 E5
Sandy La. Golborne WA12 & WA3 ... 46 F8
Sandy La. Heswall L60 ... 77 A1
Sandy La. Hightown L38 ... 18 A3
Sandy La. Irby L61 ... 76 C7
Sandy La. L31 ... 29 A6
Sandy La. Liverpool L9 ... 39 C6
Sandy La. Liverpool L13 ... 53 F6
Sandy La. Maghull L31 ... 20 C5
Sandy La. Maghull L39 ... 21 B6
Sandy La. Ormskirk L40 ... 14 D7
Sandy La. Orrell WN5 ... 25 D4
Sandy La. Skelmersdale WN8 ... 15 D1
Sandy La. St Helens WA11 ... 43 F8
Sandy La. Wallasey L45 ... 50 E6
Sandy La. Warrington WA2 ... 61 C2
Sandy La. Warrington WA8 ... 74 B6
Sandy La. West Kirby L48 ... 63 B1
Sandy La Ctr. WN8 ... 15 D1
Sandy La N. L61 ... 76 C8
Sandy La W. WA2 ... 61 B3
Sandy Rd. L21 ... 38 A7
Sandy Rd. Seaforth L21 ... 37 F7
Sandy Way. L43 ... 66 A5
Sandymount Dr. Bebington L63 ... 78 F4
Sandymount Dr. Wallasey L45 ... 51 A7
Sandyville Gr. 2 L4 ... 53 E8
Sandyville Rd. L11 & L4 ... 53 E8
Sanfield Cl. L39 ... 13 E6
Sangness Dr. PR8 ... 4 E3
Sankey Rd. Maghull L31 ... 28 D7
Sankey Rd. St Helens WA11 ... 44 F5
Sankey St. Golborne WA3 ... 47 A8
Sankey St. Liverpool L1 ... 67 E8
Sankey St. Newton-le-W WA12 ... 46 A3
Sankey St. St Helens WA9 ... 44 D2
Sankey Sta. WA5 ... 74 F6
Sankey Valley Ind Est. WA12 ... 46 A2
Sankey Valley Park. WA5 ... 60 D6
Sankey Valley Pk.
Haydock WA11 & WA12 ... 45 D3
Sankey Valley Pk.
St Helens WA11 ... 44 E7
Santon Ave. L13 ... 53 E5
Santon Dr. WA3 ... 47 E8
Sanvino Ave. PR8 ... 7 D5
Sapphire Dr. L33 ... 29 E5
Sapphire St. L13 ... 53 F1
Sarah's Croft. L30 ... 27 E3
Sark Rd. L13 ... 53 F4
Sarsfield Ave. WA3 ... 47 D8
Sartfield Cl. L16 ... 69 E8
Sarum Rd. L25 ... 70 B7
Satinwood Rd. WN4 ... 34 F2
Saughall Massie La. L49 ... 64 F5
Saughall Massie Rd.
Birkenhead L46 & L49 ... 64 D6
Saughall Massie Rd.
West Kirby L48 ... 63 E4
Saughall Rd. L46 ... 64 C7
Saunby St. L19 ... 81 C4
Saunders Ave. L35 ... 56 D4
Saunders St. PR8 & PR9 ... 1 C1
Saundersfoot Cl. WA5 ... 60 E2
Savia RC High Sch. L30 ... 38 E8
Saville Rd. Liverpool L13 ... 54 B2
Saville Rd. Maghull L31 ... 20 C3
Savon Hook. L37 ... 10 B1
Savoylands Cl. L17 ... 68 C2
Sawdon Ave. PR8 ... 4 E3
Sawley Ave. WA3 ... 36 D1
Sawpit La. L36 ... 55 F2
Saxby Rd. L14 ... 55 A6
Saxenholme. PR8 ... 3 F5
Saxon Cl. L6 ... 53 B5
Saxon Ct. WA10 ... 43 E4
Saxon Rd. Crosby L23 ... 26 D3
Saxon Rd. Hoylake L47 ... 63 C8
Saxon Rd. Southport PR8 ... 3 F5
Saxon Rd. Wallasey L46 ... 49 F1
Saxon Terr. WA8 ... 73 B1
Saxon Way. L33 ... 29 E6
Saxonia Rd. L4 ... 39 B2
Saxony Rd. L7 ... 53 A2
Sayce St. WA8 ... 73 B1
Scafell Ave. WA2 ... 61 C3
Scafell Cl. Bebington L63 & L62 ... 88 D3
Scafell Cl. Liverpool L27 ... 71 A3
Scafell Lawn. L27 ... 71 A3
Scafell Rd. WA11 ... 44 A7
Scafell Wlk. L27 ... 71 A4
Scaffold La. L38 ... 18 D4
Scape La. L23 ... 26 E5
Scargreen Ave. L11 ... 39 F3
Scarisbrick Ave. L21 ... 38 B7
Scarisbrick Ave. Southport PR8 ... 4 A7
Scarisbrick Cl. L31 ... 20 E3
Scarisbrick Cres. L11 ... 39 D3
Scarisbrick Ct. PR8 ... 4 C6
Scarisbrick Dr. L11 ... 39 D2
Scarisbrick New Rd.
Southport PR8 ... 4 D5
Scarisbrick Pl. L11 ... 39 D2
Scarisbrick Rd. Liverpool L11 ... 39 D2
Scarisbrick Rd. Rainford WA11 ... 31 F7
Scarisbrick St. Ormskirk L39 ... 13 E6
Scarisbrick St. Southport PR9 ... 4 B7
Scarsdale Rd. L11 ... 39 F1
Scarth Hill La. Ormskirk L39 ... 14 A2
Scarth Hill La.
Ormskirk L39 & L40 ... 14 B2
Sceptre Cl. WA12 ... 46 A3
Sceptre Rd. L11 ... 40 C3
Sceptre Tower. L11 ... 40 C3
Sceptre Wlk. L11 ... 40 C3
Scholar St. L7 ... 68 C7
Scholes La. L34 & L35 & WA10 ... 57 C7
Scholes Pk. WA10 ... 57 B7
Schomberg St. L6 ... 53 B3
School Ave. L37 ... 9 F3
School Brow. WN5 ... 33 E5
School Cl. Liverpool L27 ... 70 C7
School Cl. Ormskirk L39 ... 13 C1
School Cl. Wallasey L46 ... 49 F1
School Dr. WN5 ... 33 E5
School Hill. L60 ... 85 F7
School House Gn. L39 ... 13 F5
School La. Bebington L63 ... 78 D5
School La. Bebington L62 ... 79 B7
School La. Bebington L66 ... 88 F1
School La. Bold Heath WA8 ... 73 E7
School La. L21 ... 38 A7
School La. L21 ... 38 B8
School La. Formby L37 ... 9 F3
School La. Garswood WN4 ... 34 C3
School La. Haskayne L39 ... 11 F4
School La. Hoylake L47 ... 48 D1
School La. Hoylake L47 ... 63 B7
School La. Huyton-w-R L36 ... 56 A2
School La. Irby L61 ... 76 B6
School La. L31 ... 29 A5
School La. Knowsley L34 ... 41 B5
School La. Litherland L10 ... 28 E1
School La. Liverpool L1 ... 52 D1
School La. Liverpool L25 ... 82 B8
School La. Maghull L31 ... 21 A1
School La. Neston L64 ... 86 B1
School La. Orrell WN5 & WN8 ... 25 C7
School La. Raby L64 ... 87 B2
School La. Rainhill L35 ... 57 F1
School La. Skelmersdale WN8 ... 15 E1
School La. Wallasey L43 ... 50 C1
School La. Wallasey L44 ... 50 E5
School La. Westhead L40 ... 14 E3
School Rd. Hightown L38 ... 17 F4
School Rd. Warrington WA2 ... 61 C1
School St. Ashton-in-M WN4 ... 35 D5
School St. Golborne WA3 ... 47 A8
School St. Newton-le-W WA12 ... 46 A3
School St. St Helens WA11 ... 44 F6
School Terr. WA3 ... 47 A8
School Way. Liverpool L24 ... 82 B4
School Way. Widnes WA8 ... 73 D3
Schoolfield Cl. L49 ... 65 B2
Schoolfield Rd. L49 ... 65 B2
Science Rd. L24 ... 82 C4
Scone Cl. L11 ... 40 C3
Score La. L16 ... 69 D8
Score The. St Helens WA9 ... 58 A7
Score The. St Helens WA9 ... 58 C8
Scorecross. WA9 ... 58 B8
Scoresby Rd. L46 ... 50 B3
Scorton St. L6 ... 53 C5
Scotchbarn La. L34 & L35 ... 56 F6
Scoter Rd. L33 ... 29 F2
Scotia Ave. L62 ... 79 C7
Scotia Rd. L13 ... 54 A4
Scotia Wlk. WA3 ... 47 F8
Scotland Pl. L3 ... 52 D3
Scotland Rd. L3 & L5 ... 52 D4
Scots Pl. L41 ... 65 F7
Scott Ave. Huyton-w-R L36 ... 71 A8
Scott Ave. Prescot L35 ... 56 F3
Scott Ave. Widnes WA8 ... 84 F8
Scott Cl. Liverpool L4 ... 52 F7
Scott Cl. Maghull L31 ... 20 D1
Scott Dr. L39 ... 13 F7
Scott Rd. WA3 ... 36 D2
Scott St. L20 ... 38 B5
Scott St. Southport PR9 ... 5 A7
Scott St. Wallasey L45 ... 51 B5
Scott Wlk. WA12 ... 46 B1
Scotts Ave. WA9 ... 58 A3
Scotts Quay. L44 ... 51 F1
Scythes The. Birkenhead L49 ... 64 D4
Scythes The. Litherland L30 ... 28 B4
Scythia Cl. L62 ... 79 C7
Sea Rd. L45 ... 50 F7
Sea View. L47 ... 63 B7
Sea View La. L61 ... 76 D6
Sea View Rd. L20 ... 38 B4
Seabank Ave. L44 ... 51 C5
Seabank Cott. L47 ... 48 E2
Seabank Rd. Heswall L60 ... 85 E6
Seabank Rd. Southport PR8 & PR9 ... 4 B8
Seabank Rd. Wallasey L44 & L45 ... 51 D5
Seacombe Prom. L44 ... 51 E3
Seacombe Tower. L5 ... 52 E6
Seacombe View. L44 ... 51 E2
Seacroft Cl. L14 ... 55 A6
Seacroft Cres. PR9 ... 2 B5
Seacroft Rd. L14 ... 55 A6
Seafield. L37 ... 10 A2
Seafield Ave. Crosby L23 ... 26 F4
Seafield Ave. Heswall L60 ... 85 E6
Seafield Dr. L45 ... 51 A7
Seafield Rd. Bebington L62 ... 79 B8
Seafield Rd. L20 ... 38 B4
Seafield Rd. L9 ... 38 F5
Seafield Rd. Southport PR8 ... 7 C6
Seaford Pl. WA2 ... 61 A4
Seafore Cl. L31 ... 20 B4
Seaforth Dr. L46 ... 64 E7
Seaforth & Litherland Sta. L21 ... 38 A7
Seaforth Rd. L21 ... 38 A6
Seaforth Vale N. L21 ... 38 A6
Seaforth Vale W. L21 ... 38 A6
Seagram Cl. L9 ... 39 C8
Sealand Ave. L37 ... 9 E2
Sealand Cl. Formby L37 ... 9 D2
Sealand Cl. Warrington WA2 ... 61 E1
Sealy Cl. L63 ... 79 A1
Seaman Rd. L15 ... 68 E7
Seascale Ave. WA10 ... 57 B8
Seath Ave. WA9 ... 44 E4
Seathwaite Cl. L23 ... 26 B3
Seathwaite Cres. L33 ... 29 D4
Seaton Cl. L12 ... 41 A3
Seaton Gr. L35 ... 57 D6
Seaton Pl. WN8 ... 15 E3
Seaton Rd. Birkenhead L42 ... 66 C4
Seaton Rd. 1 Wallasey L45 ... 51 A6
Seaton Way. PR9 ... 2 A5
Seaview Ave. Bebington L62 ... 89 B6
Seaview Ave. Irby L61 ... 76 D6
Seaview Ave. Wallasey L45 ... 51 B5
Seaview Rd. L44 & L45 ... 51 A5
Seaview Terr. L22 ... 26 C1
Seawood Gr. L46 ... 64 D7
Second Ave. Birkenhead L43 ... 65 C6
Second Ave. Crosby L23 ... 26 D4
Second Ave. Liverpool L9 ... 39 D7
Second Ave. Rainhill L35 ... 57 B4
Sedbergh Ave. L10 ... 28 C3
Sedbergh Rd. L44 & L45 ... 50 F5
Sedburgh Gr. L36 ... 55 C3
Sedburn Rd. L32 ... 41 A7
Seddon Cl. WA10 ... 42 F3
Seddon Pl. WN8 ... 15 E3
Seddon Rd. Liverpool L19 ... 81 C6
Seddon Rd. St Helens WA10 ... 57 B8
Seddon St. 5 Liverpool L1 & L72 ... 67 D8
Seddon St. St Helens WA10 ... 43 F7
Seddons Ct. 1 L34 ... 56 D6
Sedgefield Rd. L46 ... 65 A8
Sedgemoor Rd. L11 ... 39 F3
Sedgewick Cres. WA5 ... 59 E6
Sedgley Wlk. L36 ... 55 F5
Sedley St. L6 ... 53 B5
Seeds La. L9 ... 39 C8
Seel Rd. L36 ... 56 A2
Seel St. L1 & L8 & L72 & L75 ... 67 D8
Seeley Ave. L41 ... 66 A7
Sefton Ave. L21 ... 38 B7
Sefton Ave. Orrell WN5 ... 25 D5
Sefton Ave. Widnes WA8 ... 73 A3
Sefton Cl. L32 ... 29 C3
Sefton Cl. Orrell WN5 ... 25 D5
Sefton Dr. Crosby L23 ... 27 A7
Sefton Dr. L32 ... 29 C3
Sefton Dr. Litherland L10 ... 28 E2
Sefton Dr. Liverpool L17 & L8 ... 68 C5
Sefton Dr. Maghull L31 ... 28 B8
Sefton Fold Dr. WN5 ... 33 D5
Sefton Fold Gdns. WN5 ... 33 D5
Sefton Gdns. L39 ... 21 D7
Sefton General Hospl. L15 ... 68 D6
Sefton Gr. L17 ... 68 C4
Sefton House. L9 ... 39 B7
Sefton La. L31 ... 28 B8
Sefton Lane Ind Est. L29 & L31 ... 28 A8
Sefton Mill Ct. L29 ... 27 F7
Sefton Mill La. L29 ... 27 F7
Sefton Moss La. L30 ... 27 D2
Sefton Moss Villas. L21 ... 38 B8
Sefton Park Rd. L17 & L8 ... 68 B5
Sefton Rd. Bebington L62 ... 79 A8
Sefton Rd. Birkenhead L42 ... 67 A1
Sefton Rd. L21 ... 38 B8
Sefton Rd. L20 ... 38 D5
Sefton Rd. Formby L37 ... 9 E2
Sefton Rd. Garswood WN4 ... 34 F6
Sefton Rd. Liverpool L9 ... 39 A4
Sefton Rd. Orrell WN5 ... 25 D5
Sefton Rd. Wallasey L45 ... 51 B7
Sefton Ret Pk. L30 ... 28 A3
Sefton St. L21 ... 38 B7
Sefton St. Liverpool L3 & L8 ... 67 D5
Sefton St. Newton-le-W WA12 ... 45 F3
Sefton St. Southport PR8 ... 4 C5
Sefton View. L21 ... 38 B8
Sefton View. Crosby L23 ... 27 A4
Sefton View. Orrell WN5 ... 25 D5
Segar's La. PR8 & L39 ... 7 E4
Selborne. L35 ... 56 F2
Selborne Cl. 1 L8 ... 68 A7
Selborne St. Liverpool L8 ... 68 A7
Selbourne Cl. L49 ... 65 C3
Selby Cl. WA10 ... 43 D2
Selby Dr. L37 ... 10 B2
Selby Gr. L36 ... 56 B3
Selby Pl. WN8 ... 15 D2
Selby Rd. L9 ... 39 A6
Selby St. L45 ... 51 B5
Seldon St. L7 ... 53 B2
Selina Rd. L4 ... 38 F2
Selkirk Ave. Bebington L62 ... 88 E4
Selkirk Ave. Garswood WN4 ... 34 D4
Selkirk Dr. WA10 ... 43 B5
Selkirk Rd. L13 ... 53 F2
Sellar St. L4 ... 52 E7
Selont House. 3 L8 ... 67 F5
Selsdon Rd. L22 ... 26 C2
Selsey Cl. L7 ... 68 B8
Selside Lawn. L27 ... 71 A4
Selside Rd. L27 ... 71 A4
Selside Wlk. L27 ... 70 F4
Selston Cl. L63 ... 79 A2
Selworthy Gn. L16 ... 69 D6
Selworthy Rd. Southport PR8 ... 3 D3
Selworthy Rd. Southport PR8 ... 3 E3
Selwyn Cl. WA8 ... 73 E3
Selwyn St. L4 ... 38 E1
Sennen Rd. L32 ... 40 F8
Sephton Dr. L39 ... 13 F7
September Rd. L6 ... 53 D6
Serenade Rd. L33 ... 29 F6
Sergrim Rd. L36 ... 55 D3
Serin Cl. WA12 ... 46 C3
Serpentine N The. L23 ... 26 A5
Serpentine Rd. L44 ... 51 C4
Serpentine S The. L23 ... 26 B4
Serpentine The. Crosby L23 ... 26 A4
Serpentine The. Liverpool L19 ... 81 A8
Serpentine The. Ormskirk L39 ... 21 D8
Servia Rd. L21 ... 38 B7
Serville House. L17 ... 68 B4
Servite Cl. L22 ... 26 C2
Servite Ct. L25 ... 70 C1
Sessions Rd. L4 ... 52 E7
Seth Powell Way. L36 ... 55 D5
Settrington Rd. L11 ... 39 F1
Seven Acre Rd. L23 ... 27 B5
Seven Acres La. L61 ... 77 A5
Sevenoaks Ave. PR8 ... 7 B5
Seventh Ave. L9 ... 39 D7
Severn Cl. Billinge WN5 ... 33 D3
Severn Cl. St Helens WA9 ... 58 C6
Severn Cl. Warrington WA2 ... 61 E2
Severn Cl. Widnes WA8 ... 73 F3
Severn Rd. Ashton-in-M WN4 ... 35 E5
Severn Rd. L33 ... 29 F6
Severn Rd. Rainhill L35 ... 57 B3
Severn St. Birkenhead L41 ... 51 A1
Severn St. Liverpool L5 ... 52 F6
Severs St. L6 ... 53 B4
Sewell St. L34 ... 56 D6
Sexton Ave. WA9 ... 45 B2
Sexton Way. L14 ... 54 E2
Seymoor Ct. L14 ... 54 D1
Seymour Ct. L42 ... 66 E4
Seymour Dr. L31 ... 20 E3
Seymour Pl W. 4 L45 ... 51 B8
Seymour Rd. L21 ... 38 B7
Seymour Rd. Liverpool L14 ... 54 D2
Seymour St.
Birkenhead L41 & L42 ... 66 E4
Seymour St. L20 ... 38 B2
Seymour St. Liverpool L3 ... 52 E2
Seymour St. Wallasey L45 ... 51 B8
Shacklady Rd. L33 ... 30 A4
Shackleton Cl. WA5 ... 60 C1
Shackleton Rd. L46 ... 50 B4
Shadwell Cl. L5 ... 52 B5
Shadwell St. L5 ... 52 B5
Shaftesbury Ave. Southport PR8 ... 8 A8
Shaftesbury Ave.
Warrington WA5 ... 74 E2
Shaftesbury Gr. PR8 ... 4 A1
Shaftesbury Rd. Crosby L23 ... 26 D4
Shaftesbury Rd. Southport PR8 ... 4 A1
Shaftesbury St. L8 ... 67 E6
Shaftesbury Terr. L13 ... 54 A3
Shaftesbury Way. WA5 ... 59 F7
Shaftsbury Ave. L33 ... 29 E5
Shaftway Cl. WA11 ... 45 F7
Shakespeare Ave. L42 ... 66 F1
Shakespeare Gr. WA2 ... 61 C2
Shakespeare Rd. Liverpool L6 ... 53 A4
Shakespeare Rd. Neston L64 ... 86 E1
Shakespeare Rd. St Helens WA9 ... 58 A3
Shakespeare Rd. Wallasey L44 ... 51 D2
Shakespeare Rd. Widnes WA8 ... 73 A1
Shakespeare St. L20 ... 38 A5
Shakespeare St. Liverpool L19 ... 81 C4
Shakespeare St. Liverpool L19 ... 81 C5
Shakespeare St. Southport PR8 ... 4 B5
Shakspeare Cl. L6 ... 53 A4
Shaldon Cl. 3 L32 ... 41 A8
Shaldon Gr. 2 L32 ... 41 A8
Shaldon Rd. L32 ... 41 A8
Shaldon Wlk. 5 L32 ... 41 A8
Shalem Ct. L63 ... 78 C5
Shalford Gr. L48 ... 63 D2
Shallcross Ct. L6 ... 53 A4
Shallcross Pl. 12 L6 ... 53 A4
Shallmarsh Cl. L63 ... 78 D5
Shallmarsh Rd. L63 ... 78 D5
Shalom Ct. L17 & L18 ... 68 E5
Shamrock Rd. L43 ... 65 F7
Shanklin Cl. WA5 ... 74 C6
Shanklin Rd. L15 ... 53 F1
Shannon St. L41 ... 50 F1
Shard Cl. L11 ... 40 B5
Shard St. WA9 ... 58 E7
Sharon Sq. WN2 ... 35 F8
Sharpeville Cl. L4 ... 52 D7
Sharples Cres. L23 ... 27 A3
Sharrock St. PR8 ... 4 B7
Shavington Ave. L43 ... 65 F3
Shaw Cl. L39 ... 8 F6
Shaw Cres. L37 ... 10 B3
Shaw Entry. L35 & WA8 ... 72 A7
Shaw Hill St. L1 ... 52 D2
Shaw La. Birkenhead L49 ... 64 C2
Shaw La. Haskayne L39 ... 11 E6
Shaw La. Prescot L35 ... 56 E4
Shaw Rd. L24 ... 82 D5
Shaw St. Ashton-in-M WN4 ... 35 B5
Shaw St. Birkenhead L41 ... 66 D5
Shaw St. Haydock WA11 ... 45 E6
Shaw St. Hoylake L47 ... 63 B7
Shaw St. Liverpool L3 & L6 ... 52 F3
Shaw St. Runcorn WA7 ... 84 F2
Shaw St. St Helens WA10 & WA9 ... 44 B4
Shaw's Ave. PR8 ... 4 A1
Shaw's Rd. PR8 ... 4 A1
Shawbury Ave. L63 ... 78 D7
Shawell Ct. WA8 ... 73 E2
Shaws Alley. L1 & L72 ... 67 C8
Shaws Dr. L47 ... 63 D8
Shaws Garth. L39 ... 8 F6
Shawton Rd. L16 ... 69 D8
Shearman Cl. L61 ... 77 A4
Shearman Rd. L61 ... 77 A4
Shearwater Cl. L27 ... 70 F4
Sheen Rd. L45 ... 51 C7
Sheffield Row. WA12 ... 60 D8
Sheil Pl. L6 & L7 ... 53 C3
Sheil Rd. L6 ... 53 C3

Sheila Wlk. L10 ... 40 B6
Sheilings The. WA3 ... 47 F8
Shelagh Ave. WA8 ... 73 A1
Sheldon Cl. L63 ... 79 A1
Sheldon Rd. L12 ... 54 D8
Shelley Cl. L36 ... 56 A1
Shelley Dr. L39 ... 13 D6
Shelley Gr. PR8 & PR9 ... 4 F6
Shelley House. L62 ... 79 A7
Shelley Pl. L35 ... 56 F3
Shelley Rd. WA8 ... 73 A1
Shelley St. L20 ... 38 B4
Shelley St. St Helens WA9 ... 58 B2
Shelley Way. L48 ... 75 B8
Shellfield Rd. PR9 ... 2 A4
Shellingford Rd. L14 ... 55 A4
Shelly Gr. L19 ... 81 C5
Shelton Cl. WA8 ... 73 F3
Shelton Dr. PR8 ... 7 A4
Shelton Rd. L45 ... 51 A6
Shenley Cl. L63 ... 78 F6
Shenley Rd. L15 ... 69 C8
Shenley Way. PR9 ... 2 D5
Shenstone St. L7 ... 53 B1
Shenton Ave. WA11 ... 44 D6
Shepherd Cl. L49 ... 64 C4
Shepherd St. L7 ... 52 F2
Shepherd's La. L39 ... 12 E5
Sheppard Ave. L16 & L36 ... 70 A8
Shepston Ave. 7 L4 ... 39 A1
Shepton Rd. L36 ... 55 D6
Sherborne Ave. Litherland L30 ... 27 E4
Sherborne Ave. Liverpool L25 ... 82 D8
Sherborne Rd. L45 ... 50 F5
Sherborne Sq. L36 ... 55 E2
Sherbourne Way. WA5 ... 59 F6
Sherburn Cl. L9 ... 39 D8
Sherdley Cty Prim Sch. WA9 ... 58 C6
Sherdley Park Dr. WA9 ... 58 B7
Sherdley Rd. St Helens WA9 ... 44 B1
Sherdley Rd. St Helens WA9 ... 57 F7
Sherdley Rd. St Helens WA9 ... 58 A8
Sheri Dr. WA12 ... 46 E2
Sheridan Ave. WA3 ... 47 D7
Sheriff Cl. 3 L5 ... 52 E4
Sheringham Cl. Birkenhead L49 ... 65 A7
Sheringham Cl. St Helens WA9 ... 44 D3
Sheringham Rd. WA5 ... 74 E6
Sherlock Ave. WA11 ... 45 E7
Sherlock La. L44 ... 51 A2
Sherman Dr. L35 ... 57 D1
Sherrat St. WN8 ... 15 D1
Sherringham Rd. PR8 ... 3 E2
Sherry Ct. L17 ... 68 E5
Sherry La. L49 ... 65 A2
Sherwell Cl. L15 ... 54 A1
Sherwood Ave. Ashton-in-M WN4 ... 35 C4
Sherwood Ave. Crosby L23 ... 26 D5
Sherwood Ave. Irby L61 ... 76 C7
Sherwood Ave. Ormskirk L39 ... 13 C2
Sherwood Cl. Rainhill L35 ... 57 C5
Sherwood Cl. Widnes WA8 ... 72 C1
Sherwood Cres. WA5 ... 59 E6
Sherwood Ct. Huyton-w-R L36 ... 55 F2
Sherwood Ct. Liverpool L12 ... 40 F3
Sherwood Dr. Bebington L63 ... 78 E7
Sherwood Dr. Skelmersdale WN8 ... 16 D3
Sherwood Gr. L47 ... 63 F7
Sherwood House. PR8 ... 7 C5
Sherwood Rd. Crosby L23 ... 26 C5
Sherwood Rd. Hoylake L47 ... 63 F8
Sherwood Rd. Wallasey L44 ... 51 C3
Sherwood St. L3 ... 52 B4
Sherwood's La. L10 ... 39 F8
Sherwyn Rd. L4 ... 53 C8
Shetland Cl. Warrington WA2 ... 61 E4
Shetland Cl. Widnes WA8 ... 73 E3
Shetland Dr. L62 ... 88 E8
Shevington Cl. St Helens WA9 ... 58 C7
Shevington Cl. Widnes WA8 ... 73 E3
Shevington's La. L33 ... 29 E6
Shewell Cl. L42 ... 66 D4
Shiel Rd. L45 ... 51 B7
Shimmin St. L7 ... 53 A1
Shipley Wlk. L24 ... 82 D4
Shipton Cl. Birkenhead L43 ... 65 E1
Shipton Cl. Widnes WA8 ... 72 D3
Shirdley Ave. L32 ... 40 F7
Shirdley Cres. PR8 ... 7 C3
Shirdley Wlk. L32 ... 40 F7
Shire Gn. 6 WA9 ... 58 C6
Shirebourne Ave. WA11 ... 44 B7
Shireburn Rd. L37 ... 9 D5
Shires The. WA10 ... 43 F2
Shirley Rd. L19 ... 81 C8
Shirley St. L44 ... 51 E3
Shirwell Gr. WA9 ... 58 C4
Shobdon Cl. L12 ... 40 F4
Shop La. L31 ... 20 C1
Shop Rd. L34 ... 41 C4
Shore Bank. L62 ... 79 C8
Shore Dr. L62 ... 79 C6
Shore Rd. Birkenhead L41 & L72 ... 66 F7
Shore Rd. Seaforth L20 & L21 ... 37 F5
Shore Rd. Southport PR8 ... 7 B6
Shore Rd. West Kirby L48 ... 75 C7
Shorefields. L62 ... 79 C7
Shorefields Comm Comp Sch. L8 ... 68 A3
Shorefields Comp Sch. L8 ... 68 B4
Shorefields House. L62 ... 79 C7
Shorefields Village. L8 ... 67 F3
Shoreside Cty Prim Sch. PR8 ... 7 B4
Short Cl. WA12 ... 45 E3
Short Croft La. L37 ... 10 D1
Short St. Golborne WA3 ... 36 B1
Short St. Haydock WA11 ... 45 E6
Short St. Newton-le-W WA12 ... 45 E3
Shortfield Rd. L49 ... 65 A4
Shortfield Way. L49 ... 65 A4
Shortwood Rd. L14 ... 54 F3
Shorwell Cl. WA5 ... 74 C7
Shottesbrook Gn. L11 ... 39 F3
Shrewsbury Ave. Crosby L22 ... 26 D3
Shrewsbury Ave. Litherland L10 ... 28 D2
Shrewsbury Cl. 3 L43 ... 65 F6
Shrewsbury Dr. L49 ... 65 A6
Shrewsbury Pl. L19 ... 81 C6
Shrewsbury Rd. Birkenhead L43 ,L41 ,L44 & L45 ... 66 A5
Shrewsbury Rd. Heswall L60 ... 77 A1
Shrewsbury Rd. Liverpool L19 ... 81 C6
Shrewsbury Rd. West Kirby L48 ... 63 A1
Shrewton Rd. L25 ... 70 B7
Shropshire Cl. L30 ... 28 A4
Shuttle Hillock Rd. WN2 ... 36 F7
Shuttleworth Cl. L49 ... 64 E6
Sibford Rd. L12 ... 54 D5
Sibley Ave. WN4 ... 35 D4
Siddall St. WA10 ... 43 F7
Siddeley Dr. WA12 ... 45 F4
Siddeley St. L17 ... 68 C3
Sidewell St. L19 ... 81 C5
Sidgreave St. WA10 ... 43 E3
Siding La. Bickerstaffe WA11 ... 23 C1
Siding La. L33 ... 30 C7
Sidings The. L42 ... 66 F2
Sidlaw Ave. WA9 ... 44 F3
Sidmouth Cl. WA5 ... 74 E4
Sidney Ave. L45 ... 51 A8
Sidney Gdns. L41 ... 66 E4
Sidney Pl. L7 ... 68 A8
Sidney Powell Ave. L32 ... 29 C2
Sidney Rd. Birkenhead L41 ... 66 E4
Sidney Rd. L20 ... 38 D2
Sidney Rd. Neston L64 ... 86 F1
Sidney Rd. Southport PR9 ... 4 F8
Sidney St. Birkenhead L41 & L72 ... 66 E7
Sidney St. St Helens WA10 ... 43 D4
Signal Works Rd. L9 ... 39 E8
Silcock St. WA3 ... 36 A1
Silcroft Rd. L32 ... 40 E8
Silkstone Cl. Liverpool L7 ... 68 B8
Silkstone Cl. St Helens WA10 ... 43 D3
Silkstone St. WA10 ... 43 D3
Silver Ave. WA11 ... 45 A5
Silver Birch Gr. WN4 ... 35 A5
Silver Birch Way. L31 ... 20 B5
Silver Leigh. L17 ... 68 D1
Silverbeech Ave. L18 ... 69 B4
Silverbeech Rd. L44 ... 51 C3
Silverbirch Gdns. L45 ... 50 E5
Silverburn Ave. L46 ... 49 E1
Silverdale. PR8 ... 3 E4
Silverdale Ave. L13 ... 53 E5
Silverdale Cl. L36 ... 70 E8
Silverdale Dr. L21 & L30 ... 38 D8
Silverdale Gr. WA11 ... 44 A8
Silverdale Rd. Bebington L63 ... 78 F7
Silverdale Rd. Birkenhead L43 ... 66 A4
Silverdale Rd. Newton-le-W WA12 ... 46 B4
Silverlea Ave. L45 ... 51 B5
Silverlime Gdns. L35 ... 57 C7
Silverstone Dr. L36 ... 70 D8
Silverstone Gr. L31 ... 20 B4
Silverthorne Dr. PR9 ... 1 F1
Silverton Rd. L17 ... 80 E8
Silverwell Rd. L11 ... 40 D5
Silvester St. L5 ... 52 D5
Sim St. L3 ... 52 E3
Simm's Rd. L6 ... 53 D6
Simms Ave. WA9 ... 44 E3
Simon Ct. L48 ... 63 A2
Simon's Croft. L30 ... 27 C3
Simons Cl. L35 ... 71 D8
Simonsbridge. L48 ... 75 D6
Simonside. WA8 ... 72 C2
Simonstone Gr. 5 WA9 ... 58 D7
Simonswood Ind Pk. L33 ... 30 B6
Simonswood La. Bickerstaffe L39 ... 22 A2
Simonswood La. Kirkby L32 & L33 ... 30 A2
Simonswood La. Maghull L39 ... 21 F3
Simonswood Prim Sch. L33 ... 30 A2
Simonswood Wlk. L33 ... 30 A2
Simpkin St. WN2 ... 36 C8
Simpson St. Birkenhead L41 ... 66 D6
Simpson St. Liverpool L1 & L72 ... 67 D7
Sinclair Ave. Prescot L35 ... 56 F5
Sinclair Ave. Warrington WA2 ... 61 B2
Sinclair Ave. Widnes WA8 ... 84 F8
Sinclair Cl. L35 ... 56 F6
Sinclair Dr. L15 & L18 ... 69 B6
Sinclair St. L19 ... 81 C4
Sineacre La. L33 & L39 ... 30 E8
Singleton Ave. Birkenhead L42 ... 66 C3
Singleton Ave. St Helens WA11 ... 44 D5
Singleton Dr. L34 ... 41 D3
Sir Alfred Jones Meml Hospl. L19 ... 81 C6
Sir Howard St. 13 L7 ... 67 F8
Sir Howard Way. 14 L8 ... 67 F8
Sir Thomas St. L1 ... 52 D2
Sirdar Cl. L7 ... 68 B8
Siskin Cl. WA12 ... 46 C3
Siskin Gn. L25 ... 70 A4
Sisters Way. L41 ... 66 D6
Sixpenny La. PR8 ... 7 D1
Sixth Ave. L9 ... 39 D7
Skeffington. L35 ... 56 E2
Skelhorne St. L1 & L3 ... 52 E1
Skellington Fold. L27 ... 70 E5
Skelmersdale Coll. WN8 ... 16 B1
Skelmersdale Coll. WN8 ... 16 B4
Skelmersdale Coll (Westbrook Ctr). WN8 ... 24 B8
Skelmersdale Rd. L39 & WN8 ... 23 B7
Skelmersdale Sports Ctr. WN8 ... 24 C7
Skelton Cl. WA11 ... 44 A7
Skelton St. WN4 ... 34 F6
Skerries Rd. L4 ... 53 A7
Skiddaw Rd. L62 ... 79 E2
Skipton Ave. PR9 ... 2 C6
Skipton Rd. Huyton-w-R L36 ... 56 B3
Skipton Rd. Liverpool L4 ... 53 B7
Skirving Pl. L5 ... 52 D6
Skirving St. L5 ... 52 E6
Skye Cl. WA8 ... 73 E3
Slack House Cotts. L39 ... 14 A3
Slag La. Golborne WA3 ... 36 F2
Slag La. Golborne WA3 ... 47 D8
Slag La. Haydock WA11 ... 45 B7
Slaidburn Cres. Golborne WA3 ... 35 F2
Slaidburn Cres. Southport PR9 ... 2 B5
Slate La. WN8 ... 15 C2
Slater Pl. L1 & L69 & L72 ... 67 D8
Slater St. L1 & L68 & L69 & L72 & L75 ... 67 D8
Slatey Rd. L43 ... 66 B5
Sleaford Rd. L14 ... 55 B6
Sleepers Hill. L4 ... 52 F7
Slessor Ave. L48 ... 63 D3
Slim Rd. L36 ... 55 E3
Slingsby Dr. L49 ... 65 A4
Smallie Ave. WA2 ... 61 C2
Small Cres. WA2 ... 61 C2
Small La. Ormskirk L39 ... 13 A3
Small La. Ormskirk L39 ... 13 F4
Small La S. L39 ... 12 D6
Smallshaw Cl. WN4 ... 35 A2
Smallwoods Mews. L60 ... 76 E1
Smeaton St. L4 ... 38 E1
Smethurst Hall Pk. WN5 ... 25 C2
Smethurst Rd. WN5 ... 25 C2
Smilie Ave. L46 ... 49 C1
Smith Ave. L41 ... 66 B8
Smith Dr. L20 ... 38 E5
Smith Pl. L5 ... 52 D6
Smith Rd. WA8 ... 84 F7
Smith St. Liverpool L4 & L5 ... 52 E6
Smith St. Prescot L34 ... 56 E6
Smith St. Skelmersdale WN8 ... 15 D1
Smith St. St Helens WA9 ... 58 E7
Smithdown Gr. L7 ... 68 B8
Smithdown La. Liverpool L7 ... 53 A1
Smithdown La. Liverpool L7 & L8 ... 68 B8
Smithdown Pl. 5 L15 & L18 ... 69 A5
Smithdown Rd. L15 & L7 & L8 & L18 ... 68 D7
Smithfield St. 16 Liverpool L2 & L3 ... 52 C2
Smithfield St. St Helens WA9 ... 44 D2
Smithy Brow. WA3 ... 61 F8
Smithy Cl. Cronton WA8 ... 72 C5
Smithy Cl. Formby L37 ... 10 B4
Smithy Gn. L37 ... 10 B4
Smithy Hey. L48 ... 63 C2
Smithy Hill. L63 ... 87 A6
Smithy La. Cronton WA8 ... 72 C5
Smithy La. Haskayne L39 ... 12 A6
Smithy La. Holt Green L39 ... 21 A6
Smock La. WN4 ... 34 C4
Smollett St. L20 ... 38 B6
Smollett St. Liverpool L7 ... 53 B2
Smyth Rd. WA8 ... 73 D2
Snaefell Ave. L13 ... 53 E5
Snaefell Gr. L13 ... 53 E5
Snape Gn. PR8 ... 5 E1
Snave Cl. L21 ... 38 B5
Snottesbrook Gn. L11 ... 39 F3
Snowberry Cl. WA8 ... 73 E4
Snowberry Rd. L14 ... 55 A7
Snowden Rd. L46 ... 64 C8
Snowdon Cl. WA5 ... 74 E6
Snowdon Gr. WA9 ... 58 C7
Snowdon La. L5 ... 52 C5
Snowdon Rd. L42 ... 66 D2
Snowdrop Ave. L41 ... 65 F7
Snowdrop St. L5 ... 52 D7
Soho Pl. L3 ... 52 E3
Soho St. L3 ... 52 E3
Solar Rd. L9 ... 39 B6
Solly Ave. L42 ... 66 E2
Solomon St. L7 ... 53 B2
Solva Cl. L6 ... 52 F4
Solway Cl. Ashton-in-M WN4 ... 35 A4
Solway Cl. Warrington WA2 ... 61 F4
Solway St. Birkenhead L41 ... 51 A1
Solway St. Liverpool L8 ... 68 B7
Soma Ave. L21 ... 38 C8
Somerford Rd. L14 ... 55 A4
Somerford Wlk. WA8 ... 73 E3
Somerset Dr. PR8 ... 7 C3
Somerset Pl. L6 ... 53 D5
Somerset Rd. L20 ... 38 D4
Somerset Rd. Crosby L22 & L23 ... 26 C2
Somerset Rd. Heswall L61 ... 76 E4
Somerset Rd. Wallasey L45 ... 50 E5
Somerset Rd. West Kirby L48 ... 63 C3
Somerset St. WA9 ... 44 D2
Somerton St. L15 ... 68 E8
Somerville. L44 ... 51 C3
Somerville Cl. L63 ... 88 B6
Somerville Gr. L22 ... 26 D2
Somerville Prim Sch. L44 ... 51 D3
Somerville Rd. Crosby L22 ... 26 D2
Somerville Rd. Widnes WA8 ... 84 D8
Sommer Ave. L12 ... 54 A7
Sonning Ave. L21 ... 27 B1
Sonning Rd. L4 ... 39 D2
Sorany Cl. L23 ... 27 B6
Sorogold St. WA9 ... 44 C3
Sorrel Cl. L43 ... 65 D5
Sougher's La. WN4 ... 34 F7
South Albert Rd. L17 ... 68 C4
South Ave. Golborne WN7 ... 36 F4
South Ave. Prescot L34 ... 56 C5
South Bank. L43 ... 66 B3
South Bank Rd. Liverpool L7 ... 53 D2
South Bank Rd. Liverpool L19 ... 81 B7
South Bank Terr. WA7 ... 84 F3
South Barcombe Rd. L16 ... 69 E7
South Boundary Rd. L32 & L33 ... 41 C8
South Cantril Ave. L12 & L14 ... 54 F7
South Chester St. L8 ... 67 F6
South Cloughton Rd. L41 & L43 ... 66 D6
South Dale. WA5 ... 74 F5
South Dr. Birkenhead L49 ... 65 A6
South Dr. Heswall L60 ... 86 A7
South Dr. Irby L61 ... 76 C5
South Dr. Liverpool L12 ... 54 C5
South Dr. Liverpool L15 ... 69 A8
South Ferry Quay. L3 & L69 ... 67 D5
South Front. L35 ... 56 E1
South Gr. Liverpool L8 ... 68 A4
South Gr. Liverpool L18 ... 69 C1
South Hey Rd. L61 ... 76 D5
South Highville Rd. L16 ... 69 D6
South Hill Gr. 8 L8 ... 68 A4
South Hill Rd. Birkenhead L43 ... 66 C4
South Hill Rd. Liverpool L8 ... 68 A4
South Hunter St. 1 L1 & L69 ... 67 F8
South John St. Liverpool L1 ... 52 C1
South John St. St Helens WA9 ... 44 C3
South La. Warrington WA5 & WA8 ... 74 B4
South La. Widnes WA8 ... 73 F4
South Lancashire Ind Est. WN4 ... 35 B6
South Lane Entry. WA8 ... 73 F5
South Manor Way. L25 ... 70 C1
South Meade. L31 ... 20 B1
South Mossley Hill Rd. L19 & L18 ... 81 B8
South Par. L32 ... 29 E2
South Par. Liverpool L24 ... 82 E2
South Par. West Kirby L48 ... 63 A1
South Park Ct. L32 ... 29 C3
South Park Rd. L32 ... 29 C3
South Park Way. L20 ... 38 D2
South Parkside Dr. L12 ... 54 C6
South Parkside Wlk. L12 ... 54 B2
South Quay. L3 ... 67 D7
South Rd. Birkenhead L42 ... 66 D3
South Rd. Crosby L22 ... 26 E1
South Rd. Liverpool L14 ... 54 D2
South Rd. Liverpool L19 ... 80 F6
South Rd. Liverpool L24 ... 82 F4
South Rd. West Kirby L48 ... 63 B1
South Sefton Bsns Ctr. L20 ... 38 B2
South St. Liverpool L8 ... 68 A5
South St. St Helens L35 & WA9 ... 57 D7
South Station Rd. L25 ... 70 B4
South Sudley Rd. L19 ... 81 A8
South Terr. L39 ... 13 E4
South View. Bebington L62 ... 79 D5
South View. Huyton-w-R L36 ... 56 B2
South View. Seaforth L22 ... 37 E8
South Villas. 5 L45 ... 51 B7
South Way. L15 ... 69 B8
South Wirral High Sch. L62 ... 88 D4
South Wirral Ret Pk. L62 ... 79 D3
Southbank Rd. PR8 ... 4 C5
Southbourne Rd. L45 ... 50 D5
Southbrook Rd. L27 ... 70 C7
Southbrook Way. L25 & L27 ... 70 C6
Southcroft. L33 ... 29 F4
Southcroft Rd. L45 ... 50 D5
Southdale Rd. Birkenhead L42 ... 66 E2
Southdale Rd. Liverpool L15 ... 68 F8
Southdean Rd. L14 ... 55 B6
Southern Cres. L8 ... 67 E5
Southern Rd. Liverpool L24 ... 82 E2
Southern Rd. Southport PR8 ... 4 A6
Southern's La. WA11 ... 32 A6
Southey Gr. L31 ... 28 D6
Southey Rd. WA10 ... 57 C8
Southey St. L20 ... 38 B4
Southey St. Liverpool L15 ... 68 E7
Southfield Rd. L9 ... 38 F6
Southfields Ave. WA5 ... 74 F6
Southfront. L35 ... 71 E8
Southgate Cl. L12 ... 40 E3
Southgate Rd. L13 ... 54 B3
Southlands Ave. WA5 ... 74 F3
Southlands Ct. 7 WA7 ... 84 F1
Southlands Mews. 6 WA7 ... 84 F1
Southmead Gdns. L19 ... 81 E7
Southmead Prim Sch. L35 ... 56 F2
Southmead Rd. L19 ... 81 E7
Southpark Ct. L44 ... 51 E3
Southport & Ainsdale Golf Links. PR8 ... 7 D7
Southport Coll. PR9 ... 4 C7
Southport General Hospl. PR8 ... 4 D5
Southport Holiday Village. PR8 ... 6 F6
Southport New Rd. PR9 ... 2 F5
Southport Old Links (Golf Course). PR9 ... 5 B8
Southport Old Rd. L37 & PR8 ... 10 B7
Southport Rd. L20 ... 38 E4
Southport Rd. Crosby L23 ... 27 A7
Southport Rd. Formby L37 ... 10 A5
Southport Rd. Haskayne L39 ... 12 A6
Southport Rd. Maghull L31 & L39 ... 20 B5
Southport Rd. Ormskirk L39 & L40 ... 13 D8
Southport Rd. Southport PR8 ... 5 B2
Southport St. WA9 ... 45 A3
Southport Zoo. PR8 ... 3 F7
Southridge Rd. L61 ... 77 A5
Southward Rd. WA11 ... 46 A7
Southwark Gr. L30 ... 27 F1
Southway. Skelmersdale WN8 ... 16 B1
Southway. Widnes WA8 ... 84 D8
Southwell Cl. WA3 ... 47 C8
Southwell Pl. 4 L8 ... 67 E5
Southwell St. L8 ... 67 E5
Southwick Rd. L42 ... 66 E3
Southwood Rd. L17 ... 68 B3
Southworth La. WA2 & WA3 ... 61 E7
Southworth Rd. WA12 ... 46 F4
Sovereign Hey. 1 L11 ... 40 C3
Sovereign Rd. L11 ... 40 C3
Sovereign Way. L11 ... 40 C3
Spa La. L40 & WN8 ... 15 C4
Sparks La. L61 ... 77 B6
Sparling St. L1 & L72 ... 67 D7
Sparrow Hall Cl. L9 ... 39 F4
Sparrow Hall Rd. L11 & L9 ... 39 F4
Sparrowhawk Cl. L26 ... 70 E1
Spawell Cl. WA3 ... 47 E8
Speakman Ave. WA12 ... 46 C5
Speakman Rd. WA10 ... 43 D5
Speakman St. WA7 ... 84 F3
Speedwell Cl. L60 ... 86 C8
Speedwell Dr. L60 ... 86 C8
Speedwell Rd. L41 & L43 ... 65 F7
Speke Bvd. Liverpool L24 ... 82 C4
Speke Bvd. Liverpool L24 & WA8 ... 82 D4
Speke Church Rd. L24 ... 82 B3
Speke Hall Ave. L24 ... 82 B3
Speke Hall Rd. L24 & L25 ... 82 B6
Speke Rd. Liverpool L25 ... 70 A2
Speke Rd. Liverpool L19 ... 81 D5
Speke Rd. Liverpool L19 & L24 ... 81 E5
Speke Rd. Liverpool L25 & L24 ... 82 C8
Speke Rd. Widnes WA8 ... 84 C6
Speke Sch. L24 ... 82 D3
Speke Town La. L24 ... 82 C4
Spekeland Rd. L7 ... 68 C8
Spellow La. L4 ... 52 F8
Spence Ave. L20 ... 38 D5
Spencer Ave. L46 ... 50 A1
Spencer Cl. L36 ... 70 F8
Spencer Gdns. WA9 ... 58 D8
Spencer Pl. L20 ... 38 D7
Spencer St. L20 ... 38 B4
Spencer St. Liverpool L6 ... 52 F4
Spencer's La. Litherland L10 & L31 ... 28 F3
Spencer's La. Orrell WN5 ... 25 D7
Spencer's La. Southport L39 ... 8 B3
Spencers La. WN8 ... 24 B7
Spenser Ave. L42 ... 66 F1
Spenser Rd. L64 ... 86 E1
Spice St. L9 ... 39 B5
Spicer Gr. L32 ... 29 E2
Spindle Hillock. WN4 ... 34 D4
Spindus Rd. L24 ... 82 B3
Spinney Ave. WA8 ... 72 A1
Spinney Cl. L39 ... 13 D3
Spinney Cl. Kirkby L33 ... 41 C8
Spinney Cl. St Helens WA9 ... 58 C4
Spinney Cres. L23 ... 26 B6
Spinney Gn. WA10 ... 43 A2
Spinney Rd. L33 ... 41 D8
Spinney The. Bebington L63 ... 79 B3
Spinney The. Formby L37 ... 10 A5
Spinney The. Heswall L60 ... 86 C5
Spinney The. Huyton-w-R L28 ... 55 A7
Spinney The. Neston L64 ... 86 D1
Spinney The. Prescot L34 ... 56 C7
Spinney The. Rainford WA11 ... 31 F6
Spinney The. West Kirby L48 ... 63 E2
Spinney View. L33 ... 41 D8
Spion Kop. WN4 ... 35 A3
Spital Heyes. L63 ... 79 B3
Spital Rd. L63 & L62 ... 79 C3
Spital Sta. L63 ... 79 B3
Spofforth Rd. L15 & L7 ... 68 D8
Spooner Ave. L21 ... 38 C8
Sprainger St. L3 ... 52 B4
Sprakeling Pl. L20 ... 38 E7
Spray St. WA10 ... 43 E4
Spreyton Cl. L11 ... 40 C2
Sprig Cl. L9 ... 39 D8
Spring Bank Rd. 2 L4 & L6 ... 53 B5
Spring Cl. PR8 ... 4 A5
Spring Field. WA11 ... 23 E2
Spring Gdns. L31 ... 28 E8
Spring Gr. L12 ... 54 C6
Spring Rd. WN5 ... 25 F8
Spring St. L41 ... 66 F3
Spring Vale. L45 ... 50 E7
Springbourne Rd. L17 ... 68 B2
Springbrook Cl. WA10 ... 43 A4
Springcroft. L64 ... 86 C1
Springdale Cl. L12 ... 54 D7
Springfield. L3 ... 52 E3
Springfield Ave. L21 ... 38 C8
Springfield Ave. Golborne WA3 ... 46 F8
Springfield Ave. West Kirby L48 ... 63 F2
Springfield Cl. Birkenhead L49 ... 65 C2
Springfield Cl. Formby L37 ... 9 C2
Springfield Cl. St Helens WA10 ... 57 C8
Springfield La. WA10 ... 43 A4
Springfield Pk. WA11 ... 45 C7
Springfield Rd. Maghull L39 ... 20 F6
Springfield Rd. St Helens WA10 & WA9 ... 57 C8
Springfield Rd. Widnes WA8 ... 84 A8
Springfield Sch. L32 ... 40 E7
Springfield Sq. L4 ... 52 F8
Springfield Way. L12 ... 54 E8
Springhill Ave. L62 ... 88 D6
Springmeadow Rd. L25 ... 70 A5

124 Spr – Syc

Springmount. WA3 47 E7
Springpool. WA9 58 D7
Springville Rd. L9 39 C7
Springwell Rd. L20 38 D6
Springwell Rd. L20 38 D7
Springwood Ave. L19 & L25 81 E7
Springwood Gr. L32 40 F7
Springwood Prim Sch. L19 81 D8
Springwood Way. L62 79 A8
Spruce Cl. WA3 47 F7
Spruce Gr. L28 55 B7
Spruce Way. L37 9 C3
Spur Cl. L11 40 C3
Spur The. L23 26 D3
Spurgeon Cl. L5 52 F5
Spurling Rd. WA5 59 F6
Spurrier's La. L31 29 D8
Spurstow Cl. L43 65 F3
Spymers Croft. L37 10 A6
Square The. L64 86 B1
Squire St. Liverpool L7 53 A1
Squire St. Liverpool L7 68 A8
Squires Ave. 3 WA8 73 A1
Squirrel Gn. L37 9 C5
Stable Cl. L49 64 D4
Stables Ct. WA9 44 C2
Stackfield The. L48 63 F3
Stadium Rd. L62 79 E2
Stafford Cl. L36 56 A4
Stafford Moreton Way. L31 20 D1
Stafford Rd. Southport PR8 4 A1
Stafford Rd. St Helens WA10 43 D1
Stafford St. Liverpool L3 52 E2
Stafford St. Skelmersdale WN8 15 D1
Stainburn Ave. L11 39 F3
Stainer Cl. L14 54 F5
Stainton Cl. Liverpool L26 82 E8
Stainton Cl. St Helens WA11 44 B8
Stairhaven Rd. Liverpool L19 69 B1
Stairhaven Rd. Liverpool L19 81 B8
Stakes The. L46 49 E3
Stalbridge Ave. L18 68 F5
Staley Ave. L23 26 F3
Staley St. L20 38 D6
Stalisfield Ave. L11 40 A1
Stalisfield Gr. L11 40 A2
Stalisfield Pl. L11 40 A2
Stalmine Rd. L9 39 A4
Stamford Rd. Skelmersdale WN8 15 D2
Stamford Rd. Southport PR8 4 B2
Stamford St. L7 53 C2
Stamfordham Dr. L19 81 D7
Stamfordham Gr. L19 81 D7
Stamfordham Pl. L19 81 D7
Stanbury Ave. L63 79 A6
Stand Farm Rd. L12 40 F3
Stand Park Ave. L30 27 F2
Stand Park Cl. L30 27 F2
Stand Park Rd. L16 69 D6
Stand Parkway. L30 27 E3
Standale Rd. L15 68 F8
Standard Pl. L42 66 F3
Standard Rd. L11 40 C4
Standen Cl. WA10 43 E4
Standhouse La. L39 13 C2
Standish Ave. WN5 33 E5
Standish Ct. WA8 84 D8
Standish Dr. WA11 32 A7
Standish St. Liverpool L3 52 D2
Standish St.
St Helens WA10 & WA9 44 B4
Standring Garden. WA10 57 B8
Stanfield Ave. L5 52 F5
Stanfield Dr. L63 78 F3
Stanford Ave. 2 L45 51 B7
Stanford Cres. L25 82 D8
Stangate. L31 20 B2
Stanhope Dr. Bebington L62 79 D1
Stanhope Dr. Huyton-w-R L36 55 C3
Stanhope St. Liverpool L3 & L8 67 E6
Stanhope St. St Helens WA10 43 F5
Stanier Way. L7 53 C1
Staniforth Pl. L16 54 D1
Stanlawe Rd. L37 9 E6
Stanley Ave. Bebington L42 78 C8
Stanley Ave. Rainford WA11 31 F7
Stanley Ave. Southport PR8 3 F3
Stanley Ave. Wallasey L45 50 D6
Stanley Ave. Warrington WA5 74 D7
Stanley Bank Rd. WA11 45 A7
Stanley Bglws. L34 41 C3
Stanley Cl. Liverpool L4 52 D7
Stanley Cl. Wallasey L44 51 E2
Stanley Cl. Widnes WA8 73 C2
Stanley Cres. L34 56 C6
Stanley Ct. L41 & L42 66 F3
Stanley Gdns. L9 38 F5
Stanley High Sch. PR9 1 F4
Stanley House. L20 38 B4
Stanley La. L62 88 F4
Stanley Park Ave N. L4 39 B2
Stanley Park Ave S. L4 53 B8
Stanley Pk. L21 27 B1
Stanley Rd. Bebington L62 79 A8
Stanley Rd. L20 & L69 & L5 38 C3
Stanley Rd. Formby L37 9 E6
Stanley Rd. Hoylake L47 62 F6
Stanley Rd. Huyton-w-R L36 55 E3
Stanley Rd. Liverpool L5 52 D5
Stanley Rd. Maghull L31 28 C6
Stanley Rd. Orrell WN8 25 B7
Stanley Rd. Seaforth L22 37 E8
Stanley Rd. Wallasey L41 50 F1
Stanley Sch. L61 77 A6
Stanley St. Liverpool L1 & L2 52 C1
Stanley St. Liverpool L7 53 E3
Stanley St. Liverpool L19 81 C4
Stanley St. Newton-le-W WA12 46 A3
Stanley St. Ormskirk L39 13 F5
Stanley St. Southport PR8 & PR9 4 B8
Stanley St. Wallasey L44 51 E2
Stanley Terr. Liverpool L18 69 A3
Stanley Terr. 7 Wallasey L45 51 B7
Stanley Villas. 5 WA7 84 F1
Stanley Way. WN8 15 E3
Stanlowe View. L19 80 F6
Stanmore Pk. L49 64 B3
Stanmore Rd. L15 & L18 69 B6
Stannanought Rd.
Skelmersdale WN8 16 E2
Stanner Cl. WA5 60 D2
Stanney Cl. L62 88 E3
Stanny Field Dr. L23 27 B6
Stannyfield Cl. L23 27 B6
Stansfield Ave. L31 20 F1
Stanstead Ave. 1 WA5 74 F3
Stanton Ave. L21 27 A1
Stanton Cl. Haydock WA11 45 C6
Stanton Cl. Litherland L30 27 D5
Stanton Cres. L32 29 C2
Stanton Rd. Bebington L63 78 F3
Stanton Rd. 6 Liverpool L18 68 F5
Stanton Rd Prim Sch. L63 79 A3
Stanwood Cl. WA10 42 F3
Stapehill Cl. L13 54 B2
Stapeley Hospl. L18 68 F4
Staplands Rd. L14 54 D2
Stapleford Rd. L25 70 D6
Staplehurst Cl. L12 40 E3
Stapleton Ave. Birkenhead L49 64 D4
Stapleton Ave. Liverpool L24 82 D3
Stapleton Ave. Rainhill L35 57 C4
Stapleton Cl. L35 57 C4
Stapleton Rd. Formby L37 9 D1
Stapleton Rd. Rainhill L35 57 C5
Stapleton Way. WA8 84 B5
Stapley Cl. WA7 84 F1
Star Inn Cotts. WA11 32 A5
Star St. L8 67 E6
Starling Gr. L12 40 F1
Startham Ave. WN5 33 D3
Starworth Dr. L62 79 C7
Statham Ave. WA2 61 C2
Statham Rd. Birkenhead L43 65 C8
Statham Rd. Skelmersdale WN8 15 E3
Statham Way. L39 13 E4
Station App. Hoylake L47 63 E8
Station App. Ormskirk L39 13 F5
Station App. Wallasey L46 49 E2
Station Ave. WN5 25 D5
Station Mews. L32 29 C3
Station Rd. Banks PR9 2 F5
Station Rd. Garswood WN4 34 C3
Station Rd. Haskayne L39 11 E7
Station Rd. Haydock WA11 45 C6
Station Rd. Heswall L61 77 E5
Station Rd. Heswall L60 85 F6
Station Rd. Hoylake L47 63 B6
Station Rd. Huyton-w-R L36 55 C2
Station Rd. L31 29 B3
Station Rd. Liverpool L25 70 B5
Station Rd. Maghull L31 20 A6
Station Rd. Maghull L31 28 E8
Station Rd. Ormskirk L39 13 F6
Station Rd. Prescot L34 & L35 56 D5
Station Rd. Rainhill L35 57 C3
Station Rd. Runcorn WA7 84 F2
Station Rd. Southport PR8 7 C5
Station Rd. St Helens WA9 58 E7
Station Rd. Wallasey L41 50 F1
Station Rd. Wallasey L44 51 A4
Station Rd. Warrington WA5 74 E3
Station Rd. Warrington WA5 74 F6
Station Rd. West Kirby L61 75 F4
Station St. L35 57 C3
Statton Rd. L13 54 B1
Staveley Rd. Liverpool L19 81 B8
Staveley Rd. Skelmersdale WN8 15 E3
Staveley Rd. Southport PR8 7 D4
Stavert Cl. L11 40 B3
Staverton Rd. L32 29 C1
Stavordale Rd. L46 65 A8
Steble St. L8 67 F5
Steel Ave. L45 51 C6
Steel Ct. L5 52 C6
Steeple The. L48 75 D6
Steeple View. L33 29 E5
Steeplechase Cl. L9 39 C8
Steers Croft. L28 55 A8
Stein Ave. WA3 47 E8
Steinberg Ct. L3 52 C4
Stella Prec. L21 38 A6
Stephen Way. L35 57 B5
Stephens La. 10 L2 52 C2
Stephenson Ct. 11 L7 53 C1
Stephenson Rd. Liverpool L13 54 A2
Stephenson Rd.
Newton-le-W WA12 46 D2
Stephenson St. WN2 36 B8
Stephenson Way. Formby L37 10 C3
Stephenson Way. Liverpool L15 53 E1
Stepney Gr. 1 L4 39 A1
Sterling Way. L5 52 D6
Sterrix Ave. L21 & L30 27 C2
Sterrix Gn. L21 27 C2
Sterrix La. L21 & L30 27 C2
Steve Biko Cl. 2 L8 68 B7
Stevenage Cl. WA9 57 F7
Stevens Rd. L60 86 C7
Stevens St. L35 & WA9 57 D8
Stevenson Cres. WA10 43 D4
Stevenson Dr. L63 78 F3
Stevenson St. L15 68 F8
Steward Ct. L35 56 F5
Steward's Ave. WA8 84 F8
Stewart Ave. L20 38 E4
Stewart Cl. L61 76 F3
Stewerton Cl. WA3 35 E2
Stile Hey. L23 27 B5
Stiles Rd. L33 29 F6
Stiles The. L39 13 E5
Stirling Ave. L23 26 E3
Stirling Cres. WA9 58 C6
Stirling Ct. PR9 2 A2
Stirling Dr. WN4 34 D4
Stirling Rd. L24 82 B3
Stirling St. L44 51 B2
Stockbridge La. L28 & L36 55 C5
Stockbridge Pl. 6 L5 53 A5
Stockbridge Prim Sch. L14 55 C6
Stockbridge St. L5 53 A5
Stockdale Cl. 2 L3 52 C3
Stockley Cres. L39 22 E6
Stockmoor Rd. L11 39 F3
Stockpit Rd. L33 30 D2
Stocks Ave. WA9 44 E3
Stocks La. WA5 74 D5
Stockswell Rd. L35 & WA8 71 F4
Stockton Gr. L35 57 D6
Stockton Wood Inf Sch. L24 82 C3
Stockton Wood Jun Sch. L24 82 C3
Stockton Wood Rd. L24 82 C3
Stockville Rd. L18 & L25 69 E4
Stoddart Rd. 2 L4 39 A2
Stoke Cl. L62 88 E3
Stoke St. L41 66 C8
Stokesay. L43 65 D6
Stokesley Ave. L32 29 C2
Stone Cross La. WA3 47 C7
Stone Hall La. WN8 16 F4
Stone Hay. L35 56 D1
Stone Pit Cl. WA3 36 F1
Stone Pit La. WA3 47 F2
Stone Sq. L20 38 E6
Stone St. L3 52 B4
Stonebarn Dr. L31 20 C3
Stonebridge La. L10 & L11 40 B6
Stoneby Dr. L45 51 A7
Stonechat Cl. L27 70 E4
Stonecrop. L18 69 E5
Stonecross Dr. L35 57 D1
Stonedale Cres. L11 40 B4
Stonefield Rd. L14 55 A4
Stonehaven Cl. L16 69 F8
Stonehey Dr. L48 75 C8
Stonehey Rd. L32 40 E8
Stonehey Wlk. L32 40 E8
Stonehill Ave. Bebington L63 79 A6
Stonehill Ave. 3 Liverpool L4 53 B6
Stonehill St. L4 53 B6
Stonehouse Mews. L18 69 D3
Stonehouse Rd. L45 50 E5
Stoneleigh Cl. PR8 7 C4
Stoneleigh Gr. L42 78 F8
Stoneridge Ct. L43 65 C8
Stoneville Rd. L13 54 A4
Stoney Hey Rd. L45 51 A7
Stoney La. L35 57 A3
Stoney View. L35 57 B3
Stoneycroft. L12 & L13 54 B4
Stoneycroft Cl. L13 54 A5
Stoneycroft Cres. L13 54 A5
Stoneyhurst Ave. L10 28 C3
Stonham Cl. L49 64 E5
Stonyfield. L30 27 E5
Stonyhurst Cl. WA11 44 B7
Stonyhurst Rd. L25 70 B1
Stopford St. L8 67 F4
Stopgate La. L33 30 C7
Stopgate La.
Liverpool L11 & L68 & L9 39 D3
Store St. L20 38 D1
Storeton Cl. L43 66 B3
Storeton La. L61 77 C4
Storeton Rd. L42 & L43 66 B2
Stormont Rd. L19 81 B6
Storrington Ave. L11 40 B3
Storrington Heys. L11 40 B3
Stour Ave. L35 57 C3
Stourcliffe Rd. L44 51 A4
Stourport Cl. 1 L49 64 C4
Stourton Rd. Kirkby L32 40 F8
Stourton Rd. Southport PR8 7 C4
Stourton St. L44 51 C2
Stourvale Rd. L26 82 F7
Stowe Ave. L10 28 E2
Stowe Cl. L25 82 B7
Stowell St. L7 67 F8
Stowford Cl. L11 40 C2
Strada Way. L3 52 F3
Strafford Dr. L20 38 E4
Straight Up La. PR9 5 D8
Strand Ave. WN4 35 B4
Strand House. 7 L20 38 C3
Strand Rd. L20 38 B3
Strand Rd. L20 38 C4
Strand Rd. Hoylake L47 63 B7
Strand St. L1 & L3 52 C1
Strand The. Ashton-in-M WN4 35 B4
Strand The. Liverpool L2 & L3 52 C1
Strange Rd. WN4 34 D3
Stratford Cl. PR8 7 A6
Stratford Rd. L19 80 F8
Strathallan Cl. L60 76 E2
Strathcona Rd. Liverpool L15 68 E8
Strathcona Rd. Wallasey L45 51 C6
Strathcona St. L15 68 E7
Strathearn Rd. L60 85 F7
Strathmore Ave. WN4 35 A5
Strathmore Dr. L23 26 E3
Strathmore Gr. WA9 58 C6
Strathmore Rd. L6 53 C4
Stratton Cl. L25 69 E3
Stratton Rd. L32 29 C1
Stratton Wlk. 2 L32 29 C1
Strauss Cl. L8 68 B6
Strawberry Rd. L11 39 E2
Streatham Ave. L18 68 F5
Streatham House Sch. L23 26 D4
Street Hey La. L64 88 B1
Stretton Ave. Billinge WN5 33 E5
Stretton Ave. Golborne WA3 47 E7
Stretton Ave. St Helens WA9 44 F3
Stretton Ave. Wallasey L44 51 A4
Stretton Cl. Bebington L62 88 E3
Stretton Cl. Birkenhead L43 65 E3
Stretton Cl. Liverpool L12 41 A3
Stretton Dr. PR9 4 F8
Stretton Way. L35 & L36 71 C8
Strickland St. WA10 & WA9 44 B4
Stringhey Rd. L44 & L45 51 C5
Stroma Rd. L18 69 B1
Stroud Cl. L49 64 C3
Stuart Ave. Liverpool L25 82 C7
Stuart Ave. Wallasey L46 49 F1
Stuart Cl. L46 65 A8
Stuart Cres. WN5 33 E5
Stuart Dr. L14 54 E3
Stuart Gr. L20 38 D1
Stuart Rd. Birkenhead L42 66 D3
Stuart Rd. L20 & L4 38 E3
Stuart Rd. Crosby L22 & L23 26 F2
Stuart Rd. L31 29 B3
Stuart Rd. St Helens WA10 43 C6
Stubshaw Cross CE Prim Sch.
WN4 35 E5
Studholme St. L20 52 C7
Studland Rd. L9 39 E4
Studley Rd. L45 50 F6
Sturdee Rd. L13 & L15 54 B1
Sturgess Cl. L39 13 F7
Sturgess St. WA12 45 F3
Suburban Rd. 6 L6 53 C6
Sudbrook Cl. WA3 47 E8
Sudbury Cl. L25 70 D2
Sudbury Rd. L22 26 B2
Sudbury Way. L24 82 B4
Sudell Ave. L31 20 F2
Sudell La. L31 & L39 20 E6
Sudley (Art Gal, Liby & Mus).
L18 68 F2
Sudley Grange. L17 68 F1
Sudley Inf Sch. L17 68 E2
Sudley Jun Sch. L17 68 E1
Sudworth Rd. L45 51 A7
Suez St. WA12 46 B3
Suffield Rd. L4 52 D8
Suffolk Pl. WA8 84 C7
Suffolk Rd. PR8 8 A8
Suffolk St. L20 38 D4
Suffolk St.
Liverpool L1 & L69 & L72 67 D8
Suffolk St. Runcorn WA7 84 F3
Suffton Pk. L32 29 C1
Sugar La. L34 41 D3
Sugar St. L9 39 B5
Sugnall St. 3 L7 67 F8
Sulby Ave. L13 53 E5
Sulby Cl. PR8 3 F3
Sulgrave Cl. L16 54 C1
Sullivan Ave. L49 64 F4
Sumley Cl. WA11 44 D5
Summer Cl. L5 52 C5
Summer Seat. L3 52 D4
Summer St. WN8 16 A4
Summerfield. L62 79 D2
Summerfield Ave.
St Helens WA10 42 F3
Summerfield Ave.
Warrington WA5 60 F2
Summerhill Dr. L31 28 F7
Summerhill Prim Sch. L31 28 F8
Summers Ave. L20 38 E4
Summers Rd. L3 67 D4
Summerseat. L20 38 A3
Summertrees Ave. L49 64 D4
Summertrees Cl. L49 64 D4
Summerwood. L61 76 D7
Summerwood La. L39 12 D8
Summit The. L44 51 C5
Summit Way. L25 69 F3
Sumner Ave. L39 11 F4
Sumner Cl. L35 57 D1
Sumner Gr. L33 29 F5
Sumner Rd.
Birkenhead L41 & L43 65 F8
Sumner Rd. Formby L37 9 F3
Sumner St. WA11 45 A6
Sunbeam Rd. L13 54 B3
Sunbeam St. WA12 46 C3
Sunbourne Rd. L17 68 B2
Sunbury Dr. PR8 7 B4
Sunbury Rd. Liverpool L4 53 B7
Sunbury Rd. Wallasey L44 51 C3
Sunbury St. WA10 57 C8
Suncroft Rd. L60 86 C7
Sundale Ave. L35 56 F6
Sundew Cl. L9 38 F7
Sundridge St. 10 L8 68 A4
Sunfield Rd. L46 49 F2
Sunlight St. L6 53 C5
Sunloch Cl. L9 39 D8
Sunningdale. L46 65 A8
Sunningdale Ave. WA8 72 B1
Sunningdale Cl.
Burtonwood WA5 59 F6
Sunningdale Cl. Huyton-w-R L36 55 C1
Sunningdale Dr. Bebington L63 88 B6
Sunningdale Dr. Crosby L23 26 C6
Sunningdale Dr. Heswall L61 77 A5
Sunningdale Rd. Liverpool L15 68 F8
Sunningdale Rd. Wallasey L45 50 F8
Sunny Bank. Bebington L63 78 D6
Sunny Bank. Birkenhead L49 64 F6
Sunny Bank Cotts. WA8 74 A4
Sunny Bank Rd. L16 69 D7
Sunny Dr. WN5 25 F6
Sunny Rd. PR9 2 A2
Sunnybank Ave. L43 65 D4
Sunnybank Cl. WA12 46 C4
Sunnyfields. L39 14 A5
Sunnygate Rd. L19 81 B8
Sunnymede Dr. L31 20 D3
Sunnymede Sch. PR8 3 F6
Sunnyside. Liverpool L8 68 B5
Sunnyside. Ormskirk L39 21 C7
Sunnyside. Southport PR8 3 F3
Sunnyside. Wallasey L46 49 D2
Sunnyside. Warrington WA5 74 E6
Sunnyside Rd. Ashton-in-M WN4 34 F7
Sunnyside Rd. Crosby L22 & L23 26 D3
Sunsdale Rd. 6 L18 69 A5
Surby Cl. L16 69 E8
Surrey Ave. L49 64 E5
Surrey Cl. PR9 2 C5
Surrey Dr. L48 75 C8
Surrey St. L20 38 D4
Surrey St. St Helens WA9 44 D3
Surrey St. Wallasey L44 51 A3
Susan Dr. WA5 74 D5
Susan Gr. L46 64 D8
Susan St. WA8 73 C2
Sussex Cl. L20 38 D4
Sussex Cl. Heswall L61 76 E4
Sussex Gr. WA9 44 C2
Sussex Rd. Maghull L31 28 D7
Sussex Rd. Southport PR8 & PR9 4 D6
Sussex Rd. West Kirby L48 63 C3
Sussex St. L20 38 D4
Sussex St. Crosby L22 26 C2
Sussex St. Widnes WA8 73 D1
Sutcliffe St. L6 53 B3
Sutherland Dr. L62 88 D4
Sutherland Rd. L34 & L35 56 E6
Sutton Cl. L62 88 E3
Sutton Comm High Sch. WA9 58 B6
Sutton Comm L Ctr. WA9 58 B6
Sutton Heath Rd. St Helens WA9 57 F7
Sutton Heath Rd. St Helens WA9 57 F8
Sutton Manor Comm Sch.
WA9 58 A2
Sutton Moss Rd. St Helens WA9 58 F8
Sutton Oak CE Prim Sch. WA9 58 E8
Sutton Oak Dr. WA9 44 D1
Sutton Park Dr. WA9 58 C7
Sutton Rd. Formby L37 9 E1
Sutton Rd. St Helens WA9 44 D1
Sutton Rd. Wallasey L45 51 B7
Sutton St. L13 53 E5
Sutton Wood Rd. L24 82 C3
Sutton's La. L37 10 E3
Swainson Rd. L10 39 F7
Swale Ave. L35 57 C3
Swaledale Ave. L35 57 D3
Swaledale Cl. Bebington L62 88 E5
Swaledale Cl. Warrington WA5 74 F7
Swalegate. L31 20 C2
Swallow Cl. L33 29 E7
Swallow Cl. Liverpool L12 40 F3
Swallow Cl. Liverpool L27 70 F5
Swallow Fields. L9 39 F4
Swallowhurst Cres. L11 40 A2
Swan Alley. L39 13 E5
Swan Ave. WA9 45 A2
Swan Cres. L15 69 B8
Swan Ct. L43 65 F2
Swan Delph. L39 13 C2
Swan Hey. L31 28 E7
Swan La. L39 20 F6
Swan Rd. WA12 45 E4
Swan St. L13 53 F3
Swan Wlk. L31 28 E7
Swanpool La. L39 13 C2
Swanside Ave. L14 54 E3
Swanside Rd. L14 54 E3
Swanston Ave. 8 L4 39 A1
Sweden Gr. L22 26 D1
Sweeting St. L2 52 C1
Swift Cl. WA2 61 E3
Swift Gr. L12 40 F4
Swift St. WA10 44 A5
Swift's Cl. L30 27 D4
Swift's La. Litherland L30 27 D4
Swifts La. Litherland L30 27 E3
Swinbrook Gn. L11 39 F3
Swinburn Gr. WN5 25 D1
Swinburne Cl. L16 69 F8
Swinburne Rd. WA10 43 D5
Swindale Ave. WA2 61 B3
Swindale Cl. L8 68 B7
Swindon Cl. Birkenhead L49 64 C4
Swindon Cl. Liverpool L5 52 D7
Swindon St. Liverpool L5 52 D7
Swindon St. Liverpool L8 67 F7
Swinford Ave. WA8 73 E2
Swiss Rd. L6 53 C3
Swisspine Gdns. L35 57 C7
Sword Cl. 4 L11 40 C3
Sword Wlk. L11 40 C3
Swynnerton Way. WA8 73 B5
Sybil Rd. L4 53 A7
Sycamore Ave. Birkenhead L49 64 D6
Sycamore Ave. Crosby L23 26 F6
Sycamore Ave. Golborne WA3 36 A1
Sycamore Ave. Haydock WA11 45 A5
Sycamore Ave. Liverpool L26 82 F6

Syc – Tra 125

Sycamore Ave. Newton-le-W WA12 46 C3
Sycamore Ave. Widnes WA8 73 B2
Sycamore Cl. Birkenhead L49 64 D7
Sycamore Cl. Liverpool L9 39 C3
Sycamore Cl. St Helens WA10 43 B4
Sycamore Dr. WN8 15 E2
Sycamore Gdns. WA10 43 E6
Sycamore Gr. L37 9 C1
Sycamore Pk. L18 69 D2
Sycamore Rd. Birkenhead L42 66 D4
Sycamore Rd. Crosby L22 26 E2
Sycamore Rd. Liverpool L36 70 E8
Sycamore Rise. L49 64 C2
Sydenham Ave. L17 & L8 68 C6
Sydenham House. L17 68 C5
Syders Gr. L34 41 C3
Sydney St. L9 39 A6
Sylvan Ct. L25 70 B1
Sylvandale Gr. L62 79 D2
Sylvania Rd. L4 39 A2
Sylvester Prim Sch The. L36 55 F1
Sylvia Cl. L10 40 B6
Sylvia Cres. WA2 61 D1
Syren St. L20 52 C8
Syston Ave. WA11 44 C6

Tabby's Nook. WN8 16 A8
Tabley Ave. WA8 72 D2
Tabley Cl. L43 65 F2
Tabley Rd. L15 68 D7
Tabley St. L1 & L72 67 D8
Tadlow Cl. L37 9 C1
Taggart Ave. L16 69 D6
Tagus Cl. L8 68 B6
Tagus St. L8 68 B7
Tailor's La. L31 28 E8
Talaton Cl. PR9 2 A5
Talbot Ave. L63 78 A1
Talbot Cl. WA10 43 F4
Talbot Ct. Birkenhead L43 66 A4
Talbot Ct. Huyton-w-R L36 55 E1
Talbot Dr. PR8 4 B6
Talbot Rd. L43 66 A4
Talbot St. Ashton-in-M WN4 35 D4
Talbot St. Golborne WA3 47 A8
Talbot St. Southport PR8 4 A6
Talbotville Rd. L13 54 C1
Talgarth Way. L25 70 A7
Taliesin St. L5 52 D5
Talisman Way. L20 38 A4
Talland Cl. L26 70 E1
Tallarn Rd. L32 29 B2
Talton Rd. L15 68 D7
Tamar Rd. WA11 45 C6
Tamarisk Gdns. L35 57 C7
Tamneys The. WN8 15 F1
Tamworth St. Liverpool L8 67 E5
Tamworth St. Newton-le-W WA12 46 A3
Tamworth St. St Helens WA10 43 E4
Tan House La. WA5 60 A5
Tanar Cl. L62 79 B3
Tanat Dr. L18 69 B4
Tancred Rd. Liverpool L4 53 A7
Tancred Rd. Wallasey L45 51 A5
Tanfields. WN8 15 F1
Tanhouse Rd. Crosby L23 27 B5
Tanhouse Rd. Skelmersdale WN8 16 D1
Tanhouse Rd. Skelmersdale WN8 24 C8
Tanhouse Rd. Skelmersdale WN8 24 E7
Tanner's La. WA3 47 B8
Tannery La. WA5 74 D3
Tansley Cl. L48 63 E2
Tanworth Gr. L46 49 B1
Tapley Pl. L13 53 F2
Taplow St. 5 L6 53 B6
Tarbock Rd. Huyton-w-R L36 55 E1
Tarbock Rd. Liverpool L36 70 F8
Tarbock Rd. Liverpool L24 82 D4
Tarbot Hey. L46 64 C8
Tarbrock Ct. L30 27 D5
Target Rd. L60 85 C8
Tariff St. L5 52 D5
Tarleswood. WN8 15 F1
Tarleton Cl. L26 82 E8
Tarleton Rd. PR9 5 A8
Tarleton St. L1 52 D1
Tarlton Cl. L35 57 B5
Tarn Brow. L39 13 C3
Tarn Cl. Ashton-in-M WN4 35 B5
Tarn Cl. Liverpool L25 & L27 70 D6
Tarn Gr. WA11 44 B8
Tarn Rd. L37 9 D3
Tarncliff. L28 55 C8
Tarnside Rd. WN5 25 E6
Tarnway. WA3 47 F7
Tarporley Cl. L43 65 F3
Tarran Dr. L46 49 D2
Tarran Rd. L46 49 D2
Tarran Way E. L46 49 D2
Tarran Way N. L46 49 D3
Tarran Way S. L46 49 D2
Tarran Way W. L46 49 D2
Tarves Wlk. 4 L33 29 F2
Tarvin Cl. Golborne WA3 47 E7
Tarvin Cl. Southport PR9 2 D5
Tarvin Cl. St Helens WA9 58 B3
Tarvin Rd. L62 88 F3
Tasker Terr. L35 57 C4
Tasman Gr. WA9 57 E7
Tate Cl. WA8 72 D2
Tate Gallery. L3 67 B8
Tate St. L4 52 F8
Tatlock Cl. WN5 33 E5
Tatlock St. L5 52 C4
Tattersall Rd. L21 38 B7
Tatton Dr. WN4 34 F4
Tatton Rd. Birkenhead L41 & L42 66 D5
Tatton Rd. Liverpool L9 39 A6
Taunton Ave. WA9 58 D5
Taunton Dr. L10 28 F2
Taunton Rd. Huyton-w-R L36 56 B2
Taunton Rd. Wallasey L45 50 E6
Taunton St. L15 68 E8
Taurus Rd. L14 55 A4
Tavener Cl. L63 88 C5
Tavistock Dr. PR8 7 B6
Tavistock Rd. Wallasey L45 50 E6
Tavistock Rd. Warrington WA5 74 E4
Tavistock Wlk. L8 67 F4
Tavlin Ave. WA5 60 F1
Tawd Rd. WN8 24 C8
Tawd St. L4 52 E8
Taylor Ave. L39 14 A5
Taylor Cl. WA9 58 E8
Taylor Rd. WA11 45 F7
Taylor St. Birkenhead L41 & L72 66 E7
Taylor St. Golborne WN3 36 C1
Taylor St. Liverpool L5 52 D5
Taylor St. Skelmersdale WN8 15 C1
Taylor St. St Helens WA9 58 E8
Taylor St. Widnes WA8 73 C1
Taylor Street Ind Est. L5 52 D5
Taylor's La. Widnes WA5 74 A2
Taylors Cl. L4 38 E3
Taylors La. L4 & L9 38 F3
Teal Cl. Ormskirk L39 13 C2
Teal Cl. St Helens WA11 44 B6
Teal Cl. Warrington WA2 61 E3
Teal Gr. L26 70 E1
Teals Way. L60 85 E8
Tears La. WN8 15 F8
Teasville Rd. L18 69 E4
Tebay Cl. L31 20 F2
Tebay Rd. L62 88 E8
Technical & Nautical Catering Coll. L8 67 E8
Teck St. L7 53 A2
Tedburn Cl. L25 & L27 70 C4
Tedbury Cl. L32 40 E8
Tedbury Wlk. L32 40 E8
Tedder Ave. PR9 5 A7
Tedder Sq. WA8 84 D8
Teehey Cl. L63 78 D6
Teehey Gdns. L63 78 D6
Teehey La. L63 78 D6
Tees Cl. L4 38 D1
Tees Pl. L4 38 D1
Tees St. L4 38 E1
Tees St. Wallasey L41 50 F1
Teesdale Cl. WA5 74 F7
Teesdale Rd. Bebington L63 78 E4
Teesdale Rd. Haydock WA11 45 C7
Teilo St. L8 68 A5
Telegraph Rd. Heswall L60 86 A7
Telegraph Rd. Irby L48 & L60 & L61 76 C4
Telegraph Rd. West Kirby L48 75 F7
Telegraph Way. L32 29 E2
Telford Cl. Birkenhead L43 66 B4
Telford Cl. Widnes WA8 72 D4
Tempest Hey. 8 L2 52 C2
Temple Ct. L2 52 C1
Temple La. L2 52 C1
Temple Rd. L42 66 C2
Temple St. L2 52 C2
Templemartin. WN8 15 F2
Templemore Ave. L18 69 A3
Templemore Rd. L43 66 A4
Tenbury Dr. WN4 35 A4
Tenby. WN8 15 E2
Tenby Ave. L21 27 A1
Tenby Cl. WA5 60 F2
Tenby Dr. L46 64 F8
Tenby St. 4 L5 53 A6
Tennis St. WA10 43 E5
Tennis St N. WA10 43 E5
Tennyson Ave. 3 L42 66 F1
Tennyson Dr. Ormskirk L39 13 D6
Tennyson Dr. Orrell WN5 25 D1
Tennyson Dr. Warrington WA2 61 C2
Tennyson House. L62 79 A7
Tennyson Rd. Huyton-w-R L36 71 A8
Tennyson Rd. Widnes WA8 73 A1
Tennyson St. L20 38 B5
Tennyson St. St Helens WA9 58 B2
Tennyson Wlk. 1 L8 67 F6
Tensing Rd. L31 20 D1
Tenterden St. L5 52 D4
Terence Rd. L16 69 D6
Terminus Rd. Bebington L62 79 D3
Terminus Rd. Huyton-w-R L36 55 C5
Tern Cl. L33 29 E7
Tern Cl. Widnes WA8 73 B4
Tern Way. St Helens L34 & WA10 57 A7
Tern Way. Wallasey L46 49 B1
Ternhall Rd. L10 & L9 39 F4
Ternhall Way. L11 & L9 39 F4
Terret Croft. L28 55 B7
Tetbury St. L41 66 C5
Tetlow St. L4 52 F8
Tetlow Way. L4 52 F8
Teulon Cl. 1 L4 52 F7
Teversham. WN8 15 F2
Tevlot. WN8 15 E2
Tewit Hall Cl. L24 82 C3
Tewit Hall Rd. L24 82 C3
Tewkesbury. WN8 15 E2
Tewkesbury Cl. Liverpool L12 40 F4
Tewkesbury Cl. Liverpool L25 70 D2
Tewkesbury Rd. WA3 47 B8
Teynham Ave. L34 41 D4
Teynham Cres. L11 39 F2
Thackeray Gdns. L30 38 D8
Thackeray Pl. 2 L8 67 F6
Thackeray Sq. L8 67 F6
Thackeray St. L8 67 F6
Thackray Rd. WA10 57 D8
Thames Cl. WA2 61 D2
Thames Dr. WN5 25 F7
Thames Rd. WA9 58 C6
Thames St. L8 68 B6
Thanet. WN8 15 F2
Thatto Heath Comm Prim Sch. WA9 57 E8
Thatto Heath Rd. WA10 & WA9 57 D8
Thatto Heath Sta. WA9 57 D8
Thealby Cl. WN8 15 E2
Thermal Rd. L62 79 E4
Thetford Rd. WA5 74 E6
Thickwood Moss La. WA11 32 A5
Thingwall Ave. L14 54 D3
Thingwall Dr. L49 & L61 77 A6
Thingwall Hall Dr. L14 54 D2
Thingwall La. L14 54 E3
Thingwall Prim Sch. L61 77 A6
Thingwall Rd. Heswall L61 76 E6
Thingwall Rd. Liverpool L15 69 B8
Thingwall Rd E. L61 77 B7
Third Ave. Birkenhead L43 65 B6
Third Ave. Crosby L23 26 D4
Third Ave. Liverpool L9 39 D7
Thirlmere Ave. Abram WN2 36 B8
Thirlmere Ave. Ashton-in-M WN4 35 C4
Thirlmere Ave. Birkenhead L43 65 C5
Thirlmere Ave. L21 38 D8
Thirlmere Ave. Formby L37 10 A2
Thirlmere Ave. Orrell WN8 25 B7
Thirlmere Ave. Orrell WN5 25 F7
Thirlmere Ave. St Helens WA11 44 B8
Thirlmere Ave. Warrington WA2 61 C3
Thirlmere Cl. L31 20 E2
Thirlmere Dr. L21 38 D8
Thirlmere Dr. Southport PR8 7 B3
Thirlmere Dr. Wallasey L45 51 B5
Thirlmere Gn. L5 53 A5
Thirlmere Rd. Golborne WA3 36 C1
Thirlmere Rd. Hightown L38 18 A4
Thirlmere Rd. Liverpool L4 & L5 53 A5
Thirlmere Way. WA8 84 C8
Thirlmere Wlk. L33 29 D4
Thirlstane St. L17 68 B3
Thirsk. WN8 15 E2
Thistledown Cl. 3 L8 68 A3
Thistleton Ave. L41 & L43 65 F8
Thistlewood Rd. L7 53 E2
Thistley Hey Rd. L32 29 F2
Thomas Dr. Liverpool L13 & L14 54 C2
Thomas Dr. Prescot L35 56 C4
Thomas Gray Inf Sch. L20 38 B4
Thomas Gray Jun Sch. L20 38 B5
Thomas La. L14 54 D2
Thomas St. Birkenhead L41 66 E5
Thomas St. 7 Birkenhead L41 66 E6
Thomas St. Golborne WA3 47 A8
Thomas Winder Ct. L5 52 D6
Thomaston St. L5 52 E6
Thompson Ave. L39 14 B5
Thompson Cl. WA12 46 B1
Thompson St. Ashton-in-M WN4 35 D4
Thompson St. Birkenhead L41 & L42 66 E4
Thompson St. St Helens WA10 43 D1
Thomson Rd. L21 38 A7
Thomson St. L6 53 B4
Thorburn Cl. L62 79 B8
Thorburn Cres. L62 79 B8
Thorburn Ct. L8 67 C1
Thorburn Lodge. L8 67 C1
Thorburn Rd. L62 79 B8
Thorburn St. L7 53 B1
Thorley Cl. L15 54 A1
Thorn Cl. WA5 74 F3
Thorn Rd. WA10 43 C3
Thorn Tree Cl. L24 83 E2
Thornaby Gr. L35 57 D6
Thornbeck Ave. L38 17 F3
Thornbeck Ct. 3 L12 40 F3
Thornber. WN8 15 F2
Thornbridge Ave. L21 38 D8
Thornbury. WN8 15 F2
Thornbury Ave. WA3 47 E7
Thornbury Rd. L4 53 C7
Thornbush Cl. WA3 36 E1
Thornby. WN8 15 F2
Thorncliffe Rd. L44 51 A3
Thorncroft Dr. L61 77 B4
Thorndale. WN8 15 F2
Thorndale Rd. L22 26 D2
Thorndyke Cl. L35 57 E1
Thornes Rd. 11 L6 & L7 53 B3
Thorness Cl. L49 64 C2
Thorneycroft St. L41 66 A8
Thornfield Cl. WA3 47 C8
Thornfield Hey. L63 79 A2
Thornfield Rd. L9 38 F5
Thornfield Rd. Crosby L23 27 A6
Thornham Ave. WA9 58 C8
Thornham Cl. L49 65 A7
Thornhead La. L12 54 D6
Thornhill. L39 21 B8
Thornhill Cl. L39 21 B8
Thornhill Rd. Garswood WN4 34 C4
Thornhill Rd. Liverpool L15 69 A7
Thornholme Cres. L11 40 A1
Thornhurst. L32 40 E7
Thornleigh Ave. L62 88 F3
Thornley Rd. L46 64 C7
Thorns Dr. L49 64 C2
Thorns The. L31 20 B2
Thornside Wlk. L25 70 B4
Thornton. Skelmersdale WN8 15 F2
Thornton. Widnes WA8 84 E8
Thornton Ave. Bebington L63 78 D8
Thornton Ave. L20 38 D7
Thornton Cl. WN4 34 F4
Thornton Common Rd. L63 87 D7
Thornton Cres. L60 86 B6
Thornton Gr. L63 78 D8
Thornton Hough Prim Sch. L63 87 B7
Thornton House. L63 87 B6
Thornton Pl. L8 67 F4
Thornton Prim Sch. L23 27 B6
Thornton Rd. Bebington L42 78 D8
Thornton Rd. L20 38 C5
Thornton Rd. Liverpool L16 54 F1
Thornton Rd. Southport PR9 4 F7
Thornton Rd. 4 Wallasey L45 51 A6
Thornton St. Birkenhead L41 66 A8
Thornton St. L21 38 B6
Thorntree Cl. L8 68 A3
Thornvale. WN2 36 C7
Thornwood. WN8 15 F2
Thornycroft Rd. L15 68 D7
Thorpe. WN8 15 F2
Thorpe Bank. L63 78 F8
Thorridge. L46 65 A8
Thorstone Dr. L61 76 C7
Thorsway. Birkenhead L42 66 F2
Thorsway. West Kirby L48 75 D8
Three Butt La. L12 & L13 54 A7
Three Lanes End. L48 64 B5
Three Pools. PR9 2 C3
Three Sisters Rd. WN4 35 B7
Three Sisters Recn Area. WN4 35 C7
Three Tuns La. L37 9 F3
Threlfall St. L8 68 A4
Threlfall's La. PR9 1 F2
Threlfalls Cl. PR9 1 F3
Thresher Ave. 4 L49 64 C4
Threshers The. L30 28 A4
Throne Rd. L11 40 C3
Throne Wlk. 3 L11 40 C4
Thurcroft Dr. WN8 15 E2
Thurlby Cl. WN4 35 D4
Thurlow. WA3 47 E7
Thurne Way. L25 70 A6
Thurnham St. L6 53 C5
Thursby Cl. 2 Kirkby L32 40 F8
Thursby Cl. Southport PR8 7 B3
Thursby Cres. 1 L32 40 F8
Thursby Rd. L62 79 E2
Thursby Wlk. 3 L32 40 F8
Thurstaston Rd. Heswall L60 85 F8
Thurstaston Rd. Irby L61 76 C6
Thurston. WN8 15 E2
Thurston Rd. L4 53 B6
Tibbs Cross La. WA8 73 D8
Tiber Street CP Jun Sch. L8 68 B6
Tichbourne Way. 2 L6 52 F3
Tickle Ave. WA9 44 E3
Tide Way. L45 50 E8
Tilbrook Dr. WA9 58 D6
Tilcroft. WN8 15 E2
Tillotson Cl. L8 67 E5
Tilney St. L9 39 A6
Tilstock Ave. L62 79 B8
Tilstock Cres. L43 65 F2
Tilston Cl. L9 39 D3
Tilston Rd. L32 29 C2
Tilston Rd. Liverpool L9 39 D4
Tilston Rd. 6 Wallasey L45 51 A6
Timmis Cres. WA8 73 A1
Timms Cl. L37 9 F5
Timms La. L37 9 F5
Timon Ave. L20 38 E5
Timor Ave. WA9 57 E8
Timpron St. L7 68 C8
Timway Dr. L12 54 E8
Tinas Way. L49 65 A5
Tinkersley Way. L7 53 B1
Tinsley Ave. PR8 4 E3
Tinsley St. 4 L4 53 A7
Tinsley's La. PR8 5 A1
Tintagel. WN8 15 E2
Tintagel Rd. L11 40 D5
Tintern Ave. WN4 35 D3
Tintern Cl. WA5 60 E2
Tintern Dr. Birkenhead L46 64 E8
Tintern Dr. Formby L37 10 B2
Tiptree Cl. L12 40 F4
Titchfield St. L3 & L5 52 D4
Tithe Barn La. L32 29 D1
Tithe Barn Rd. WN4 34 C2
Tithebarn Cl. L60 85 F7
Tithebarn Dr. L64 86 B2
Tithebarn Gr. L15 69 A7
Tithebarn La. L31 29 A5
Tithebarn Rd. Crosby L23 26 F4
Tithebarn Rd. Garswood WN4 34 D2
Tithebarn Rd. Knowsley L34 41 D4
Tithebarn Rd. Southport PR8 & PR9 4 E6
Tithebarn St. Liverpool L2 & L3 52 C2
Tithebarn St. Orrell WN8 25 B7
Tiverton Ave. Skelmersdale WN8 15 E2
Tiverton Ave. Wallasey L44 51 B4
Tiverton Cl. Huyton-w-R L36 56 B3
Tiverton Cl. Widnes WA8 72 C3
Tiverton Rd. L26 82 E6
Tiverton Sq. WA5 74 E4
Tiverton St. L15 68 E8
Tivoli Villa's. L45 37 C1
Tobermory Cl. WA11 45 A5
Tobin Cl. L3 52 C4
Tobin St. L44 51 D4
Tobruk Rd. L36 55 D4
Todd Rd. WA9 44 B3
Toft St. L7 53 C2
Toftwood Ave. L35 57 D1
Toftwood Gdns. L35 57 D1
Toleman Ave. L42 79 A5
Toll Bar Cnr. L62 79 B7
Toll Bar Rd. WA2 61 A3
Tollemache Rd. L41 & L43 65 E7
Tollemache St. L45 37 C1
Tollerton Rd. L12 54 A7
Tolpuddle Rd. L25 69 F2
Tolpuddle Way. L4 52 D8
Tolver St. WA10 44 A4
Tom Mann Cl. L3 52 D3
Tonbridge Cl. L24 82 B4
Tonbridge Dr. L10 28 D3
Tongbarn. WN8 15 E2
Tontine. WN5 25 C5
Tontine Mkt. WA10 44 A3
Tontine Rd. WN5 & WN8 25 C6
Toothill Cl. WN4 35 B5
Topcliffe Gr. L12 41 A3
Topgate Cl. L60 86 B8
Topham Dr. L9 28 B1
Topsham Cl. L25 & L27 70 C4
Tor View Rd. L15 69 A6
Torcross Cl. PR9 2 A5
Torcross Way. Liverpool L25 & L27 70 C4
Torcross Way. Liverpool L26 70 F1
Toronto Cl. L36 55 D7
Toronto St. L44 51 E3
Torquay Dr. WN5 33 E8
Torr St. L5 52 E6
Torrington Dr. Heswall L61 77 B7
Torrington Dr. Liverpool L26 82 E6
Torrington Gdns. L61 77 B7
Torrington Rd. Liverpool L19 81 B7
Torrington Rd. Wallasey L44 & L45 51 A4
Torrisholme Rd. L11 & L9 39 D3
Torus Rd. L13 54 A4
Torwood. L43 65 D6
Tothale Turn. L26 & L27 70 F4
Totland Cl. WA5 74 C7
Totnes Ave. L26 70 F1
Totnes Dr. PR9 2 A5
Totnes Rd. L11 40 C5
Tourney Gn. WA5 60 A2
Towcester St. L21 38 B6
Tower Coll. L35 57 D1
Tower End. L37 9 C5
Tower Gdns. L2 52 C1
Tower Hill. Birkenhead L42 66 D3
Tower Hill. Ormskirk L39 14 A5
Tower Hill Rd. WN8 25 B6
Tower Nook. WN8 25 A5
Tower Prom. L45 37 C1
Tower Quays. L41 66 E8
Tower Rd. Birkenhead L42 66 B1
Tower Rd. Birkenhead L42 66 D3
Tower Rd. Birkenhead L41 66 E8
Tower Rd N. L60 76 F2
Tower Rd S. L60 76 F1
Tower St. L3 67 E4
Tower Way. L25 70 A3
Tower Wharf. L41 66 E8
Towerlands St. L7 53 B1
Towers Ave. L31 20 C2
Towers Rd. L16 69 C6
Towers The. L42 66 D2
Town Fields. 2 L45 50 E6
Town Green & Aughton Sta. L39 21 C8
Town Green Ct. L39 21 C8
Town Green La. L39 21 C8
Town La. Bebington L63 78 E7
Town La. Hale L24 & WA8 83 E2
Town La. Southport PR8 4 E3
Town Lane Inf Sch. L63 78 E6
Town Lane (Kew). PR8 4 E3
Town Meadow La. L46 49 C1
Town Rd. L42 66 E3
Town Row. L12 54 B6
Towneley Ct. WA8 73 A1
Townfield Ave. WN4 35 B2
Townfield Cl. L43 65 E3
Townfield Gdns. L63 78 F7
Townfield Inf Sch. L43 65 E3
Townfield Jun Sch. L43 65 E3
Townfield La. Bebington L63 78 F7
Townfield La. Birkenhead L43 65 F3
Townfield Rd. L48 63 B2
Townfields. WN4 35 A3
Townsend Ave. L11 & L13 39 E2
Townsend La. L13 & L6 53 C6
Townsend St. Liverpool L5 52 C6
Townsend St. Wallasey L41 50 F1
Townsend View. Litherland L21 27 B2
Townsend View. Liverpool L11 39 E3
Townshend Ave. L61 76 D4
Towson St. L5 52 F6
Toxteth Gr. L8 68 A4
Toxteth St. L8 67 F5
Tracks La. WN5 25 D3
Tracy Dr. WA12 46 E3
Trafalgar Ave. L44 51 D5
Trafalgar Dr. L63 79 A4
Trafalgar Rd. Southport PR8 3 E3
Trafalgar Rd. Wallasey L44 51 C5
Trafalgar St. WA10 43 E4
Trafalgar Way. 4 Liverpool L6 52 F3
Trafalgar Way. 20 Liverpool L6 53 A3
Tragan Dr. WA5 74 D3
Tramway Rd. L17 68 C3
Transport Mus. WA10 44 A4
Trap Hill. L37 9 C2
Trapwood Cl. WA10 43 B3

126 Tra – Wal

Travers' Entry. WA9 59 A7
Traverse St. WA9 44 C3
Travis Dr. L33 29 F5
Trawden Way. L21 27 C4
Treborth St. L8 68 A5
Trecastle Rd. L33 30 A4
Treen Cl. PR9 2 B6
Treesdale Cl. PR8 3 F4
Treetops Dr. L41 50 D1
Treforris Rd. L45 50 F7
Trefula Pk. L12 54 A6
Tremore Cl. L11 40 C1
Trendeal Rd. L11 40 D5
Trent Ave. Liverpool L14 54 F2
Trent Ave. Maghull L31 20 F2
Trent Cl. Liverpool L12 40 D3
Trent Cl. Rainhill L35 57 B3
Trent Cl. St Helens WA9 58 C5
Trent Cl. Widnes WA8 73 B4
Trent Pl. L35 57 B3
Trent Rd. Ashton-in-M WN4 35 E5
Trent Rd. Billinge WN5 33 D3
Trent Rd. Rainhill L35 57 B3
Trent St. Liverpool L5 52 C6
Trent St. Wallasey L41 50 F1
Trent Way. L60 86 C6
Trentham Ave. L18 68 F5
Trentham Cl. WA8 73 B4
Trentham Rd. L32 29 C1
Trentham Rd. Wallasey L44 51 C3
Trentham St. WA7 84 F3
Trentham Wlk. 1 L32 29 C1
Tressel Dr. WA9 58 A3
Tressell St. L9 38 F3
Trevelyan Dr. WN5 25 D1
Trevelyan St. L4 38 F3
Treviot Cl. L33 29 D6
Trevor Dr. L23 26 F4
Trevor Rd. Liverpool L9 39 A6
Trevor Rd. Southport PR8 7 C4
Trimley Cl. L49 64 E5
Tring Cl. L49 65 A7
Trinity Ct. L47 63 B7
Trinity Gdns. PR8 4 A6
Trinity Gr. L22 & L23 26 B2
Trinity La. L41 & L72 66 E7
Trinity Mews. PR9 4 C7
Trinity Pl. L20 38 D3
Trinity Prim Sch. WN8 15 F1
Trinity Rd. L20 & L69 38 C2
Trinity Rd. Hoylake L47 63 B7
Trinity Rd. Wallasey L44 51 C5
Trinity St. Birkenhead L41 66 C7
Trinity St. St Helens WA9 44 C3
Trinity Wlk. 4 L3 52 E3
Trispen Cl. L26 82 E8
Trispen Rd. L11 40 D4
Trispen Wlk. L11 40 D4
Tristram's Croft. L30 27 D3
Troon Cl. Bebington L63 88 C5
Troon Cl. Haydock WA11 45 A5
Troon Cl. Liverpool L14 54 F6
Trossach Cl. WA2 61 E2
Trotwood Cl. L9 39 D8
Troutbeck Ave. Maghull L31 20 E2
Troutbeck Ave. Newton-le-W WA12 45 E4
Troutbeck Cl. L49 65 A2
Troutbeck Gr. WA11 33 B2
Troutbeck Rd. Ashton-in-M WN4 35 C5
Troutbeck Rd. Liverpool L18 69 D5
Trouville Rd. L4 53 C7
Trowbridge St. L3 52 E1
Trueman Cl. L43 65 C8
Trueman St. L1 & L2 & L3 52 D2
Truro Ave. Litherland L30 27 F4
Truro Ave. Southport PR9 2 B5
Truro Cl. WA11 44 D7
Truro Rd. L15 69 A6
Tudor Ave. Bebington L63 79 A3
Tudor Ave. Wallasey L44 51 E2
Tudor Cl. Liverpool L7 52 F1
Tudor Ct. Ormskirk L39 13 F6
Tudor Grange. L49 64 D3
Tudor Mansions. PR8 3 F6
Tudor Rd. Birkenhead L42 66 E3
Tudor Rd. Crosby L23 26 D3
Tudor Rd. Liverpool L25 82 C7
Tudor Rd. Southport PR8 7 B6
Tudor St. L6 53 B3
Tudor View. L33 29 E5
Tudorville Rd. L63 78 F5
Tudorway. L60 86 B8
Tue La. WA8 72 B6
Tuffins Cnr. L27 70 D5
Tulip Ave. L41 65 F7
Tulip Rd. Haydock WA11 45 F6
Tulip Rd. Liverpool L15 69 B7
Tulketh St. PR8 4 B7
Tullimore Rd. L18 69 A1
Tullis St. WA10 43 E2
Tulloch St. L6 53 B3
Tully Ave. WA12 45 F3
Tumilty Ave. L20 38 E4
Tunnel Rd. Birkenhead L41 66 F5
Tunnel Rd. Liverpool L7 & L8 68 B8
Tunstall Cl. L49 64 E5
Tunstall St. L15 & L7 68 C7
Tunstall's Way. WA9 58 D4
Tupman St. 2 L8 67 F5
Turmar Ave. L61 77 B6
Turnacre. Formby L37 10 B6
Turnacre. Liverpool L14 54 E3
Turnall Rd. WA8 84 B7
Turnberry. WN8 15 D2
Turnberry Cl. Huyton-w-R L36 55 C1
Turnberry Cl. Liverpool L14 54 F6
Turnberry Cl. Wallasey L46 49 B1
Turnberry Way. PR9 2 D5
Turnbridge Rd. L31 20 C3
Turner Ave. L20 38 E7
Turner Cl. Liverpool L8 68 A3
Turner Cl. Widnes WA8 72 D3
Turner St. 13 L41 66 C5
Turney Rd. L44 51 A4
Turning La. PR8 5 A1
Turnpike Rd. L39 13 A2
Turnstone Ave. WA12 46 C4
Turnstone Cl. L12 40 E3
Turnstone Dr. L26 70 E1
Turret Hall Dr. WA3 47 E8
Turret Rd. L45 51 A6
Turriff Dr. L63 88 C4
Turriff Rd. L14 55 A4
Turton Cl. L24 83 E1
Turton St. Golborne WA3 47 A8
Turton St. Liverpool L5 52 D6
Tuscan Cl. WA8 73 B5
Tuson Dr. WA8 72 F4
Tweed Cl. L6 53 C4
Tweed St. L41 51 A1
Twickenham Dr. Huyton-w-R L36 55 D1
Twickenham Dr. Wallasey L46 50 A3
Twickenham St. 6 L6 53 B6
Twig La. Huyton-w-R L36 55 C4
Twig La. Maghull L31 20 E1
Twiss St. L8 68 A5
Twist Ave. WA3 47 C8
Twistfield Cl. PR8 3 F5
Two Butt La. L35 57 A5
Twomey Cl. L5 52 C4
Twyford Ave. L21 27 B1
Twyford Cl. Maghull L31 20 E1
Twyford Cl. Widnes WA8 73 B5
Twyford La. WA8 73 D6
Twyford Pl. WA9 44 C3
Twyford St. L6 53 B6
Tyberton Pl. L25 82 C6
Tyburn Cl. L63 78 F2
Tyburn Rd. L63 78 F2
Tyler Wlk. WA3 47 F8
Tyndall Ave. L22 37 F8
Tyne Cl. Liverpool L4 52 E8
Tyne Cl. St Helens WA9 57 D6
Tyne Cl. Warrington WA2 61 E2
Tyne St. L41 50 F1
Tynemouth Cl. 9 L5 & L6 53 A5
Tynron Gr. L43 65 D5
Tynville Rd. L9 39 C7
Tynwald Cl. L13 53 F4
Tynwald Cres. WA8 72 F5
Tynwald Hill. L13 53 F4
Tynwald Pl. L13 53 F4
Tynwald Rd. L48 63 A2
Tyrer Rd. Newton-le-W WA12 46 C1
Tyrer Rd. Ormskirk L39 13 F7
Tyrer St. 11 Liverpool L1 52 D1
Tyrer St. Wallasey L41 50 F1
Tyrer's Ave. L31 20 B5
Tyrers Cl. L37 9 F2

Uldale Cl. Liverpool L11 40 A2
Uldale Cl. Southport PR8 7 B3
Uldale Way. L11 40 A2
Ullet Rd. L15 & L17 & L8 68 C5
Ullet Wlk. L17 68 D5
Ullswater Ave. Ashton-in-M WN4 35 B5
Ullswater Ave. Birkenhead L43 65 D6
Ullswater Ave. Orrell WN5 25 F7
Ullswater Ave. St Helens WA11 44 B8
Ullswater Ave. Warrington WA2 61 D3
Ullswater Cl. L33 29 D4
Ullswater Rd. WA3 36 C1
Ullswater St. L5 & L6 53 A5
Ulster Rd. L13 54 B3
Ultonia St. L19 81 C4
Ulverscroft. L43 65 F4
Ulverston Ave. WA2 61 B4
Ulverston Cl. Haydock WA11 45 A6
Ulverston Cl. Maghull L31 20 E2
Ulverston Lawn. L27 70 F4
Umbria St. L19 81 C4
Undercliffe Rd. L13 54 A4
Underhill Rd. WA10 43 D2
Underlea Open Air Sch. L14 54 D3
Underley St. L7 68 C7
Underley Terr. L62 79 B7
Unicorn Rd. L11 40 C4
Union Bank La. WA8 58 C1
Union Ct. L2 52 C1
Union St. Birkenhead L41 66 F3
Union St. Liverpool L3 52 B2
Union St. Southport PR9 4 C8
Union St. St Helens WA10 44 A4
Union St. Wallasey L44 51 D4
Union Terr. L45 37 B1
Unit Rd. PR8 7 D5
Unity Gr. L34 41 A5
Univ of Liverpool. L3 & L7 52 F1
University Rd. L20 38 D2
Unsworth Ave. WA3 36 E1
Unsworth Ct. WA2 61 F1
Up Holland High Sch. WN5 25 C4
Upavon Ave. L49 64 B3
Upholland Rd. WN5 25 D2
Upholland Sta. WN8 24 F4
Upland Dr. WN4 35 D4
Upland Rd. Birkenhead L49 65 A6
Upland Rd. St Helens WA10 57 C8
Uplands Cl. WA10 57 B8
Uplands Rd. L62 79 C2
Upper Aughton Rd. PR8 4 B4
Upper Baker St. L6 53 A3
Upper Beau St. 9 L3 & L5 52 E4
Upper Beckwith St. L41 66 B8
Upper Brassey St. L41 66 A8
Upper Bute St. 5 L3 52 E4
Upper Duke St. L1 67 E8
Upper Essex St. L8 67 F5
Upper Flaybrick Rd. L43 65 E7
Upper Frederick St. L1 & L72 67 E7
Upper Hampton St. L8 67 F7
Upper Harrington St. L8 67 E6
Upper Hill St. Liverpool L8 67 E6
Upper Hill St. Liverpool L8 67 F6
Upper Hill St. 12 Liverpool L8 67 F7
Upper Hope Pl. 4 L7 67 F8
Upper Huskisson St. L7 & L8 68 A7
Upper Mann St. Liverpool L8 67 E5
Upper Mann St. Liverpool L8 67 E6
Upper Mason St. L7 53 A1
Upper Milk St. L3 52 C2
Upper Newington. L1 52 E1
Upper Park St. L8 67 F5
Upper Parliament St. L8 & L69 68 A7
Upper Pitt St. Liverpool L1 & L72 67 D8
Upper Pitt St. Liverpool L1 & L72 67 E7
Upper Pownall St. L1 & L72 67 D8
Upper Raby Rd. L64 87 A2
Upper Rice La. L44 51 C5
Upper Stanhope St. Liverpool L8 67 E7
Upper Stanhope St. Liverpool L8 67 F7
Upper Warwick St. L8 67 F6
Upper William St. L3 52 B4
Uppingham. WN8 15 D1
Uppingham Ave. L10 28 E2
Uppingham Rd. Liverpool L13 53 F5
Uppingham Rd. Wallasey L44 50 F5
Upton Ave. PR8 7 B6
Upton Barn. L31 20 C2
Upton Bridle Path. WA8 72 F4
Upton Cl. Birkenhead L49 64 F5
Upton Cl. Golborne WA3 47 D8
Upton Cl. Liverpool L24 82 E3
Upton Ct. L49 65 A6
Upton Cty Inf Sch. WA8 72 B3
Upton Dr. WA5 74 F5
Upton Gn. L24 82 E3
Upton Grange. WA8 72 D4
Upton Hall Convent Sch. L49 64 F5
Upton La. WA8 72 F4
Upton Park Dr. L49 65 A6
Upton Rd. Birkenhead L46 & L49 64 E8
Upton Rd. Birkenhead L41 & L43 65 D6
Upton Sta. L43 65 C5
Upwood Rd. WA3 47 D7
Urmson Rd. L45 51 B5
Urmston Ave. WA12 46 B5
Ursula St. L20 38 D1
Ursuline RC Prim Sch. L23 26 B3
Utkinton Cl. L43 65 F3
Utting Ave. Liverpool L4 53 B8
Utting Ave E. L11 39 F2
Uxbridge St. 6 Liverpool L7 53 B1
Uxbridge St. Liverpool L7 68 B8

Vale Cl. L25 69 F2
Vale Cres. PR8 7 C2
Vale Ct. 4 L21 38 A6
Vale Dr. L45 51 C7
Vale La. L40 15 F5
Vale Lodge. L9 39 A4
Vale Owen Rd. WA2 61 D1
Vale Rd. Crosby L23 26 D4
Vale Rd. Liverpool L25 69 F2
Valencia Gr. L34 56 F7
Valencia Rd. L15 69 A8
Valentia Rd. L47 63 B7
Valentine Gr. L10 28 E1
Valentine Rd. WA12 45 F3
Valentines Way. L9 28 C1
Valerian Rd. L41 65 F7
Valerie Cl. L10 40 B6
Valescourt Rd. L12 54 C5
Valeview Towers. L25 69 F2
Valewood Prim Sch. L23 26 D5
Valiant Cl. WA2 61 F2
Valkyrie Rd. L45 51 A5
Vallance Rd. L4 & L6 53 C7
Valley Cl. Crosby L23 27 B4
Valley Cl. Litherland L10 28 F1
Valley Ct. WA2 61 F1
Valley Rd. Bebington L62 88 D8
Valley Rd. L32 29 D1
Valley Rd. Liverpool L10 & L32 40 B8
Valley Rd. Liverpool L4 53 B6
Valley Rd. Wallasey L41 50 E1
Valley View. WA12 46 B1
Valley Views. L25 70 A6
Valleybrook Gr. L63 79 B2
Vanbrugh Cres. L4 53 C7
Vanbrugh Rd. L4 & L6 53 D7
Vanderbilt Ave. L9 39 B8
Vanderbyl Ave. L62 79 C2
Vandries St. L3 52 B4
Vandyke St. L8 68 C7
Vanguard St. L5 52 F6
Vardon St. L41 66 D8
Varley Rd. Liverpool L19 69 A1
Varley Rd. St Helens WA9 44 C4
Varlian Cl. L40 14 C3
Varthen St. 6 L4 & L5 53 A7
Vaughan Cl. L37 9 D4
Vaughan Rd. Southport PR8 4 B4
Vaughan Rd. Wallasey L45 51 C8
Vaughan St. L41 65 F8
Vaux Cres. L20 38 D5
Vaux Pl. L20 38 D5
Vauxhall Cl. WA5 74 F4
Vauxhall Rd. L3 & L5 52 C4
Venables Cl. L63 79 B1
Venables Dr. L63 79 A1
Venice St. L4 & L5 52 F6
Venmore St. L4 & L5 53 A6
Ventnor Cl. WA5 74 D7
Ventnor Rd. L15 68 F8
Venture Ct. L41 66 F5
Verda St. WN2 36 B8
Verdala Pk. L18 69 C2
Verdi Ave. L21 38 A6
Verdi St. L21 37 F6
Vere St. L8 67 E5
Vermont Ave. L23 26 D4
Vermont Rd. L23 26 D4
Vermont Way. L20 38 C4
Verney Cres. L19 81 C8
Verney Cres S. L19 81 C8
Vernon Ave. Bebington L66 89 A2
Vernon Ave. Wallasey L44 51 D2
Vernon Ct. PR8 4 D5
Vernon Rd. PR9 5 A8
Vernon St. Liverpool L1 & L2 52 C2
Vernon St. St Helens WA9 44 C4
Verona St. L5 52 F6
Verulam Cl. L8 68 A7
Verulam Rd. PR9 2 B3
Verwood Cl. L61 76 D7
Verwood Dr. L12 41 A3
Veryan Cl. L26 70 F1
Vescock St. L5 52 D4
Vesuvius Pl. L5 52 D6
Vesuvius St. L5 52 D6
Vetch Hey. L27 70 E5
Viaduct St. WA12 46 A3
Vicar Rd. L4 & L6 53 C7
Vicarage Cl. Birkenhead L42 66 B1
Vicarage Cl. Formby L37 9 D4
Vicarage Cl. Hale L24 83 E1
Vicarage Cl. Liverpool L18 69 B2
Vicarage Cl. Ormskirk L39 & L40 14 B3
Vicarage Dr. WA11 45 B7
Vicarage Gr. L44 51 C5
Vicarage La. Ormskirk L39 & L40 14 C3
Vicarage La. Southport PR9 2 F7
Vicarage Lawn. L25 70 C5
Vicarage Pl. L34 56 C6
Vicarage Rd. Ashton-in-M WN4 35 B2
Vicarage Rd. Formby L37 9 D4
Vicarage Rd. Golborne WN2 36 B1
Vicarage Rd. Haydock WA11 45 A7
Vicarage Rd. Orrell WN5 25 D4
Vicarage Wlk. L39 13 E5
Viceroy Ct. PR8 4 A6
Viceroy St. L5 52 F6
Vickers Rd. WA8 84 F4
Victor St. L15 68 D8
Victoria Ave. Crosby L23 26 C4
Victoria Ave. Heswall L60 86 A6
Victoria Ave. Liverpool L14 54 D2
Victoria Ave. 3 Liverpool L15 68 F8
Victoria Ave. St Helens WA11 44 A8
Victoria Ave. Warrington WA5 74 D6
Victoria Ave. Widnes WA8 73 A3
Victoria Bridge Rd. PR8 4 C6
Victoria Central Comm Hospl. L44 51 B4
Victoria Cl. L17 68 E3
Victoria Ct. Liverpool L17 68 B4
Victoria Ct. Liverpool L15 69 A8
Victoria Dr. Birkenhead L42 67 A1
Victoria Dr. L9 38 F6
Victoria Dr. West Kirby L48 63 A2
Victoria Gdns. L43 66 B4
Victoria Gr. WA8 73 A3
Victoria House. L34 56 D6
Victoria La. L43 66 B4
Victoria Mount. L43 66 B4
Victoria Par. L45 37 C1
Victoria Park Rd. L42 66 D2
Victoria Pk. WN8 15 C1
Victoria Pl. Liverpool L13 54 A3
Victoria Pl. Rainhill L35 57 C3
Victoria Pl. Wallasey L44 51 F2
Victoria Rd. Bebington L63 78 D6
Victoria Rd. Birkenhead L42 66 D4
Victoria Rd. Crosby L23 26 D4
Victoria Rd. Formby L37 9 D5
Victoria Rd. Garswood WN4 34 D4
Victoria Rd. Huyton-w-R L36 55 F2
Victoria Rd. Ince Blundell L38 18 E3
Victoria Rd. Liverpool L13 53 E6
Victoria Rd. Liverpool L17 & L18 68 E3
Victoria Rd. Newton-le-W WA12 46 C3
Victoria Rd. Ormskirk L39 13 C2
Victoria Rd. Seaforth L22 37 E8
Victoria Rd. Wallasey L45 37 C1
Victoria Rd. Wallasey L45 51 B8
Victoria Rd. Warrington WA5 74 D4
Victoria Rd. West Kirby L48 63 B1
Victoria Sq. 2 WA10 44 A3
Victoria St. Bebington L62 79 B5
Victoria St. Liverpool L1 & L2 52 D2
Victoria St. Rainford WA11 31 F7
Victoria St. Rainhill L35 57 C3
Victoria St. Southport PR8 4 B8
Victoria St. St Helens WA10 44 A5
Victoria Terr. Bickershaw WN2 36 F8
Victoria Terr. Liverpool L15 69 A6
Victoria Terr. Rainhill L35 57 C3
Victoria Way. Formby L37 9 D5
Victoria Way. Southport PR8 3 F7
Victory Ave. PR9 5 A7
Victory Cl. L30 38 E8
Vienna St. Liverpool L5 52 F6
View Rd. L35 57 C2
Viking Cl. L21 38 A7
Village Cl. L45 50 E6
Village Courts. L30 27 F5
Village Ct. Birkenhead L43 66 A4
Village Ct. Irby L61 76 D6
Village Ct. Liverpool L17 68 C2
Village Green Ct. L43 65 C8
Village Nook. L10 28 E2
Village Rd. Bebington L63 78 D6
Village Rd. Birkenhead L43 66 A4
Village Rd. Heswall L60 85 F7
Village Rd. West Kirby L48 63 C1
Village St. L6 52 F4
Village The. Bebington L63 79 A5
Village The. Birkenhead L49 65 A5
Village Way. Hightown L38 17 F4
Village Way. Wallasey L45 50 E6
Villas Rd. L31 21 B2
Villiers Cres. WA10 42 F4
Villiers Rd. L34 41 C6
Vincent Ct. L1 & L72 67 D8
Vincent Naughton Ct. L41 66 F5
Vincent Rd. Litherland L21 27 C1
Vincent Rd. Rainhill L35 57 C4
Vincent St. 4 Birkenhead L41 66 D6
Vincent St. Liverpool L13 54 A1
Vincent St. St Helens WA10 44 A4
Vine Cres. WA5 74 F6
Vine House. L21 38 A6
Vine St. L7 68 A8
Vineries The. L25 69 E3
Vineside Rd. L12 54 D6
Vineyard St. L19 81 E5
Vining Rd. L35 56 F6
Vining St. L8 67 F6
Viola St. L20 38 C1
Violet Rd. Birkenhead L41 65 F7
Violet Rd. L21 38 B6
Violet St. WN4 35 B2
Virgil St. Liverpool L5 52 E4
Virgil St. St Helens WA10 43 E4
Virgin's La. L23 27 A6
Virginia Ave. L31 20 D3
Virginia Gr. L31 20 C3
Virginia Rd. L45 37 B1
Virginia St. Liverpool L3 52 B2
Virginia St. Southport PR8 4 C6
Vista Ave. WA12 46 A4
Vista Rd. WA11 & WA12 46 A6
Vittoria Cl. L41 66 D7
Vittoria St. L41 66 D7
Vivian Ave. 12 L44 51 E2
Vivian Dr. PR8 4 A2
Voelas St. L8 68 A6
Vogan Ave. L23 27 A3
Volunteer St. 3 WA10 43 F4
Vronhill Cl. L8 68 A6
Vulcan Cl. Birkenhead L43 65 F8
Vulcan Cl. Newton-le-W WA12 46 C1
Vulcan Cl. Warrington WA2 61 F2
Vulcan Ind Est. WA12 46 D1
Vulcan St. 3 Birkenhead L41 65 F8
Vulcan St. L20 38 B4
Vulcan St. Liverpool L3 52 B4
Vulcan St. Liverpool L19 81 C4
Vulcan St. Southport PR9 4 C7
Vyner Cl. L43 65 E6
Vyner Prim Sch. L43 50 D1
Vyner Rd. L45 50 F5
Vyner Rd N. Birkenhead L43 65 D7
Vyner Rd N. Liverpool L25 70 A5
Vyner Rd S. Birkenhead L43 65 D6
Vyner Rd S. Liverpool L25 70 B5
Vyrnwy St. 1 L5 53 A6

Waddicar La. L31 29 B4
Waddington Cl. Golborne WA3 47 F8
Waddington Cl. Warrington WA2 61 F1
Wade Deacon High Sch. WA8 73 A2
Wadebridge Rd. L10 40 B6
Wadeson Rd. L4 39 D2
Wadham Rd. L20 38 C2
Wagon La. WA11 45 B6
Waine St. St Helens WA9 44 D4
Waine St. St Helens WA11 44 F6
Wainwright Cl. 2 L7 68 C8
Wainwright Gr. L19 81 B6
Wakefield Dr. L46 49 F4
Wakefield Rd. L30 28 A2
Wakefield St. Golborne WA3 47 A7
Wakefield St. Liverpool L3 52 E3
Walby Cl. L49 65 C2
Walden Rd. L14 54 C3
Waldgrave Pl. L15 54 B1
Waldgrave Rd. L15 54 B1
Waldron. WN9 23 D8
Waldron Cl. 1 L3 52 C3
Walford Cl. L63 78 F2
Walford Rd. WN4 35 C3
Walk The. Liverpool L24 82 A2
Walk The. Southport PR8 4 A5
Walker Ave. WA9 58 B3
Walker Cl. L37 9 F2
Walker Dr. L20 38 C7
Walker Mews. L42 66 D3
Walker Pl. L42 66 D3
Walker Rd. L21 38 A7
Walker St. Bebington L62 79 B6
Walker St. Birkenhead L42 66 D3
Walker St. Hoylake L47 63 B7
Walker St. Liverpool L6 53 A3
Walker Way. L9 38 F6
Walker's Croft. L45 50 F5
Walkers La. St Helens WA9 58 A3
Walkers La. Warrington WA5 74 E3
Wallace Ave. L36 56 A4
Wallace Dr. L36 56 A4
Wallace St. L9 39 A6
Wallacre Rd. L44 50 F4
Wallasey Bridge Rd. L41 50 F2
Wallasey Rd. L44 & L45 51 A4
Wallasey Sch. L46 50 A3

Wal – Wes 127

Wallasey Sta. L45 50 E6
Wallasey Village. L44 & L45 50 E6
Wallasey Village Sta. L45 50 E5
Wallbrook Ave. WN5 25 D1
Wallcroft St. WN8 23 E8
Waller Cl. L4 52 E7
Waller St. L20 38 B6
Wallgate Rd. L25 69 F6
Wallgate Way. L25 69 F6
Wallingford Rd. L49 64 F4
Wallrake. L60 85 F7
Walmer Ct. PR8 3 F4
Walmer Rd. Seaforth L22 37 E8
Walmer Rd. Southport PR8 4 A3
Walmesley Dr. WA11 32 A5
Walmesley Rd. WA10 43 A5
Walmsley St. Liverpool L5 52 C5
Walmsley St. Newton-le-W WA12 46 D4
Walmsley St. Wallasey L44 51 C5
Walney Rd. L12 54 A8
Walnut Ave. L9 39 C3
Walnut St. PR8 4 C4
Walpole Ave. L35 56 F3
Walpole Gr. WA2 61 C2
Walro Mews. PR9 2 A3
Walsh Cl. Liverpool L3 52 C4
Walsh Cl. Newton-le-W WA12 46 C5
Walsh Rd. L14 54 C2
Walsingham Ct. L44 51 D3
Walsingham Rd. Liverpool L16 69 E8
Walsingham Rd. Wallasey L44 51 D3
Walsingham Rd. Warrington WA5 74 F5
Walter Beilin Ct. L17 68 E5
Walter Gr. WA9 58 F7
Walter St. Ashton-in-M WN4 35 D4
Walter St. Liverpool L5 52 B5
Walter St. Widnes WA8 73 D1
Waltham Rd. L6 53 C6
Waltho Ave. L31 20 E1
Walton Ave. WA5 74 E5
Walton Breck Rd. Liverpool L4 & L5 52 F7
Walton Hall Ave. L11 & L4 39 C2
Walton Hospl. L9 38 F3
Walton Junction Sta. L9 38 F4
Walton La. L4 52 F8
Walton Park Gdns. L4 39 A2
Walton Pk. L9 39 A4
Walton Rd. Liverpool L4 & L5 52 E7
Walton Rd. St Helens WA10 43 D6
Walton St. 16 Birkenhead L41 66 E6
Walton St. Southport PR9 4 C8
Walton St Mary CE Prim Sch. L4 38 F2
Walton Vale. L9 39 A6
Walton Village. L4 39 A2
Wambo La. L25 70 C5
Wandsworth Rd. L11 39 F1
Wango La. L10 28 F1
Wanishar La. L39 12 A5
Wansfell Pl. WA2 61 A3
Wantage View. L36 70 C8
Wapping. Liverpool L1 & L72 67 C8
Wapshare Rd. L11 53 E8
Warbler Cl. L26 70 D2
Warbreck Ave. L9 39 A6
Warbreck Moor. L9 39 B7
Warbreck Rd. L9 39 A6
Warburton Hey. L35 57 C4
Ward Ave. L37 9 D2
Ward Cl. WA5 60 B1
Ward Gr. L42 78 F8
Ward rake. L30 27 D4
Ward Rd. L23 26 A5
Ward St. Liverpool L3 52 E2
Ward St. Prescot L34 56 D7
Ward St. St Helens WA10 44 A4
Warden St. 6 L4 52 E8
Wardgate Ave. L12 40 E3
Wareing Rd. L9 39 C6
Waresley Cres. L11 & L9 39 E4
Wargrave CE Prim Sch. WA12 46 C1
Wargrave House Sch. WA12 46 D1
Wargrave Mews. WA12 46 C1
Wargrave Rd. WA12 46 C2
Warham Rd. L4 53 C7
Waring Ave. Birkenhead L42 66 D2
Waring Ave. St Helens WA9 45 B2
Warkworth Cl. Huyton-w-R L36 71 A8
Warkworth Cl. Widnes WA8 72 C3
Warmington Rd. L14 54 C3
Warner Dr. L4 53 C8
Warnerville Rd. L13 54 B1
Warnley Cl. WA8 72 D3
Warren Ct. PR8 3 E5
Warren Dr. Birkenhead L43 65 C6
Warren Dr. Newton-le-W WA12 46 F4
Warren Dr. Wallasey L45 50 F8
Warren Gn. L37 9 D3
Warren Hey. L63 79 A1
Warren House Rd. L22 26 B2
Warren Hurst. 2 L45 51 A8
Warren Rd. Crosby L23 26 B4
Warren Rd. Hoylake L47 63 A7
Warren Rd. Southport PR9 5 A8
Warren Rd. Warrington WA2 61 D1
Warren St. 6 L3 52 E1
Warren The. L49 65 B5
Warren Way. L60 76 D1
Warrenhouse Rd. L33 30 B4
Warrington Bsns Pk. WA2 61 C1
Warrington Coll Inst. WA2 61 B1
Warrington New Rd. WA9 44 B3
Warrington Old Rd. St Helens WA9 44 B2
Warrington Old Rd. St Helens WA9 44 B3
Warrington Rd. Abram WA3 & WN2 36 B7
Warrington Rd. Ashton-in-M WN4 35 B2
Warrington Rd. Bold Heath L35 & WA8 73 D7
Warrington Rd. Cronton L35 72 F8
Warrington Rd. Golborne WA12 47 A6
Warrington Rd. Prescot L34 & L35 56 E5
Warrington Rd. Rainhill L35 57 A4
Warrington Rd. Warrington WA5 74 F4
Warrington Rd. Widnes WA8 73 D1
Warrington Rd Cty Prim Sch. WA8 73 D1
Warrington St. L42 66 E4
Warton Cl. L25 70 C2
Warton St. L20 38 B6
Warton Terr. L21 38 B6
Warwick Ave. Ashton-in-M WN4 35 D2
Warwick Ave. Crosby L23 26 D3
Warwick Ave. Newton-le-W WA12 46 E2
Warwick Ave. Warrington WA5 74 D7
Warwick Cl. Birkenhead L43 66 C5
Warwick Cl. Huyton-w-R L36 56 A3
Warwick Cl. Southport PR8 4 B4
Warwick Ct. 3 L8 68 A6
Warwick Dr. Wallasey L45 51 C6
Warwick Dr. West Kirby L48 75 C8
Warwick Rd. Birkenhead L49 64 F6
Warwick Rd. L20 38 D4
Warwick Rd. Huyton-w-R L36 56 A3
Warwick St. Liverpool L8 67 E6
Warwick St. Southport PR8 4 B4
Warwick St. St Helens WA10 43 D3
Wasdale Ave. Maghull L31 20 F2
Wasdale Ave. St Helens WA11 44 B8
Wasdale Rd. Ashton-in-M WN4 35 A8
Wasdale Rd. Liverpool L9 39 A5
Washbrook Ave. L43 65 C8
Washbrook Way. L39 13 E4
Washington Par. L20 38 C3
Washway La. WA10 & WA11 44 A7
Wasley Cl. WA2 61 F3
Wastdale Ct. L46 49 C1
Wastdale Dr. L46 49 C1
Wastdale Mews. L46 49 C1
Wastle Bridge Rd. L36 55 E5
Watchyard La. L37 10 A4
Water La. Southport PR9 2 D5
Water La. Tarbock Green L35 71 D5
Water St. Bebington L62 79 C5
Water St. Birkenhead L41 66 F6
Water St. Crosby L23 27 B6
Water St. Liverpool L2 52 C1
Water St. Newton-le-W WA12 46 C4
Water St. 1 Seaforth L22 37 E8
Water St. St Helens WA10 43 F3
Water St. Wallasey L44 51 D4
Water Tower Rd. L64 86 E1
Waterdale Cres. WA9 58 D7
Waterdale Pl. WA9 58 D7
Waterfield Cl. L63 78 D5
Waterfoot Ave. PR8 7 B3
Waterford Rd. L43 65 F5
Watergate La. L25 70 B2
Watergate Sch The. L25 70 B2
Watergate Way. L25 70 B2
Waterhouse St. L5 52 F4
Waterland La. WA9 44 F2
Waterloo Cl. L22 37 D8
Waterloo Ct. L42 79 A6
Waterloo EMI Day Hospl. L22 26 E1
Waterloo Pl. L41 66 E5
Waterloo Rd. Liverpool L3 & L5 52 B4
Waterloo Rd. Runcorn WA7 84 F2
Waterloo Rd. Runcorn WA7 84 F3
Waterloo Rd. Seaforth L22 37 E8
Waterloo Rd. Southport PR8 3 E2
Waterloo Rd. Wallasey L45 37 B1
Waterloo St. Liverpool L15 69 A7
Waterloo St. 3 St Helens WA10 44 A3
Waterloo Sta. L22 26 E1
Watermede. WN5 25 E3
Waterpark Cl. L43 65 F1
Waterpark Dr. L28 & L12 55 A7
Waterpark Rd. L42 & L43 66 A2
Waters Edge Apartments. L45 37 C1
Waterside. Litherland L30 27 E5
Waterside. St Helens WA9 44 B4
Waterside Ct. WA9 44 B4
Waterside La. WA8 84 C5
Waterway Ave. L30 28 B3
Waterworks La. Bebington L66 88 E1
Waterworks La. Winwick WA2 61 B7
Waterworks Rd. L39 14 A6
Waterworks St. L20 38 D3
Watery La. St Helens WA9 44 E1
Watery La. Warrington WA2 60 E6
Watford Rd. L4 53 B7
Watkins Ave. WA12 45 F3
Watkinson St. L1 & L72 67 D7
Watkinson Way. L35 & WA8 73 C5
Watling Ave. L21 27 B1
Watling Way. L35 57 A6
Watmough St. 6 L3 52 E4
Watson Ave. Ashton-in-M WN4 35 C3
Watson Ave. Golborne WA3 35 F1
Watson St. L41 66 D7
Watton Beck Cl. L31 20 F2
Watton Cl. L12 41 A2
Watts Cl. L33 30 A4
Watts La. L20 38 E6
Wauchope St. L15 68 E8
Wavell Ave. Southport PR9 5 B7
Wavell Ave. Widnes WA8 84 D8
Wavell Cl. PR9 5 B7
Wavell Rd. L36 55 E4
Waverley. Skelmersdale WN8 15 D1
Waverley Gr. L42 66 C2
Waverley Rd. Crosby L23 26 C3
Waverley Rd. Golborne WA3 36 D1
Waverley Rd. Hoylake L47 63 C7
Waverley Rd. Liverpool L17 68 C4
Waverley St. L20 38 B3
Waverley St. Southport PR8 4 A7
Waverton Ave. L43 65 E2
Wavertree Ave. Liverpool L13 & L15 & L7 53 F1
Wavertree Ave. Widnes WA8 84 F8
Wavertree Bvd. L7 53 D1
Wavertree Bvd S. L7 53 E1
Wavertree CE Prim Sch. L15 69 A7
Wavertree Gdns. L15 68 F7
Wavertree Gn. L15 69 A7
Wavertree House. L13 54 A1
Wavertree Nook Rd. Liverpool L15 69 C8
Wavertree Prim Sch. L15 68 D7
Wavertree Rd. L15 & L7 53 B1
Wavertree Retail Pk. L7 53 C1
Wavertree Technology Pk. L7 53 E1
Wavertree Trad Est. L15 68 E7
Wavertree Vale. L15 68 D8
Wayfarers Arc. PR8 4 B7
Wayfarers Dr. WA12 46 E2
Waylands Dr. L25 82 B7
Wayville Cl. L18 69 B2
Waywell Cl. WA2 61 F3
Weardale Rd. L15 68 E6
Wearhead Cl. WA3 46 F7
Weasdale Cl. WA9 58 D7
Weates Cl. WA8 73 F3
Weatherby. L49 65 B4
Weatherhead High Sch. L45 51 A7
Weatherhead Lower Sch. L45 51 B7
Weaver Ave. L33 29 F6
Weaver Ave. Rainhill L35 57 C3
Weaver Ct. L25 70 C3
Weaver Gr. WA9 45 A3
Weaver House. L25 70 C3
Weaver Ind Est. L19 81 C4
Weaver St. L4 38 F3
Weavers La. L31 28 F6
Webb Cl. 8 L7 53 C1
Webb Dr. WA5 59 F6
Webb St. Liverpool L7 68 C7
Webb St. St Helens WA9 44 D1
Webber Rd. L33 30 C1
Webster Ave. L20 38 E4
Webster Ave. Wallasey L44 51 D6
Webster Dr. L32 29 E2
Webster Rd. L15 & L7 68 D7
Webster St. L21 38 C6
Webster St. Liverpool L3 52 D2
Websters Holt. L49 64 F6
Wedge Ave. WA11 45 A5
Wedgewood St. L7 53 B2
Wedgwood Dr. WA8 73 B4
Wednesbury Dr. WA5 74 F6
Weedon Ave. WA12 46 B5
Weightman Gr. 4 L9 39 A6
Weirside. WA9 58 D6
Welbeck Ave. Liverpool L18 68 F5
Welbeck Ave. Newton-le-W WA12 46 D2
Welbeck Ct. L22 26 D1
Welbeck Rd. Ashton-in-M WN4 35 C4
Welbeck Rd. Southport PR8 4 A4
Welbeck Terr. PR8 4 A4
Welbourne. WN8 15 D1
Welbourne Rd. L16 54 C1
Weld Blundell Ave. L31 20 B5
Weld Dr. L37 9 D4
Weld Par. PR8 3 F4
Weld Rd. Crosby L23 26 C3
Weld Rd. Southport PR8 3 F5
Weldon Dr. L39 13 F4
Weldon St. L4 38 F2
Welfield Pl. L8 68 A4
Welford Ave. Birkenhead L43 65 F2
Welford Ave. Golborne WA3 47 C7
Well Brow Rd. L4 39 A1
Well La. Bebington L63 78 D6
Well La. Birkenhead L49 64 C3
Well La. Birkenhead L42 66 E2
Well La. L20 38 D3
Well La. Haskayne L39 11 E6
Well La. Heswall L60 86 B6
Well La. Liverpool L16 & L25 69 F7
Well La. Warrington WA5 74 F3
Well Lane Prim Sch. L42 66 E3
Welland Cl. L26 82 E6
Welland Rd. Ashton-in-M WN4 35 E5
Welland Rd. Bebington L63 78 D5
Wellbeck Rd. WN4 35 C5
Wellbrae Cl. L49 64 D5
Wellbrook Cl. L24 82 D4
Wellbrook Gn. L24 82 D3
Wellcroft Rd. L36 55 F4
Wellcross Rd. WN8 25 B6
Weller St. L8 67 F5
Weller Way. L8 68 A4
Wellesbourne Jun & Inf Sch. L11 39 F2
Wellesbourne Pl. L11 40 A2
Wellesbourne Rd. L11 40 A3
Wellesley Rd. Liverpool L8 68 A4
Wellesley Rd. Wallasey L44 51 B4
Wellfield. Rainford WA11 32 A4
Wellfield. Widnes WA8 73 A3
Wellfield Ave. L32 29 F1
Wellfield La. L40 14 C3
Wellfield Rd. L9 39 A4
Wellgreen Rd. L25 70 A7
Wellgreen Wlk. L25 70 A7
Wellington Ave. L15 68 E7
Wellington Cl. Bebington L42 79 A6
Wellington Cl. Litherland L10 28 C3
Wellington Cl. Newton-le-W WA12 46 A3
Wellington Fields. L15 68 D6
Wellington Gate. L24 83 E2
Wellington Gdns. WA12 46 A3
Wellington Gr. L15 68 F8
Wellington Rd. Bebington L63 79 A6
Wellington Rd. Birkenhead L43 66 A4
Wellington Rd. L21 38 A7
Wellington Rd. Liverpool L8 67 F4
Wellington Rd. Liverpool L15 68 E7
Wellington Rd. Wallasey L45 & L43 37 A1
Wellington Sch. L63 79 A6
Wellington St. Crosby L22 26 D1
Wellington St. 2 Liverpool L3 52 D3
Wellington St. Liverpool L19 81 C6
Wellington St. Newton-le-W WA12 46 A3
Wellington St. Southport PR8 4 A6
Wellington Terr. Birkenhead L41 66 D5
Wellington Terr. Liverpool L8 68 A5
Wellington Terr. St Helens WA10 44 A5
Wells Ave. WN5 33 D6
Wells St. L15 68 F8
Wellstead Cl. L15 69 A8
Wellstead Rd. L15 69 A8
Wellstead Wlk. L15 69 A8
Welsby Cl. WA2 61 F3
Welsh Rd. L66 89 A1
Welshpool Cl. WA5 60 D2
Welton Ave. L49 64 F5
Welton Cl. L24 82 D3
Welton Gn. L24 82 D3
Welton Rd. L62 79 E3
Welwyn Ave. PR8 7 E6
Welwyn Cl. WA9 57 F6
Wembley Gdns. L9 38 F6
Wembley Rd. Crosby L23 26 F3
Wembley Rd. Liverpool L18 69 B5
Wendell St. L7 & L8 68 C7
Wendover Ave. L17 68 C3
Wendover Cl. Birkenhead L43 65 D4
Wendover Cl. Haydock WA11 45 D7
Wendron Rd. L11 40 D5
Wenger Rd. WA8 73 B5
Wenlock Dr. L26 82 E7
Wenlock Rd. L4 53 B7
Wenning Ave. L31 20 E2
Wennington Rd. Southport PR9 4 F7
Wensley Ave. L26 82 F7
Wensley Rd. Golborne WA3 47 E7
Wensley Rd. Liverpool L9 39 A7
Wensleydale. L9 39 A7
Wensleydale Ave. Bebington L62 88 E5
Wensleydale Ave. Rainhill L35 57 D3
Wensleydale Cl. Maghull L31 20 B2
Wensleydale Cl. Warrington WA5 74 F8
Wentworth Ave. L45 51 B7
Wentworth Cl. Birkenhead L43 65 D4
Wentworth Cl. Southport PR8 7 C4
Wentworth Cl. Widnes WA8 73 A5
Wentworth Dr. Bebington L63 88 C5
Wentworth Dr. Liverpool L5 52 F4
Wentworth Gr. L36 55 B2
Wernbrook Cl. L43 65 D4
Wernbrook Rd. L4 53 C7
Wervin Cl. L43 65 E2
Wervin Rd. Birkenhead L43 65 E2
Wervin Rd. L32 29 D1
Wervin Way. L32 29 D1
Wescoe Cl. WN5 25 E5
Wesley Ave. Haydock WA11 45 F7
Wesley Ave. Wallasey L44 51 C5
Wesley Gr. L44 51 E3
Wesley Pl. L15 68 F8
Wesley St. Seaforth L22 37 D8
Wesley St. Southport PR8 4 B7
West Albert Rd. L17 68 B4
West Allerton Sta. L18 69 B1
West Ave. WA3 36 B1
West Bank Dock Est. WA8 84 E5
West Bank Rd. L7 53 E2
West Cl. Birkenhead L43 65 D5
West Cl. St Helens L34 57 A7
West Derby Comp Sch (Bankfield Wing). L13 53 F6
West Derby Golf Course. L14 54 E6
West Derby Rd. Liverpool L6 53 B4
West Derby Rd. Liverpool L13 & L6 53 E5
West Derby Sch. L12 54 A5
West Derby St. L7 & L3 53 A2
West Derby Village. L12 54 B7
West Dr. Birkenhead L49 65 A5
West Dr. Heswall L60 86 A7
West End Gr. WA11 45 A6
West End Rd. WA11 44 F6
West Gillibrands Ind Est. WN9 23 E8
West Gr. L60 85 F8
West Kirby Gram Sch for Girls. L47 63 A3
West Kirby Prim Sch. L47 63 A3
West Kirby Rd. L46 & L48 64 C6
West Kirby Residential Sch. L47 63 A3
West Kirby Sta. L48 63 A2
West La. L37 9 F6
West Mains. L24 83 A3
West Meade. L31 20 B2
West Mount. WN5 25 F6
West Oakhill Pk. L13 54 A2
West Orchard La. L9 39 D7
West Park Rd. WA10 43 D2
West Pk Gdns. L43 65 C8
West Quay Rd. WA2 60 F3
West Rd. Birkenhead L43 65 D5
West Rd. L9 38 F3
West Rd. Liverpool L14 54 C2
West Rd. Liverpool L24 82 D5
West Side. WA9 44 C2
West Side Ave. WA11 45 A6
West St. Prescot L34 56 C6
West St. Southport PR8 4 A7
West St. St Helens WA10 43 D1
West St. Wallasey L45 51 B5
West View. Birkenhead L41 66 F4
West View. Huyton-w-R L36 56 B2
West View. Warrington WA2 61 F1
West View Ave. L36 56 B2
West Way. L46 49 E1
West Way Sq. L46 49 E1
Westbank Ave. L45 51 C7
Westbank Rd. L42 66 C3
Westbourne Ave. Crosby L23 27 B6
Westbourne Ave. West Kirby L48 63 B2
Westbourne Gdns. PR8 3 D4
Westbourne Gr. L48 63 B2
Westbourne Rd. Birkenhead L43 66 C5
Westbourne Rd. Southport PR8 3 D4
Westbourne Rd. Wallasey L44 50 F4
Westbourne Rd. West Kirby L48 63 B2
Westbrook Ave. L34 56 B6
Westbrook Cres. WA5 60 B2
Westbrook Ctr. WA5 60 C1
Westbrook Rd. Birkenhead L46 64 C7
Westbrook Rd. Liverpool L25 70 C5
Westbrook Way. WA5 60 B1
Westbury Cl. L17 68 C1
Westbury St. L41 66 E4
Westcliffe Rd. Liverpool L12 54 A7
Westcliffe Rd. Southport PR8 3 F5
Westcombe Rd. L4 53 C7
Westcott Rd. L4 & L6 53 B6
Westcott Way. L43 65 D3
Westdale Rd. Birkenhead L42 66 E2
Westdale Rd. Liverpool L15 68 F8
Westdale View. L15 68 F8
Western Ave. Bebington L62 79 D3
Western Ave. Huyton-w-R L14 & L36 55 B3
Western Ave. Liverpool L24 82 C3
Western Dr. L19 81 A7
Westerton Rd. L12 54 E6
Westfield Ave. Ashton-in-M WN4 35 A4
Westfield Ave. Liverpool L14 54 E2
Westfield Cres. WA7 84 E1
Westfield Cty Prim Sch. WA7 84 E1
Westfield Dr. L12 40 E3
Westfield Mews. WA7 84 F1
Westfield Rd. L20 & L9 38 E6
Westfield Rd. Runcorn WA7 84 E1
Westfield Rd. Wallasey L44 51 D1
Westfield St. WA10 43 F3
Westfield Wlk. L32 29 B2
Westgate. Skelmersdale WN8 23 D8
Westgate. Widnes WA8 84 B7
Westgate Dr. WN5 25 D5
Westgate Rd. Bebington L62 79 B4
Westgate Rd. 3 Liverpool L15 69 A5
Westhaven Cres. L39 13 C1
Westhead Ave. Golborne WA3 36 E1
Westhead Ave. L32 & L33 29 F2
Westhead Cl. L32 & L33 30 A1
Westhead Wlk. L32 & L33 29 F2
Westhead Wlk. L32 & L33 30 A1
Westhouse Cl. L63 88 C5
Westlands Cl. L64 86 F1
Westleigh Pl. WA9 58 C5
Westminster Ave. L30 27 F4
Westminster Cl. L4 38 E1
Westminster Cl. Widnes WA8 84 B8
Westminster Ct. L43 65 F5
Westminster Dr. Bebington L62 88 D7
Westminster Dr. Haydock WA11 45 F7
Westminster Dr. Southport PR8 7 A4
Westminster Rd. L20 & L4 38 D1
Westminster Rd. Liverpool L4 52 E8
Westminster Rd. Wallasey L44 51 B4
Westmoreland Pl. L5 52 D5
Westmoreland Rd. Southport PR8 4 D5
Westmoreland Rd. Wallasey L45 51 C7
Westmoreland St. L3 52 C3
Westmorland Ave. Litherland L30 27 C3
Westmorland Ave. Widnes WA8 73 B1
Westmorland Rd. L36 55 E2
Weston Ct. L23 26 B3
Weston Gr. L31 28 D6
Weston Point Expressway. WA7 84 E2
Weston Rd. WA7 84 F1
Westover Cl. L31 20 C1
Westover Rd. L31 20 C1
Westvale Prim Sch. L32 29 B2
Westview Cl. L43 65 D4
Westward Ho. L48 75 D6
Westward View. L22 26 B2
Westway. Birkenhead L49 64 E4
Westway. Birkenhead L43 65 D4
Westway. Heswall L60 85 F6
Westway. Hightown L38 17 F4
Westway. Liverpool L15 69 B8
Westway. Maghull L31 20 C2
Westwick Pl. L36 55 B3
Westwood Cl. PR8 4 E3
Westwood Ct. Birkenhead L43 65 F5
Westwood Ct. Neston L64 86 E2

128 Wes – Wol

Westwood Gr. L44 51 A4
Westwood Rd. Birkenhead L43 65 C6
Westwood Rd. Liverpool L18 81 C8
Westwood View. L8 68 A3
Wetherby Ave. L45 50 E5
Wetherby Cl. WA12 46 C5
Wetherby Ct. L36 55 C5
Wethersfield Rd. L43 65 E4
Wetstone La. L48 63 C1
Wexford Ave. L24 83 D2
Wexford Cl. L43 65 E4
Wexford Rd. L43 65 F4
Weybourne Cl. L49 65 A7
Weyman Ave. L35 56 E3
Weymoor Cl. L63 78 F2
Weymouth Ave. WA9 44 F1
Weymouth Cl. L16 69 F8
Weymouth Rd. WA5 59 F6
Whaley La. L49 & L61 76 F6
Whalley Ave. Rainford WA11 31 F6
Whalley Ave. St Helens WA10 43 E7
Whalley Ct. L30 27 D4
Whalley Dr. Formby L37 10 A2
Whalley Dr. Ormskirk L39 21 D8
Whalley Gr. WA8 73 D3
Whalley Rd. 2 L41 & L42 66 D5
Whalley St. L8 67 F4
Whalleys Rd. WN8 16 B5
Wharf Rd. WA12 45 E2
Wharf St. L62 79 C5
Wharfdale Cl. 1 WA5 74 F7
Wharfedale Ave. L42 66 B2
Wharfedale Dr. Bebington L62 88 F5
Wharfedale Dr. Rainhill L35 57 D3
Wharfedale Rd. L45 50 F6
Wharfedale St. L19 81 E5
Wharmby Rd. WA11 45 E6
Wharncliffe Rd. L13 54 A3
Wharton Cl. L49 64 D6
Wheat Hill Rd. L27 & L36 70 E8
Wheatacre. WN8 23 E8
Wheatcroft Rd. L18 69 D2
Wheatear Cl. L27 70 E4
Wheatfield Cl. Birkenhead L46 64 F7
Wheatfield Cl. Litherland L30 28 B3
Wheatfield Rd. WA8 72 C5
Wheatfield View. L21 27 B2
Wheathill Sch. L27 70 D7
Wheathills Ind Est. L27 70 E6
Wheatland Bsns Ctr. L44 51 D2
Wheatland Cl. WA9 58 C4
Wheatland La. L44 51 D2
Wheatland Rd. L60 86 C7
Wheatlands Cl. L27 70 D7
Wheatley Ave. L20 38 E5
Wheatley Ave.
Newton-le-W WA12 46 C5
Wheatsheaf Ave. WA9 58 D6
Wheatsheaf Wlk. L39 13 E5
Wheeler Dr. L31 29 B4
Whernside. WA8 72 C3
Whetstone Ct. 4 L41 66 D5
Whetstone La. L41 & L42 66 D5
Whimbrel Ave. WA12 46 C3
Whimbrel Pk. L26 70 E1
Whinbury Ct. 15 WA9 58 C4
Whinchat Ave. WA12 46 C4
Whincraig. L36 55 C7
Whinfell Rd. L12 54 C5
Whinfield Rd. L9 38 F6
Whinfield Rd. Crosby L23 27 B6
Whinhowe Rd. L11 40 B2
Whinmoor Cl. L43 65 D6
Whinmoor Rd. Liverpool L10 40 A7
Whinmoor Rd. Liverpool L12 54 C5
Whinney Gr E. L31 28 C6
Whinney Gr W. L31 28 C6
Whiston Hosp. L35 56 F4
Whiston La. L36 56 B4
Whiston Willis Prim Sch. L35 56 E3
Whitburn. WN8 15 D1
Whitburn Cl. WN4 34 D4
Whitburn Rd. L33 30 A4
Whitby Ave. Southport PR9 2 D6
Whitby Ave. Wallasey L45 50 E5
Whitby Ave. Warrington WA2 61 D2
Whitby St. L6 53 D6
Whitcroft Rd. L6 53 D3
White House Cl. WA11 45 B6
White Lodge Ave. L36 55 D3
White Lodge Cl. L62 88 D5
White Lodge Dr. WN4 35 D4
White Meadow Dr. L23 27 A6
White Moss Rd. WN8 23 C7
White Moss Rd S. WN8 23 D7
White Rock Ct. L6 53 B4
White Rock St. L6 53 B4
White St. L1 & L72 67 D8
White Thorn Assessment Sch.
L10 39 F8
Whitebeam Cl. L33 29 F6
Whitebeam Dr. L12 40 D3
Whitebeam Gdns. L35 57 C6
Whitebeam Wlk. L49 64 B2
Whitechapel. L1 52 D1
Whitecroft Ave. WA3 36 E1
Whiteeside Cl. L49 65 A4
Whitefield Ave. Liverpool L4 52 E8
Whitefield Ave.
Newton-le-W WA12 46 E2
Whitefield Cl. Golborne WA3 47 A8
Whitefield Cl. Hightown L38 17 F2
Whitefield Dr. L32 29 C1
Whitefield Jun Mix & Inf Sch.
L6 53 A4
Whitefield La. L35 71 A6
Whitefield Rd. Liverpool L9 39 A5
Whitefield Rd. Liverpool L6 53 B5
Whitefield Rd. St Helens WA10 43 D5
Whitefield Way. 11 L6 53 A4
Whitegate Cl. L34 41 D4
Whitegates Cl. L64 87 E1
Whitegates Cres. L64 87 E1
Whitehall Cl. L4 38 E1
Whitehart Cl. L4 39 B1
Whitehaven Cl. PR8 7 B3
Whiteheath Way. L46 49 F3
Whitehedge Rd. L19 81 B7
Whitehey. WN9 23 E8
Whitehey Rd. WN8 23 E8
Whitehorn Dr. L28 55 B8
Whitehouse Ave. L37 10 A3
Whitehouse La. Formby L37 10 A3
Whitehouse La. Heswall L60 77 D1
Whitehouse Rd. L13 54 B2
Whitelands Meadow. L49 64 E5
Whiteledge Rd. WN8 24 B6
Whiteleys La. L40 14 D2
Whiterails Dr. L39 13 D6
Whiterails Mews. L39 13 D6
Whiteside Ave. WA11 44 E5
Whiteside Cl. L5 52 D5
Whiteside Rd. WA11 45 B6
Whitestock. WN8 23 E8
Whitestone Cl. L34 41 C2
Whitethorn Ave. WA5 74 F5
Whitewell Dr. L49 64 F7
Whitewood Cl. WN4 35 A6
Whitfield Ct. L42 66 D4
Whitfield Gr. WA11 45 A6
Whitfield La. L60 77 A1
Whitfield St. L42 66 D4
Whitford Rd. L42 66 D4
Whitham Ave. L23 26 F3
Whithorn St. L15 & L7 68 D8
Whitland Rd. L6 53 D3
Whitledge Gn. WN4 35 A5
Whitledge Rd. WN4 35 A5
Whitley Cres. WN2 36 B7
Whitley Dr. 1 L44 & L45 51 C5
Whitley St. L3 52 B4
Whitlow Ave. WA3 35 F1
Whitman St. L15 68 E7
Whitmoor Cl. L35 57 E1
Whitney Pl. L25 70 C2
Whitney Rd. L25 70 C2
Whitstone Cl. L25 69 E2
Whitstone Dr. WN8 24 D7
Whittaker Ave. WA2 61 D2
Whittaker Cl. L13 53 F1
Whittaker St. WA9 44 D1
Whittier St. L7 & L8 68 C7
Whittle Ave. Haydock WA11 45 A5
Whittle Ave. Warrington WA5 74 F8
Whittle Cl. L5 52 E6
Whittle Dr. L39 13 E7
Whittle Hall La. WA5 74 F6
Whittle St. Liverpool L4 & L5 52 E6
Whittle St. St Helens WA10 43 D1
Whittlewood Ct. L33 29 F4
Whitwell Cl. WA5 74 D7
Wicket Cl. L11 40 D5
Wickham Cl. L44 51 E2
Wicks Cres. L37 9 C4
Wicks Gdns. L37 9 D3
Wicks Gn. L37 9 C3
Wicks Green Cl. L37 9 C3
Wicks La. L37 9 D3
Widdale Ave. L35 57 D3
Widgeons Covert. L63 86 F5
Widmore Rd. L25 70 C4
Widnes Coll. WA8 72 E5
Widnes Rd. Warrington WA5 74 C3
Widnes Rd. Widnes WA5 & WA8 73 F2
Wiend The. Bebington L63 79 A5
Wiend The. Birkenhead L42 66 D1
Wigan Rd. Ashton-in-M WN4 35 A5
Wigan Rd. Billinge WN5 33 F7
Wigan Rd. Golborne WA3 36 B3
Wigan Rd. Ormskirk L39 & L40 14 A5
Wigan Rd. Skelmersdale WN8 23 F8
Wigan Rd. Westhead L40 14 E4
Wightman Ave. WA12 46 C5
Wightman St. L6 53 B3
Wignalls Meadow. L38 17 F3
Wigston Cl. PR8 7 B4
Wilberforce Rd. L4 39 B2
Wilbraham Pl. L5 52 D5
Wilbraham St. Liverpool L5 52 D5
Wilbraham St. St Helens WA9 58 E3
Wilbur St. WA9 58 E7
Wilburn St. L4 38 F1
Wilcock Rd. WA11 46 B8
Wilcove. WN8 15 F1
Wild Pl. L20 38 E7
Wildbrook Dr. L41 50 D1
Wildcherry Gdns. L35 57 C7
Wildcote Cl. WA8 73 C4
Wilde St. L3 52 E2
Wilfer Cl. L7 68 C8
Wilkes Ave. L46 50 B3
Wilkie St. L15 68 E7
Wilkin St. L4 52 E7
Wilkinson St. 6 L41 66 C5
Willan St. L43 66 B4
Willard Ave. WN5 25 D3
Willard St. L20 38 D6
Willaston Rd. Liverpool L4 39 B1
Willaston Rd. Raby L63 & L64 87 D4
Willaston Rd. Wallasey L46 49 D1
Willedstan Ave. L23 26 E3
William Beamont Cty High Sch.
WA2 61 C1
William Brown St. L1 & L3 52 D2
William Gladstone CE Sch The.
L21 38 A7
William Harvey Cl. L30 27 F3
William Henry St. L20 38 B2
William Henry St.
Liverpool L3 & L6 52 E3
William Morris Ave. L20 38 E5
William Moult St. L5 52 D5
William Penn Cl. WA5 74 E5
William Rd. WA11 44 F6
William Roberts Ave. L32 29 C2
William St. Birkenhead L41 66 E6
William St. St Helens WA10 44 A4
William St. Wallasey L44 51 E2
William St. Widnes WA8 73 C1
William Wall Rd. L21 27 B2
Williams Ave. L20 38 E5
Williams Ave.
Newton-le-W WA12 46 C5
Williams St. L34 56 D6
Williamson Ct. L25 70 C1
Williamson Sq. 23 L1 52 D1
Williamson St. 24 Liverpool L1 52 D1
Williamson St. St Helens WA9 44 C4
Willingdon Rd. L14 & L16 54 E1
Willington Ave. L62 88 E3
Willink Rd. WA11 44 C7
Willis Cl. L35 56 D2
Willis La. L35 56 D2
Williton Rd. L16 69 E5
Willmer Rd.
Birkenhead L41 & L42 66 D5
Willmer Rd. Liverpool L4 53 B7
Willoughby Cl. WA5 60 C1
Willoughby Dr. St Helens WA10 57 B8
Willoughby Rd. Crosby L22 26 E1
Willoughby Rd. Liverpool L14 54 F2
Willoughby Rd. Wallasey L44 51 A4
Willow Ave. L32 29 C3
Willow Ave. Liverpool L36 70 E8
Willow Ave. Newton-le-W WA12 46 E4
Willow Ave. Prescot L35 56 E3
Willow Ave. Widnes WA8 73 B2
Willow Bank Est. WA12 46 F4
Willow Cl. L14 54 E2
Willow Ct. WA9 58 D4
Willow Dene. L11 40 D6
Willow Dr. WN8 15 E1
Willow Gn. Liverpool L25 69 F4
Willow Gn. Ormskirk L39 13 F5
Willow Gr. Ashton-in-M WN4 35 E5
Willow Gr. Birkenhead L46 64 D7
Willow Gr. Formby L37 9 F4
Willow Gr. Golborne WA3 36 A1
Willow Gr. Liverpool L15 69 A8
Willow Gr. Prescot L35 56 E5
Willow Gr. Southport PR9 4 E7
Willow Hey. Maghull L31 28 E7
Willow Hey. Skelmersdale WN8 15 F1
Willow House. 7 L21 38 A6
Willow House. Liverpool L11 40 D6
Willow La. L63 87 D3
Willow Lea. L43 66 A4
Willow Pk. L49 64 C4
Willow Rd. Haydock WA11 45 E7
Willow Rd. Liverpool L15 68 E8
Willow Rd. Newton-le-W WA12 46 E4
Willow Rd. St Helens WA10 43 C3
Willow Tree Ave. WA9 58 D4
Willow Tree Prim Sch. WA9 58 D4
Willow Way. Crosby L23 26 E5
Willow Way. Liverpool L11 40 D6
Willow Wlk. WN8 16 B4
Willowbank Cl. L36 55 C5
Willowbank Rd. Bebington L62 79 C4
Willowbank Rd. Birkenhead L42 66 D3
Willowbrow Rd. L63 & L64 87 D3
Willowcroft Rd. L44 51 C2
Willowdale. WA12 46 E3
Willowdale Rd. Liverpool L9 39 A4
Willowdale Rd. Liverpool L18 68 F5
Willowfield Gr. WN4 35 A2
Willowhey. PR9 1 F4
Willowmeade. L11 40 B3
Willows The. Liverpool L6 53 B5
Willows The. Southport PR8 3 F6
Willows The. 3 St Helens WA9 58 C4
Willows The. Wallasey L45 50 E7
Wills Ave. L31 20 C2
Wilmcote Gr. PR8 7 B4
Wilmere La. L35 & WA8 73 A6
Wilmot Ave. WA5 74 F6
Wilmot Dr. WA3 46 F7
Wilne Rd. 3 L45 51 A6
Wilsden Rd. WA8 72 B1
Wilsford Cl. WA3 36 B1
Wilson Ave. L44 51 E4
Wilson Cl. St Helens WA10 43 F3
Wilson Cl. Widnes WA8 73 D1
Wilson Gr. L19 81 C6
Wilson Rd. Huyton-w-R L36 56 A1
Wilson Rd. Prescot L35 56 D4
Wilson Rd. Wallasey L44 51 E4
Wilson St. 9 L8 68 A4
Wilsons La. L21 38 B8
Wilstan Ave. L63 78 D5
Wilton Gr. L13 54 A2
Wilton Grange. L47 63 A4
Wilton Rd. Birkenhead L42 67 A1
Wilton Rd. Huyton-w-R L36 55 D1
Wilton St. Ashton-in-M WN4 35 A6
Wilton St. Liverpool L3 52 E2
Wilton St. Wallasey L44 51 B4
Wiltons Dr. L34 41 D3
Wimbledon St. Liverpool L15 68 E7
Wimbledon St.
Wallasey L44 & L45 51 B5
Wimborne Cl. L14 55 B6
Wimborne Pl. L14 55 B5
Wimborne Rd. L14 55 B5
Wimborne Way. L61 76 D7
Wimbourne Ave. L61 77 A5
Wimbrick Cl. L46 64 F8
Wimbrick Cres. L39 13 D3
Wimbrick Hey. L46 65 A8
Wimpole St. L7 53 B2
Winchester Ave.
Ashton-in-M WN4 35 A3
Winchester Ave. Crosby L22 26 D3
Winchester Ave. Litherland L10 28 D3
Winchester Cl. Liverpool L25 82 B7
Winchester Cl. Orrell WN5 25 F7
Winchester Dr. L44 & L45 51 A5
Winchester Pl. WA8 84 C8
Winchester Rd. Garswood WA11 34 E1
Winchester Rd. Liverpool L6 53 C6
Winchester Rd. Orrell WN5 25 D2
Winchfield Rd. L15 68 F6
Windbourne Rd. L17 68 C2
Windermere Ave.
St Helens WA11 44 B8
Windermere Ave.
Warrington WA2 61 D3
Windermere Ave. Widnes WA8 73 B4
Windermere Cres. PR8 7 C3
Windermere Dr. L33 29 D4
Windermere Dr. Liverpool L12 40 C1
Windermere Dr. Maghull L31 20 E2
Windermere Dr. Rainford WA11 23 F2
Windermere House. L17 68 D2
Windermere Rd. Abram WN2 36 B8
Windermere Rd.
Birkenhead L43 & L49 65 C5
Windermere Rd. Haydock WA11 45 B6
Windermere Rd. Hightown L38 18 A4
Windermere Rd. Orrell WN5 25 F8
Windermere St.
Liverpool L5 & L6 53 B5
Windermere St. Widnes WA8 73 B4
Windermere Terr. L17 & L8 68 B5
Windfield Gn. L19 81 D3
Windfield Rd. L19 & L24 81 D4
Windgate. WN8 15 F1
Windle Ash. L31 20 C2
Windle Ave. L23 27 A3
Windle City. WA10 43 F6
Windle Ct. L64 86 E2
Windle Gr. WA10 43 C6
Windle Hall Dr. WA10 43 E7
Windle Smithers. WA10 43 C7
Windle St. WA10 43 F5
Windle Vale. WA10 43 E5
Windlebrook Cres. WA10 43 B6
Windlehurst Ave. WA10 43 E6
Windlehurst Prim Sch. WA10 43 E6
Windleshaw RC Prim Sch.
WA10 43 D5
Windleshaw Rd. WA10 43 E5
Windmill Ave. Crosby L23 26 F5
Windmill Ave. Ormskirk L39 13 F5
Windmill Cl. L33 29 E5
Windmill Gdns. L43 65 C8
Windmill Hts. WN8 25 A8
Windmill La. WA5 74 E5
Windmill Rd. WN8 24 F7
Window La. L19 81 C4
Windrows. WN8 15 F1
Windsor Ave. L21 38 A8
Windsor Ave.
Newton-le-W WA12 46 D2
Windsor Cl. Bebington L62 79 A7
Windsor Cl. Birkenhead L49 64 D3
Windsor Cl. Litherland L30 27 F5
Windsor Ct. 5 Liverpool L8 67 F6
Windsor Ct. Southport PR8 3 E4
Windsor Day Hospl. L8 67 F7
Windsor Dr. WA11 46 A7
Windsor Mews. L62 79 A7
Windsor Park Rd. L10 28 E3
Windsor Prim Sch. L8 67 F6
Windsor Rd. Ashton-in-M WN4 35 C1
Windsor Rd. Billinge WN5 33 F5
Windsor Rd. L20 38 E5
Windsor Rd. Crosby L23 26 D5
Windsor Rd. Formby L37 9 F1
Windsor Rd. Golborne WA3 47 C8
Windsor Rd. Huyton-w-R L36 55 B3
Windsor Rd. 5 Liverpool L9 39 A6
Windsor Rd. Liverpool L13 53 D6
Windsor Rd. Maghull L31 28 C8
Windsor Rd. Orrell WN8 25 A8
Windsor Rd. Prescot L35 56 F4
Windsor Rd. Southport PR9 4 D7
Windsor Rd. St Helens WA10 43 D4
Windsor Rd. Widnes WA8 73 A4
Windsor St. Liverpool L69 & L8 67 F6
Windsor St. Wallasey L45 37 B1
Windsor View. L8 68 B7
Windus St. WA10 43 E3
Windy Arbor Brow. L35 71 C8
Windy Arbor Cl. L35 56 D1
Windy Arbor Rd. L35 56 D1
Windy Bank. L62 79 B6
Windy Bank Ave. WA3 47 E8
Windy Harbour Rd. PR8 7 E7
Wineva Gdns. L23 26 F3
Winford St. L44 51 D3
Winfrith Cl. L63 78 F2
Winfrith Dr. L63 78 F2
Winfrith Rd. L25 & L27 70 C4
Wingate Ave. L35 & WA9 57 D6
Wingate Cl. L43 65 E4
Wingate Rd. Bebington L62 88 E5
Wingate Rd. L33 29 F3
Wingate Rd. Liverpool L17 68 E2
Wingate Towers. L36 55 D4
Wingate Wlk. L33 30 A3
Wingfield Cl. L29 27 D8
Wingrave Way. L11 & L12 40 B1
Winhill. L25 70 A4
Winifred La. L39 21 B8
Winifred Rd. L10 40 B7
Winifred St. L7 53 B1
Winkle St. 1 L8 67 F5
Winnard St. WA3 36 B2
Winnington Rd. L47 & L48 63 A4
Winsford Cl. WA11 45 F7
Winsford Dr. WA5 59 E7
Winsford Rd. L13 53 F6
Winsham Cl. L32 40 F8
Winsham Rd. L32 40 F8
Winskill Rd. L11 40 A1
Winslade Rd. L4 39 B2
Winslow St. L4 52 F8
Winsor St. L41 66 C5
Winstanley Coll. WN5 25 F3
Winstanley House. L62 79 B7
Winstanley Ind Est. WA2 61 B1
Winstanley Rd. Ashton-in-M WN2 35 F8
Winstanley Rd. Bebington L62 79 B7
Winstanley Rd. Crosby L22 26 E2
Winstanley Rd. Garswood WN5 34 A8
Winstanley Rd.
Garswood WN4 &WN5 34 B6
Winstanley Rd. Orrell WN5 25 F3
Winstanley Rd.
Skelmersdale WN8 23 F8
Winster Dr. L27 & L35 71 A3
Winsters The. WN8 15 F1
Winston Ave. Newton-le-W WA12 46 C3
Winston Ave. St Helens WA9 45 B2
Winston Cres. PR8 4 E2
Winston Dr. L43 65 C5
Winston Gr. L46 64 E8
Winstone Rd. L14 55 A4
Winter Gr. WA9 45 B3
Winter St. 19 L6 53 A3
Winterburn Cres. L12 54 D7
Winterburn Heights. L12 54 D7
Winterhey Ave. L44 51 B3
Winthrop Pk. L43 65 E5
Winton Cl. L45 51 A8
Winton Rd. WA3 47 E6
Winwick CE Prim Sch. WA2 61 A6
Winwick La. WA3 47 E3
Winwick Link Rd. WA12 & WA2 61 C6
Winwick Psychiatric Hospl.
WA2 61 A6
Winwick Rd. Newton-le-W WA12 46 F1
Winwick Rd. Warrington WA2 61 A2
Winwick View. WA5 45 D1
Winwood Hall. L25 70 A1
Wirral Bsns Pk The. L49 64 F3
Wirral Cl. L63 78 F3
Wirral Ctry Pk. L60 86 A4
Wirral Cty Gram Sch for Boys.
L63 78 F4
Wirral Cty Gram Sch for Girls.
L63 78 F5
Wirral Ed Ctr. L62 88 D8
Wirral Gdns. L63 78 F3
Wirral Ladies' Golf Course The.
L43 65 E5
Wirral Leisure Pk. L62 79 E3
Wirral Metropolitan Coll. L45 51 C6
Wirral Metropolitan Coll. L42 66 C3
Wirral Metropolitan Coll. L62 89 A7
Wirral Mount. Wallasey L45 50 F5
Wirral Mount. West Kirby L48 63 D3
Wirral View. L19 80 F6
Wirral Villas. L45 50 E6
Wirral Way. L43 65 C5
Witham Cl. L30 28 A4
Witham Rd. WN8 15 D1
Withburn Cl. L49 64 E5
Withen's La. L44 & L45 51 C5
Withens Rd. L31 20 D3
Withens The. L28 55 B8
Withensfield. L45 51 B6
Withert Ave. L63 78 D8
Within Way. L24 83 E1
Withington Rd. Liverpool L24 82 F3
Withington Rd. Wallasey L44 51 D3
Withins Field. L38 17 F3
Withins La. L38 19 A7
Withins Rd. WA11 45 F8
Withnell Cl. L13 54 B2
Withnell Rd. L13 54 B2
Withycombe Rd. WA5 74 E4
Witley Ave. L46 49 E1
Witley Cl. L46 49 E1
Witney Cl. L49 64 C3
Wittenham Cl. L49 64 F4
Wittering La. L60 85 D7
Witterings The. L64 86 E1
Wittom Rd. L13 53 E6
Witton Way. WA11 32 A7
Woburn Ave. WA12 46 D2
Woburn Cl. Haydock WA11 45 F7
Woburn Cl. Liverpool L13 53 F4
Woburn Dr. WA8 72 D6
Woburn Hill. L13 53 F4
Woburn Pl. L42 66 F2
Woburn Rd. Wallasey L45 51 B6
Woburn Rd. Warrington WA2 61 A4
Wokefield Way. WA10 43 C5
Wokingham Gr. L36 70 E8
Wolfe St. 1 L8 67 E5
Wolfenden Ave. L20 38 E5
Wolferton Cl. L49 65 B7
Wolfrick Dr. L63 79 B1
Wolfson Sq. WN4 34 F4
Wollaton Dr. PR8 4 F3

Wol – Zig 129

Wolmer St. WN4 35 A4
Wolseley Rd. WA10 43 F4
Wolsey Cl. WN4 35 A5
Wolsey St. L20 38 C1
Wolstenholme Sq. 1 L1 & L72 67 D8
Wolverton. WN8 23 F8
Wolverton St. L6 53 C5
Women's Hospl The. L7 67 F8
Wood Ave. L20 38 F5
Wood Cl. Birkenhead L41 & L72 66 D7
Wood Cl. L32 29 D2
Wood End Ct. WA8 73 D2
Wood Gn. Birkenhead L43 65 C8
Wood Gn. Prescot L34 56 C6
Wood Gr. L13 53 F2
Wood La. Birkenhead L49 64 D4
Wood La. Haskayne L37 & L39 11 D1
Wood La. Huyton-w-R L36 56 B2
Wood La. Liverpool L27 70 F4
Wood La. Neston L64 86 D2
Wood La. Prescot L34 56 C6
Wood La. Wallasey L45 50 E6
Wood Lea. L12 40 E3
Wood Rd. L26 82 F7
Wood St. Bebington L62 79 B5
Wood St. Birkenhead L41 & L72 66 E7
Wood St. L21 38 B6
Wood St. Golborne WA3 47 B8
Wood St. Hoylake L47 63 B7
Wood St. Liverpool L1 52 D1
Wood St. Liverpool L19 81 C6
Wood St. Prescot L34 56 D6
Wood St. St Helens WA9 44 C4
Wood St. Widnes WA8 73 C1
Wood View Rd. L25 69 F4
Wood's La. WN4 35 C5
Woodbank Cl. L16 69 F8
Woodbank Pk. L43 65 F4
Woodberry Cl. L43 65 D4
Woodbine St. L5 52 D7
Woodbourne Rd. L14 54 D4
Woodbridge Ave. L26 70 D2
Woodbrook Ave. L9 38 F7
Woodburn Bvd. L63 78 E8
Woodburn Dr. L60 85 F6
Woodchurch CE Prim Sch. L49 65 B2
Woodchurch Ct. L42 66 E3
Woodchurch High Sch. L49 65 C3
Woodchurch La. L42 66 C2
Woodchurch Rd. Birkenhead L43 65 D1
Woodchurch Rd.
Birkenhead L41 & L42 & L43 66 C3
Woodchurch Rd. Liverpool L13 54 A4
Woodchurch Road Prim Schs.
L42 66 C3
Woodclose. L66 89 A1
Woodcot La. L60 76 E1
Woodcote Bank. L63 79 A7
Woodcote Cl. WA2 61 D1
Woodcotes The. L62 88 D6
Woodcroft. WN8 23 F8
Woodcroft Dr. L60 & L61 76 F2
Woodcroft La. L63 78 E8
Woodcroft Rd. L15 68 D7
Woodcroft Way. 4 WA9 58 C4
Woodedge. WN4 35 A3
Woodend. Heswall L61 76 F5
Woodend. Prescot L35 71 E8
Woodend Ave. Crosby L23 26 E6
Woodend Ave.
Liverpool L24 & L25 82 C5
Woodend Ave. Maghull L31 28 C7
Woodend Cty Prim Sch. L31 28 C7
Woodend La. L24 82 C4
Woodene Cl. 1 L32 41 A7
Woodfarm Hey. L28 55 A8
Woodfield Ave. L63 78 E8
Woodfield Cres. WN4 35 A2
Woodfield Rd. Bebington L63 79 A3
Woodfield Rd. L9 38 F5
Woodfield Rd. Heswall L61 76 E4
Woodfield Rd. Huyton-w-R L36 55 C2
Woodfield Rd. Ormskirk L39 13 D3
Woodford Ave. WA3 47 D7
Woodford Rd. Bebington L62 79 B8
Woodford Rd. Liverpool L14 54 E4
Woodford Rd. St Helens WA10 43 C6
Woodgate. L25 & L27 70 C6
Woodger St. L19 81 C5
Woodgreen Rd. L13 54 A4
Woodhall Ave. L44 51 D4
Woodhall Rd. L13 54 A3
Woodhead Rd. L62 79 C6
Woodhead St. L62 79 B7
Woodhey Ct. L63 78 F7
Woodhey Gr. L63 78 F7
Woodhey Rd. Bebington L63 78 F7
Woodhey Rd. Liverpool L19 81 A8
Woodhill. L49 65 B4
Woodhouse Cl. L4 52 E7
Woodin Rd. L42 79 A8
Woodkind Hey. L63 79 A2
Woodland Ave. Hoylake L47 48 D1
Woodland Ave.
Newton-le-W WA12 46 F3
Woodland Ave. Widnes WA8 72 F1
Woodland Dr. Ashton-in-M WN4 35 B5
Woodland Dr. Birkenhead L49 65 A3
Woodland Dr. Wallasey L45 51 C7
Woodland Gr. L63 & L42 78 F8
Woodland Rd.
Bebington L63 & L42 78 F8
Woodland Rd.
Birkenhead L43 & L49 65 A3
Woodland Rd. L31 29 A4
Woodland Rd. Liverpool L4 53 D8
Woodland Rd. Liverpool L26 82 E7
Woodland Rd. Seaforth L21 37 F7
Woodland Rd. West Kirby L48 63 E2
Woodland View. L23 27 A7
Woodlands Cl. Formby L37 9 D2
Woodlands Cl. Ormskirk L39 14 A4
Woodlands Dr. L61 77 C4
Woodlands Ind Est. WA12 46 C6
Woodlands Pk. L12 54 A5
Woodlands Prim Sch.
Birkenhead L41 66 D5
Woodlands Prim Sch.
Formby L37 9 D3
Woodlands Rd. Formby L37 9 D3
Woodlands Rd. Huyton-w-R L36 55 C2
Woodlands Rd. Irby L61 76 D5
Woodlands Rd. Liverpool L17 68 E2
Woodlands Rd. St Helens WA11 44 C7
Woodlands Sq. Liverpool L27 71 A4
Woodlands The. Birkenhead L49 64 F6
Woodlands The. 1
Birkenhead L41 66 D5
Woodlands The. Prescot L34 56 F7
Woodlands The. Southport PR8 7 C5
Woodlea Cl. Bebington L62 88 D5
Woodlea Cl. Southport PR9 2 D5
Woodlee Rd. L25 70 C4
Woodleigh Cl. L31 20 B5
Woodley Fold. WA5 74 F4
Woodley Park Rd. WN8 16 B4
Woodley Rd. L31 28 D6
Woodmoss La. PR8 5 E2
Woodpecker Cl. Birkenhead L49 64 D5
Woodpecker Cl. Liverpool L12 40 F1
Woodpecker Dr. L26 70 E2
Woodrock Rd. L25 70 D5
Woodrow. WN8 23 E8
Woodruff St. L8 67 F4
Woods Cl. L39 12 A4
Woods Ct. WA12 46 A3
Woods-Lee Cotts. L62 79 D2
Woodside Ave. Ashton-in-M WN4 35 A8
Woodside Ave. Birkenhead L46 64 D7
Woodside Ave. Southport PR8 7 B3
Woodside Ave. St Helens WA11 43 F8
Woodside Bsns Pk. L41 66 F7
Woodside Cl. Liverpool L12 54 B8
Woodside Cl. Orrell WN8 25 C8
Woodside Rd. Haydock WA11 45 E7
Woodside Rd. Heswall L61 76 E6
Woodside Rd. Warrington WA5 74 F6
Woodside St. 9 L7 53 B1
Woodslee Prim Sch. L62 79 D2
Woodsorrel Rd. Birkenhead L41 65 F7
Woodsorrel Rd. Liverpool L15 69 B7
Woodstock Ave. WA12 46 D2
Woodstock Dr. PR8 7 F8
Woodstock Gr. WA8 72 D2
Woodstock Rd. L44 51 A3
Woodstock St. L5 52 D5
Woodvale Airfield. PR8 7 A2
Woodvale Cl. Birkenhead L43 65 C8
Woodvale Cl. Warrington WA2 61 E1
Woodvale Dr. WA3 36 E1
Woodvale Prim Sch. PR8 7 D3
Woodvale Rd. Liverpool L12 40 F3
Woodvale Rd. Liverpool L25 70 B2
Woodvale Rd. Southport PR8 7 E2
Woodview. L34 41 D3
Woodview Ave. L44 51 E2
Woodview Cres. WA8 84 A8
Woodview Rd. WA8 84 A8
Woodville Ave. L22 & L23 26 D3
Woodville Pl. WA8 72 D1
Woodville Rd. L42 & L43 66 C4
Woodville St. WA10 & WA9 44 B4
Woodville Terr. L6 53 B5
Woodward Rd.
Bebington L42 & L62 79 A8
Woodward Rd. L33 30 D4
Woodway. L49 64 D4
Woodyear Rd. L62 88 E7
Woolacombe Ave. WA9 58 C5
Woolacombe Rd. L16 69 E6
Wooler Cl. L46 64 C8
Woolfall Cl. L36 55 B4
Woolfall Cres. L36 55 B4
Woolfall Heath Ave. L36 55 D5
Woolfall Hts. L36 55 C5
Woolfall Terr. 2 L21 38 A6
Woolhope Rd. L4 39 B2
Woolton Bvd. L25 70 B1
Woolton Cl. WN4 34 F5
Woolton Cty Jun Sch. L25 70 B3
Woolton Golf Course. L25 82 B8
Woolton Hill Rd. L18 & L25 69 F4
Woolton Little St. L7 53 A1
Woolton Mount. L25 70 A3
Woolton Park Cl. L25 70 A3
Woolton Pk. L25 70 A3
Woolton Rd.
Liverpool L15 & L16 & L18 & L25 69 D5
Woolton Rd. Liverpool L19 & L25 81 E7
Woolton St. L25 70 B2
Woolton Views. L25 82 D8
Worcester Ave. Crosby L22 26 D2
Worcester Ave. 3
Golborne WA3 47 B8
Worcester Ave. Liverpool L13 53 D7
Worcester Ct. L20 38 D3
Worcester Dr. L13 53 D7
Worcester Dr N. L13 53 D7
Worcester Rd. Birkenhead L43 65 D8
Worcester Rd. L20 38 D3
Wordsworth Ave. 1
Birkenhead L42 66 F1
Wordsworth Ave. Orrell WN5 25 D1
Wordsworth Ave. Orrell WN5 25 F6
Wordsworth Ave. St Helens WA9 58 A3
Wordsworth Ave. Widnes WA8 84 F8
Wordsworth Cl. L39 13 D6
Wordsworth House. L62 79 A7
Wordsworth St. L20 38 A5
Wordsworth St. Liverpool L8 68 C7
Wordsworth Way. L36 55 F1
Wordsworth Wlk. L48 75 B8
Worrow Cl. L11 40 B3
Worrow Rd. L11 40 B3
Worsley Brow. WA9 58 E8
Worsley St. Golborne WA3 47 A8
Worsley St. St Helens WA11 44 F6
Worthing Cl. PR8 3 F3
Worthing St. L22 26 C2
Worthington St. L8 67 D6
Wortley Rd. L10 39 E7
Wotton Dr. WN4 35 D4
Wray Ave. WA9 58 D4
Wrayburn Cl. L7 68 C8
Wrekin Cl. L25 70 B1
Wrekin Dr. L10 28 E2
Wren Gr. L26 70 E1
Wrenbury Cl. L43 65 F2
Wrenbury St. 3 L7 53 C2
Wrenfield Gr. L17 68 C2
Wrexham Cl. WA5 60 E1
Wright St. Abram WN2 36 B7
Wright St. Ashton-in-M WN4 35 A6
Wright St. Liverpool L5 52 D5
Wright St. Southport PR9 4 C7
Wright St. Wallasey L44 51 D4
Wright's La. Burtonwood WA5 59 F3
Wrights La. Widnes WA5 73 F2
Wrights Terr. Liverpool L15 69 A7
Wrights Terr. Southport PR8 4 B3
Wrigley Rd. WA11 45 E6
Wrigleys Cl. L37 9 F5
Wrigleys La. L37 9 F5
Wroxham Cl. L49 65 A4
Wroxham Dr. L49 65 A4
Wroxham Rd. WA5 74 E6
Wroxham Way. L49 65 A5
Wryneck Cl. WA10 57 B7
Wrynose Rd. L62 88 E8
Wulstan St. L4 & L5 52 D7
Wycherley Rd. L42 66 D3
Wycherley St. 2 L34 56 D6
Wycliffe Rd. Haydock WA11 45 E7
Wycliffe Rd. Liverpool L4 & L6 53 C7
Wycliffe St. L42 66 F2
Wye Cl. L42 66 F3
Wye St. L5 52 F6
Wyedale Rd. WA11 45 C6
Wyke Cop Rd. PR8 & PR9 5 D2
Wyke La. PR8 & PR9 5 E6
Wyke Rd. L35 56 E5
Wyke Wood La. PR9 5 F7
Wykeham St. L4 52 D7
Wykeham Way. L4 52 D7
Wyken Gr. WA11 44 C5
Wyllin Rd. L33 30 A2
Wylva Ave. L23 27 A3
Wylva Rd. L4 53 A7
Wyncroft Cl. WA8 84 C7
Wyncroft Rd. WA8 84 C7
Wyncroft St. L8 68 A4
Wyndale Cl. L18 69 B3
Wyndcote Rd. L18 69 B5
Wyndham Ave. L14 55 A2
Wyndham Rd. L45 50 D5
Wyndham St. 3 L4 38 F2
Wynne Rd. WA10 43 E5
Wynnstay Ave. L31 20 D3
Wynnstay St. L8 68 A6
Wynstay Rd. L47 63 C8
Wynwood Pk. L36 55 C1
Wyre Rd. 5 L5 52 F7
Wyrescourt Rd. L12 54 D5
Wyresdale Ave. Southport PR8 4 D4
Wyresdale Ave. St Helens WA10 43 E7
Wyresdale Rd. L9 39 B7
Wyrevale Gr. WN4 35 C3
Wysall Cl. WA11 44 D5
Wyswall Cl. L26 70 E2
Wythburn Cres. WA11 44 C8
Wyvern Rd. L46 64 E8

Yanwath St. L7 & L8 68 B7
Yarcombe Cl. L26 70 F1
Yardley Ctr. L33 30 C1
Yardley Dr. L63 79 A1
Yardley Rd. L33 30 C1
Yarmouth Rd. WA5 74 E6
Yarrow Ave. L31 20 F2
Yates' Ct. L34 56 D5
Yates St. L8 67 E5
Yeadon. WN8 16 B1
Yeadon Wlk. L24 82 C3
Yellow House La. PR8 4 B6
Yelverton Cl. L26 70 F1
Yelverton Rd. Birkenhead L42 66 E3
Yelverton Rd. Liverpool L4 & L6 53 C7
Yeoman's Cotts. L47 63 C6
Yew Bank Rd. L16 69 D7
Yew Tree Ave.
Newton-le-W WA12 46 A4
Yew Tree Ave. St Helens WA9 58 C6
Yew Tree Cl. Birkenhead L49 65 A2
Yew Tree Cl. Liverpool L12 & L14 54 F6
Yew Tree Farm Trad Est.
WA11 46 A8
Yew Tree Gn. L31 29 B4
Yew Tree La. L12 & L14 54 E6
Yew Tree Rd. Bebington L63 78 E4
Yew Tree Rd. Liverpool L9 39 A4
Yew Tree Rd. Liverpool L36 70 E8
Yew Tree Rd. Liverpool L25 82 C8
Yew Tree Rd. Ormskirk L39 13 E7
Yew Tree Rd. Wallasey L46 49 F1
Yew Way. L46 49 F1
Yewdale. WN8 16 A1
Yewdale Ave. WA11 33 B1
Yewdale Pk. L43 66 B4
Yewdale Rd. Ashton-in-M WN4 35 A7
Yewdale Rd. Liverpool L9 39 B4
Yewtree La. L48 63 B2
Yewtree Rd. L18 69 D3
York Ave. Crosby L23 26 D4
York Ave. Liverpool L15 & L17 68 D6
York Ave. Southport PR8 4 A5
York Ave. Wallasey L44 51 D3
York Ave. Warrington WA5 74 E7
York Ave. West Kirby L48 75 B8
York Cl. Formby L37 9 F6
York Cl. Litherland L30 27 F5
York Cl. St Helens WA10 43 F4
York Cotts. L25 70 B4
York Gdns. PR8 4 A5
York Rd. Ashton-in-M WN4 35 B3
York Rd. Crosby L23 26 E4
York Rd. Formby L37 10 A3
York Rd. Huyton-w-R L36 56 A3
York Rd. Maghull L31 28 D7
York Rd. Southport PR8 3 F4
York Rd. Wallasey L44 51 D3
York Rd. Widnes WA8 84 C8
York Rd S. WN4 35 C2
York St. Bebington L62 79 D5
York St. L9 38 F3
York St. Golborne WA3 36 A1
York St. Liverpool L1 & L72 67 D8
York St. Liverpool L19 81 C4
York St. Seaforth L22 37 D8
York Terr. Liverpool L5 52 E6
York Terr. Southport PR9 4 C8
York Villas. 8 L5 52 F7
York Way. Huyton-w-R L36 56 B3
York Way. Liverpool L19 81 D3
Yorkaster Rd. L18 69 C1
Youatt Ave. L35 56 E4
Youens Way. L14 54 E4
Yvonne Cl. WN4 35 D5

Zander Gr. L12 40 F3
Zetland Rd. Birkenhead L41 66 D5
Zetland Rd. 5 Liverpool L18 68 F5
Zetland Rd. Wallasey L45 50 F7
Zetland St. PR9 4 D7
Zig Zag Rd. Liverpool L12 54 D5
Zig Zag Rd. Wallasey L45 51 B6

STREET ATLASES

The Ordnance Survey Street Atlases provide unique and definitive mapping of entire counties

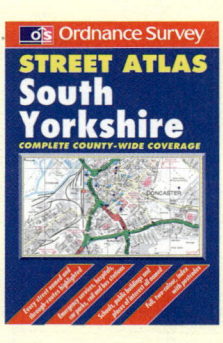
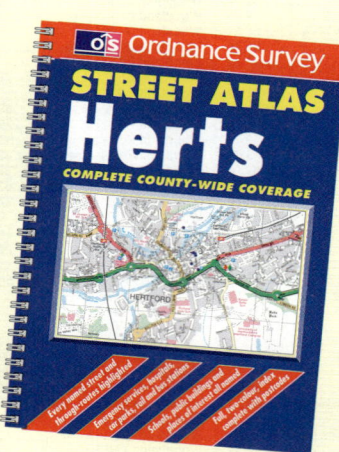

Street Atlases available

- Berkshire
- Bristol and Avon
- Buckinghamshire
- Cardiff, Swansea and Glamorgan
- Cheshire
- Derbyshire
- Durham
- Edinburgh
- East Essex
- West Essex
- Glasgow
- Greater Manchester
- North Hampshire
- South Hampshire
- Hertfordshire
- East Kent
- West Kent
- Lancashire
- Merseyside
- Nottinghamshire
- Oxfordshire
- Staffordshire
- Surrey
- East Sussex
- West Sussex
- Tyne and Wear
- Warwickshire
- South Yorkshire
- West Yorkshire

The Street Atlases are revised and updated on a regular basis and new titles are added to the series. Each title is available in three formats and as from 1996 the atlases are being produced in colour. All the atlases contain Ordnance Survey mapping.

The series is available from all good bookshops or by mail order direct from the publisher. However, the order form on the following pages may not reflect the complete range of titles available so it is advisable to check by telephone before placing your order. Payment can be made in the following ways:

By phone Phone your order through on our special Credit Card Hotline on 01733 371999 (Fax: 01733 370585). Speak to our customer service team during office hours (9am to 5pm) or leave a message on the answering machine, quoting your full credit card number plus expiry date and your full name and address.

By post Simply fill out the order form (you may photocopy it) and send it to: Reed Books Direct, 43 Stapledon Road, Orton Southgate, Peterborough PE2 6TD.

Ordnance Survey STREET ATLASES ORDER FORM

NEW COLOUR EDITIONS

	HARDBACK	SPIRAL	POCKET	
	Quantity @ £10.99 each	Quantity @ £8.99 each	Quantity @ £4.99 each	£ Total
BERKSHIRE	0 540 06170 0	0 540 06172 7	0 540 06173 5	➤
	Quantity @ £10.99 each	Quantity @ £8.99 each	Quantity @ £3.99 each	£ Total
MERSEYSIDE	0 540 06480 7	0 540 06481 5	0 540 06482 3	➤
	Quantity @ £12.99 each	Quantity @ £8.99 each	Quantity @ £4.99 each	£ Total
SURREY	0 540 06435 1	0 540 06436 X	0 540 06438 6	➤
	Quantity @ £12.99 each	Quantity @ £9.99 each	Quantity @ £4.99 each	£ Total
DURHAM	0 540 06365 7	0 540 06366 5	0 540 06367 3	➤
GREATER MANCHESTER	0 540 06485 8	0 540 06486 6	0 540 06487 4	➤
HERTFORDSHIRE	0 540 06174 3	0 540 06175 1	0 540 06176 X	➤
TYNE AND WEAR	0 540 06370 3	0 540 06371 1	0 540 06372 X	➤
SOUTH YORKSHIRE	0 540 06330 4	0 540 06331 2	0 540 06332 0	➤
WEST YORKSHIRE	0 540 06329 0	0 540 06327 4	0 540 06328 2	➤
	Quantity @ £14.99 each	Quantity @ £9.99 each	Quantity @ £4.99 each	£ Total
LANCASHIRE	0 540 06440 8	0 540 06441 6	0 540 06443 2	➤

BLACK AND WHITE EDITIONS

	HARDBACK	SOFTBACK	POCKET	
	Quantity @ £12.99 each	Quantity @ £9.99 each	Quantity @ £4.99 each	£ Total
BRISTOL AND AVON	0 540 06140 9	0 540 06141 7	0 540 06142 5	➤
CARDIFF	0 540 06186 7	0 540 06187 5	0 540 06207 3	➤
CHESHIRE	0 540 06143 3	0 540 06144 1	0 540 06145 X	➤
DERBYSHIRE	0 540 06137 9	0 540 06138 7	0 540 06139 5	➤
EDINBURGH	0 540 06180 8	0 540 06181 6	0 540 06182 4	➤
GLASGOW	0 540 06183 2	0 540 06184 0	0 540 06185 9	➤
STAFFORDSHIRE	0 540 06134 4	0 540 06135 2	0 540 06136 0	➤

See more titles overleaf

STREET ATLASES ORDER FORM

BLACK AND WHITE EDITIONS

	HARDBACK Quantity @ £12.99 each	SOFTBACK Quantity @ £8.99 each	POCKET Quantity @ £4.99 each	£ Total
EAST ESSEX	☐ 0 540 05848 3	☐ 0 540 05866 1	☐ 0 540 05850 5	➤ ☐
WEST ESSEX	☐ 0 540 05849 1	☐ 0 540 05867 X	☐ 0 540 05851 3	➤ ☐
NORTH HAMPSHIRE	☐ 0 540 05852 1	☐ 0 540 05853 X	☐ 0 540 05854 8	➤ ☐
SOUTH HAMPSHIRE	☐ 0 540 05855 6	☐ 0 540 05856 4	☐ 0 540 05857 2	➤ ☐
EAST KENT	☐ 0 540 06026 7	☐ 0 540 06027 5	☐ 0 540 06028 3	➤ ☐
NOTTINGHAMSHIRE	☐ 0 540 05858 0	☐ 0 540 05859 9	☐ 0 540 05860 2	➤ ☐
OXFORDSHIRE	☐ 0 540 05986 2	☐ 0 540 05987 0	☐ 0 540 05988 9	➤ ☐
EAST SUSSEX	☐ 0 540 05875 0	☐ 0 540 05874 2	☐ 0 540 05873 4	➤ ☐
	Quantity @ £12.99 each	Quantity @ £9.99 each	Quantity @ £4.99 each	£ Total
BUCKINGHAMSHIRE	☐ 0 540 05989 7	☐ 0 540 05990 0	☐ 0 540 05991 9	➤ ☐
WEST KENT	☐ 0 540 06029 1	☐ 0 540 06031 3	☐ 0 540 06030 5	➤ ☐
WEST SUSSEX	☐ 0 540 05876 9	☐ 0 540 05877 7	☐ 0 540 05878 5	➤ ☐

BLACK AND WHITE EDITIONS

	HARDBACK Quantity @ £10.99 each	SOFTBACK Quantity @ £8.99 each	POCKET Quantity @ £4.99 each	£ Total
WARWICKSHIRE	☐ 0 540 05642 1	—	—	➤ ☐

Name..

Address...

....

....Postcode

♦ Free postage and packing
♦ All available titles will normally be dispatched within 5 working days of receipt of order but please allow up to 28 days for delivery

☐ Please tick this box if you do not wish your name to be used by other carefully selected organisations that may wish to send you information about other products and services

Registered Office: Michelin House, 81 Fulham Road, London SW3 6RB.
Registered in England number: 1974080

I enclose a cheque / postal order, for a **total** of ☐
made payable to *Reed Book Services*, or please debit my

☐ Access   ☐ American Express   ☐ Visa

account by ☐

Account no ☐☐☐☐ ☐☐☐☐ ☐☐☐☐ ☐☐☐☐
Expiry date ☐☐ ☐☐

Signature..

Post to:
Reed Books Direct, 43 Stapledon Road, Orton Southgate, Peterborough PE2 6TD